Droit civil 1re année

Introduction
Personnes
Famille

HyperCours Dalloz

sous la direction de

■ Dominique **Chagnollaud de Sabouret**
Professeur à l'Université Panthéon-Assas (Paris-II)

■ Serge **Guinchard**
Professeur émérite de l'Université Panthéon-Assas (Paris-II)

Droit civil 1re année

Introduction
Personnes
Famille

9e édition 2017

Mélina Douchy-Oudot

Professeur à l'Université de Toulon, membre du Centre de droit et de politique comparés Jean-Claude Escarras – UMR - DICE 7318

DALLOZ

Éditions DALLOZ
31-35 rue Froidevaux,
75685 Paris Cedex 14

ISBN 978-2-247-16928-3 ISBN Campus 978-2-247-17545-1

En un seul ouvrage, l'Hypercours Droit civil, Introduction à l'étude du droit, les personnes et les liens d'alliance, de parenté et de famille met à la portée des étudiants des moyens d'acquisition, de révision et d'entraînement performants. Il fournit les connaissances théoriques indispensables et propose les références, exemples, exercices et thèmes de réflexion qui permettent d'appréhender correctement la mise en application de ces connaissances.

• Le cours, complet, est décomposé en titre mais surtout en chapitres thématiques correspondant aux séances de travaux dirigés. La structure de chacun d'eux est annoncée en début de chapitre par un plan analytique.

– Parallèlement au cours, sur la même page, l'ensemble du texte est découpé en blocs d'idées homogènes, selon une numérotation située dans la marge. Cette numérotation permet d'accéder à des définitions (voir ci-dessous la rubrique « Quid »).

– Des mots ou expressions clés sont signalés par la lettre « Q » en exposant. S'ils ne sont pas définis dans le cours même, il faut là encore se reporter à la rubrique « Quid » pour en connaître la signification précise.

• Des rubriques pédagogiques (pages signalées par un bandeau de couleur) complètent le cours de chaque chapitre. Elles ont une double fonction : mieux faire comprendre et assimiler le cours, mais aussi préparer efficacement les étudiants aux épreuves des travaux dirigés et des examens.

– La rubrique « *Mémo* » permet de synthétiser rapidement l'ensemble d'un cours.

– La rubrique « *Quid* » permet de disposer immédiatement de définitions extensives des mots-clés du cours (signalés dans le cours par la lettre « Q » – pour « Quid » – en exposant). À chaque mot-clé est accolé un ou des numéros(s) correspondant au découpage signalé en marge dans le cours afin de les repérer plus rapidement, le tout à la façon des liens hypertexte.

– La rubrique « *Document* » présente les textes de référence.

– La rubrique « *Biblio* » donne accès à une bibliographie sélective.

– La rubrique « *Quiz* » délivre des épreuves corrigées de commentaires d'arrêt, d'articles, de dissertations, de consultations juridiques, de cas pratiques et des questions, des tests...

• Présentant une synthèse de la matière, des éléments de pratique et de documentation viennent à la suite du cours et des compléments pédagogiques.

– Le *sujet terminal* propose un sujet d'examen corrigé correspondant à une épreuve type donnée en fin de semestre ou d'année et faisant appel à l'ensemble des connaissances acquises.

– La bibliographie générale présente les ouvrages essentiels de la matière.

• Pour s'orienter à l'intérieur de l'ouvrage, situé à la fin du manuel :

– *L'index alphabétique* des termes utilisés prend pour repères les blocs d'idées homogènes numérotés en marge du cours et permet de trouver une notion rapidement.

– *La table des matières* permet d'accéder facilement au cours et à sa structure.

– *La table des Quiz* répertorie les sujets corrigés par genre (tests de connaissances ou de compréhension, dissertations, commentaires d'arrêts, cas pratiques).

Principales abréviations

Al. ou al.	Alinéa
Art. ou art.	Article
Ass. plén.	Assemblée plénière
Bull. civ.	*Bulletin des arrêts de la Cour de cassation*
BRDA	*Bulletin rapide de droit des affaires*
C. civ.	Code civil
C. pén.	Code pénal
C. pr. pén.	Code de procédure pénale
CE	Conseil d'État
Chron.	Chronique
Circ.	Circulaire
Civ.	Cour de cassation, chambre civile
Com.	Cour de cassation, chambre commerciale
Comp.	Comparer
Concl.	Conclusions
Cons. const.	Conseil constitutionnel
Const.	Constitution
CEDH	Cour européenne des droits de l'homme
C. pr. civ.	Code de procédure civile
Crim.	Cour de cassation, chambre criminelle
CSP	Code de la santé publique
D.	*Dalloz-Sirey ou Dalloz (Recueil)*
DDHC	Déclaration des droits de l'homme et du citoyen (1789)
Doct.	Doctrine
DP	*Dalloz Périodique*
Defrénois	*Répertoire du notariat Defrénois*
Lég.	Législation
Gaz. Pal.	*Gazette du Palais*
Infra	Voir un numéro de paragraphe ultérieur dans l'ouvrage
IR	Information rapide
JCP	*Juris-Classeur périodique* (*La semaine juridique*), édition Générale
JO	*Journal officiel*
JOUE	*Journal officiel de l'Union européenne*
Jur.	Jurisprudence
LPA	*Les Petites Affiches*
Not.	Notamment
Obs.	Observations
Req.	Requête

RTD civ.	*Revue trimestrielle de droit civil*
Soc.	Cour de cassation, chambre sociale
V. ou v.	Voir

Plan général de l'ouvrage

Introduction

Commencer des études de droit passe par l'apprentissage de la rigueur, rigueur dans le suivi des cours et l'assiduité aux travaux dirigés, dans les heures de formation personnelle en bibliothèque, dans la continuité du travail fourni. On peut cependant travailler sans arrêt et n'obtenir aucun résultat. La raison en est simple, il y a une méthode de travail à acquérir. Les conseils, les enseignements qui suivent sont comme autant de balises qui, tout au long de l'année, aideront l'étudiant à ne pas se perdre dans ses études. 1

La gestion du temps est le premier réflexe à acquérir. C'est d'abord la répartition du travail à effectuer. Dans un horaire hebdomadaire, une place (autant que possible fixe) doit être faite : à la préparation des travaux dirigés, à la recherche en bibliothèque, à la relecture des cours magistraux et à la préparation des fiches de résumé, à la lecture d'une revue juridique hebdomadaire. 2

La gestion du temps, c'est aussi apprendre à travailler en équipe. Si chaque étudiant s'associe dans le travail avec deux ou trois autres, outre la motivation et l'émulation consécutives, il y aura gain de temps. Notamment : pour les photocopies des documents nécessaires à l'approfondissement des travaux dirigés (chacun peut se charger de tel ou tel thème), pour l'élaboration de fiches de livres, d'auteurs, de jurisprudence... Cette habitude permet en outre de rendre vivantes des questions par la confrontation de ce que l'on pense aux points de vue des autres ce qui permet de renforcer, d'affiner, de modifier sa propre approche des problèmes étudiés.

La gestion du temps, c'est enfin une prise de notes correcte. Pour suivre intelligemment un cours magistral et ne pas s'y ennuyer, il faut essayer de comprendre ce que l'on écrit. Cela exclut évidemment la transcription mot à mot de l'enseignement du professeur. Il faut écouter la phrase et, par un effort personnel, noter l'idée en la résumant. L'étudiant a en général beaucoup de mal à s'habituer à cet exercice et demande souvent une dictée. Tel n'est pas le but de l'enseignement universitaire, les banques de données existent et il ne s'agit pas d'être répétiteur de connaissances. À l'université l'étudiant vient apprendre à se forger une opinion, à démontrer et à argumenter en faveur de tel ou tel point de vue, à démonter un mécanisme, à interpréter ce qui est dit, bref à prendre une position intellectuelle et à pouvoir la défendre. Il ne s'agit pas d'entendre un cours mais de le comprendre. Gagner du temps, c'est rester attentif à ce qui est exposé en cours, le transcrire chacun avec ses propres mots, et se poser des questions sur le bien-fondé de ce qui est dit. C'est pourquoi, l'assiduité aux cours est indispensable. Le recopiage d'un cours à partir de celui d'un autre étudiant est vide de sens car non formateur.

L'étudiant doit connaître les supports de connaissance du droit. Pour se familiariser avec les textes, les décisions de justice, les différents ouvrages, il suffit de travailler en bibliothèque régulièrement. Parmi les outils de travail du juriste, on distingue deux 3 types de support à la documentation juridique : le support électronique et le support papier. L'étudiant aura soin de s'habituer à travailler avec chacun de ces deux supports.

Le support électronique est constitué de bases de données fournies par des serveurs professionnels, de CD Rom produits par des revues juridiques et couvrant plusieurs années de publication papier, et bien sûr des sites spécialisés accessibles via Internet, tels que les sites officiels. Tout étudiant peut trouver dans sa bibliothèque universitaire cet outil informatique et il est recommandé de savoir travailler à partir d'un ordinateur, d'un logiciel de recherches, de banques de données électroniques. Toutefois, un double danger doit être gardé présent à l'esprit. Le premier est que l'arbre ne doit pas cacher la forêt : il ne faut pas que cette connaissance instantanée sur un point juridique précis supplante la recherche traditionnelle faite de recoupements personnels à la suite de lectures approfondies et moins limitatives dans l'élaboration de la question. Le second tient à l'exactitude des informations collectées. Il n'est pas anodin de constater l'insertion de clauses de non-responsabilité de la part des créateurs de sites. Une dernière tendance se fait jour : les blogs. Si la prudence est là encore de rigueur (« Propos iconoclastes sur la "bloghorrée" », *D.* 2007. 361), les blogs peuvent être des lieux intéressants de discussion juridique.

Le support papier, traditionnel, est, en soi, plus familier à l'étudiant habitué aux livres et manuels. La seule difficulté ici tient à la profusion des ouvrages et revues juridiques. On peut cependant offrir une présentation rapide des instruments offerts au juriste. Le plus utile sans doute au commencement des études sera le recours aux manuels de droit, écrits le plus souvent par des professeurs. Il est important de consulter chaque fois la dernière édition publiée. Après une première vue d'ensemble des questions, l'étudiant pourra se reporter pour telle ou telle question de droit à des ouvrages spécialisés, tels que les traités, thèses, etc. À côté de ces ouvrages, l'étudiant découvrira une somme impressionnante de revues à sa disposition où sont reproduits les textes juridiques officiels (lois, décrets...), les décisions judiciaires faisant parfois l'objet d'un commentaire ou d'observations, les chroniques, les études élaborées par un juriste sur une question juridique particulière. Il est conseillé de lire régulièrement une revue hebdomadaire de droit « généraliste » afin de se tenir au courant de l'actualité juridique (même si ce n'est pas directement en rapport avec le cours ; d'apprendre à établir des passerelles entre les différentes données juridiques pour stimuler une certaine curiosité intellectuelle).

4 On reçoit dit-on à la manière du recevant. L'étudiant ne peut être passif au risque de passer à côté d'une formation véritablement universitaire. Un étudiant actif est une personne qui cherche à comprendre le fondement, la raison d'être, les arguments, les intérêts en faveur de telle ou telle solution juridique. Il doit être capable de répertorier les avantages et les inconvénients juridiques d'une solution légale, prétorienne ou d'une proposition doctrinale. Toute donnée à laquelle il a accès doit être contrôlée par son propre raisonnement, toute opinion confrontée à sa propre réflexion, toute intuition vérifiée par une tentative de démonstration. Voici quelques étapes salutaires à la réflexion : situer le contexte intellectuel, idéologique, historique, matériel, sociologique, réfléchir aux termes employés, aux liens dans le texte, dans les idées... ; rechercher les intérêts pratiques et théoriques de la solution exposée, individualiser les arguments en faveur de l'opinion ou de la solution énoncée (même, et peut-être surtout, si on y est spontanément opposé) ; comparer avec des exemples différents présentant une analogie ; opposer des arguments inverses susceptibles d'atténuer, de contredire ou de supprimer ce qui est soutenu ; prendre position sur le thème étudié.

La matière du cours de droit civil, enseignée en première année de Licence de droit, est le plus souvent organisée en trois parties : introduction générale à l'étude du droit, droit des personnes et droit de la famille. La transformation constatée cette dernière décennie des liens d'alliance, de parenté et de famille, ainsi que la personnalisation des rapports de droit, conduit à une présentation plus conforme à l'évolution du droit positif. Cinq titres se succéderont : Introduction générale à l'étude du droit (Titre 1), Individualisation de la personne (Titre 2), Rapports interpersonnels : le lien d'alliance (Titre 3), Responsabilités générationnelles : le lien de parenté (Titre 4), Solidarités familiales : le lien de famille (Titre 5). 5

partie 1

Introduction générale au droit

chapitre 1

Les éléments de méthode

Plan analytique

1

Les éléments de méthode

La méthodologie juridique est un outil de travail. Elle consiste à saisir les règles de droit à travers le prisme de la logique. Elle aspire, par une synthèse du droit existant, à individualiser le phénomène juridique, un peu à la manière du mécanicien qui apprend à connaître les pièces d'un moteur. Elle recense et analyse les instruments juridiques, les méthodes du droit et permet l'élaboration d'une théorie générale de l'objet étudié. 6

Il est indispensable de connaître les instruments au service de l'étude du droit, à condition cependant de ne pas réduire le droit à un ensemble de techniques ou de mécanismes. La science juridique emprunte aux sciences connexes en les faisant siennes. La linguistique (section 1), la logique (section 2), la qualification (section 3) sont les outils du juriste, les exercices juridiques devant permettre d'en vérifier l'exacte acquisition (section 4). 7

section 1

La linguistique juridique

Le vocabulaire porte le concept (§ 1), le langage la démonstration (§ 2). 8

§ 1 Le vocabulaire juridique

Le droit est dépendant de la linguistique qui le véhicule parce que celle-ci doit permettre une juste réception par ceux auxquels elle s'adresse (A. Wagner, « Les apports de l'analyse linguistique dans la conception du flou et de la sécurité juridique », *JCP* G, 2000. I. 195). Le langage du droit est un mode de connaissance du droit. Le vocabulaire, les tournures de phrases permettent de caractériser la règle de droit. Mais plus le vocabulaire juridique sera spécifique, plus la connaissance de la règle de droit sera difficile. On peut donc se demander si l'hermétisme du vocabulaire juridique ne risque pas de conduire à l'incompréhension de la règle par ceux auxquels elle a vocation à s'appliquer. 9

Le vocabulaire juridique est souvent spécifique. Le terme choisi peut, par son seul énoncé, traduire une notion ayant un sens juridique précis. Il emportera une série de conséquences juridiques, un ensemble de règles consécutives, conduisant à l'assimiler au concept juridique lui-même. Les situations concrètes de la vie de tous les jours doivent donc en droit faire l'objet d'une transcription. Par exemple : j'ai travaillé vingt ans à la ferme de mon père sans être rémunéré. Aujourd'hui, il est mort. Mes 10 deux frères, qui n'ont jamais aidé au travail de la ferme, prétendent vendre le domaine et partager en trois parts égales les biens de notre père. Est-ce qu'ils ont le droit ? Est-ce que je peux prétendre conserver la ferme ? Le juriste comprendra : le défunt a laissé trois descendants en ligne directe. L'un d'eux a travaillé sans percevoir de salaire à l'entreprise agricole, il a droit, en vertu de la loi, d'obtenir une créance de salaire différé qui devra être payée par la succession avant tout partage entre les héritiers. Par ailleurs, il peut exiger une attribution préférentielle du bien moyennant une soulte versée aux cohéritiers. On s'aperçoit que la terminologie et la problématique juridiques recouvrent un ensemble de mots techniques conduisant à la solution juridique. Le mot va opérer *qualification juridique*[Q] de la situation exposée en fait (v. ss 22 s.).

Gény a exposé parfaitement les outils et le processus de la légistique, en particulier dans le tome III de son ouvrage *Science et Technique en droit privé positif*. Cet auteur de la fin du XIXe siècle, plus connu par ses développements sur la libre recherche scientifique en droit, a montré que la construction juridique « consiste à isoler, par effort d'abstraction, les concepts qui semblent dominer les réalités juridiques, puis, les envisageant en eux-mêmes, à les analyser, modifier, agencer et combiner, de façon à en créer des entités indépendantes, capables de régir les faits de la vie sociale par la vertu de l'idée qui les anime ». Et il développe, peu après, que les réalités sociales se transforment en réalités juridiques dès l'instant qu'elles donnent lieu à des règles de conduite extérieures, présentant le caractère de règles de droit. Or, ce concept juridique va être porté par le mot, d'où l'importance du vocabulaire juridique.

Ce rôle inhérent à la linguistique juridique n'est pas sans poser de difficulté en droit de l'Union européenne où les règlements destinés à s'appliquer directement dans chaque État membre peuvent difficilement atteindre la précision terminologique requise. Le législateur européen aura pour cette raison souvent recours à une définition des termes qu'il emploie, définition ne valant en principe que pour le texte les contenant. Il sera de façon différente parfois conduit à substituer à un terme juridique un autre terme pour l'un des États membres dans lequel le concept véhiculé par le mot est absent.

■ 11 Le vocabulaire juridique est en principe d'une grande précision. Il a pour conséquence de situer un fait dans l'ordonnancement juridique et de prévoir les règles qui lui seront applicables. Ceci est tellement vrai et important que le législateur a parfois modifié non pas une règle de droit en entier, mais seulement un mot d'une disposition légale existante. C'est ainsi que l'article 16-3, alinéa 1er du Code civil énonçait dans sa rédaction initiale : « Il ne peut être porté atteinte à l'intégrité du corps humain qu'en cas de nécessité thérapeutique pour la personne ». L'article 70 de la loi n° 99-641 du 27 juillet 1999 portant création d'une couverture maladie universelle a substitué au terme « thérapeutique » celui de « médicale » (*D.* 1999. Lég. 457). Désormais, l'article 16-3, alinéa 1er du Code civil indique « il ne peut être porté atteinte à l'intégrité du corps humain qu'en cas de nécessité médicale pour la personne ». Et plus récemment encore la loi n° 2004-800 du 6 août 2004 modifie ce texte en lui ajoutant « ou à titre exceptionnel dans l'intérêt thérapeutique d'autrui », élargissant ainsi le domaine de la dérogation (Ph. Pedrot [dir.], « Le sens des mots en droit des personnes et droit de la santé », *Revue générale de droit médical 2008*, numéro spéc.).

À l'inverse, l'expression juridique peut parfois être volontairement indéterminée, ainsi pour les *standards juridiques*[Q]. Selon Rials, « le standard est une technique de formulation de la règle de droit qui a pour effet une certaine indétermination a priori de celui-ci ». Le but poursuivi alors est de laisser une plus grande latitude aux juges dans l'accomplissement de la fonction qui leur est dévolue. Ceci permet de donner au droit une capacité d'adaptation appréciable. L'intérêt de l'enfant, standard juridique, a ainsi permis à la Cour de cassation d'approuver l'interdiction par une cour d'appel des réunions au domicile de la mère avec des membres du mouvement raëlien en présence de ses enfants et estimé que les articles 8 § 1, 9 et 10 de la Convention européenne de sauvegarde des droits de l'homme et des libertés fondamentales (Conv. EDH) autorisent des limitations permettant les ingérences prévues par la loi et nécessaires dans une société démocratique à la poursuite des buts légitimes énoncés. En l'espèce, l'arrêt ne portait pas directement atteinte aux droits et libertés fondamentaux de la mère, mais se bornait à soumettre leur exercice à certaines conditions recommandées par le seul intérêt des enfants apprécié souverainement par les juges (Civ. 1re, 22 févr. 2000, *D.* 2001. 398, note C. Courtin). Autre exemple, la Cour de cassation estime que pour faire obstacle à l'exercice du droit d'un enfant de maintenir des relations personnelles avec ses grands-parents, il faut justifier d'atteintes à cet intérêt non rapportées en l'espèce (Civ. 1re, 14 janv. 2009, n° 08-11.035, *Bull. civ.* I, n° 2).

Le langage juridique intéresse ici la théorie du droit. Par le recours à des notions indéterminées, le législateur va donner davantage de pouvoir au juge dans l'élaboration de la solution juridique. Il s'agit alors d'une véritable technique juridique (J. Carbonnier). Certains estiment même que le recours à de telles notions, que d'autres assimilent au droit mou, est une forme de délégation normative. Le langage sera non seulement les mots utilisés, notions cadres, floues, à contenu variable, mais aussi le contexte de leur énonciation. Ce dernier aura une incidence directe sur le sens et le degré de l'indétermination, et donc sur le pouvoir du juge.

Les termes juridiques peuvent aussi plus rarement être identiques bien qu'ayant un sens juridique différent. Cette confusion linguistique n'emporte pas, en principe, de confusion au plan juridique, le contexte suffisant à situer le sens du mot employé. Par exemple : « Francisation » qui, en droit maritime, est un acte qui permet à un navire de naviguer sous pavillon français et qui, en droit civil, est une procédure destinée à donner à un prénom ou à un nom étranger une consonance ou une orthographe française. Il est cependant arrivé qu'un même terme employé pour désigner des concepts différents entraîne une confusion au regard des règles de droit applicables : par exemple l'expression, en procédure civile, de « l'*instance*[Q] » désigne à la fois le litige et le socle procédural du procès.

La spécificité du vocabulaire juridique conduit enfin à donner à des termes communs au droit et au langage courant des sens différents. Ainsi le parquet qui désigne en droit le *ministère public*[Q] n'a rien de commun avec le parquet sur lequel nous marchons.

Le mot traduit enfin une philosophie. Le mot porteur du concept, selon la philoso- 12
phie aristotélicienne classique, a pour fin de désigner la réalité observable. Il part du réel et, par effet, d'abstraction en tire le concept, ce concept donnant lieu à la détermination du régime. Les règles de droit actuellement empruntent leurs fondements à la philosophie moderne qui n'admet pas l'existence d'une réalité objective déterminable. Il s'ensuit que le concept est réduit à être ce que ses auteurs ont voulu,

et non plus le réel observable. Souhaite-t-on que l'enfant en bas âge répare les dommages dont il est la cause matérielle ? La notion de faute objective sans imputabilité morale de l'acte sera instituée, même si manifestement l'enfant en bas âge manquant de discernement, il ne peut commettre de « faute » au sens commun. Souhaite-t-on que les personnes de même sexe puissent se marier ? Le mariage sera institué indépendamment de la différence sexuée de ses membres, même si manifestement il n'est plus alors fondateur de la famille qui inclut dans sa définition la potentialité de l'enfant, sauf à recourir à des moyens autres que la procréation naturelle. Il s'agit de la tendance bien connue en philosophie du nominalisme, qui aboutit nécessairement au subjectivisme et au relativisme.

§ 2 Le langage juridique

13 Le vocabulaire juridique est complété par un style propre à la matière, parfois même par une mise en forme particulière. Moyen de communication usuel, le langage prend en droit une importance considérable en raison du concept véhiculé par le mot. Le mot est signe, signification, sens (Ch. Eisenmann, « Quelques problèmes de méthodologie des définitions et des classifications en science juridique », *Archives Phil. Dr.* 1966. 25 s.). Le langage est constitué d'un ensemble de symboles, de termes destinés par leur agencement à transmettre une idée. Au mot pris isolément s'ajoute la phrase constituée d'un ensemble de mots ordonné pour produire du sens. Tout langage a une terminologie et une phraséologie qui lui correspond. La première difficulté dans l'étude du droit tient à la spécificité du langage juridique. En tant que mode de transmission de sens, le langage est corrélativement un moyen de compréhension de ce qui est transmis.

14 Les règles de mise en forme traduisent souvent le mouvement et l'articulation de la pensée. Une circulaire a ainsi pris soin de préciser le mode de décompte des alinéas lors de l'élaboration des textes (Circ. 20 oct. 2000, *JO* 31 oct. 2000). Il convient désormais « de compter pour un alinéa tout mot ou groupe de mots renvoyé à la ligne, sans qu'il y ait lieu d'établir des distinctions selon la nature du signe placé à la fin de la ligne précédente (point, deux-points ou point-virgule) ou au début de la ligne nouvelle (chiffre arabe ou romain, tiret, guillemets...) ». Quant à la phrase, elle peut notamment révéler que le texte porte une règle de droit et déterminer les caractères à lui reconnaître. Le verbe employé dans une phrase joue un rôle prépondérant pour déterminer le caractère supplétif ou impératif d'une règle (C. civ., art. 205, « Les enfants doivent des *aliments*[Q] à leurs père et mère ou autres ascendants qui sont dans le besoin »). Le temps du verbe n'est pas neutre, l'indicatif présent révèle l'énoncé d'une règle (C. civ., art. 213, « Les époux assurent ensemble la direction morale et matérielle de la famille. Ils pourvoient à l'éducation des enfants et préparent leur avenir »). Les formes impersonnelles traduisent la généralité de la règle (C. civ., art. 6 « On ne peut déroger, par des conventions particulières, aux lois qui intéressent l'ordre public et les bonnes mœurs »), parfois aussi l'interdiction (C. civ., art. 333, al. 2 « Nul, "à l'exception du ministère public", ne peut contester la filiation lorsque la possession d'état conforme au titre a duré au moins cinq ans depuis la naissance ou la reconnaissance, si elle a été faite ultérieurement »). L'adverbe dans une phrase peut annoncer une exception à la règle qui vient d'être

énoncée (« néanmoins », « toutefois ») ou encore donner à la règle un domaine plus ou moins déterminé (« notamment »).

Cette spécificité du langage du droit est rendue nécessaire parce que le vocabulaire renvoie à des notions, des concepts, des catégories juridiques qui rendent compte de l'ordonnancement juridique. L'inconvénient est de rendre peu accessible la règle de droit à ceux qu'elle est appelée à régir. Comment assurer la transmission de la règle si ses destinataires n'en comprennent pas le sens ? Avec ce système de transmission, il ne suffit pas de prendre le Code civil pour saisir le contenu d'une règle, il faut, en plus, avoir reçu une formation juridique. Afin de pallier tout danger s'agissant de l'effectivité des règles de droit, un adage porte que « nul n'est censé ignorer la loi » (*Nemo censetur ignorare legem*). Cette *présomption irréfragable*[Q] permet tout simplement d'opposer les règles de droit à ceux qui ne les connaissent pas ou ne les comprennent pas. Véritable *fiction juridique*[Q], ce principe est nécessaire afin d'éviter que les personnes agissant en violation des règles d'organisation sociale n'opposent leur ignorance. Il s'agit d'une négation consciente et délibérée de la réalité afin d'assurer l'ordre dans la société (*Les présomptions et les fictions en droit*, études publiées par Ch. Perelman et P. Foriers, éd. Bruxelles, 1974). 15 ■

section 2

La logique juridique

La logique est la science du raisonnement que les juristes ont essayé de présenter de façon ordonnée (J.-L. Sourioux, « La science du droit durant la période classique française », *RTD civ.* 2008. 387). Le raisonnement juridique permet d'établir l'adéquation d'une règle de droit à une situation concrète. Il est le centre du travail qui incombe à tout juriste, il s'agit de s'exercer à la qualification juridique. La logique est inhérente au droit parce qu'il s'agit de procéder à une démonstration conjuguant logique formelle et logique argumentative. Celle-ci ne se confond pas avec la logique formelle qui ressemble davantage à une équation mathématique. La logique formelle emprunte au syllogisme (§ 1), alors que la logique proprement juridique relève de l'argumentation (§ 2), de la confrontation du pour et du contre. La logique formelle peut aboutir à des solutions totalement fausses parce que, bien que la construction intellectuelle soit irréprochable, le contenu des propositions est faux. L'erreur du résultat tient ici à l'erreur dans le choix des postulats de départ, ainsi que l'a radicalement exposé Virgil Gheorgiu dans les pétitions rédigées sous forme de syllogisme à la fin de son roman *La vingt-cinquième heure*. L'étudiant se reportera au précieux numéro 11 *des archives de la philosophie du droit* consacré à la logique juridique. Il y apprendra la diversité des approches terminologiques s'agissant de la logique juridique. 16 ■

§ 1 Le syllogisme juridique

17 Le syllogisme est un instrument méthodologique. La teneur de la méthode a été étudiée de façon précieuse par le professeur Motulsky (H. Motulsky, *Principes d'une réalisation méthodique du droit privé (La théorie des éléments générateurs des droits subjectifs)*, Sirey, 1948) rappelant opportunément à l'ouverture de présentation de cet outil : « la méthode [...] organise la matière ; elle ne la construit pas. Il ne s'agit plus, ici, du contentu du droit, ni de la légitimité sociale d'une solution : il s'agit uniquement de la façon de conduire la pensée » (p. 48).

18 Le syllogisme consiste à partir d'une proposition principale, dite « majeure », pour l'appliquer à une proposition spécifique, dite « mineure », et d'en déduire une proposition finale, dite « conclusion ». Ajusté à la matière juridique, le syllogisme consiste à partir d'une règle de droit (majeure), à l'appliquer à une situation concrète (mineure), pour trouver la solution juridique adaptée à l'espèce (conclusion). Sous la plume du professeur H. Motulsky, nous lisons consécutivement : « une règle de droit envisagée est "applicable" au cas au sujet duquel on voudrait la faire jouer, dès lors que : 1° la réponse à la question de droit soulevée par ce dernier coïncide avec l'"effet" de la règle, et que 2° le "cas particulier" compte, parmi les circonstances le composant, celles qui correspondent à la 'présupposition' appelée à déclencher cet effet » (p. 49). Le syllogisme se formule alors de la façon suivante : « Telle présupposition étant donnée, tel effet juridique en découle. Or, le cas particulier est contenu dans cette présupposition. Donc l'effet juridique envisagé se produit dans ce cas particulier » (p. 49).

§ 2 La dialectique juridique

19 L'argumentation est une méthode où l'on procède par confrontation d'arguments sur une même question. Il s'agit de rechercher toutes les raisons en faveur ou en défaveur de ce que l'on doit apprécier. Il existe tout un ensemble d'arguments, véritable typologie, qui permet de découvrir la solution juridique à la question posée ainsi que de vérifier le bien-fondé de cette solution : l'argument de texte, l'argument tiré de la *ratio legis*, l'argument de jurisprudence, l'argument tiré de la *ratio decidendi*, l'argument historique, l'argument *a posteriori*, l'argument *a contrario*, l'argument par analogie, l'argument téléologique, l'argument par l'absurde, l'argument d'autorité, l'argument tiré des intérêts pratiques, économiques, sociaux, etc.

20 La logique en droit consiste indiscutablement en une conciliation de la logique formelle et de la logique argumentative, à ne pas confondre avec la logique hégélienne de type idéaliste (K. Stoyanovitch, « De quel usage peut être en logique juridique la 'dialectique' au sens moderne hégélien et marxiste du mot ? », Archives Phil. dr. 1966. 159 s). La décision de justice témoigne de cette double provenance. Elle est formellement présentée sous la forme d'un syllogisme, mais elle emprunte dans sa motivation à la méthode de l'argumentation, par exemple : Ch. réun., 24 avr. 1862 (*DP* 1862. 1. 153). Cette logique juridique emprunte par nature à l'art de la controverse au sens classique de la *questio* des XIIème et XIIIème siècle, questions disputées au Moyen-Âge.

La solution juridique à laquelle on parvient en procédant de cette manière est celle qui emporte la conviction par la force de la démonstration effectuée ou, ce qui revient au même, par la pertinence des arguments avancés. Mais, en aucun cas, le juriste ne peut prétendre détenir la ou une vérité par simple acte de foi. En simplifiant, on peut dire qu'il peut essayer de réfuter systématiquement les propositions adverses qui lui sont opposées afin de consolider la thèse qu'il défend ou l'abandonner, totalement ou partiellement, s'il s'avère que la position adverse paraît mieux fondée. 21 ■

section 3

La qualification juridique

Le droit est constitué d'un ensemble de concepts qui font l'objet d'une classification permettant de les regrouper au sein de catégories juridiques (§ 1). Cette technique, empruntant à l'idée de système, offre l'avantage d'une approche simplifiée des règles de droit. L'exercice de qualification fait partie de l'art légistique qui se retrouve dans les codifications (§ 2) 22 ■

§ 1 Le rattachement à une catégorie juridique

Le regroupement de situations présentant des traits similaires au sein d'une même catégorie se justifie par une nature commune et la nécessité d'un régime identique. Le droit procède, dit-on, par « catégories ». Ainsi pour les vices du consentement obstacles à la formation d'un contrat, le Code civil dénombre trois vices susceptibles d'entrer dans cette catégorie : l'erreur, le dol, la violence (C. civ., art. 1109 et s.). La nature de vice du consentement permet d'appliquer le régime de la nullité du contrat. 23 ■

La qualification juridique de l'objet a une répercussion sur le régime juridique qui lui est appliqué. Récemment, il a été jugé que l'acte du président du tribunal de grande instance donnant force exécutoire à une transaction qui lui est présentée par l'une des parties à l'acte est une ordonnance sur requête. Cette qualification a des conséquences directes sur les voies de recours recevables à l'encontre de la décision du juge (P. Julien et J.-B. Racine, « Difficultés soulevées par les articles 1441-4 et 1015 du C. pr. civ. », *D.* 2008. 129). 24 ■

Selon la présentation et la synthèse effectuées par le professeur J.-L. Bergel, il existe des catégories qui s'excluent l'une l'autre (*Méthodologie juridique*, PUF, coll. « Thémis », 2001, p. 111 s.). Ainsi les droits extrapatrimoniaux seront opposés aux *droits patrimoniaux*[Q]. Ces catégories sont dites « alternatives » parce que l'objet du classement ne pourra relever que de l'une ou l'autre des catégories. D'autres, en revanche, peuvent se cumuler parce que les classifications sont compatibles entre elles. Ainsi un *bien meuble*[Q] peut aussi être un *bien corporel*[Q]. Ces catégories cumulatives peuvent en outre être hiérarchisées. Ainsi un *contrat synallagmatique*[Q] sera une convention qui est un *acte juridique*[Q]. Parfois les classifications ont même valeur, elles sont 25 ■

équivalentes tels que le *droit personnel*[Q] et le *droit de créance*[Q]. Les catégories juridiques sont les éléments de base de la réflexion juridique quelle que soit la discipline juridique. Le colloque des étudiants tenu à Avignon, le 6 juin 2008, à l'initiative des Masters 2 Droit des contrats privés et publics et droit des biens culturels a ainsi centré la réflexion sur « Les limites des catégories juridiques en droit des contrats et en droit des biens ».

■ 26 Lorsque la qualification juridique est incertaine, il y a répercussion sur la classification en catégorie de l'objet qualifié. C'est ainsi que le Code pénal consacre un Livre II aux crimes et délits contre les personnes, mais la protection de l'embryon humain est rangée dans un Livre V intitulé « Des autres crimes et délits ». Ce livre est divisé en deux titres, l'un consacré aux *infra*ctions en matière de santé publique réglant principalement la protection de l'espèce humaine, du corps humain et de l'embryon humain, l'autre intitulé « Autres dispositions » contient un chapitre unique relatif aux sévices graves ou actes de cruauté contre les animaux. L'incertitude a récemment conduit le législateur à ajouter un nouvel article 515-14 au Code civil (la loi n° 2015-177 du 16 févr. 2015) ouvrant le Livre II consacré aux biens et aux différentes modifications de la propriété. Face au développement de l'anthropomorphisme, et à une forme de personnification des animaux de compagnie, il est désormais précisé : « Les animaux sont des êtres vivants doués de sensibilité. Sous réserve des lois qui les protègent, les animaux sont soumis au régime des biens ».

■ 27 En droit international privé, l'opération de qualification est première : « Bien que cet aspect soit la plupart du temps passé sous silence, la qualification laisse transparaître le rôle décisif de la méthodologie juridique : cela comprend des inductions, des déductions, des inférences, des raisonnements par analogie, des évaluations et, peut-être, même des intuitions personnelles. Nous voyons poindre là une première vérité de la qualification : le fait qu'elle est par essence théorique et fondamentale. Opération nodale, la qualification est fondamentale pour le raisonnement juridique » (R. Boukhari, « La qualification en droit international privé », Les cahiers du droit, vol. 51, 2010. 159 s. ; http://id.erudit.org/iderudit/044139ar). Elle va nécessairement supposer une définition antécédente et une opération de classification selon des catégories prédéterminées. L'opération de codification en droit est, également, une opération de qualification.

§ 2 Les codifications juridiques

■ 28 L'œuvre des codificateurs est révélatrice des difficultés rencontrées pour opérer classement en catégories des concepts juridiques. La *codification* [Q]est une mise en ordre des dispositions légales relativement aux matières juridiques, mais pas seulement (R. Cabrillac, *Les codifications*, PUF, coll. « Droit, éthique et société », 2002). L'insertion, par la loi n° 2013-404 du 17 mai 2013, au Titre préliminaire du Code civil « De la publication, des effets et de l'application des lois en général », d'un article 6-1 disposant : « Le mariage et la filiation adoptive emportent les mêmes effets, droits et obligations reconnus par les lois, à l'exclusion de ceux prévus au titre VII du livre Ier du présent Code, que les époux ou les parents soient de sexe différent ou de même sexe » remet en cause l'ordre intellectuel du plan du Code. L'absence de généralité de la disposition s'opposait à son insertion à l'entrée du Code civil, et il aurait été plus judicieux de l'insérer à l'entrée du Livre I « Des personnes ». Le choix n'est plus scientifique au regard de l'objet des questions traitées, mais il est idéologie, ce qui sur le plan philosophique et épistémologique est plein d'enseignement.

La fonction de classement de la codification apparaît particulièrement lorsqu'il s'agit d'une codification à droit constant, c'est-à-dire lorsque l'autorité publique chargée de la codification n'est pas l'auteur des textes de lois et doit seulement ordonner la matière sans modifier le contenu des règles. Le gouvernement a été ainsi habilité par la loi n° 99-1071, du 16 décembre 1999, à procéder, par ordonnance, à l'adoption de la partie législative de certains codes (*JO* 22 déc. 1999, p. 19040). L'article 78 de la loi n° 2004-1343 du 9 décembre 2004 de simplification du droit (*JO* 10 déc. ; et déjà : L. n° 2003-591 du 2 juill. 2003) ratifie tout un ensemble d'ordonnances adoptées à cette fin et habilite à nouveau le gouvernement à procéder à l'adoption et à la rectification de la partie législative de Codes, en dépit du contentieux somme toute abondant auquel a déjà donné lieu ce type de codification (*RTD civ.* 2002. 592, obs. N. Molfessis), ainsi le tout dernier Code des procédures civiles d'exécution (C. pr. exéc.), exemple de la codification administrative, encore appelée codification-compilation, entré en vigueur en juin 2012. 29 ■

La codification réelle est plus noble, plus rare aussi aujourd'hui, puisqu'elle consiste pour les rédacteurs, au moment de l'élaboration des règles, à présenter, de façon harmonieuse, pour l'entendement les idées contenues dans les règles. La codification suppose une réflexion sur les fondements mêmes que les rédacteurs souhaitent donner à leur code (pour le Code civil de 1804 : X. Martin, « Fondements politiques du Code Napoléon », *RTD civ.* 2003. 247). D'ailleurs l'évolution semble dépasser le constant et le réel, vers ce qui a pu être appelé « la codification dynamique » ayant pour particularité de conduire à la réforme des textes codifiés (*RTD civ.* 2004. 160, obs. N. Molfessis). Le code sera dit « civil », « pénal », « administratif », « rural », etc. en fonction du domaine qu'il réglemente. 30 ■

Hommage doit être rendu au Code civil, encore appelé Code napoléonien, présenté parfois comme la constitution des Français tant le texte fit œuvre d'unification et de réconciliation ; unification de la France par un corps de règles commun aux pays du Nord, pays de coutumes, et les pays du Sud, pays de droit écrit ; réconciliation entre l'Ancien droit et la Révolution. Par la loi Ventôse an XII (21 mars 1803), l'œuvre de Portalis et de Maleville pour les pays de droit écrit, de Tronchet et de Bigot de Préameneu pour les pays de coutumes, à l'initiative de Napoléon Bonaparte voyait le jour. Au plan idéologique, il est possible d'être plus réservé sur cette grande œuvre et les étudiants pourront lire avec profit la *Mythologie du Code Napoléon – Aux soubassements de la France moderne* du professeur Xavier Martin (éditions Dominique Morin, 2003). 31 ■

Napoléon Ier à Sainte-Hélène eut conscience de l'importance de cette œuvre : « Ma vraie gloire, ce n'est pas d'avoir gagné quarante batailles ; Waterloo effacera le souvenir de tant de victoires. Ce que rien n'effacera, ce qui vivra éternellement, c'est mon Code civil. Il faudra pourtant le refaire dans trente ans ». Il a fallu attendre près de deux siècles pour que des modifications substantielles y soient apportées. Ce fut le cas à partir de la seconde moitié du XXe et surtout au début du XXIe siècle. On retiendra de ces modifications, une idéologie différente empreinte de l'évolution des mœurs, une rédaction moins rigoureuse des articles de loi, une numérotation à indices multiples plus proche du droit de la consommation et de la réglementation que du droit civil et des lois générales et impersonnelles des rédacteurs de 1804. La modification du Code par des lois successives n'est pas pour faciliter l'harmonie de l'ensemble, il suffit de songer à la méthode qui a été retenue en pratique pour le droit de la famille et des personnes. Il convient cependant de louer la modification du droit des sûretés, par l'ordonnance du 23 mars 2006, qui a procédé à une réforme d'ensemble de toute la question des sûretés et ajouté un Livre IV au Code civil.

■ 32 Un volet du Code civil avait cependant résisté à la réforme encore que le droit lui-même ait été profondément modifié par l'application qui en était faite par les tribunaux, il s'agissait du Livre III intitulé « Des différentes manières dont on acquiert la propriété », parmi lesquelles tout le droit des contrats. À l'initiative du professeur Catala, plusieurs universitaires ont cependant souhaité se mettre à l'œuvre pour offrir une version moderne de ces dispositions figurant au Code civil. Cet avant-projet de réforme du droit des obligations et de la prescription, accessible par voie de téléchargement sur Internet, a été le 22 septembre 2005 présenté au garde des Sceaux. Fin 2008, sous la direction du professeur François Terré, une réforme du droit des contrats a également été présentée (*Pour une réforme du droit des contrats*, Dalloz, coll. « Thèmes & commentaires », 2009). Ils s'inscrivent dans un mouvement d'ensemble au plan européen pour rechercher les fondements d'un droit commun des contrats et constituent la réponse ferme et discrète du droit français aux initiatives allemande (Principes européens de droit des contrats réalisés à l'initiative du professeur Landö) et italienne (Le groupe de Pavie dirigé par le professeur Gandolphi). Ces différentes propositions ont pour point commun de n'avoir aucune force obligatoire. Il s'agit de simples propositions doctrinales. La loi n° 2015-177 du 16 février 2015 relative à la modernisation et à la simplification du droit et des procédures dans les domaines de la justice et des affaires intérieures a par la suite confié au Gouvernement, dans les conditions prévues à l'article 38 de la Constitution (v. ss 149), le soin de « prendre par voie d'ordonnance les mesures relevant du domaine de la loi nécessaires pour modifier la structure et le contenu du livre III du Code civil, afin de moderniser, de simplifier, d'améliorer la lisibilité, de renforcer l'accessibilité du droit commun des contrats, du régime des obligations et du droit de la preuve, de garantir la sécurité juridique et l'efficacité de la norme », outre les conditions particulières indiquées dans le texte. La réforme a abouti avec l'ordonnance n° 2016-131 du 10 février 2016 portant réforme du droit des contrats, du régime général et de la preuve des obligations.

■ 33 S'agit-il de codification administrative, de codification à droit constant, de codification réelle, de recodification (« La codification/2 », *Rev. Droits*, n° 26, PUF, 1998), cette opération en principe et *a minima* de mise en ordre de la législation et des catégories qui la forment, est également une opération de politique juridique où vont transparaître les valeurs, les fins, les principes contemporains du droit positif. La matière des contrats est, à ce titre, particulièrement révélatrice des enjeux que porte une codification ou recodification partielle.

section 4

Les exercices juridiques

Trois types d'exercices juridiques doivent être maîtrisés : le commentaire d'une décision de justice ou d'un texte, le cas pratique ou la consultation juridique et la dissertation sur une question juridique. Dans tous les cas, trois points sont fondamentaux : l'introduction (§ 1), le plan (§ 2) et les développements (§ 3). Dès la première année, les étudiants ont grand intérêt à préparer sous forme de travaux libres, l'exercice de dissertation épreuve fréquente des concours d'accès aux professions juridiques. Plus particulièrement, les concours d'entrée à l'École nationale de la magistrature (ENM), à l'École d'avocat ou encore aux métiers de la police connaissent pour épreuve la note de synthèse. Celle-ci illustre l'esprit de synthèse propre à tout juriste (§ 4). L'étudiant pourra consulter avec profit l'ouvrage de nos collègues François Grua et Nicolas Cayrol : *Méthode des études de droit*, Dalloz, coll. « Méthodes du droit », 2017. 34

§ 1 L'introduction

Elle obéit à un certain nombre de règles formelles. Cette forme peut varier d'un enseignant à l'autre. Ces règles ne sont donc pas intangibles. Pourtant, toutes tendent au même but : établir un ordre dans la présentation du sujet à traiter et de la problématique à résoudre. L'étudiant n'est pas tenu d'adopter tel ordre plutôt que tel autre, le tout est qu'il sache en fin d'année procéder de façon logique dans l'exposé de son travail. L'harmonie dans la forme doit révéler la cohésion des idées au fond. 35

Tout sujet porte en lui-même les termes de l'exercice à résoudre. La lecture lente et réfléchie du sujet est indispensable au travail qui doit suivre. Noter les idées qu'elle évoque spontanément, rechercher les connaissances qui ont un rapport avec le thème étudié, penser aux difficultés des questions que le sujet présuppose. Veiller tout particulièrement à la terminologie employée, aux tournures de phrases. Réfléchir à ce qui est exposé, qui l'expose, comment cela est exposé. Il convient de retenir aussi ce qui est seulement suggéré ou ce qui est, volontairement ou non, occulté. Ceci est une étape nécessaire pour bien cerner la problématique. 36

Pour délimiter le ou les problèmes posés, il est utile, ainsi qu'il est parfois enseigné, de formuler par trois fois la question mais sous un angle de vue différent (général, concret, précis) : 1) Formulation du ou des problèmes juridiques posés de façon générale et théorique. Exemple : en matière civile, peut-on se constituer une preuve à soi-même ? 2) Formulation concrète de la ou des difficultés à résoudre. Exemple : la facture élaborée et produite par le créancier est-elle recevable pour prouver sa créance d'un montant de 2 000 euros ? 3) Formulation précise et détaillée de la ou des questions juridiques particulières à résoudre. Exemple : sur quel fondement peut-on rattacher l'interdiction de se constituer une preuve à soi-même ? La preuve 37 produite satisfait-elle aux conditions de l'article 1359 du Code civil ou s'agit-il d'un simple commencement de preuve par écrit au sens de l'article 1362 du même Code ?

Chaque exercice contient ensuite des paramètres propres.

■ 38 Introduire une décision de justice : 1) Formulation du ou des problèmes juridiques posés de façon générale et théorique. 2) Faits de l'espèce. 3) Formulation concrète de la ou des difficultés à résoudre. 4) Procédure : qui a saisi la juridiction (demandeur), sur quel fondement juridique (moyen contenant un ou plusieurs arguments), qu'a soutenu la partie adverse (défendeur), sur quel fondement juridique (moyen contenant un ou plusieurs arguments), qu'est-ce qui a été décidé par les juges (dispositif et motifs ; v. ss 314), une voie de recours a-t-elle été exercée, par qui, contre qui, quels sont les moyens de part et d'autre, quelle est la solution rendue par la juridiction, etc. jusqu'à aboutir à la décision objet du commentaire (citer entre guillemets le considérant ou l'attendu essentiel). 5) Formulation précise et détaillée de la ou des questions juridiques particulières qui ont été posées aux juges. 6) Valeur et portée de la décision : replacer la solution dans son contexte (valeur), donner une vision prospective, c'est-à-dire indiquer l'influence ultérieure de la solution retenue (portée). 7) Annonce du plan.

■ 39 Introduire un article : il peut s'agir de tout type de texte (passage d'un article de doctrine, texte de loi *largo sensu*, extrait d'un contrat, etc.), en première année, l'exercice le plus fréquent est le commentaire d'un article de loi. 1) Formulation du ou des problèmes juridiques posés de façon générale et théorique. 2) Présentation du contenu de l'article (s'il est court le citer *in extenso*), de sa date, des modifications partielles ou totales depuis son adoption, le situer par rapport à l'article qui le précède et qui le suit, et par rapport à l'intitulé de la partie où il est intégré, faire état de la construction formelle (nombre d'alinéas, formulation positive, négative, formulation d'un principe et d'une exception révélée par l'emploi de tel adverbe, etc.), élucider les termes techniques, souligner l'ambiguïté de certains termes... 3) Formulation concrète de la ou des difficultés résolues par l'article. 4) Formulation précise et détaillée de la ou des questions juridiques auxquelles il a donné lieu. 5) Indiquer si le texte a fait l'objet d'une réception controversée en doctrine, préciser son accueil en jurisprudence. 6) Annonce du plan.

■ 40 Introduire le sujet d'une dissertation : 1) Formuler un ou des problèmes juridiques posés de façon générale et théorique. 2) Présenter le sujet (analyse de chacun des termes surtout si l'intitulé est bref, lien entre les termes du sujet, définition de l'ensemble obtenu). 3) Délimiter le sujet, c'est-à-dire exclure ce qui n'entre pas dans l'objet de votre propos et souligner les grands traits des questions que vous allez aborder qui correspondent à la formulation concrète de la ou des difficultés à résoudre. 4) Rattacher le sujet aux connaissances juridiques qu'il évoque : approche historique, textes de lois, controverses doctrinales et/ou jurisprudentielles... 5) Résumer en une formulation précise et détaillée la ou les questions juridiques qui vont constituer les étapes du raisonnement et le but que l'on essaie d'atteindre, c'est-à-dire le résultat poursuivi de la démonstration. 6) Annonce du plan.

■ 41 Introduire un cas pratique : À la différence des méthodes proposées pour les autres exercices, le cas pratique (ou consultation juridique) ne fait l'objet que d'une très brève introduction constituée en trois étapes. 1) Présenter les faits pertinents du cas à résoudre. 2) Opérer une transcription juridique des faits sous forme interrogative.

3) Annoncer l'ordre dans lequel sera traitée chacune des questions juridiques ainsi formulée.

§ 2 Le plan

À la différence de ce qui est enseigné au lycée, il faut préciser qu'en droit, le plan doit apparaître formellement. Cela signifie d'abord que la dernière partie de l'introduction qui est consacrée à l'annonce du plan, marquera par un signe visible chacune des parties le constituant. Exemple : l'articulation de la décision est claire. Après avoir caractérisé la faute de défaut de conseil du banquier (I), les juges prononcent la résolution judiciaire à ses torts exclusifs (II). Cela signifie ensuite que chaque partie du plan comprend un intitulé qui rend compte du contenu des développements qui vont suivre. Exemple : I. Le défaut de conseil du banquier II. La résolution judiciaire aux torts exclusifs du banquier. 42 ■

La tradition en droit est de réduire, autant qu'il est possible, les questions étudiées en deux parties, chacune constituée de deux sous-parties (I. A. B. ; II. A. B.). Cette règle formelle oblige l'étudiant à apprendre la rigueur dans le raisonnement en rattachant plusieurs aspects d'une même question par une appellation générique. Il y a une articulation logique entre chaque sous-partie constituant les deux questions nécessaires pour répondre au problème principal posé dans la partie qu'elles constituent. Ce lien logique est mis en exergue par l'étudiant dans un chapeau introductif après chaque partie où apparaissent expressément dans une phrase les A et B qui vont suivre. Il convient de procéder comme pour les deux parties principales qui sont les deux points de droit complémentaires pour traiter et résoudre la problématique qui a été posée dans l'introduction. 43 ■

Le plan n'est toutefois que l'ordre dans les idées développées, il est l'articulation logique du raisonnement élaboré à partir des problèmes posés dans l'introduction. Lorsqu'il y a des idées irréductibles entre elles, l'étudiant peut donc faire un plan constitué d'autant de parties qu'il y a d'idées. Ce système n'est pas reconnu par tous les enseignants. Certains exigent de façon impérative et, dans tous les cas, un plan dichotomique, d'autres n'admettent le plan en trois parties ou plus que si l'irréductibilité des idées entre elles est indéniable, d'autres enfin, moins nombreux semble-t-il, n'accordent aucune importance à la forme donnée aux développements. Il convient par conséquent que chaque étudiant se renseigne sur ce qu'attend son enseignant.

Chaque partie et sous-partie fait l'objet d'un intitulé. Cet intitulé est destiné à renseigner sur le contenu des développements qui forment la partie ou sous-partie. Un lecteur doit à la seule lecture du plan comprendre ce que l'étudiant cherche à démontrer et par où il va passer pour mener à bien cette démonstration. La lecture de l'intitulé doit être par conséquent révélatrice de la teneur juridique de cette partie ou de la sous-partie. Exemple d'intitulé inadéquat : le principe ; l'exception ; les conditions ; les effets ; la portée de la solution ; la portée ou la valeur de l'arrêt... Outre le caractère juridique de l'intitulé, il faut qu'il soit suffisamment précis pour que le lecteur puisse comprendre la question qui sera étudiée dans la partie ou sous-partie désignée. Pour plus de clarté, il est souvent exigé de l'étudiant des intitulés suffisamment brefs, sans verbe, et désignant directement le point de droit traité. 44 ■

45 Il existe évidemment des particularités dans l'élaboration du plan qui tiennent à la nature de l'exercice effectué. Mais, dans tous les cas, le meilleur plan sera celui susceptible de suivre au plus près l'ordre du texte à commenter. Ceci est particulièrement vrai pour les décisions de justice ou les articles de loi. Les juges ou le législateur dans la solution juridique retenue donnent fréquemment la clef du raisonnement à suivre et donc du plan à élaborer. Exemple : article 213 du Code civil : « Les époux assurent ensemble la direction morale et matérielle de la famille. Ils pourvoient à l'éducation des enfants et préparent leur avenir ». I. La direction conjointe de la famille A. Caractère conjoint de la direction de la famille B. Objet moral et matériel de la direction de la famille II. L'éducation et la préparation de l'avenir des enfants A. Les débiteurs de l'obligation B. Le contenu de l'obligation.

On relèvera la particularité de l'élaboration du plan lorsque l'exercice consiste à disserter sur une question juridique. Le plan dépendra en très grande partie de la culture, des connaissances, des choix et de la réflexion de l'étudiant. Sous cet angle, la dissertation juridique est un exercice plus difficile pour l'étudiant qui débute ses études de droit. Exemple de sujet : le couple. Parce que le couple est un lieu d'union (I), il est aussi un lieu de protection (II). I. Le couple, un lieu d'union A. Une union présupposée (mariage, concubinage, exclusion du PACS) B. Une union finalisée (l'union, cadre à la procréation – l'union, acte d'association) II – Le couple, un lieu de protection A. Une protection organisée (la vie en couple – la cessation du couple) B. Une solidarité imposée (entre les membres du couple – à l'égard des tiers).

46 Il convient de préciser enfin que pour résoudre un cas pratique, il est inutile de faire un plan à la manière des règles sus énoncées. Il suffit que l'étudiant adopte pour plan l'ordre des questions qu'il doit résoudre.

§ 3 Les développements

47 L'étudiant doit utiliser la technique de la logique formelle et de la logique argumentative. Les développements sont la matière du raisonnement juridique. Ils dépendront des questions envisagées. On peut, toutefois, dénombrer un certain nombre d'erreurs à ne pas commettre. Le danger bien connu qui guette tout étudiant est l'affirmation gratuite, le conformisme de pensée, la paraphrase, l'acte de foi en une autorité (le législateur, la Cour de cassation, le juriste célèbre...), le manichéisme dans les représentations, etc. Chaque fois, la raison de l'erreur tiendra à l'absence d'effort personnel de réflexion. Le juriste est, par image, celui qui effectue une pesée entre le pour et le contre. Son activité repose sur l'art de poser les bonnes questions et d'y apporter, autant que faire se peut, des réponses. Tels doivent être les développements constituant la matière des exercices juridiques. Il faut en outre que l'étudiant songe toujours à donner les références de ce qu'il avance lorsqu'il s'agit d'une règle de droit (citer l'article de loi, le décret avec n° et date), d'une décision de justice (Civ. 2e, 6 nov. 2000, *D.* 2000. Jur. 333), d'une opinion doctrinale (J.-L. Bergel, *Théorie générale du droit*, 5e éd., Dalloz, 2012, n° 14). Afin d'éviter le hors sujet (ou la récitation du cours), il suffit dans chaque sous-partie de partir dans la réflexion d'un passage du texte à commenter, pour extraire toute la substance juridique qu'il porte (ne pas hésiter à citer ce passage littéralement dans la copie).

§ 4 L'esprit de synthèse

L'esprit de synthèse est distinct de l'esprit d'analyse et de démonstration. Mais toute synthèse suppose au préalable une analyse de ce qui fera l'objet de la synthèse. À la pluralité des analyses menées, le juriste saura exprimer ce qui en fait la synthèse, les points de rencontres ou les points d'oppositions, les traits saillants de l'argumentation développée. La synthèse est à l'analyse ce que la logique formelle est à la logique proprement juridique. Elle est un outil de développement global de ce qui a été précédemment examiné et analysé ; autrement dit un outil de réduction à l'essentiel. 48 ■

L'exercice dit de la note de synthèse a pour finalité le classement logique et pertinent d'un ensemble de documents. Le nombre de documents la constituant se situe généralement entre 15 et 30. Dans un temps imparti (3 à 5 h), il est demandé de lire chacun des documents, d'en établir la ou les idées majeures et de construire un plan permettant une présentation synthétique et objective du thème considéré. Mais il ne s'agit nullement d'un résumé du contenu des textes. La spécificité de l'exercice réside ensuite dans le fait qu'il ne faut surtout pas donner son avis ou prendre position sur les questions présentées. 49 ■

Les qualités requises pour la réalisation de la note sont la capacité de lecture rapide des documents, l'esprit de synthèse pour rendre compte du contenu des textes en allant à l'essentiel, la rigueur et la maîtrise de l'écriture car une note de synthèse ne doit pas dépasser en principe cinq pages.

L'introduction est très brève : présentation du sujet et ordre dans les idées composant le plan. Le plan apparaît expressément. Chaque sous-partie doit être construite autour d'un ensemble de documents au soutien de l'idée développée. Au cours de la rédaction, il conviendra entre parenthèses d'indiquer le document exploité (doc. 1) ou (doc. 1 et 10). Le fait de citer plus de deux documents en même temps révèle souvent un problème de méthode. L'idée particulière du document par rapport aux autres documents n'aura pas été saisie. Tous les documents, enfin, doivent avoir été exploités, c'est-à-dire cités dans le devoir.

Pour réaliser au mieux l'esprit de cet exercice, il faut comprendre que dans la vie professionnelle le juriste sera parfois amené à établir un rapport sur un dossier constitué de plusieurs pièces. Celui auquel est destiné le rapport doit à sa seule lecture pouvoir se diriger vers la pièce utile sans avoir tout à consulter.

L'exercice de la note de synthèse n'est pas pratiqué par les étudiants en droit sur les bancs de la Faculté. Nous leur conseillons fortement de s'entraîner par eux-mêmes à cet exercice au coefficient élevé dans de nombreux concours. Des sujets de note de synthèse peuvent généralement être téléchargés sur les sites professionnels des concours concernés

1

Compléments pédagogiques

Mémo

Le savoir juridique passe par la maîtrise des instruments juridiques qui sont à son service. Ceux-ci ne sont pas particuliers au droit puisqu'il s'agit de langage, de logique et de classification. Le langage juridique est indispensable en raison de *l'assimilation du terme au concept juridique*. La terminologie est *opération de qualification juridique*. Autrement dit, le juriste, en employant tel terme plutôt que tel autre, transcrit juridiquement une situation qui, par le fait même, se verra appliquer le régime juridique consécutif. Il existe par conséquent un *vocabulaire spécifique aux disciplines juridiques* ainsi qu'une phraséologie adaptée. La construction de la phrase, le verbe choisi, sa conjugaison, l'emploi d'adverbes, de formules impersonnelles, de tournures de phrases négatives, seront autant d'indices pour apprécier la teneur de la règle juridique formulée.

Ce langage est par ailleurs enrichi d'une technique de raisonnement qui emprunte à la *logique formelle*, ayant pour forme de prédilection le syllogisme, et à la *logique argumentative* qui consiste à peser le pour et le contre en opposant des arguments pour vérifier le bien ou mal fondé de ce qui est soutenu. La décision judiciaire emprunte la forme du syllogisme mais la solution a le plus souvent été élaborée à partir d'une argumentation préalable indispensable.

L'ensemble des règles juridiques font l'objet d'une présentation par catégories. Il s'agit d'une *synthèse du droit par classification*. Puisque le terme porte le concept qui lui-même détermine la règle consécutivement applicable, ces concepts peuvent, au regard de leur nature et de leurs effets, faire l'objet d'un classement en catégories. C'est là le lot commun de toutes les codifications de règles juridiques existantes.

Ces éléments de méthodologie juridique sont indispensables à l'accomplissement des exercices juridiques que sont le commentaire d'une décision de justice ou d'un texte de loi, la consultation juridique ou encore la dissertation sur une question juridique.

Quid

■ Acte juridique n° 25

Manifestation de volonté destinée à produire des effets de droit. On oppose l'acte au fait juridique parce que ce dernier produit des effets de droit sans que son auteur ne les ait recherchés.

■ Aliments n° 14

Somme d'argent versée par une personne, débitrice, à une autre personne, créancière, qui est sans ressources pour l'aider à subvenir à ses besoins. Les aliments ne peuvent être dus que si un lien de parenté existe entre le débiteur et le créancier.

■ Bien corporel n° 25

Toute chose matérialisée par opposition au bien incorporel qui est dématérialisé (ex. : actions cotées en bourse).

■ Bien meuble n° 25

Toute chose corporelle ou incorporelle qui n'est pas sujette à immobilisation. Le meuble est une catégorie juridique du droit des biens que l'on oppose aux immeubles constitués par tout fond de terre, terrain, bâtiment.

■ Codification n° 28

La codification consiste à ordonner, afin de les rendre plus accessibles et intelligibles, les dispositions juridiques contenues dans des textes de lois et relevant d'un même domaine.

■ Contrat synallagmatique n° 25

Le contrat est l'accord de volontés par lequel une ou plusieurs personnes s'engagent envers une ou plusieurs autres à donner, à faire ou à ne pas faire quelque chose. Il est synallagmatique lorsque les obligations prévues dans l'accord sont réciproques.

■ Droit de créance n° 25

Droit appartenant à une personne dénommée « créancier » d'exiger d'une autre personne appelée « débiteur » d'accomplir une prestation ou de payer une somme d'argent. La créance est l'envers de l'obligation ou de la dette.

■ Droit personnel n° 25

Droit d'exiger d'autrui l'accomplissement de son obligation. Il s'oppose au droit réel qui consiste à détenir un droit sur une chose (ex. : droit de propriété).

■ Droits patrimoniaux n° 25

Tout droit qui est un élément du patrimoine d'une personne. Le droit patrimonial est dans le commerce. À l'opposé se trouve le droit extrapatrimonial qui n'est pas monnayable et appartient à la personne sans entrer directement dans son patrimoine (ex. : droit au nom).

■ Fiction juridique n° 15

Procédé de technique juridique permettant de considérer comme existante une situation manifestement contraire à la réalité.

■ Instance n° 11

Fraction du temps située entre l'acte de procédure qui introduit le procès par la saisine de la juridiction et la décision de cette juridiction qui en principe opère dessaisissement. L'instance est le socle procédural du procès. Elle est parfois confondue avec la notion distincte de « litige » qui est la contestation qui oppose les plaideurs.

■ Ministère public n° 11

Terme générique employé pour désigner les magistrats du parquet. Ceux-ci par opposition aux magistrats du siège ne tranchent pas le litige, mais requièrent l'application de la loi et veillent au respect de l'ordre public.

■ Présomption irréfragable n° 15

Mode de raisonnement juridique en vertu duquel, de l'établissement d'un fait on induit un autre fait qui n'est pas prouvé. Le caractère irréfragable de la présomption signifie qu'elle ne peut être renversée par une preuve contraire.

■ Qualification juridique n° 10

Procédé destiné à donner à une situation factuelle sa consistance juridique. Élément du raisonnement qui permet de traduire en termes juridiques une situation concrète et de conduire à la solution juridique applicable.

■ Standard juridique n° 11

Terme désignant la référence faite dans certains textes à une conduite jugée correcte au regard de ce qui est communément admis dans le groupe social. Son caractère flou confère de la souplesse à l'application de ces textes, en laissant aux juges une assez grande liberté d'appréciation dans les affaires qui leur sont soumises.

Documents

L'information juridique

– Mélanges ou Études offertes à une personne : il s'agit d'une somme d'études sur des thèmes juridiques, souvent unifiés en fonction des spécialités de l'auteur qui reçoit l'hommage.
– Archives de philosophie du droit : un numéro par an sur un thème juridique.
– Revue juridique générale hebdomadaire (Recueil Dalloz/Jurisclasseur général) qui permet à l'étudiant d'être au courant de l'actualité juridique.
– Revue juridique mensuelle par discipline juridique (Droit de la famille par exemple).
– Le fonds commun des manuels : 1) commencer par un ouvrage pédagogique simplifiant la matière (aux éditions Dalloz, les collection « Cours » ou « Hypercours »), 2) consulter les articles de doctrine, commentaires de décision de justice dans les revues, 3) approfondir en consultant les traités (aux éditions Dalloz, la collection « Précis Dalloz »).

Sites officiels

– Tous les Codes en ligne, le Journal officiel où sont publiées toutes les règles de droit, les décisions de justice administratives, judiciaires (pénales et civiles), les décisions du Conseil constitutionnel : http://www.legifrance.com
– Les assemblées parlementaires : le Sénat : http://www.senat.fr et l'Assemblée nationale : http://www.assemblee-nationale.fr
– Les décisions de justice de la Cour de cassation, les rapports annuels, les publications de la Cour : http://www.courdecassation.fr
– Les décisions de justice du Conseil d'État, des cours et des tribunaux administratifs : http://www.conseil-etat.fr/cde/

– Les décisions du Conseil constitutionnel : http://www.conseil-constitutionnel.fr
– Le droit de l'Union européenne : http://europa.eu

Revues en ligne

– Votre université souscrit en général un abonnement auprès des principaux éditeurs juridiques accessible en nomade pour les étudiants et les professeurs. Vous y trouverez tout le droit positif et des commentaires et articles réalisés par des auteurs juridiques (doctrine). Renseignez-vous auprès de votre bibliothèque.

Structure commentée d'une décision de la Cour de cassation

Sur la hiérarchisation des arrêts : « Les mentions « P.B.R.I » permettent de hiérarchiser les arrêts de la Cour de cassation. Elles définissent la nature de la publication, qui est décidée par les magistrats de la chambre à l'issue du délibéré. « P » désigne, selon le cas, les arrêts publiés au Bulletin des arrêts des chambres civiles ou au Bulletin des arrêts de la chambre criminelle. « B » désigne les arrêts publiés au Bulletin d'information de la Cour de cassation (BICC). « R » désigne les arrêts analysés au rapport annuel de la Cour de cassation. « I » désigne les arrêts diffusés sur le site internet de la Cour de cassation. Ces différents supports de publications peuvent se combiner, un arrêt pouvant être qualifié, par exemple, « P+B », « P+B+R » ou encore « P+B+R+I », selon l'importance que la chambre lui accorde. Les arrêts « D » font l'objet d'une diffusion sur Jurinet, la base des arrêts de la Cour de cassation, accessible sur le site intranet de la Cour (non public). Ils sont également accessibles via le site Legifrance.gouv. fr sous la mention « inédits ». Selon la complexité des pourvois, les formations des chambres diffèrent. Elles sont signalées par les lettres : FP : formation plénière de chambre, FS : formation de section (9 à 15 magistrats selon les chambres), F ou FR : formation restreinte (le président, le doyen et le conseiller rapporteur) » (site de la Cour de cassation).

COUR DE CASSATION — Nom de la juridiction

Chambre civile 1 — Numéro de la chambre de la Cour à laquelle l'affaire a été distribuée

Audience publique du jeudi 20 avril 2017 — Date de l'audience qui est la date de la décision

N° de pourvoi : 16-17672 — Numéro d'enregistrement au répertoire du greffe de la Cour de cassation

Publié au bulletin — Décision par le service de documentation et d'études de la Cour de cassation pour être publiée au bulletin officiel des arrêts de la Cour

Cassation sans renvoi — Indication sur la suite de la procédure

Mme Batut (président), président — Nom du président de la chambre

SCP Bénabent et Jéhannin, avocat(s) — Avocat aux Conseils des parties

REPUBLIQUE FRANCAISE
AU NOM DU PEUPLE FRANCAIS } Justice déléguée

LA COUR DE CASSATION, PREMIÈRE CHAMBRE CIVILE, a rendu l'arrêt suivant :] Nom de la juridiction et indication de la formation de jugement ou chambre

Motif de l'arrêt {

Sur le premier moyen :] Fondement en fait ou en droit sur lequel s'appuie la demande

Vu l'article 431 du code civil ;] Visa de la décision : règle de droit appliquée à la décision

Structuration de la décision devant la Cour de cassation

Attendu que, selon ce texte, la demande d'ouverture d'une mesure de protection judiciaire doit, à peine d'irrecevabilité, être accompagnée d'un certificat circonstancié rédigé par un médecin choisi sur une liste établie par le procureur de la République ; qu'au sens de ce texte, le certificat circonstancié peut être établi sur pièces médicales, en cas de carence de l'intéressé ;

Attendu que, pour déclarer recevable la requête du procureur de la République aux fins d'ouverture d'une mesure de protection au profit de Mme X..., l'arrêt, après avoir relevé que cette requête est accompagnée d'une lettre du médecin inscrit constatant que l'intéressée ne s'est pas présentée aux convocations, retient que les éléments du dossier, à savoir, l'état du logement de Mme X..., ses difficultés récurrentes de paiement du loyer, son état de surendettement chronique et] Rappel de la décision contre laquelle le pourvoi est formé

Motif de l'arrêt

les propos qu'elle tient, sont en faveur d'un diagnostic de pathologie psychotique décompensée et d'une perte de contact avec la réalité, ce dont il résulte qu'elle présente une altération de ses facultés mentales l'empêchant de pourvoir seule à ses intérêts ; *[Rappel de la décision contre laquelle le pourvoi est formé]*

Qu'en statuant ainsi, alors que la requête n'était pas accompagnée d'un certificat circonstancié du médecin inscrit, fût-il établi sur pièces médicales, la cour d'appel a violé le texte susvisé ; *[Solution de l'arrêt]*

Et vu l'article L. 411-3 du code de l'organisation judiciaire ; *[Justification de l'absence de renvoi]*

Dispositif dans lequel les juges vont donner leur décision

PAR CES MOTIFS et sans qu'il y ait lieu de statuer sur le second moyen :

CASSE ET ANNULE, dans toutes ses dispositions, l'arrêt rendu le 23 juin 2015, entre les parties, par la cour d'appel de Rennes ; *[Arrêt de cassation]*

DIT n'y avoir lieu à renvoi ; *[Cassation sans renvoi]*

Déclare irrecevable la requête du procureur de la République aux fins d'ouverture d'une mesure de protection au profit de Mme X... ;

Laisse à chacune des parties la charge de ses propres dépens, incluant ceux afférents aux instances devant les juges du fond ;
Dit que sur les diligences du procureur général près la Cour de cassation, le présent arrêt sera transmis pour être transcrit en marge ou à la suite de l'arrêt cassé ;
Ainsi fait et jugé par la Cour de cassation, première chambre civile, et prononcé par le président en son audience publique du vingt avril deux mille dix-sept. *[Date de la décision]*

Biblio

– Aristote, *Rhétorique*, Livre de poche.
– S. Balian, « Néologismes législatifs pour la forme », in *Mélanges G. Cornu*, PUF, 1994, p. 1 et s.
– J.-L. Bergel, *Méthodologie juridique*, PUF, coll. « Thémis », 2001 ; *Théorie générale du droit*, 4e éd., Dalloz, coll. « Méthodes du droit », 2004.
– E. Bertrand, « Le rôle de la dialectique en droit privé », *D.* 1951. Chron. 151.
– G. Cornu, *La linguistique juridique*, 2e éd., Montchrestien, coll. « Domat droit privé », 2000.
– J.-P. Gridel, *La dissertation, le cas pratique et la consultation en droit privé*, 4e éd., Dalloz, coll. « Méthodes du droit », 1996.
– S. Guinchard, Th. Debard (dir.), *Lexique des termes juridiques*, 24e éd., Dalloz, 2016-2017.
– M.-N. Jobard-Bachellier, X. Bachellier, J. Buk Lament, *La technique de cassation (Pourvois et arrêts en matière civile)*, 8e éd., Dalloz, coll. « Méthodes du droit », 2013.
– M.-L. Mathieu, *Le raisonnement juridique, initiation à la logique et à l'argumentation*, PUF, coll. « Thémis », 2015.
– R. Mendregris, G. Vermelle, *Le commentaire d'arrêt en droit privé*, 7e éd., Dalloz, coll. « Méthodes du droit », 2004.
– B. Oppetit, « De la codification », *D.* 1996. Chron. 33.
– C. Perelman, *Logique juridique (Nouvelle rhétorique)*, Dalloz, coll. « Bibliothèque Dalloz », 1999.
– J.-L. Sourioux, P. Lerat, « L'euphémisme dans la législation récente », *D.* 1983. Chron. 221 ; *L'analyse de texte*, Dalloz, coll. « Méthodes du droit », 2005.
– D. Thouvenin, « Les avatars de l'article 16-3, alinéa 1er, du Code civil », *D.* 2000. Chron. 485.
– *Le langage du droit*, préf. M. Villey, Dalloz, coll. « Archives de philosophie du droit », T. XIX, 1974.
– F. Zénati, « Les notions de code et de codification (Contribution à la définition du droit écrit) », in *Mélanges C. Mouly*, Litec, 1998, T. I, p. 246.
– A. Wagner, « Les apports de l'analyse linguistique dans la conception du flou et de la sécurité juridique », *JCP* G, 2005. I. 195.
– *Locutions latines juridiques*, Dalloz, coll. « À savoir », 2007.

Quiz

1) Sujet corrigé

Découverte d'une décision de justice

Énoncé

Civ. 25 oct. 1950

« La Cour ; – Sur le moyen unique : – Vu l'article 335 du Code civil ; – Attendu que la reconnaissance volontaire d'un enfant adultérin ne produit par elle-même aucun effet ; qu'elle ne peut donc, à elle seule servir de cause à une créance d'aliments, fondée sur une obligation naturelle ; Attendu que, néanmoins, la cour d'appel (Riom, 10 déc. 1945) a décidé que D. ayant, dans trois lettres, reconnu que la jeune M. H. était issue des relations qu'il entretenait avec la mère de celle-ci, l'établissement de cette filiation, bien qu'adultérine, ouvrait nécessairement pour l'enfant le droit à obtenir des aliments ; Mais attendu qu'il n'appartenait pas aux juges du fond de faire découler du seul aveu de paternité adultérine, la transformation d'une obligation naturelle en obligation civile de contribuer à l'entretien de l'enfant ; d'où il suit qu'en statuant comme il l'a fait, l'arrêt infirmatif attaqué a violé le texte visé au pourvoi ; Par ces motifs, casse..., renvoie devant la cour d'appel de Lyon ».

1. Qu'est-ce qu'un moyen ? Un argument ?
2. Qu'est-ce qu'un visa ?
3. Qu'est-ce qu'un attendu de droit ?
4. Qu'est-ce qu'un pourvoi ?
5. Quelle différence entre les motifs d'un arrêt et le dispositif ?

Voir le corrigé en fin de rubrique.

3) Conseils de méthode

Fiche de cours

Le cours est la présentation synthétique d'un thème. Il ne suppose pas nécessairement l'intégralité de la matière. Il s'agit des points clés qui permettront à l'étudiant d'avoir les repères nécessaires à ses recherches, les études universitaires étant principalement constituées du travail personnel de l'étudiant.

Pour établir une fiche sur le cours et tout au long de l'année être au point de la discipline concernée :

– Sur une première fiche reproduire le plan de la partie concernée. Le plan est l'ordre de la démonstration. Avoir le plan de visu sur une page avec les parties maîtresses, permet d'avoir la démonstration d'un seul tenant.

– Puis sur la fiche suivante établir le thème clé que l'on souhaite traiter dans la partie du plan reportée. Elle devra comporter :

le report des idées forces du cours sur le thème (en synthétisant) ;

le report des connaissances indispensables à connaître ;

les lois et autres règles, les décisions de justice constitutives du thème traité (en résumant l'apport de chacune) – de lege lata (pour le passé)

Dans la forme, en bas de fiche, faire une rubrique évolutive contenant les éléments suivants :

– *Actualité juridique*. Cela suppose de consulter les sites juridiques pour actualiser le long de l'année mais aussi les années ultérieures afin de tenir votre fichier à jour jusqu'au moment où vous passerez des concours supposant la maîtrise de diverses disciplines juridiques étudiées les années antérieures ; Vous reportez ici les lois et autres règles, les décisions de justice en lien avec le thème en les résumant et qui auront été rendues ultérieurement à votre cours ou prise de note.

– *Apports doctrinaux*. Vous notez à partir des manuels, des articles en lien avec le thème dans les revues, les idées spécifiques à tel ou tel auteur qui n'auraient pas été indiquées dans votre cours. Pour les noter spécifier d'abord : les prénom et nom de l'auteur, la source c'est-à-dire la revue où est situé l'article avec l'indication de l'année, la page et éventuellement le numéro du paragraphe ou encore le manuel, l'ouvrage en procédant de la même manière. Noter ensuite l'apport, l'idée originale de l'auteur (que vous soyez d'accord ou non, il s'agit pour l'instant de collecter le matériau, non de l'analyser).

4) Corrigé

Découverte d'une décision de justice

1. Le moyen est le fondement en fait et/ou en droit qui justifie la demande qui est faite au juge, la prétention que l'on espère obtenir. Le juge est tenu de répondre aux moyens qui lui sont soumis, alors qu'il n'a pas à répondre à tous les arguments qui structurent le moyen.

2. Le visa est la référence à la règle de droit qui est faite par le juge : « Vu l'article... ». Il indique le ou les fondements juridiques sur lesquels la décision se fonde.

3. Il s'agit de l'attendu essentiel dans lequel le juge donne la solution juridique. Il ne doit pas être confondu avec les éléments du pourvoi (argumentation faite par le demandeur au pourvoi contre la décision déférée à la Cour).

Que sont les motifs rapportés ? Les motifs sont rapportés lorsque la Cour de cassation reprend la motivation effectuée par les juges du fond (tribunal ou cour d'appel).

Qu'est-ce qu'un arrêt infirmatif ? Un arrêt de cour d'appel peut être infirmatif ou confirmatif. Dans le premier cas, il infirme la décision des premiers juges, dans le second cas, il la confirme.

4. Le pourvoi est la voie de recours exercée devant la Cour de cassation contre une décision des juges du fond.

5. Les motifs sont le corps de la décision, il s'agit de la motivation des juges. Le dispositif est la réponse donnée par le juge à chaque demande qui lui a été soumise. Ce dispositif sera revêtu de la formule exécutoire et pourra éventuellement donner lieu à exécution forcée par recours à un Huissier de justice.

chapitre 2

Le(s) fondement(s) du droit

Plan analytique

section 1

La règle juridique

§ 1 Un instrument de régulation : une règle

A. Caractère normatif

B. Caractère coercitif

§ 2 Un instrument d'adéquation : le juridique de la règle

A. Droit, morale et religion

B. Droit, justice, concorde

section 2

La philosophie du droit

§ 1 Des écoles de pensée

A. Le positivisme juridique

B. Le droit naturel

§ 2 La philosophie révélée par le droit

A. Abécédaire à compléter

B. Valeurs contemporaines

section 3

L'épistémologie juridique

Compléments pédagogiques

2

Le(s) fondement(s) du droit

Qu'est-ce que le droit ? Il est l'équation qui permet l'équilibre entre les deux plateaux de la balance tenus par la déesse Thémis, cette mesure, cheville ouvrière de la justice. Le droit, en latin *ius*, se dessine en creux, rétif à toute définition. Il est révélé par l'ensemble des règles qu'il qualifie, mais ce qui est droit est insuffisant pour déterminer ce qu'est le droit. Le ou les fondements du droit sont un perpétuel objet de questionnement où les réponses ne peuvent être que le résultat de la réflexion personnelle du juriste, et, en tant que telles, en continuel développement. Le droit est révélé par la règle juridique (section 1). Que serait un juriste ancré sur sa vérité qui, après vingt ans ou plus de travail, n'aurait rien ajouté à ses réponses initiales, sinon un terreau stérile, car, comme chacun sait, pour un élément de réponse durement acquis, combien de nouvelles questions à embrasser ! Ceci étant, les pensées sur le droit se présentent souvent sous forme d'écoles, alors que certains noms de juristes ou philosophes renvoient à une certaine forme de pensée. La philosophie du droit est la lumière qui éclaire de ses valeurs la règle du droit positif (section 2). Celles-ci participent d'une réflexion pluriséculaire sur le droit. La science n'est pas exclue. Le domaine de l'épistémologie juridique correspond à l'étude du droit positif comme objet propre de connaissance (section 3). 50

section 1

La règle juridique

Parce que la recherche du bien commun passe par la recherche de la paix et de la sécurité entre les membres du corps social, parce qu'il n'est pas de véritable tranquillité sans le respect des intérêts particuliers de chacun de ces membres, parce que l'absence de désordre ne peut s'établir que si chacun se voit attribuer individuellement ce qui lui est dû, l'ordre social sera ordonnancement juridique. Le droit est norme régulatrice des rapports humains en société. Les études de droit sont autant d'approches de règles de droit regroupées en disciplines juridiques qui forment les différentes branches du droit (droit public/droit privé ; droit interne/ droit international ; droit substantiel/droit processuel ; droit civil/commercial/ pénal/du travail ; etc.). Mais le droit est aussi norme de direction des conduites humaines en société, et, ce faisant, parfois norme correctrice des comportements sociaux (prohibition de l'inceste ; interdiction de certaines ententes économiques entre entreprises ; etc.). 51

L'étudiant en droit découvre, initialement, le droit à partir des différentes disciplines juridiques. En France, l'opposition est celle du droit privé entendu comme le droit des gens, c'est-à-dire des personnes dans leurs rapports entre elles ou pour leurs affaires, et celle du droit public entendu du droit des institutions publiques et des rapports entre États ou de l'Administration avec les particuliers. Dans chacune de ces branches, les disciplines juridiques se superposent pour constituer un ensemble désigné par l'appellation droit privé ou droit public. La pertinence de l'opposition est remise régulièrement en question.

L'étudiant très rapidement se verra confronté à la distinction du droit objectif, entendu comme l'ensemble des règles de droit posées par les pouvoirs ayant reçu l'autorité d'édicter ces règles (au plan national le Parlement ou l'administration), et le droit subjectif, c'est-à-dire la prérogative juridique reconnue par les pouvoirs publics aux sujets de droit, tel que le droit d'agir en justice.

Le droit est un instrument de régulation, en ce sens il est règle (§ 1), mais il semble plus radicalement instrument d'adéquation, étant par là le juridique de la règle (§ 2).

§ 1 Un instrument de régulation : une règle

52 Même s'il y a de plus en plus de règles de droit – règles adoptées selon des procédures régulières par des autorités publiques investies de ce pouvoir – qui n'ont aucun caractère normatif ou obligatoire (il existe un assez large consensus pour estimer que cette utilisation de la règle par le législateur est une déviance : « La loi n'est pas faite pour affirmer des évidences, émettre des vœux ou dessiner l'état idéal du monde. [...] La loi ne doit pas être un rite incantatoire. Elle est faite pour fixer des obligations et ouvrir des droits. En allant au-delà, elle se discrédite » (P. Mazeaud, « La loi ne doit pas être un rite incantatoire », *JCP* 2005. Act. 70. 245).

En dépit des controverses sur la notion de « droit », les caractères de la règle de droit demeurent, peut-être parce qu'il s'agit des caractères propres à toute règle, le caractère normatif incluant un aspect obligatoire (A) et le caractère coercitif incluant la sanction (B).

A. Caractère normatif

53 Le caractère normatif tient à la prescription contenue dans toute règle, en droit, en l'obligation de donner, de faire ou de ne pas faire quelque chose. Il s'agit d'une norme, règle générale et abstraite, destinée à s'appliquer à tout individu qui répond aux conditions d'application de la règle. À soi seul, le caractère général et abstrait est insuffisant à individualiser la règle de droit. Il existe d'autres normes de régulation répondant à ces caractères qui ne sont pas pour autant des règles de droit. Ils restent cependant un des éléments constitutifs de la norme juridique.

Afin de leur conférer une dimension distinctive, certains ont préconisé de reconnaître une origine étatique à la règle ainsi posée. La norme juridique serait une règle générale et abstraite ordonnée par l'État en vue d'organiser les rapports en société. À l'heure de l'Union européenne, les souverainetés étatiques ont vécu, bien que l'on puisse par analogie concevoir que cet ordre juridique fasse référence à une sorte de super-État, à tout le moins à un supra-législateur. L'argument porte à faux. Indépendamment de ce constat, ce normativisme étatique a été dénoncé pour son incomplétude, car il y a des règles de droit non étatiques, comme les règles coutumières. Par ailleurs, on refusera d'adhérer à un critère dont la pauvreté réside dans son contenu organique et formel qui tendrait à concevoir au titre de norme juridique toute règle édictée par une autorité publique, sans qu'il soit tenu compte de son objet. Enfin, le simple fait qu'il soit critère *a posteriori* est disqualifiant pour l'entendement qui cherche avant tout à saisir la substance des concepts. Soutenir qu'il s'agit d'une règle de droit parce que provenant d'un organe étatique conduit, en effet, à définir la règle de droit par voie de conséquence et non intrinsèquement.

Au caractère normatif répond le caractère obligatoire de la règle. Pour qu'il y ait norme, il faut qu'il y ait prescription ayant vocation à s'appliquer à ceux qu'elle concerne. Le précepte contenu dans la règle est un devoir être. La norme est donc obligatoire autant que la règle l'a prévu. La norme juridique peut par exemple proposer une alternative à ses destinataires, ainsi pour les règles supplétives. Cela signifie que si les personnes n'ont pas utilisé la marge de liberté que leur laissait la règle, la norme supplétive doit s'appliquer. 54 ■

Mais là encore le caractère obligatoire de la règle en tant que réceptacle d'une conduite à tenir reste beaucoup trop large pour définir la règle de droit. On la retrouve en d'autres domaines, ainsi en matière religieuse. On sera d'accord pour reconnaître que les musulmans doivent respecter le jour du vendredi, que les catholiques sont tenus d'assister à la sainte messe le dimanche, premier jour de la semaine ou que les juifs doivent respecter dès le vendredi soir le shabbat. Il s'agit d'une norme obligatoire, mais il ne s'agit évidemment pas d'une règle de droit.

B. Caractère coercitif

On a alors songé à placer le critère ultime et décisif de la règle de droit dans son caractère coercitif. Plus précisément, la contrainte étatique serait l'élément distinctif entre normes juridiques et autres normes de régulation sociale. Ces dernières font l'objet de sanctions, mais celles-ci ne seraient jamais d'origine étatique. La possibilité de recourir aux juridictions étatiques et à la force publique pour obtenir au besoin l'*exécution forcée*[Q] de la décision n'existerait que pour les règles de droit. 55 ■

Il est vrai que la sanction étatique, en principe, n'est envisageable que pour les normes juridiques, mais l'ampleur de ces normes avec la place prépondérante reconnue aux principes fondamentaux et aux libertés publiques permet d'intégrer même ce qui substantiellement ressortit d'un autre domaine que le domaine juridique. Ainsi, dans la confession hébraïque, la femme répudiée par son mari doit obtenir la délivrance du « gueth » (acte de répudiation) pour pouvoir se remarier religieusement. Or, en cas de refus de délivrance de cet acte religieux par le mari, certains tribunaux n'ont pas hésité à se reconnaître compétents, dès lors que l'autorité judiciaire est gardienne des libertés individuelles et que, par ailleurs, tout abus de droit doit faire l'objet d'une sanction quelles que soient l'origine et la nature de ce droit.

On peut ensuite relever qu'il existe des règles de droit qui ne font pas l'objet de sanctions étatiques. L'exemple classique est celui des obligations naturelles. L'*obligation naturelle*[Q] est une obligation juridique, et c'est pourquoi elle peut être un obstacle à une *action en répétition de l'indu*[Q] (C. civ., art. 1302). Celui qui a payé ce qu'il devait en vertu d'une obligation naturelle ne peut prétendre se faire restituer ce qu'il a versé par celui auquel il devait, dès lors qu'il a payé volontairement. En revanche, le créancier d'une obligation naturelle ne peut contraindre en justice son débiteur à l'exécuter. Il s'agit d'une obligation sans action.

On observe encore qu'il existe des normes juridiques pour lesquelles la contrainte étatique est de faible utilité soit parce que la sanction est inadaptée, soit parce qu'il ne peut y avoir exécution forcée. La sanction de l'infidélité conjugale ne consiste pas à contraindre l'époux volage à la fidélité, mais consiste à supprimer purement et simplement l'obligation elle-même par le prononcé, à certaines conditions, du divorce. On songe aussi à l'obligation de cohabitation des époux posée par l'article 215 du Code civil. En cas de violation, on ne peut plus contraindre l'époux récalcitrant à rentrer au foyer *manu militari*.

En réalité, ainsi que le relevait le professeur B. Oppetit, « une règle n'acquiert pas la juridicité parce qu'elle est sanctionnée par l'autorité publique, elle est au contraire sanctionnée parce qu'elle est juridique, ce qui laisse entière la question de la juridicité ».

§ 2 Un instrument d'adéquation : le juridique de la règle

56 En tant que règle, le droit peut être comparé ainsi qu'il vient d'être présenté à d'autres normes de régulation sociale. Il semble que l'élément d'altérité requis et la recherche d'égalité au sens de juste équilibre, de mesure donnent au caractère juridique de la règle (B) une particularité qui ne se retrouve ni en morale ni en religion (A).

A. Droit, morale et religion

57 La morale est définie fondamentalement comme la science des comportements vertueux. Les vertus ont toutes pour objet soit nos rapports avec autrui, soit les rapports avec nous-mêmes. La vertu de justice consiste à rendre à chacun ce qui lui est dû (*suum cuique tribuere*). Sous ce rapport, on pourrait soutenir que le droit a pour fondement la morale. Mais la morale dépasse le cadre de la vertu de justice, et tend à permettre l'accomplissement intérieur de ce que nous sommes. Elle régit un domaine qui est le for interne des individus et qui n'intéresse pas le droit. Exemple pris de la vertu de tempérance : le gourmand transgresse une règle morale qui est la tempérance dans les passions, ici de l'appétit concupiscible. Le droit se désintéresse de la vertu de tempérance, à moins que sa transgression n'ait pour effet de spolier autrui de ce qui lui appartient, de ce qui est à lui, de ce qui lui est dû. L'alcoolisme n'est pas sanctionné en soi, il ne l'est que parce qu'il peut conduire à attenter à la vie, à la santé d'autrui. Ainsi, le droit interdira la conduite en état d'ivresse. Mais tout un chacun peut boire plus que de raison s'il ne se met pas en situation de préjudicier au bien d'autrui. Ceci est la première raison pour laquelle le droit ne saurait être confondu avec la morale. Il ne règle que les rapports avec autrui, il exige un élément d'altérité, il s'occupe du for externe des personnes. La morale, en ce qu'elle tend à conduire l'homme au bonheur, passe inéluctablement par un dépassement de la vertu de justice et trouve son accomplissement dans la vertu de charité. Au plan moral, on peut en effet se trouver vis-à-vis des autres dans deux situations très distinctes l'une relevant de la vertu de justice, l'autre de la vertu de charité.

58 On peut objecter qu'il existe nombre de règles juridiques ayant un contenu fortement moral. Mais cela ne prouve pas que le droit a pour fondement la morale puisque, chaque fois, la règle morale reconnue par le droit aura pour effet de rappeler à chacun ce qui est dû aux autres, il s'agit de justice *stricto sensu*. L'argument probant pour placer le fondement du droit dans la morale serait une règle juridique, sans élément d'altérité, décidant que chacun doit pour son propre perfectionnement suivre telle conduite vertueuse. Or, à notre connaissance, il n'en existe pas.

Les relations du droit et de la morale ont fait l'objet de l'attention de nombreux juristes. Sans les étudier tous, remarquons que l'un d'eux, Georges Ripert, est plus particulièrement associé à cette question en raison de l'un de ses ouvrages : *La règle morale dans les obligations civiles* (LGDJ, 1949). Cet auteur, au milieu du XXe siècle, relevait « À qui réfléchit sur les rapports du droit et de la morale se pose de nouveau, et avec plus de force après la séparation nécessaire, la question de savoir si le droit peut vivre coupé de sa racine, par la seule force de sa technique, ou si, au contraire, il ne peut se développer que par une montée continue de la sève morale » (p. 11). L'auteur confond cependant les deux domaines, selon nous à tort, en témoigne son approche de l'obligation naturelle réduite au simple devoir moral (p. 378 v. ss 55) et la conclusion de son ouvrage : « Je dis, en effet, que l'obligation civile ne peut être pleinement comprise et techniquement construite qu'en ayant constamment présente à l'esprit l'idée qu'elle traduit juridiquement les rapports que la morale établit entre les hommes. Ne dira-t-on pas que c'est faire reposer le droit des obligations sur l'idéal moral de justice, c'est-à-dire au fond sur la vieille idée du droit naturel ? » (p. 405 v. ss 76). À la même période René Demogue soutenait à propos de la notion de « droit », dans son ouvrage *Les notions fondamentales de droit privé* (éd. La mémoire du droit, 2001, reprint 1911) : « Qui dit morale, dit plutôt obligation du for intérieur ; qui dit droit, obligation du for extérieur. Et cette puissance donnée à la règle morale ne peut s'expliquer que par un but poursuivi, une utilité, une finalité poursuivie : un certain aspect que l'on veut donner à la société, un certain ordre que l'on veut y mettre. On peut donc dire que c'est pour une raison d'utilité, de finalité si l'on préfère qu'une partie de la morale est exécutoire » (p. 14). Il ne faut cependant pas confondre le droit naturel et la morale. Le premier a pour contenu des obligations juridiques par lesquelles nous devons en justice quelque chose à autrui, même si le législateur ne l'a pas sanctionné en droit positif. La seconde ne nous lie à autrui que par l'obligation que nous nous devons à nous-mêmes de vivre la vertu. L'un relève du droit objet de la justice, l'autre non. 59 ■

Le droit reste, cela est moins discuté, distinct de la religion.

En France, droit et religion sont théoriquement distincts. Les rapports des Églises et de l'État se sont progressivement apaisés. Après le lointain gallicanisme, opposant le royaume de France à Rome, et les alliances de fortune au XVIIIe siècle de la monarchie et de l'Église, a fait suite la violente période révolutionnaire. L'abolition des privilèges la nuit du 4 août 1789, suivie de la Déclaration des droits de l'homme et du citoyen du 26 août 1789, ont permis le décret du 13-19 février 1790 interdisant les ordres monastiques, les vœux perpétuels étant contraires à la liberté. La nationalisation des biens de l'Église a justifié l'érection de la Constitution civile du clergé des 12 juillet et 24 août 1790 fonctionnarisant l'Église de France, en dépit de l'opposition de Rome dans le Bref *Quod aliquantum* du 10 mars 1791. L'opposition sera forte entre les prêtres assermentés ou « jureurs » et les prêtres réfractaires fidèles à Rome. Au début de la Convention, en 1793, la suspicion à l'égard de la religion atteindra quand même la nouvelle Église « constitutionnelle » et en dépit de textes en faveur de la liberté des cultes (décret du 8 décembre 1793), se développent des cultes révolutionnaires. Le droit essaie alors de changer la société. Ce bouleversement est marqué par l'abandon de l'ère chrétienne, la chute de la monarchie sera le premier jour de l'an I de la République. Le rythme calendaire est changé, le mois est divisé en trois décades et le décadi, le dixième jour, est chômé. Les fêtes chrétiennes sont bannies au profit de fêtes empruntées au cycle des saisons. Le désordre s'instaure à l'occasion de ces 60 ■

fêtes, une tentative de retour à l'ordre est menée par Robespierre. Le culte de l'être suprême remplace les cultes révolutionnaires en 1794. On y affirme l'immortalité de l'âme, l'existence d'un être suprême, un culte qui passe par la pratique des Droits de l'homme, avec l'instauration de fêtes politiques et de fêtes morales telle que la fête de la « pudeur » ou la fête de « l'âge viril ». Le culte de l'être suprême eut le succès de son initiateur, et l'État s'oriente alors vers la première séparation de l'Église et de l'État. Le décret du 3 ventôse an III (21 février 1795) pose le principe de la liberté du culte dans la séparation de l'Église et de l'État. Cela ne va pas sans persécutions et immixtions dans la religion ; ainsi le décret l'ayant précédé de quelques mois, du 18 septembre 1794, confirme la prohibition des vœux religieux contraires aux droits naturels de l'homme. La religion devient affaire privée. Les autres religions, les protestants, les juifs, bénéficient de la nouvelle législation qui tend à leur reconnaître des droits que la religion dominante leur avait otés. L'État français n'est plus catholique, la césure est faite entre droit et religion. L'histoire ultérieure apportera des aménagements aux rapports entre l'Église et l'État sans remettre en cause le principe de séparation. C'est ainsi que l'organisation des cultes par Napoléon passera, avec l'Église catholique, par le régime concordataire résultant de la convention du 15 juillet 1801 (26 messidor an IX), elle-même suivie de la loi d'organisation des cultes dite « articles organiques de la convention » du 2 avril 1802, lesquels ayant été élaborés de façon unilatérale par Napoléon ne seront jamais reconnus par Rome. Le régime concordataire demeure aujourd'hui en Alsace-Moselle qui ne connaîtra pas l'application de la loi du 9 décembre 1905 y ayant mis fin sur l'autre partie du territoire national. Cette loi du 9 décembre 1905 a à nouveau instauré la séparation tranchée des Églises et de l'État et l'article 2 de la Constitution du 4 octobre 1958 énonce que « la France est une République indivisible, laïque, démocratique et sociale » (J. Carbonnier, « La religion, fondement du droit ? », Dalloz, *Archives de philosophie du droit* 1993, p. 17). Les textes internationaux rappellent que « toute personne a droit à la liberté de pensée, de conscience et de religion ; ce droit implique la liberté de manifester sa religion ou ses convictions individuellement ou collectivement, en public ou en privé, par le culte, l'enseignement, les pratiques et l'accomplissement des rites » (art. 9 de la Conv. EDH ; v. aussi art. 18 du Pacte international relatifs aux droits civiques et politiques, art. 10 de la Charte des droits fondamentaux de l'Union européenne). Deux termes symbolisent aujourd'hui les liens de la religion et de l'État en France : la laïcité d'une part et la neutralité de l'État d'autre part. La laïcité de l'État et la neutralité de l'État s'inscrivent dans l'appréhension du droit subjectif à la liberté religieuse défendue au titre de la Convention européenne de sauvegarde des droits de l'homme et des libertés fondamentales.

■ 61 La liberté religieuse n'impose pas à l'État la non-confessionnalité. La laïcité ne se confond pas avec la neutralité. Le choix de la laïcité par un état n'est pas en soi une option neutre, pas plus que celui d'une religion en particulier. Le respect de la liberté religieuse suppose de la part de l'État le respect du pluralisme consubstantiel à toute société démocratique. L'État doit respecter l'autonomie des groupements religieux et ne pas s'immiscer dans l'organisation interne de ceux-ci.

La question de la liberté religieuse, de ses limites, est régulièrement posée. On songe aux différents arrêtés de plusieurs maires de France contre le port du burkini, l'été dernier en 2016. C'est aussi la définition même de cette liberté qui est en cause : où situer le religieux du non religieux ? Quelle frontière entre les traditions, la culture et la manifestation religieuse ? Ce fût, à la période hivernale, l'interrogation soulevée en France sur la place des crèches dans les lieux publics. S'agit-il d'une manifestation religieuse, d'un simple fait religieux, ou d'une manifestation culturelle ? (CE, Ass., 9 nov. 2016, *Fédération départementale des libres penseurs de la Seine-et-Marne*, n° 395122 et *Fédération de la libre pensée de Vendée*, n° 395223). Les rapports entre religion et État aujourd'hui, est la question des limites que l'État peut apporter à la religion entendue du droit à la liberté religieuse.

L'État s'arroge le droit de distinguer religions et sectes, problématique propre à la circulaire du 29 février 1996 relative à la lutte contre les atteintes aux personnes et aux biens commises dans le cadre des mouvements à caractère sectaire, et la création d'un observatoire sur les sectes remplacé par une mission interministérielle de lutte contre les sectes. Toute la difficulté tient à l'absence de définition de la secte qui se confond par l'acte de foi qu'elle présuppose avec la religion et plus globalement avec toute croyance. Le droit en intervenant dans ce domaine risque par l'élaboration de normes juridiques de confondre à nouveau les domaines du droit et de la religion (v. Loi n° 2001-504 du 12 juin 2001 tendant à renforcer la prévention et la répression des mouvements sectaires portant atteinte aux droits de l'homme et aux libertés fondamentales, *JCP* 2001. III. 20511 ; A. Dorsner-Dolivet, « Loi sur les sectes », *D.* 2002. 1086).

L'ingérence de l'État s'agissant de la liberté de religion et la restriction au pluralisme consubstantiel d'une société démocratique, n'est autorisée que dans la limite de l'article 9-2 de la CESDH et très exactement que si la mesure est nécessaire pour préserver « la sécurité publique », « la protection de l'ordre, de la santé ou de la morale publiques », ou « la protection des droits et libertés d'autrui ». La justification de l'ingérence sera donc fonction du but légitime poursuivi par l'État par rapport à ces seuls impératifs et, à condition que la restriction soit proportionnée au droit ou à la liberté en cause. 62 ■

Dans l'affaire *S.A.S. c/ France* (CEDH 1er juill. 2014, req. n° 43835/11) la question de la restriction à la liberté de religion d'une jeune femme portant la burqa et le niqab par l'interdiction de les porter dans l'espace public a été finement analysée, reprenant les étapes de la méthode d'appréciation suivie par les juges : le but légitime poursuivi, la nécessité de la restriction et le caractère proportionné de celle-ci. Or, le gouvernement français justifiait l'incrimination pénale du port de ces vêtements dans l'espace public en invoquant « la sécurité publique » et « le respect du socle minimal des valeurs d'une société démocratique » (§ 114). Au titre de ces valeurs, il vise : « le respect de l'égalité entre les hommes et les femmes, le respect de la dignité des personnes et le respect des exigences minimales de la vie en société. Il estime que cette finalité se rattache à la « protection des droits et libertés d'autrui », au sens du second paragraphe des articles 8 et 9 de la Convention » (§ 116). Seule la troisième finalité sera retenue par la Cour, le voile étant une atteinte au « vivre ensemble » qui s'entend de la possibilité de nouer des relations interpersonnelles : « La Cour peut donc admettre que la clôture qu'oppose aux autres le voile cachant le visage soit perçue par l'État défendeur comme portant atteinte au droit d'autrui d'évoluer dans un espace de sociabilité facilitant la vie ensemble » (§ 122).

La question des rapports de la religion et de l'État se pose également dans la vie quotidienne des Français et le droit là encore doit apporter des réponses adaptées. La loi n° 2016-1088 du 8 août 2016 relative au travail, à la modernisation du dialogue social et à la sécurisation des parcours professionnels a ainsi inséré au Code du travail un nouvel article, L. 1321-2-1, aux termes duquel :

« Le règlement intérieur peut contenir des dispositions inscrivant le principe de neutralité et restreignant la manifestation des convictions des salariés si ces restrictions sont justifiées par l'exercice d'autres libertés et droits fondamentaux ou par les nécessités du bon fonctionnement de l'entreprise et si elles sont proportionnées au but recherché » (J. Mouly, « Le principe de neutralité dans l'entreprise », *D.* 2016. 1992). Cette réponse du législateur français au fait religieux s'inscrit dans le contexte de l'affaire *Baby-Loup* (Cass., ass. plén., 25 juin 2014, n° 13-28.369, *Bull. ass. plén.*, n° 1 ; Soc. 19 mars 2013, n° 11-28.845). Dans cette affaire, l'employée d'une crèche située à Chanteloup-les-Vignes portait le foulard islamique et pour cette raison a été licenciée. Après un long chemin juridictionnel, l'affaire a été tranchée par l'Assemblée plénière de la Cour de cassation dans les termes suivants : « attendu qu'il résulte de la combinaison des articles L. 1121 1 et L. 1321 3 du Code du travail que les restrictions à la liberté du salarié de manifester ses convictions religieuses doivent être justifiées par la nature de la tâche à accomplir et proportionnées au but recherché ». Or, en l'espèce, le règlement intérieur de l'entreprise disposait : « le principe de la liberté de conscience et de religion de chacun des membres du personnel ne peut faire obstacle au respect des principes de laïcité et de neutralité qui s'appliquent dans l'exercice de l'ensemble des activités développées, tant dans les locaux de la crèche ou ses annexes qu'en accompagnement extérieur des enfants confiés à la crèche ». Le pourvoi diligenté contre l'arrêt de la cour d'appel ayant considéré le licenciement pour faute grave justifiée fut rejeté par les hauts magistrats. Le nouvel article L. 1321-2-1 du Code du travail autorise l'ingérence de l'employeur lorsque les restrictions sont justifiées par l'exercice d'autres libertés et droits fondamentaux ou par les nécessités du bon fonctionnement de l'entreprise. La question des relations entre droit et religion est pleinement d'actualité. La grande chambre de la Cour de justice de l'Union européenne (CJUE) vient de rendre une décision le 14 mars 2017 à une demande de décision préjudicielle qui porte sur l'interprétation de l'article 4, paragraphe 1, de la directive 2000/78/CE du Conseil, du 27 novembre 2000, portant création d'un cadre général en faveur de l'égalité de traitement en matière d'emploi et de travail (Aff. C 188/15, *Asma Bougnaoui et Association de défense des Droits de l'homme (ADDH) c/ Micropole SA, anciennement Micropole Univers SA*). Une employée avait refusé d'enlever le foulard couvrant ses cheveux et avait, pour ce fait, été licenciée. Pour apprécier s'il y avait eu atteinte à l'égalité de traitement, la CJUE invite à distinguer le for interne du for externe. Les juges sont ensuite invités à un double contrôle. Le premier est du côté du salarié par rapport à l'existence d'une règle interne à l'entreprise : « ce qu'il appartient à cette juridiction de vérifier, le licenciement de Mme Bougnaoui a été fondé sur le non-respect d'une règle interne qui était en vigueur au sein de cette entreprise, interdisant le port de tout signe visible de convictions politiques, philosophiques ou religieuses, et s'il devait apparaître que cette règle en apparence neutre aboutit, en fait, à un désavantage particulier pour les personnes adhérant à une religion ou à des convictions données, telles que Mme Bougnaoui, il y aurait lieu de conclure à l'existence d'une différence de traitement indirectement fondée sur la religion ou sur les convictions, au sens de l'article 2, paragraphe 2, sous b), de la directive 2000/78 ». Le second contrôle consiste à se placer du côté de l'intérêt de l'entreprise : « les États membres peuvent prévoir qu'une différence de traitement (...) ne constitue pas une discrimination lorsque, en raison de la nature d'une activité professionnelle ou des conditions de son exercice, la caractéristique en cause constitue une exigence professionnelle essentielle et déterminante, pour autant que l'objectif est légitime et que l'exigence est proportionnée ». Or, en l'occurrence il est conclu que « que la volonté d'un employeur de tenir compte des souhaits d'un client de ne plus voir les services dudit employeur assurés par une travailleuse portant un foulard islamique ne saurait être considérée comme une exigence professionnelle essentielle et déterminante au sens de cette disposition ». Cet arrêt, bien que rendu sur un texte distinct de l'article L.1321-2-1 du Code du travail l'éclaire opportunément. Il n'est pas excessif de dire que le nouveau texte ayant pour but d'établir une forme de sécurité juridique quant à l'expression des convictions personnelles, en particulier d'appréhender le fait religieux en entreprise, n'est que le fondement d'un édifice à venir. Cet édifice sera constitué du matériau prétorien. Il va revenir à la jurisprudence d'établir quels sont les atteintes justifiées ou non à la liberté individuelle du salarié en fonction du contenu qu'elle donnera à un concept juridiquement flou, « le bon fonctionnement de l'entreprise ». L'exercice d'autres droits et libertés fondamentaux qui est la seconde mesure retenue par le texte est juridiquement plus explicite. Leur contenu cependant sera également fixé par la jurisprudence.

Il reste qu'au plan conceptuel, le droit n'a pas pour fondement la religion parce que 63 ■
celle-ci a pour objet principal de régler nos rapports avec Dieu, ensuite de quoi elle organisera nos rapports avec le prochain et avec nous-mêmes. La religion, tout comme la morale et le droit, est une norme de régulation sociale, mais sa finalité intrinsèque, qui n'est pas de ce monde, est la vision béatifique. On peut trouver une adéquation entre la religion, la morale et le droit, mais leurs finalités diffèrent. La religion a pour fin Dieu, elle tend à la vérité, la morale a pour fin le bonheur de la personne, elle tend au bien, le droit a pour fin la justice, il tend au bon, à l'équitable. Il est donc logique de rencontrer des points d'intersections entre ces chemins. Ces recoupements ne signifient pas la synonymie des notions, mais plutôt leur complémentarité.

Un grand professeur, le doyen Jean Carbonnier, a particulièrement réfléchi sur cette existence d'une pluralité de normes à côté du droit. Si l'on peut ne pas être toujours d'accord avec ses conclusions, un esprit curieux tirera un grand profit à lire cet auteur, notamment *Flexible droit* (10e éd., LGDJ, 2001) ou encore *Essais sur les lois* (2e éd., Defrénois, 1995) pour ne citer que deux de ses ouvrages les plus connus. Juriste, sociologue, théologien, de religion protestante, Jean Carbonnier a aussi été législateur, participant à de nombreuses réformes du droit, en particulier du droit de la famille. En simplifiant à l'extrême, l'idée d'un désengagement du droit est défendue, désengagement qui se traduit par un double mouvement le pluralisme juridique – « à chacun sa morale, à chacun son droit » – et le pluralisme normatif. L'ancienne loi du 11 juillet 1975 relative au divorce, à laquelle il a participé, rend compte de la théorie. En offrant six formes de divorce à la place du seul divorce pour faute, le droit refuse de donner priorité au mariage indissoluble, il se désengage et donne à chacun la possibilité du choix. Il s'agit de pluralisme juridique (J.-L. Bergel [dir.], *Le plurijuridisme*, Actes du 8e colloque du congrès de l'Association internationale de méthodologie juridique, PUAM, 2005). Mais pour le doyen Carbonnier semble-t-il ce premier mouvement ne peut se comprendre sans le second le pluralisme normatif. Pour lui, il s'agit moins de « lois que l'on dit permissives, que l'on dit de libéralisation » que « de lois de transfert : le pouvoir d'interdire a été transféré du droit aux autres systèmes de normes : les mœurs, l'éthique, la religion » (*Essais sur les lois*, op. cit., p. 277).

En réalité, défendre les pluralismes juridique et normatif revient à défendre le relativisme et le subjectivisme juridiques, ce qui est directement contraire aux principes de droit naturel qui sont indépendants de la conception individuelle que chacun peut s'en faire, mais c'est là déjà raisonner sur la conception du droit que l'on peut avoir et sur laquelle il convient à présent de s'engager.

B. Droit, justice, concorde

■ 64 Tout juriste considère peu ou prou que le droit est intéressé par la justice, mais tous ne mettent pas derrière ce mot la même signification. Selon une approche classique, le droit est présenté comme l'objet de la justice. La justice consistant à rendre à chacun le sien ou ce qui lui est dû, le droit sera la mesure de ce qui est dû à autrui. C'est dire qu'il ne pourra être à l'avance prédéterminé dans son contenu, mais résultera dans une situation concrète de l'exact ajustement des choses observées. On dit encore de cette mesure qu'elle se trouve dans la nature des choses observables. Ceci conduit inéluctablement à affirmer que le droit sera par définition tout ce que va décider le juge dans son activité juridictionnelle ou, selon le mot d'un auteur, tout ce qu'approuvent les juges. Le juge va appliquer une règle générale et abstraite à un cas particulier et, par cet exercice, dire le droit (*jurisdictio*). Cette approche conduit ensuite à placer le fondement du droit dans le réel observable et non dans la volonté de celui qui observe. On peut même aller au-delà et dire que, toute personne peut, dès lors qu'elle se place dans cette situation de tiers impartial et désintéressé, dire le droit.

■ 65 Deux formes de justice apparaissent complémentaires, la justice commutative et la justice distributive. Ces deux formes aristotéliciennes du juste répondent à deux logiques distinctes. La première emprunte à l'ordre des commutations, la seconde à l'ordre des distributions. Le juste commutatif correspond à une logique arithmétique, seuls les termes de l'équation sont pris en compte. L'exemple type est celui de l'échange. Le juste distributif correspond à une logique géométrique où l'on prend en considération le mérite plus ou moins grand des personnes, tel élément privilégié, telle catégorie de personnes pour décider l'exact ajustement recherché. Les règles juridiques en matière de consommation illustrent cette logique, la catégorie des consommateurs bénéficie de droits d'autant plus importants qu'elle est estimée par le législateur plus digne d'être protégée (faiblesse du profane par rapport au professionnel). On peut songer aussi à la catégorie des victimes de certaines infractions dont il convient de faciliter l'indemnisation, etc.

■ 66 Si le droit a pour fondement la justice, on comprend qu'il ne faut pas obéir à une règle, fût-elle du législateur, qui soit injuste. On le voit, donner au droit ce fondement exclusif aboutit à une instabilité sociale. Que serait une société où chacun pourrait décider du caractère juste ou non des textes qui régissent la vie sociale ? Pourtant chacun s'accordera aussi à reconnaître qu'il y a des règles officielles, dites « juridiques », qui sont ou ont été injustes. Le nazisme, l'apartheid avec leurs règles de discrimination raciale sont injustes et le non-respect de ces règles est la seule attitude légitime. Ces règles sont en réalité tout sauf du droit, à supposer admise l'adéquation du droit avec la justice. C'est sans doute pourquoi, à la question de savoir si les tribunaux allemands pouvaient à l'issue de la Seconde Guerre mondiale condamner les agents du IIIe Reich, la Cour allemande a répondu par l'affirmative. Ainsi que l'exposait dans une conférence le professeur F. Rigaux, elle faisait référence à une sorte de droit naturel qui existait déjà au moment de la commission des actes, indépendamment des règles de droit officielles de l'époque.

Mais il existe des règles qui sont totalement indifférentes au juste et on peut se demander s'il s'agit fondamentalement de règles de droit alors qu'il est indéniable qu'elles le sont formellement. Le fait de conduire à droite plutôt qu'à gauche est une règle du Code de la route, sanctionnée au titre des *contraventions*Q, qui est neutre au regard de la justice. 67 ■

Par ailleurs, il existe des dispositions juridiques qui tendraient à dénier toute idée de justice au droit. On a parfois avancé l'exemple de la *prescription*Q. Ainsi, en matière pénale, les délits se prescrivent par trois ans et les crimes par dix ans à compter du jour de leur commission, sous réserve de non-interruption de ces délais. En réalité, la perte du droit d'agir s'explique non par l'écoulement du temps seul, mais en raison de l'inaction de ceux qui auraient été susceptibles d'accomplir des actes interruptifs de prescription. Toutefois, on peut considérer que le fait d'interdire toute poursuite après écoulement de cette durée est justifié par le bilan des avantages et des inconvénients d'une solution inverse. En somme, le trouble à l'ordre public résultant de l'infraction n'étant plus actuel, il apparaît peu propice à la tranquillité publique d'autoriser une telle poursuite qui risque de réveiller les méfaits d'un trouble social que le temps semblait avoir endormi. Le fondement du droit alors serait moins le juste que l'utile ou la paix réduite à l'absence de conflits. 68 ■

De façon plus évidente, le droit semble radicalement opposé à la justice, définie comme le fait de rendre à chacun le sien, lorsque devant le juge de simples arguments procéduraux permettent d'exclure l'examen du *bien-fondé de la demande*Q ou lorsque la solution des juges du fond, juste, est *cassée pour manque de base légale*Q. Si l'on s'accorde pour reconnaître à la justice une place privilégiée dans l'étude du droit, la réalisation pratique de ce fondement est loin de pouvoir être toujours vérifiée. Ceci sans doute par le fait que le droit est en puissance le juste, il tend vers la justice, mais il ne l'est pas toujours en acte cédant à des impératifs qui n'en sont pas moins impérieux pour l'ordre social. Que serait une société où les juridictions pourraient rendre leurs décisions en s'affranchissant des règles de droit applicables ? Il y aurait non seulement danger d'arbitraire, mais encore remise en cause du système juridique en son ensemble qui présuppose le juge comme serviteur de la loi. Il en résulterait une insécurité des justiciables et une instabilité des institutions fondatrices de l'ordre social. C'est pourquoi, il semble que le droit est souvent un instrument d'adéquation entre des intérêts et des impératifs opposés ayant pour finalité d'assurer la concorde. Celle-ci passe parfois par l'oubli, le pardon, l'indifférence, attitudes qui sont soit en deçà, soit au-delà du juste, mais qui conviennent ponctuellement pour établir « la paix dans la tranquillité » selon la formule de Saint Augustin.

Il est apparu que le fondement du droit se laisse difficilement percer parce que le droit recoupe, traverse, emprunte mille sentiers. On comprend que le juriste soit tenté de délaisser tous ces débats apparemment théoriques sur ce qu'est le droit et d'opter pour une étude simplement technique de ce qui est droit, autrement dit des 69 ■

règles bénéficiant de l'adjectif qualificatif « juridiques ». Il serait cependant mal venu d'y succomber dès lors que l'élaboration, l'interprétation et l'application de ces règles appréhendées comme de simples mécanismes le conduiraient de toute façon à opérer, sans le savoir, un choix philosophique mais aussi politique et idéologique.

section 2

La philosophie du droit

70 La question du ou des fondements du droit appartient à la philosophie du droit. La philosophie du droit est une approche renouvelée du contenu des règles de droit, de leurs fondements et finalités, de l'objet même du droit. L'expérience de ceux qui nous précèdent donne de nombreux éléments de réflexion. Ainsi, s'instaure un véritable dialogue ayant pour serviteur l'écoute des arguments d'autrui et pour fin d'avancer ensemble dans la même direction : la recherche du vrai. Il est important, au début des études de droit, de donner à l'étudiant des référents, des pistes de réflexion pour qu'il commence cet apprentissage de la pensée et puisse enrichir la réflexion de ses conclusions.

Philosophes, juristes ont apporté des éléments de réponse, des systèmes de compréhension de l'objet étudié et le droit s'est trouvé traversé par différents courants de pensée, présentés en écoles (§ 1). Le danger d'une telle présentation est celui déjà dénoncé par Saint-Exupéry dans sa *Citadelle* de ceux qui disent à leurs élèves : « Voyez cette grande œuvre et l'ordre qu'elle montre. Fabriquez-moi d'abord un ordre, ainsi votre œuvre sera grande » (chap. LXV). C'est pourquoi, ces développements comporteront en forme conclusive quelques noms de la philosophie, du droit et de la philosophie du droit, arbitrairement choisis. Cette liste par conséquent non exhaustive se veut une invitation à la lecture et à la connaissance personnelle des idées par ceux qui les ont portées et formulées (§ 2).

§ 1 Des écoles de pensée

71 Aux écoles du positivisme juridique (A) sont opposées les écoles du droit naturel (B).

A. Le positivisme juridique

72 Le positivisme juridique n'est pas univoque. Positivisme légaliste, sociologique, scientifique, historique sont autant de formes du positivisme. Un dénominateur commun les rassemble cependant. Le positivisme tend à supprimer toute référence à un devoir être qui trouverait ses fondements dans une hiérarchie objective de valeurs communes à la société. Le droit n'y apparaît pas comme un instrument de direction des conduites humaines mais bien plus comme un instrument de régulation excluant tout jugement de valeur et justifiant le pluralisme juridique.

73 Le positivisme juridique peut d'abord être normativisme étatique. Cette école de pensée considère que le droit est exprimé en son entier dans les règles de droit en vigueur à un moment et dans un endroit donnés (Hobbes, Kelsen, Kant...). Le droit se

confond avec la règle de droit. Il est ce que décident les autorités investies d'une autorité publique lorsqu'elles respectent les procédures formelles d'élaboration des normes. En dehors de la loi, il ne peut y avoir de droit. La solution juridique est solution légale. Le droit positif (posé) est, par ce postulat de départ, toujours complet, il est tout le droit. Le droit naturel n'a pas d'existence réelle, il est idéal et purement conceptuel. La conséquence est de réduire le droit à n'être que l'expression d'un pouvoir institutionnalisé, indépendamment du contenu des règles édictées. Il serait dès lors dissociable de la recherche de la justice ou du bien commun et pourrait servir tout intérêt décidé par le pouvoir en place. Cette théorie est donc, au regard des valeurs, essentiellement relativiste, il n'y aurait pas de juste objectif que l'homme pourrait atteindre par l'usage de la raison. Elle est empreinte par ailleurs de volontarisme. Le droit n'est en effet que le résultat, le produit de la volonté humaine qui créé la règle applicable. Il est moins dans le réel observable que dans la volonté de celui qui gouverne et qui est chargé d'organiser les rapports sociaux, en l'occurrence l'État. Volontarisme aussi, parce que le pouvoir d'édiction des règles tire sa légitimité du mythique contrat social par lequel les volontés individuelles acceptent de s'assujettir à une volonté supérieure dite « volonté générale ». Par cette seule affirmation, cette école qui reproche son dogmatisme aux tenants du droit naturel ne l'est pas moins, à cette différence près qu'elle place pour postulat que le droit est fondé *in fine* sur la toute puissance de l'État.

Le positivisme juridique peut encore prendre la forme du positivisme sociologique. Il **74 ■** procède d'une logique identique, mais il défend que le droit doit être recherché dans les règles de la vie sociale (Comte, Durkheim, Weber...). Autrement dit, les mœurs, les pratiques vécues en société secrètent le droit parce que les besoins du corps social s'expriment dans ce foyer. On trouve l'expression de cette tendance dans la pratique des sondages d'opinion avant une réforme législative ou encore dans le procédé des lois expérimentales. La loi expérimentale consiste à adopter une règle de droit pour un temps probatoire, afin de vérifier l'efficacité de la règle et sa réception par le corps social. À l'issue du délai fixé, les parlementaires examinent à nouveau le texte, le maintiennent avec ou sans amendement ou décident son abrogation.

Formes dérivées du positivisme sociologique, le positivisme scientifique (Marx) et le **75 ■** positivisme historique (Savigny) placent la genèse des règles de droit dans les faits sociaux, pour le premier d'ordre économique, pour le second d'ordre historique. Ces faits économiques ou historiques seraient porteurs des besoins du corps social et donc des règles juridiques adaptées à ces besoins. L'analyse économique du droit fait, à l'époque contemporaine, l'objet de nombreux travaux, même si une approche idéologique des questions peut être dénoncée (A. Bernard, « Law and economics, une science idiote ? », *D.* 2008. 2806).

B. Le droit naturel

Le droit naturel est d'abord le droit naturel classique (Aristote, Thomas d'Aquin). Il **76 ■** part de l'idée selon laquelle le droit est l'objet de la justice, il est la mesure du juste. Le droit naturel est la forme la plus accomplie du juste puisqu'il fonde les solutions juridiques sur la nature des choses. Celle-ci peut être posée, il s'agit alors de droit positif. Le droit posé, positif a pour support le droit naturel, il peut encore lui être indifférent, mais il ne saurait lui être contraire sous peine de n'être plus du droit.

C'est pourquoi, les jusnaturalistes distinguent le droit de la règle de droit. Il y a des règles qui ne méritent pas leur adjectif qualificatif de « juridiques ». Elles sont éventuellement régulatrices, mais elles ne sont pas juridiques. C'est encore la raison pour laquelle il ne saurait, pour un jusnaturaliste, y avoir de vide juridique, mais seulement un vide législatif ; pour la même raison, la théorie doctrinale du *non-droit*[Q] n'est en fait qu'une théorie de la non-loi.

Cette doctrine du droit naturel a été dénoncée comme étant une doctrine fidéiste du droit, parfois désignée sous le terme d'« école idéaliste », alors qu'elle repose sur une démarche spéculative et non immanentiste.

■ 77 Le droit naturel moderne se distingue du précédent par sa tendance humaniste, le fait que la personne est au cœur de la notion de « droit » et que la nature est la nature humaine rationnelle (Vitoria, Suarez). Cette école du droit naturel est un droit de la nature et des gens (Pufendorf, Grotius) à l'origine du droit international. Plus que de droit naturel, il y a des droits naturels innés, inscrits dans la nature de l'homme. Il y aurait un état de nature originel fédérateur des volontés individuelles. Cette approche du droit naturel n'est pas très éloignée de certains positivismes, d'abord parce que l'on retrouve comme source de légitimité du droit le contrat social, ensuite parce que l'état de nature originel a été aussi un élément déterminant chez certains auteurs positivistes. Ainsi, pour Hobbes qui partant d'un état de nature où les hommes s'entredéchirent justifie la toute-puissance de l'État qui par les règles qu'il adopte va empêcher les hommes de s'entretuer et permettre l'instauration de la paix.

§ 2 La philosophie révélée par le droit

■ 78 Le professeur Christian Atias avait parfaitement exposé que « l'intérêt pour la philosophie naît du sentiment trouble de devoir répondre à des questions cruciales, centrales et, en même temps, de ne pouvoir jamais les supposer résolues » (*Philosophie du droit*, PUF 1999, p. 11). Il avait eu cette force de conviction de rappeler que « lorsque l'idéologie interdit d'admettre que, non seulement tout le juridique n'est pas légal, mais encore que tout le légal n'est pas nécessairement juridique, force est de renoncer à délimiter le domaine du pouvoir législatif » (p. 14) et développait le principe de l'absence de frontière entre le juridique et le philosophique, en soulignant l'arbitraire du choix des philosophes au titre de la philosophie du droit. Il s'ensuit ici un abécédaire arbitraire qu'il appartiendra à chacun de compléter au grè de ses lectures (A), alors que le voyage à travers les philosophies révèle l'évolution des valeurs de la société et rend compte des valeurs contemporaines (B).

A. Abécédaire à compléter

■ 79 Thomas d'Aquin (1224-1274, Italie, canonisé en 1323). Moine dominicain, ce docteur de l'Église est avant tout un théologien. En sa qualité de frère prêcheur, on appréciera sa manière d'exposer les questions, de confronter les arguments, car il s'appuie toujours sur la capacité de raisonnement de ses élèves. Thomas d'Aquin intègre l'héritage aristotélicien dans un esprit chrétien. La spécificité de la théologie thomiste permet de comprendre l'incidence majeure de l'auteur en philosophie. Il s'agit d'une doctrine de la connaissance qui passe par le sensible, le réel et fait appel à la philosophie (à son autonomie) et à tous les autres ordres de connaissance. Outre les commentaires des écrits d'Aristote (Métaphysique, Éthique, Politique...), on citera les trois sommes (Sentences de Pierre Lombard, Somme contre les Gentils, Somme théologique de Thomas d'Aquin), les questions disputées (la vérité, le mal...), les opuscules (l'être et l'essence). Chez Thomas d'Aquin, la disputation est un mode de raisonnement proche de la dialectique : il pose la question, soulève des objections (difficultés) à laquelle il oppose une réplique (*sed contra*, cependant) prise chez un auteur réputé pour sa compétence, donne ensuite la conclusion née de la confrontation des éléments précédents et enfin répond à chacune des objections premières au vu de la conclusion (solution). Le philosophe du droit au xxe siècle qui a le plus réfléchi sur le droit à partir de l'œuvre de Thomas est Michel Villey.

Aristote (384-322, av. J.-C., Grèce). Cet élève de Platon (428-348 av. J.-C.) va dans ses 80 ■
différents écrits s'éloigner des enseignements de son maître par le refus de tout idéalisme. Il cherche à comprendre les situations objet de son observation par la dialectique et une démarche spéculative. Toute l'œuvre d'Aristote est cosmique, chaque élément est intégré dans un ordonnancement révélant la cohérence du monde et du cosmos. La clef de lecture est la recherche du bonheur qui passe par la vertu dont le point culminant est le juste milieu (v. not. Éthique à Nicomaque ; Les politiques ; La rhétorique ; Traité des passions).

Descartes (1596-1650) est le philosophe ayant marqué le tournant entre la philoso- 81 ■
phie classique, de type ontologique, et la philosophie idéaliste. Ce mathématicien s'emploie à transposer à la philosophie les techniques de sa formation première. Le *cogito* – je pense donc je suis – *cogito, ergo sum* – traduit la naissance de toute la philosophie moderne où l'essence est battue par l'idée. Sa méthode est celle du doute systématique et correspond à son époque. Il a pour particularité de ne fonder son jugement que sur lui-même selon ce doute méthodique qu'il développe dans son *discours de la méthode* en 1637. La chose n'est tenue pour certaine que lorsqu'elle est expérimentée par le sujet lui-même. Il est le père du subjectivisme et du relativisme des valeurs et des idées.

Durkheim (1858-1917, France). Ce sociologue est un positiviste. En ce sens il accorde 82 ■
une importance clef aux règles juridiques qui, par leur nature régulatrice plus que juridique, maintiennent une cohésion sociale. Mais en tant que sociologue, on a pu lui reprocher d'accorder plus d'importance à la société qu'à ceux qui la composent (v. not. ses articles dans la revue *L'année sociologique*).

Gény (1861-1954, France). Il a renouvelé les méthodes d'interprétation. La loi n'est 83 ■
pas complète, il faut s'affranchir de la *méthode exégétique*[Q] et reconnaître que le juge a le droit et le devoir de se livrer à une libre recherche scientifique pour trancher le litige qui lui est soumis. Il n'est donc pas étonnant de découvrir tout au long de ses écrits un ferme attachement au droit naturel (v. *Science et technique en droit privé positif. Nouvelle contribution à la critique de la méthode juridique* ; *Méthode d'interprétation et sources en droit positif*).

Grotius (De Groot ; 1583-1645, Hollande). Calviniste œcuménique, il a dit-on essayé de 84 ■
réconcilier protestants et catholiques. Il fonde le droit de nature et des gens et on le considère comme le père du droit international public en raison de son ouvrage *Droit de la guerre et de la paix*.

85 Hobbes (1588-1679, Angleterre). Pour ce fils de pasteur, « l'homme est un loup pour l'homme ». C'est un malheureux, il pense que l'homme ne s'associe aux autres en société que parce qu'il ne peut pas faire autrement, c'est le seul moyen qu'il ait d'échapper à l'état de nature qui loin d'être idyllique a quelque chose d'inhumain, où il faut se battre toujours pour survivre. Le droit est l'ensemble des règles élaborées par le législateur pour régir les rapports sociaux et éviter le retour à l'état primitif, c'est en cela qu'il puise sa légitimité (v. *A dialogue between a philosopher and a student of the common law of England*).

86 Jhering (1818-1892, Allemagne). Il défend que le droit naît de la force et que l'État, seul détenteur de la contrainte, est la source unique du droit. Une règle de droit dépourvue de contrainte juridique est un non-sens (v. not. *La lutte pour le droit*).

87 Kant (1724-1804, Allemagne). Sa théorie du droit refuse de partir de la raison pratique et repose sur une notion du droit qui est un pur concept rationnel établi *a priori*. Le droit naturel est une idée pure et il prône une approche transcendantale du droit détaché de toute réalité concrète. Aussi, le droit positif est pour Kant détaché du droit naturel et ne tire sa légitimité que du pouvoir en place, dûment investi de l'autorité officielle pour le promulguer. C'est pourquoi en dépit de son approche immanentiste du droit lorsqu'il réfléchit sur l'idée d'un droit naturel, il a pu être classé par des auteurs dans la catégorie des positivistes légalistes (v. not. *Critique de la raison pure, Critique du jugement, Fondements de la métaphysique des mœurs*).

88 Kelsen (1881-1973, autrichien devenu américain lors de la Seconde Guerre mondiale). Son œuvre marque l'aboutissement du positivisme juridique. Ainsi que l'expose, à son propos, le professeur Malaurie, pour qu'une règle soit juridique elle doit être un impératif hypothétique et non catégorique (c'est-à-dire qu'elle permet la prévisibilité de la sanction par celui qui est soumis à la règle, « si tu fais ceci, tu risques cela »), impliquer une contrainte, être valide (prise par celui qui y est habilité, qui a reçu l'investiture), s'intégrer dans un ensemble de règles qui forme l'ordonnancement juridique, être effective. Kelsen est connu pour sa conception pyramidale des sources du droit. Enfin, on observe que, pour Kelsen, le droit est une théorie du pouvoir qui se confond avec l'État (v. *Théorie pure du droit*).

89 Locke (1632-1704, Angleterre). Il est issu d'une famille catholique et, à l'inverse de Hobbes, pense que l'état de nature était bonheur premier. La vie en société paraît nécessaire à la génération de l'espèce et utile à la réalisation de la nature humaine. Essentiellement volontariste, Locke a une théorie du droit proche du positivisme où l'État est régulateur des conduites humaines en société (v. *Essai sur l'entendement humain*).

90 Marx (1818-1883, Allemagne). Le droit est une superstructure qui dépend exclusivement des réalités économiques et sociales. Il a vocation à disparaître par l'effet de la lutte des classes qui doit aboutir à la victoire du prolétariat. Cette étape atteinte il y aura dépérissement de l'État car ce sera une société sans classe. En effet, ce sera le résultat nécessaire de l'abolition du besoin même du pouvoir organisé d'une classe pour l'abolition de l'autre (v. *Le capital*).

91 Pufendorf (1632-1694, Allemagne). Il est fils d'un pasteur luthérien. Le droit naturel est un droit qui se découvre par la raison et permet d'établir des lois universelles et

immuables. Son fondement est la sociabilité de l'homme. En reconnaissant la nature de l'homme en face de moi identique à la mienne je suis poussé à m'associer à lui et à le considérer comme égal en raison de sa nature d'homme. Ensuite de quoi je vais m'assujettir à un contrat qui fondera la société et les règles qui la régissent en raison de cette réalité anthropologique (v. *Droit de la nature et des gens*).

B. Valeurs contemporaines

Au plan philosophique, il apparaît nettement que la philosophie post-moderne a pris le pas sur toute autre approche de la réalité sociale. Elle repose sur une critique armée de la rationalité reposant sur la déconstruction. Le sujet est sa propre source de normativité. L'aboutissement est l'autodétermination de l'individu. Cette liberté et ce libre examen aboutissent à une fixation subjective du contenu moral de l'acte humain indépendante du réel objectif. Ce que Thibaud Collin a pu appeler « autodétermination anthropologique » (*Sur la morale de Monsieur Peillon*, Salvator, 2013, p. 87 s). 92 ■

L'évolution a pour origine le XVIIe siècle avec pour socle épistémique les Lumières et l'apparition d'une herméneutique, science de l'interprétation, qui s'est émancipée des sciences auxquelles elle était rivée. L'universalité de l'herméneutique, avec un phénomène de dérégionalisation, a pour serviteur Friedriche Schleiermacher (1768-1834), pasteur protestant, et Wilhelm Dilthey (1833-1911) qui permet de redécouvrir Schleiermacher. L'herméneutique devient une science opératoire universelle détachée de toutes les herméneutiques spéciales et notamment de l'herméneutique juridique. L'acte de connaître n'est plus rattaché à la nature des choses observables, car l'interprétation s'inscrit dans un cadre dialogique de l'interprète et de l'interprété. L'herméneutique aboutit à une reconstruction du discours. Elle est le pouvoir que revendique le sujet de penser par lui-même selon les seules règles qu'il se fixe pour arriver à une sorte d'autodétermination (sur les représentants de la philosophie herméneutique : Grondin Jean, *Universalité de l'herméneutique*, PUF, Paris, 2013).

Le tournant radical de l'herméneutique philosophique est ultérieur. Il est généralement situé à Martin Heidegger (1889-1976), élève du philosophe phénoménologue Husserl, qui transforme l'acte de connaître par l'idée de ce que Hans Georg Gadamer (1900-2002), après Rudolf Bultmann (1884-1976), appelera « précompréhension » du sujet. La philosophie n'est pas connaissance car elle n'est pas de l'ordre de la raison ou du cognitif, mais une anticipation du comprendre qu'Heidegger nomme vie facticielle ou facticité. Ce qui est premier c'est le comprendre, l'explication vient ensuite. Ce retournement ontologique nie toute approche conceptuelle, et la qualification par catégorie empruntée à Aristote. Il ne s'agit plus pour les philosophes modernes de rechercher les causes et les fondements des choses, mais de se situer dans la temporalité de l'être. Le danger immédiat de l'herméneutique est qu'elle repose sur le sujet, et peut conduire au relativisme – tel que l'affirme Gianni Vattimo, né en 1936, selon lequel il n'y aurait pas de fait mais des interprétations –, alors que le principe même de l'herméneutique pour certains de ses partisans est d'être une expérience de vérité. Le subjectivisme des valeurs et le relativisme des idées ne répond pas à la quête d'unité inscrite en tout homme (voir l'excellent ouvrage du philosophe Hervé Pasqua, *La reconstruction du christianisme, Newman et l'unité de l'agir*, éd. Ad solem, coll. « Philosophie », 2012). Cette philosophie éclaire cependant 93 ■

tout le XXe siècle et conduit au phénomène de déconstruction observé de façon particulière au XXIe siècle en droit de la famille.

94 Les valeurs phares véhiculées par le droit sont liées à la suprématie de l'individu posé comme sa propre référence. La volonté individuelle est exaltée ainsi que le principe d'égalité. La démocratie est garante de la liberté, laquelle a pour fondement la laïcité. L'État, et avec lui le droit réduit ici à n'être que son instrument, a vocation à étendre la pensée selon laquelle il n'est de morale, que laïque et de valeurs, que républicaines. Or, que trouve-t-on comme socle commun de ces valeurs de la République ? Dans un rapport à destination des enseignants de l'école publique, en date du 22 avril 2013, on peut lire « Le socle des valeurs communes devrait ainsi comprendre la dignité, la liberté, l'égalité, la solidarité, la laïcité, l'esprit de justice, le respect et l'absence de toutes formes de discrimination. Ces valeurs sont celles de l'humanisme moderne. Ce sont aussi les valeurs constitutionnelles de la République française, inscrites dans la Déclaration des droits de l'homme et du citoyen de 1789 et dans le préambule de la Constitution de 1946 auquel renvoie notre actuelle Constitution » (p. 27-28). Le soubassement est celui de la philosophie des droits. Ce que l'on appelle parfois « fondamentalité des droits » constitue la base philosophique du système juridique contemporain.

Le contenu des valeurs républicaines témoigne de la distance observable entre la morale classique entendue de valeurs universellement reconnaissables parce que fondées sur la nature des choses, et les droits fondés sur la Déclaration des droits de l'homme et sur le préambule de la Constitution de 1946. Il s'agit de principes de dignité, de liberté, de non-discrimination, d'égalité, et autres belles expressions figurant pour certaines au fronton des monuments de la République. Les lois qui révèlent cette philosophie du droit contemporain sont notamment la loi du 17 mai 2013 relative au mariage entre personnes du même sexe marquant le résultat du principe énoncé d'égalité et de non-discrimination, la loi n° 2016-87 du 2 février 2016 créant de nouveaux droits en faveur des malades et des personnes en fin de vie et exprimant le sens que la République donne à la dignité, les lois imposant la parité au profit du sexe que nul n'oserait dire faible, les lois relatives à la bioéthique – 1994, 2004, 2011 – avec l'assistance médicale à la procréation justifiant un droit à l'enfant, envers et contre tout, et les exemples pourraient être multipliés. Ces droits sont par définition opposés à la morale objective, ainsi la sexualité sans fécondité est contraire à la cause finale de l'acte, la mort donnée à celui qui souffre est une inversion entre le principe même de la vie qui doit être protégé et la qualité de la vie qu'on lui préfère, l'enfant à tout prix au détriment de la possibilité d'être éduqué et aimé par ses parents contrevient à son bien, l'avortement consistant à ôter la vie est ni plus ni moins en d'autres lieux un crime, ainsi que l'a reconnu, le jeudi 13 février 2014, la Cour constitutionnelle bolivienne en refusant de dépénaliser l'avortement, la désignation de la relation entre personnes de même sexe niant toute altérité des personnes par l'appellation « mariage » nie la réalité que ce terme recouvre et qui repose sur le don de personnes sexuées complémentaires parce que distinctes, et la liste pourrait être longue.

95 Dans le même temps, la méthode prônée du libre-examen dans le cadre de la morale laïque vient se briser au totalitarisme englobant des droits, participant de l'idéologie républicaine. Il est des droits auxquels nul ne peut s'opposer, seraient-ils opposés à tout ce qu'individuellement il défend. Ce paradoxe apparaît très nettement s'agissant

de la liberté de croyance et de religion. On songe bien sûr à l'affaire *Baby-loup* relative au licenciement d'une femme dans une crèche pour cause de « port de voile » et à la solution ultime de l'assemblée plénière de la Cour de cassation du 25 juin 2014 (à comparer avec la solution de la chambre sociale de la Cour de cassation du 19 mars 2013, n° 11-28.845 ; v. ss 62).

Tout ceci n'est pas neutre, il traduit une conception totalement idéologique du droit qui impose des valeurs discrétionnairement mises en place par le pouvoir établi sans référence à un ordre des choses observable, mais résultant de conventions humaines. La technique juridique sert des intérêts politiques et sociaux, elle n'est jamais neutre. La philosophie du droit révèle les valeurs qui sous-tendent cette technique. Le juriste est, certes, un technicien, mais il doit être nécessairement un philosophe pour bien user des outils qu'il manie. **96**

L'exemple de la liberté d'expression, forme achevée de la démocratie, est aussi source de questionnement du juriste, et donc du philosophe. Le contexte est celui du 7 janvier 2015 avec les attentats contre *Charlie Hebdo* et le « je suis Charlie » assumé par beaucoup de nos concitoyens. Le questionnement oscille entre liberté d'expression... blasphème... valeurs de la République... laïcité... respect des croyances... chacun aura compris, les actes meurtriers commis ne sauraient se réduire à une appréciation personnelle des dessins d'un journal, mais ils bouleversent parce qu'ils concernent les fondements du « vivre ensemble ». La vraie question porte alors sur les limites que la loi doit imposer et faire respecter pour que les valeurs républicaines portent le sens commun et le respect de l'autre. Pour l'heure, les limites restent peu perceptibles et, sous couvert de liberté, la violence morale, verbale et en image se développe suscitant pour réponse des violences matérielles et physiques intolérables. **97**

La liberté d'opinion, d'expression et de communication a également été mise en question avec l'extension par la loi n° 2017-347 du 20 mars 2017 du délit d'entrave à l'interruption volontaire de grossesse. Cette loi a modifié l'article L. 2223-2 du Code de la santé publique qui punit le fait d'empêcher le recours à une IVG « par tout moyen, y compris par voie électronique ou en ligne, notamment par la diffusion ou la transmission d'allégations ou d'indications de nature à induire intentionnellement en erreur, dans un but dissuasif, sur les caractéristiques ou les conséquences médicales d'une interruption volontaire de grossesse ». Afin de préserver la liberté d'expression, le Conseil constitutionnel est intervenu et a posé des réserves d'interprétation au nouveau texte pour que la liberté d'opinion et de communication soit préservée (v. ss 160).

À la recherche de ce « vivre ensemble », la lecture des enseignements portés par les juridictions recherchant le point d'équilibre de la vie en commun en République laïque donne un fumé peu délicat de ce que le contentieux défend au nom de la liberté. Parmi un florilège, on trouve : l'affaire Larry Flint où la présentation d'un crucifié sur un corps de femme pour illustrer un film sur la vie d'un directeur de publication pornographique ne constitue pas un trouble manifestement illicite justifiant son retrait en référé (TGI Paris, ord. réf., 20 févr. 1997, *LPA* 1997. 10), des dessins parus dans une revue qui représentent le Christ, le Pape et d'autres symboles de la religion catholique dans des situations obscènes, violentes ou dérisoires, ne sont pas révélateurs d'une provocation à la discrimination, à la haine ou à la violence à l'égard de groupes ethniques ou religieux au sens des dispositions de l'art. 24 de la loi **98** du 29 juill. 1881 (CA Versailles, 18 mars 1998, *D.* 1998. 203), le prospectus qui annonce une manifestation d'information et de prévention du sida sur lequel sont représentés en buste une religieuse et un angelot muni d'un arc et d'une flèche avec des préservatifs indiquant « sainte capote protège-nous ! » ne constitue pas un outrage à la communauté catholique dans son ensemble (Crim. 14 févr. 2006, n° 05-81.932, *Dr. pénal* 2006. comm. 67, M. Veron), une banderole immense exposée pour la vente d'une marque de vêtements, sur un immeuble de Paris, dans un endroit fréquenté et pendant le temps liturgique du Carême, qui est inspirée de la Cène de Léonard de Vinci où les hommes sont remplacés par des femmes et en présence d'un homme visible dos nu, n'a pas pour objectif d'outrager les fidèles catholiques, ni de les atteindre dans leur considération en raison de leur obédience (Civ. 1re, 14 nov. 2006, nos 05-15.822, 05-16.001, *JCP G,* 2007. II. 10041, note P. Malaurie), la publication d'un dessin représentant le Christ en gloire, nu, et portant un préservatif vers lequel se dirigent les regards d'évêques, dont l'un, blanc, dit à l'autre, noir, « Lui-même aurait sans doute utilisé un préservatif » pour lutter contre le sida en Afrique, n'est qu'un moyen d'expression dans le débat public (CA Paris, 11e ch., 17 mai 2006, *D.* 2007. 1734), tout comme la publication des trois caricatures du prophète Mahomet par *Charlie Hebdo* en 2007, l'une représentant le Prophète se tenant les mains en disant « c'est dur d'être aimé par des cons », l'autre accueillant des terroristes sur un nuage en disant « arrêtez, arrêtez nous n'avons plus de vierges », et la dernière représentant un homme barbu, sévère, coiffé d'un turban en forme de bombe à la mèche allumée et sur lequel est inscrit en arabe la profession de foi de l'Islam, ne sont qu'un genre littéraire de la caricature qui participe de la liberté d'expression (TGI Paris, 17e ch. corr., 22 mars 2007, *JCP* 2007. II. 10079, note G. Derieux), quant au fait de déchirer et d'uriner sur le Coran, ce ne saurait, au vu de certaines circonstances, être considéré comme une incitation à la haine (CA Colmar, 25 octobre. 2011, *Gaz. Pal.,* 1 déc. 2011. 11, obs. J. Lasserre Capdeville et L. Mourey). Voilà les valeurs de notre République, le pouvoir tout dire et pouvoir tout faire, alors que, dans le même temps, les sanctions répétées contre Dieudonné M'Bala M'Bala (T. corr. Paris, 18 mars 2015, cité par http://www.lemonde.fr/actualite-medias/article/2015/03/18/dieudonne-m-bala-m-bala-condamne-a-deux-mois-de-prison-avec-sursis_4596071_3236.html ; voir aussi http://www.lemonde.fr/police-justice/article/2015/01/29/dieudonne-huit-proces-perdus-depuis-2007_4565466_1653578.html) prouvent que tout n'est pas recevable, même en démocratie. Le juriste doit dans ce dédale de règles, de décisions et de choix politiques rechercher l'expression des valeurs qui fondent la société.

99 Le régime du tout permis et du relativisme aboutit *in fine* au danger de la dictature. Les lois sur le renseignement et les vives réactions suscitées sont un autre exemple de la question des valeurs et du « vivre ensemble » en démocratie. Les différentes lois sur le renseignement ont été l'une des réponses aux attentats du 7 janvier à *Charlie Hebdo*, attentats qui se sont multipliés malgré tout sur le sol français. Le premier attentat a donné lieu à la manifestation « Je suis Charlie » pour défendre le droit de tout dire, tout écrire, mais les mesures ont été, à l'inverse, le droit de tout surveiller, tout contrôler et, au besoin, museler mettant en balance la liberté et la sécurité. Le processus est, par certains aspects, semblable à l'adoption du Patriot Act aux USA le 23 octobre 2001, un mois après les attentats du 11 septembre au World trade center. Il donne des pouvoirs exorbitants aux autorités publiques pour garantir la sécurité nationale, en France, plus particulièrement au Premier ministre. Le procédé n'a rien d'exceptionnel si l'on estime être en état de guerre latent dans notre pays. Les

circonstances exceptionnelles ont toujours justifié dans un État de droit l'attribution de pouvoirs extra-ordinaires pour y faire face. Alors pourquoi tant de réserves exprimées en France à propos de ces lois sur le renseignement ? Sans doute parce que l'expérience américaine a montré les abus auxquels pouvaient conduire ces moyens exorbitants. Dans le contexte des attentats, donner des renseignements ou permettre l'utilisation de techniques de renseignement particulières conduit à porter atteinte aux libertés : mise sur écoute de toute personne en rapport avec un terroriste présumé, assimilation « de toute intrusion non-autorisée dans un système informatique » à un « acte terroriste », confirmation de l'autorisation donnée au FBI d'installer un logiciel de surveillance « Carnivore » chez les fournisseurs d'accès internet, allongement de la liste des informations que le FBI peut exiger des FAI, accès aux informations personnelles des internautes sans aucun contrôle judiciaire, pendant un temps « Lettres de Sécurité Nationale » du FBI, l'autorisant à forcer les FAI à communiquer des informations et l'existence d'une liste noire sur laquelle des personnes figuraient sans même le savoir et sans avoir eu aucun droit de défense.

section 3

L'épistémologie juridique

L'épistémologie juridique a pour serviteur en France à la période contemporaine le professeur Christian Atias (*L'épistémologie juridique*, PUF 1985). Elle permet de répondre à la question « Où se trouve le droit ? » ou de façon plus académique, elle est une science dont l'objet de connaissance est le droit. Le juriste, trop souvent, réduit le droit à l'étude des textes et des décisions de justice. Ce faisant il limite son champ d'action et le réduit à n'être qu'un aspect de l'expression juridique. Ainsi que le constatait avec pertinence cet auteur, entre 1900 et 1940, « Les conséquences de ce positivisme sont considérables. En discutant sur l'objet de la science juridique, à travers la réflexion sur les sources du droit, les juristes ont changé la notion même du droit. Il est devenu le produit de volontés constitutionnellement habilitées. Ce n'est plus le juste qu'il s'agit de chercher, mais la volonté du législateur et des juges » (p. 35), et aujourd'hui pouvait-il conclure « Au terme de cette évolution, la science du droit tend à s'effacer derrière le droit. Les juristes se donnent pour mission primordiale, voire exclusive, l'analyse des textes constitutionnels, législatifs, administratifs ou juridictionnels ; leur idéal est la fidélité aux volontés exprimées par les "sources du droit" » (p. 36). 100 ■

Là est la place de l'épistémologie juridique qui par son objet rappelle que la connaissance du droit si elle s'appuie sur le droit posé, se situe en amont dans la découverte des solutions justes, adaptées, conformes à aplanir les difficultés, à épuiser le litige. Le rôle de la doctrine est à ce point névralgique et consiste à rechercher les solutions juridiques qui pourront être consacrées par la loi ou la jurisprudence. Il ne suffit donc pas que l'autorité publique investie du pouvoir d'édicter les règles ait adopté un texte pour que le texte soit de droit, même si une présomption s'attache à cette édiction. Il faut pour que le texte soit proprement juridique qu'on puisse le rattacher au domaine juridique. Là devraient se retrouver 101 ■

les épistémologues en droit, dans cette vérification du « juridique » de la règle posée. Ainsi, la question a été posée par certains de savoir si la loi du 17 mai 2013 supprimant de la définition du mariage la condition d'altérité sexuelle pouvait être constitutive d'une règle juridique. La question préalable à résoudre est donc celle de ce qui permet l'existence juridique d'une situation. Suffit-il que le pouvoir en place ayant mission d'adopter des règles le fasse ou faut-il par rapport au contenu de la règle une adéquation à ce que l'épistémologie permettra de rattacher au droit ?

■ 102 L'épistémologie juridique est une part de la théorie de la connaissance et elle va ce faisant rejoindre sa voisine la philosophie du droit, sans pour autant s'y confondre. La rupture qui a pu être observée entre le droit – solution juste d'une donnée observée et soupesée – et la règle de droit – la solution édictée par le pouvoir habilité – ou entre la réalité et la recherche de vérité, s'est trouvée de façon analogique en philosophie avec la rupture opérée par Descartes avec la scolastique antérieure et son doute systématique.

2

Compléments pédagogiques

Mémo

Le ou les fondements du droit sont un perpétuel objet de questionnement où les réponses ne peuvent être que *le résultat de la réflexion personnelle du juriste*, et en tant que telles, en continuel développement. Le droit est un *instrument de régulation*, en ce sens il est règle, mais il semble plus radicalement *instrument d'adéquation*, étant par là le juridique de la règle.

La règle de droit est la première approche que l'on a du droit. Le droit s'appréhende par ce qui est qualifié de « juridique ». Mais *les caractères de la règle, caractères normatifs donc obligatoires, coercitif donc susceptible de sanctions, sont insuffisants pour établir un critère et donc découvrir un fondement au droit*. En effet, la règle de droit se confond alors avec les autres normes de régulation sociale.

Il faut donc rechercher ce qui en substance diffère entre le droit et ces autres normes que sont notamment morale et religion. Qu'est-ce en somme que le juridique ? *L'altérité* requise pour le droit et la *recherche d'un ajustement* proportionné entre deux choses ou deux personnes *font du droit la mesure du juste* et permettent de le distinguer de la morale ou de la religion. *L'analyse des situations juridiques permet d'aller plus loin et de conclure que le droit a pour fondement et donc aussi pour finalité la concorde entre les personnes vivant en société*, or celle-ci exige parfois que l'on sacrifie le juste en le dépassant (le pardon), en l'ignorant (la prescription forme d'oubli ou d'indifférence).

La recherche du ou des fondements du droit fait aussi *l'objet d'une réflexion pluriséculaire* et constitue l'une des questions de prédilection de la philosophie du droit.

La pensée juridique se divise en deux grandes écoles : le positivisme juridique et le droit naturel. Normativisme étatique, positivisme sociologique, scientifique, historique constituent les différentes branches du positivisme juridique. Globalement, pour les positivistes, le droit se confond avec la règle de droit. Il est ce que décident les autorités investies d'une autorité publique lorsqu'elles respectent les procédures formelles d'élaboration des normes. En dehors de la loi, il ne peut y avoir de droit. La différence est que la genèse de la règle se trouve pour les premiers dans la toute-puissance de l'État, pour les deuxièmes dans les mœurs et les pratiques en société, pour les troisièmes dans les faits économiques, pour les derniers dans les faits de l'histoire. On oppose deux courants dits de « droit naturel », *le droit naturel classique* où le maître mot est la nature des choses révélatrice du droit et de l'ajustement recherché, le droit est dans le réel observable, et le droit naturel moderne, ou droit de la nature et des gens, *qui place la personne et la nature humaine au cœur de la notion « droit »*.

La connaissance de la pensée juridique pour être vivante doit être directe. Elle ressort du domaine de la philosophie du droit qui questionne les valeurs de la société, ce qui fait son socle et établit sa solidité. Dans le même temps, elle intéresse la science, en tant que telle, elle constitue un objet de connaissance et relève de l'épistémologie, ici juridique. La transformation de la philosophie, en particulier le développement de la phénoménologie et de l'herméneutique, aboutit à une transformation des règles applicables en société.

Quid

■ Action en répétition de l'indu **n° 55**

Il s'agit d'une action en justice, réglementée par les articles 1376 et suivants du Code civil, par laquelle celui qui a payé ce qu'il ne devait pas ou ne devait plus ou plus qu'il ne devait peut prétendre obtenir restitution de ce qu'il a indûment versé à autrui. Pour répéter l'indu, il faut justifier que ce qui a été versé à autrui l'a été sans cause justifiant le déplacement de valeurs intervenu.

■ Bien-fondé de la demande **n° 68**

Dans tout procès, il y a deux étapes. La première est celle pendant laquelle les juges vérifient la recevabilité de la demande, c'est-à-dire le respect des conditions procédurales en raison desquelles le plaideur justifie d'un droit à agir (capacité, pouvoir, intérêt, qualité pour agir). La seconde est celle où l'on examine le bien-fondé de la demande, c'est-à-dire la justesse de la prétention du plaideur en fonction des règles de droit qui lui sont applicables.

■ Cassation pour manque de base légale **n° 68**

La Cour de cassation casse la décision qui lui est déférée par le moyen du pourvoi parce que les juges n'ont pas justifié leur solution par référence à la règle de droit applicable.

■ Contravention **n° 67**

Les infractions sont en matière pénale divisées en trois catégories que sont les contraventions, les délits et les crimes. Les contraventions sont de la compétence des tribunaux de police, les délits des tribunaux correctionnels, les crimes des cours d'assises. La contravention est dans l'ordre de gravité la plus faible des infractions.

■ Exécution forcée **n° 55**

Il s'agit de la possibilité pour le titulaire d'un acte revêtu de la formule exécutoire (décision de justice, acte délivré par un officier public comme un notaire…) de recourir à la force publique pour obtenir l'exécution de son droit. Les voies d'exécution sont multiples et dépendent de ce que l'on veut obtenir. Parmi les plus connues, on relèvera les saisies, les ventes forcées ou licitations, les expulsions, etc.

■ Méthode exégétique **n° 83**

L'exégèse est une méthode qui a fleuri au lendemain du Code Napoléon en 1804. Elle consiste à interpréter les textes par rapport à la lettre (interprétation littérale) mais aussi et bien que cela ait été moins souvent souligné par rapport à l'esprit des textes lorsque la lettre est insuffisante. Les juristes au début du XIXe siècle sont des commentateurs du Code Napoléon et leurs cours ne sont pas de droit civil mais des cours du Code, dans l'ordre du Code.

■ Non-droit n° 76

Théorie développée par le doyen Carbonnier consistant à reconnaître qu'il existe des espaces sans droit, entendu sans règle de droit. Le vide juridique est dans la théorie du non-droit un vide législatif.

■ Obligation naturelle n° 55

Il s'agit d'une obligation, c'est-à-dire qu'il y a dette de justice, dont l'exécution est laissée au bon vouloir du débiteur qui n'y est obligé qu'en conscience, toute contrainte extérieure pour forcer à l'exécution étant interdite.

■ Prescription n° 68

La prescription est le moyen d'acquérir ou de perdre un droit par l'écoulement du temps. Elle peut être acquisitive ou extinctive d'une situation juridique. Appliquée aux délais pour agir, la prescription a pour effet de fermer les voies d'action en justice.

Documents

Thomas d'Aquin, *Somme théologique*, 2a-2ae, Question 57, article 2
(Extrait des éditions de la *Revue des jeunes*, Desclée, 1932)

Convient-il de diviser le droit en droit naturel et en droit positif ?
DIFFICULTÉS :
1. Ce qui est naturel est immuable et pareil chez tous. Or, il n'y a rien de tel dans les choses humaines, où l'on voit que toutes les règles du droit humain sont caduques dans certains cas et n'exercent pas partout leur vertu. Il n'y a donc pas de droit naturel.
2. On appelle positif ce qui procède de la volonté humaine ; or ce n'est pas pour cela qu'une chose est juste ; autrement il n'y aurait pas de volonté humaine injuste possible. Si donc le juste s'identifie avec le droit, il semble qu'il n'y ait pas de droit positif.
3. Le droit divin n'est pas naturel, puisqu'il dépasse la nature humaine ; ni positif, car il ne s'appuie pas sur l'autorité humaine, mais divine. Il ne convient donc pas de diviser ainsi le droit, en droit naturel et positif.

CEPENDANT, le Philosophe (Aristote) affirme qu'« en droit politique l'un est naturel, et l'autre légal », autrement dit établi par la loi.

CONCLUSION : Ainsi que nous l'avons vu, le droit ou le juste se disent d'une œuvre quelconque adéquate à autrui sous un certain mode d'égalité. Et cela peut se produire de deux façons : de par la nature même des choses, par exemple si je donne tant pour recevoir autant ; alors c'est le droit naturel ; – ou bien par convention, d'un commun accord, lorsque quelqu'un par exemple s'estime content de recevoir tant. Mais ici deux cas peuvent se présenter : le cas d'une convention privée, ainsi qu'il arrive à la suite d'un pacte entre personnes privées ; et le cas d'une convention publique, lorsque l'adéquation ou l'égalité entre deux choses résulte du consentement populaire, ou de l'ordre du prince qui a la charge du peuple et gère à sa place. Alors c'est le droit positif.

SOLUTIONS :
1. Ce qui est naturel à un être doué d'une nature immuable doit être partout et toujours le même. Mais ce n'est pas le cas de la nature humaine qui est soumise aux changements ; voilà pourquoi ce qui est naturel à l'homme peut quelquefois se trouver en défaut. Par exemple, c'est en vertu d'une égalité naturelle qu'un dépôt doit être rendu à qui l'a confié ; si donc la nature humaine était toujours droite, cette règle ne souffrirait pas d'exception. Mais parce qu'il arrive au contraire, quelquefois, que la volonté humaine se déprave, il y a des cas où il ne faut pas rendre un dépôt confié, de peur qu'un homme dont la volonté est pervertie n'en use mal, par exemple si un fou furieux ou un ennemi de la république redemandait des armes qu'il a déposées.
2. La volonté humaine peut, en vertu d'une convention commune, faire qu'une chose soit juste parmi celles qui d'elles-mêmes n'impliquent aucune répugnance avec la justice naturelle. Et c'est là qu'il y a place pour le droit positif. D'où cette définition du Philosophe (Aristote) concernant le droit légal, à savoir qu'« avant d'être posé, il n'importait pas qu'il fût ainsi ou autrement, mais qu'une fois posé, cela importe ». Par contre, une chose, qui de soi répugne au droit naturel, ne peut devenir juste par la volonté humaine, par exemple décréter qu'il est permis de voler ou de commettre l'adultère. C'est pourquoi, il est écrit dans Isaïe : « Malheur à ceux qui font des lois iniques ».
3. On appelle droit divin ce qui est promulgué par Dieu, qu'il s'agisse de choses naturellement justes, mais dont la justice est cachée aux hommes, ou de choses qui le deviennent par la volonté de Dieu. En sorte que le droit divin, comme le droit humain, se dédouble : d'un côté, dans la loi divine, les choses commandées parce qu'elles sont bonnes, et défendues parce qu'elles sont mauvaises ; d'un autre, celles qui sont bonnes ou mauvaises parce que commandées ou défendues ».

Jean-Jacques Rousseau, *Du contrat social* (in *Œuvres politiques*, éd. De Jean Roussel, Paris, Bordas, coll. « Classiques Garnier », 1989)

« S'il n'y avait point de convention antérieure, où serait, à moins que l'élection ne fût unanime, l'obligation pour le petit nombre de se soumettre au choix du grand ? [...] Je suppose les hommes parvenus à ce point où les obstacles qui nuisent à leur conservation dans l'état de nature l'emportent, par leur résistance, sur les forces que chaque individu peut employer pour se maintenir dans cet état. Alors cet état primitif ne peut plus subsister ; et le genre humain périrait s'il ne changeait de manière d'être [...]. Or, comme les hommes ne peuvent engendrer de nouvelles forces, mais seulement unir et diriger celles qui existent, ils n'ont plus d'autre moyen, pour se conserver, que de former par agrégation une somme de forces qui puisse l'emporter sur la résistance, de les mettre en jeu par un seul mobile et de les faire agir de concert [...]. Trouver une forme d'association qui défende et protège de toute la force commune la personne et les biens de chaque associé, et par laquelle chacun, s'unissant à tous, n'obéisse pourtant qu'à lui-même, et reste aussi libre qu'auparavant [...]. Tel est le problème fondamental dont Le contrat social donne la solution [...]. Chacun se donnant à tous ne se donne à personne ; et comme il n'y a pas un associé sur lequel on n'acquière le même droit qu'on lui a cédé sur soi, on gagne l'équivalent de tout ce qu'on perd, et plus de force pour conserver ce qu'on a.
Si donc on écarte du pacte social ce qui n'est pas de son essence, on trouvera qu'il se réduit aux termes suivants : « Chacun de nous met en commun sa personne et toute sa puissance sous la suprême direction de la volonté générale ; et nous recevons encore chaque membre comme partie indivisible du tout [...] ».

Hans Kelsen, *Théorie pure du droit* (Vienne, Deutike, 1934 – Paris, Dalloz, 1962, trad. Ch. Eisenman)

« C'est l'idée même qu'une doctrine de droit naturel pourrait donner une réponse absolue à la question du fondement de la validité du droit positif qui repose sur une illusion ; selon ces doctrines, la validité du droit positif a pour fondement le droit naturel, c'est-à-dire un ordre établi par la nature en tant qu'autorité suprême, supérieure au législateur humain. En ce sens, le droit positif ; mais alors que le droit positif proprement dit est posé par des volontés humaines, le droit naturel le serait par une volonté supra-humaine. Sans doute une doctrine de droit naturel peut-elle bien affirmer comme un fait que la nature commande que les hommes doivent se conduire de telle ou telle façon. Mais puisqu'un fait ne peut pas être le fondement de la validité d'une norme, une doctrine de droit naturel correcte du point de vue logique ne peut pas nier que l'on ne peut donner un droit positif conforme au droit naturel comme valable que si l'on suppose la norme : on doit obéir aux commandements de la nature. Telle est la norme fondamentale du droit naturel. La doctrine du droit naturel ne peut, elle aussi, donner à la question du fondement de la validité du droit positif qu'une réponse conditionnée ou relative [...]. On ne peut admettre l'existence de normes immanentes à la nature, que si l'on inclut dans la nature la volonté de Dieu. Or, l'idée que, dans la nature qui est une manifestation de sa volonté – ou de toute autre façon –, Dieu commanderait aux hommes de se conduire d'une certaine façon, est une thèse métaphysique qui ne peut pas être acceptée d'une façon générale par une science quelconque et en particulier par la science du droit ».

Jean Carbonnier, *Droit civil, T. II, La famille* (16e éd., PUF, coll. « Thémis », 1993)

« En libérant certains comportements de la sanction juridique, le législateur a entendu les renvoyer à d'autres systèmes normatifs, mœurs, morale, religion. Plaçant ainsi chacun sous sa propre responsabilité, il a ouvert entre toutes les familles une sorte de libre concurrence – l'arrière-pensée étant que l'emporteront à la longue, celles qui se sont évertuées à être sinon les plus vertueuses, du moins les plus sobres, les plus dures envers elles-mêmes. Toutefois, le législateur n'a-t-il pas trop présumé de la capacité qu'aurait l'individu de se créer ses propres normes familiales ? L'espace de liberté qui a été dégagé pourrait bien être occupé par des normes collectives, des pouvoirs moraux, les médias, l'école, l'Église ».

Biblio

– C. Atias, *Philosophie du droit*, PUF, coll. « Thémis », 1999 ; *Épistémologie juridique*, Dalloz, coll. « Précis », 2002
– G. Cornu, *L'art du droit en quête de sagesse*, PUF, coll. « Doctrine juridique », 1998.
– V. Fortier, *Justice, religions et croyances*, CNRS, coll. « CNRS Droit », 2000.
– J. Ghestin, « Les données positives du droit », *RTD civ.* 2002. 11.
- J. Grondin, *Universalité de l'herméneutique*, PUF, 2013.
– Ph. Jestaz, « Les frontières du droit et de la morale », *RRJ* 1983. 334 s. ; « La sanction ou l'inconnue du droit », *D.* 1986. Chron. 197 ; « Pouvoir juridique et pouvoir moral », *RTD civ.* 1990. 625.
– Ph. Malaurie, *Anthologie de la pensée juridique*, 2e éd., Cujas, 2001 ; « La pensée juridique », *JCP* 2001. I. 283 ; « Laïcité, voile islamique et réforme législative », *JCP* 2004. I. 124.

– B. Oppetit, *Philosophie du droit*, Dalloz, coll. « Précis », 1999.
– H. Pasqua, *La reconstruction du christianisme. Newman et l'unité de l'agir*, éd. Ad solem, coll. « Philosophie », 2012.
– M. Villey, *Le droit et les droits de l'homme*, PUF, 1983.
– Sur la question du ou des fondements, consulter de façon plus générale, les articles de la revue *Droits* et de la revue *Archives de philosophie du droit*.

Quiz

1) Sujets corrigés

A) Commentaire

Enoncé

Droit et religion : commentaire de l'arrêt CEDH, Grande chambre, 18 mars 2011, aff. *Lautsi et autres c/ Italie*, req. n° 30814/06

Voir le corrigé en fin de rubrique.

B) Dissertations

Énoncé n° 1

L'inflation législative.

Voir le corrigé en fin de rubrique.

Énoncé n° 2

Les lois injustes.

Voir le corrigé en fin de rubrique.

2) Corrigés

Commentaire n° 1

L'arrêt *Lautsi contre Italie* rendu par la grande chambre de la Cour européenne des droits de l'homme (CEDH) le 18 mars 2011 est l'un des nombreux arrêts alimentant la jurisprudence sur la liberté de pensée, de croyance et de religion protégée au titre de l'article 9 de la CESDH (Convention européenne de sauvegarde des droits de l'homme et des libertés fondamentales) et de l'article 2 du protocole n° 1 de la CESDH reconnaissant aux parents le droit à une éducation et à un enseignement de leurs enfants conforme à leurs convictions religieuses et philosophiques.

La question de la liberté religieuse, de ses limites, est régulièrement posée. On songe aux différents arrêtés de plusieurs maires de France contre le port du burkini, l'été dernier en 2016. C'est aussi la définition même de cette liberté qui est en cause, où situer le religieux du non religieux ?

Quelle frontière entre les traditions, la culture et la manifestation religieuse ? Ce fût à la période hivernale l'interrogation soulevée en France de la place des crèches dans les lieux publics. S'agit-il d'une manifestation religieuse, d'un simple fait religieux, ou d'une manifestation culturelle ? (CE, ass., 9 nov. 2016, *Fédération départementale des libres penseurs de la Seine-et-Marne*, n° 395122 et *Fédération de la libre pensée de Vendée*, n° 395223).

L'affaire *Lautsi* éclaire opportunément le débat où la polémique portait sur le maintien ou non du crucifix dans les salles de classe des écoles publiques en Italie. La décision a été rendue par la formation la plus solennelle de la CEDH. Elle prendra le contrepied de la décision de chambre rendue dans cette affaire le 3 novembre 2009 (CEDH 3 nov. 2009, *Lautsi c/ Italie*, n° 30814/06).

S'il fallait situer la décision objet de ce commentaire parmi ses consœurs, il n'y aurait pas d'excès à considérer qu'elle se situe au milieu du gué dans cette construction de l'équilibre des droits en matière de religion (CEDH 25 mai 1993, *Kokkinakis c/ Grèce*, req. n° 14307/88 ; 18 fév. 1999, *Buscarini et a. c/ Saint-Marin*, req. n° 24645/94 ; 26 oct. 2000, *Hassan et Tchaouch c/ Bulgarie*, req. n° 30985/96 ; 29 juin 2007, *Folgero et a. c/Norvège*, req. n° 15472/02 ; 4 déc. 2008, *Drogu c/France*, req. n° 27058/05 ; 18 Mars 2011, *Lautsi et a. c/ Italie*, req. n° 30814/06 ; 12 juin 2014, *Fernandez Martinez c/Espagne*, req. n° 56030/07 ; 1er juill. 2014, *S.A.S. c/ France*, req. n° 43835/11 ; 26 avril 2016, *□zzettin Do□an et autres c. Turquie*, req. n° 62649/10). Elle reconnaît d'abord la nécessité d'une forme de neutralité de l'État, et évoque le pluralisme comme obligation positive de l'État. L'aboutissement sera dans des arrêts ultérieurs l'affirmation d'un pluralisme consubstantiel à l'existence d'une société démocratique (I). Elle admet ensuite une marge d'appréciation de l'État dans les choix philosophiques ou religieux qu'il pose, ce que l'on pourrait appeler sa confessionnalité, tout en rappelant un principe acquis auprès de la Cour du refus du prosélytisme, entendu ici du refus de l'endoctrinement (II).

I. Le devoir de neutralité et d'impartialité à la charge de l'État

Ce devoir est mis à la charge de l'État dans l'arrêt commenté comme conséquence du droit reconnu aux parents à l'article 2 du protocole n° 1 (A). Les juges en infèrent plus largement une obligation positive au pluralisme (B).

A. Un devoir résultant du droit des parents d'assurer une éducation et un enseignement conforme à leurs convictions religieuses et philosophiques

Aux termes de l'article 2 du Protocole n° 1 : « nul ne peut se voir refuser le droit à l'instruction. L'État, dans l'exercice des fonctions qu'il assumera dans le domaine de l'éducation et de l'enseignement, respectera le droit des parents d'assurer cette éducation et cet enseignement conformément à leurs convictions religieuses et philosophiques ». L'arrêt Lautsi met à la charge de l'État un devoir de neutralité découlant de ce droit à l'instruction conforme au choix parental. La définition de la neutralité et le périmètre à lui reconnaître sont délicats. La neutralité de l'État n'est mentionnée ni à l'article 9 CESDH ni à l'article 2 du Protocole n° 1 (Sur les contours d'une notion : Julie Ringelheim, « Du voile au crucifix : la neutralité de l'État dans la jurisprudence de la Cour européenne des droits de l'homme », 2014/1 : http://cridho.uclouvain.be/documents/Working.Papers/CRIDHO-WP-2014-1-JRingelheim-DuVoileAuCrucifix.pdf).

En France, la neutralité est un concept relativement récent polysémique qui s'apparente à la laïcité. On songe notamment à la neutralité de l'État présentée comme une conséquence de la laïcité de l'État en ce qu'elle doit favoriser la pluralité dans l'exercice des religions. Il résulte du principe de laïcité visé au considérant 5 de la décision n° 2012-297 QPC du Conseil constitutionnel, en date du 21 février 2013 sur le Traitement des pasteurs des églises consistoriales dans les départements du Bas-Rhin, du Haut-Rhin et de la Moselle « [...] la neutralité de l'État ; qu'il en résulte également que la République ne reconnaît aucun culte ; que le principe de laïcité impose notamment le respect de toutes les croyances, l'égalité de tous les citoyens devant la loi sans distinction de religion et que la République garantisse le libre exercice des cultes ; qu'il implique que celle-ci ne salarie aucun culte [...] » (Décis. n° 2012-297 QPC du 21 février 2013 sur le Traitement des pasteurs des églises consistoriales dans les départements du Bas-Rhin, du Haut-Rhin et de la Moselle, *JCP* G 2013. 426, M. Verpeaux, A. Macava ; J.-M. Woerhing, « Le droit alsacien-mosellan des cultes après les récentes décisions du Conseil constitutionnel », *RD publ.* 2013. 532).

Plus récemment, la loi n° 2016-1088 du 8 août 2016 relative au travail, à la modernisation du dialogue social et à la sécurisation des parcours professionnels a inséré au Code du travail un nouvel article, L. 1321-2-1, aux termes duquel la neutralité se fait principe : « Le règlement intérieur peut contenir des dispositions inscrivant le principe de neutralité et restreignant la manifestation des convictions des salariés si ces restrictions sont justifiées par l'exercice d'autres libertés et droits fondamentaux ou par les nécessités du bon fonctionnement de l'entreprise et si elles sont proportionnées au but recherché » (Réponse partielle à l'affaire dite *Baby-loup* où une musulmane voilée travaillant dans une crèche avait été licenciée pour ce motif : Cass., ass. plén., 25 juin 2014, n° 13-28.369, *Bull. ass. plén.*, n° 1 ; Soc. 19 mars 2013, n° 11-28.845. Débat ayant rebondi avec l'arrêt récent de la CJUE, Grand chambre, 14 mars 2017, aff. C 188/15, *Asma Bougnaoui et Association de défense des droits de l'homme (ADDH) c/ Micropole SA, anciennement Micropole Univers SA*).

Dans l'affaire *Lautsi*, en 2011, la neutralité qui découle de l'exercice du droit des parents est cependant distincte du principe de laïcité. La laïcité doit être respectée par l'État mais au titre de l'article 9 CESDH en tant que convictions philosophiques autonomes, comme il en va du respect des convictions religieuses. En liminaire de la longue appréciation que la Cour va mener au long de cette décision, la laïcité est en effet posée comme une conviction philosophique d'engagement : « les partisans de la laïcité sont en mesure de se prévaloir de vues atteignant le « degré de force, de sérieux, de cohérence et d'importance » requis pour qu'il s'agisse de « convictions » au sens des articles 9 de la Convention et 2 du Protocole n° 1 (arrêt *Campbell et Cosans c. Royaume-Uni,* du 25 février 1982, série A no 48, § 36). Plus précisément, il faut voir là des « convictions philosophiques » au sens de la seconde phrase de l'article 2 du Protocole no 1, dès lors qu'elles méritent « respect « dans une société démocratique » », ne sont pas incompatibles avec la dignité de la personne et ne vont pas à l'encontre du droit fondamental de l'enfant à l'instruction » (§58).

Il appartient donc à l'Italie de respecter tout type de conviction et ce respect va ainsi qu'il convient de l'exposer à présent au-delà de l'abstention.

B. L'obligation positive de l'État de garantir l'exercice des différentes religions

La Cour est explicite : « les Etats ont pour mission de garantir, en restant neutres et impartiaux, l'exercice des diverses religions, cultes et croyances. (...) Cela concerne les relations entre croyants et non-croyants comme les relations entre les adeptes des diverses religions, cultes et croyances » (§60). Cette neutralité qui s'exprime dans le respect par l'État du droit des parents de choisir un système éducatif conforme à leurs convictions religieuses et philosophiques va au-delà de l'abstention : « le mot "respecter", auquel renvoie l'article 2 du Protocole n° 1, signifie plus que reconnaître ou prendre en considération ; en sus d'un engagement plutôt négatif, ce verbe implique à la charge de l'État une certaine obligation positive » (§ 61).

Cette obligation positive est une obligation au pluralisme consubstantiel à toute société démocratique. Elle doit permettre à tous l'exercice de leurs convictions sur son territoire.

Deux précisions toutefois, dont l'une a été apportée par la Cour antérieurement à l'affaire Lautsi, et l'autre postérieurement.

Primo, lorsque le refus de la religion s'inscrit dans le contexte de l'éducation, en particulier du protocole n° 1, article 2 sur le droit à l'instruction et le respect par l'État des convictions religieuses des parents, le pluralisme éducatif ne supposera pas nécessairement la neutralité confessionnelle de l'État. L'affaire *Folgero et a. c/ Norvège* (*Folgero et a. c/ Norvège*, 29 juin 2007, req. n° 15472/02) avait déjà permis de le tenir pour acquis qui n'avait conclu à la violation du texte précité constatant l'effet disproportionné de la restriction tenant à la dispense simplement partielle du cours de religion en raison des difficultés de mise en œuvre de celle-ci pour les parents.

Secundo, le pluralisme religieux n'exclut pas l'ingérence de l'État lorsque celle-ci est justifiée au titre du §2 de l'article 9 de la CESDH. Il n'en a pas été fait application, à notre connaissance, à la matière éducative. Mais cela a pu être observé en d'autres affaires, ainsi dans l'affaire *S.A.S. c/ France* où la Cour a estimé justifiée l'atteinte à la liberté de religion d'une jeune femme portant la burqa et le niqab qui s'était vue interdite de les porter dans l'espace public. En l'occurrence, l'ingérence était justifiée car le voile était une atteinte au « vivre ensemble » qui s'entend de la possibilité de nouer des relations interpersonnelles : « La Cour peut donc admettre que la clôture qu'oppose aux autres le voile cachant le visage soit perçue par l'État défendeur comme portant atteinte au droit d'autrui d'évoluer dans un espace de sociabilité facilitant la vie ensemble » (§ 122, *S.A.S. c/France*, 1er juill. 2014, req. n° 43835/11).

L'obligation faite à l'État de permettre l'exercice de toute religion n'exclut pas de sa part le choix en faveur de la visibilité d'une religion plutôt qu'une autre dans la mesure où il va être exposé.

II. La visibilité prépondérante d'une religion décidée par l'État

En l'espèce, l'Italie choisit de défendre le maintien des crucifix dans les classes des écoles publiques. L'arrêt de grande chambre juge, à la différence de la décision rendue antérieurement par la chambre lui ayant transmis l'affaire, que cela relève de la légitime marge d'appréciation de chaque État (A). Il pose cependant pour limite à la liberté étatique l'interdiction de tout endoctrinement (B).

A. La marge d'appréciation reconnue à chaque État par la Cour européenne des droits de l'homme

L'argumentation du gouvernement s'est fondée principalement sur deux points parfaitement résumés par la Cour : « la présence de crucifix dans les salles de classe des écoles publiques, qui est le fruit de l'évolution historique de l'Italie, ce qui lui donne une connotation non seulement culturelle mais aussi identitaire, correspond aujourd'hui à une tradition qu'il juge important de perpétuer. Il ajoute qu'au-delà de sa signification religieuse, le crucifix symbolise les principes et valeurs qui fondent la démocratie et la civilisation occidentale, sa présence dans les salles de classe étant justifiable à ce titre » (§ 67).

En effet, si le protocole additionnel au nouveau concordat, du 18 février 1984, ratifié par la loi italienne n° 121 du 25 mars 1985, énonce que le principe posé par les pactes du Latran selon lequel la religion catholique est la seule religion de l'État n'est plus en vigueur (« Pactes du Latran, signés le 11 février 1929, marquèrent la « Conciliation » de l'État italien et de l'Eglise catholique. Le catholicisme fut confirmé comme la religion officielle de l'État italien, l'article 1er du traité étant ainsi libellé : « L'Italie reconnaît et réaffirme le principe consacré par l'article 1er du Statut Albertin du Royaume du 4 mars 1848, selon lequel la religion catholique, apostolique et romaine est la seule religion de l'État »), en revanche le choix a été maintenu des crucifix. Le 3 octobre 2002, le ministre de l'Instruction, de l'Université et de la Recherche a d'ailleurs adopté la directive (n° 2666) suivante rapportée par la Cour : « (...) considérant que la présence de crucifix dans les salles de classe trouve son fondement dans les normes en vigueur, qu'elle ne viole ni le pluralisme religieux ni les objectifs de formation pluriculturelle de l'École italienne et qu'elle ne saurait être considérée comme une limitation de la liberté de conscience garantie par la Constitution puisqu'elle n'évoque pas une confession spécifique mais constitue uniquement une expression de la civilisation et de la culture chrétienne et qu'elle fait donc partie du patrimoine universel de l'humanité ».

L'arrêt de chambre rendu en 2009 par la Cour européenne avait, pour sa part, jugé que la neutralité exigée de l'État était une neutralité confessionnelle : « parmi la pluralité de significations que le crucifix peut avoir, la signification religieuse est prédominante. Elle considère en conséquence que la présence obligatoire et ostentatoire du crucifix dans les salles de classes était de nature non seulement à heurter les convictions laïques de la requérante dont les enfants étaient alors scolarisés dans une école publique, mais aussi à perturber émotionnellement les élèves professant une autre religion que la religion chrétienne ou ne professant aucune religion. Sur ce tout dernier point, la chambre souligne que la liberté de religion « négative » n'est pas limitée à l'absence de services religieux ou d'enseignement religieux : elle s'étend aux pratiques et aux symboles exprimant, en particulier ou en général, une croyance, une religion ou l'athéisme. Elle ajoute que ce « droit négatif » mérite une protection particulière si c'est l'État qui exprime une croyance et si la personne est placée dans une situation dont elle ne peut se dégager ou seulement au prix d'efforts et d'un sacrifice disproportionnés ».

Dans l'arrêt de grande chambre, la Cour européenne refuse de suivre cette solution. La neutralité ne suppose pas que l'État soit aconfessionnel. Elle refuse également de suivre le gouvernement sur le terrain de l'aspect culturel du crucifix. Elle desserre l'étreinte et laisse la marge d'appréciation aux Etats sous réserve du respect du pluralisme confessionnel que nous avons exposé, et de l'interdiction d'endoctrinement des enfants par l'État sur laquelle il convient de conclure.

B. L'interdiction de l'endoctrinement limite posée à la libre appréciation de chaque État

La Cour a desserré l'étau. Mais après avoir remis la question entre les mains de l'État concerné, elle ajoute de façon explicite une limite conforme à l'esprit de sa jurisprudence :

« il est vrai qu'en prescrivant la présence du crucifix dans les salles de classe des écoles publiques — lequel, qu'on lui reconnaisse ou non en sus une valeur symbolique laïque, renvoie indubitablement au christianisme —, la réglementation donne à la religion majoritaire du pays une visibilité prépondérante dans l'environnement scolaire. Cela ne suffit toutefois pas en soi pour caractériser une démarche d'endoctrinement de la part de l'État défendeur et pour établir un manquement aux prescriptions de l'article 2 du Protocole n° 1 » (§ 71).

En l'occurrence, l'exposition du crucifix est un élément passif qui n'emporte pas endoctrinement des enfants qui entrent dans la classe. Le critère de l'endoctrinement est à l'éducation ce que le prosélytisme est à la vie en société.

Or, la Cour européenne avait déjà sans son arrêt bien connu *Kokkinakis c/ Grèce* (25 mai 1993, req. n° 14307/88) condamné par *a contrario* le prosélytisme abusif. Ce refus du prosélytisme d'endoctrinement s'inscrit dans le principe selon lequel toute personne a le droit de ne pas avoir de religion. L'État doit veiller au respect des croyances ou à la liberté de n'en avoir pas. N'est-ce pas ce que relève la Cour dans l'affaire *Lautsi* lorsqu'elle fonde le pluralisme éducatif : « le pluralisme éducatif implique que l'État, en s'acquittant de ses fonctions en matière d'éducation et d'enseignement veille à ce que les informations ou connaissances figurant au programme soient diffusées de manière objective, critique et pluraliste, permettant aux élèves de développer un sens critique à l'égard notamment du fait religieux dans une atmosphère sereine, préservée de tout prosélytisme » (§62).

Le maintien des crucifix n'était pas endoctrinement ni prosélytisme. Il n'y a donc pas eu violation de l'article 2 du protocole n° 1.

Dissertation n° 1

Piste de réflexion

Partir de l'inflation législative existante (quantité des textes) ; problème sur la qualité et sur la réception de la norme.

Plan détaillé

I. Les méfaits de l'inflation législative

A. Des lois sans crédit

– Un constat : une inflation législative qui enlève toute crédibilité aux lois. Elle est due à l'enchevêtrement des sources et à la multiplication des textes ; La loi en vigueur est une loi en sursis.

– Importance démesurée de l'interprétation des juges.

– Une conséquence : perte de crédit de la loi et au-delà des valeurs.

B. Des atteintes aux principes fondateurs d'un État de droit

– Les atteintes au principe de sécurité juridique.

– Absence d'intelligibilité et d'accessibilité à la loi ; des atteintes à la confiance légitime.

– Une remise en cause du caractère normatif de la loi.

II. Les remèdes à l'inflation législative

A. La refonte du processus normatif

– Une technique d'élaboration de la loi adaptée.

– Une meilleure connaissance de la loi : le temps de la consolidation des textes.

– Une meilleure accessibilité à la loi.

B. Le respect de la loi élaborée

– Un retour souhaitable à la constitution civile des Français en laissant aux lois le temps de vieillir.

– Comprendre qu'une loi n'est pas appelée à tout régir, sinon c'est de la réglementation, et qu'il faut peu de lois mais des lois bien faites, ambition Portalis.

– Réfléchir sur le rôle du droit.

Dissertation n° 2

Piste de réflexion

Une loi peut-elle être injuste ? Quels sont les rapports entre la loi et le droit ? Que faut-il entendre par l'injustice d'une loi ? Faut-il s'opposer à une loi injuste ?

Plan détaillé

I. De l'existence de lois injustes

A. Opposition des termes de la proposition

– Partir de la définition de la loi en tant que règle juridique, poursuivre par une analyse de l'adjectif qualificatif « juridique », selon le sens donné à ce terme (positivismes, jusnaturalismes) la réponse à la question de savoir si une loi peut être intrinsèquement injuste sera différente.

– La contradiction des termes apparaît lorsque le droit est défini comme objet de la justice, une règle de droit ne pourra être injuste sans renier ce qui la constitue, à savoir son caractère juridique. Il y aura règle édictée par une autorité publique, mais non une règle juridique au sens plénier du terme.

– Approche du terme loi = règle issue d'une autorité publique ayant mission de gouverner. Il y a loi lorsque la procédure formelle d'élaboration de la règle a été respectée. Le contenu de la règle peut alors être injuste. Il est alors possible de soutenir qu'il y a des lois injustes, les termes peuvent être conciliés.

B. Caractère injuste de certaines lois

– Définir conceptuellement la notion de « justice », réfléchir sur les finalités du droit.

– Donner des exemples de lois injustes en vous appuyant sur les règles passées et présentes.

II. De l'autorité des lois injustes

A. Force juridique des lois injustes

– Définir ce qu'est la force juridique d'une loi : la loi est un acte de la puissance publique, issue de l'organisation politique (au sens de gouvernement de la cité) d'une communauté. L'effectivité de la loi est assurée par le recours à la force publique (contrainte, exécution forcée) pouvant être précédé par le recours aux autorités chargées de la fonction juridictionnelle au sein de cette communauté (les juges).

– La loi qu'elle soit juste ou non conserve la même force juridique tant qu'elle est en vigueur dans un pays.

B. Caractère légitime ou non de l'opposition aux lois injustes

– Faut-il s'opposer à une loi injuste ? L'ordre de la loi suffit-il à justifier la commission d'un acte injuste (v. théorie des baïonnettes intelligentes) ?

– Donner l'exemple des lois en vigueur pendant la période nazie (condamnation par les juridictions allemandes à l'issue de la guerre des lois du IIIe Reich contraires au droit naturel et des personnes s'y étant soumises).

– Exemple des commandos anti-ivg, condamnation en France des personnes faisant partie de ces commandos : réfléchir sur le point de savoir si toute forme d'opposition est légitime.

– Quels sont les dangers du comportement passif face à une loi injuste (admettre des actes humainement et moralement condamnables, se rendre complice de l'injustice contenue dans la loi...), du comportement actif face à une loi injuste (atteinte à la cohésion sociale, trouble à l'ordre public, risque d'anarchie, risque d'erreur...).

chapitre 3

Le droit comparé et le droit international

Plan analytique

section 1

Le droit comparé

section 2

Le droit international

Compléments pédagogiques

3

Le droit comparé et le droit international

Le droit comparé et le droit international sont deux disciplines distinctes et complémentaires. La première tend à l'élaboration de règles communes (section 1), la seconde permet, en présence d'un élément d'extranéité, de déterminer la règle de droit applicable lors d'un conflit de lois, et la juridiction compétente lors d'un conflit de juridictions (section 2). Chacune de ces disciplines suppose, donc, la connaissance des législations étrangères mais à des fins distinctes. 103

section 1

Le droit comparé

Le droit comparé appartient aux aventuriers, son histoire révèle de grandes épopées, que l'on songe à celle de Solon (640-558) ayant rétabli la paix à Athènes grâce à d'importantes réformes, ou avant lui au mythique Lycurgue et à la constitution de Spartes, après le conseil des dieux ! À travers les siècles, s'est développé ce « droit des gens », ainsi appelé aux temps modernes, avec en particulier l'imposante école de Salamanque réunissant des noms comme Vitoria, le dominicain, ou Suarez, le jésuite. Mais c'est bien sûr chez Grotius, homme d'État hollandais, dans son *Traité de la guerre et de la paix* en 1625 que l'idée d'un droit naturel commun fondé sur la personne trouvera son plein épanouissement. À toutes les époques de l'Histoire, qu'il ne nous appartient pas de parcourir ici, de belles figures apparaissent, hérauts de la *comparative law* ou droit comparé. À la veille de la Révolution française, Montesquieu dans son célèbre *Esprit des lois* donne la synthèse de l'apprentissage mené au cours de multiples voyages dans les pays d'Europe. 104

Le droit comparé n'acquiert ses lettres de noblesse qu'assez récemment au cours du XIXe siècle pour se développer au XXème. Abel Lefranc dans son ouvrage *Histoire du Collège de France* donne pour date de création de la chaire d'Histoire des législations comparées, le 12 mars 1831. L'université est le lieu propice de développement des sciences et de la science du droit comparé. C'est la Faculté de Paris, au temps de Boissonade, qui créa en 1837 la première chaire de législation pénale comparée où fut nommé par le ministre, le toulonnais Elzéar Ortolan, après il est vrai trois échecs pour être élu dans cette faculté (G. Antonetti, « La Faculté de droit de Paris à l'époque où Boissonade y faisait ses études », *RIDC* 1991. 2. 333 s). En 1869, la société de législation comparée est fondée à Paris par Edouard Laboulaye, Rodolphe Dareste et Gustave Boissonade. À la fin du XIXe s. se développe par domaine du droit, la science comparative avec des noms aussi célèbres qu'Adhémar Esmein (1895) en droit constitutionnel comparé, Raymond Saleilles (1901) en droit civil comparé. Mais l'intelligence n'est pas que parisienne, et c'est dans la belle ville de Lyon que le 105 premier Institut de droit comparé sera créé en 1921 par Edouard Lambert. La distinction droit comparé et droit international est, semble-t-il pour la première fois, formulée. Le droit comparé tend à l'élaboration d'un droit commun, il a pour matière les droits étrangers, mais ceux-ci ne sont que des outils. Le droit international est l'étude des droits étrangers qui en constituent la fin.

106 La capitale et la province connaissent le même mouvement en faveur de la comparaison, et ce sera dans le contexte de l'exposition universelle de 1900, à laquelle on doit notamment ces merveilles architecturales que sont le Petit Palais (http://www.petitpalais.paris.fr) et le Grand Palais (http://www.grandpalais.fr) à Paris, que se tiendra le Congrès international de droit comparé de Paris. S'y retrouveront notamment François Gény bien connu des juristes dans le cadre de la libre recherche scientifique avec ses ouvrages *Méthode d'interprétation et sources de droit privé positif,* et *Science et technique en droit privé positif*, Raymond Saleilles grand privatiste spécialiste du droit allemand, ou encore Edouard Lambert. On lira avec profit le cours d'introduction au droit comparé de Bruno de Loynes de Fumichon : (http://www.victoria.ac.nz/law/nzacl/PDFS/SPECIAL%20ISSUES/de%20Fumichon.pdf).

107 Le droit comparé, pouvait écrire René David, permet « de nous aider à comprendre la manière de voir d'autrui et de faire comprendre à autrui notre propre manière de voir ». L'intérêt direct du droit comparé est aussi d'enrichir notre propre législation de techniques, de mécanismes, de savoir-faire étrangers chaque fois qu'ils pourront s'intégrer convenablement à l'ordre juridique interne. Le mot est du juriste allemand Ihering (1818-1892) : « Personne ne se soucie de se servir de quelque chose de lointain, quand il a, chez lui, un outil aussi bon ou meilleur. Mais seul un fou refuserait la quinine au seul motif qu'elle ne pousse pas dans son jardin » ! Les assemblées parlementaires en France établissent, intelligemment, au moment de réfléchir sur les projets ou propositions de lois des études de droit comparé sur la question traitée. Tout n'est cependant pas transposable, et il est en droit comparé des esprits, des cultures, des manières de gouverner conduisant à distinguer des grands systèmes de droit, encore appelés les familles juridiques au sein desquelles sont classifiés les pays.

108 Les comparatistes n'ont eu de cesse d'opérer des classifications des familles de droit. C'est ainsi qu'à l'opposition du droit romain, du droit germanique, du droit anglo-saxon, du droit slave et des droits musulmans, a été préférée un temps celle des droits occidentaux, des droits socialistes, des droits musulmans, du droit hindou et du droit chinois, alors que C. Jauffret-Spinosi et M. Goré, ayant repris l'ouvrage de référence du grand René David (*Les grands systèmes de droit contemporains*, Dalloz, coll. « Précis »), préfèrent de façon plus compréhensive la présentation suivante : la famille romano-germanique, la famille de *common law*, le droit russe, le droit musulman, le droit de l'Inde, le droit d'Extrême-Orient, les droits d'Afrique et de Madagascar. La pertinence de ces distinctions demeure, même si l'on observe, en raison du phénomène de mondialisation dû notamment à la grande mobilité des personnes et à la facilité des moyens de communication, ce qui a pu être désigné comme « une forme d'internationalisation » du droit comparé, ou processus de « dissolution des familles du droit ».

109 Le droit comparé reste fondamentalement une science, et cette science est celle de la comparaison (sur celle-ci : L.-J. Constantinesco, *Traité de droit comparé, T.2, La méthode comparative*, 1974). Il faut selon cette auteur appliquer la règle des trois C reprise dans une étude de B. Jaluzot, (« Méthodologie du droit comparé », *RIDC* 2005. I. 33 s.) :

Connaître – « 1) étudier le terme tel qu'il est, 2) examiner le terme à comparer dans ses sources originaires, 3) étudier le terme à comparer dans la complexité et la totalité des sources du droit considéré, 4) respecter la hiérarchie des sources juridiques de l'ordre considéré, 5) interpréter le terme à comparer selon la méthode propre à l'ordre juridique auquel il appartient » - Comprendre – « consiste à réintégrer le terme dans son système juridique, celui-ci étant entendu au sens large, en comprenant son milieu politique, économique et social » - Comparer – « de façon méthodique tous les aspects des termes à comparer, point par point, et élément par élément ». En somme, le comparatiste sera nécessairement linguiste, historien, juriste, sociologue, pour intégrer tous les éléments du savoir. Le droit comparé sera toujours une invitation au voyage.

section 2

Le droit international

Le droit international privé repose sur le principe du conflit, *conflit de lois*[Q], *conflit de juridictions*[Q]. La chaire du droit international, à la différence du droit comparé, reste les droits nationaux, mais les droits nationaux étrangers, droit allemand, anglais, espagnol, italien, chinois, argentin... Il permet par ses règles et ses mécanismes, ses principes généraux de déterminer le juge compétent et la loi applicable à une situation, un mariage par exemple, un contrat ou toute autre situation. S'il existe des solutions pour déterminer la juridiction ou la loi applicable, il faut souligner que la loi ne sera que la loi matérielle, celle de droit substantiel, jamais la loi de la procédure qui suit la juridiction désignée. 110 ■

La qualification est au cœur du droit international privé, car il faut nécessairement qualifier les éléments soumis pour déterminer le régime applicable. L'objet à qualifier peut être une situation juridique ou une situation de fait. La détermination de la catégorie de la situation examinée est l'axe fondamental du travail de l'internationaliste. Le juriste peut d'ailleurs être confronté à des situations où la qualification ne sera pas la même en fonction de l'ordre juridique considéré – qualifications concurrentes – parfois en l'absence de correspondance en raison de l'originalité de l'institution considérée. Le juriste français a été confronté à ce type de difficulté lorsque les partenariats étrangers enregistrés n'avaient pas leur pendant dans le pacte civil de solidarité (*v. ss 612*), fallait-il les rattacher à la catégorie du concubinage, du mariage, avec les différences de régime qui en découlaient. 111 ■

Le travail de l'internationaliste suppose de connaître les différents systèmes juridiques, et particulièrement le sien et les réserves tenant aux lois de police ou à celles de l'ordre public. L'article 3 du Code civil dispose ainsi que « Les lois de police et de sûreté obligent tous ceux qui habitent le territoire. Les immeubles, même ceux possédés par des étrangers, sont régis par la loi française. Les lois concernant l'état et la capacité des personnes régissent les Français, même résidant en pays étranger ». Ce principe de territorialité n'est pas absolu et n'existe pas dans tous les domaines. D'autres lois peuvent s'appliquer selon le contexte juridique, lois ayant les liens les plus étroits avec la situation par exemple, ou, lorsque les parties ont la libre 112 ■

disposition de leurs droits, loi d'autonomie au choix de celles-ci. À l'inverse, les domaines de l'ordre public sont un obstacle à la venue sur le territoire français de pratiques jugées illicites. À situation illicite, non-reconnaissance en France, ainsi le débat se porte sur les gestations pour autrui réalisées à l'étranger alors que le Code civil dispose en son article 16-7 : « Toute convention portant sur la procréation ou la gestation pour le compte d'autrui est nulle » (*v. ss 672*).

113 Le droit international privé est classé parmi les droits savants. Il suppose du juriste la maîtrise des langues, des cultures, des systèmes juridiques étrangers. La conférence de La Haye de droit international privé, depuis 1893, œuvre pour une meilleure connaissance des traditions juridiques et l'élaboration de conventions multilatérales dites *Conventions de La Haye* (http://www.hcch.net/index_fr.php?act=text.display&tid=1). Elles permettent de dresser des ponts entre les systèmes juridiques pour faciliter les liens entre les citoyens des différents pays. Ce sera, par exemple, la Convention de La Haye de 1965 sur la transmission et la notification internationale des actes, la Convention de La Haye de 1980 sur l'enlèvement d'enfants, ou encore celle sur la protection des enfants (1996) pour rester dans le domaine utile de la première année de droit.

3

Compléments pédagogiques

Mémo

Le droit comparé tend à l'élaboration de règles communes, le droit international permet de déterminer la règle de droit applicable lors d'un conflit de lois, et la juridiction compétente lors d'un conflit de juridictions. Le premier *tend à l'élaboration d'un droit commun, il a pour matière les droits étrangers, mais ceux-ci ne sont que des outils. Le droit international est l'étude des droits étrangers qui en constituent la fin.*

Le droit comparé existe depuis les origines, mais il acquiert ses lettres de noblesse à la fin du XIXe, début du XXe siècle. La capitale et la province connaissent le même mouvement en faveur de la comparaison, et ce sera dans le contexte de l'exposition universelle de 1900, à Paris, que se tiendra le Congrès international de droit comparé. *L'intérêt direct du droit comparé est aussi d'enrichir notre propre législation de techniques, de mécanismes, de savoir-faire étrangers chaque fois qu'ils pourront s'intégrer convenablement à l'ordre juridique interne*. Tout n'est cependant pas transposable, et il est en droit comparé des esprits, des cultures, des manières de gouverner conduisant à distinguer des grands systèmes de droit, encore appelés les familles juridiques au sein desquelles sont classifiés les pays. *Les comparatistes n'ont eu de cesse d'opérer des classifications des familles de droit*. La pertinence de ces distinctions demeure, même si l'on observe, en raison du phénomène de mondialisation dû notamment à la grande mobilité des personnes et à la facilité des moyens de communication, ce qui a pu être désigné comme « une forme d'internationalisation » du droit comparé, ou processus de « dissolution des familles du droit ». *Le droit comparé reste fondamentalement une science, et cette science est celle de la comparaison.*

Le droit international privé repose sur le principe du conflit, conflit de lois, conflit de juridictions. La qualification est au cœur du droit international privé, car il faut nécessairement qualifier les éléments soumis pour déterminer le régime applicable. L'objet à qualifier peut être une situation juridique ou une situation de fait. *La détermination de la catégorie de la situation examinée est l'axe fondamental du travail de l'internationaliste*. Le droit international privé est classé parmi les droits savants. Il suppose du juriste la maîtrise des langues, des cultures, des systèmes juridiques étrangers. La conférence de La Haye de droit international privé, depuis 1893, œuvre pour une meilleure connaissance des traditions juridiques et l'élaboration de conventions multilatérales dites Conventions de La Haye. Elles permettent de dresser des ponts entre les systèmes juridiques pour faciliter les liens entre les citoyens des différents pays.

Quid

■ Conflit de juridictions n° 110

Conflit de compétence entre deux juridictions de souverainetés différentes.

■ Conflit de lois n° 110

Concours de deux règles de droit émanant de souverainetés différentes et susceptibles d'être appliquées à une même situation juridique.

Quiz

1) Sujet corrigé

Commentaire d'arrêt

Civ. 1re, 10 oct. 2006 (*Bull. civ.* I, n° 432)

« Statuant sur le pourvoi dans l'intérêt de la loi formé le 23 mai 2006 par le Procureur général près la Cour de cassation, ainsi conçu :

« … Attendu que par arrêt du 15 février 2005, la cour d'appel de Toulouse a prononcé l'adoption simple, par M. François X… et Mme Ouarda Y…, épouse X…, de l'enfant Hichem X…, né le 28 juin 2002 à Zeralda (Algérie), de nationalité algérienne et recueilli par *Kafala* ; que cette décision est aujourd'hui définitive, la déchéance du pourvoi formé à son encontre par le procureur général de Toulouse ayant été prononcée par ordonnance du 7 octobre 2005 ;

Attendu au fond, que l'article 370-3, alinéa 2, du Code civil introduit par la loi du 6 février 2001 relative à l'adoption internationale dispose que : "L'adoption d'un mineur étranger ne peut être prononcée si sa loi personnelle prohibe cette institution, sauf si ce mineur est né et réside habituellement en France".

Attendu qu'en l'espèce, l'adoption de l'enfant Hichem X…, né en Algérie et résidant en France depuis un an à peine à la date de la décision, ne pouvait donc être prononcée que si la loi algérienne l'autorise ;

Mais attendu que l'article 46 du Code de la famille algérien autorise la *Kafala* mais prohibe l'adoption ;

Attendu qu'en assimilant la *Kafala* à l'adoption simple pour considérer que la loi algérienne autorise l'adoption simple, alors que la *Kafala* ne crée aucun lien de filiation entre l'enfant et les personnes qui le prennent en charge, contrairement à l'adoption simple qui crée ce lien de filiation entre l'enfant et ses adoptants, l'arrêt de la cour d'appel de Toulouse paraît entaché d'une erreur de droit ;

Attendu que le présent pourvoi, formé dans l'intérêt de la loi, vise à réaffirmer le principe ci-dessus énoncé ; qu'il ne pose aucun problème de recevabilité et se trouve justifié sur le fond ;

Sur le pourvoi introduit par le Procureur général près la Cour de cassation ;

Vu l'article 17 de la loi du 3 juillet 1967 ;

Vu l'article 370-3, alinéa 2, du Code civil ;

Attendu que l'adoption d'un mineur étranger ne peut être prononcée si sa loi personnelle prohibe cette institution, sauf si ce mineur est né et réside habituellement en France ;

Attendu que les époux X..., titulaires d'un agrément délivré le 4 avril 2000 pour une durée de cinq ans, ont recueilli en *Kafala*, par un jugement algérien du 30 décembre 2003, l'enfant Hichem, né le 28 juin 2002 en Algérie et abandonné par sa mère biologique ; qu'ils ont saisi le juge français d'une requête en adoption plénière de l'enfant ;

Attendu que pour prononcer l'adoption simple, subsidiairement demandée en appel, l'arrêt attaqué, après avoir relevé que la loi personnelle de l'enfant, interdisait l'adoption, retient que la loi algérienne, sous le nom de *Kafala* ou recueil légal, connaît une institution aux effets similaires à ceux d'une adoption simple ;

Qu'en statuant ainsi, alors que, selon ses propres constatations, la loi algérienne interdit l'adoption, que la Kafala n'est pas une adoption et que, par ailleurs, l'enfant n'était pas né et ne résidait pas habituellement en France, la cour d'appel a violé le texte susvisé ;

PAR CES MOTIFS :

CASSE ET ANNULE sans renvoi, mais seulement dans l'intérêt de la loi et sans que les parties puissent s'en prévaloir, l'arrêt rendu le 15 février 2005, entre les parties, par la cour d'appel de Toulouse. »

Voir le corrigé en fin de rubrique.

2) Corrigé

Commentaire d'arrêt

Introduction

Pourvoi dans l'intérêt de la loi : expliquer le mécanisme ; souligner l'absence d'incidence sur le droit des parties (l'adoption simple prononcée produira tous ses effets).

Exposer l'importance du droit international, de la détermination de la loi applicable à l'adoption, de la présence d'une institution inconnue au système juridique français : la *Kafala*, du rôle du juge national par rapport au droit étranger.

I. L'adoption d'un enfant étranger

A. L'application du droit commun de l'adoption

– Nécessité d'un agrément : en l'espèce le couple avait obtenu l'agrément en principe nécessaire à l'adoption.

– Les règles relatives à l'adoption plénière et simple s'appliquent ; le principe même de l'adoption est admis si l'enfant étranger est né et réside en France ; en l'espèce, il est né en Algérie et ne réside en France que depuis un an.

B. Les spécificités de l'adoption internationale

– Loi de 2001 : art. 370-3, al. 2 du C. civ. : nécessité de se référer à la loi personnelle du mineur, en l'espèce la loi algérienne pour vérifier si l'institution de l'adoption est autorisée.

– Art. 46 du Code des familles algérien autorise la *Kafala* mais prohibe l'adoption ; fondement de la prohibition : le droit musulman.

II. L'assimilation abusive de la *Kafala* à l'adoption simple

A. Une erreur de droit caractérisée

– L'erreur de droit commise par la cour d'appel et relevée par la Cour de cassation tient au fait que la *Kafala* ne crée aucun lien de filiation.

– En l'espèce, le couple avait en première instance demandé une adoption plénière et subsidiairement en appel une adoption simple ; la cour d'appel admet l'adoption simple par assimilation de la *Kafala* et refuse l'adoption plénière ; or, dans les deux cas, qu'elle soit simple ou plénière, l'adoption crée un lien de filiation, en ce sens il ne peut y avoir assimilation à la *Kafala*.

B. Les enfants mineurs confiés à des adoptants français par le mécanisme de la Kafala

– Nécessité de déterminer les droits des adoptants sur l'enfant étranger confié par le moyen de la *Kafala* ; silence de l'arrêt.

– Par analogie, la *Kafala* ressemble à une délégation de l'autorité parentale (expliquer).

chapitre 4

Le système juridique français

Plan analytique

section 1

Un ordre juridique intégré à l'Europe

§ 1 Les droits de l'homme en Europe

- A. Un mouvement général de défense des droits de l'homme
- B. L'impact européen des droits de l'homme

§ 2 Le droit de l'Union européenne

- A. Les différentes étapes de la construction européenne
- B. Des règles applicables dans l'ordre juridique interne

section 2

Le Conseil constitutionnel

§ 1 La Constitution

- A. La répartition des compétences
- B. La conformité des traités internationaux

§ 2 Le préambule de la constitution

- A. Le bloc de constitutionnalité
- B. Les effets du contrôle de constitutionnalité

§ 3 La question prioritaire de constitutionnalité

- A. Un contrôle après promulgation de la loi
- B. Une atteinte aux droits et libertés fondamentaux

section 3

Le Parlement

§ 1 Élaboration, entrée en vigueur, expiration des lois

- A. L'élaboration de la loi
- B. L'entrée en vigueur de la loi
- C. L'expiration de la loi

§ 2 Classification des lois par type ou par caractère

section 4

Le gouvernement

§ 1 Classification des règlements par type et par domaine

A. Par rapport à l'autorité qui les adopte

B. Par rapport à leur domaine

§ 2 Contrôle de la conformité des règlements aux normes supérieures

section 5

Les usages et les pratiques

§ 1 Éléments constitutifs des coutumes

§ 2 Force des règles coutumières

Compléments pédagogiques

4

Le système juridique français

Il existe un classement hiérarchique des règles de droit. Les normes juridiques sont subordonnées les unes aux autres, ce qui permet de les agencer toutes dans un ensemble cohérent que l'on désigne par l'appellation d'ordre juridique. Cette hiérarchie des normes, de type pyramidal, est attribuée à H. Kelsen. Les règles de droit étant élaborées par des organes distincts, la force juridique reconnue à chacune est fonction de la place de l'organe au sein de l'organisation politique de l'État considéré. Il s'agit donc d'une théorie du pouvoir. Chaque norme tire sa légitimité de la norme qui lui est supérieure. Au sommet de la hiérarchie en droit interne se trouve la Constitution, et dans l'ordre décroissant les lois et les règlements. Le juriste pour déterminer le rapport de conformité exigé des normes inférieures aux normes supérieures doit au préalable déterminer la valeur juridique de la règle de droit : s'agit-il d'une règle ayant valeur constitutionnelle, législative ou règlementaire ? Il doit ensuite connaître les organes chargés d'opérer ce contrôle de validité de la règle de droit, sachant que selon la norme juridique considérée l'organe compétent sera différent (Conseil constitutionnel, Conseil d'État...) ainsi que les modalités de contrôle qui sont également distinctes. 114

Selon cette présentation classique, chaque norme tire sa légitimité de la norme qui lui est supérieure, la Constitution tirant sa légitimité d'elle-même. Plus exactement, elle puise sa force dans l'idée d'un contrat social originaire, ce qui laisse à penser que les sources du droit sont tout le droit et qu'elles ont, à l'origine, comme paternité commune la volonté humaine. Le spectre du volontarisme juridique est présent. C'est pourquoi, l'intitulé de ce chapitre est « Modes de formation des règles de droit », et non le traditionnel « Sources du droit ». Il est en effet commode et exact de présenter les différentes normes juridiques du droit positif à partir des différentes autorités officiellement investies du pouvoir de les édicter, mais il ne faudrait pas en déduire qu'il s'agit là des sources du droit au sens philosophique. L'incomplétude de la construction intellectuelle de H. Kelsen peut en effet être dénoncée si l'on raisonne à partir, non plus des sources formelles du droit, mais des sources substantielles du droit. Il existe en effet de nombreuses règles de droit qui ne sont pas le produit d'une autorité publique investie du pouvoir d'édicter des règles, il suffit de songer aux règles coutumières ou encore à la formulation de principes généraux ou fondamentaux par les juridictions. L'image pyramidale de la hiérarchie des normes est en outre discutable au regard de l'évolution contemporaine révélant un mouvement sensible du droit imposé au droit concerté. On songe notamment à l'élaboration du régime juridique applicable aux opérations via Internet qui s'oriente vers un système de corégulation se fondant sur une concertation entre les acteurs publics et privés, expression d'un compromis entre la régulation étatique et l'autorégulation. Le développement des engagements éthiques et chartes professionnelles diverses participe de ce mouvement (Sur le degré de normativité des codes de conduite : obs. P. Deumier, *RTD civ.* 2009. 77). 115

116 Utile pour une première approche du système juridique, la hiérarchie des normes est loin enfin d'offrir une vision exhaustive du processus de formation du droit (V. Lasserre-Kiesow, « L'ordre des sources ou le renouvellement des sources du droit », *D.* 2006. 2279). À ce titre, l'insertion des normes internationales ou des normes de l'Union européenne en droit interne remet considérablement en cause la présentation retenue par l'auteur de la *Théorie pure du droit* en 1962, et notamment la primauté de la Constitution sur ces normes supranationales.

117 La connaissance et l'agencement des différentes catégories de règles constituant l'ordre juridique français révèlent un ordre juridique intégré à l'Europe (section 1) donnant aux autorités nationales une amplitude d'action subordonnée à l'architecture européenne générale : le Conseil constitutionnel et les règles à valeur constitutionnelle (section 2), le Parlement et les règles de rang législatif (section 3), le gouvernement et le domaine réglementaire (section 4), les organes sociaux et professionnels avec les règles nées de la pratique, des usages et des coutumes (section 5).

section 1

Un ordre juridique intégré à l'Europe

118 Il est courant de développer le thème de la mondialisation, en particulier de la mondialisation du droit. En France, l'évolution juridique directement perceptible est l'influence directe sur les règles juridiques de la vision européaniste des droits de l'homme, autrement dit principalement de la Convention de sauvegarde des droits de l'homme et des libertés fondamentales (§ 1), ainsi que de l'importance du rattachement de notre système à l'Union européenne (§ 2).

§ 1 Les droits de l'homme en Europe

119 La philosophie des droits de l'homme a acquis, après la seconde guerre mondiale, un statut unique. Un véritable mouvement général de défense des droits de l'homme est apparu, pas seulement en Europe, se traduisant par l'adoption de différents traités ou conventions (A). Mais c'est le droit européen des droits de l'homme qui a eu, en définitive, l'impact le plus fort et le plus notable sur le système juridique français (B).

A. Un mouvement général de défense des droits de l'homme

120 La défense des droits a pris aux XXe et XXIe siècle une importance de tout premier plan. Au plan national, la loi constitutionnelle du 23 juillet 2008 a même institué un « défenseur des droits ». Les conventions internationales sont, pour leur part, multiples :

– Déclaration universelle des droits de l'homme de 1948 adoptée par l'Assemblée générale des Nations unies. L'inconvénient tient à l'absence de moyen juridique de coercition pour assurer le respect des droits proclamés par chaque État signataire ;

– Pacte des Nations unies sur les droits civiques et politiques de 1966 (ratifié par la France en 1980) par lequel l'État signataire s'engage à fournir des rapports réguliers sur les mesures d'adaptation de ces règles internationales dans l'ordre interne. Un contrôle est effectué sur plaintes déposées devant un Comité des droits de l'homme pour violation par un État du Pacte. Ces plaintes peuvent être le fait d'un particulier. Le Comité ne dispose cependant pas de pouvoir de sanction direct contre l'État coupable de la transgression ;

– Convention européenne de sauvegarde des droits de l'homme et des libertés fondamentales, dite parfois « Convention de Rome », plus souvent « Convention européenne des droits de l'homme », du 4 novembre 1950 (ratifiée par la France en 1974). À la différence des autres conventions, elle a un impact réel sur chaque État signataire. Elle s'est en effet dotée d'un véritable organe juridictionnel, la Cour européenne des droits de l'homme (CEDH) siégeant à Strasbourg. La Cour peut condamner l'État coupable de transgression d'un des droits visés par le texte européen à de lourdes sanctions financières au titre de l'article 50 de la Convention.

– Convention internationale des droits de l'enfant du 20 novembre 1989, encore désignée convention de New York (ratifiée par la France le 2 juillet 1990). Rapidement, le problème posé par cette convention a été celui de son applicabilité directe devant les juridictions des États signataires, en l'absence d'un organe juridictionnel propre à la faire respecter. La Cour de cassation a refusé l'application directe de ces dispositions parce qu'elles font naître des droits et obligations entre les États signataires et non dans le chef des justiciables (v. not. Civ. 1re, 10 mars 1993, *JCP* 1993. I. 3688). En revanche, le Conseil d'État a opté pour une application partielle de la convention en distinguant entre les dispositions, celles faisant naître des droits directs au profit des particuliers et les autres. Il a été notamment jugé que la séparation d'un enfant et de sa mère, même provisoire, porte atteinte à l'intérêt de l'enfant et est donc contraire à l'article 3, 1° de la Convention aux termes duquel « dans toutes les décisions qui concernent les enfants qu'elles soient le fait des institutions publiques ou privées de protection sociale, des tribunaux, des autorités administratives ou des organes législatifs, l'intérêt supérieur de l'enfant doit être une considération primordiale » (CE 22 sept. 1997, *JCP* 1998. II. 10051, note A. Gouttenoire-Cornut ; comp. CE 23 avril 1997, *D.* 1998. 15, note R. Abraham). Cette divergence ne vaut que pour mémoire. La Cour de cassation a, dans plusieurs arrêts, en 2005 et 2006 admis l'applicabilité directe de la Convention (Civ. 1re, 18 mai 2005, *Bull. civ.* I, n° 211) ;

– Convention européenne sur l'exercice des droits des enfants approuvée par la loi n° 2007-1155 du 1er août 2007 et publiée par le décret n° 2008-36 du 10 janvier 2008. Cette convention tend à assurer notamment dans les procédures judiciaires le respect des droits de l'enfant. L'efficacité de la Convention n'est cependant pas assurée dès lors que le comité permanent établi par le texte n'a le pouvoir que d'adopter des recommandations (A. Gouttenoire, Ph. Bonfils, *D.* 2008. 1854) ;

– Charte n° 2000/C 634/01 du 18 décembre 2000 (*JOCE* C 364, 18 déc., p. 1) des droits fondamentaux de l'Union européenne contraignante depuis l'entrée en vigueur du traité de Lisbonne le 1er décembre 2009. Ce texte réaffirme en les complétant les droits fondamentaux posés par les Conventions précédentes. À ce titre, il est précisé que « dans la mesure où la présente Charte contient des droits correspondant à des droits garantis par la [Conv. EDH], leur sens et leur portée sont les mêmes que ceux que leur confère ladite convention ». Toutefois, « cette disposition ne fait pas obstacle à ce que le droit de l'Union accorde une protection plus étendue » (art. 52, 3). La portée des droits garantis est considérable puisqu'en vertu de l'article 52, 1 « toute limitation de l'exercice des droits et libertés reconnus par la présente Charte doit être prévue par la loi et respecter le contenu essentiel desdits droits et libertés. Dans le respect du principe de proportionnalité, des limitations ne peuvent être apportées que si elles sont nécessaires et répondent effectivement à des objectifs d'intérêt général reconnus par l'Union ou au besoin de protection des droits et libertés d'autrui ». L'adhésion de l'UE à la CEDH (art. 6 TUE) devrait tempérer tout risque de dispersion des interprétations.

B. L'impact européen des droits de l'homme

■ 121 L'impact européen des droits de l'homme tient à quatre raisons techniques : 1° l'existence d'un organe juridictionnel – la Cour européenne des droits de l'homme – dont les décisions vont avoir pour effet d'actualiser et d'enrichir des règles juridiquement opposables aux pays signataires de la Convention ; 2° la possibilité d'une saisine directe de la Cour par tout justiciable, sous réserve d'avoir exercé tous les recours juridictionnels possibles dans son propre pays ; 3° le pouvoir de sanction pécuniaire de la Cour si le pays signataire a violé l'un des droits de l'homme protégé ; 4° la possibilité d'invoquer les dispositions de la Convention devant les juridictions nationales, le juge national étant *de facto* juge européen (le site de la Cour : http://www.echr.coe.int/Pages/home.aspx?p=home&c=fra).

■ 122 À ces raisons techniques, s'ajoutent des raisons idéologiques. La philosophie des droits de l'homme s'est substituée progressivement à tout autre ordre de référencement des valeurs et constitue aujourd'hui le socle de valeurs communes des sociétés occidentales. La charte des droits de l'homme de l'Union européenne participe du même mouvement. Le système juridique français doit par conséquent respecter ces droits dans les textes qui le composent ou les décisions qui y sont rendues, à peine d'inconventionnalité de la solution de droit interne. Cette inconventionnalité pouvant être dénoncée devant la Cour peut conduire à la condamnation de l'État français au paiement d'une satisfaction équitable au requérant. Dans toute décision devant la Cour, il y a en effet le justiciable avec pour adversaire « le gouvernement » représentant l'État mis en cause.

■ 123 Les décisions rendues par la Cour européenne des droits de l'homme seront la caution morale d'un changement de la législation ou de la jurisprudence nationale, même si l'État n'y est pas strictement obligé juridiquement. Ce mécanisme permet à n'en pas douter un niveau de protection élevé des droits des individus et une mise en conformité des systèmes juridiques des États signataires qui sont au nombre de 49, facilitant leur reconnaissance réciproque. Ce sera le cas notamment en matière de lutte contre les traitements dégradants, les actes de torture ou de barbarie. On observe un plein succès en droit processuel avec une modélisation du procès équitable à partir de l'article 6 § 1er de la CEDH (v. nos observations in S. Guinchard [dir.], *Le grand oral : Protection des libertés et droits fondamentaux*, LGDJ, 2017).

■ 124 Mais la philosophie de la Cour n'est pas neutre, sa façon d'opérer non plus (comp. deux analyses : S. Hennette-Vauchez, « Droits de l'homme et tyrannie : de l'importance de la distinction entre esprit critique et esprit *de* critique », *D.* 2009. 238 ; B. Edelman, « La Cour européenne des droits de l'homme : une juridiction tyrannique ? », D. 2008. chron. 1946). En droit des personnes et de la famille, elle conduit à des solutions discutables car ne s'intégrant pas dans les traditions juridiques propres à chaque État signataire et conduisant à une évolution des valeurs de base des sociétés occidentales, au rythme qui n'est pas toujours celui du pays concerné. L'importante loi n° 2016-1547 du 18 novembre 2016 de modernisation de la justice du XXIe siècle, dite J 21, a accru l'incidence de la jurisprudence européenne en droit des personnes en instituant le réexamen des décisions nationales définitives en matière civile. Le nouvel article L. 452-1 du Code de l'organisation judiciaire dispose désormais « le réexamen d'une décision civile définitive rendue en matière d'état des personnes peut être demandé au bénéfice de toute personne ayant été partie à l'instance et disposant d'un intérêt à le solliciter, lorsqu'il résulte d'un arrêt rendu par la Cour européenne des droits de l'homme que cette décision a été prononcée en violation de la convention européenne de sauvegarde des droits de l'homme et des libertés fondamentales ou de ses protocoles additionnels, dès lors que, par sa nature et sa gravité, la violation constatée entraîne, pour cette personne, des conséquences dommageables auxquelles la satisfaction équitable accordée en application de l'article 41 de la même convention ne pourrait mettre un terme (...) ».

§ 2 Le droit de l'Union européenne

Il pourrait paraître étonnant de consacrer des développements particuliers aux normes européennes, un traité européen n'étant rien d'autre qu'un traité international entre pays européens. D'ailleurs, dans les arrêts *Jacques Vabre* et *Nicolo* (*v. ss 156*), tout le raisonnement repose sur l'article 55 de la Constitution. On peut aussi faire valoir que tant pour le traité de Maastricht du 7 février 1992 que pour le traité d'Amsterdam du 2 octobre 1997, une loi de ratification a été nécessaire selon un procédé connu des traités internationaux et même, le Conseil constitutionnel ayant été saisi, qu'il a fallu réviser la Constitution. Il y a pourtant une différence fondamentale. Ce qui n'était au départ que trois traités européens (v. ss 127) essentiellement économiques a permis l'avènement de l'Union européenne et d'une véritable Communauté avec un ordre juridique propre, des institutions communes et des normes juridiques pour certaines directement applicables en droit interne. Le Conseil constitutionnel l'a rappelé dans sa décision du traité de Lisbonne (Déc. n° 2007-560, 20 déc. 2007) : « qu'aux termes du premier alinéa de l'article 88-1 de la Constitution : "La République participe aux Communautés européennes et à l'Union européenne, constituées d'États qui ont choisi librement, en vertu des traités qui les ont instituées, d'exercer en commun certaines de leurs compétences" ; que le constituant a ainsi consacré l'existence d'un ordre juridique communautaire intégré à l'ordre juridique interne et distinct de l'ordre juridique international ». 125 ■

Pour comprendre cette place particulière à reconnaître au droit de l'Union au sein de sa hiérarchie des normes, deux points seront présentés : un rappel des différents textes ayant participé à la construction européenne (A), une présentation du contenu de ce droit, c'est-à-dire des règles applicables (B). 126 ■

A. Les différentes étapes de la construction européenne

127 À l'origine, et toujours en vigueur, sont le traité de Paris du 18 avril 1951, qui a créé la Communauté européenne du charbon et de l'acier (CECA) et les traités de Rome du 25 septembre 1957 instituant respectivement la Communauté européenne de l'énergie atomique (CEEA ou EURATOM) et la Communauté économique européenne (CEE). Ces traités ont été conclus entre seulement six États : la France, la RFA, la Belgique, l'Italie, le Luxembourg et les Pays-Bas. En 1958, la Cour de justice de la CECA est transformée en Cour de justice des communautés européennes (CJCE), organe juridictionnel, compétent pour connaître la totalité des recours prévus dans les traités originaires. L'union réalisée par la ratification de ces trois traités est économique : il s'agit de permettre une union douanière, une libre circulation des produits et services et une protection de la libre concurrence. Interviennent, le 14 juin 1985, les accords de Schengen. Il s'agit d'un accord européen destiné à harmoniser les procédures de police et les systèmes informatiques pour faciliter la libre circulation des personnes.

128 Le traité de Maastricht marque un tournant décisif dans la construction européenne. Il donne lieu à la loi constitutionnelle du 25 juin 1992. Cette loi ajoute un nouveau titre XIV « Des communautés européennes et de l'Union européenne » à la Constitution.

Le titre premier du texte instituant l'Union européenne pose pour objectif « de promouvoir un progrès économique et social équilibré et durable, notamment par la création d'un espace sans frontières intérieures, par l'établissement d'une union économique et monétaire comportant, à terme, une monnaie unique, par la mise en œuvre d'une politique de défense commune, une coopération dans le domaine de la justice et des affaires intérieures [...] ». Existe désormais une citoyenneté européenne.

Ce traité est cardinal, il marque la fondation d'un territoire européen unique avec consécutivement une perte partielle de souveraineté nationale pour chacun des États. Cette perte de souveraineté a été entérinée par la Constitution, et réalisée par un transfert de compétences aux institutions de l'Union européenne (v. art. 88-2 Const.). L'une des nouveautés les plus sensibles consiste en l'adoption d'une monnaie unique (l'euro) substituée aux monnaies nationales. Le pouvoir d'émission de la monnaie appartient au Système européen des banques centrales (SEBC), et à l'instar de notre traditionnelle Banque de France, il y a la Banque de la Communauté européenne (BCE).

129 Ce traité de Maastricht n'était qu'une étape de la construction européenne ainsi qu'en témoigne la signature, cinq ans après, du traité d'Amsterdam, le 2 octobre 1997. Quatre objectifs généraux sont avancés : donner la priorité à l'emploi, renforcer la libre circulation et la sécurité, avoir un rôle commun sur la scène internationale et donner de plus grands pouvoirs aux institutions européennes. Très schématiquement, l'un des apports du traité d'Amsterdam est de conduire, après une période probatoire de cinq ans, à des décisions s'imposant à chaque État membre alors même qu'elles n'auront été adoptées qu'à la majorité qualifiée. Autrement dit, les États pourront se voir imposer des décisions applicables sur leur territoire sans y avoir personnellement consenti. Cette particularité d'ordre politique n'est pas sans incidence au plan juridique. À la différence des normes internationales,

certaines normes de l'Union adoptées par les institutions européennes peuvent s'imposer directement dans l'ordre juridique interne. Étape de la construction européenne, le traité de Nice modifiant le traité sur l'Union européenne, les traités instituant les Communautés européennes et certains actes connexes (*JOCE* 10 mars 2001, C 80/01) qui, outre la Charte des droits fondamentaux (*v. ss 120*), ont remodelé le fonctionnement des institutions européennes permettant ainsi l'ouverture de l'union à de nouveaux pays.

Le 13 décembre 2007 était signé à Lisbonne le dernier traité en date modifiant l'Union européenne. La France a constitutionnalisé l'apport européen en modifiant le titre XV de la Constitution par la loi n° 2008-103 du 4 février 2008. Aux termes de l'article 88-1, nouveau de la Constitution, « Elle [la République] peut participer à l'Union européenne dans les conditions prévues par le traité de Lisbonne modifiant le traité sur l'Union européenne et le traité instituant la Communauté européenne, signé le 13 décembre 2007 » (S. Pinon, « Les démêlés du juge constitutionnel et du juge administratif avec le principe de "primauté" du droit communautaire », *AJDA* 2008. 1077). 130 ■

Participation de cette européanisation, les articles 88-6 et 88-7 de la Constitution ouvrent la voie d'une collaboration entre les autorités nationales et européennes en matière d'adoption des normes afin de permettre le respect du principe de subsidiarité. Le premier texte dispose que : « L'Assemblée nationale ou le Sénat peuvent émettre un avis motivé sur la conformité d'un projet d'acte législatif européen au principe de subsidiarité. L'avis est adressé par le président de l'assemblée concernée aux présidents du Parlement européen, du Conseil et de la Commission européenne. Le Gouvernement en est informé. Chaque assemblée peut former un recours devant la Cour de justice de l'Union européenne contre un acte législatif européen pour violation du principe de subsidiarité. Ce recours est transmis à la Cour de justice de l'Union européenne par le Gouvernement. À ces fins, des résolutions peuvent être adoptées, le cas échéant en dehors des sessions, selon des modalités d'initiative et de discussion fixées par le règlement de chaque assemblée ». Le second énonce que « Par le vote d'une motion adoptée en termes identiques par l'Assemblée nationale et le Sénat, le Parlement peut s'opposer à une modification des règles d'adoption d'actes de l'Union européenne dans les cas prévus, au titre de la révision simplifiée des traités ou de la coopération judiciaire civile, par le traité sur l'Union européenne et le traité sur le fonctionnement de l'Union européenne, tels qu'ils résultent du traité signé à Lisbonne le 13 décembre 2007 ». Ces dispositions sont devenues obligatoires avec l'entrée en vigueur du traité de Lisbonne le 1er décembre 2009. 131 ■

L'Europe de nature économique a donné naissance à un véritable ordre juridique devant prendre la forme d'une véritable organisation politique avec une Constitution européenne.

Cette Europe est devenue également une Europe des droits en raison de la mobilité intégrée par l'espace Schengen. Il n'est plus possible au juriste de faire du droit strictement national. Toutes les disciplines sont traversées par l'apport européen, au point que les manuels eux-mêmes s'adaptent (ainsi S. Guinchard, F. Ferrand et C. Chainais, *Procédure civile. Droit interne et droit de l'Union européenne*, 33e éd., Dalloz, coll. « Précis » ; S. Corneloup [dir.], *Droit européen du divorce. European divorce law*, Lexis-Nexis, coll. « Credimi », 2013 ; I. Barrière-Brousse et M. Douchy-Oudot [dir.], *Les* 132 ■

Contentieux familiaux, Droit interne, international et européen, Lextenso, coll. « Les intégrales », 2016). L'objectif est à présent de réaliser sur les territoires de l'Union européenne, une visibilité des droits des citoyens européens par une accessibilité et une effectivité de ceux-ci. Vingt ans après l'introduction de la notion de citoyenneté par le traité de Maastricht, en 1993, le Parlement européen a érigé l'année 2013 en « Année européenne des citoyens » (Décision n° 1093/2012/UE du 21 nov. 2012). Au cœur de l'espace de justice européen se trouvent les personnes ainsi que les droits et devoirs qui leur sont reconnus. Le programme de Stockholm (COM(2010) 171 final) veut ériger une Europe des droits en construisant une « Europe des citoyens ».

Elle suppose de la part du juriste une maîtrise des instruments du droit comparé (R. Zimmermann, « Le droit comparé et l'européanisation du droit privé », *RTD civ.* 2007. 451) impliquant la connaissance des législations nationales des États membres.

B. Des règles applicables dans l'ordre juridique interne

133 Quatre types de normes juridiques peuvent être dénombrés en droit de l'Union, ce qui pose le problème de leur applicabilité dans l'ordre juridique interne.

On oppose le droit de l'Union originaire qui est constitué des trois traités fondateurs, au droit dérivé, c'est-à-dire aux règles de droit émanant des organes européens. Ce sont les règlements, les directives, les décisions, les recommandations et avis.

134 Le règlement est un texte directement applicable en droit interne et il peut, à ce titre, être assimilé par analogie à une loi interne. À titre d'exemple, on peut noter que le même jour, 29 mai 2000, ont été adoptés trois règlements : le règlement CE n° 1348-2000 (*JOCE* L 160, 30 juin 2000, p. 37 ; *D.* 2000. Lég. 385 et s.) relatif à la signification et à la notification dans les États membres des actes judiciaires et extrajudiciaires en matière civile et commerciale, le règlement CE n° 1346/2000 (*JOCE* L 160, 30 juin ; *D.* 2000. Lég. 374) relatif aux procédures d'insolvabilité et le règlement CE n° 1347/2000 (*JOCE* L 160, 30 juin 2000 ; *D.* 2000. Lég. 379) relatif à la compétence, la reconnaissance et l'exécution des décisions en matière matrimoniale et en matière de responsabilité parentale des enfants communs, entrés en vigueur le 1er mars 2001 et depuis modifiés. Ces normes ont vocation à régir les rapports des justiciables de chaque État membre sans qu'il soit nécessaire de ratifier le contenu de ces textes.

La directive est aussi un texte obligatoire en ce qu'elle lie les États quant au résultat à atteindre, mais ils peuvent employer les moyens qu'ils jugent les plus adéquats dans la transposition qu'ils font de la directive en droit interne. Un délai est fixé par la directive au terme duquel tous les États doivent avoir transposé le texte dans leur ordre juridique. On observe que la plupart des lois, actuellement, sont des lois de transposition de directive, ce qui signifie que l'objet de la norme sera identique dans chaque État membre. Ainsi la loi n° 2000-230 du 13 mars 2000 portant adaptation du droit de la preuve aux technologies de l'information et relative à la signature électronique (*JO* 14 mars, p. 3968 ; *D.* 2000. Lég. 187), qui a modifié une partie du Code civil, est une loi de transposition de la directive CE n° 1999-93 du 13 décembre 1999 sur un cadre communautaire pour les signatures électroniques (*D.* 2000. Lég. 95). En cas de non-transposition, la responsabilité de l'État peut être engagée par le citoyen justifiant d'un grief, la compétence est dévolue aux juridictions administratives (Com. 8 juill. 2008, n° 05-19.968, *D.* 2008. 2148).

La décision est un acte obligatoire qui peut s'adresser à un État, une entreprise, un particulier. Elle s'applique directement au destinataire qu'elle désigne.

La recommandation et l'avis ne sont que des suggestions faites par les institutions européennes et n'ont, comme leur nom l'indique, aucune force obligatoire. Il s'agirait plutôt de textes incitatifs.

Deux arrêts de principe ont permis de poser les bases des communautés européennes qui peuvent être résumées par la formulation de trois principes : l'établissement d'un ordre juridique propre à l'Union européenne indépendant des ordres juridiques nationaux, l'applicabilité directe du droit de l'Union dans tous les États membres, la prééminence de ce droit sur les droits nationaux. 135 ■

Dans un premier arrêt *Van Gend and Loos*, en 1963, la Cour de justice des Communautés européennes (CJCE) déclare que « l'objectif du traité CEE, qui est d'instituer un marché commun dont le fonctionnement concerne directement les justiciables de la Communauté, implique que ce traité constitue plus qu'un accord qui ne créerait que des obligations mutuelles entre les États contractants ; que cette conception se trouve confirmée par le préambule du traité qui, au-delà des gouvernements, vise les peuples, et de façon plus concrète par la création d'organes qui institutionnalisent des droits souverains dont l'exercice affecte aussi bien les États membres que leurs citoyens [...] ; qu'il faut conclure de cet état de choses que la Communauté constitue un nouvel ordre juridique de droit international, au profit duquel les États ont limité, bien que dans des domaines restreints, leurs droits souverains, et dont les sujets sont non seulement les États membres, mais également leurs ressortissants ». Dans un second arrêt *Costa c/ Enel*, en 1964, la Cour poursuit en retenant qu'« à la différence des traités internationaux ordinaires, le traité de la CEE a institué un ordre juridique propre intégré au système juridique des États membres et qui s'impose à leur juridiction. En instituant une Communauté de durée illimitée, dotée d'institutions propres, de la personnalité, de la capacité juridique, d'une capacité de représentation internationale et plus particulièrement de pouvoirs réels issus d'une limitation de compétence ou d'un transfert d'attributions des États à la Communauté, ceux-ci ont limité leurs droits souverains et ont créé ainsi un corps de droit applicable à leurs ressortissants et à eux-mêmes [...] qu'il résulte de l'ensemble de ces éléments que, issu d'une source autonome, le droit du traité ne pourrait donc, en raison de sa nature spécifique originale, se voir judiciairement opposer un texte interne quel qu'il soit sans perdre son caractère communautaire et sans que soit mise en cause la base juridique de la Communauté elle-même ; que le transfert opéré par les États, de leur ordre juridique interne au profit de l'ordre juridique communautaire, des droits et obligations correspondant aux dispositions du Traité, entraîne donc une limitation définitive de leurs droits souverains contre laquelle ne saurait prévaloir un acte unilatéral ultérieur incompatible avec la notion de Communauté ».

Cette primauté du droit de l'Union sur le droit interne est constamment rappelée par la CJCE, ainsi dans l'affaire *Simmenthal* (*Rec. CJCE*, p. 629), le 9 mars 1978, il est retenu que : « le juge national chargé d'appliquer, dans le cadre de sa compétence, les dispositions du droit communautaire, a l'obligation d'assurer le plein effet de ces normes, en laissant au besoin inappliquée de sa propre autorité, toute disposition contraire de la législation nationale ». Ce principe est régulièrement appliqué et respecté par les juridictions nationales (par ex. Crim. 18 sept. 1997, *D.* 1997. IR. 233 ; Com. 20 oct. 1998, *RJDA* 1999. 292, n° 366).

136 Un autre aspect de l'effet direct des normes de l'Union européenne en droit interne est la possibilité laissée aux justiciables, devant le juge national, d'invoquer des règles européennes. On considère en général que les normes issues de l'Union européenne font naître des droits dans le chef des citoyens de l'Union et qu'il y a effet horizontal de la règle de droit de ce fait applicable entre les personnes privées des États membres. Une exception importante demeure pour les dispositions des traités qui ne portent des obligations qu'à la charge des États et n'ont qu'un effet vertical (État-communauté). Il est, en principe, impossible de les invoquer sauf jurisprudence particulière.

137 Tel est le cas pour les directives. Lorsqu'un État n'a pas transposé à la date requise les dispositions d'une directive, la question s'est posée de savoir si, en dehors du recours contre l'État devant la CJCE, le particulier pouvait invoquer devant la juridiction nationale les dispositions de la directive non transposée. La CJCE, dans les années 1970, a répondu par l'affirmative car « dans les cas où les autorités communautaires auraient, par directive, obligé les États à adopter un comportement déterminé, l'effet utile d'un tel acte se trouverait affaibli si les justiciables étaient empêchés de s'en prévaloir en justice et les juridictions nationales empêchées de la prendre en considération en tant qu'élément de droit ». Cette controverse a donné lieu par la suite au célèbre arrêt *Marleasing* de la CJCE du 13 novembre 1990 aux termes duquel « en appliquant le droit national, qu'il s'agisse de dispositions antérieures ou postérieures à la directive, la juridiction nationale appelée à l'interpréter est tenue de le faire, dans toute la mesure du possible, à la lumière du texte et de la finalité de la directive pour atteindre le résultat visé par celle-ci ». La Cour de cassation n'a pas hésité à appliquer cette jurisprudence en matière de responsabilité du fait des produits défectueux, avant que la loi de transposition du 19 mai 1998 ne soit adoptée, en statuant à la lumière de la directive CE n° 1985-374 du 25 juillet 1985 (*JOCE* 7 août, L. 210, p. 29 ; v. not Civ. 1re, 28 avr. 1998, *JCP* 1998. II. 10088 ; D. Mainguy, « Les directives non transposées : libres propos sur une étrange lumière », in *Mélanges Ch. Mouly*, TI, Litec, 1998, p. 89).

138 L'intégration des directives dans l'ordre juridique national suppose que le texte ait été transposé. Lorsque le texte est transposé par une loi, celle-ci peut-elle être soumise au contrôle du Conseil constitutionnel ? Dans sa décision n° 2004-496 du 10 juin 2004 (*LPA* 18 juin 2004, p. 10, note J.-E. Schoettl ; *RTD civ.* 2004. 606, obs. R. Encinas de Munagorri), le Conseil a répondu de façon nuancée dans les termes suivants : « La transposition en droit interne d'une directive communautaire résulte d'une exigence constitutionnelle à laquelle il ne pourrait être fait obstacle qu'en raison d'une disposition expresse contraire à la Constitution ; qu'en l'absence d'une telle disposition, il n'appartient qu'au juge communautaire, saisi le cas échéant à titre préjudiciel, de contrôler le respect par une directive communautaire tant des compétences définies par les traités que des droits fondamentaux garantis par l'article 6 du Traité de l'Union européenne ». En somme, le principe est le refus du contrôle par le Conseil constitutionnel, l'exception la justification du contrôle tirée de la violation de la Constitution française par une disposition expresse. La solution ne va pas faciliter le travail des magistrats dès lors que, à supposer la loi de transposition inconstitutionnelle, la directive non transposée, elle, conservera une portée juridique par l'intermédiaire du juge

Au-delà, on observe que le Conseil d'État a rejoint le Conseil constitutionnel par deux arrêts remarqués du 8 février 2007. Dans l'un d'entre eux, *Affaire société Arcelor Atlantique et lorraine*, la Haute juridiction a indiqué très précisément les modalités du contrôle des actes réglementaires transposant une directive. Pour longue que soit la citation, il convient de reporter ici la méthode préconisée par le Conseil d'État : « si, aux termes de l'article 55 de la Constitution [...], la suprématie ainsi conférée aux engagements internationaux ne saurait s'imposer, dans l'ordre interne, aux principes et dispositions à valeur constitutionnelle ; qu'eu égard aux dispositions de l'article 88-1 de la Constitution, selon lesquelles "la République participe aux Communautés européennes et à l'Union européenne, constituées d'États qui ont choisi librement, en vertu des traités qui les ont instituées, d'exercer en commun certaines de leurs compétences", dont découle une obligation constitutionnelle de transposition des directives, le contrôle de constitutionnalité des actes réglementaires assurant directement cette transposition est appelé à s'exercer selon des modalités particulières dans le cas où sont transposées des dispositions précises et inconditionnelles ; qu'alors, si le contrôle des règles de compétence et de procédure ne se trouve pas affecté, il appartient au juge administratif, saisi d'un moyen tiré de la méconnaissance d'une disposition ou d'un principe de valeur constitutionnelle, de rechercher s'il existe une règle ou un principe général du droit communautaire qui, eu égard à sa nature et à sa portée, tel qu'il est interprété en l'état actuel de la jurisprudence du juge communautaire, garantit par son application l'effectivité du respect de la disposition ou du principe constitutionnel invoqué ; que, dans l'affirmative, il y a lieu pour le juge administratif, afin de s'assurer de la constitutionnalité du décret de rechercher si la directive que ce décret transpose est conforme à cette règle ou à ce principe général du droit communautaire ; qu'il lui revient, en l'absence de difficulté sérieuse, d'écarter le *moyen* invoqué, ou, dans le cas contraire, de saisir la Cour de justice des Communautés européennes d'une question préjudicielle, dans les conditions prévues par l'article 234 du traité instituant la Communauté européenne ; qu'en revanche, s'il n'existe pas de règle ou de principe général du droit communautaire garantissant l'effectivité du respect de la disposition ou du principe constitutionnel invoqué, il revient au juge administratif d'examiner directement la constitutionnalité des dispositions réglementaires contestées ».

section 2

Le Conseil constitutionnel

La Constitution a une valeur supra-législative. Cette affirmation était loin d'être 139
évidente sous la IVe République en dépit de l'existence d'un Comité constitutionnel chargé de veiller à ce que les lois votées ne comportent pas de dispositions contraires à la Constitution. Les articles 91 à 93 de la Constitution de 1946 relatifs à cette mission étaient intégrés dans un titre intitulé « De la révision de la Constitution ». Il était prévu que si, à l'issue d'une tentative de conciliation avec les assemblées législatives, le texte ne faisait pas l'objet d'amendements, la loi était simplement retardée jusqu'à la révision de la Constitution.

De façon plus cohérente, la nouvelle Constitution en 1958 consacre un titre entier au Conseil constitutionnel (art. 56 s.) et lui donne les moyens de sa fonction. Il existe un véritable *contrôle de constitutionnalité*[Q] des lois et, par son activité, le Conseil a étendu les règles à valeur constitutionnelle devant être respectées par ceux qui légifèrent. Ce contrôle est effectué par un Conseil dont la composition est fixée à l'article 56 de la Constitution :

« Le Conseil constitutionnel comprend neuf membres, dont le mandat dure neuf ans et n'est pas renouvelable. Le Conseil constitutionnel se renouvelle par tiers tous les trois ans. Trois des membres sont nommés par le président de la République, trois par le président de l'Assemblée nationale, trois par le président du Sénat. [...] En sus des neuf membres prévus ci-dessus, font, de droit, partie à vie du Conseil Constitutionnel les anciens Présidents de la République. Le président est nommé par le président de la République. Il a voix prépondérante en cas de partage ».

■ 140 La Constitution départage les compétences entre les différentes autorités habilitées à dire le droit sous contrôle du Conseil constitutionnel (§ 1), lequel a vu le domaine de son contrôle considérablement augmenté par la valeur constitutionnelle reconnue au préambule de la Constitution en 1971 d'une part (§ 2) et par le mécanisme de la question prioritaire de constitutionnalité en 2008 d'autre part (§ 3).

§ 1 La Constitution

■ 141 Depuis la Révolution de 1789, quinze constitutions ont gouverné la France. La Constitution de la Vᵉ République, notre Constitution, a remplacé le 4 octobre 1958 celle de la IVᵉ République du 27 octobre 1946. Les autorités de l'époque, ainsi que l'enseignent les constitutionnalistes, votèrent en faveur d'une révision de leur constitution recommandant le respect de cinq objectifs : 1) le suffrage universel doit être à la source des pouvoirs législatif et exécutif (v. art. 3 Const.) 2) les pouvoirs législatif et exécutif doivent être séparés avec pour chacun un domaine d'intervention propre (v. art. 20 s., 24 s., 34 et 37 Const.) 3) le Gouvernement doit être responsable devant le Parlement (v. art. 49 et 50 Const.) 4) l'autorité judiciaire doit être indépendante pour assurer sa mission (v. art. 64 s. Const.) 5) la Constitution doit permettre d'organiser les rapports de la République avec les peuples qui lui sont associés (v. art. 52 s. Const.). La loi constitutionnelle n° 2008-724 du 23 juillet 2008 de modernisation des institutions de la Vᵉ République a rénové le système constitutionnel mis en place en 1958 (E. Royer, « Une Constitution largement rénovée », *D.* 2008. 1976). L'étude de la Constitution de la Vᵉ République permet de comprendre la hiérarchie des règles de droit. Les règles constitutionnelles départagent en premier lieu les domaines relevant du pouvoir législatif et du pouvoir exécutif (A). Elles permettent en second lieu un véritable contrôle de la conformité des lois à la Constitution par l'institution d'un Conseil dont l'activité va avoir pour effet d'étendre le nombre des règles à valeur constitutionnelle entraînant une constitutionnalisation de toutes les branches du droit (B).

A. La répartition des compétences

■ 142 Dans son titre V « Des rapports entre le Parlement et le Gouvernement », la Constitution fixe le domaine d'intervention du pouvoir législatif et du pouvoir exécutif. Elle détermine la compétence respective du Parlement et du gouvernement en leur reconnaissant le pouvoir d'édicter des règles de droit pour le domaine ressortissant de leur compétence (1). À la compétence d'attribution du Parlement répond une compétence résiduelle mais exclusive du gouvernement, entendue de tout ce qui n'a pas été réservé aux assemblées législatives. Diverses techniques permettent de retrancher ponctuellement certaines questions du domaine de compétence du pouvoir législatif (2). La séparation des pouvoirs n'implique plus obligatoirement un cloisonnement étanche. La loi constitutionnelle du 23 juillet 2008 a permis, non seulement au président de la République de « prendre la parole devant le Parlement réuni à cet effet en Congrès. Sa déclaration peut donner lieu, hors sa présence, à un débat qui ne fait l'objet d'aucun vote » (Const., art. 18, al. 2), mais aussi au gouvernement, aux termes de l'article 50-1 de la Constitution, et sans qu'il soit question de motion de censure, « Devant l'une ou l'autre des assemblées, [...], de sa propre initiative ou à la demande d'un groupe parlementaire au sens de l'article 51-1, (de) faire, sur un sujet déterminé, une déclaration qui donne lieu à débat et peut, s'il le décide, faire l'objet d'un vote sans engager sa responsabilité ».

1. *La répartition de principe des articles 34 et 37 de la Constitution*

L'attribution d'un domaine réservé au pouvoir législatif est une nouveauté de la Constitution de 1958. Sous la IVe République, en effet, les assemblées pouvaient légiférer en tout domaine. C'est pourquoi, en dépit de l'importance quantitative et qualitative des matières attribuées au pouvoir législatif, cette nouvelle répartition a pour effet de limiter le pouvoir d'intervention du Parlement. Accessoirement, elle a abouti à des situations où il y a eu incompétence négative. Cela signifie que lorsque le Conseil vérifie le respect des domaines de compétence respectifs, il veille à ce que « le législateur n'ait pas subdélégué à d'autres autorités le traitement de questions qui relèvent de sa compétence ou qu'il n'a pas édicté de règles trop générales ou trop floues qui inciteraient les autorités en charge de les appliquer à empiéter sur le domaine de la loi » (v. B. Mathieu, M. Verpeaux, *JCP* 2000. I. 261, n° 4). **143**

L'article 34 prévoit que la loi fixe les règles concernant les droits civiques, les obligations militaires, le statut personnel et familial des personnes (nationalité, état, capacité) ainsi que leurs rapports patrimoniaux (régimes matrimoniaux, successions et libéralités), le droit pénal et la justice (détermination des crimes et délits, amnistie, création de nouveaux ordres de juridiction, statut des magistrats), la fiscalité (impositions de toute nature), l'administration et l'économie publique (les garanties des fonctionnaires, les nationalisations d'entreprise). Depuis la loi constitutionnelle du 23 juillet 2008, elle fixe également « la liberté, le pluralisme et l'indépendance des médias ». Par ailleurs, la loi détermine les principes fondamentaux de l'organisation de la défense nationale, de la libre administration des collectivités locales, de la propriété, des droits réels, des obligations civiles et commerciales, du droit du travail, du droit syndical, de la sécurité sociale. Cette distinction matérielle entre la fixation des règles et la détermination des principes reste essentiellement théorique. On observe en pratique que les parlementaires n'hésitent pas à édicter des règles en des matières qui, au regard du texte constitutionnel, ne justifient que l'élaboration de grands principes. L'article 37 indique par différence dans son alinéa 1er que « Les matières autres que celles qui sont du domaine de la loi ont un caractère réglementaire ». Autrement dit, le gouvernement est compétent dans tous les domaines non attribués au législateur. **144**

145 Afin d'assurer l'effectivité de cette répartition, une procédure de contrôle du respect par le législateur du domaine réglementaire est prévue à l'article 37, alinéa 2 de la Constitution. Ce contrôle renvoie à l'article 41 de la Const. et à la procédure plus générale de l'article 61, alinéa 2 de la Constitution aux termes de laquelle les lois votées par le Parlement peuvent être déférées avant leur promulgation au Conseil pour vérifier leur conformité à la Constitution. Allant au-delà de l'hypothèse organisée par ces textes, le Conseil a, dans une décision du 25 janvier 1985, posé le principe qu'une loi même promulguée peut, par exception, faire l'objet d'un contrôle à l'occasion de l'examen « de dispositions législatives qui la modifient, la complètent ou affectent son domaine » (*D.* 1985. 361). Inversement, on ne trouve pas dans la Constitution de règles en cas d'empiétement du domaine de la loi par le pouvoir exécutif. Le traditionnel *recours en annulation pour excès de pouvoir*[Q] peut toutefois être exercé devant le Conseil d'État (contentieux objectif de l'illégalité).

2. *Les exceptions des articles 11, 16 et 38 de la Constitution*

146 Ces trois textes ont pour résultat commun de soustraire à la compétence des assemblées certaines questions sur lesquelles il est légiféré soit par la voie du référendum (art. 11), soit directement par décision du président de la République (art. 16), soit par le gouvernement par délégation (art. 38). Un aménagement a été apporté par la loi constitutionnelle du 23 juillet 2008.

147 Aux termes de l'article 11, alinéa 1er de la Constitution (mod. L. n° 95-880 du 4 août 1995, L. n° 2008-724 du 23 juillet 2008), « Le président de la République, sur proposition du Gouvernement pendant la durée des sessions, ou sur proposition conjointe des deux Assemblées, publiées au *Journal officiel*[Q], peut soumettre au référendum tout projet de loi portant sur l'organisation des pouvoirs publics, sur des réformes relatives à la politique économique, sociale ou environnementale de la Nation et aux services publics qui y concourent ou tendant à autoriser la ratification d'un traité qui, sans être contraire à la Constitution, aurait des incidences sur le fonctionnement des institutions ». Le texte adopté à l'issue de cette procédure est une loi dite « référendaire ».

Depuis 2008, le référendum peut être à l'initiative « d'un cinquième des membres du Parlement, soutenue par un dixième des électeurs inscrits sur les listes électorales. Cette initiative prend la forme d'une proposition de loi et ne peut avoir pour objet l'abrogation d'une disposition législative promulguée depuis moins d'un an ». Il n'est recevable que si les assemblées n'ont pas examiné la proposition dans le délai fixé, le président la soumettant alors à référendum. Le nouvel article 11 précise qu'à défaut d'adoption par le peuple français, « aucune nouvelle proposition de référendum portant sur le même sujet ne peut être présentée avant l'expiration d'un délai de deux ans suivant la date du scrutin ».

148 Plus exceptionnellement, l'article 16 de la Constitution prévoit que « lorsque les institutions de la République, l'indépendance de la Nation, l'intégrité de son territoire ou l'exécution de ses engagements internationaux sont menacées d'une manière grave et immédiate et que le fonctionnement régulier des pouvoirs publics constitutionnels est interrompu, le président de la République prend les mesures exigées par les circonstances [...] ». Il peut donc adopter toute règle de droit relevant du domaine législatif ou du domaine réglementaire. Le caractère particulier des pouvoirs conférés au président de la République a conduit le législateur

constitutionnel en 2008 à insérer un contrôle de la durée des pouvoirs transmis. En son dernier alinéa, l'article 16 dispose désormais que « Après trente jours d'exercice des pouvoirs exceptionnels, le Conseil constitutionnel peut être saisi par le président de l'Assemblée nationale, le président du Sénat, soixante députés ou soixante sénateurs, aux fins d'examiner si les conditions énoncées au premier alinéa demeurent réunies. Il se prononce dans les délais les plus brefs par un avis public. Il procède de plein droit à cet examen et se prononce dans les mêmes conditions au terme de soixante jours d'exercice des pouvoirs exceptionnels et à tout moment au-delà de cette durée ».

L'article 38 de la Constitution enfin s'inspire de la pratique des décrets-lois de la IVe République qui permettait au gouvernement d'adopter des règles en des matières déléguées par le législateur. Les ordonnances prises en application de l'article 38 le sont au terme d'une procédure par laquelle le gouvernement demande au Parlement, pour un temps déterminé, l'autorisation d'empiéter sur son domaine. Lorsque le Parlement a autorisé le gouvernement, l'ordonnance est prise en Conseil des ministres après avis du Conseil d'État. Dès signature du président de la République, elle entre en vigueur. Ce système a l'avantage de contourner les lenteurs de la procédure législative pour l'adoption des lois. Ensuite, le texte de l'ordonnance doit être déposé, à peine de caducité, devant le Parlement dans la forme d'un projet de loi de ratification : soit le projet est ratifié et l'ordonnance acquiert valeur législative, soit il ne l'est pas et elle conserve une valeur réglementaire. Dans tous les cas, la ratification doit être expresse (apport de la loi du 23 juillet 2008). 149 ■

La répartition des domaines de compétence par les articles 34 et 37 de la Constitution apparaît parfois de pure forme au vu du recours fréquent à l'article 38 de la Constitution. Le Parlement délègue de plus en plus au Gouvernement ses pouvoirs, non seulement pour codifier, mais encore pour « simplifier le droit » (P. Gonod, « La simplification du droit par ordonnances », *AJDA* 2003. 1652). Cette simplification serait rendue nécessaire apprend-on du groupe de travail chargé de réfléchir sur la qualité de la réglementation parce que « La mauvaise qualité rédactionnelle de la loi, l'abondance de dispositifs législatifs aux champs d'application distincts, le luxe de détails et de certaines réglementations constituent autant de facteurs qui obscurcissent le sens des lois et leur correcte application. Il convient donc de simplifier la rédaction des textes, d'alléger les dispositifs, de revenir à l'énoncé de principes généraux, le cas échéant, assortis d'exceptions. C'est cette tâche que s'assigne la démarche de simplification *stricto sensu* » (La Documentation française, Rapport Mandelkern ; v. obs. N. Molfessis, *RTD civ.* 2004. 155). Les lois habilitant le gouvernement à simplifier le droit (par ex. L. n° 2009-526 de simplification et de clarification du droit et d'allégement des procédures du 12 mai 2009) n'aident cependant pas le processus de simplification qui comporte de multiples dispositions n'ayant aucun lien entre elles. C'est ainsi que la loi du 9 décembre, outre la double mission de codifier et de simplifier le droit, modifie ou complète des dispositions juridiques aussi différentes que la matière de la responsabilité des dommages causés par des produits défectueux et la question du diagnostic de performance énergétique d'un bâtiment. 150 ■

Il faut cependant reconnaître que la réglementation par ordonnance aura le mérite d'éviter les amendements multiples propres au travail parlementaire puisque le Parlement s'agissant de l'ordonnance adoptée aura pour choix de la ratifier lui conférant ainsi valeur législative ou non. Il pourra s'ensuivre une qualité rédactionnelle et une unité de ton de plus en plus absents des lois parlementaires.

B. La conformité des traités internationaux

151 Il existe deux grands types de textes internationaux. Les traités bilatéraux ou multilatéraux ont pour vocation de permettre la réalisation d'opérations juridiques dans un domaine particulier. Il s'agit par exemple de ce que l'article 53 de la Constitution désigne sous l'appellation de « traité de commerce ». Puis il y a des traités, parfois désignés en doctrine par l'appellation de « traité-loi », qui ont pour vocation de permettre une harmonisation des règles applicables dans une matière déterminée. La reconnaissance des traités et accords internationaux en tant que source formelle du droit n'est pas discutée. En revanche, la place à leur reconnaître au sein de l'ordonnancement juridique, et plus particulièrement dans la hiérarchie des normes, est moins aisée à définir. Il convient en liminaire de préciser que sont visés aux termes de l'article 53 de la Constitution, les traités de paix, les traités de commerce, les traités ou accords relatifs à l'organisation internationale, ceux qui engagent les finances de l'État, ceux qui modifient des dispositions de nature législative, ceux qui sont relatifs à l'état des personnes, ceux qui comportent cession, échange ou adjonction de territoire. Cet article 53 et l'article 54 du texte constitutionnel prévoient le mécanisme d'intégration de ces normes internationales à l'ordre juridique national (1). L'article 55, lui, indique que les lois doivent être conformes à ces traités et accords à certaines conditions (2).

1. *Mécanisme d'intégration des normes internationales*

152 L'article 53 dans son alinéa 1er *in fine*, à propos des différentes catégories d'accords et traités énumérées, précise que ces textes ne peuvent être ratifiés ou approuvés qu'en vertu d'une loi. Et l'alinéa 2 ajoute qu'ils ne prennent effet qu'après avoir été ratifiés ou approuvés. Cela signifie que pour avoir force obligatoire dans l'ordre juridique interne, il faut que la procédure de ratification prévue par ce texte ait été respectée.

153 L'article 54 prévoit par ailleurs que si le Conseil constitutionnel, saisi par les mêmes personnes que précédemment énoncées, a déclaré qu'un engagement international comporte une clause contraire à la Constitution, l'autorisation de ratifier ou d'approuver l'engagement international en cause ne peut intervenir qu'après révision de la Constitution. La situation est par analogie proche de celle dans laquelle on se trouvait sous la IVe République à propos des lois comportant des dispositions inconstitutionnelles. N'est-ce pas dire ici que la Constitution peut plier devant le traité puisqu'il peut être cause de sa modification ? En vertu de l'article 54, la Constitution peut être mise en conformité au traité international que l'on souhaite ratifier. En réalité, cette interprétation, qui tendrait à remettre en cause l'idée que la Constitution est au sommet de la hiérarchie des normes, est largement démentie par l'arrêt *Fraisse* de l'assemblée plénière du 2 juin 2000 (Bull. ass. plén., n° 4 ; v. également CE 30 oct. 1998, *RFDA* 1998. 1095). La supériorité du texte constitutionnel sur les traités internationaux est clairement défendue. Pour la Cour, la suprématie conférée aux engagements internationaux ne s'appliquant pas dans l'ordre interne aux dispositions de valeur constitutionnelle, le moyen tiré de ce que les dispositions d'une *loi organique*[Q] seraient contraires au Pacte international relatif aux droits civils

et politiques et à la Convention européenne des droits de l'homme et des libertés fondamentales doit être écarté.

2. *Conformité des lois aux traités et accords internationaux*

En vertu de l'article 55 de la Constitution, « Les traités ou accords régulièrement ratifiés ou approuvés ont, dès leur publication, une autorité supérieure à celle des lois, sous réserve, pour chaque accord ou traité, de son application par l'autre partie ». Cela signifie d'abord que si la ratification est l'acte qui engage l'État, seule la publication du texte lui donne force obligatoire. Cela signifie ensuite que tant les lois antérieures que postérieures au traité ratifié lui sont soumises. Il y a plénitude de supériorité du traité sur la loi, hormis le cas réservé de non-réciprocité par les cosignataires du texte et pour lequel le refus d'appréciation par le juge qui s'était estimé lié par l'avis du ministère des Affaires étrangères a été condamné par la Cour européenne (CEDH 12 févr. 2003, *Chevrol c/ France*, *D.* 2003. 931, note H. Moutouh). 154 ■

Lorsque la loi non conforme est antérieure au traité, il n'y a pas de difficulté réelle. Les dispositions contraires au traité sont non avenues. En revanche, lorsqu'il s'agit d'une loi postérieure à la ratification du traité, la question est de savoir qui sera l'organe à même d'opérer le contrôle de conformité.

Le Conseil constitutionnel qui a pour mission de vérifier la conformité des lois à la Constitution a refusé d'étendre son contrôle aux traités et accords internationaux. Le problème s'est posé à propos de la loi sur l'interruption volontaire de grossesse du 17 janvier 1975. Le Conseil avait été saisi, les auteurs de la saisine soutenant que la loi était contraire à l'article 2 de la Convention européenne des droits de l'homme. Aux termes de ce texte, « le droit de toute personne à la vie est protégé par la loi ». Le Conseil a refusé d'opérer le contrôle en se fondant principalement sur deux arguments (*D.* 1975. 529, note L. Hamon) : 155 ■

– si les dispositions de l'article 55 de la Constitution « confèrent aux traités, dans les conditions qu'elles définissent, une autorité supérieure à celles des lois, elles ne prescrivent ni n'impliquent que le respect de ce principe doive être assuré dans le cadre du contrôle de la conformité des lois à la Constitution prévu à l'article 61 de celle-ci » ;

– « les décisions prises en application de l'article 61 de la Constitution revêtent un caractère absolu et définitif, ainsi qu'il résulte de l'article 62 qui fait obstacle à la promulgation et à la mise en application de toute disposition déclarée inconstitutionnelle ; qu'au contraire, la supériorité des traités sur les lois, dont le principe est posé à l'article 55 précité, présente un caractère à la fois relatif et contingent, tenant d'une part, à ce qu'elle est limitée au champ d'application du traité, et d'autre part, à ce qu'elle est subordonnée à une condition de réciprocité dont la réalisation peut varier selon le comportement du ou des États signataires du traité et le moment où doit s'apprécier le respect de cette condition ».

Le refus du contrôle de conformité par le Conseil a conduit à ce que des lois postérieures non conformes à des traités soient invoquées à l'occasion d'un litige devant une juridiction. La question est alors de savoir quelle norme doit servir de guide au juge, doit-il appliquer la loi ou le traité ? Cela conduit le juge à apprécier la conformité de la loi au traité, ce qui remet en cause la hiérarchie des normes fondée sur la hiérarchie fonctionnelle des organes chargés de les édicter. Le danger surtout qui a été dénoncé est que le juge ne tranche que pour un cas particulier qui lui est 156 ■

soumis, et donc on pourrait se trouver à propos d'une même loi devant des décisions optant pour sa conformité au traité et d'autres pour la non-conformité, avec une insécurité juridique consécutive pour les justiciables.

C'est bien pourtant la solution qui a été retenue tant par la Cour de cassation que par le Conseil d'État dans deux décisions célèbres, bien que dépassées pour ce qui touche au droit de l'Union :

– l'arrêt de la Cour de cassation, chambre mixte, en date du 24 mai 1975 oppose l'administration des douanes à la société *Cafés Jacques Vabre* (*D.* 1975. 497). Dans cette affaire, la Haute juridiction a décidé de faire prévaloir le traité de Rome sur une loi postérieure contraire et retient dans un attendu de principe « que le traité du 25 mars 1957 qui, en vertu de l'article [55 de la Constitution}, a une autorité supérieure à celle des lois, institue un ordre juridique propre intégré à celui des États membres ; qu'en raison de cette spécificité l'ordre juridique qu'il a créé est directement applicable aux ressortissants de ces États et s'impose à leurs juridictions » ;

– après s'être refusé à cette solution, le Conseil d'État devait s'incliner dans un arrêt du 20 octobre 1989 dit *Nicolo* (*D.* 1990. 135) à propos de la compatibilité d'une loi relative à l'élection des représentants à l'Assemblée des communautés européennes au traité du 25 mars 1957 : « "le présent traité s'applique... à la République française" ; [...] les règles ci-dessus rappelées [la loi interne]... ne sont pas incompatibles avec les stipulations claires de l'article 227-1 [...] du traité de Rome ».

§ 2 Le préambule de la constitution

157 La reconnaissance d'un bloc de constitutionnalité au moyen du préambule a permis le contrôle du contenu des lois avant leur adoption (A). Ce contrôle produit d'importants effets (B).

A. Le bloc de constitutionnalité

158 De la date de sa création, en 1958, à 1971, le Conseil constitutionnel n'opérait essentiellement de contrôle qu'au regard de la répartition des compétences entre le pouvoir législatif et le pouvoir exécutif. Par une décision restée célèbre du 16 juillet 1971 (*D.* 1972. 685), le Conseil constitutionnel a classé la liberté d'association au rang des principes fondamentaux reconnus par les lois de la République. Cette décision marque un tournant important dans la politique suivie par le Conseil. Le contenu de la loi est cette fois contrôlé à l'aune des dispositions de la Constitution qui figurent en son préambule. Ce préambule renvoie à la Déclaration des droits de l'homme et du citoyen de 1789 et au préambule de la Constitution de 1946 se référant aux principes fondamentaux reconnus par les lois de la République et par les principes particulièrement nécessaires à notre temps, encore désignés par l'expression « bloc de constitutionnalité ».

Depuis, le Conseil est allé beaucoup plus loin, franchissant le cap des textes écrits. Il formule nombre de règles nouvelles à valeur constitutionnelle implicitement contenues dans la Constitution ou les textes formant le bloc de constitutionnalité. Ces principes fondamentaux à valeur constitutionnelle empruntent à la technique bien connue des principes généraux du droit, formulés dès 1945, par le Conseil d'État auxquels a été reconnue une valeur législative. Par ce procédé, le Conseil est devenu le censeur des lois dans tous les domaines juridiques puisqu'il peut désormais vérifier le contenu de toutes les lois, pourvu qu'on l'en saisisse. Il en est résulté un phénomène de constitutionnalisation des différentes disciplines juridiques.

Toute loi n'a pas à être soumise au contrôle du Conseil constitutionnel. L'article 61 de la Constitution opère une distinction entre les textes devant impérativement être soumis au contrôle du Conseil – il s'agit des lois organiques, avant leur promulgation, les propositions de loi mentionnées à l'article 11 avant qu'elles ne soient soumises au référendum, et les règlements des assemblées parlementaires, avant leur mise en application – et ceux qui peuvent – simple faculté – être soumis à son contrôle, c'est-à-dire toutes les autres lois. 159 ■

Le contrôle demeure, dans tous les cas, limité à la loi. Le Conseil a non seulement refusé de contrôler les règles provenant des traités internationaux, mais aussi toute hiérarchie entre les normes constitutionnelles (Cons. const. 26 mars 2003, n° 2003-469, *RTD civ.* 2003. 563, obs. R. Libchaber). Le Conseil a adopté une position médiane à propos du contrôle des lois de transposition de directives. Faudra-t-il alors autoriser l'exception d'inconstitutionnalité à l'encontre des lois de transposition ?

Depuis la loi constitutionnelle du 29 octobre 1974, peuvent saisir cet organe en vue d'une vérification de constitutionnalité d'un texte, non seulement le président de la République, le Premier ministre, le président de l'Assemblée nationale et le président du Sénat, mais aussi soixante députés ou soixante sénateurs. La relative facilité avec laquelle le Conseil peut être saisi a pour effet pervers l'automaticité de son contrôle pour toute loi emportant des clivages politiques ou un intérêt médiatique. Ceci donne plus d'acuité à la question du contenu du contrôle de conformité de la loi à la Constitution.

B. Les effets du contrôle de constitutionnalité

La non-constitutionnalité d'une loi a pour effet d'interdire sa promulgation. Le pouvoir du Conseil constitutionnel est important puisque ses décisions s'imposent dans tous leurs éléments, y compris pour les réserves éventuellement émises, à toutes les autorités administratives et à toutes les juridictions. L'article 62, al. 1er de la Constitution est clair : « Une disposition déclarée inconstitutionnelle sur le fondement de l'article 61 ne peut être promulguée ni mise en application ». 160 ■

Lorsque la loi soumise au contrôle est partiellement inconstitutionnelle, son entrée en vigueur est toutefois concevable pour les parties du texte non affectées par l'inconstitutionnalité, si elles conservent une utilité. Ce moyen terme demeure, en pratique, dangereux. Toute loi est le résultat du compromis auquel parviennent les parlementaires à l'issue de longues discussions et de nombreux amendements. Permettre la promulgation d'une loi amputée d'une partie de ses dispositions peut conduire à remettre en cause l'équilibre initial du texte.

L'alternative n'est plus cependant dans la conformité ou la non-conformité de la loi. La technique des réserves d'interprétation aboutit indirectement à une modification du contenu de la loi. La constitutionnalité du texte est, en effet, subordonnée au respect de l'interprétation du Conseil qui peut être novatrice. À propos de la décision n° 99-419 DC du 9 novembre 1999 (*JO* 16 nov. 1999, p. 16962) ayant tranché en faveur de la constitutionnalité de la loi relative au pacte civil de solidarité (PACS), un auteur démontre même que le Conseil peut aller jusqu'à réécrire une loi, usurpant par là le pouvoir exclusif reconnu au législateur (N. Molfessis, *JCP* 2000. I. 210). La loi n° 2017-347 du 20 mars 2017 relative à l'extension du délit d'entrave à l'interruption volontaire de grossesse a donné lieu à des réserves d'interprétation dans la décision du Conseil du 16 mars 2017 (Décis. n° 2017-747 DC). À propos du délit consistant à empêcher la pratique d'une IVG, y compris par tout moyen de communication, il y a lieu d'appliquer les paragraphes 14 et 15 de la décision pour l'application du nouveau texte, ceci afin de préserver la liberté d'expression, d'opinion et de communication :

« 14. Toutefois, d'une part, la seule diffusion d'informations à destination d'un public indéterminé sur tout support, notamment sur un site de communication au public en ligne, ne saurait être regardée comme constitutive de pressions, menaces ou actes d'intimidation au sens des dispositions contestées, sauf à méconnaître la liberté d'expression et de communication. Ces dispositions ne peuvent donc permettre que la répression d'actes ayant pour but d'empêcher ou de tenter d'empêcher une ou plusieurs personnes déterminées de s'informer sur une interruption volontaire de grossesse ou d'y recourir.

15. D'autre part, sauf à méconnaître également la liberté d'expression et de communication, le délit d'entrave, lorsqu'il réprime des pressions morales et psychologiques, des menaces ou tout acte d'intimidation à l'encontre des personnes cherchant à s'informer sur une interruption volontaire de grossesse, ne saurait être constitué qu'à deux conditions : que soit sollicitée une information, et non une opinion ; que cette information porte sur les conditions dans lesquelles une interruption volontaire de grossesse est pratiquée ou sur ses conséquences et qu'elle soit donnée par une personne détenant ou prétendant détenir une compétence en la matière ».

■ 161 Lorsque le contrôle résulte d'une saisine par voie d'exception, c'est-à-dire *a posteriori*, les effets de l'inconstitutionnalité sont déterminés par le Conseil lui-même. L'article 62, al. 2, nouveau de la Constitution prévoit que « Une disposition déclarée inconstitutionnelle sur le fondement de l'article 61-1 est abrogée à compter de la publication de la décision du Conseil constitutionnel ou d'une date ultérieure fixée par cette décision. Le Conseil constitutionnel détermine les conditions et limites dans lesquelles les effets que la disposition a produits sont susceptibles d'être remis en cause ». La mise en œuvre de l'application dans le temps de la décision rendue a suscité des difficultés (pour une analyse des décisions rendues : http://www.conseil-constitutionnel.fr/conseil-constitutionnel/francais/a-la-une/juillet-aout-2010-les-effets-dans-le-temps-des-decisions-qpc-du-conseil-constitutionnel.48618.html). Dans sa décision du 25 mars 2011 (n° 2010-110), le Conseil a apporté des précisions sur l'interprétation de l'article 62, al. 2, en retenant que « si, en principe, la déclaration d'inconstitutionnalité doit bénéficier à l'auteur de la question prioritaire de constitutionnalité et la disposition déclarée contraire à la Constitution ne peut être appliquée dans les instances en cours à la date de la publication de la décision du Conseil constitutionnel, les dispositions de l'article 62 de la Constitution réservent à ce dernier le pouvoir tant de fixer la date de l'abrogation et reporter dans le temps ses effets que de prévoir la remise en cause des effets que la disposition a produits avant l'intervention de cette déclaration » (cons. 8).

■ 162 L'article 62, al. 3, de la Constitution énonce enfin que « Les décisions du Conseil Constitutionnel ne sont susceptibles d'aucun recours. Elles s'imposent aux pouvoirs publics et à toutes les autorités administratives et juridictionnelles ». L'assemblée plénière de la Cour de cassation dans son arrêt du 10 octobre 2001 (*LPA* 30 oct.

2001, p. 11, obs. P. Avril et J. Gicquel) a cependant encadré l'autorité des décisions rendues par le Conseil constitutionnel en retenant que : « Si l'autorité des décisions du Conseil constitutionnel s'attache non seulement au dispositif, mais aussi aux motifs qui en sont le soutien nécessaire, ces décisions ne s'imposent aux pouvoirs publics et aux autorités administratives et juridictionnelles qu'en ce qui concerne le texte soumis à l'examen du Conseil » (*RTD civ.* 2002. 169, obs. N. Molfessis).

§ 3 La question prioritaire de constitutionnalité

La saisine du Conseil constitutionnel, qui ne pouvait intervenir qu'*a priori* avant promulgation de la loi, est désormais possible *a posteriori* à l'instar des pays voisins où ce type de contrôle est très développé. Déjà en 1990 un projet de loi constitutionnelle n° 1203 portant révision des articles 61 à 63 de la Constitution tendait à instituer un contrôle de constitutionnalité des lois par voie d'exception. Il était proposé d'ajouter un alinéa à l'article 61 ainsi rédigé : « Les dispositions de loi qui concernent les droits fondamentaux reconnus à toute personne par la Constitution peuvent être soumises au Conseil constitutionnel par voie d'exception à l'occasion d'une instance en cours devant une juridiction ». Dix-huit ans plus tard, la loi constitutionnelle du 23 juillet 2008 adopte l'exception d'inconstitutionnalité (Y. Gaudemet, « La conformité des lois à la constitution (à propos de la révision constitutionnelle ou pourquoi faire simple quand on peut faire compliqué) », *D.* 2008. 1703 ; F. Mélin-Soucramanien, M. Stasi, « Révision de la Constitution : bientôt l'exception pour tous ? », *D.* 2008. 1701 ; P. Cassia, E. Saulnier-Cassia, « Contrôle de constitutionnalité "a posteriori" et contrôle de conventionalité de la loi : une coexistence impossible ? », *D.* 2008. 166 ; P. Mazeaud, « L'exception d'inconstitutionnalité », *D.* 2008. 64 ; P. Mbongo, « Droit au juge et prééminence du droit - Bréviaire processualiste de l'exception d'inconstitutionnalité », *D.* 2008. 2089 ; B. de Lamy, « Brèves observations sur la question préjudicielle de constitutionnalité en attendant la loi organique », *D.* 2009. 177 ; E. Royer, « Un projet de loi organique pour la mise en place de l'exception d'inconstitutionnalité », *D.* 2009. 1006). Lorsqu'une atteinte à un droit ou à une liberté fondamental est constatée (B), le Conseil constitutionnel peut opérer le contrôle d'une loi déjà promulguée (B). 163

A. Un contrôle après promulgation de la loi

Aux termes du nouvel article 61-1, al. 1, de la Constitution : « Lorsque, à l'occasion d'une instance en cours devant une juridiction, il est soutenu qu'une disposition législative porte atteinte aux droits et libertés que la Constitution garantit, le Conseil constitutionnel peut être saisi de cette question sur renvoi du Conseil d'État ou de la Cour de cassation qui se prononce dans un délai déterminé ». La technique de la question préjudicielle a donc été retenue. Juridictions judiciaires et administratives pourront surseoir à statuer et demander au Conseil constitutionnel de contrôler la constitutionnalité d'une loi déjà promulguée. L'alinéa 2 du texte indique que les conditions d'application du procédé seront déterminées par une loi organique. Cette loi a été adoptée le 10 décembre 2009 et est venue modifier l'ordonnance n° 58-1067 du 7 novembre 1958 portant loi organique sur le Conseil constitutionnel en insérant un chapitre intitulé « De la question prioritaire de constitutionnalité » (art. 23-1 s.), auquel il est renvoyé par le Code de justice administrative (art. 771-1 s.), le Code de 164 l'organisation judiciaire (art. 461-1 s.), le Code de procédure pénale (art. 630) et le Code des juridictions financières (art. L. 142-1). Sont aménagées les conditions de transmission de la question posée par les juridictions du fond au Conseil d'État ou à la Cour de cassation ainsi que les effets sur l'instance et les conditions de renvoi par ces hautes juridictions au Conseil constitutionnel. On retiendra que le Conseil constitutionnel est informé par décision motivée du renvoi de la question devant lui ou du refus de transmission décidé par le Conseil d'État ou par la Cour de cassation. Si la décision des juridictions administrative et judiciaire n'a pas été rendue dans les délais prescrits par l'ordonnance, la question est alors transmise au Conseil constitutionnel.

■ 165 Il appartient alors au Conseil constitutionnel, dans les trois mois de sa saisine, de rendre sa décision qui fera l'objet d'une publication au Journal officiel de la République française et le cas échéant au *JO* de la Nouvelle-Calédonie. Le Conseil dès qu'il est saisi doit aviser le président de la République, le Premier ministre, les présidents des assemblées, afin que ceux-ci puissent lui adresser toute observation utile sur la question prioritaire de constitutionnalité. L'extinction de l'instance pendant laquelle la question a été posée et pour quelque cause que ce soit est sans incidence sur l'examen de la question par le Conseil.

B. Une atteinte aux droits et libertés fondamentaux

■ 166 La question prioritaire de constitutionnalité donne compétence au Conseil pour sanctionner toute atteinte « aux droits et libertés que la constitution garantit » (art. 61-1 ; comparer avec les pays voisins : http://www.senat.fr/lc/lc208/lc208.html). La nouveauté tient à l'élargissement du domaine de contrôle couvert par le Conseil puisqu'il concerne non seulement les lois à venir, mais également toute disposition législative en vigueur quelle que soit la date de son adoption. Le 16 novembre 2010, le Conseil a effectivement été saisi de la question du mariage homosexuel par la Cour de cassation : « 1°/ "Les articles 144 et 75, dernier alinéa, du Code civil sont-ils contraires, dans leur application, au préambule de la Constitution de 1946 et de 1958 en ce qu'ils limitent la liberté individuelle d'un citoyen français de contracter mariage avec une personne du même sexe ?" 2) "Les articles 144 et 75 du Code civil sont-ils contraires, dans leur application, aux dispositions de l'article 66 de la Constitution de 1958 en ce qu'ils interdisent au juge judiciaire d'autoriser de contracter mariage entre personnes du même sexe ?" » (Civ. 1re, 16 nov. 2010, n° 10-40.042). Même s'il a été répondu de façon négative le 28 janvier 2011 - « 8. Considérant, d'une part, que le droit de mener une vie familiale normale résulte du dixième alinéa du Préambule de la Constitution de 1946 qui dispose : "La Nation assure à l'individu et à la famille les conditions nécessaires à leur développement" ; que le dernier alinéa de l'article 75 et l'article 144 du Code civil ne font pas obstacle à la liberté des couples de même sexe de vivre en concubinage dans les conditions définies par l'article 515-8 de ce Code ou de bénéficier du cadre juridique du pacte civil de solidarité régi par ses articles 515-1 et suivants ; que le droit de mener une vie familiale normale n'implique pas le droit de se marier pour les couples de même sexe ; que, par suite, les dispositions critiquées ne portent pas atteinte au droit de mener une vie familiale normale ; » – l'exemple prouve suffisamment l'étendue des nouveaux pouvoirs dévolus au Conseil constitutionnel. L'exemple ne vaut que pour mémoire puisque, au titre cette fois du contrôle préalable de constitutionnalité, le

Conseil a reconnu la loi du 17 mai 2013, ouvrant le mariage aux personnes de même sexe, constitutionnelle.

Le contrôle de la conformité de la loi aux droits et libertés fondamentaux pose la question de l'articulation du nouveau contrôle opéré par le Conseil et celui déjà existant de la Cour européenne de sauvegarde des droits de l'homme et du citoyen. Dans quelle mesure l'inconstitutionnalité pourrait-elle avoir une incidence sur l'inconventionnalité d'une loi et réciproquement ? La procédure de la question prioritaire de constitutionnalité augmente les situations de concurrence dans le contrôle de la « fondamentalité » des droits (J. Andriantsimbazovina, « L'enrichissement mutuel de la protection des droits fondamentaux au niveau européen et au niveau national. Vers un contrôle de fondamentalité ? », *D.* 2002. 124 s). La concurrence n'empêche évidemment pas l'autonomie des contrôles effectués, même si les décisions rendues peuvent se trouver affectées unilatéralement ou réciproquement par chacune d'entre elles (pour une application relative au droit au recours effectif : Civ. 1re, 9 avr. 2013, note *D.* 2013. 1106, nos observations).

section 3

Le Parlement

Les lois sont des règles de droit que l'on caractérise par leur mode d'établissement. Il s'agit des normes qui sont adoptées par le Parlement (Assemblée nationale/Sénat). Elles ont traditionnellement vocation à régir le comportement des citoyens. On observe cependant un détournement des fonctions de la loi dans les textes les plus récents (v. ss 52 B. Mathieu, « L'abandon des lois mémorielles », *D.* 2008. 3064). Ainsi la loi n° 2001-70 du 29 janvier 2001 relative à la reconnaissance du génocide arménien (*JO* 30 janv., p. 1590), dont l'article unique énonce que « La France reconnaît publiquement le génocide arménien de 1915 ». 167

Après avoir analysé l'élaboration, l'entrée en vigueur et l'expiration de la loi (§ 1), une classification sera proposée en fonction des types ou des caractères de la loi (§ 2).

§ 1 Élaboration, entrée en vigueur, expiration des lois

A. L'élaboration de la loi

La loi est souvent présentée dans sa genèse comme la réponse à l'expression d'un besoin du corps social. On pensait cependant au XIXe siècle, période des codifications napoléoniennes, qu'en raison de leur caractère général et abstrait, il fallait peu de lois mais des lois bien faites. J.-E. M. Portalis, notamment dans son *Discours préliminaire au Code civil* de 1804, le défend en ces termes : « l'office de la loi est de fixer par de grandes vues les maximes générales du droit, d'établir des principes féconds en conséquence, et non de descendre dans le détail des questions qui peuvent naître sur chaque matière ». Le juge suffit à cette dernière fonction. Au début du XXIe siècle, on observe le phénomène inverse, il y a inflation législative, hypertrophie des lois, rédigées de plus en plus vite, au contenu de plus en plus spécifique, pour satisfaire 168 des besoins de plus en plus contingents, tant et si bien que la loi, de générale et permanente, tend à relever bien souvent de l'ordre du contingent (v. J. Carbonnier, *Flexible droit*, LGDJ). La multiplication des lois « fourre-tout » que l'on aurait pu croire spécifique au domaine économique (par ex. : loi n° 2001-1168 du 11 déc. 2001 portant mesures urgentes de réformes à caractère économique et financier, dite « loi MURCEF » (*JO* 12 déc., p. 19703) envahit l'ensemble de la matière juridique (par ex. loi n° 2004-1343 du 9 décembre 2004 de simplification du droit, *JO* 10 déc.). Les lois idéologiques, imposées selon un calendrier accéléré, modifient cependant l'approche que l'on peut avoir du processus législatif (voir notamment G. Drago, « Le Huron au Palais-Bourbon ou Le vote de la loi sur le "mariage pour tous" : "déni de démocratie" ou caricature du parlementarisme ? », in *La réforme du Mariage, Prospectives en matière familiale*, éd. DDM, 2013).

■ **169** Les étapes de formation de la loi sont les suivantes :

– ministres, députés ou sénateurs commencent le plus souvent par confier une mission d'enquête à des spécialistes pour qu'ils étudient une question particulière où une réforme paraît nécessaire. À l'issue du temps imparti, un rapport écrit rend compte de la mission et de ses résultats. Celui-ci est soit mis aux oubliettes, cas le plus fréquent, soit transformé en projet de loi (texte à l'initiative du gouvernement) ou en proposition de loi (texte à l'initiative du Parlement). L'article 39, al. 1er, de la Constitution dispose en effet que « l'initiative des lois appartient concurremment au Premier ministre et aux membres du Parlement » ;

– La loi organique n° 2009-403 du 15 avril 2009 est venue préciser que pour l'application de l'article 39 précité, une étude d'impact doit être faite s'agissant des projets de lois. L'étude et les documents la constituant indiquent :

« les objectifs poursuivis par le projet de loi, recensent les options possibles en dehors de l'intervention de règles de droit nouvelles et exposent les motifs du recours à une nouvelle législation.

Ils exposent avec précision :

– l'articulation du projet de loi avec le droit européen en vigueur ou en cours d'élaboration, et son impact sur l'ordre juridique interne ;

– l'état d'application du droit sur le territoire national dans le ou les domaines visés par le projet de loi – les modalités d'application dans le temps des dispositions envisagées, les textes législatifs et réglementaires à abroger et les mesures transitoires proposées ;

– les conditions d'application des dispositions envisagées dans les collectivités régies par les articles 73 et 74 de la Constitution, en Nouvelle-Calédonie et dans les Terres australes et antarctiques françaises, en justifiant, le cas échéant, les adaptations proposées et l'absence d'application des dispositions à certaines de ces collectivités ;

– l'évaluation des conséquences économiques, financières, sociales et environnementales, ainsi que des coûts et bénéfices financiers attendus des dispositions envisagées pour chaque catégorie d'administrations publiques et de personnes physiques et morales intéressées, en indiquant la méthode de calcul retenue ;

– l'évaluation des conséquences des dispositions envisagées sur l'emploi public ;

– les consultations qui ont été menées avant la saisine du Conseil d'État ;

– la liste prévisionnelle des textes d'application nécessaires ». Tous ces documents sont remis avec le projet de loi au président de l'Assemblée ;

– le projet ou la proposition est confié pour examen, depuis le 1er mars 2009, à l'une des commissions permanentes des assemblées (Const., art. 43), le cas échéant sur demande du Gouvernement ou du Parlement à une commission spécialement désignée à cet effet ;

– le projet ou la proposition de loi est successivement discuté par l'Assemblée nationale et par le Sénat. L'article 42, al. 2, de la Constitution précise les délais : « La discussion en séance, en première lecture, d'un projet ou d'une proposition de loi ne peut intervenir, devant la première assemblée saisie, qu'à l'expiration d'un délai de six semaines après son dépôt. Elle ne peut intervenir, devant la seconde assemblée saisie, qu'à l'expiration d'un délai de quatre semaines à compter de sa transmission ». Il y a « navette » entre les deux chambres et chaque fois le texte transmis est modifié par des *amendements*Q de part et d'autre ;

– le va-et-vient s'arrête lorsque l'Assemblée nationale adopte en des termes identiques le texte ayant été voté en dernier lieu par le Sénat. Les Assemblées doivent donc être d'accord sur le contenu du texte législatif. À défaut d'accord, l'article 45 de la Constitution prévoit la possibilité de réunir une commission mixte paritaire, composée en nombre égal de députés et sénateurs pour que soit tranché le différend. En l'absence de consensus, l'Assemblée nationale a le dernier mot. Ce fut par exemple le cas pour l'adoption de la loi du 11 juillet 1975 instituant quatre cas de divorce ou encore pour l'adoption de la loi du 4 juillet 2001 ayant notamment étendu le délai de l'interruption volontaire de grossesse et légalisé la stérilisation volontaire. Le recours à ce procédé est également possible si le gouvernement, sans opposition des conférences des présidents, souhaite une procédure accélérée avec une seule lecture par chaque chambre, ou lorsqu'il s'agit d'une proposition de loi à l'initiative des présidents des deux assemblées.

Une fois la loi adoptée, il peut y avoir saisine du Conseil constitutionnel selon les modalités précédemment définies. À supposer la loi conforme, il faut encore qu'elle entre en vigueur pour avoir force obligatoire et exécutoire. 170 ■

B. L'entrée en vigueur de la loi

Celle-ci est prévue aux conditions de l'article 1er du Code civil : « (Ord. n° 2004-164 du 20 févr. 2004, art. 1er) Les lois et, lorsqu'ils sont publiés au Journal officiel de la République française, les actes administratifs entrent en vigueur à la date qu'ils fixent ou, à défaut, le lendemain de leur publication. Toutefois, l'entrée en vigueur de celles de leurs dispositions dont l'exécution nécessite des mesures d'application est reportée à la date d'entrée en vigueur de ces mesures. 171 ■

En cas d'urgence, entrent en vigueur dès leur publication les lois dont le décret de promulgation le prescrit et les actes administratifs pour lesquels le Gouvernement l'ordonne par une disposition spéciale.

Les dispositions du présent article ne sont pas applicables aux actes individuels ».

Il résulte de ce texte non seulement un toilettage mais aussi une modification des règles applicables à l'entrée en vigueur de la loi. Une première condition demeure inchangée, bien qu'elle n'apparaisse plus explicitement, il s'agit d'une condition préalable à l'entrée en vigueur de la loi, sa promulgation (1). L'entrée en vigueur de la loi n'est plus ensuite automatiquement subordonnée à la date de sa publication (2).

1. *La promulgation de la loi*

■ 172 Désormais, l'article 1er du Code civil ne fait plus référence à la promulgation de la loi, sinon pour le cas particulier de l'urgence. Il va de soi que la promulgation reste nécessaire puisqu'elle seule confère à la loi force exécutoire. L'article 10 de la Constitution fait de la promulgation une prérogative du président de la République. Elle intervient dans les quinze jours qui suivent la transmission au gouvernement de la loi votée par le Parlement. Pour toute loi, il y a un chapeau introductif dont le libellé contient le nom de l'autorité ayant adopté le texte, s'il y a eu saisine du Conseil constitutionnel la date de la décision de conformité et une formule exprimant que le texte est promulgué. La loi n° 99-944 du 15 novembre 1999 relative au pacte civil de solidarité commence par exemple comme suit : « L'Assemblée nationale et le Sénat ont délibéré, L'Assemblée nationale a adopté, Vu la décision du Conseil constitutionnel n° 99-419 DC en date du 9 novembre 1999 ; Le président de la République promulgue la loi dont la teneur suit : [...] ».

■ 173 Cette promulgation donne force juridique à la loi adoptée, la signature du président de la République et des ministres intéressés en fin du texte de loi lui confère valeur officielle. On dit alors que la loi a « force exécutoire ».

2. *La publication de la loi*

■ 174 La publication de la loi a perdu son rôle de référent après la nouvelle rédaction de l'article 1er du Code civil, dont le moins que l'on puisse dire, est qu'il est curieusement rédigé. Cet article 1er ouvrant le Code civil participe, à notre avis, de l'appauvrissement du style dans la rédaction des textes de lois et rend bien complexe une matière que les réformateurs ont voulu simple. L'alinéa 1er, première phrase, dispose que : « Les lois et, lorsqu'ils sont publiés au Journal officiel de la République française, les actes administratifs entrent en vigueur à la date qu'ils fixent ou, à défaut, le lendemain de leur publication ». À interpréter littéralement l'alinéa 1er, si l'entrée en vigueur des actes administratifs est subordonnée à la condition préalable de leur publication au Journal officiel de la République française, la date de celle-ci étant en principe fixée par l'acte administratif lui-même, la loi en revanche si elle entre en vigueur à la date qu'elle fixe, le ferait indépendamment de toute publication. Il ne semble pas raisonnable de détacher l'entrée en vigueur d'une loi de sa publication préalable. C'est pourquoi, au-delà de la maladresse rédactionnelle, il faut comprendre que la publication des lois et des actes administratifs reste nécessaire, mais la date d'entrée en vigueur de ces lois et de ces actes peut être postérieure à la date de la publication. Il s'agit au demeurant de la consécration d'une pratique antérieure. L'objectif est de laisser au corps social le temps de comprendre et d'assimiler les nouveaux textes. Ce n'est qu'à défaut de fixation explicite de cette date, que l'entrée en vigueur sera fixée, tant pour l'acte administratif que pour la loi, au lendemain de la publication. À la différence du texte ancien qui prenait en compte non seulement la date de publication, mais aussi la date d'arrivée du Journal officiel dans les provinces, l'article 1er uniformise le délai sur l'ensemble du territoire français. La solution prend en compte l'évolution de la technologie et la mise en ligne des textes sur le Web.

Indépendamment de la publication intervenue, l'alinéa 1er, seconde phrase, réserve les dispositions « dont l'exécution nécessite des mesures d'application », l'entrée en vigueur de ces dispositions étant d'office reportée « à la date d'entrée en vigueur de ces mesures », et qu'il faut supposer laissées à l'appréciation des juges (obs. P. Deumier, *RTD civ.* 2004. 587 ; Soc. 22 mars 1989, *Bull. civ.* V, n° 242).

En cas d'urgence, qu'il s'agisse de lois ou d'actes administratifs, l'entrée en vigueur peut avoir lieu dès leur publication, et non le lendemain de celle-ci, pour les lois si « le décret de promulgation le prescrit » et pour les actes administratifs, si « le Gouvernement l'ordonne par une disposition spéciale ».

L'article 1er n'a pas vocation à s'appliquer aux actes des collectivités territoriales et des autorités déconcentrées de l'État, ni précise l'alinéa 3 aux actes individuels.

La publication devient un critère supplétif dans la détermination de la date d'entrée en vigueur des textes, mais elle reste nécessaire à l'opposabilité du texte. La lecture de l'article 2 de l'ordonnance ayant modifié le Code civil lève d'ailleurs toute ambiguïté : « Sont publiés au Journal officiel de la République française les lois, les ordonnances, les décrets et, lorsqu'une loi ou un décret le prévoit, les autres actes administratifs » (*JO* 10 mars, *JCP* 2004. III. 20024). Les règles de droit de l'Union font également l'objet d'une publication mais elles ont lieu au Journal officiel de l'Union européenne (JOUE, désigné précédemment comme JOCE, Journal officiel des Communautés européennes). 175 ■

En droit interne, cette publication a lieu à la fois sur support papier et sur support électronique, l'article 3 de l'ordonnance disposant que : « la publication des actes mentionnés à l'article 2 est assurée, le même jour, dans des conditions de nature à garantir leur authenticité, sur papier et sous forme électronique. Le Journal officiel de la République française est mis à la disposition du public sous forme électronique de manière permanente et gratuite ».

La publication des textes est en principe une condition de leur opposabilité, sauf le cas d'urgence. Il s'agit d'une règle dérivée du principe de sécurité juridique, la connaissance de la règle est nécessaire à son opposabilité, et cette connaissance est présumée du fait de la publication. Tel est l'adage selon lequel « Nul n'est censé ignorer la loi » (*Nemo censetur ignorare legem*). Il faut en outre que la loi soit entrée en vigueur selon les modalités prédéfinies.

C. L'expiration de la loi

Le mode d'expiration le plus courant est l'abrogation. Une loi est abrogée lorsqu'elle ne produit plus d'effet pour l'avenir. Seule l'autorité qui a adopté la loi peut décider de l'abroger. La chose est courante puisque toute loi nouvelle emporte abrogation des dispositions de la loi ancienne, en son entier ou partiellement selon qu'il en est disposé par le législateur. En l'absence de précision par le législateur, on considère qu'il y a abrogation tacite pour toutes les dispositions anciennes qui ne s'accorderaient pas avec les dispositions prévues par la loi nouvelle. À l'instar du doyen Carbonnier, on peut cependant se demander si une loi abrogée perd, par ce seul fait, toute efficacité, mais c'est engager le débat au plan sociologique et non plus strictement juridique. Ce serait en quelque sorte le revers de la situation où la loi demeure juridiquement mais n'est plus appliquée. 176 ■

La question a en effet été posée de savoir si une loi peut être abrogée, disparaître par désuétude. Une loi tombée en désuétude est une loi qui est toujours en vigueur officiellement mais qui n'est plus appliquée en pratique. Il n'est pas de réponse certaine, on citera simplement l'un des rédacteurs du Code civil de 1804, 177 ■

J.-E. M. Portalis : « les lois conservent leur effet, tant qu'elles ne sont point abrogées par d'autres lois, ou qu'elles ne sont point tombées en désuétude. Si nous n'avons pas formellement autorisé le mode d'abrogation par la désuétude ou le non-usage, c'est qu'il eût peut-être été dangereux de le faire. Mais peut-on se dissimuler l'influence et l'utilité de ce concert indélibéré, de cette puissance invisible, par laquelle, sans secousse et sans commotion, les peuples se font justice des mauvaises lois, et qui semblent protéger la société contre les surprises faites au législateur, et le législateur contre lui-même ».

§ 2 Classification des lois par type ou par caractère

■ 178 Les lois sont traditionnellement classées par type de la manière suivante :

– lois constitutionnelles qui portent modification de la Constitution ;

– lois organiques qui ont pour objet de fixer les modalités d'organisation et de fonctionnement des pouvoirs publics. Les matières pouvant donner lieu à loi organique sont limitativement fixées par la Constitution. Elles sont supérieures aux lois ordinaires qui doivent lui être conformes ;

– lois ordinaires, la grande majorité des lois, parmi lesquelles les lois référendaires de l'article 11 de la Constitution.

– anciens décrets-lois et ordonnances de l'article 38 de la Constitution qui sont des textes pris par le gouvernement en des matières relevant du domaine législatif.

■ 179 On peut encore les présenter en fonction de leur caractère impératif ou d'ordre public et de leur caractère supplétif ou interprétatif. Les lois impératives s'imposent à toute personne, cela signifie que nul ne peut y déroger par un accord privé ou public. Le principe est posé à l'article 6 du Code civil : « On ne peut déroger par des conventions particulières aux lois qui intéressent l'ordre public et les bonnes mœurs ». La notion d'« ordre public » n'a cessé de s'élargir : ordre public classique, ordre public économique et ordre public de protection. Les lois supplétives ne s'appliquent pour leur part que si les intéressés n'ont pas pris des dispositions différentes dans leur contrat. Au moment d'appliquer une loi, le juriste doit donc rechercher si elle a un caractère impératif ou supplétif, ce qui n'est pas toujours aisé à déterminer.

section 4

Le gouvernement

■ 180 Le gouvernement désigne le pouvoir exécutif. Il adopte des règlements qui sont des règles de droit ayant une valeur infra-législative. Depuis la Constitution de 1958, ils sont beaucoup plus nombreux parce que, comme on le sait, les articles 34 et 37 de la Constitution confèrent une compétence exclusive au gouvernement. Ces textes à valeur réglementaire peuvent faire l'objet d'une double classification par rapport à l'autorité qui les adopte ou par rapport au domaine qu'ils réglementent (§ 1). Ils doivent ensuite être conformes aux règles qui leur sont supérieures dans la hiérarchie des normes d'où l'existence de moyens de contrôle (§ 2).

§ 1 Classification des règlements par type et par domaine

A. Par rapport à l'autorité qui les adopte

Les décrets du président de la République délibérés en Conseil des ministres, les décrets (simples) du président de la République, les décrets du Premier ministre, les arrêtés ministériels, les arrêtés préfectoraux, les arrêtés municipaux, tous ces textes sont autant de règles juridiques que l'on distingue en fonction de l'autorité qui en est à l'origine. Proches de ces textes, les circulaires jouent un rôle prépondérant bien qu'elles ne constituent pas formellement des normes juridiques. Ce sont des instructions écrites qui sont adressées par une autorité supérieure à des agents subordonnés en vertu de son pouvoir hiérarchique pour une exacte application du texte interprété. 181 ■

B. Par rapport à leur domaine

Trois types de règlements sont distingués. 182 ■

Les ordonnances prises en vertu de l'article 38 de la Constitution sont des règles prises par le gouvernement dans une matière qui relève du domaine législatif. Elles sont de plus en plus nombreuses, preuve que la délimitation des compétences entre le législatif et le réglementaire perd de sa pertinence. La loi devient, et l'inflation législative le montre, réglementation. Les domaines délégués au gouvernement sont souvent essentiels au plan juridique. La toute dernière loi du 16 février 2015 ayant pour effet de déléguer au gouvernement la recodification des dispositions relatives au droit des contrats suffit à le prouver. L'intérêt du procédé reste sa rapidité, et d'éviter le danger tenant à la multiplicité des amendements devant les assemblées, même si la loi de ratification qui devra intervenir aura pour effet de relancer le débat. L'ordonnance du 4 juillet 2005 relative à la filiation et la loi de ratification du 16 janvier 2009 est une illustration de la césure qui peut se produire également entre les deux étapes d'élaboration du texte.

Les règlements pris pour l'exécution des lois (par ex. les décrets d'application) sont subordonnés aux lois dont ils servent l'exécution. Par définition il ne faut pas que le règlement soit contraire aux dispositions légales dont il a vocation à permettre l'application.

Les règlements autonomes sont constitués de tous les textes pris par le pouvoir exécutif dans le domaine qui lui est attribué par l'article 37, alinéa 1er de la Constitution.

§ 2 Contrôle de la conformité des règlements aux normes supérieures

Cela signifie d'abord que les règlements doivent être conformes à toutes les normes qui dans la hiérarchie sont au-dessus d'eux d'où la possibilité pour le justiciable de 183 ■

dénoncer l'illégalité de certains règlements. Ce contrôle effectué par le Conseil d'État s'applique aussi aux actes réglementaires transposant des directives depuis deux arrêts du 8 février 2007. On notera cependant l'encadrement très strict des modalités du contrôle, le Conseil d'État optant, à l'instar du Conseil constitutionnel, pour le renvoi préjudiciel lorsque la règle constitutionnelle invoquée est reprise par un principe général du droit de l'Union européenne.

184 Il n'est pas utile de revenir sur la supériorité des règles constitutionnelles ou législatives, ni sur celle résultant des traités internationaux ou européens. En revanche, il convient de préciser qu'à l'étage de la loi se trouvent des principes généraux du droit, distincts des principes à valeur constitutionnelle. Si une loi peut déroger à ces principes généraux, un règlement ne le peut pas. Les principes généraux du droit sont des règles de droit non écrites que l'on qualifie de « principes ». Les principes seront formulés par le juge qui statuera en vertu de ceux-ci, ce faisant il leur donnera corps. L'apparition des principes généraux du droit date de la IVe République à un moment où le Conseil d'État a enrichi sa jurisprudence en se référant à des principes non posés (v. not. CE 22 mai 1946, Maillon, S. 1946. 3. 52). La Cour de cassation participe également à l'émergence de ces principes. À titre d'exemple, le seul visa du « principe que nul ne doit causer à autrui un trouble anormal de voisinage » sera révélateur de l'existence d'un principe général (Civ. 3e, 24 oct. 1990, *Bull. civ.* III, n° 205).

Le rôle dévolu aux principes généraux dans l'après-guerre a toutefois grandement décru à partir de l'essor pris par le Conseil constitutionnel au début des années 1970, les principes fondamentaux à valeur constitutionnelle suffisant à protéger les justiciables.

185 Tout comme le contrôle de constitutionnalité des lois incombe au Conseil constitutionnel, le contrôle de légalité des règlements incombe en principe au Conseil d'État. Il n'est pas automatique et a lieu par le moyen du recours pour excès de pouvoir ou de l'exception d'illégalité. Tout justiciable peut s'opposer à un règlement qui serait non conforme à la loi soit directement en exerçant un recours en annulation devant la juridiction administrative pour obtenir la disparition de l'acte illégal, soit indirectement à l'occasion d'un litige. En ce dernier cas, il oppose ce que l'on nomme « *exception d'illégalité*[Q] », par laquelle il demande que le règlement ne soit pas appliqué à la cause, c'est-à-dire pour son affaire. Si le litige se déroule devant la juridiction civile, il faut distinguer deux situations : l'acte illégal porte atteinte à la liberté individuelle, à l'inviolabilité du domicile ou au respect du droit de propriété, le juge civil reste compétent pour connaître de l'exception d'illégalité ; l'acte porte sur une autre matière, le juge civil doit surseoir à statuer parce qu'il n'est pas compétent et renvoyer la question juridique relative à l'illégalité à la juridiction administrative compétente. La procédure civile ne reprendra son cours que lorsque cette question aura été tranchée. On observe pareillement en matière pénale, depuis la réforme du Code pénal (entrée en vigueur en 1994), que les juridictions répressives peuvent être exceptionnellement compétentes sur ces questions. L'article L. 111-5 du Code pénal énonce en ce sens que « Les juridictions pénales sont compétentes pour interpréter les actes administratifs, réglementaires ou individuels, et pour en apprécier la légalité lorsque de cet examen dépend la solution du procès pénal qui leur est soumis ».

section 5

Les usages et les pratiques

La règle coutumière ne doit pas tromper par son appellation. La coutume n'est pas seulement la règle immémorielle, lointaine et poussiéreuse. Il s'agit des règles nées de la pratique, des usages géographiques, professionnels. Ce seront, par exemple, certaines règles applicables entre commerçants, ou encore la pratique des palais en procédure. 186 ■

La règle pour être coutumière doit satisfaire à certaines conditions (§ 1), ce qui permet ensuite de discerner la place à leur reconnaître par rapport aux autres normes juridiques (§ 2).

§ 1 Éléments constitutifs des coutumes

De façon traditionnelle, deux éléments sont constitutifs de la règle coutumière : 187 ■

– un élément matériel : il s'agit de l'usage prolongé, constant, durable d'une pratique, la répétition continue d'une série d'actes ou de faits qui sont la matière d'une façon d'agir commune à un milieu considéré ;

– un élément psychologique : il s'agit du sentiment partagé du caractère juridique de la règle coutumière. Il faut que les personnes en suivant la coutume pensent se conformer au droit, exercer un droit, exécuter une obligation. L'exemple classique est le cas, encore relativement fréquent, de la femme qui en se mariant prend le nom de son mari. Initialement, il s'agissait d'une coutume, depuis elle a fait l'objet d'une transcription dans le Code civil. Afin de prendre en compte la modification liée à l'ouverture du mariage aux personnes de même sexe, un nouvel article 225-1 du Code civil résultant de la loi n° 2013-404 du 17 mai 2013 dispose « Chacun des époux peut porter, à titre d'usage, le nom de l'autre époux, par substitution ou adjonction à son propre nom dans l'ordre qu'il choisit ».

Dans l'Ancien droit, ces règles coutumières recoupaient les maximes juridiques empreintes du bon sens populaire, du sens commun. Ce sont aujourd'hui les adages et les locutions latines du droit français (v. H. Roland, L. Boyer, *Locutions latines du droit français*, 4e éd., Litec, 1998) comme par exemple « à l'impossible nul n'est tenu », « *fraus omnia corrumpit* » (la fraude corrompt tout), « *nemo auditur allegans propriam turpitudinem allegans* » (nul ne peut alléguer de sa propre turpitude), etc. Des règles de simple bon sens vont finir par produire des effets juridiques précis empruntant à la technique des règles coutumières. Le droit coutumier reste vivant en Alsace-Moselle en raison des particularités historiques de cette portion du territoire français. 188 ■

À la coutume, on assimile aussi les usages. Les usages géographiques sont de plus en plus des hypothèses d'école. Il s'agit de pratiques suivies en certaines régions qui donnent lieu à règle juridique. Le Code civil s'y réfère surtout en matière de droit des biens, plus spécialement à propos de l'usufruit ou des servitudes. 189 ■

Les usages professionnels, en plein essor, sont des pratiques qui se développent dans le cadre d'une profession et qui, en tant que règles coutumières, s'imposent dans cette profession. Ainsi entre commerçants, la règle est de facturer les prix hors taxe. Les usages conventionnels enfin sont ceux qui sont implicites à certains types de contrat. Ils contribuent à fixer le contenu du contrat pour les obligations secondaires (v. art. 1194 du C. civ.) et seront différents selon le type de contrat considéré (vente ou louage par exemple).

Le droit coutumier conserve toute sa vigueur en droit international avec les usages du droit international. Cette importance apparaît de façon toute particulière dans le domaine du commerce international qu'il s'agisse de la *lex mercatoria* ou encore des principes Unidroit du commerce international dont l'article 1.9 dispose : « 1) Les parties sont liées par les usages auxquels elles ont consenti, ainsi que par les pratiques qu'elles ont établies entre elles. 2) Elles sont liées par tout usage qui, dans le commerce international, est largement connu et régulièrement observé par les parties à des contrats dans la branche commerciale considérée, à moins que son application ne soit déraisonnable ».

§ 2 Force des règles coutumières

190 Une coutume sera toujours sanctionnée directement ou indirectement par une autorité investie de la puissance publique, législateur ou juge. Il reste que toutes les coutumes n'ont pas les mêmes rapports avec le droit positif et ne se voient pas reconnaître la même force :

– coutume *secundum legem* : il s'agit de la coutume selon la loi, conforme à la loi. Dans cette hypothèse, la loi se réfère expressément à la règle coutumière, aussi le problème de la force de la règle ne se pose pas. Elle emprunte la force de la loi qui s'y réfère ;

– coutume *praeter legem* : il s'agit de la coutume qui va au-delà de la loi. Dans cette hypothèse, la loi n'a rien prévu et la coutume apparaît comme un complément de la loi. Elle précise une règle en un domaine où la loi n'a rien dit, aussi la force de la règle coutumière n'est pas discutée puisqu'elle n'est pas en conflit avec une règle de droit positif ;

– coutume *contra legem* : il s'agit de la coutume qui va contre la loi, il y a conflit, contrariété entre la règle de droit positif et la règle coutumière. Si la loi est supplétive, la règle coutumière peut conserver toute sa force. En revanche, si la loi a un caractère impératif, la coutume ne devrait pas s'appliquer. Mais en pratique la règle coutumière peut continuer à être suivie, elle sera seulement contestée si le juge est saisi d'un différend.

4

Compléments pédagogiques

Mémo

Le système juridique français s'intègre dans l'ordre juridique européen et international. À ce titre il sera indirectement issu de la philosophie des droits de l'homme et de son intégration au sein de l'Union européenne. À l'intérieur du système juridique français, les normes juridiques sont subordonnées les unes aux autres, ce qui permet de les agencer toutes dans un ensemble cohérent que l'on désigne par l'appellation d'« ordre juridique ». *Au sommet de la hiérarchie en droit interne se trouve la Constitution, et dans l'ordre décroissant les traités internationaux, les traités européens, les lois, les règlements et les coutumes.*

Les règles constitutionnelles départagent en premier lieu les domaines relevant du pouvoir législatif (Const., art. 34) et du pouvoir exécutif (Const., art. 37), hormis les cas où il est légiféré soit par la voie du référendum (Const., art. 11), soit directement par décision du président de la République (Const., art. 16), soit par le gouvernement par délégation (Const., art. 38.). L'attribution d'un domaine réservé au pouvoir législatif est une nouveauté de la Constitution de 1958. *À la compétence d'attribution du Parlement répond une compétence résiduelle mais exclusive du gouvernement, entendue de tout ce qui n'a pas été réservé aux assemblées législatives*. La Constitution permet en second lieu un véritable contrôle de la constitutionnalité des lois par l'institution d'un Conseil constitutionnel. *Le président de la République, le Premier ministre, le président de l'Assemblée nationale et le président du Sénat, soixante députés ou soixante sénateurs peuvent seuls saisir le Conseil avant promulgation de la loi. L'exception d'inconstitutionnalité instituée en 2008 permet par la voie préjudicielle devant les juridictions judiciaires ou administratives de saisir le conseil pour vérifier la constitutionnalité d'une loi promulguée*. L'activité du Conseil étend le nombre de règles de droit à valeur constitutionnelle dont le contenu touche aux droits et libertés fondamentaux de l'individu. *Elles sont désignées sous l'expression « bloc de constitutionnalité »* qui inclut l'ensemble des dispositions contenues dans le préambule de la Constitution de 1958 qui renvoie à la Déclaration des droits de l'homme et du citoyen de 1789 et au préambule de la Constitution de 1946 qui lui-même se réfère aux principes fondamentaux reconnus par les lois de la République et les principes particulièrement nécessaires à notre temps. Comme le Conseil vérifie la conformité des lois à ce bloc de constitutionnalité, il en résulte un phénomène de constitutionnalisation des différentes disciplines juridiques.

Les *règles internationales résultant des traités et accords internationaux ne valent dans l'ordre juridique interne qu'après une procédure de ratification* (Const., art. 53, 54). Par ailleurs, si un engagement international comporte une clause contraire à la Constitution, l'autorisation de ratifier ou d'approuver l'engagement international en cause ne peut intervenir qu'après révision de la Constitution. En aucun cas, *la suprématie conférée aux engagements internationaux sur les lois ne s'applique dans l'ordre interne aux dispositions de valeur constitutionnelle*. Cette nécessaire conformité des lois autres que constitutionnelles aux engagements internationaux est posée aux conditions de l'article 55 de la Constitution. Lorsque la loi non conforme est antérieure au traité, elle est non avenue. Les dispositions contraires au traité sont non avenues. *Le refus du contrôle de conformité par le Conseil constitutionnel a conduit à ce que des lois postérieures non conformes à des traités puissent être invoquées à l'occasion d'un litige devant une juridiction*. Cela conduit le juge à apprécier la conformité de la loi par rapport au traité, ce qui remet en cause la hiérarchie des normes fondée sur la hiérarchie fonctionnelle des organes chargés de les édicter. On notera enfin une forme particulière de conventions internationales qui tend à proclamer et défendre les droits et libertés fondamentaux de toute personne, parmi lesquelles la Déclaration universelle des droits de l'homme de 1948, le Pacte des Nations unies sur les droits civiques et politiques de 1966, la Convention européenne de sauvegarde des droits de l'homme et des libertés fondamentales, du 4 novembre 1950, la Convention internationale des droits de l'enfant du 26 janvier 1990, la Charte des droits fondamentaux de l'Union européenne du 18 décembre 2000.

Les lois sont des règles de droit que l'on caractérise par leur mode d'établissement. Il s'agit des normes qui sont adoptées par le Parlement (Assemblée nationale/Sénat). Concrètement, le projet de loi (à l'initiative du gouvernement) ou la proposition de loi (à l'initiative du Parlement) est successivement *discuté par l'Assemblée nationale et par le Sénat*. Il y a « navette » entre les deux Chambres et chaque fois le texte transmis est modifié par des amendements de part et d'autre. Le va-et-vient s'arrête lorsque l'Assemblée nationale adopte en des termes identiques le texte ayant été voté en dernier lieu par le Sénat, à défaut d'accord une commission paritaire mixte peut être réunie. La loi entre en vigueur aux conditions de l'article 1er du Code civil. La force exécutoire de la loi réside dans la promulgation par le président de la République, sa force obligatoire vis-à-vis des justiciables de la possibilité où ils étaient de la connaître. La loi peut enfin être abrogée pour l'avenir en tout ou partie de ces dispositions, c'est notamment le cas lorsqu'elle est remplacée par une loi nouvelle. Les lois peuvent être classées par type (constitutionnelle, organique, ordinaire, etc.) ou par caractère (impératif ou d'ordre public, supplétif ou interprétatif).

Les règlements sont des règles de droit ayant une valeur infra-législative. Depuis la Constitution de 1958, ils sont beaucoup plus nombreux parce que les articles 34 et 37 de la Constitution confèrent une compétence exclusive au gouvernement. Ils sont classés par type (décret du président de la République, arrêtés ministériels, etc.) ou par domaine (règlement d'exécution, ordonnance de l'article 38 de la Const., règlement autonome). Leur place dans la hiérarchie des textes suppose leur subordination aux règles supérieures (normes légales, européennes, internationales, constitutionnelles). On précisera qu'ils doivent, en outre, être conformes aux principes généraux du droit. *Si une loi peut déroger à ces principes généraux, un règlement ne le peut pas. Les principes généraux du droit sont des règles de droit non écrites que l'on qualifie de « principes ». Les principes seront formulés par le juge*. Le contrôle de légalité des règlements incombe en principe au Conseil d'État. Il n'est pas automatique et a lieu par le moyen du recours pour excès de pouvoir ou de l'exception d'illégalité. *La règle de droit peut être enfin coutumière*. On distingue deux éléments constitutifs de la règle coutumière : *un élément matériel* constitué d'une répétition et un élément psychologique constitué du sentiment partagé du caractère juridique de la règle coutumière. *À la coutume, on assimile enfin les usages* géographiques, professionnels et conventionnels. Une coutume sera toujours sanctionnée directement ou indirectement par une autorité investie de la puissance publique, législateur ou juge. *Il reste que toutes les coutumes n'ont pas les mêmes rapports avec le droit positif et on ne leur reconnaît pas la même force*. À ce titre, sont distinguées les coutumes *secundum legem, praeter legem* et *contra legem*.

Quid

■ Amendement n° 169

Modification proposée à un texte de loi au cours de sa discussion.

■ Contrôle de constitutionnalité n° 139

Procédures garantissant la supériorité de la Constitution sur les autres normes (traités, lois, règlements) par l'intervention du Conseil constitutionnel, organe juridictionnel, saisi par le Président de la République, le Premier ministre, le président du Sénat ou de l'Assemblée nationale, soixante députés ou soixante sénateurs.

■ Exception d'illégalité n° 185

Moyen de défense procédural par lequel une partie allègue en cours d'instance l'illégalité de l'acte administratif qui lui est opposé.

■ Journal officiel n° 147

Revue officielle gouvernementale destinée à recevoir la publication de tous les textes juridiques pour les porter à la connaissance des citoyens (lois, décrets, arrêtés, circulaires etc.). Elle est journalière.

■ Loi organique n° 153

Loi votée par le Parlement, selon des conditions particulières d'adoption et de contrôle, ayant pour objet la modification de la Constitution.

■ Moyen n° 138

Terme de procédure qui désigne les fondements de la prétention en justice. Toute demande en justice peut être composée de plusieurs moyens, chaque moyen pouvant être divisé en arguments. Les juges sont tenus d'examiner tous les moyens invoqués par les plaideurs.

■ Recours pour excès de pouvoir n° 145

Il s'agit d'un recours juridictionnel destiné à faire annuler pour cause d'illégalité un acte (incompétence de l'auteur, vice de forme, détournement de pouvoir, violation de la loi). Il relève du contentieux objectif de l'illégalité par opposition au contentieux subjectif des droits où par un recours de pleine juridiction, le requérant demande au juge de reconnaître la créance qu'il a contre l'administration.

Biblio

– J. Andriantsimbazovina, « L'enrichissement mutuel de la protection des droits fondamentaux au niveau européen et au niveau national. Vers un contrôle de fondamentalité ? », *D.* 2002. 124 s.
– J. Carbonnier, *Flexible droit*, LDGJ, 2001 ; *Essais sur les lois ; Droit et passion du droit sous la Ve République*, Flammarion, 2006.
– M.-A. Frison-Roche, W. Baranès, « Le principe constitutionnel de l'accessibilité et de l'intelligibilité de la loi », *D.* 2000. Chron. 361.
– P. Gonod, « La simplification du droit par ordonnances », *AJDA* 2003. 1652.
– Ph. Jestaz, *Les sources du droit*, 2e éd., Dalloz, 2015.
– V. Lasserre-Kiesow, « L'ordre des sources ou le renouvellement des sources du droit », *D.* 2006. 2279.
– Y. Lécuyer, *Convention et Cour européennes des droits de l'homme 2015-2016*, Gualino, 2015.
– M. Monin, « Réflexions à l'occasion d'un anniversaire : 30 ans de hiérarchie des normes », *D.* 1990. Chron. 27.
– J.-M. Pontier, « À quoi servent les lois ? », *D.* 2000. Chron. 57.
– « La coutume », *Rev. Droits* 1986.

Quiz

1) Sujets corrigés

A) Commentaire de la décision

Enoncé

Décision n° 2017-747 DC du 16 mars 2017

« [...] 1. Les députés et les sénateurs requérants défèrent au Conseil constitutionnel la loi relative à l'extension du délit d'entrave à l'interruption volontaire de grossesse. Ils contestent la conformité à la Constitution de son article unique.

2. Le 1° de l'article unique de la loi déférée donne une nouvelle rédaction à l'article L. 2223-2 du Code de la santé publique, qui définit le délit d'entrave à l'interruption volontaire de grossesse. Ces dispositions prévoient qu'est puni de deux ans d'emprisonnement et de 30 000 euros d'amende « le fait d'empêcher ou de tenter d'empêcher de pratiquer ou de s'informer sur une interruption volontaire de grossesse ou les actes préalables prévus par les articles L. 2212-3 à L. 2212-8 par tout moyen, y compris par voie électronique ou en ligne, notamment par la diffusion ou la transmission d'allégations ou d'indications de nature à induire intentionnellement en erreur, dans un but dissuasif, sur les caractéristiques ou les conséquences médicales d'une interruption volontaire de grossesse :

1° Soit en perturbant l'accès aux établissements mentionnés à l'article L. 2212-2, la libre circulation des personnes à l'intérieur de ces établissements ou les conditions de travail des personnels médicaux et non médicaux ;

2° Soit en exerçant des pressions morales et psychologiques, des menaces ou tout acte d'intimidation à l'encontre des personnes cherchant à s'informer sur une interruption volontaire de grossesse, des personnels médicaux et non médicaux travaillant dans les établissements mentionnés au même article L. 2212-2, des femmes venues recourir à une interruption volontaire de grossesse ou de l'entourage de ces dernières ».

3. Les députés et les sénateurs requérants soutiennent, en premier lieu, que le délit d'entrave à l'interruption volontaire de grossesse, tel que défini par la loi déférée, porte une atteinte disproportionnée à la liberté d'opinion, d'expression et de communication. En deuxième lieu, par sa rédaction floue et confuse, cette loi méconnaîtrait l'objectif de valeur constitutionnelle d'accessibilité et d'intelligibilité de la loi. En dernier lieu, la loi déférée contreviendrait à un double titre aux exigences résultant de l'article 8 de la Déclaration des droits de l'homme et du citoyen de 1789. D'une part, en faisant naître une incertitude sur les éléments constitutifs de l'infraction, elle méconnaîtrait le principe de légalité des délits et des peines. D'autre part, les peines applicables aux nouveaux cas d'entrave seraient disproportionnées.

- Sur les griefs tirés de la méconnaissance du principe de légalité des délits et des peines et de l'objectif de valeur constitutionnelle d'accessibilité et d'intelligibilité de la loi :

4. L'article 8 de la Déclaration de 1789 dispose : « La loi ne doit établir que des peines strictement et évidemment nécessaires, et nul ne peut être puni qu'en vertu d'une loi établie et promulguée antérieurement au délit, et légalement appliquée ». Aux termes de l'article 34 de la Constitution : « La loi fixe les règles concernant... la détermination des crimes et délits ainsi que les peines qui leur sont applicables ». Le législateur tient de l'article 34 de la Constitution, ainsi que du principe de légalité des délits et des peines qui résulte de l'article 8 de la Déclaration de 1789, l'obligation de fixer lui-même le champ d'application de la loi pénale et de définir les crimes et délits en termes suffisamment clairs et précis pour exclure l'arbitraire.

5. L'objectif de valeur constitutionnelle d'accessibilité et d'intelligibilité de la loi, qui découle des articles 4, 5, 6 et 16 de la Déclaration de 1789, impose au législateur d'adopter des dispositions suffisamment précises et des formules non équivoques.

6. Les dispositions contestées répriment le fait d'empêcher ou de tenter d'empêcher de pratiquer ou de s'informer sur une interruption volontaire de grossesse ou les actes préalables à celle-ci par tout moyen. Ce délit d'entrave est constitué dans deux cas : soit lorsque l'accès ou le fonctionnement des établissements pratiquant l'interruption de volontaire de grossesse est perturbé, soit lorsque des pressions morales et psychologiques, menaces ou actes d'intimidation sont exercés à l'encontre des personnes cherchant à s'informer sur une interruption volontaire de grossesse, des personnels travaillant dans ces établissements, des femmes venues recourir à une interruption volontaire de grossesse ou de leur entourage.

7. Il ressort de la lettre des dispositions contestées comme des travaux parlementaires que « la diffusion ou la transmission d'allégations ou d'indications de nature à induire intentionnellement en erreur, dans un but dissuasif, sur les caractéristiques ou les conséquences médicales d'une interruption volontaire de grossesse » ne constitue qu'un des moyens de commettre le délit d'entrave, l'infraction n'étant constituée, en vertu des 1° et 2° de l'article L. 2223-2 du code de la santé publique, qu'en cas de perturbations dans l'accès ou le fonctionnement des établissements habilités à pratiquer l'interruption volontaire de grossesse ou en cas de pressions, menaces ou actes d'intimidation.

8. Par conséquent, les dispositions contestées sont suffisamment claires et précises pour que soient respectés le principe de légalité des délits et des peines et l'objectif de valeur constitutionnelle d'accessibilité et d'intelligibilité de la loi. Les griefs tirés de leur méconnaissance doivent donc être rejetés.

- Sur le grief tiré de la méconnaissance de la liberté d'expression et de communication :

9. Aux termes de l'article 11 de la Déclaration de 1789 : « La libre communication des pensées et des opinions est un des droits les plus précieux de l'homme : tout citoyen peut donc parler, écrire, imprimer librement, sauf à répondre de l'abus de cette liberté dans les cas déterminés par la loi ». L'article 34 de la Constitution dispose : « La loi fixe les règles concernant... les droits civiques et les garanties fondamentales accordées aux citoyens pour l'exercice des libertés publiques ». Sur ce fondement, il est loisible au législateur d'édicter des règles concernant l'exercice du droit de libre communication et de la liberté de parler, d'écrire et d'imprimer. Il lui est également loisible, à ce titre, d'instituer des incriminations réprimant les abus de l'exercice de la liberté d'expression et de communication qui portent atteinte à l'ordre public et aux droits des tiers. Cependant, la liberté d'expression et de communication est d'autant plus précieuse que son exercice est une condition de la démocratie et l'une des garanties du respect des autres droits et libertés. Il s'ensuit que les atteintes portées à l'exercice de cette liberté doivent être nécessaires, adaptées et proportionnées à l'objectif poursuivi.

10. En adoptant les dispositions contestées, le législateur a entendu prévenir des atteintes susceptibles d'être portées au droit de recourir à une interruption volontaire de grossesse dans les conditions prévues par le livre II de la deuxième partie du code de la santé publique. L'objet des dispositions contestées est ainsi de garantir la liberté de la femme qui découle de l'article 2 de la Déclaration de 1789.

11. En premier lieu, en réprimant les expressions et manifestations perturbant l'accès ou le fonctionnement des établissements pratiquant l'interruption volontaire de grossesse, les dispositions contestées ne portent pas à la liberté d'expression et de communication une atteinte disproportionnée à l'objectif poursuivi.

12. En deuxième lieu, les dispositions contestées répriment également les pressions morales et psychologiques, menaces et actes d'intimidation exercés à l'encontre des personnels des établissements habilités, des femmes venues y recourir à une interruption volontaire de grossesse ou de leur entourage, ainsi que des personnes venues s'y informer. Dans la mesure où elles se limitent à réprimer certains abus de la liberté d'expression et de communication commis dans les établissements pratiquant l'interruption volontaire de grossesse ou à l'encontre de leur personnel, les dispositions contestées ne portent pas à cette liberté une atteinte disproportionnée à l'objectif poursuivi.

13. En dernier lieu, les dispositions contestées répriment les pressions morales et psychologiques, menaces et actes d'intimidation exercés à l'encontre de toute personne cherchant à s'informer sur une interruption volontaire de grossesse, quels que soient l'interlocuteur sollicité, le lieu de délivrance de cette information et son support.

14. Toutefois, d'une part, la seule diffusion d'informations à destination d'un public indéterminé sur tout support, notamment sur un site de communication au public en ligne, ne saurait être regardée comme constitutive de pressions, menaces ou actes d'intimidation au sens des dispositions contestées, sauf à méconnaître la liberté d'expression et de communication. Ces dispositions ne peuvent donc permettre que la répression d'actes ayant pour but d'empêcher ou de tenter d'empêcher une ou plusieurs personnes déterminées de s'informer sur une interruption volontaire de grossesse ou d'y recourir.

15. D'autre part, sauf à méconnaître également la liberté d'expression et de communication, le délit d'entrave, lorsqu'il réprime des pressions morales et psychologiques, des menaces ou tout acte d'intimidation à l'encontre des personnes cherchant à s'informer sur une interruption volontaire de grossesse, ne saurait être constitué qu'à deux conditions : que soit sollicitée une information, et non une opinion ; que cette information porte sur les conditions dans lesquelles

une interruption volontaire de grossesse est pratiquée ou sur ses conséquences et qu'elle soit donnée par une personne détenant ou prétendant détenir une compétence en la matière.

16. Sous les deux réserves qui précèdent, les dispositions contestées ne portent pas à la liberté d'expression et de communication une atteinte disproportionnée à l'objectif poursuivi. Le grief tiré de la méconnaissance de cette liberté doit donc être rejeté.

- Sur le grief tiré de la méconnaissance du principe de proportionnalité des peines :

17. Il résulte de l'article 8 de la Déclaration de 1789 que, si la nécessité des peines attachées aux infractions relève du pouvoir d'appréciation du législateur, il incombe au Conseil constitutionnel de s'assurer de l'absence de disproportion manifeste entre l'infraction et la peine encourue.

18. Compte tenu de la nature des comportements réprimés par les dispositions contestées, afin de prévenir l'atteinte susceptible d'être portée à la liberté de la femme, les peines de deux ans d'emprisonnement et de 30 000 euros d'amende retenues par le législateur ne sont pas manifestement disproportionnées. Le grief tiré de la méconnaissance du principe de proportionnalité des peines doit donc être rejeté.

19. Il résulte de tout ce qui précède que, sous les réserves énoncées aux paragraphes 14 et 15, l'article unique de la loi déférée, qui ne méconnaît ni la liberté d'opinion ni aucune autre exigence constitutionnelle, est conforme à la Constitution ».

Voir le corrigé en fin de rubrique.

B) Commentaire d'article

Énoncé

Article 1er du Code civil

« (Ord. n° 2004-164 du 20 févr. 2004, art. 1er) Les lois et, lorsqu'ils sont publiés au Journal officiel de la République française, les actes administratifs entrent en vigueur à la date qu'ils fixent ou, à défaut, le lendemain de leur publication. Toutefois, l'entrée en vigueur de celles de leurs dispositions dont l'exécution nécessite des mesures d'application est reportée à la date d'entrée en vigueur de ces mesures.

En cas d'urgence, entrent en vigueur, dès leur publication, les lois dont le décret de promulgation le prescrit et les actes administratifs pour lesquels le Gouvernement l'ordonne par une disposition spéciale.

Les dispositions du présent article ne sont pas applicables aux actes individuels ».

Voir le corrigé en fin de rubrique.

2) Corrigés

Commentaire de la décision

Introduction

Rappeler l'évolution législative relative à l'Interruption volontaire de grossesse : Loi du 17 janvier 1975 : légalisation et dépénalisation de l'avortement. L'IVG est autorisée, sous réserve du motif légitime invoqué par la mère, jusqu'à la dixième semaine ; loi 4 juillet 2001, le délai passe de dix à douze semaines ; 2001, les infirmières peuvent administrer dans les collèges et lycée la « pilule du lendemain » à des mineures sans l'autorisation des parents ; 2002, les pharmaciens sont tenus de donner gratuitement à toute mineure qui leur demande la pilule du lendemain ; loi du 17 décembre 2012, l'IVG est remboursé par la collectivité à 100 % ; loi du 4 août 2014 relative à l'égalité réelle des hommes et des femmes, suppression du motif légitime, la femme qui ne désire pas poursuivre sa grossesse peut l'interrompre, sans besoin de l'accord du père.

C'est dans ce contexte que sera adoptée la loi du 20 mars 2017 relative à l'extension du délit d'entrave à l'interruption volontaire de grossesse modifiant l'article L. 2223-2 CSP et ayant donné lieu à saisine du Conseil constitutionnel objet du commentaire.

Aux termes de ce texte : « *le fait d'empêcher ou de tenter d'empêcher de pratiquer ou de s'informer sur une interruption volontaire de grossesse ou les actes préalables prévus par les articles L. 2212-3 à L. 2212-8 par tout moyen, y compris par voie électronique ou en ligne, notamment par la diffusion ou la transmission d'allégations ou d'indications de nature à induire intentionnellement en erreur, dans un but dissuasif, sur les caractéristiques ou les conséquences médicales d'une interruption volontaire de grossesse : 1° Soit en perturbant l'accès aux établissements mentionnés à l'article L. 2212-2, la libre circulation des personnes à l'intérieur de ces établissements ou les conditions de travail des personnels médicaux et non médicaux ; 2° Soit en exerçant des pressions morales et psychologiques, des menaces ou tout acte d'intimidation à l'encontre des personnes cherchant à s'informer sur une interruption volontaire de grossesse, des personnels médicaux et non médicaux travaillant dans les établissements mentionnés au même article L. 2212-2, des femmes venues recourir à une interruption volontaire de grossesse ou de l'entourage de ces dernières* ».

Le Conseil a été saisi, par la majorité requise des parlementaires, sur un triple fondement, la violation disproportionnée de la liberté d'opinion, d'expression et de communication, l'atteinte au principe d'accessibilité et d'intelligibilité de la loi en raison d'une rédaction peu claire, et le non-respect du principe des délits et des peines.

Le Conseil a rejeté la requête demandant que soit constatée l'inconstitutionnalité de la loi (I) tout en imposant deux réserves d'interprétation afin que la liberté d'opinion, d'expression et de communication soit respectée (II).

I. Une loi constitutionnelle dans son principe

A. La clarté rédactionnelle de l'article L. 2223-2 CSP

- Accessibilité et intelligibilité de la loi (exploiter décision du 16 déc. 1999 DC).
- Principe de légalité des délits et des peines (appliquer à l'espèce).

B. La liberté d'opinion, d'expression et de communication

- Réfléchir sur l'amplitude de la liberté à laquelle il est fait référence.
- Exploiter d'autres décisions relatives à chacun des aspects de cette liberté (Cons. constit. / CEDH).

II. Une interprétation de la loi soumise à deux réserves d'interprétation

A. La réserve d'interprétation du considérant 14

- Rappeler la technique des réserves d'interprétation par le Conseil constitutionnel.
- Étudier la réserve limitant la constitution du délit, expliquer les raisons de la limiter.

B. La réserve d'interprétation du considérant 15

- Une double condition requise par le considérant 15.
- Réfléchir à partir de https://ivg.net/

Commentaire d'article

Introduction

Il ne suffit pas que le Parlement ait procédé à l'adoption d'un texte pour qu'il puisse être appliqué, il faut encore que cette loi soit revêtue d'un caractère exécutoire sur l'ensemble du territoire français et qu'elle soit entrée en vigueur. Toute la difficulté consiste à situer le moment à partir duquel cette loi sera obligatoire.

Tel est l'intérêt de l'article 1er du Code civil. Ce texte, structuré en trois alinéas, est la première disposition du titre préliminaire du Code civil relatif à la publication, aux effets et à l'application des lois en général. La place matérielle de ce texte, ouvrant quelques 2 300 articles du Code, témoigne de son importance. Une ordonnance du 20 février 2004 a opéré la réécriture totale de cet article. L'ordonnance a été prise par le gouvernement habilité à simplifier le droit par la loi du 9 décembre 2004. Structuré en trois alinéas, l'article détermine la date d'entrée en vigueur des lois et des actes administratifs, à l'exclusion des actes des collectivités territoriales, des autorités déconcentrées et des actes individuels.

Le texte nouveau, à la différence de l'ancien, ne fait plus du tout référence à la connaissance de la loi par ses destinataires, ni même à la nécessaire promulgation de la loi ou de l'acte administratif pour qu'il ait force exécutoire. Il fixe exclusivement les modalités permettant de déterminer la date d'entrée en vigueur de la loi (I). Pour autant, l'entrée en vigueur de la loi ne prendra son plein effet que si la loi ou l'acte administratif a été préalablement promulguée et publié (II).

I. La fixation de la date d'entrée en vigueur de la loi

A. Une date distincte de la date de publication de la loi

– La fixation de la date d'entrée en vigueur laissée à l'appréciation de l'autorité ayant adopté le texte.

– La consécration de la pratique du report de la date d'entrée en vigueur par rapport à la date de la publication.

B. La date de publication, un critère supplétif

– « À défaut », l'entrée en vigueur a lieu le lendemain de la publication (comparer avec l'article dans sa rédaction précédente).

– La situation d'urgence : l'entrée en vigueur au jour de la publication.

II. La promulgation et la publication préalable de la loi ou de l'acte administratif

A. La promulgation nécessaire à l'entrée en vigueur de la loi ou de l'acte administratif

– La loi adoptée doit être promulguée pour pouvoir entrer en vigueur à la date fixée selon les modalités de l'article 1er du Code civil.

– Condition nécessaire à la force exécutoire de la loi.

B. La publication préalable nécessaire à l'entrée en vigueur de la loi ou de l'acte administratif

- Publication au Journal officiel (support papier/électronique).
- Connaissance de la loi présumée à partir de la publication.

chapitre 5

L'interprétation des règles de droit

Plan analytique

section 1

La jurisprudence

§ 1 Interprétation et fonction juridictionnelle

A. L'interprétation justifiée par l'existence d'un litige

B. L'interprétation détachée d'un litige particulier

§ 2 Interprétation et solutions jurisprudentielles

A. La notion de « jurisprudence »

B. La force de la jurisprudence

section 2

La doctrine

§ 1 La notion de « doctrine »

§ 2 Le rôle de la doctrine

Compléments pédagogiques

5

L'interprétation des règles de droit

Tout interprète doit donner le sens de ce qu'il interprète au plus exact de ce qui est interprété. Ainsi, une loi interprétative est une loi destinée à éclairer tout ou partie des dispositions de la loi interprétée, mais ne doit pas aboutir à lui donner un contenu différent. Ainsi encore, la circulaire adressée aux fonctionnaires par l'Administration doit-elle simplement expliquer le mode d'application du texte nouveau, en aucun cas y ajouter ou y retrancher. La liste pourrait être allongée des réponses ministérielles aux questions écrites des parlementaires, des avis du Conseil d'État ou de la Cour de cassation saisie d'une question de droit, sérieuse et nouvelle, se posant dans de nombreux litiges qui ont tous pour dénominateur commun de participer indirectement à la formation et à l'exécution des règles de droit et de n'avoir aucune force juridique obligatoire. 191

Quel que soit le mode d'interprétation ou la qualité de l'interprète, on observe que l'interprétation est souvent créatrice, sinon en substance, du moins par accident. De façon irréductible, la réponse apportée a un effet novateur. L'interprétation par là même participe à l'élaboration du droit, quand elle n'a pas un effet directement créateur de droit. 192

La place de l'interprète et les méthodes d'interprétation ont évolué. La première moitié du XXe siècle est riche de cette évolution. À l'exégèse pratiquée par les juristes du XIXe siècle et un certain culte de la loi fait place la libre recherche scientifique préconisée par Gény avec également un renouvellement de l'interprétation (F. Gény, *Méthode d'interprétation et sources en droit privé positif*, 1899). Gény, mais aussi Saleilles, Josserand, Demogue participent à ce mouvement général coïncidant avec l'intérêt croissant pour les décisions des juridictions. C'est en 1902 que sera créée *la Revue trimestrielle de droit civil*, l'évolution est acquise cinquante ans plus tard en témoigne l'hommage de Julliot de la Morandière en 1952 : « La doctrine ne doit pas cesser d'être dogmatique, certes, elle ne doit pas négliger les textes, ni cesser d'exposer les principes. Mais ces principes, elle ne peut pas les chercher uniquement dans la loi écrite [...]. Le droit doit avoir pour objet, tout autant que l'étude de la loi, l'étude de la jurisprudence et, par elle, l'étude des faits sociaux » (« Le cinquantenaire de la Revue », *RTD civ.* 1952. II-III).

L'interprétation des règles de droit par le juge (section 1) et par la doctrine (section 2) témoigne de ce phénomène.

section 1

La jurisprudence

■ 193 De façon habituelle, l'interprétation des règles de droit est une étape intermédiaire de la fonction juridictionnelle. Le juge doit trancher les litiges conformément aux règles de droit (v. not. art. 12, al. 1er du C. pr. civ.), mais l'application de la règle au litige passe par l'interprétation de la règle applicable, détachée ou non du litige à trancher (§ 1). L'interprétation devient pierre angulaire dans la formation des solutions prétoriennes et peut donner lieu à jurisprudence (§ 2).

§ 1 Interprétation et fonction juridictionnelle

■ 194 Toute juridiction a une mission de *juris-dictio*, elle dit le droit. Cette mission se confond souvent avec l'*imperium*, qui est le pouvoir reconnu à l'autorité investie de la charge de juger d'imposer la solution juridique qu'elle formule. Elle peut, cependant, en être distinguée. À l'interprétation classique des règles de droit par le juge à l'occasion d'un litige qu'il doit trancher (A) s'ajoute l'interprétation détachée d'un litige particulier (B).

A. L'interprétation justifiée par l'existence d'un litige

■ 195 Tout juge, du fait de sa fonction, doit, par un jugement de la raison pratique, appliquer une règle de droit générale et abstraite à une situation litigieuse particulière afin de déterminer ce qui est dû et ainsi départager les plaideurs. De façon plus technique, la fonction juridictionnelle consiste à trancher un litige en résolvant les questions de fait et de droit que lui soumettent les parties. Ce travail du juge est, dans son principe, posé aux articles 4 (1) et 5 (2) du Code civil.

1. *Un devoir d'interprétation (C. civ., art. 4)*

■ 196 « Le juge qui refusera de juger, sous prétexte du silence, de l'obscurité ou de l'insuffisance de la loi pourra être poursuivi comme coupable de déni de justice » (C. civ., art. 4 ; X. Lagarde, « Jurisprudence et insécurité juridique », *D.* 2006. 678). Cet article n'a pas été modifié depuis 1804. Il faut se replacer dans le contexte de la Révolution de 1789 et du principe proclamé de la séparation des pouvoirs pour saisir son caractère innovant. Il était en effet prévu par la fameuse loi des 16-24 août 1790 sur l'organisation judiciaire que « les tribunaux s'adresseront au Corps législatif, toutes les fois qu'ils croiront nécessaire soit d'interpréter une loi, soit d'en faire une nouvelle » (art. 12). Autrement dit, le juge était tenu de recourir au mécanisme du « *référé législatif*[Q] » à chaque obscurité ou insuffisance de la loi pour que lui soit donnée l'interprétation de la disposition obscure ou lacunaire. Ce choix justifié par des raisons politiques (séparation des pouvoirs notamment) l'est encore par ce simple constat : seul celui qui a adopté une règle peut en donner la signification exacte, au sens littéral l'interpréter, sans risquer une altération du texte. L'idée est exprimée dans l'adage *ejus est interpretari legem cujus est condere* (c'est à celui qui a fait la règle de l'interpréter).

L'article 4 du Code civil marque l'abandon du référé législatif. L'obligation de juger posée par ce texte, sous peine de *déni de justice*[Q], passe par un devoir d'interprétation des règles obscures, silencieuses ou incomplètes. Le recours aux méthodes d'interprétation en présence d'un texte obscur paraît aller de soi. Moins évident est le recours à l'interprétation lorsque le texte ne dit rien, silence ou incomplétude de la loi. Pourtant lorsque le juge supplée à la loi, cela ne signifie pas qu'il tranche le litige sur son intime conviction. Il doit fonder sa décision en droit. Il peut notamment rechercher quelle est la *ratio legis* du texte lorsque ce dernier est incomplet, recourir aux *travaux préparatoires*[Q], rechercher le but poursuivi par le texte pour déterminer ce qu'aurait pu dire le législateur s'il avait eu connaissance de la situation litigieuse, autant d'approches bien connues de la méthode d'interprétation exégétique. Il peut encore se substituer, ouvertement cette fois, à l'auteur du texte et élaborer la solution applicable en se fondant sur une argumentation juridique appropriée, par référence aux règles du droit commun, aux principes généraux, manière de procéder coutumière de la méthode d'interprétation de la libre recherche scientifique. 197 ■

En ces deux derniers cas, l'interprétation du texte lacunaire est créatrice de la règle de droit, en cas d'obscurité du texte au moins novatrice.

2. *Une interprétation limitée au cadre du litige à trancher*

« Il est défendu aux juges de se prononcer par voie de disposition générale et réglementaire sur les causes qui leur sont soumises » (C. civ., art. 5). Là est tout le paradoxe du travail du juge. L'article 4 du Code civil donne toute latitude au juge pour se substituer au législateur lorsque la loi n'a rien prévu, mais l'article 5 du même Code limite cette substitution au cas particulier du litige à trancher. Selon un mot connu, « le juge est législateur d'un cas particulier ». Il lui est interdit d'énoncer une règle nouvelle au-delà du litige pendant devant lui. 198 ■

Historiquement, cette interdiction trouve sa source dans la prohibition des arrêts de règlement. À la fin du XIIIe siècle, le Conseil du roi et le Parlement sont devenus deux institutions distinctes ayant pour origine commune l'ancienne *curia regis* (Cour du roi). Le Parlement est unique sur tout le royaume de la fin du XIIIe au XVe siècle. Les avantages offerts par cette cour, notamment la centralisation des affaires en appel, mais aussi le flux du contentieux toujours plus important font partie de la dynamique qui conduit à l'apparition de parlements provinciaux. On dénombre à la fin de l'Ancien Régime rien moins que treize parlements. Cette multiplication des cours souveraines sera une cause médiate du conflit politique généré à la fin du XVIIIe siècle. En l'absence de séparation stricte des fonctions, les Cours souveraines exerçant la justice déléguée – Parlements – prirent des règles générales – arrêts de règlement – s'opposant au pouvoir royal en des domaines outrepassant la compétence judiciaire. 199 ■

Le système en France est, en partie pour cette raison historique, différent du système anglo-saxon. En *common law*[Q], la technique du précédent permet au juge de créer des normes juridiques à partir des différents cas d'espèce qui lui sont soumis. Après quoi, toutes les juridictions sont tenues par ces normes d'origine prétorienne. Le juge français, lui, n'a pas le pouvoir d'édicter de règles générales et cette interdiction trouve son expression dans le principe procédural de la *relativité de la chose jugée*[Q] 200 ■

(C. civ., art. 1355). Cela signifie que la solution du juge n'est opposable qu'aux parties à l'instance judiciaire et qu'en aucun cas cette solution ne peut s'imposer à d'autres plaideurs, pour d'autres litiges alors même que les faits seraient similaires.

201 Le juge ne peut procéder par voie de disposition générale et réglementaire, pourtant il est fréquent dans les matières juridiques de se référer à tel ou tel arrêt de principe à partir duquel la solution à une question de droit est réputée acquise en jurisprudence. N'est-ce pas faire de la rhétorique de prétendre que le juge ne peut élaborer des règles de droit, alors que le trait caractéristique de l'arrêt de principe est de poser une solution juridique sous forme générale ? (par ex. C. Atias, « La fonction d'appréciation souveraine des faits », *D.* 2009. 744). Concrètement, il s'agit d'arrêts de la Cour de cassation qui, après avoir visé un texte, contiennent un chapeau dans lequel les conseillers ont, en interprétant ledit texte, donné un contenu novateur à la règle. Ces arrêts pour importants qu'ils soient ne peuvent être assimilés aux dispositions prohibées par l'article 5 du C. civ. pour la bonne et simple raison qu'ils n'ont pour l'avenir aucune force obligatoire. Non seulement les autres juridictions sont libres de ne pas appliquer la solution retenue dans l'arrêt de principe, mais encore ceux-là même qui l'ont posée peuvent se déjuger ultérieurement pour d'autres affaires.

B. L'interprétation détachée d'un litige particulier

202 L'article 12 de la loi du 31 décembre 1987 dispose « avant de statuer sur une question de droit nouvelle, présentant une difficulté sérieuse et se posant dans de nombreux litiges, le tribunal administratif ou la cour administrative d'appel peut, par un jugement qui n'est susceptible d'aucun recours, transmettre le dossier de l'affaire au Conseil d'État qui examine dans un délai de trois mois la question soulevée. Il est sursis à toute décision sur le fond de l'affaire jusqu'à un avis du Conseil d'État ou à défaut jusqu'à l'expiration du délai ». Pareillement, l'article L. 441-1 du Code de l'organisation judiciaire, résultant de la loi du 15 mai 1991, reprend le mécanisme en des termes identiques devant la Cour de cassation. Cette technique de saisine pour avis du Conseil d'État ou de la Cour de cassation permet à un juge d'une juridiction inférieure de saisir la Haute juridiction pour connaître l'interprétation qui lui semble devoir être retenue pour résoudre la question de droit suscitée par l'adoption d'une règle nouvelle. En somme, Conseil d'État ou Cour de cassation ont désormais la faculté de trancher une question de droit, se posant en une série de litiges, par une réponse unique, sans pour autant trancher les litiges en cause.

203 Ce rôle renouvelé donné à l'interprétation des règles de droit par les juges, détachée d'un litige particulier à trancher et qui n'est plus pour le juge qui interprète une étape dans l'application de la règle au litige dont il serait saisi, ne contrevient pas à l'interdiction posée à l'article 5 du Code civil. La solution de droit apportée en effet par le Conseil d'État ou la Cour de cassation n'est pas détachée de la loi, elle est simplement détachée d'un litige particulier. Les conseillers ne vont pas dire le droit en faisant fi des règles applicables, mais en donner la juste interprétation dans le cadre et les limites concrètes qui leur sont fixés dans la question, elle-même issue d'une pluralité de litiges en instance de règlement devant d'autres juges. Il n'y a là qu'interprétation de règles existantes par les juges, même s'il ne s'agit pas des juges directement saisis des affaires en cause. Par ailleurs, il n'y a pas disposition réglementaire au sens du texte susvisé puisque la réponse apportée à la question – l'avis –

ne lie ni celui qui le reçoit ni celui qui le donne. Le justiciable n'a aucun droit à se prévaloir de l'avis, alors qu'il le pourrait de toute règle de droit générale et réglementaire.

La saisine pour avis donne simplement la possibilité à la Cour de cassation ou au Conseil d'État de donner une interprétation *ab initio*, avant toute décision déférée à son contrôle par la voie traditionnelle du *pourvoi*[Q]. L'absence d'effet obligatoire de l'avis a même conduit certains auteurs à lui reconnaître simple valeur doctrinale. En somme, il s'agirait d'une opinion de droit comme pourrait la formuler toute autorité doctrinale. L'assimilation ne saurait cependant être totale car l'interprète qui, dans le cadre de la saisine pour avis, dit le droit est un conseiller constituant la juridiction qui au sein de l'organisation judiciaire est au sommet de la hiérarchie. Deux exemples illustreront cette différence. Tout d'abord, il n'est pas anodin de remarquer que la Cour de cassation dit qu'il n'y a pas lieu à avis chaque fois qu'un arrêt a déjà, par le passé, tranché la question ou qu'un pourvoi est en cours d'examen. Il y aurait en somme comme une équivalence de l'avis et de l'arrêt approchés matériellement, la solution juridique est donnée indépendamment du support qui permet son expression. Ensuite, on observe que l'interprétation donnée par les hauts conseillers ne laisse pas le législateur indifférent. Pour reprendre l'exemple déjà cité de l'article 16-3 du Code civil, rappelons que l'article 70 de la loi n° 99-641 du 27 juillet 1999 portant création d'une couverture maladie universelle a substitué au terme « thérapeutique » celui de « médicale » (*D.* 1999. Lég. 457). Or, un avis de la Cour de cassation du 6 juillet 1998 avait affirmé sur le fondement du texte dans sa rédaction antérieure, « qu'une atteinte à l'intégrité du corps humain, telle la ligature des trompes de Fallope, pratiquée en dehors de toute nécessité thérapeutique, et à des fins strictement contraceptives, est prohibée » (*Bull. civ.* n° 10, p. 11). Ceci explique sans doute cela. La loi relative à l'interruption de grossesse et à la contraception du 27 juin 2001 procède, dans ses articles 10 et 12, à la même substitution des termes. Désormais, l'interruption de grossesse est pratiquée pour motif médical (v. nouv. art. L. 2213-1 et L. 2213-2 du CSP) et non pour motif thérapeutique. **204**

Outre la pratique encadrée de saisine pour avis, sont apparus récemment les avis spontanés du service d'études et de documentation de la Cour de cassation. Ces avis sont affichés sur le site Internet (http://www.courdecassation.fr). Cette pratique, par définition, ne fait l'objet d'aucun encadrement légal et les avis peuvent être donnés sans condition préalable. Ils préciseront le plus souvent le sens, l'interprétation à donner à un texte nouveau.

§ 2 Interprétation et solutions jurisprudentielles

205 L'interprétation du juge ainsi qu'il a été montré peut être novatrice, voire créatrice. Ce faisant se forme une jurisprudence (A) à laquelle on reconnaît une certaine force juridique (B).

A. La notion de « jurisprudence »

206 La jurisprudence est souvent présentée en doctrine comme une source du droit. Au plan conceptuel, il semble, en effet, que l'on ne puisse poser la loi et la jurisprudence en termes de conflit. Ainsi qu'il a notamment été soutenu par le professeur Zénati, rien au plan notionnel ne rend inconcevable que la jurisprudence ait un prédicat législatif. Il y a dans toute jurisprudence un fondement juridique qui, s'il n'est pas déjà formulé dans une règle existante, est l'expression d'une solution d'origine jurisprudentielle. La formation de la jurisprudence (1), les moyens d'unification (2) autorisés par l'organisation judiciaire ne permettent cependant pas de la classer au sein des modes de formation des règles de droit, sinon par analogie. De façon plus exacte, les jugements et les arrêts sont pour la doctrine « des sources d'information et de réflexions sur le droit » (C. Atias, « D'une vaine discussion sur une image inconsistante : la jurisprudence en droit privé », *RTD civ.* 2007. 23).

1. *La formation de la jurisprudence*

■ 207 De prime abord, le singulier est trompeur, il existe des jurisprudences et certainement pas une jurisprudence. On entend par « jurisprudence », une solution juridique qui est habituellement donnée par les juridictions à une même question de droit. On le voit, chaque juridiction peut donc avoir sa jurisprudence sur telle ou telle question. Les *auxiliaires de justice*[Q] sont d'ailleurs attentifs à la manière de juger de telle ou telle juridiction, et dans une même juridiction de telle ou telle chambre, voire de tel ou tel juge. Chaque palais de justice a sa jurisprudence qu'il est très utile aux praticiens de connaître pour le succès du dossier de leur client.

■ 208 On peut néanmoins prétendre au singulier lorsque, avec le recul, on observe que la solution donnée par les juges est identique sur tout le territoire, indépendamment de la juridiction saisie. Il y a alors solution générale parce que la question sera de façon générale tranchée de la même manière, par l'application du même raisonnement et à partir du même fondement unanimement interprété.

L'exemple type est celui tiré de l'interprétation donnée par les juges de l'article 1384, alinéa 1er du Code civil. Aux termes de ce texte, « On est responsable non seulement du dommage que l'on cause par son propre fait, mais encore de celui qui est causé par le fait des personnes dont on doit répondre, ou des choses que l'on a sous sa garde ». Ce premier alinéa avait en 1804 valeur d'introduction aux différents cas de responsabilité énoncés dans les alinéas suivants. Les juges appelés à régler la question de l'indemnisation des dommages, initialement consécutifs à des accidents du travail (fin XIXe), puis à des accidents d'automobiles (début XXe), en l'absence de loi spécifique à l'époque sur ces questions, ont découvert dans ce texte un principe général de responsabilité du fait des choses, permettant ainsi l'indemnisation des préjudices causés. Près d'un siècle plus tard (fin XXe), à partir du même texte, les juges décident qu'il porte aussi un principe général de responsabilité du fait d'autrui permettant notamment de mettre l'indemnisation de dommages causés par des handicapés mentaux à la charge des institutions dans lesquelles ils étaient placés.

Sans entrer dans le détail des nombreux arrêts relatifs à ces questions de droit des obligations, on s'aperçoit que le juge par l'interprétation d'un texte de droit aboutit à créer une règle nouvelle, novatrice à laquelle le législateur n'avait certainement pas pensé. Faut-il en conclure que la jurisprudence est un mode de formation de la règle de droit ? La réponse est controversée et ne donne pas lieu à réponse unique. Il nous semble que cela ne peut être que sous forme d'analogie. D'abord parce que la règle dite « jurisprudentielle » n'est en fait qu'une règle interprétée ; ensuite parce que la valeur de cette jurisprudence ne vaut que par la répétition de la solution juridique qui fait plutôt songer au mécanisme de la coutume ; enfin parce que rien n'empêche le juge demain de donner une autre interprétation du texte en cause.

On peut ajouter à ce premier constat, un second non moins révélateur du caractère particulier des règles dites « prétoriennes ». La reconnaissance d'une jurisprudence établie passe par la publicité qui en est faite. Or celle-ci résulte de la publication officielle au Bulletin civil des arrêts, du rapport annuel de la Cour de cassation dans lequel sont résumées les solutions novatrices retenues au cours de l'année, et accessoirement de l'écho des arrêts dits « importants » qui sont commentés dans les revues juridiques par la doctrine. Dans la formation de la jurisprudence, il y a une sélection assez discrétionnaire des arrêts qui ressemble davantage à un choix de politique judiciaire qu'à un processus d'élaboration des normes au sens commun du terme. 209 ■

2. *L'unification de la jurisprudence*

Parce que certains appellent « règles prétoriennes », on entend en définitive « la jurisprudence de la Cour de cassation » à laquelle les juges de fond ne peuvent qu'en vain opposer une résistance. La hiérarchie judiciaire permet alors seule l'avènement d'une jurisprudence (v. *infra* « Quiz »). Il existe en effet par le système des voies de recours un moyen d'unifier la jurisprudence des juridictions inférieures, la Cour de cassation, unique sur tout le territoire, étant à même par la technique de cassation ou par le rejet du pourvoi de donner une réponse unitaire à une question identique. Le rôle unificateur de la Cour de cassation est, cependant, remis en question actuellement à propos des débats portant sur la transformation de la recevabilité des recours qui pourrait aboutir à faire de la Haute juridiction une nouvelle forme de « Cour suprême » (https://www.courdecassation.fr/cour_cassation_1/reforme_-cour_7109/reforme_cour_30358.html). L'existence de six chambres à la Cour de cassation pourrait remettre en cause cette présentation moniste des règles nées de l'activité juridictionnelle. Entre les trois chambres civiles, la chambre commerciale et financière, la chambre sociale et la chambre criminelle de la Cour de cassation, on conçoit qu'il puisse y avoir des divergences de solution à propos d'une même question de droit. L'existence de processus d'unification de la jurisprudence réduit partiellement cette difficulté. Il existe principalement trois moyens permettant d'unifier la jurisprudence et de donner aux règles d'origine jurisprudentielle une certaine harmonie entre elles d'abord, avec la loi ensuite. 210 ■

Deux mécanismes juridiques permettent d'unifier la jurisprudence sur une même question juridique entre les différentes juridictions de l'ordre judiciaire. Le premier est le renvoi ordonné devant une chambre mixte lorsqu'une affaire portée devant l'une des chambres concerne des points de droit intéressant une ou plusieurs autres chambres, ou tout bonnement lorsque la matière du litige donne habituellement lieu à une jurisprudence particulière à l'une des six chambres par différence aux autres et qu'il convient d'éviter des divergences ultérieures (*RTD civ.* 1999. 734, obs. R. Libchaber). Ce renvoi est décidé par le Premier président d'office ou sur proposition de l'un des présidents de chambre. Le second est le renvoi devant l'assemblée plénière lorsque l'affaire porte une question de principe ou lorsque sa saisine est rendue obligatoire par l'organisation des voies de recours (v. *infra*, « Quiz »). 211 ■

Un dernier mécanisme permet de veiller cette fois au respect de la loi par les juridictions, indépendamment des droits des plaideurs. Le but est d'éviter une jurisprudence en disharmonie avec la loi. Il s'agit du pourvoi dans l'intérêt de la loi formé par le procureur général de la Cour de cassation. Seul ce dernier a le pouvoir 212 ■

de former ce recours et non le procureur général près la cour d'appel de Paris (Crim. 21 févr. 2007, *AJ pénal* 2007. 184). L'assemblée plénière est alors appelée à se prononcer sur la conformité de la solution judiciaire à la loi, mais seulement dans l'intérêt de la loi c'est-à-dire sans renvoi. Ce fut notamment le cas d'un arrêt d'assemblée plénière du 31 mai 1991 (*D.* 1991. 417) ayant condamné la pratique des mères porteuses avant que ne soient adoptées les lois en matière de bioéthique. Les faits de l'espèce étaient les suivants : une dame atteinte de stérilité irréversible accepte que son mari donne son sperme à une autre femme, qui inséminée artificiellement, a porté et mis au monde l'enfant. L'enfant est déclaré comme l'enfant du mari, et l'épouse demande à l'adopter de façon plénière. Pour accepter, la cour d'appel de Paris retient qu'en l'état actuel des pratiques scientifiques et des mœurs, la méthode de la maternité substituée doit être considérée comme licite et non contraire à l'ordre public, et que cette adoption est conforme à l'intérêt de l'enfant qui a été accueilli et élevé dans ce foyer pratiquement depuis sa naissance. L'assemblée plénière, après visa des articles 6 et 1128 du C. civ., énonce dans un chapeau introductif : « Attendu que la convention par laquelle une femme s'engage, fût-ce à titre gratuit, à concevoir et à porter un enfant pour l'abandonner à sa naissance contrevient tant au principe d'ordre public de l'indisponibilité du corps humain qu'à celui de l'indisponibilité de l'état des personnes » et conclut dans l'espèce « qu'en statuant ainsi, alors que cette adoption n'était que l'ultime phase d'un processus d'ensemble destiné à permettre à un couple l'accueil à son foyer d'un enfant, conçu en exécution d'un contrat tendant à l'abandon à sa naissance par sa mère, et que, portant atteinte aux principes d'indisponibilité du corps humain et de l'état des personnes, ce processus constituait un détournement de l'institution de l'adoption, la cour d'appel a violé les textes susvisés ».

B. La force de la jurisprudence

■ 213 La solution jurisprudentielle peut avoir un caractère sociologiquement obligatoire. Pour les praticiens, la jurisprudence de la Cour reste un élément important dans l'élaboration de l'argumentation au service des intérêts du client. Pour les magistrats eux-mêmes, l'alignement des solutions des juridictions inférieures à la jurisprudence de la Haute juridiction se fera quasi spontanément pour éviter une cassation ultérieure considérée comme probable en l'état de la jurisprudence. On notera enfin que l'autorité morale reconnue aux arrêts d'assemblée plénière était, jusqu'à il y a peu, fort importante, tout simplement parce que le petit nombre d'arrêts rendus par la formation la plus solennelle de la Cour de cassation était de ce fait remarqué. La prolifération des arrêts d'assemblée plénière cette dernière décennie tend à affaiblir fortement le propos.

■ 214 La règle jurisprudentielle n'a aucun caractère juridique obligatoire en dehors de l'instance où elle a été exprimée. Le principe demeure de la relativité de chose jugée (C. civ., art. 1355). Mais la jurisprudence peut accéder au rang de véritable loi soit parce que la règle objet de l'interprétation judiciaire s'incorpore à l'interprétation elle-même qui en a été faite, ce fut le cas pour l'article 1384, alinéa 1er du Code civil déjà vu, soit parce que la solution prétorienne fait ultérieurement l'objet d'une consécration légale, ainsi à propos de la maternité de substitution, l'article 16-7 du Code civil (L. 29 juillet 1994 ; Civ. 1re, 9 déc. 2003, *D.* 2004. 1998, note E. Poisson-Drocourt) énonce que « Toute convention portant sur la procréation ou la gestation pour le compte d'autrui est nulle » (v. Cass., ass. plén. 31 mai 1991, *JCP* 1991. II. 21752, note F. Terré). La jurisprudence peut alors indirectement être à l'origine d'un texte de loi ultérieur. Les juges, par leur solution, incitent en quelque sorte le législateur à intervenir. En matière de contraception, le Conseil d'État, saisi par une dizaine d'associations familiales, a annulé, dans un arrêt du 30 juin 2000, les dispositions d'une circulaire autorisant les infirmières scolaires à délivrer aux élèves de leur établissement, en situation de détresse, la pilule Norlevo prise 72 heures après le rapport sexuel (*D.* 2000. IR. 203). Une circulaire, simple texte interprétatif d'une disposition légale ou réglementaire, ne peut ajouter au texte qu'elle interprète. Or, aucun texte ne conférait pareil pouvoir aux infirmières. Le Conseil a souligné après avoir rendu sa décision qu'il ne pouvait qu'annuler, « indépendamment de toute considération relative à l'opportunité de la mesure contestée ». La loi n° 2000-1209 du 13 décembre 2000 relative à la contraception d'urgence (*JO* 14 déc., p. 19830) a mis fin à la difficulté. Désormais, l'alinéa 3 de l'article L. 5134-1 du Code de la santé publique porte que « [...] Dans les établissements d'enseignement du second degré, si un médecin ou un centre de planification ou d'éducation familiale n'est pas immédiatement accessible, les infirmières peuvent, à titre exceptionnel et en application d'un protocole national déterminé par décret, dans les cas d'urgence et de détresse caractérisées, administrer aux élèves mineures et majeures une contraception d'urgence. Elles s'assurent de l'accompagnement psychologique de l'élève et veillent à la mise en œuvre d'un suivi médical ». La jurisprudence devient en ces hypothèses une règle de droit de façon indirecte.

Cette différence entre les règles de droit et les solutions formulées par la jurisprudence dans le cadre d'un litige se remarque particulièrement lors de l'étude des revirements de jurisprudence. Il s'agit de l'hypothèse où une solution juridique longtemps retenue par les juridictions, dite de « jurisprudence constante » ou encore « acquise en jurisprudence », est renversée par une solution nouvelle différente. Les plaideurs n'ont en définitive aucun droit au maintien dans le temps d'une solution prétorienne. La première chambre civile de la Cour de cassation a rappelé, dans un arrêt du 21 mars 2000, « que la sécurité juridique invoquée ne saurait consacrer un droit acquis à une jurisprudence figée, l'évolution de la jurisprudence relevant de l'office du juge dans l'application du droit » (*D.* 2000. 593, note C. Atias ; Civ. 2e, 8 juill. 2004, *Bull. civ.* II, n° 361). Cette entière liberté du juge de statuer en un sens différent de celui qu'il retenait jusqu'à présent est un obstacle dirimant à la qualification de règle pour les solutions prétoriennes. 215 ■

Un rapport a cependant envisagé la possibilité d'élaborer des solutions juridiques « pour l'avenir » (N. Molfessis [dir.], *Les revirements de jurisprudence*, Litec, 2005 ; présentation du rapport : *JCP* 2005. Act. 43), en raison de la rétroactivité inhérente aux revirements de jurisprudence dont les méfaits sont régulièrement dénoncés (v. not. *RTD civ.* 2002. 177, R. Libchaber). Dans le jugement, les magistrats indiqueraient une solution nouvelle en précisant les modalités de son application dans le temps. Solution retenue en 2004 (P. Morvan, « Le sacre du revirement prospectif sur l'autel de l'équitable », *D.* 2007. 835), elle a été portée au plus haut niveau par l'arrêt du 21 décembre 2006 de l'assemblée plénière de la Cour de cassation (*Bull. civ.*, ass. plén., n° 15). Il semblerait, cependant, que cette solution n'ait pas convaincu toutes les chambres de la Cour de cassation. En effet, dans deux arrêts du 11 juin 2009, la première chambre civile reprend la solution traditionnelle : « attendu que la sécurité 216 ■

juridique, invoquée sur le fondement du droit à un procès équitable pour contester l'application immédiate d'une solution nouvelle résultant d'une évolution de la jurisprudence, ne saurait consacrer un droit acquis à une jurisprudence figée, dès lors que la partie qui s'en prévaut n'est pas privée du droit à l'accès au juge ».

section 2

La doctrine

217 Nul ne songerait à placer la doctrine dans la catégorie des sources du droit, elle est essentiellement un acte d'enseignement (du latin *docere*). Enseigner, c'est aussi éduquer ce qui étymologiquement, selon l'approche de H. Serieyx, se traduit du latin *educare*, transmettre, mais aussi *ex ducere*, conduire en dehors de mes chemins. La doctrine a pour mission par l'interprétation qu'elle donne des règles de droit de participer à l'élaboration du droit en conduisant les juges, les praticiens, les professionnels du droit, tous les juristes en dehors des analyses plates et répétitives, pour ouvrir la porte d'une vraie réflexion sur le droit et les règles qui le portent. On pourrait définir toute doctrine comme étant une réflexion prospective sur ce qui pourrait être, par une étude et une analyse de ce qui est, éclairé par ce qui a été. La doctrine est comme une sorte de pont entre le passé, le présent et le futur. Elle est, dit-on, mémoire du droit et espoir du droit. La notion de « doctrine » définie (§ 1), son rôle pourra être mieux compris (§ 2). Son étude a donné lieu à d'intéressantes variations (Ph. Jestaz, C. Jamin, *La doctrine*, Dalloz, coll. « Méthodes du droit », 2004 ; G. Goubeaux, « Il était une fois... la doctrine », *RTD civ.* 2004. 239 ; D. Gutmann, « La fonction sociale de la doctrine juridique », *RTD civ.* 2002. 455).

§ 1 La notion de « doctrine »

218 Est doctrinale toute opinion professée par une personne réputée savoir, c'est-à-dire à laquelle on reconnaît compétence et à laquelle par ce fait même on reconnaît autorité. La doctrine est donc avant tout œuvre de l'esprit, elle ne désigne ceux qui la professent que par extension. Par une sorte de personnification, la doctrine devient moins ce qui est enseigné que le corps de ceux qui enseignent. Pour faire doctrine, il faut donc avoir une opinion personnelle et argumentée sur telle ou telle question. C'est pourquoi, la doctrine n'est pas systématiquement présente dans ce qui est écrit. La relative facilité avec laquelle tout un chacun peut aujourd'hui publier oblige à dissocier l'écrit et l'apport doctrinal. Auparavant, le choix des écrits à reproduire était beaucoup plus sélectif en raison des difficultés techniques de reproduction, du coût, du temps nécessaire, et ceux-ci devaient donc apporter à la science commune.

219 Pour déterminer si l'œuvre est ou non doctrinale, il faut discerner si ce qui est soutenu porte la marque des talents personnels de celui qui le professe ; par les idées, par l'argumentation, par le travail et la réflexion, l'auteur se révèle accidentellement au moyen de la doctrine qu'il porte. Ceci est particulièrement flagrant à la lecture des écrits des juristes du XIXe siècle. Qui ne se souvient des exclamations pas

toujours académiques, des envolées parfois, des questions raisonnées de Demolombe dans son Cours de Code Napoléon, ou encore des disputes assez virulentes opposant Marcadé à Toullier ? (sur le XIXe siècle : N. Hakim, L'autorité de la doctrine civiliste française au XIXe siècle, LGDJ, coll. « Solus », 2002). Plus récemment, il est intéressant de découvrir des articles de doctrine où les auteurs sur une même question se répondent (Comp. au *D.* 1997. Chron. 167 et Chron. 229). Cependant, le glissement de la dialectique à la rhétorique est aussi fréquent ainsi qu'il a été finement analysé à propos de diverses controverses (N. Molfessis, obs. *RTD civ.* 2003. 161). L'antithèse d'un travail de doctrine est dans les compilations, analyses juridiques empruntant un peu à la forme encyclopédique qui pour utiles qu'elles puissent être comme instrument de travail ne sont pas assimilables au travail proprement doctrinal.

En droit, la doctrine s'entend essentiellement de la doctrine universitaire, c'est-à-dire les opinions qui sont défendues par les enseignants en droit et autres juristes que l'on découvre dans les articles, observations ou notes d'arrêts, notes d'humeur, manuels, traités, monographies, thèses, etc. L'écrit est porteur, mais un enseignant peut encore faire doctrine au moment même de son cours par les idées qu'il développe, sa façon de présenter les questions, et le contact direct favorable pour faire école auprès de ceux qui l'écoutent. On songe notamment à l'influence bénéfique qu'eut Henri Motulsky auprès de ses étudiants. Ce faisant la doctrine pourra sur une question être unanime, majoritaire ou minoritaire, isolée, divisée, etc. Le danger de la doctrine universitaire au départ pour l'étudiant qui débute ses études de droit est la séduction pour des idées toutes faites qui risque de paralyser l'esprit critique, la réflexion de l'apprenti juriste, mais aussi le danger du respect humain en raison de la célébrité ou de l'autorité, fondée ou usurpée, qui entoure certains noms. 220 ■

À l'inverse chez les doctorants on relève un esprit critique par formation dont l'excès conduit à une opposition systématique fondée ou non contre toute opinion déjà professée.

À côté de la doctrine universitaire, certains auteurs n'hésitent pas à reconnaître une valeur doctrinale aux opinions professées par la Cour de cassation par le moyen de la saisine pour avis et l'on hésite sur la place à reconnaître aux réponses ministérielles données aux questions écrites des parlementaires. L'absence de force contraignante à la réponse juridique conduit parfois à les assimiler à la doctrine. Pour être exact, il faudrait alors considérer qu'il s'agit d'une doctrine officielle ou à tout le moins professée par des autorités publiques ou assimilées. Cette distinction s'impose d'autant plus qu'il y a une véritable prolifération des avis en droit, un peu comme s'il y avait une quête de légitimité de la part de ceux qui édictent les règles de droit, la recherche en somme d'une caution en dehors même du juridique, ou encore l'élaboration d'un droit qui d'imposé deviendrait concerté. 221 ■

§ 2 Le rôle de la doctrine

Au minimum, les travaux de la doctrine conduisent à œuvrer dans le sens d'une systématisation des règles de droit et donc à favoriser l'accessibilité des connaissances juridiques. Bonne ménagère, la doctrine sait analyser, dépoussiérer, ranger, classer l'ensemble épars des données juridiques. Force est de reconnaître que la tâche pour ingrate qu'elle soit n'en est pas moins fort utile au regard de l'accroissement 222 ■

incessant des textes de loi et des décisions de justice. Ce faisant, elle explique et fait la synthèse des règles existantes afin d'en permettre le regroupement, d'opérer un classement et *in fine* d'établir des catégories juridiques.

■ 223 De façon médiane, la doctrine interprète les textes ou les décisions de justice. Et de *lege ferenda* elle peut proposer des solutions adaptées aux questions non résolues, aux contradictions découvertes, etc. Elle fait œuvre constructive en suggérant ce qui pourrait être. C'est ainsi que la distinction en droit des obligations entre les *obligations de résultat*[Q] et les *obligations de moyens*[Q] a été empruntée par les juridictions à l'œuvre de R. Demogue. On songe, plus éloigné dans le temps, aux travaux de Gaius en droit romain auxquels l'empereur Justinien a beaucoup emprunté dans les Institutes, au rôle des écrits de Pothier pour la rédaction du Code Napoléon ou plus récemment à l'incidence de la réflexion de H. Motulsky sur les principes directeurs du procès qui ouvrent le nouveau Code de procédure civile. Ce travail de fond qui permet de déterminer le contenu des règles de droit est travail doctrinal.

■ 224 Au maximum, la doctrine va directement participer à l'élaboration d'un texte parce que certains de ses représentants seront sollicités pour rédiger l'avant-projet, le rapport clef, l'étude relative aux questions juridiques sur lesquelles les pouvoirs publics souhaitent adopter une règle nouvelle. Les réformes du droit de la filiation (en 1972), du divorce (en 1975) ou des régimes matrimoniaux (en 1965) doivent considérablement à la réflexion du doyen J. Carbonnier. Et l'on observe aujourd'hui que la plupart des grandes réformes législatives ou réglementaires reposent sur des travaux doctrinaux que les pouvoirs publics ont commandés à des juristes réputés pour leur compétence dans le domaine considéré ; ainsi pour l'introduction de la preuve électronique dans le Code civil (*JCP* 1999. I. 182).

■ 225 Dans tous les cas, le rôle de la doctrine a pour fin non seulement la compréhension mais aussi l'évolution du droit. Pour reprendre les mots d'un grand pénaliste, Émile Garçon : « la doctrine doit rechercher et fixer les principes directeurs qui dominent ces arrêts et, par synthèse, construire des théories d'ensemble, les unes arrivées à leur complet développement ; les autres qui s'élaborent encore, et sont en voie de formation, mais dont on peut, au moins, déterminer les tendances. La jurisprudence est soumise à la loi d'une continuelle évolution historique ; les théories s'édifient et se corrigent sans cesse ; il est nécessaire de dégager ces changements et d'en marquer les raisons. Ainsi, la doctrine peut aider puissamment au progrès du droit et à sa formation même » (1re édition du Code pénal annoté, 1901).

Compléments pédagogiques

Mémo

L'interprétation participe à l'élaboration du droit, quand elle n'a pas un effet directement créateur de droit.

Tout juge, en raison de sa fonction, doit par un jugement de la raison pratique appliquer une règle de droit générale et abstraite à une situation litigieuse particulière afin de déterminer ce qui est dû et ainsi départager les plaideurs. Ce travail du juge est dans son principe posé par les articles 4 et 5 du Code civil. « Le juge qui refusera de juger, sous prétexte du silence, de l'obscurité ou de l'insuffisance de la loi pourra être poursuivi comme coupable de déni de justice » (C. civ., art. 4). *L'obligation de juger posée par ce texte, sous peine de déni de justice, passe par un devoir d'interprétation des règles obscures, silencieuses ou incomplètes.* En ces deux derniers cas, l'interprétation du texte lacunaire est créatrice de la règle de droit, dans le premier où il y a obscurité du texte, elle est au minimum novatrice. *Mais « il est défendu aux juges de se prononcer par voie de disposition générale et réglementaire sur les causes qui leur sont soumises »* (C. civ., art. 5) Cette interdiction trouve son expression dans le principe procédural de la relativité de la chose jugée (C. civ., art. 1355).

À côté de cette interprétation des règles par le juge conçue comme une étape intermédiaire nécessaire pour trancher un litige, existe la *technique de saisine pour avis du Conseil d'État ou de la Cour de cassation*. Celle-ci permet à un juge d'une juridiction inférieure de saisir la Haute juridiction pour connaître l'interprétation qui lui semble devoir être retenue pour résoudre la question de droit suscitée par l'adoption d'une règle nouvelle. *La réponse apportée à la question – l'avis – ne lie ni celui qui le reçoit ni celui qui le donne*. Le justiciable n'a aucun droit à se prévaloir de l'avis, alors qu'il le pourrait de toute règle de droit générale et réglementaire. La saisine pour avis donne simplement la possibilité à la Cour de cassation ou au Conseil d'État de donner une interprétation ab initio, avant toute décision déférée à son contrôle par la voie traditionnelle du pourvoi.

La jurisprudence enfin est le résultat du travail d'interprétation du juge dans l'application des règles de droit. Il s'agit *d'une solution juridique qui est habituellement donnée par les juridictions à une même question de droit*. Le juge par l'interprétation d'un texte de droit aboutit parfois à créer une règle nouvelle, novatrice à laquelle le législateur n'avait certainement pas pensé. *Faut-il en conclure que la jurisprudence est un mode de formation de la règle de droit ?* La réponse est controversée et ne donne pas lieu à réponse unique. *Il nous semble que cela ne peut être que par forme d'analogie*. D'abord parce que la règle dite « jurisprudentielle » n'est en fait qu'une règle interprétée, ensuite parce que la valeur de cette jurisprudence ne vaut que par la répétition de la solution juridique qui fait plutôt songer au mécanisme de la coutume, enfin parce que rien n'empêche le juge demain de donner une autre interprétation du texte en cause. Dans la formation de toute jurisprudence, il y a par ailleurs une sélection assez discrétionnaire des arrêts qui ressemble davantage à un choix de politique judiciaire qu'à un processus d'élaboration des normes au sens commun du terme. *Il existe principalement trois moyens permettant d'unifier la jurisprudence et de donner aux règles d'origine jurisprudentielle une certaine harmonie entre elles d'abord, avec la loi ensuite* (le renvoi ordonné devant une chambre mixte, le renvoi devant l'Assemblée plénière lorsque l'affaire porte une question de principe ou lorsque sa saisine est rendue obligatoire par l'organisation des voies de recours, le pourvoi dans l'intérêt de la loi formé par le procureur général de la Cour de cassation). *Mais dans tous les cas la règle jurisprudentielle n'a pas de caractère juridique obligatoire en dehors de l'instance où elle a été exprimée*. La jurisprudence peut accéder au rang de véritable loi soit parce que la règle objet de l'interprétation judiciaire s'incorpore à l'interprétation elle-même qui en a été faite, soit parce que la solution prétorienne fait ultérieurement l'objet d'une consécration légale. *Cette différence entre les règles de droit et les solutions formulées par la jurisprudence dans le cadre d'un litige se remarque particulièrement lors de l'étude des revirements de jurisprudence*. L'entière liberté du juge de statuer en un sens différent de celui qu'il retenait jusqu'à présent est un obstacle dirimant à la qualification de règles pour les solutions prétoriennes.

La doctrine a aussi pour mission par l'interprétation qu'elle donne des règles de droit de participer à l'élaboration du droit. On pourrait définir toute doctrine comme étant une réflexion prospective sur ce qui pourrait être, par une étude et une analyse de ce qui est, éclairé par ce qui a été.

Est doctrinale toute opinion professée par une personne réputée savoir, c'est-à-dire à laquelle on reconnaît compétence et à laquelle, par ce fait même, on reconnaît autorité. La doctrine est donc avant tout œuvre de l'esprit, elle ne désigne ceux qui la professent que par extension. En droit, *la doctrine s'entend essentiellement de la doctrine universitaire*, c'est-à-dire les opinions qui sont défendues par les enseignants en droit et autres juristes que l'on découvre dans les articles, observations ou notes d'arrêts, notes d'humeur, manuels, traités, monographies, thèses, etc. On comprend que la doctrine puisse être sur une question unanime, majoritaire ou minoritaire, isolée, divisée, etc. *À côté de la doctrine universitaire*, certains auteurs n'hésitent pas à reconnaître une valeur doctrinale aux opinions professées par la Cour de cassation. *Il existe aussi une doctrine officielle* ou, à tout le moins, professée par des autorités publiques ou assimilées, un peu comme s'il y avait une quête de légitimité de la part de ceux qui édictent les règles de droit.

Au minimum, les travaux de la doctrine conduisent à œuvrer dans le sens d'une systématisation des règles de droit et donc à favoriser l'accessibilité des connaissances juridiques. *De façon médiane*, la doctrine interprète les textes ou les décisions de justice. Elle fait œuvre constructive en suggérant ce qui pourrait être. Au maximum, la doctrine va directement participer à l'élaboration d'un texte. *On observe aujourd'hui que la plupart des grandes réformes législatives ou réglementaires reposent sur des travaux doctrinaux* que les pouvoirs publics ont commandés à des juristes réputés pour leur compétence dans le domaine considéré.

Quid

■ Auxiliaire de justice n° 207

Catégorie de personnes qui interviennent au procès en raison de leur compétence juridique reconnue par un titre professionnel : avocat, avoué, huissier, greffier, etc.

■ *Common law* n° 200

On oppose le système juridique de *common law* des pays anglo-saxons à celui des pays de droit romain dits de « droit civil ».

■ Déni de justice n° 197

Refus du juge de trancher le litige qui lui est soumis. Le déni de justice permet d'engager la responsabilité de l'État sur le fondement de l'article L. 781-1 du COJ tenu alors de réparer le dommage causé par le fonctionnement défectueux du service de la justice.

■ Obligation de moyens n° 223

Obligation qu'une personne s'engage à exécuter mais qui par sa nature même ne permet pas de promettre l'obtention du résultat poursuivi. Le débiteur s'engage à fournir tous les moyens requis pour l'atteindre. Les avocats, les médecins sont par exemple tenus par une obligation de moyens. L'inexécution fautive provient du manque de diligence ou de prudence du débiteur de l'obligation. Il incombe en principe au créancier de prouver le caractère fautif de l'inexécution.

■ Obligation de résultat n° 223

Obligation qu'une personne s'engage à exécuter et dont la nature permet de promettre la réalisation du résultat poursuivi. Le seul fait de ne pas avoir atteint le résultat est constitutif d'une inexécution fautive. Il incombe au débiteur de prouver que son inexécution n'était pas fautive.

■ Pourvoi n° 204

Voie de recours exercée par un plaideur contre une décision émanant d'une juridiction inférieure et rendue en dernier ressort.

■ Référé législatif n° 196

Procédé technique en vigueur avant 1804 par lequel le juge était tenu de surseoir à statuer en présence d'une loi obscure ou incomplète et de demander au législateur l'interprétation à donner à la loi en cause. La réponse donnée par l'autorité compétente liait le juge.

■ Relativité de la chose jugée n° 200

Propriété de toute décision de justice qui ne peut produire ses effets juridiques qu'entre les plaideurs concernés par l'instance et dont la solution ne peut ni favoriser ni nuire à des tiers à l'instance. V. art. 1355 du C. civ.

■ Travaux préparatoires n° 197

Discussions et débats qui précèdent l'adoption d'une règle de droit. Lorsque la règle est une loi, il s'agit des débats qui ont eu lieu à l'Assemblée nationale et au Sénat. Ces documents officiels sont publiés au Journal officiel.

Document

Extrait du « Discours préliminaire sur le projet de Code civil » de Portalis

« En effet, la loi statue sur tous : elle considère les hommes en masse, jamais comme particuliers ; elle ne doit point se mêler des faits individuels, ni des litiges qui divisent les citoyens. S'il en était autrement, il faudrait journellement faire de nouvelles lois ; leur multitude étoufferait leur dignité et nuirait à leur observation. Le jurisconsulte serait sans fonctions, et le législateur, entraîné dans les détails, ne serait bientôt plus que jurisconsulte. Les intérêts particuliers assiégeraient la puissance législative ; ils la détourneraient, à chaque instant, de l'intérêt général de la société.

Il y a une science pour les législateurs, comme il y en a pour les magistrats ; et l'une ne ressemble pas à l'autre. La science du législateur consiste à trouver, dans chaque matière, les principes les plus favorables au bien commun : la science du magistrat est de mettre ces principes en action, de les ramifier, de les étendre, par une application sage et raisonnée, aux hypothèses privées ; d'étudier l'esprit de la loi quand la lettre tue, et de ne pas s'exposer à être tour à tour esclave et rebelle, et à désobéir par esprit de servitude.

Il faut que le législateur veille sur la jurisprudence : il peut être éclairé par elle, et il peut, de son côté, la corriger ; mais il faut qu'il y en ait une. Dans cette immensité d'objets divers, qui composent les matières civiles, et dont le jugement, dans le plus grand nombre de cas, est moins l'application d'un texte précis, que la combinaison de plusieurs textes qui conduisent à la décision bien plus qu'ils ne la renferment, on ne peut pas plus se passer de jurisprudence que de lois. Or, c'est à la jurisprudence que nous abandonnons les cas rares et extraordinaires qui ne sauraient entrer dans le plan d'une législation raisonnable, les détails trop variables et trop contentieux qui ne doivent point occuper le législateur, et tous les objets que l'on s'efforcerait inutilement de prévoir, ou qu'une prévoyance précipitée ne pourrait définir sans danger. C'est à l'expérience à combler successivement les vides que nous laissons. Les codes des peuples se font avec le temps ; mais, à proprement parler, on ne les fait pas ».

➪ *Le rôle du législateur et du juge vu en 1804.*

Biblio

– C. Atias, « La mission de la doctrine universitaire en droit privé », *JCP* 1980. I. 2999 ; « L'ambiguïté des arrêts dits de principe en droit privé », *JCP* 1984. I. 3145 ; « Des réponses sans questions – 1804-1899-1999 – (quantitatif et qualitatif dans le savoir juridique) », *D.* 1998. Chron. 406 ; « D'une vaine discussion sur une image inconsistante : la jurisprudence en droit privé », *RTD civ.* 2007. 23.

– L. Aynès, P.-Y. Gautier, F. Terré, « Antithèse de l'entité », *D.* 1997. Chron. 229.

– J.-L. Bergel., « Le processus de transformation des décisions de justice en normes juridiques », *RRJ* 1993. 1055.

– A. Bolze, « La norme jurisprudentielle et son revirement en droit privé », *RRJ* 1997. 85.

– Ph. Conte, « L'arbitraire judiciaire : chronique d'humeur », *JCP* 1988. I. 3343.

– G. Goubeaux, « Il était une fois… la doctrine », *RTD civ.* 2004. 239.

– J. Héron, « L'infériorité technique de la norme jurisprudentielle », *RRJ* 1993. 1083.

– Ph. Jestaz, « La jurisprudence : réflexions sur un malentendu », *D.* 1987. Chron. 11 ; « La jurisprudence, ombre portée du contentieux », *D.* 1989. Chron. 149.
– Ph. Jestaz et C. Jamin, « L'entité doctrinale française », *D.* 1997. Chron. 167.
– Ph. Jestaz et C. Jamin, *La doctrine*, Dalloz, coll. « Méthodes du droit », 2004.
– Ph. Malaurie, *La jurisprudence combattue par la loi*, Et. Savatier, 1965, p. 604.
– B. Oppetit, « Les réponses ministérielles aux questions écrites des parlementaires et l'interprétation des lois », *D.* 1974. Chron. 107.
– M.-C. Rondeau-Rivier, « La jurisprudence expliquée aux apprentis juristes », *RTD civ.* 1993. 90.
– H. Sinay, « La résurgence des arrêts de règlement », *D.* 1958. Chron. 85.
– Th. Revêt (dir.), *L'inflation des avis en droit*, Économica, coll. « Études juridiques », 1998.
– F. Zénati, *La jurisprudence*, Dalloz, 1991 ; « La jurisprudence aujourd'hui, libres propos sur une notion controversée », *RTD civ.* 1992. 337.
– *L'image doctrinale de la Cour de cassation*, La Documentation française, 1994.
– N. Molfessis (dir.), *Les revirements de jurisprudence*, Litec, 2005 ; « Présentation du rapport », *JCP* 2005. Act. 43.

Quiz

1) Sujet corrigé

Commentaire

Enoncé

CEDH, *Legrand c/ France*, 26 mai 2011

« PROCÉDURE

1. À l'origine de l'affaire se trouve une requête (n° 23228/08) dirigée contre la République française et dont deux ressortissants de cet État, M. Hervé Legrand et Mme Florence Chevalier, épouse Legrand (« les requérants »), ont saisi la Cour le 18 avril 2008 en vertu de l'article 34 de la Convention de sauvegarde des droits de l'homme et des libertés fondamentales (« la Convention »).

2. Les requérants sont représentés par Mes A.-F. Roger et A. Sevaux, avocats au Conseil d'État et à la Cour de cassation. Le Gouvernement français (« le Gouvernement ») a été représenté par son agent, Mme E. Belliard, directrice des affaires juridiques au ministère des Affaires étrangères.

3. Les requérants alléguaient avoir subi une atteinte à leur droit à un procès équitable, garanti par l'article 6 § 1 de la Convention, du fait de l'application rétroactive d'un revirement de jurisprudence.

4. Le 15 septembre 2009, la Cour a décidé de communiquer la requête au Gouvernement. Comme le permet l'article 29 § 1 de la Convention, il a en outre été décidé que seraient examinés en même temps la recevabilité et le fond de l'affaire.

EN FAIT

I. LES CIRCONSTANCES DE L'ESPÈCE

5. Les requérants sont nés respectivement en 1960 et 1965 et ont élu domicile au cabinet de leurs conseils à Paris.
6. Les faits de la cause, tels qu'ils ont été exposés par les requérants, peuvent se résumer comme suit.
7. À la suite d'une liposuccion pratiquée le 21 septembre 1989, la requérante contracta une gangrène gazeuse développée, infection nosocomiale qui nécessita sept interventions chirurgicales.
8. Par une ordonnance du 15 mars 1990, le juge des référés de Rouen fit droit à une demande d'expertise présentée par la requérante. Le rapport, déposé le 3 octobre 1990, conclut à la pratique, de la part du médecin ayant procédé à l'opération de liposuccion, de soins consciencieux, attentifs et conformes aux données actuelles de la science.
9. La requérante déposa plainte en se constituant partie civile devant le juge d'instruction du tribunal de grande instance de Rouen.
10. Par une ordonnance du 3 décembre 1998, le juge d'instruction renvoya le médecin devant le tribunal correctionnel sous la prévention de blessures involontaires ayant entraîné une incapacité totale de travail supérieure à trois mois et escroquerie. Les requérants se constituèrent partie civile devant le tribunal.
11. Par un jugement du 20 décembre 2000, le tribunal correctionnel de Rouen relaxa le médecin et, de ce fait, rejeta les demandes indemnitaires des requérants. La requérante interjeta appel du jugement, mais elle se désista par la suite, ce dont prit acte la cour d'appel de Rouen par un arrêt du 22 novembre 2001.
12. En juin 2002, les requérants assignèrent le médecin, sa compagnie d'assurance et la caisse d'assurance maladie de la requérante devant le tribunal de grande instance de Rouen, en vue d'obtenir des dommages-intérêts.
13. Par un jugement du 21 novembre 2003, le tribunal rejeta l'exception, soulevée par le médecin, tirée de l'autorité de la chose jugée au pénal sur le civil, aux motifs que le jugement rendu par la juridiction pénale le 20 décembre 2000 avait statué sur la responsabilité « délictuelle » du médecin, alors que les demandeurs fondaient leur action devant le juge civil sur la responsabilité « contractuelle ». Sur le fond, le tribunal débouta néanmoins les requérants.
14. Par un arrêt du 28 juin 2006, la cour d'appel de Rouen confirma le rejet de la fin de non-recevoir soulevée par le médecin au regard de l'autorité de la chose jugée au pénal sur le civil, relevant que la juridiction pénale n'avait statué que sur la responsabilité délictuelle. Sur le fond, elle infirma le jugement et condamna le praticien à payer 79 000 euros (EUR) à la requérante en réparation des préjudices subis et 15 000 EUR au requérant, outre 2 200 EUR aux requérants pour indemniser leur préjudice matériel et 10 000 euros au titre des frais et dépens.
15. Le médecin forma un pourvoi en cassation. À l'appui de son pourvoi, il invoqua, dans un moyen unique, le bénéfice d'un arrêt rendu par la Cour de cassation en assemblée plénière le 7 juillet 2006, aux termes duquel, revenant sur un arrêt rendu en 1994 par la même formation, la Cour de cassation avait jugé qu'il incombe au demandeur de présenter dès l'instance relative à la première demande l'ensemble des moyens qu'il estime de nature à fonder celle-ci. Les requérants contestèrent la possibilité d'appliquer cette jurisprudence à leur procédure en cours, arguant notamment de la différence de finalité des deux actions engagées respectivement devant les juges pénal et civil, et demandant à la Cour de cassation, en tout état de cause, d'écarter l'application à des faits antérieurs d'une jurisprudence nouvelle qui aurait pour effet de les priver de leur droit d'accès à un juge pour obtenir réparation. Ils invoquèrent notamment le droit à un procès équitable garanti par l'article 6 § 1 de la Convention.

16. Par un arrêt du 25 octobre 2007, la Cour de cassation cassa l'arrêt de la cour d'appel, aux motifs qu'il incombe au demandeur de présenter dès l'instance relative à la première demande l'ensemble des moyens qu'il estime de nature à fonder celle-ci et que, en l'espèce, la cour d'appel était saisie d'une demande qui, comme la demande originaire, était formée entre les mêmes parties et tendait à l'indemnisation des préjudices résultant de l'intervention médicale.

II. LE DROIT ET LA JURISPRUDENCE INTERNES PERTINENTS

A. Le revirement de jurisprudence en cause

1. La disposition légale applicable

17. L'article 1351 du Code civil est rédigé comme suit :

« L'autorité de la chose jugée n'a lieu qu'à l'égard de ce qui a fait l'objet du jugement. Il faut que la chose demandée soit la même ; que la demande soit fondée sur la même cause ; que la demande soit entre les mêmes parties, et formée par elles et contre elles en la même qualité. »

2. Les arrêts du 3 juin 1994 et du 21 janvier 2003

18. Par un arrêt du 3 juin 1994 rendu en formation d'assemblée plénière (pourvoi n° 92-12.157, *Bull.* 1994, ass. plén., n° 4), la Cour de cassation a jugé que l'autorité de la chose jugée attachée à un arrêt qui, en ordonnant la régularisation d'une vente par acte authentique, n'a tranché que la question de la réalité et de la validité du consentement des parties, ne saurait faire obstacle à l'action en nullité de cette même vente fondée sur le défaut de prix réel et sérieux.

19. Dans la continuité de cet arrêt, la première chambre civile a rendu le 21 janvier 2003 un arrêt (pourvoi n° 00-15.781, *Bull.* 2003, I, n° 18), dont il ressort que c'est à bon droit qu'une cour d'appel, après avoir relevé qu'un jugement avait précisé que c'était sur le seul fondement de la responsabilité délictuelle que les demandeurs avaient formé des prétentions dont il les déboutait, a écarté la fin de non-recevoir tirée de l'autorité de la chose jugée sur le constat de ce que les actuelles prétentions du demandeur étaient fondées sur la responsabilité contractuelle jusque-là exclue des débats.

3. L'évolution de la jurisprudence à partir de 2004

20. Par un arrêt du 4 mars 2004 (pourvoi n° 02-12.141, *Bull.* 2004, II, n° 84), la deuxième chambre civile de la Cour de cassation a considéré qu'une cour d'appel, ayant constaté que dans une procédure antérieure comme dans celle pendante devant elle, une partie entendait obtenir le remboursement de sommes prêtées et que sa demande avait été rejetée par une précédente décision, a retenu à bon droit que cette partie, qui invoquait dans la seconde instance le mandat, la gestion d'affaires, la garantie personnelle, le cautionnement, le pacte de constitut, la répétition de l'indu ou l'enrichissement sans cause, ne développait que des moyens nouveaux et que sa demande nouvelle se heurtait par conséquent à l'autorité de la chose jugée. Une solution similaire était retenue par la même chambre dans un arrêt du 23 septembre 2004 (pourvoi n° 02-19.882, *Bull.* 2004, II, n° 413). La première chambre civile de la Cour de cassation jugea à son tour, dans un arrêt du 8 mars 2005 (pourvoi n° 02-16.197, *Bull.* 2005, I, n° 113) qu'une action en nullité et une action en inopposabilité d'un même acte tendent toutes deux à le voir déclarer sans effet et que dès lors, il existe une identité d'objet entre les deux actions et l'autorité de la chose jugée attachée à la première fait obstacle à la recevabilité de la seconde.

4. Le revirement de jurisprudence du 7 juillet 2006

21. Le 7 juillet 2006, l'assemblée plénière de la Cour de cassation a rendu un arrêt (pourvoi n° 04-10.672, *Bull.* 2006, ass. plén., n° 8) dans lequel elle juge :

« (...) ayant constaté que, comme la demande originaire, la demande dont elle était saisie, formée entre les mêmes parties, tendait à obtenir paiement d'une somme d'argent à titre de rémunération d'un travail prétendument effectué sans contrepartie financière, la cour d'appel en a exactement déduit que [le demandeur] ne pouvait être admis à contester l'identité de cause des deux demandes en invoquant un fondement juridique qu'il s'était abstenu de soulever en temps utile, de sorte que la demande se heurtait à la chose précédemment jugée relativement à la même contestation. »

B. L'application dans le temps des revirements de jurisprudence

22. La Cour de cassation a eu l'occasion de se prononcer sur les effets dans le temps de sa propre jurisprudence au regard de l'équité du procès. Par un arrêt du 8 juillet 2004 (pourvoi n° 01-10.426, *Bull.* 2004, n° 387), elle a jugé que :

« selon l'article 65-1 de la loi du 29 juillet 1881, les actions civiles fondées sur une atteinte au respect de la présomption d'innocence commise par l'un des moyens visés à l'article 23 de cette loi se prescrivent après trois mois révolus à compter du jour de l'acte de publicité ; que ces dispositions spéciales, d'ordre public, dérogeant au droit commun, le délai de trois mois court à nouveau à compter de chaque acte interruptif de la prescription abrégée prévue par ce texte ;

(...) si c'est à tort que la cour d'appel a décidé que le demandeur n'avait pas à réitérer trimestriellement son intention de poursuivre l'action engagée, la censure de sa décision n'est pas encourue de ce chef, dès lors que l'application immédiate de cette règle de prescription dans l'instance en cours aboutirait à priver la victime d'un procès équitable, au sens de l'article 6.1 de la Convention européenne de sauvegarde des droits de l'homme et des libertés fondamentales ».

23. Cette solution a été réaffirmée, s'agissant d'un litige portant sur l'application de la même disposition, le 21 décembre 2006 dans un arrêt rendu par la Cour de cassation en sa formation d'assemblée plénière (pourvoi n° 00-20.493, *Bull.* 2006, ass. plén., n° 15) en précisant que :

« (...) si c'est à tort qu'une cour d'appel a écarté le moyen de prescription, alors qu'elle constatait que le demandeur en justice n'avait accompli aucun acte interruptif de prescription dans les trois mois suivant la déclaration d'appel faite par les parties condamnées, la censure de sa décision n'est pas encourue de ce chef, dès lors que l'application immédiate de cette règle de prescription dans l'instance en cours aboutirait à priver la victime d'un procès équitable, au sens de l'article 6 § 1 de la Convention de sauvegarde des droits de l'homme et des libertés fondamentales, en lui interdisant l'accès au juge. »

EN DROIT

I. SUR LA VIOLATION ALLÉGUÉE DE L'ARTICLE 6 § 1 DE LA CONVENTION

24. Les requérants se plaignent d'une violation de leur droit à un procès équitable, en raison du caractère rétroactif de l'arrêt de la Cour de cassation du 7 octobre 2006. Ils invoquent l'article 6 § 1 de la Convention dont l'extrait pertinent se lit comme suit :

« Toute personne a droit à ce que sa cause soit entendue équitablement (...) par un tribunal (...), qui décidera (...) des contestations sur ses droits et obligations de caractère civil (...) »

A. Thèses des parties

1. Les requérants

25. Les requérants, s'ils ne contestent pas avoir pu soumettre leurs observations à la Cour de cassation, estiment en revanche avoir été privés de leur droit à un procès équitable, et plus particulièrement de leur droit d'accès à un tribunal.

26. Ils considèrent que le revirement de jurisprudence dont a résulté la fin de non-recevoir qui leur a été opposée était absolument imprévisible, non seulement lorsqu'ils se sont désistés de leur appel pour saisir le juge civil, mais même ensuite. À cet égard, pour eux, les arrêts de la Cour de cassation intervenus entre 2004 et 2006 s'inscrivaient encore dans la lignée de la conception précédente, selon laquelle l'autorité de la chose jugée ne pouvait être opposée qu'à l'action fondée sur une même cause, contrairement, selon eux, à ce que retient l'arrêt de 2006.

27. Par ailleurs, les requérants soutiennent que l'application à leur litige du revirement de jurisprudence intervenu en 2006 a porté atteinte de manière certaine à leurs droits. Ils estiment que, si cette fin de non-recevoir n'avait pas été opposée à leur action, ils auraient pu de manière certaine, compte tenu des règles applicables en matière de responsabilité médicale au moment des faits, obtenir réparation de leur préjudice sur le fondement de l'obligation de résultat du chirurgien, telle qu'elle était interprétée par la jurisprudence.
28. Enfin, les requérants, qui estiment avoir agi en toute loyauté procédurale en saisissant le juge naturellement compétent en matière de responsabilité contractuelle, estiment que la fin de non-recevoir qui leur a été opposée n'avait aucune justification d'intérêt public, s'agissant d'un litige d'ordre privé.
2. Le Gouvernement
29. Le Gouvernement fait pour sa part valoir qu'un revirement de jurisprudence est par nature rétroactif et porte, dès lors, dans une certaine mesure, atteinte au principe de sécurité juridique. Pour autant, le Gouvernement souligne que les revirements de jurisprudence sont inhérents à l'office du juge, la Cour ne reconnaissant d'ailleurs pas de droit acquis à une jurisprudence constante. Il précise que, dans ces conditions, la modulation dans le temps des revirements de jurisprudence doit rester exceptionnelle et fondée sur des circonstances très particulières, ce qui fait d'ailleurs l'objet d'un large consensus parmi les juges européens. Tout autre choix reviendrait, selon le Gouvernement, à conférer au juge un pouvoir réglementaire contraire aux dispositions du droit français. Le Gouvernement observe par ailleurs que le cas des revirements de jurisprudence se distingue de celui des lois de validation, lesquelles constituent une ingérence du pouvoir législatif dans l'exercice des prérogatives de l'autorité judiciaire.
30. Le Gouvernement affirme que, dans ces conditions, l'atteinte portée par un revirement de jurisprudence au principe de sécurité juridique doit, pour être conforme à l'article 6 § 1 de la Convention, respecter l'équilibre des intérêts en jeu. Or, en l'espèce, pour le Gouvernement, l'application du revirement litigieux à l'affaire des requérants n'a pas porté atteinte à leurs droits. En effet, les requérants, qui ne pouvaient se prévaloir d'aucune certitude d'obtenir gain de cause, n'ont été privé ni de la possibilité de demander réparation devant le juge pénal, ni ensuite de discuter devant la Cour de cassation des effets d'un revirement qui était antérieur au pourvoi en cause. Le Gouvernement ajoute que l'application du revirement était légitime ; elle répondait à un impératif de bonne administration de la justice, à la fois en termes de sécurité juridique, en donnant une définition unifiée de la notion de « cause », et en termes de loyauté procédurale, en permettant de prévenir l'opportunisme d'une partie. Enfin, le Gouvernement fait valoir que le revirement lui-même était prévisible, plusieurs arrêts antérieurs de la Cour de cassation l'ayant amorcé depuis 2004.
31. Le Gouvernement en déduit qu'en l'espèce l'équilibre des intérêts en jeu a été respecté, et que dans ces conditions, le grief tiré d'une violation du droit des requérants à un procès équitable est manifestement mal fondé.
B. Sur la recevabilité
32. La Cour constate que la requête n'est pas manifestement mal fondée au sens de l'article 35 § 3 a) de la Convention. Elle relève par ailleurs qu'elle ne se heurte à aucun autre motif d'irrecevabilité. Il convient donc de la déclarer recevable.
C. Appréciation de la Cour
33. La Cour rappelle que l'un des éléments fondamentaux de la prééminence du droit, à la lumière de laquelle s'interprète le droit à un procès équitable garanti par l'article 6 § 1, est le principe de la sécurité des rapports juridiques. Ce principe implique, entre autres, que la solution

donnée de manière définitive à tout litige par les tribunaux ne soit plus remise en cause (*Brum□rescu c/ Roumanie* [GC], n° 28342/95, § 61, CEDH 1999-VII).

34. De plus, l'accessibilité, la clarté et la prévisibilité des dispositions légales et de la jurisprudence assurent l'effectivité du droit d'accès à un tribunal, s'agissant notamment des règles de forme, de délais de recours et de prescription (*De Geouffre de la Pradelle c/ France*, 16 décembre 1992, § 33, série A n° 253-B ; *Bellet c/ France*, 4 décembre 1995, § 37, série A n° 333-B, et *Brum□rescu*, précité, § 65).

35. La Cour a par ailleurs jugé, dans l'arrêt *Marckx c/ Belgique* (13 juin 1979, § 58, série A n° 31), que le principe de sécurité juridique, nécessairement inhérent au droit de la Convention comme au droit communautaire, dispensait l'État belge de remettre en cause les actes ou les situations antérieures au prononcé de l'arrêt de la Cour, mais il s'agissait là d'un *obiter dictum* en réponse à l'intérêt qu'avait manifesté le Gouvernement belge à connaître la portée dans le temps de l'arrêt de la Cour dans cette affaire (*Unédic c/ France*, n° 20153/04, § 73, 18 décembre 2008).

36. Pour autant, la Cour a également estimé que les exigences de la sécurité juridique et de protection de la confiance légitime des justiciables ne consacrent pas de droit acquis à une jurisprudence constante (*Unédic*, précité, § 71). Dans cette affaire, elle a ainsi jugé, s'agissant d'un revirement qui concernait l'application d'une règle de fond, qu'aucune entrave n'avait été apportée à l'un des droits garantis par l'article 6 (*Unédic*, précité, § 75 et 78).

37. Elle rappelle à cet égard qu'une évolution de la jurisprudence n'est pas en soi contraire à une bonne administration de la justice, dès lors que l'absence d'une approche dynamique et évolutive empêcherait tout changement ou amélioration (*Atanasovski c/ « l'ex-République yougoslave de Macédoine »*, n° 36815/03, § 38, 14 janvier 2010).

38. C'est ainsi que dans l'arrêt *Marckx*, la Cour s'est fondée sur deux principes généraux de droit rappelés par la Cour de Justice des Communautés européennes : « les conséquences pratiques de toute décision juridictionnelle doivent être pesées avec soin », mais « on ne saurait (...) aller jusqu'à infléchir l'objectivité du droit et compromettre son application future en raison des répercussions qu'une décision de justice peut entraîner pour le passé » (précité, § 58).

39. En l'espèce, la Cour note que les requérants ne pouvaient pas se prévaloir d'un droit définitivement acquis, dès lors que l'arrêt de la cour d'appel de Rouen qui avait condamné leur adversaire à les indemniser était, en tout état de cause, susceptible de recours selon les formes et délais prévus par le droit interne.

40. C'est d'ailleurs ce recours qu'a exercé l'adversaire des requérants, comme il en avait légalement la possibilité, à la suite d'un revirement de jurisprudence de la Cour de cassation, intervenu dans un autre litige et dans un sens qui lui était favorable. Or le nouvel état du droit introduit par ce revirement, intervenu en assemblée plénière, formation la plus solennelle de la Cour de cassation, à la suite de divergences apparues dès 2004 entre plusieurs chambres de la juridiction (voir « le droit interne pertinent » ci-dessus), était parfaitement connu de toutes les parties lorsqu'il a exercé son recours (voir, *mutatis mutandis*, *Unédic*, précité, § 75). Dès lors, aux yeux de la Cour, il n'existait aucune incertitude sur l'état du droit lorsque la Cour de cassation a statué (*Unédic*, précité, § 78).

41. Quant à l'incidence de la solution retenue par la Cour de cassation, si la Cour prend en considération les impératifs, avancés par le Gouvernement, de bonne administration de la justice, de sécurité juridique et de loyauté procédurale, elle n'entend pas se prononcer sur l'opportunité de ce choix, lequel relève de l'application du droit interne. Elle note, en tout état de cause, que l'arrêt de la Cour de cassation n'a pas eu pour effet de priver, même rétroactivement, les requérants de leur droit d'accès à un tribunal. Il n'a pas remis en cause leur saisine initiale du juge pénal, retenant uniquement qu'ils auraient dû soumettre à celui-ci l'ensemble

des moyens tendant à l'indemnisation de leurs préjudices. De ce point de vue, leur désistement d'appel du jugement du tribunal correctionnel pour saisir, ensuite, le juge civil sur un autre fondement, relève d'un choix procédural personnel, dont il appartenait au premier chef aux juges internes d'apprécier la portée au regard des impératifs précités.

42. La Cour déduit de ce qui précède que les requérants n'ont subi aucune atteinte à leur droit à un procès équitable, s'agissant notamment de leur droit d'accès à un tribunal.

43. Il s'ensuit qu'il n'y a pas eu violation de l'article 6 § 1 de la Convention. »

Voir le corrigé en fin de rubrique.

2) Corrigé

Commentaire

Introduction

– Les faits ayant abouti à saisine de la CEDH.

– La violation alléguée de la Conv. EDH.

I. Le principe de sécurité des rapports juridiques

A. Le revirement de jurisprudence

– Le revirement de jurisprudence à propos de l'interprétation de l'article 1351 du Code civil (actuel 1355).

B. L'effet rétroactif de la jurisprudence

– La rétroactivité de la solution du 7 juillet 2006 : qu'il « incombe au demandeur de présenter dès l'instance relative à la première demande l'ensemble des moyens qu'il estime de nature à fonder celle-ci » (Cass., ass. plén., 7 juill. 2006, n° 04-10.672, *JCP G*, 2007. II. 10070, note G. Wiederkher).

– L'application immédiate aux affaires en cours.

II. L'absence de droit acquis à une jurisprudence figée

A. La nécessité d'une approche dynamique et évolutive du droit

– Une solution usuelle de la Cour de cassation – exploiter les arrêts de la Cour reprenant le principe d'absence de droit acquis.

B. La non violation de l'article 6 § 1

– Le droit au juge fondé sur l'article 6 § 1 de la Conv. EDH.

– L'absence d'atteinte au droit au juge : la connaissance de la solution avant la formation du pourvoi en l'espèce.

chapitre 6

L'application des règles de droit

Plan analytique

L'application des règles de droit

Toute règle a vocation à s'appliquer sur un territoire donné pour une certaine durée. Il s'agit de l'application des règles de droit dans l'espace (section 1) et dans le temps (section 2). 226

section 1

L'espace

La loi française s'applique en principe sur le territoire français, bien qu'elle puisse se trouver en concours avec d'autres lois. Cette particularité tient à des raisons historiques faites de guerres et de colonisations (§ 1). De façon plus pacifique, il suffit qu'il y ait dans une situation juridique un élément d'extranéité pour que la loi applicable fasse l'objet d'une détermination selon la science du droit international privé (§ 2). 227

§ 1 Le droit et l'histoire dans la détermination de la loi applicable

L'Alsace-Moselle a un droit local propre qui correspond à une partie de la législation allemande. Il s'agit toutefois de textes en nombre restreint aujourd'hui, parmi lesquels le régime de la publicité foncière, le statut des associations, la protection des incapables. Il faut distinguer en réalité pour déterminer les lois applicables, celles qui datent d'avant la réintégration de ce territoire à la France et celles qui lui sont postérieures. La réalité est plus complexe puisqu'une véritable stratification des règles de droit a eu lieu composée de plusieurs périodes : avant 1870, entre 1870 et 1918, après 1918 sachant qu'il y a pu y avoir modification des règles pendant ces diverses périodes. Le principe est que toute loi française, même antérieure, qui touche au fondement constitutionnel de la nation est directement applicable, il en va du respect de la souveraineté nationale. À défaut, la loi antérieure pour trouver à s'appliquer dans cette partie du territoire français doit faire l'objet d'une introduction spécialement prévue par une loi ou un décret. Pour les lois postérieures à la réintégration, elles sont bien évidemment directement applicables. Ce maintien d'un droit local peut conduire à des conflits de lois dans l'espace. 228

Hors métropole, la loi française trouve à s'appliquer dans les départements d'outre-mer (Réunion, Guadeloupe, Guyane, Martinique) et les anciens territoires d'outre-mer, devenus pour certains des collectivités d'outre-mer (Mayotte, Polynésie française, Saint-Pierre-et-Miquelon, Wallis et Futuna) et pour d'autres des collectivités à 229 statut particulier (Nouvelle-Calédonie, Saint-Martin et Saint-Barthélemy, etc.). Dans les départements et les régions d'outre-mer ainsi que les collectivités territoriales créées en application de l'article 73 dernier alinéa de la Constitution, le principe demeure l'application de plein droit des lois et règlements sous une double réserve. La première tient aux possibilités d'adaptation de ceux-ci en raison des caractéristiques et contraintes particulières de ces collectivités. La seconde est plus directement dérogatoire. Il est prévu par la Constitution que pour tenir compte de leurs spécificités, les départements et régions d'outre-mer peuvent être habilités par la loi à fixer eux-mêmes les règles applicables sur leur territoire dans un nombre limité de matières pouvant relever du domaine de la loi. Sont exclus de ces matières, « la nationalité, les droits civiques, les garanties des libertés publiques, l'état et la capacité des personnes, l'organisation de la justice, le droit pénal, la procédure pénale, la politique étrangère, la défense, la sécurité et l'ordre publics, la monnaie, le crédit et les changes, ainsi que le droit électoral » (Const., art. 73). Le domaine de cette exclusion pourrait toutefois être précisé et complété par une loi organique. Ce double tempérament enfin à l'application de plein droit des lois et règlements ne concerne pas la Réunion.

Dans les autres collectivités d'outre-mer, il y a lieu de se référer à l'article 74 de la Constitution. Ces collectivités ont un statut qui est défini par une loi organique qui tient compte des intérêts propres à chacune d'elles. Ce statut prévoit notamment les conditions dans lesquelles les lois et règlements y sont applicables. L'article 74-1 poursuit en donnant compétence au gouvernement, pour ces collectivités et la Nouvelle-Calédonie, d'étendre par ordonnances, dans les matières qui demeurent de la compétence de l'État, les dispositions de nature législative en vigueur en métropole, à condition que la loi n'ait pas expressément exclu cette procédure.

Conformément à la loi organique n° 2007-223 du 21 février 2007 portant dispositions statutaires et institutionnelles relatives à l'outre-mer, les modalités d'adaptation des lois et règlements sont fixées par les départements aux articles LO 3445-1 s. du Code général des collectivités territoriales, pour les régions aux articles LO 4435-1 s., pour Mayotte aux articles LO 6113-1 s., Saint-Barthélemy aux articles LO 6213-1 s., Saint-Martin aux articles LO 6313-1 s. et Saint-Pierre-et-Miquelon aux articles LO 6413-1 s. La Nouvelle-Calédonie quant à elle fait l'objet du titre XIII de la Constitution.

§ 2 Le droit et les situations présentant un élément d'extranéité

230 Pour les situations juridiques présentant un élément d'extranéité, la détermination de la loi applicable se pose en termes de *conflit de lois*[Q] entre la loi française et la loi étrangère. Plusieurs questions peuvent se poser dont l'objet n'est pas ici de les traiter toutes, puisqu'il s'agit de droit international privé. Il suffit d'évoquer l'une des difficultés qui se cristallise autour de deux questions :

— lorsque des étrangers sont sur le territoire français doivent-ils se voir appliquer la loi française ?

— lorsque des Français sont à l'étranger peuvent-ils prétendre bénéficier de la loi française ?

L'élément d'extranéité d'une situation peut prendre des formes multiples, parmi lesquelles la nationalité (ex : une Française épouse un Allemand et adopte un enfant colombien), le domicile (ex : un couple franco-brésilien a son domicile à Rome), le lieu de l'union des époux (ex: un couple germano-anglais se marie en France), le lieu de situation de l'immeuble (ex: un Japonais est propriétaire d'un mas perdu dans la campagne provençale), le lieu de conclusion ou d'exécution d'un contrat (ex : un Français achète une automobile aux États-Unis et celle-ci doit être livrée en France), etc. 231 ■

Deux systèmes coexistent pour résoudre les difficultés de détermination de la loi applicable à la situation juridique considérée, celui de la territorialité des lois et celui de la personnalité des lois. L'article 3 du Code civil les concilie en retenant que « Les lois de police et de sûreté obligent tous ceux qui habitent le territoire » (al. 1). « Les immeubles, même ceux possédés par des étrangers, sont régis par la loi française » (al. 2). « Les lois concernant l'état et la capacité des personnes régissent les Français, même résidant en pays étrangers (al. 3) ». Mais les questions de conflit entre la loi française et la loi étrangère peuvent aussi être réglées par des traités et accords internationaux bilatéraux ou multilatéraux, l'existence de lois modèles, l'élaboration de *lois uniformes*[Q]. Enfin, on soulignera que l'existence du droit de l'Union a considérablement réduit les difficultés entre ressortissants de l'Union européenne. 232 ■

Ce problème de détermination de la loi applicable conduit, par extension, à un problème de détermination de la juridiction compétente pour connaître des litiges susceptibles de survenir à l'occasion de situations juridiques comportant un élément d'extranéité. Au conflit de lois s'ajoute un *conflit de juridictions*[Q]. La compétence des tribunaux français est acquise lorsque le défendeur à l'action a la nationalité française pour les obligations qu'il a contractées en pays étranger, même avec un étranger. Corollaire de l'article 14 du Code civil, l'article 15 du même Code instaure une équivalence entre les droits d'un Français et ceux d'un étranger relativement à la compétence juridictionnelle. Si le Français, demandeur, peut prétendre être jugé par les tribunaux du pays dont il est le ressortissant (C. civ., art. 14), l'étranger, demandeur, peut attraire le Français devant ces mêmes tribunaux (C. civ., art. 15). Ce qui, en définitive, conduit à reconnaître, dans les litiges internationaux où est impliqué un Français, une compétence dite « exclusive », mais non impérative, des juridictions françaises (Civ. 1re, 18 mai 1994, *D.* 1995. 20, note P. Courbe). La mise en œuvre de ce droit spécifique aux litiges internationaux passe par une double condition : la qualité de français de l'un des litigants et l'absence de renonciation à ce droit par les parties en cause. Il importe donc de vérifier la date d'acquisition de la nationalité française lorsque le défendeur n'est pas né français, mais aussi de s'assurer que les parties n'ont pas entendu déroger au principe de compétence posé par les articles 14 et 15 du Code civil. 233 ■

section 2

Le temps

234 Ont été présentées les règles relatives à l'entrée en vigueur de la loi, proche de ces questions bien que distincte est la difficulté posée par le conflit dans le temps d'une loi ancienne et d'une loi nouvelle. L'application des lois dans le temps engendre un problème né de l'existence de lois successives. Lorsqu'un fait, une situation, un procès a commencé sous l'empire de la loi ancienne et se poursuit sous l'empire de la loi nouvelle, quelles sont les dispositions applicables ? Faut-il prévoir la survie de la loi ancienne ou l'effet immédiat de la loi nouvelle ? En prônant l'effet immédiat de la loi nouvelle à une situation née antérieurement à son adoption, n'y a-t-il pas *rétroactivité*[Q] de la loi ?

235 Le besoin de sécurité juridique postule en faveur du maintien de la loi ancienne, car au moment où l'on agit, l'acte est posé en fonction des règles actuellement applicables. La règle nouvelle par hypothèse ne pouvait être prévue. C'est pourquoi il convient de restreindre au maximum le domaine d'application de cette loi dans le temps. Toutefois, en faveur de l'effet immédiat de la loi nouvelle, on fait valoir qu'elle est réputée plus adaptée et meilleure que la loi ancienne qui sinon n'aurait pas été abrogée.

236 La complexité de certaines situations conduit de plus en plus fréquemment le législateur à prévoir des dispositions transitoires, c'est-à-dire à adopter une règle spécifique de conflit de lois. Les dispositions transitoires sont les règles incorporées dans la loi nouvelle qui donnent la solution spécifique du conflit de lois engendré par le texte nouveau. Le législateur anticipe les difficultés d'application dans le temps de son texte et prévoit les règles spécifiques aptes à les résoudre. Le droit transitoire spécial se réfère très fréquemment à la notion d'« instance ». Ainsi qu'il est relevé par le professeur Perrot, tantôt la disposition transitoire dispose que la loi nouvelle est immédiatement applicable aux instances en cours, tantôt elle indique que l'application de la loi nouvelle est réservée aux instances introduites postérieurement à son entrée en vigueur ou encore ce qui revient au même elle dispose que les instances pendantes à la date d'entrée en vigueur de la nouvelle loi seront poursuivies et jugées en conformité à la loi ancienne.

237 En l'absence de dispositions transitoires, le Code civil donne pour solution générale des conflits de lois dans le temps que « La loi ne dispose que pour l'avenir ; elle n'a point d'effet rétroactif » (art. 2). La loi nouvelle n'est pas en principe rétroactive (§ 1). À la simplicité de la réponse donnée s'oppose sa difficile mise en œuvre qui s'exprime dans la formulation positive de l'interdiction précédente, savoir l'effet immédiat de la loi nouvelle (§ 2).

§ 1 Le principe de non-rétroactivité des lois

Ce principe signifie que la loi ne peut pas être appliquée aux conditions de création et aux effets passés de situations juridiques antérieures à son entrée en vigueur. Cette règle a été fondée sur la théorie des droits acquis. Par « droit acquis », il faut entendre tout droit définitivement entré dans un patrimoine ou toute situation juridique définitivement établie à l'égard de son bénéficiaire. Autrement dit, la loi nouvelle ne doit pas venir bouleverser l'état de chose existant et les droits consécutifs qui y sont attachés. Elle ne saurait agir sur ce qui est passé sans porter atteinte à l'ordre et la stabilité requis dans la société. 238 ■

L'interdiction posée à l'article 2 du Code civil donne à la règle de non-rétroactivité une valeur législative, ainsi que l'a rappelé le Conseil constitutionnel à propos des lois civiles (Cons. const. 9 janv., 22 juill., 30 déc. 1980, *D.* 1981. IR. 359). Le principe s'impose donc de façon absolue au pouvoir exécutif, à moins qu'il ne s'agisse d'un décret d'application pris pour l'application d'une loi elle-même rétroactive. Il s'impose, à plus forte raison, à l'autorité judiciaire chargée d'interpréter et d'appliquer la loi nouvelle, à moins qu'il ne s'agisse d'une loi expressément rétroactive. La valeur législative de la non-rétroactivité autorise le législateur à adopter des textes de lois dérogeant au principe d'interdiction posé par l'article 2 du Code civil. En revanche, pour les lois pénales, le principe de non-rétroactivité a une valeur supra-législative. Le Conseil constitutionnel l'a en effet rattaché aux principes qui forment le corps du bloc de constitutionnalité (v. not. Cons. const. 19 et 20 janv. 1981, *D.* 1982. 441). Le législateur n'a pas le pouvoir de déroger au principe de non-rétroactivité lorsque le texte est de nature pénale (D. Roets, « L'application de la loi pénale dans le temps et la Convention européenne des droits de l'homme », *D.* 2004. Chron. 1991). La solution se justifie pleinement au regard de la défense de la liberté individuelle. Il serait impensable d'être poursuivi pour un acte qui au moment où il a été posé n'était pas répréhensible (v. nouv. C. pr. pén., art. 112-1 à 112-4). La formule retenue par la Déclaration universelle des droits de l'homme de 1948 n'exprime pas autre chose : « Nul ne sera condamné pour des actions ou omissions qui, au moment où elles ont été commises, ne constituaient pas un acte délictueux d'après le droit national ou international. De même, il ne sera infligé aucune peine plus forte que celle qui était appliquée au moment où l'acte délictueux a été commis » (art. 11, al. 2 ; v. aussi art. 15 du Pacte de New York de 1966 ; Conv. EDH, art. 7). La non-rétroactivité des lois civiles ou des lois pénales n'est toutefois pas absolue. 239 ■

En matière civile, le législateur peut indirectement en adoptant des lois interprétatives et directement par le moyen de lois rétroactives déroger au principe posé par l'article 2 du Code civil. On sait que la loi interprétative a pour objet de préciser ou d'expliquer tout ou partie des dispositions d'une règle de droit antérieurement promulguée. Or, l'entrée en vigueur de la loi interprétative est celle de la loi interprétée. Ainsi qu'il a été souligné par les professeurs Ghestin, Goubeaux, Fabre-Magnan, la rédaction initiale de l'article 2 du Code civil énonçait littéralement cette règle dans un alinéa second aujourd'hui disparu : « Néanmoins, la loi interprétative d'une loi précédente aura son effet au jour de la loi qu'elle explique, sans préjudice des jugements en dernier ressort, des transactions, décisions arbitrales et autres passés en force de chose jugée ». L'alinéa n'a pas été maintenu car il était pour le 240 ■

moins inutile. Une loi interprétative ne doit ni ajouter ni retrancher au texte qu'elle interprète, par suite elle n'est pas une loi nouvelle, et donc ne peut être rétroactive. Le raisonnement est indiscutable si l'on admet comme postulat de départ que l'interprétation n'est pas substantiellement novatrice.

C'est de façon classique l'approche retenue par la jurisprudence : « Une loi ne peut être considérée comme interprétative qu'autant qu'elle se borne à reconnaître, sans rien innover, un droit préexistant qu'une définition imparfaite a rendu susceptible de controverses » (Civ. 3e, 27 févr. 2002, 3 arrêts, *D.* 2002. 1142, note Y. Rouquet), à défaut il y a lieu de refuser le qualificatif « interprétatif » et d'appliquer l'article 2 du Code civil (Civ. 1re, 20 févr. 2007, n° 06-10.217, *Bull. civ.* I, n° 65). Il faut au minimum admettre que la loi interprétative peut parfois ne serait-ce que par accident innover en explicitant un texte, ce faisant elle devient brèche ouverte pour la rétroactivité.

Par ailleurs, l'application immédiate de la loi interprétative aux instances en cours a pour effet inéluctable d'instaurer une rétroactivité par rapport à la jurisprudence de la Cour rendue sous l'égide de la loi avant qu'elle ne fasse l'objet d'une interprétation (*RTD civ.* 2002. 603, obs. N. Molfessis, à propos des arrêts précités).

■ 241 Les lois expressément rétroactives sont des lois dont personne ne met en doute ce caractère car il a été poursuivi par le législateur. Il faut que la rétroactivité ait été explicitement affirmée. À défaut le juge devrait dans l'application de la loi se cantonner à l'interprétation de l'article 2 du Code civil, ainsi que le retient de façon classique et non démentie la jurisprudence : « le législateur peut [...] déroger à la règle ordinaire de la non-rétroactivité, en vue d'un intérêt supérieur d'ordre public : mais [...] s'il n'a pas manifesté nettement sa volonté en ce sens, dans la loi nouvelle, celle-ci doit être appliquée par le juge, conformément à l'article 2 du Code civil » (*DP* 1902. 1. 105).

■ 242 Le législateur dans le pouvoir qui lui est reconnu ne doit pas commettre d'abus. Le problème s'est posé à propos des lois dites « de validation ». Ces lois permettent notamment au législateur de valider des actes jugés irréguliers qui ont été passés par l'Administration en leur donnant valeur rétroactive. Ce procédé valable ne doit pas conduire à violer les droits fondamentaux des justiciables. La France a été ainsi condamnée par la Cour EDH pour avoir, en adoptant une loi à caractère expressément rétroactif et en contraignant la Cour de cassation à donner au litige une issue favorable aux organismes de sécurité sociale, méconnu le droit à un procès équitable (Conv. EDH, art. 6 § 1). La Cour réaffirme que « si, en principe, le pouvoir législatif n'est pas empêché de réglementer en matière civile par de nouvelles dispositions à portée rétroactive des droits découlant des lois en vigueur, le principe de la prééminence du droit et de la notion de procès équitable consacrés par l'article 6 s'opposent, sauf pour d'impérieux motifs d'intérêt général, à l'ingérence du pouvoir législatif dans l'administration de la justice dans le but d'influer sur le dénouement judiciaire du litige » (CEDH 28 oct. 1999, Aff. *Zielinski c/ France*, Procédures 04/2000, n° 94).

■ 243 Reprenant l'argumentation développée par la Cour européenne, des juges du fond ont refusé d'appliquer l'article 87-1 de la loi du 12 avril 1996, réputant régulières, sous réserve des décisions passées en force de chose jugée, les offres de prêt immobilier émises avant le 31 décembre 1994 même si elles ne comportent pas un tableau d'amortissement détaillé, aux instances pendantes devant eux. Un pourvoi ayant été formé, la Cour de cassation a cassé l'arrêt en énonçant que l'intervention du législateur, dans l'exercice de sa fonction normative, n'a eu pour objet que de limiter, pour l'avenir, la portée d'une interprétation jurisprudentielle et non de trancher un litige dans lequel l'État aurait été partie (Civ. 1re, 20 juill. 2000, *JCP* 2000. Act. 1305 ; Civ. 1re, 9 juill. 2003, *JCP* 2004. II. 10016, note X. Prétot). Il semble que par cet arrêt la Cour de cassation réduise la portée pouvant être reconnue à la jurisprudence européenne (cependant : Soc. 24 avr. 2001, *D.* 2001. 2445). C'est soutenir en quelque sorte que l'abus ne peut être caractérisé que parce que le recours à une loi de validation rétroactive paraît moins motivé par la poursuite d'un intérêt général que pour permettre à l'État de se dégager de sa responsabilité. Dès lors qu'en l'espèce la déchéance du droit aux intérêts à laquelle auraient pu prétendre les emprunteurs, si la loi nouvelle n'avait pas été appliquée, n'aurait pas préjudicié à l'État mais aux organismes de crédit prêteurs, il n'y a aucune raison de s'aligner sur la jurisprudence de la Cour EDH. Tel semble être une partie du raisonnement implicite de la Cour de cassation. L'assemblée plénière est venue démentir cette interprétation, le 23 janvier 2004, le contrôle devant être opéré même si l'État n'est pas partie au procès (*RTD civ.* 2004. 599, obs. P. Deumier).

De façon plus générale, il doit être dérogé au principe de non-rétroactivité des lois pénales lorsque la loi pénale nouvelle est plus douce. Le principe est inversé, il y a rétroactivité *in mitius* (v. nouv. C. pén., art. 112-1, al. 3 et 112-4, al. 2). L'exception a valeur constitutionnelle. En simplifiant, cela signifie que chaque fois que le contenu d'une loi pénale nouvelle adoucit le système répressif existant, il y a lieu d'étendre au maximum son application dans le temps. 244 ■

§ 2 L'effet immédiat de la loi nouvelle

Le passage de l'article 2 du Code civil, « La loi ne dispose que pour l'avenir », a été traduit par le principe de l'effet immédiat de la loi nouvelle selon la théorie du doyen Roubier. La grande difficulté des conflits de lois dans le temps est que les actes humains sont rarement instantanés et impliquent dans leur réalisation la prise en compte de la durée. Dire que la loi n'a effet que pour l'avenir, c'est exclure de son domaine d'application toutes les situations dont la naissance et les effets ont été épuisés dans le passé. C'est y inclure à l'opposé toutes les situations dont la naissance et les effets sont ultérieurs à son entrée en vigueur. On peut aussi soutenir qu'une situation née dans le passé et dont les effets se produisent après l'entrée en vigueur de la loi, sera pour partie soumise à la loi ancienne (les éléments de naissance de la situation), pour partie soumise à la loi nouvelle (les effets de la situation). Mais que décider pour les situations dont certains éléments constitutifs ont été réalisés dans le passé et dont certains autres sont réalisés dans le présent, quelle loi doit avoir l'avantage ? Jusqu'où faut-il distinguer ? Doit-on appliquer la loi ancienne pour partie et la loi nouvelle pour partie alors qu'il s'agit d'une opération globale, la constitution d'une même situation juridique ? 245 ■

Depuis le doyen Roubier, la détermination de la loi applicable aux situations juridiques est présentée en doctrine sous un double aspect : la solution en rapport avec la constitution ou l'extinction de la situation et celle concernant les effets de cette situation. 246 ■

L'énoncé de la solution est simple relativement à la constitution ou à l'extinction d'une situation juridique, il y a application distributive de la loi ancienne et de la loi nouvelle à chaque élément de la situation, y compris pour les situations en cours de constitution ou en cours d'extinction au moment de l'entrée en vigueur du texte nouveau.

Pour les effets des situations juridiques définitivement cristallisées dans le passé qui se produisent après l'entrée en vigueur de la loi nouvelle, la solution est différente selon leur nature contractuelle ou extra-contractuelle.

Le principe est la survie de la loi ancienne qui s'applique aux effets des contrats formés sous l'égide de cette loi, même si ces effets se réalisent postérieurement à la loi nouvelle. La justification de cette règle tient à l'autonomie des volontés et à la sécurité contractuelle. Le contrat est un acte de prévisibilité et d'organisation de l'avenir par les volontés individuelles qui s'accordent. Le législateur ne peut par une loi nouvelle porter atteinte à l'équilibre du contrat tel qu'il a été conçu au moment de sa rédaction. Ceci étant on peut douter de la justesse de cette explication à propos des contrats d'adhésion passés entre professionnels et consommateurs. Les parties n'étant pas sur un pied d'égalité, le contrat étant prérédigé unilatéralement, il est fictif de soutenir que la loi nouvelle remet en cause l'équilibre voulu par les contractants, il ne remet en cause que l'équilibre établi par le contractant économiquement le plus fort. C'est pourquoi en ces hypothèses, le législateur n'hésite pas à recourir à des dispositions transitoires dérogatoires. Plus généralement, on admet que les dispositions nouvelles ayant un caractère d'ordre public doivent recevoir application immédiate, en dépit du caractère contractuel de la situation. L'idée est que le texte poursuit un objectif impérieux auquel le maintien des droits acquis ne doit pas faire obstacle. Cela se retrouve particulièrement pour la législation de droit du travail ou de la santé publique.

À l'inverse la solution retenue pour les effets des situations juridiques extra-contractuelles est l'application immédiate de la loi nouvelle, à condition qu'ils se soient produits après l'entrée en vigueur de cette loi. La Cour de cassation a ainsi, dans un arrêt ancien, repris ce qui n'était que proposition doctrinale en retenant à propos d'une modification de textes relatifs à la filiation : « que si sans doute une loi nouvelle s'applique aussitôt aux effets à venir des situations juridiques non contractuelles en cours au moment où elle entre en vigueur, et cela même quand semblable situation est l'objet d'un litige judiciaire, en revanche elle ne saurait, sans avoir effet rétroactif, régir rétrospectivement les conditions de validité ni les effets passés d'opérations juridiques antérieurement achevées » (Civ. 1re, 29 avr. 1960, *D.* 1960. 381, note G. Holleaux ; Civ. 2e, 8 juill. 2004, *Bull. civ.* II, no 344 : application de la loi du 8 août 1994, modifiant l'assiette du recours subrogatoire de l'assureur, à un accident survenu le 27 mars 1994). L'idée est que les personnes n'ont aucun droit acquis au maintien de la loi qui règle ces effets, le législateur peut donc modifier à tout moment l'ordonnancement juridique. Il en résulte que la loi applicable aux effets de situations passées doit être la loi en vigueur au moment où ces effets se produisent. En pratique, cela peut aboutir à des situations fort complexes ainsi qu'en témoigne la loi du 30 juin 2000 qui a modifié la loi du 16 juillet 1984 en matière sportive. L'article 15-2 de la loi nouvelle prévoit que le statut d'agent intermédiaire en matière sportive est soumis à une procédure d'autorisation et non plus à une procédure de simple déclaration. Or, le texte ne prévoit aucune disposition transitoire. Il faut en conclure que désormais en vertu de l'effet immédiat de la loi nouvelle, tout agent sportif devra obtenir l'autorisation pour continuer à exercer son activité. Ce qui pose le problème des conditions d'obtention de l'autorisation, conditions qui ne sont pas encore déterminées puisque le décret d'application de ce texte n'a pas encore été pris.

Les difficultés engendrées par les conflits de lois dans le temps se retrouvent enfin 247 ■
lorsqu'il s'agit de déterminer la loi applicable aux procès en cours. On distingue entre les lois substantielles qui intéressent le fond du droit et les lois de procédure et de compétence.

S'agissant des premières, le juge applique le même principe de solution que pour les situations juridiques. Il peut y avoir survie de la loi ancienne ou application immédiate de la loi nouvelle. Le fait qu'un procès ait été intenté est indifférent tant qu'il n'y a pas eu *décision passée en force de chose jugée*[Q]. La loi nouvelle entrée en vigueur après l'acte introductif d'instance ou après le jugement et avant l'arrêt d'appel s'applique ou ne s'applique pas comme cela aurait été s'il n'y avait pas eu procès. En revanche, si la loi nouvelle entre en vigueur après une décision rendue en dernier ressort, alors qu'un pourvoi en cassation est en cours, elle ne peut en principe s'appliquer puisqu'une décision passée en force de chose jugée est intervenue.

S'agissant des secondes, le principe est l'application immédiate de la loi à l'instance en cours en matière de compétence judiciaire, parce que le justiciable n'a aucun droit acquis à être jugé par telle juridiction plutôt que par telle autre. Pour les lois de procédure, il faut distinguer à l'intérieur de l'instance les actes de procédure qui ont été accomplis antérieurement à la loi nouvelle qui sont régis par la loi en vigueur au moment où ils ont été effectués et les actes de procédure accomplis ultérieurement qui eux doivent être régis par la loi nouvelle. Ainsi qu'il est développé par le professeur Bolard, au sein du procès, chacun des actes de procédure, dès son accomplissement, établit une « situation juridique définitivement constituée ». En d'autres termes, le droit commun des conflits de lois suffit à résoudre la difficulté.

Compléments pédagogiques

Mémo

La loi française s'applique en principe sur le territoire français, bien qu'elle puisse se trouver en concours avec d'autres lois.

L'Alsace-Moselle a un droit local propre qui correspond à une partie de la législation allemande pouvant conduire à des conflits de lois dans l'espace. Hors métropole, l'application des lois et règlements obéit à des règles distinctes s'il s'agit des départements, des régions ou des collectivités d'outre-mer. La question est principalement réglée par les articles 73 et 74 de la Constitution.

Pour les situations juridiques présentant un élément d'extranéité, la détermination de la loi applicable se pose en termes de conflit de lois entre la loi française et la loi étrangère. Le problème de détermination de la loi applicable conduit, par extension, à un problème de détermination de la juridiction compétente pour connaître des litiges susceptibles de survenir à l'occasion de situations juridiques comportant un élément d'extranéité.

L'application des lois dans le temps engendre un problème né de l'existence de lois successives. *Les dispositions transitoires* sont les règles incorporées dans la loi nouvelle qui donnent la solution spécifique du conflit de lois engendré par le texte nouveau. *Le législateur anticipe les difficultés d'application dans le temps de son texte et prévoit les règles spécifiques aptes à les résoudre*. Le droit transitoire spécial se réfère très fréquemment à la notion d'« instance ». En l'absence de telles dispositions, le Code civil donne pour solution générale des conflits de lois dans le temps que « la loi ne dispose que pour l'avenir ; elle n'a point d'effet rétroactif » (art. 2).

La règle de non-rétroactivité a une valeur législative pour les lois civiles. En revanche, pour les lois pénales, le principe de non-rétroactivité a une valeur supra-législative. Mais dans les deux cas la non-rétroactivité des lois civiles ou des lois pénales n'est pas absolue, le législateur peut ou doit y déroger. En matière civile, le législateur peut indirectement en adoptant des lois interprétatives bien que ce soit controversé et directement par le moyen de lois rétroactives déroger au principe posé par l'article 2 du Code civil. En matière pénale, il doit être dérogé au principe de non-rétroactivité des lois pénales lorsque la loi pénale nouvelle est plus douce. Le principe est inversé, il y a rétroactivité *in mitius*.

Le passage de l'article 2 du Code civil, « La loi ne dispose que pour l'avenir », a été traduit par le principe de l'effet immédiat de la loi nouvelle selon la théorie du doyen Roubier. La détermination de la loi applicable aux situations juridiques est présentée en doctrine sous un double aspect : la solution en rapport avec la constitution ou l'extinction de la situation et celle concernant les effets de cette situation. L'énoncé de la solution est simple relativement à la constitution ou à l'extinction d'une situation juridique, il y a application distributive de la loi ancienne et de la loi nouvelle à chaque élément de la situation. Pour les effets des situations juridiques définitivement cristallisées dans le passé qui se produisent après l'entrée en vigueur de la loi nouvelle, la solution est différente selon leur nature contractuelle ou extra-contractuelle. Le principe est la survie de la loi ancienne qui s'applique aux effets des contrats formés sous l'égide de cette loi, même si ces effets se réalisent postérieurement à la loi nouvelle. À l'inverse, la solution retenue pour les effets des situations juridiques extra-contractuelles est l'application immédiate de la loi nouvelle. Les difficultés engendrées par les conflits de lois dans le temps se retrouvent enfin lorsqu'il s'agit de déterminer la loi applicable aux procès en cours. Pour les lois substantielles qui intéressent le fond du droit, le fait qu'un procès ait été intenté est indifférent tant qu'il n'y a pas eu décision passée en force de chose jugée. Pour les lois de compétence, le principe est l'application immédiate de la loi à l'instance en cours, parce que le justiciable n'a aucun droit acquis à être jugé par telle juridiction plutôt que par telle autre. Pour les lois de procédure, il faut distinguer à l'intérieur de l'instance les actes de procédure qui ont été accomplis antérieurement à la loi nouvelle qui sont régis par la loi en vigueur au moment où ils ont été effectués et les actes de procédure accomplis ultérieurement qui eux doivent être régis par la loi nouvelle.

Quid

■ Conflit de juridictions n° 233

Conflit de compétence entre deux juridictions de souverainetés différentes.

■ Conflit de lois n° 230

Concours de deux règles de droit émanant de souverainetés différentes et susceptibles d'être appliquées à une même situation juridique.

■ Décision passée en force de chose jugée n° 247

Décision définitive contre laquelle les voies de recours ordinaires (opposition et appel) ont été épuisées soit parce que les délais pour les exercer sont expirés, soit parce qu'elles ont été exercées. Mais la décision passée en force de chose jugée peut encore faire l'objet d'une voie de recours extraordinaire (recours en révision, tierce opposition, pourvoi en cassation).

■ Loi uniforme n° 232

Règles de droit imposées par une convention internationale et qui réalise, entre les États signataires une unification des règles dans les matières visées par cet accord.

■ Rétroactivité n° 234

Caractère qui confère à une règle de droit le pouvoir d'agir sur des faits passés, il y a effet rétroactif c'est-à-dire effet sur le passé.

Biblio

– G. Bolard, « Droit transitoire et procédure civile », in *Mélanges J. Foyer*, PUF, 1997, p. 439.
– J. Héron, *Principes de droit transitoire*, Dalloz, 1996.

– J. Normand, « L'application dans le temps des lois de droit judiciaire privé au cours de la dernière décennie », in *Mélanges P. Raynaud*, Dalloz-Sirey,1985, p. 555.
– D. Roets, « L'application de la loi pénale dans le temps et la Convention européenne des droits de l'homme », *D.* 2004. Chron. 1991.
– P. Roubier, *Le droit transitoire (conflits de lois dans le temps)*, 2e éd., Dalloz-Sirey, 1960.

Quiz

1) Sujets corrigés

Commentaires de texte

Énoncé n° 1

Article 2 du Code civil

« La loi ne dispose que pour l'avenir ; elle n'a point d'effet rétroactif ».

Voir le corrigé en fin de rubrique.

Énoncé n° 2

Décision n° 2012-297 QPC du 21 février 2013 sur le Traitement des pasteurs des églises consistoriales dans les départements du Bas-Rhin, du Haut-Rhin et de la Moselle.

Voir le corrigé en fin de rubrique.

2) Corrigés

Commentaire d'article

I. La vocation de la loi nouvelle à régir les situations futures

A. L'application immédiate de la loi nouvelle

– La date d'entrée en vigueur de la loi nouvelle : art. 1er du C. civ. sauf disposition transitoire.

– La détermination des situations futures : la naissance, le cours et la fin d'une situation juridique.

B. La survie exceptionnelle de la loi ancienne

– La prévisibilité des situations futures par les parties : le contrat.

– L'exception tirée de l'ordre public.

II. Le refus d'application de la loi nouvelle aux situations passées

A. Le principe de non-rétroactivité de la loi nouvelle

– Le fondement du principe : la sécurité juridique – la théorie des droits acquis.

– L'application consécutive de la loi ancienne.

B. Le domaine du principe de non-rétroactivité

– En matière pénale (citer fondement distinct de l'article 2 du Code civil), à l'exception de la rétroactivité *in mitius* (expliquer).

– En matière civile : lois expressément rétroactives.

Commentaire

Les trois départements du Bas-Rhin, du Haut Rhin et de la Moselle resteront-ils indéfiniment irréductibles ? Le législateur ne les ménage pas ! Cette belle diversité territoriale ne plaît pas à l'esprit jacobin qui, s'il a pu en d'autres temps venir à bout des corps intermédiaires dans la société, trouve en cet endroit particulier de la France force résistance. Les assauts contre ce qui est bien moins qu'une facétie de l'histoire mais symbole d'unité nationale ont été, en ce début de millénaire, répétés. On songe à la loi n° 2015-29 du 16 janvier 2015 ayant fusionné la région Champagne-Ardenne avec celle de l'Alsace et de la Lorraine, devenues la région « Alsace, Champagne-Ardenne et Lorraine ».

Le lien historique substantiel entre territoire et droit porte les regards nécessairement vers le droit local alsacien-mosellan. L'appauvrissement de la mémoire conduit souvent à une blessure de l'identité. Telle pourrait être sans doute l'explication de ces trois questions prioritaires de constitutionnalité faisant grief au droit local d'Alsace-Moselle pour l'une de porter atteinte à l'égalité des citoyens (Décis. n° 2011-157 QPC, 5 août 2011, *Somodia*, *RFDA* 2012. 131, J.-M. Woerhling ; *JCP* G 2011, 2297, M. Verpeaux ; *JCP* Adm. 2011. 42, N. Abi Rached), pour l'autre à l'objectif de valeur constitutionnelle d'accessibilité et d'intelligibilité de la loi en raison de l'absence de version française faisant foi de dispositions légales (le texte était en allemand, même si l'inconstitutionnalité a été prononcée sur le premier grief d'atteinte à la liberté d'entreprendre : Décis. n° 2012-285 QPC, 30 nov. 2012, *Dr. adm.* 2013. 21, F. Hoffmann ; *Revue de droit local* 12/2012, 1, J.-M. Woerhling), pour la dernière, objet de ce commentaire, de méconnaître le principe constitutionnel de laïcité en prévoyant qu'il sera pourvu au traitement des pasteurs des églises consistoriales (Décis. n° 2012-297 QPC, 21 fév. 2013, *JCP* G 2013, 426, M. Verpeaux, A. Macava ; J.-M. Woerhing, « Le droit alsacien-mosellan des cultes après les récentes décisions du Conseil constitutionnel », *RD publ.* 2013. 532).

Dans cette dernière affaire, l'Association pour la promotion et l'expansion de la laïcité s'opposait à la conformité aux droits et libertés que la Constitution garantit de l'article VII des articles organiques des cultes protestants de la loi du 18 germinal an X relative à l'organisation des cultes, question transmise au Conseil constitutionnel par le Conseil d'État (CE 19 déc. 2012, req. n° 360724, *AJDA* 2013. 8).

Le Conseil constitutionnel a écarté le grief dans sa décision du 21 février 2013 en procédant, en deux temps, par l'affirmation « que le principe de laïcité figure au nombre des droits et libertés que la Constitution garantit » (consid. 5), et en objectant l'absence de remise en cause du droit local alsacien-mosellan (consid. 6).

De façon explicite, la législation relative à l'organisation de certains cultes et la rémunération des ministres du culte est déclarée conforme à la Constitution (I). L'incidence de la reconnaissance du principe constitutionnel de laïcité à propos du droit local alsacien-mosellan conduit à d'autres incertitudes (II).

I. La législation relative à l'organisation de certains cultes et la rémunération des ministres du culte : les acquis de la décision n° 2002-297 QPC du 21 février 2013

Partant du régime spécifique des cultes en Alsace-Moselle (A), le Conseil constitutionnel conclut à la constitutionnalité du caractère dérogatoire des dispositions visées (B).

A. Un régime spécifique des cultes en Alsace-Moselle

1. Un droit local dont la portée est renforcée par un principe fondamental reconnu par les lois de la République en 2011 (Décision n° 2011-157 QPC du 05 août 2011)

Perdue par la France lors du Traité de Francfort, le 10 mai 1871, l'Alsace et la Lorraine redeviennent françaises lors du Traité de Versailles, le 28 juin 1919. Cette longue période est le bassin de naissance du droit local d'Alsace-Moselle, ou, de façon plus ramassée, Droit Local. Au moment de redevenir françaises, l'article 3 de la loi du 17 octobre 1919 relative au régime transitoire de l'Alsace et de la Lorraine, adoptée à la suite du rétablissement de la souveraineté de la France sur ces territoires, acte que « les territoires d'Alsace et de Lorraine continuent, jusqu'à ce qu'il ait été procédé à l'introduction des lois françaises, à être régis par les dispositions législatives et réglementaires qui y sont actuellement en vigueur ».

La pertinence du maintien d'un droit local alsacien-mosellan près de cent ans plus tard au sein de l'ordre juridique français a été reconnue, sans détour, par le Conseil constitutionnel à propos d'une question de droit du travail relative au travail du dimanche : « la législation républicaine antérieure à l'entrée en vigueur de la Constitution de 1946 a consacré le principe selon lequel, tant qu'elles n'ont pas été remplacées par les dispositions de droit commun ou harmonisées avec elles, des dispositions législatives et réglementaires particulières aux départements du Bas-Rhin, du Haut-Rhin et de la Moselle peuvent demeurer en vigueur ; qu'à défaut de leur abrogation ou de leur harmonisation avec le droit commun, ces dispositions particulières ne peuvent être aménagées que dans la mesure où les différences de traitement qui en résultent ne sont pas accrues et que leur champ d'application n'est pas élargi ; que telle est la portée du principe fondamental reconnu par les lois de la République en matière de dispositions particulières applicables dans les trois départements dont il s'agit ; que ce principe doit aussi être concilié avec les autres exigences constitutionnelles ». Ce faisant le droit local se trouvait inscrit dans la tradition républicaine et défendu au titre des fameux principes fondamentaux reconnus par les lois de la République (PFRLR).

2. Le régime des cultes soumis à l'appréciation du Conseil constitutionnel en 2013

Tel est le contexte dans lequel la question du régime des cultes, spécialement de la rémunération des ministres du culte a été posée en 2013. La loi contestée du 18 germinal an X autorisant la rémunération des pasteurs date, selon le calendrier actuel, de 1802. La France est encore un régime concordataire. La convention du 26 messidor an IX, ou Concordat de 1801, s'applique sur tout le territoire pour régler les rapports entre les différentes religions et l'État. Par application de ces textes, l'État va purement et simplement salarier des pasteurs, des prêtres, des rabbins.

Ce régime spécifique peut-il perdurer alors que la loi du 9 décembre 1905, spécialement en son article 2 dispose : « La République ne reconnaît, ne salarie ni ne subventionne aucun culte » et dont l'article 44 dispose « sont et demeurent abrogées toutes les dispositions relatives à l'organisation publique des cultes antérieurement reconnus par l'État, ainsi que toutes dispositions contraires à la présente loi et notamment la loi du 18 germinal an X » ?

B. Un régime dérogatoire conforme à la Constitution

1. Le caractère dérogatoire de la loi du 18 germinal an X par rapport à la loi du 9 décembre 1905

La spécificité du régime des cultes est dérogatoire par rapport à la loi du 9 décembre 1905, mais cette dérogation est justifiée en raison de la date de la loi du 9 décembre 1905. Cette loi douloureuse, par les persécutions auxquelles elle a donné lieu, dite de séparation des églises et de l'État a été promulguée en France alors que l'Alsace-Lorraine était allemande. Elle n'a pas vocation à s'appliquer à cette partie du territoire lors de sa réintégration opérée par le Traité de Versailles précité en 1919. De façon générale, la loi du 17 octobre 1919 le reconnaît, et, techniquement s'agissant du droit des cultes, « le 13° de l'article 7 de la loi du 1er juin 1924 mettant en vigueur la législation civile française dans les départements du Bas-Rhin, du Haut-Rhin et de la Moselle a expressément maintenu en vigueur dans ces départements à titre provisoire l'ensemble de la législation locale sur les cultes et les congrégations religieuses [...] ». Le Conseil constitutionnel conforte la dérogation en se référant non plus à la loi de 1905 mais à la Constitution.

2. L'absence de remise en cause de la dérogation par les Constituants de 1946 et de 1958

L'article 1er, al. 1 de la Constitution dispose « La France est une République indivisible, laïque, démocratique et sociale [...] ». Ce principe organisationnel de la France repris par la Constitution de 1958, déjà présent dans la Constitution de 1946, remet-il en cause la dérogation résultant de l'ordonnance de 1944, et plus largement du maintien d'un droit local alsacien-mosellan ? Le Conseil répond par la négative : « la Constitution n'a pas pour autant entendu remettre en cause les dispositions législatives ou règlementaires particulières applicables dans plusieurs parties du territoire de la République lors de l'entrée en vigueur de la Constitution et relatives à l'organisation de certains cultes et, notamment, à la rémunération de ministres du culte ». Ce faisant le renvoi à la volonté des constituants par le visa fait aux « travaux préparatoires du projet de la Constitution du 27 octobre 1946 relatifs à son article 1er que de ceux du projet de la Constitution du 4 octobre 1958 » a été très discuté par les constitutionnalistes. La décision du 21 février 2013, au-delà du seul droit local, a soulevé de nouvelles incertitudes.

II. La législation relative à l'organisation de certains cultes et la rémunération des ministres du culte : les incertitudes induites de la décision n° 2002-297 QPC du 21 février 2013

La reconnaissance constitutionnelle du principe de laïcité (A) et le caractère provisoire de la législation maintenue dans les trois départements de l'Est (B) rendent incertaine la portée de la décision commentée.

A. La reconnaissance constitutionnelle du principe de laïcité

1. Le grand écart du Conseil constitutionnel entre « principe » et « droits et libertés » protégés au titre du mécanisme de la Question prioritaire de constitutionnalité (QPC)

Le Conseil constitutionnel a été saisi d'une QPC au motif qu' « [...] il est soutenu qu'une disposition législative porte atteinte aux droits et libertés que la Constitution garantit [...] » (Const., art. 61-1). Or, en l'occurrence, la violation alléguée porte sur un principe d'organisation de la République et non sur un droit ou une liberté fondamentale. Le visa effectué à l'article 10 de la Déclaration des droits de l'homme et du citoyen prend alors tout son sens. Il est le trait d'union entre la laïcité comme principe et la liberté de religion droit du citoyen. Il permet la reconnaissance d'un principe constitutionnel de laïcité à partir des droits et libertés garantis par la Constitution. La technique avait déjà été essayée dans la décision précitée de 2012 relative à l'emploi de la langue française (Décision n° 2012-285 QPC du 30 novembre 2012, spéc. considérant n° 12). Elle a permis au Conseil, en 2013, de définir la laïcité.

2. La teneur discutée du principe de laïcité reconnu par le Conseil constitutionnel

Il résulte du principe de laïcité visé au considérant 5 de la décision « [...] la neutralité de l'État ; qu'il en résulte également que la République ne reconnaît aucun culte ; que le principe de laïcité impose notamment le respect de toutes les croyances, l'égalité de tous les citoyens devant la loi sans distinction de religion et que la République garantisse le libre exercice des cultes ; qu'il implique que celle-ci ne salarie aucun culte [...] ». L'énumération des conséquences découlant du principe de laïcité est discutable car elle pose la question de son exhaustivité ou non. Immédiatement, la référence à la seule interdiction de salarier les cultes conduit l'interprète, ainsi que le Président de l'Institut du Droit Local alsacien-mosellan, à s'interroger sur celle de l'interdiction de les subventionner, absente du considérant constitutionnel.

Il fige surtout ainsi qu'il a pu être dénoncé toute évolution du droit local d'Alsace-Moselle dans les limites étroites de l'histoire qui l'a vu naître, ce qui pose avec plus d'acuité encore la question de la durée du maintien de la législation provisoire.

B. Le caractère provisoire de la législation maintenue

1. La faveur du Conseil constitutionnel envers le maintien du droit local

En dépit du caractère provisoire de la législation maintenue dans les territoires de l'Est, le Conseil constitutionnel marque un attachement, sans doute plus politique que juridique, au respect de ce droit résultant d'une configuration territoriale historique. Ces paroles d'Albert Viau qui résonnent encore au cœur de beaucoup — « Non, vous n'aurez pas l'Alsace et la Lorraine » — expriment le tour particulier que prend toute modification relative à cette partie du territoire français. L'Alsace et la Lorraine ont su dépasser les blessures de l'histoire pour unifier leurs dispositions en un droit local qui reste, paradoxalement, le symbole de l'unité nationale retrouvée. Les décisions constitutionnelles sont un soutien à l'existence d'un régime dérogatoire, pour autant elles ne sont pas une garantie de ce provisoire qui dure.

2. Une durée du provisoire laissée à la discrétion du législateur

Les lois justifiant le régime dérogatoire aux autres lois applicables s... territoire ne valent que « jusqu'à ce qu'il ait été procédé à l'in... françaises » (L. 17 oct. 1919). La loi du 1er juin 1924 n'envisa... des cultes qu'« à titre provisoire » et l'ordonnance d... ment. La survie du droit local est laissée à la discré...

L'apparition d'une laïcité à la française bie... par nos constituants en 1946 et 19... ...cal alsacien-mosellan, pourtant bie...

chapitre 7

Les preuves en droit

Plan analytique

Les preuves en droit

La matière de la preuve est essentielle en droit parce que « c'est la même chose de ne pas être ou de ne pas être prouvé » (*Idem est non esse aut non probari*). Le titre IV bis, du Livre III du Code civil est depuis l'ordonnance n° 2016-131 du 10 février 2016 intitulé « De la preuve des obligations » (C. civ., art. 1353 à 1386-1 ; G. Lardeux, « Commentaire du titre IV bis nouveau du livre III du Code civil intitulé « De la preuve des obligations » ou l'art de ne pas réformer », D. 2016, 850). Ont été soulignées par G. Lardeux, l'absence de droit subjectif à la preuve pourtant reconnue par la CEDH (CEDH 10 oct. 2006, *L. L. c/ France*, n° 7508/02, pt 40, *D.* 2006. 2692) et l'absence d'affirmation générale d'un principe de loyauté probatoire. Un règlement de l'Union européenne régit depuis 2001 (Règ. n° 1206) la question de l'obtention des preuves sur les territoires des États membres. L'administration de la preuve relève du droit civil substantiel, mais également, tel que le souligne le nouvel article 1357 du Code civil, du droit procédural : « L'administration judiciaire de la preuve et les contestations qui s'y rapportent sont régies par le Code de procédure civile ». 248

Que faut-il prouver ? (section 1). Qui doit le prouver ? (section 2). Comment doit-on le prouver ? (section 3).

section 1

L'objet de la preuve

La preuve porte sur les faits non sur le droit. Ceci est clairement exprimé en liminaire du nouveau Code de procédure civile. « À l'appui de leurs prétentions, les parties ont la charge d'alléguer les faits propres à les fonder » (C. pr. civ., art. 6), « Le juge ne peut fonder sa décision sur des faits qui ne sont pas dans le *débat*[Q] » (C. pr. civ., art. 7), et donc « Il incombe à chaque partie de prouver conformément à la loi les faits nécessaires au succès de sa *prétention*[Q] » (C. pr. civ., art. 9). Le droit lui incombe au juge qui doit qualifier les faits (C. pr. civ., art. 12) en recherchant la règle de droit applicable. 249

Cela suppose que la règle de droit soit connue sans avoir besoin d'être prouvée. Une controverse s'est donc élevée à propos de la loi étrangère dont le juge peut ne pas avoir connaissance. Incombe-t-il aux parties de prouver le contenu d'une loi étrangère dont elles prétendent à l'application devant la juridiction française ? Il est certain que la loi étrangère est au même titre que la loi française règle de droit et, à ce titre, elle relève de la compétence du juge, mais en raison de l'impossible connaissance de toutes les lois étrangères par le juge national, elle pourrait être traitée en tant que fait à prouver par les parties qui l'invoquent. La dernière jurisprudence de la Cour de cassation semblerait aller dans le sens d'un rattachement 250 de la loi étrangère à la loi française et donc à l'inutilité de sa preuve (Civ. 1re, 27 janv. 1998, *JCP* 1998. II. 10098, note H. Muir Watt). Un problème analogue se pose à propos de la coutume, qui si elle est, ainsi qu'il a été traité (v. ss 186 s.), règle de droit n'en doit pas moins faire l'objet d'une preuve, les parties devant produire un certificat de coutume établissant son existence et son contenu.

■ 251 Les faits, quant à eux, sont compris dans la plus large acception du terme. Il ne faut pas le réduire à l'opposition des *faits et actes juridiques*Q que l'on trouve en droit des obligations. Les faits visent tous les événements, les situations, les actes (contrats, etc.), les déclarations susceptibles de prouver la véracité de ce qui est allégué par l'une des parties et donc capables de la faire triompher dans la prétention qu'elle soumet au juge. L'article 6 précité indique que ce sont les faits propres à fonder la prétention, c'est-à-dire les faits pertinents au regard de l'objet du litige.

■ 252 L'opposition entre les faits et le droit, et corrélativement entre les parties et le juge n'est pas aussi radicale qu'il y paraît de prime abord. Il existe plus exactement dans le procès, selon la formule du professeur Cadiet, un principe de coopération entre le juge et les parties qui s'exprime également sous l'angle de la preuve. La lecture des articles 8, 10 et 11 du C. pr. civ. suffit à s'en convaincre. On y apprend que le juge peut toujours demander aux parties les explications de fait qu'il estime nécessaires à la solution du litige (art. 8), qu'il peut ordonner d'office toutes *mesures d'instruction*Q légalement admissibles (art. 10) auxquelles les parties sont tenues d'apporter leur concours, sauf au juge à tirer toute conséquence d'une abstention ou d'un refus (art. 11).

En droit de la famille, par exemple, le refus d'une personne de se prêter à une expertise sanguine ou génétique pour vérifier l'existence ou non d'un lien de filiation est licite, simplement le juge peut en tirer toutes les conséquences, notamment conclure à la vraisemblance du lien de filiation litigieux (Civ. 1re, 6 mars 1996, *D.* 1996. 529, note J.-J. Lemouland). La jurisprudence est allée beaucoup plus loin par deux arrêts, il a été affirmé, en se fondant en partie sur l'ancien article 311-12 du Code civil, que l'expertise biologique est de droit en matière de filiation, sauf s'il existe un motif légitime de ne pas y procéder (v. Civ. 1re, 28 mars 2000, Civ. 1re, 30 mai 2000, *JCP* 2000. II. 10409, concl. C. Petit ; et II. 10410, note T. Garé). Cette dernière solution jurisprudentielle, discutable au regard des règles en matière de filiation, fait écho à l'article 10 du Code civil aux termes duquel : « Chacun est tenu d'apporter son concours à la justice en vue de la manifestation de la vérité » (al. 1). « Celui qui, sans motif légitime, se soustrait à cette obligation lorsqu'il en a été légalement requis, peut être contraint d'y satisfaire, au besoin à peine d'astreinte ou d'amende civile, sans préjudice de dommages et intérêts (al. 2) ».

Si le droit enfin incombe au juge par opposition aux faits, la réalité est plus nuancée. Effectivement le dernier mot revient au juge qui décide quel est le fondement juridique de la solution à donner au litige, mais en pratique les parties vont souvent proposer une argumentation et un choix de règles de droit applicables à l'espèce pour justement emporter la conviction du juge. Un décret du 28 décembre 1998 a d'ailleurs transformé cette pratique en obligation juridique pour les avocats qui, depuis le 1er mars 1999 date d'entrée en vigueur du texte réglementaire, sont tenus de qualifier juridiquement les prétentions de leurs clients ; les conclusions de ces auxiliaires de justice sont obligatoirement qualificatives. Libre au juge ensuite de requalifier s'il l'estime nécessaire.

L'administration judiciaire de la preuve dans le procès traduit la coopération du juge et des parties relativement à cette preuve. « Les faits dont dépend la solution du litige peuvent, à la demande des parties ou d'office, être l'objet de toute mesure d'instruction légalement admissible » (C. pr. civ., art. 144). L'administration judiciaire de la preuve passe également par les pouvoirs reconnus au juge d'ordonner toute mesure utile afin de mettre l'affaire en état d'être jugée. Mais le juge n'est jamais tenu d'ordonner une mesure d'instruction, il est seul juge de l'opportunité de la mesure qu'il ordonne. Il faut évidemment qu'il l'estime utile à la manifestation de la vérité. Les plaideurs ne peuvent donc pas exiger qu'il soit procédé à la mesure, ils le peuvent d'autant moins que la charge de l'allégation des faits mais aussi de leur preuve leur incombe. L'article 146, alinéa 2 du C. pr. civ. ne saurait être plus clair : « En aucun cas une mesure d'instruction ne peut être ordonnée en vue de suppléer la carence de la partie dans l'administration de la preuve », et l'alinéa 1er exige de la partie qu'elle ne « dispose pas d'éléments suffisants » pour prouver ce qu'elle allègue. Et c'est encore la raison pour laquelle le juge « doit limiter le choix de la mesure à ce qui est suffisant pour la solution du litige » (C. pr. civ., art. 147). 253 ■

Par ailleurs, « S'il existe un motif légitime de conserver ou d'établir avant tout procès la preuve de faits dont pourrait dépendre la solution d'un litige, les mesures d'instruction légalement admissibles peuvent être ordonnées à la demande de tout intéressé, sur requête ou en référé » (C. pr. civ., art. 145). Résultat de la réforme de 1973 (Décr. 17 déc., art. 4), le référé probatoire, référé préventif, avait traditionnellement pour objet d'éviter le dépérissement des preuves. L'intérêt du référé fondé sur ce texte tient à la possibilité d'obtenir des mesures d'instruction avant tout procès, indépendamment de toute demande principale. Plusieurs conditions doivent être remplies : existence d'un motif légitime en lien avec la preuve de faits, lien des faits à prouver avec la solution d'un litige éventuel, et absence de procès.

section 2

La charge de la preuve

La détermination de celui auquel incombe la charge de la preuve est importante, moins en raison du surcroît de travail pour construire son dossier, qu'en raison de ce que la doctrine a appelé le risque de la preuve. Dans la pratique, en effet, il est évident que chaque partie, tenue ou non de la charge de la preuve, va apporter le plus d'éléments possibles à l'appui de sa demande. La question de la charge de la preuve devient essentielle lorsque le fait n'a pu être prouvé. La personne qui succombe dans son procès est alors celle sur laquelle portait la charge de la preuve, elle perd son procès parce qu'elle n'a pas satisfait à son obligation. Sous forme d'analogie, on peut dire que le doute profite à l'accusé, ici à la partie défenderesse. 254 ■

L'article 1353 du Code civil énonce la règle générale permettant de déterminer la personne sur laquelle repose la charge de la preuve, mais la rigueur de la solution est parfois atténuée par la technique des présomptions.

Aux termes de l'article 1353 du Code civil, « Celui qui réclame l'exécution d'une obligation doit la prouver. Réciproquement, celui qui se prétend libéré doit 255 ■

justifier le payement ou le fait qui a produit l'extinction de son obligation». Ce texte reprend le contenu de l'adage *Actori incumbit probatio* (la preuve incombe au demandeur). Ces deux alinéas sont complémentaires, si c'est au débiteur qui se prétend libéré de justifier de l'exécution de son obligation, il appartient d'abord à celui qui réclame l'exécution de l'obligation de prouver son existence. En prenant l'exemple du paiement on comprendra mieux le mécanisme prévu par ce texte. En présence d'un défaut de paiement, il ne suffit pas que le créancier allègue du non-paiement, il doit encore prouver l'engagement d'où résulte sa créance. Corrélativement, il revient au débiteur de prouver qu'il a effectivement payé s'il prétend être libéré.

■ **256** L'inconvénient de la solution légale est qu'elle conduit parfois ceux qui demandent réparation d'un dommage en justice à une impasse. Ceci apparaît clairement chaque fois que le créancier d'une obligation ne l'est que d'une obligation de moyens envers le débiteur. Ainsi, le patient envers son médecin doit prouver que ce dernier a commis une faute pour prétendre obtenir réparation d'un préjudice qu'il lui aurait causé. Or, la preuve de cette faute dans l'exercice de la médecine est très difficile à établir. Il en résulte que le patient obtiendra rarement satisfaction en justice. C'est la raison pour laquelle la jurisprudence a contourné la difficulté et a pu parfois, par le moyen de l'obligation d'information, renverser la charge de la preuve. Le revirement opéré par la première chambre civile de la Cour de cassation date du 25 février 1997 (*Bull. civ.* I, n° 75). Un patient avait souffert au cours d'une coloscopie d'un dommage résultant d'une perforation de l'intestin, pour condamner le médecin à réparation il est retenu, sous le visa de l'article 1315 du Code civil, « que celui qui est légalement ou contractuellement tenu d'une obligation particulière d'information doit rapporter la preuve de l'exécution de cette obligation. [...]; que le médecin est tenu d'une obligation d'information vis-à-vis de son patient et qu'il lui incombe de prouver qu'il a exécuté cette obligation». Cette jurisprudence, étendue deux mois après aux avocats (Civ. 1re, 29 avril 1997, *Bull. civ.* I, n° 132) puis à d'autres professions (huissier de justice, assureur, mutuelle, etc.) a été renforcée, le médecin devant même renseigner son patient des risques exceptionnels susceptibles de survenir. La solution qui s'offre aux professionnels est de recourir au système de la preuve préconstituée. Il suffit avant l'accomplissement de la prestation de service, qu'ils fassent signer à leurs clients un acte dans lequel ceux-ci déclarent avoir été correctement informés. Le problème redevient alors entier. Plus généralement, le recours aux présomptions permet d'atténuer le risque de la preuve soit en supprimant l'exigence même d'une preuve, soit en renversant la charge de la preuve.

■ **257** Le mécanisme des présomptions était régi par les anciens articles 1349 à 1353 du Code civil.

Leur a été substitué l'article 1354 du Code civil définissant la présomption légale en ces termes : « La présomption que la loi attache à certains actes ou à certains faits en les tenant pour certains, dispense celui au profit duquel elle existe d'en rapporter la preuve (al. 1). Elle est dite simple, lorsque la loi réserve la preuve contraire, et peut alors être renversée par tout moyen de preuve ; elle est dite mixte, lorsque la loi limite les moyens par lesquels elle peut être renversée ou l'objet sur lequel elle peut être renversée ; elle est dite irréfragable lorsqu'elle ne peut être renversée ». Les présomptions sont des conséquences que la loi tire d'un fait connu à un fait inconnu. Il s'agit donc d'un raisonnement déductif. L'exemple le plus connu est sans doute la présomption légale de paternité (*Pater is est quem nuptiae demonstrant*). L'article 312 du Code civil énonce que « l'enfant conçu ou né pendant le mariage a pour père le mari ». À partir de la date de la conception ou, depuis l'ordonnance du 4 juillet 2005, de la date de la naissance confrontée à la date du mariage, on déduit que le père est le mari.

Lorsque le mécanisme de la présomption va avoir seulement pour effet de renverser la charge de la preuve. La présomption est dite « simple ». La présomption mixte a été définie par l'ordonnance de 2016 comme permettant le renversement de la charge de la preuve avec des moyens expressément prévus par la loi ou en délimitant l'objet sur laquelle la preuve peut être renversée. La présomption reste classiquement irréfragable, c'est-à-dire insusceptible de preuve contraire. Plus que de renversement, il y a là dispense de preuve parce que ce qui est présumé est tenu pour vrai par la loi.

Dissociée de la présomption légale située dans le chapitre consacré aux dispositions générales, une section a été consacrée à la preuve par présomption judiciaire et figure dans un chapitre distinct consacré aux différents modes de preuve. Composé d'un article unique, il ne reprend que partiellement l'ancien article 1353 du Code civil. L'actuel article 1382 du Code civil dispose : « Les présomptions qui ne sont pas établies par la loi, sont laissées à l'appréciation du juge, qui ne doit les admettre que si elles sont graves, précises et concordantes, et dans les cas seulement où la loi admet la preuve par tout moyen ».

Les parties pourront toujours s'accorder sur la preuve selon le nouvel article 1356 du code résultant de la réforme du droit des obligations : « Les contrats sur la preuve sont valables lorsqu'ils portent sur des droits dont les parties ont la libre disposition (al. 1). Néanmoins, ils ne peuvent contredire les présomptions irréfragables établies par la loi, ni modifier la foi attachée à l'aveu ou au serment. Ils ne peuvent davantage établir au profit de l'une des parties une présomption irréfragable (al. 2) ».

section 3

Les modes de preuve

Les différents modes de preuve (§ 1) ne sont pas également recevables (§ 2). 258

§ 1 Différents modes de preuve

Parmi les différents modes de preuve se trouvent la preuve par écrit, la preuve par témoins, la présomption judiciaire (v. ss 257), l'aveu de la partie et le serment. 259
L'écrit constitue encore la reine des preuves (A) par opposition aux autres modes de preuve (B).

A. La preuve par écrit

1. *Les caractéristiques attachées à l'écrit*

260 L'écrit a connu une révolution importante avec l'apparition des nouvelles technologies. Il était jusqu'alors considéré comme la reine des preuves par son assimilation au support papier sur lequel figurait la signature, parfois l'écriture de son auteur. Avec la télématique et l'Internet, la preuve littérale semblait devenir impossible ; la dématérialisation du support de l'écrit étant assimilée à la disparition de l'écrit lui-même. On s'est trouvé confronté à des problèmes d'identification du rédacteur et du signataire, à des risques de modification, d'altération du contenu de l'acte, c'est-à-dire à des doutes sur l'intégrité du message, mais aussi à la question de la répudiation ou non de l'acte par la partie contre lequel il pouvait être invoqué. La question se posait déjà en matière de télécopie. La Cour de cassation a ainsi approuvé une cour d'appel de n'avoir pas reçu en qualité de preuve de l'engagement d'une caution, la télécopie qui était contestée par celle à laquelle on l'opposait et qui soutenait qu'il s'agissait d'un montage destiné à faire croire à l'existence d'un original de l'engagement qu'elle n'avait pas établi (Civ. 1re, 28 mars 2000, *JCP* 2000. II. 10368, note L. Leveneur). Parallèlement, le développement du commerce électronique, des échanges via Internet et l'apparition même du paiement électronique rendaient urgente la découverte d'une solution adéquate. L'écrit électronique peut donc provenir de données dématérialisées ou être constitué directement sous forme numérique. M. Caprioli a démontré en ce sens que « à l'analyse, même si les dispositions légales n'établissent aucune distinction, il ressort que dans certaines hypothèses, les données sont dématérialisées (numérisées) à partir d'un document papier original (lequel sera détruit ou archivé séparément) ; alors que dans d'autres cas de figure, les données sont directement créées de façon numérique – par définition, il n'existe pas d'original papier. Nous ajouterons qu'à l'avenir nous serons certainement confrontés à des situations nouvelles qui consisteront à reproduire sur papier des données immatérielles, comportant une signature numérique. Cette copie d'un original numérique ne pourra restituer directement la signature sauf à la modifier et à y adjoindre le certificat établi par l'autorité de certification ». L'impact des nouvelles technologies n'est pas ignoré par le droit qui peu à peu essaie d'intégrer ces procédés modernes dans sa législation.

261 Au plan international, la Commission des Nations unies pour le droit commercial international (CNUDCI) a travaillé sur le projet de règles uniformes sur le commerce et les signatures électroniques (*JCP* 2000. Act. 451). Est intervenue par ailleurs la directive du 13 décembre 1999 (Dir. CE. n° 1999-93, *JOCE* 20 janv. 2000, L. 13, p. 12 ; *D.* 2000. Lég. 95) sur un cadre communautaire pour les signatures électroniques, le délai de transposition étant fixée au 19 juillet 2001. La France, qui avait commencé un travail de réflexion important sur ces questions, a transposé la directive en adoptant la loi n° 2000-230 du 13 mars 2000 portant adaptation du droit de la preuve aux technologies de l'information et relative à la signature électronique (*JO* 14 mars, p. 3968 ; *D.* 2000. Lég. 187). Les articles 1365 à 1368 du Code civil figurant aux dispositions générales ouvrant la section consacrée à la preuve par écrit définissent les caractéristiques essentielles de l'écrit en matière probatoire.

Il ressort de ces textes que « L'écrit consiste en une suite de lettres, de caractères, de chiffres ou de tous autres signes ou symboles dotés d'une signification intelligible, quel que soit leur support » (C. civ., art. 1365). Cette dissociation de l'écrit et du support sur lequel il est porté conduit à reconnaître égale valeur probante à l'écrit manuscrit et à l'écrit électronique (C. civ., art. 1366), sous une double réserve : il faut que la personne dont l'écrit émane puisse être dûment identifiée et que les modalités de conservation de l'écrit permettent d'en sauvegarder l'intégrité. Il en résulte que le juge retient en tant que preuve l'écrit le plus vraisemblable, à moins qu'une loi spéciale ou une convention de preuve entre les parties n'en dispose autrement (C. civ., art. 1368). Enfin, l'article 1367 du Code civil (ancien article 1316-4) parfait l'intégration de l'écrit électronique dans notre système juridique en donnant définition légale de la signature (v. Décr. n° 2001-272 du 30 mars 2001 pris pour l'application de l'art. 1316-4 du Code civil et relatif à la signature électronique, *JO* 31 mars, p. 5070 ; Décr. n° 2002-535 du 18 avril 2002 relatif à l'évaluation et à la certification de la sécurité offerte par les produits et les systèmes des technologies de l'information, *JO* 19 avril, p. 6944). Il est d'abord, et pour la première fois, donné valeur juridique à la signature indépendamment de son support dans un alinéa premier : « la signature nécessaire à la perfection d'un acte juridique identifie son auteur. Elle manifeste le consentement des parties aux obligations qui découlent de cet acte. Quand elle est apposée par un officier public, elle confère l'authenticité à l'acte ». La signature permet, non seulement d'identifier le signataire, mais aussi et surtout d'exprimer le consentement à l'acte sur lequel elle est apposée. Ensuite de quoi, le texte poursuit dans un alinéa second sur ce qu'il faut entendre par « signature électronique » : « lorsqu'elle est électronique, elle consiste en l'usage d'un procédé fiable d'identification garantissant son lien avec l'acte auquel elle s'attache. La fiabilité de ce procédé est présumée, jusqu'à preuve contraire, lorsque la signature électronique est créée, l'identité du signataire assurée et l'intégrité de l'acte garantie, dans des conditions fixées par décret en Conseil d'État ». Cette triple condition n'ira pas sans poser problème. Un arrêt de la cour d'appel de Besançon du 20 octobre 2000 témoigne de la réticence des juges du fond à l'égard de la signature électronique. En l'espèce, la loi récente est écartée, toutefois il n'est pas sûr que la solution eût été différente si elle avait été appliquée. En effet, l'avocat avait à l'aide d'un scanner procédé à une numérisation de sa signature, puis enregistré sa signature sous un code d'accès confidentiel. Les juges ont estimé que « la fiabilité du procédé utilisé étant au demeurant toute relative dans la mesure où le code permettant d'accéder à la signature peut être détenu par une autre personne du cabinet, l'identification de la personne ayant recours à la signature informatique est très incertaine » (*D.* 2000. IR. 408). 262 ■

2. *La pluralité d'écrits*

La distinction classique posée par le Code civil entre les actes authentiques et les actes sous seing privé est repise dans la section relative à la preuve par écrit. La force probante de l'acte authentique (a) obéit à des conditions distinctes de celles de l'acte sous seing privé (b) ou de l'acte contresigné par avocat (c). Mais l'ordonnance du 10 février 2016 a également fait le choix de sous-sections autonomes pour les autres écrits (d), les copies (e) et les actes récognitifs (f). 263 ■

a. Les actes authentiques

264 L'article 1369 du Code civil définit l'acte authentique comme « celui qui a été reçu, avec les solennités requises, par un officier public ayant compétence et qualité pour instrumenter » (al. 1er). Depuis la loi du 13 mars 2000 précitée, un alinéa second précise qu'il ne « peut être dressé sur support électronique que s'il a été établi et conservé dans des conditions fixées par décret en Conseil d'État ».

L'authenticité d'un acte est subordonnée à une triple condition. D'abord l'acte doit être rédigé par un officier public (ex : notaire, huissier de justice, greffier, etc.). Cet élément est essentiel parce qu'il permet de comprendre la force probante renforcée de l'acte authentique. La garantie d'authenticité de l'acte repose en quelque sorte dans la qualité de celui qui l'a dressé. L'officier public doit ensuite avoir le droit d'instrumenter dans le lieu où l'acte a été rédigé. Il doit avoir double compétence, l'une d'attribution au regard de la matière de l'acte, l'autre territoriale au regard du ressort géographique qui lui a été attribué pour instrumenter valablement. Ainsi, un maire n'aura compétence que pour dresser les actes de l'état civil dans les limites de sa commune. L'acte enfin doit être dressé avec les solennités requises. Il s'agit des différentes formalités exigées par la loi pour telle ou telle catégorie d'actes. Le respect de ces conditions est essentiel pour conserver à l'acte sa force probante d'acte authentique. L'article 1370 du Code civil prévoit en effet que « L'acte qui n'est pas authentique du fait de l'incompétence ou de l'incapacité de l'officier, ou par un défaut de forme, vaut comme écrit sous signature privée, s'il a été signé des parties ». Autrement dit, il y a, à titre de sanction des conditions sus énoncées, une disqualification de l'acte qui d'authentique devient acte sous seing privé.

265 Le domaine de la force probante d'un acte authentique est principalement fixé par l'article 1371 du Code civil, ce dernier « fait foi jusqu'à inscription de faux de ce que l'officier public dit avoir personnellement accompli ou constaté » (al. 1er). Cela signifie que l'acte ne fait pas foi de ce qui ressort de la seule consignation par l'officier des dires des parties. Cela ne leur confère pas authenticité puisque celles-ci peuvent déclarer ce que bon leur semble sans que l'officier ait la capacité de vérifier la véracité de ce qu'elles allèguent. L'acte ne vaut alors que jusqu'à preuve contraire, ainsi lorsqu'il est fait mention dans un acte de vente notarié, d'un paiement du prix intervenu hors la vue ou hors la comptabilité du notaire, il incombe au tiers à l'acte qui la conteste de démontrer par tous les moyens l'absence de paiement effectif (Civ. 1re, 11 mars 2009, *D.* 2009. 872).

266 La force probante de l'acte authentique est renforcée, ce qui justifie sa supériorité dans l'ordre des preuves sur l'acte sous seing privé. La preuve établie par un acte dressé par un officier public ne peut en effet être renversée qu'au terme d'une procédure dite « d'inscription de faux » prévue aux articles 303 et suivants du nouveau Code de procédure civile. L'article 1371, al. 2 C. civ. donne au juge le pouvoir de suspendre l'exécution de l'acte en cas d'inscription de faux. Cette procédure met en cause un officier public, ce qui au plan procédural se traduit notamment par la communication de l'inscription de faux au ministère public et la possibilité de poursuites pénales (C. pr. civ., art. 303). Le juge peut décider d'entendre l'officier qui a rédigé l'acte (C. pr. civ., art. 304). Sans entrer dans le détail, il suffit de retenir que cette procédure est très grave parce que lourde de conséquences. Celui qui succombe en faux, non seulement perd sa preuve, mais en plus est condamné aux frais du procès et de cette procédure spécifique très onéreuse, à une amende et parfois à des dommages-intérêts.

b. Les actes sous seing privé

À la différence de l'acte authentique, l'acte sous seing privé est dressé par les seules parties. Beaucoup moins formaliste, moins coûteux aussi puisqu'il n'y a pas à payer les honoraires d'un officier public, il est aussi moins fiable en l'absence justement de tiers intermédiaire. Il obéit cependant à certaines conditions pour valoir à titre de preuve. Il faut d'abord qu'il comporte la signature des parties à l'acte. Il s'agit d'une condition dite ad probationem et non ad validitatem. En d'autres termes, un acte juridique non signé peut quand même avoir une force obligatoire à l'égard de ceux qu'il met en cause, si la preuve peut être rapportée de leur mise en cause. Les parties pourront au regard du droit des obligations être liées par un contrat où elles n'ont pas apposé formellement leur signature ; ceci en raison du principe du consensualisme en vigueur dans notre droit. L'échange des consentements suffit pour qu'il y ait obligation. Simplement, l'acte en lui-même ne vaudra pas preuve de l'existence de ce contrat, il faudra recourir à d'autres modes de preuve. 267 ■

À cette condition constitutive de la preuve littérale découlant d'un acte sous seing privé, s'ajoutent parfois des conditions supplémentaires. 268 ■

Lorsque l'acte porte une *convention synallagmatique*[Q], il faut que soient dressés autant d'originaux que de parties ayant un intérêt opposé ou que les parties ne soient convenues de remettre à un tiers l'unique exemplaire dressé (C. civ., art. 1375). Il s'agit de ce que la doctrine appelle « la formalité du double ». Il faut en outre que sur chaque original, il ait été fait mention du nombre d'originaux dressés. Si cette double exigence n'a pas été respectée, il y a disqualification de l'écrit qui de preuve littérale devient simple commencement de preuve par écrit.

Une autre dérogation à la signature condition suffisante à l'existence d'un acte sous seing privé est celle posée par l'article 1376 du Code civil pour certaines conventions unilatérales. Il faut que figure dans le titre qui comporte la signature de celui qui souscrit cet engagement « la mention, écrite par lui-même, de la somme ou de la quantité [d'un bien fongible] en toutes lettres et en chiffres », à défaut l'acte ne vaudra que comme commencement de preuve par écrit. En cas de discordance entre les lettres et les chiffres, ce qui est exprimé en toutes lettres prévaut. La Cour de cassation a précisé « qu'il résulte de ce texte, dans sa rédaction issue de la loi n° 2000-230 du 13 mars 2000 "Adaptation du droit de la preuve aux technologies de l'information et signature électronique", que si la mention de la somme ou de la quantité en toutes lettres et en chiffres, écrite par la partie même qui s'engage, n'est plus nécessairement manuscrite, elle doit alors résulter, selon la nature du support, d'un des procédés d'identification conforme aux règles qui gouvernent la signature électronique ou de tout autre procédé permettant de s'assurer que le signataire est le scripteur de ladite mention » (Civ. 1re, 13 mars 2008, *D.* 2008. 1956).

La force probante d'un acte sous seing privé entre ceux qui l'ont souscrit et entre leurs héritiers ou ayants cause est identique à celle d'un acte authentique à une condition : avoir été reconnu par celui auquel on l'oppose ou être légalement tenu pour reconnu (C. civ., art. 1372). Il en résulte que si la signature est contestée ou méconnue, l'acte ne vaut pas preuve par écrit tant qu'il n'y a pas eu procédure de vérification d'écriture (C. civ., art. 1373). Il peut être argué de faux selon la procédure 269 ■

des articles 299 à 302 du nouveau Code de procédure civile, si l'acte est produit en justice. Il faut qu'une partie conteste l'acte sous seing privé en déniant l'attribution de l'acte à son auteur (elle-même, l'adversaire ou un tiers). Dans ce cas, le juge a l'obligation de vérifier l'écriture par rapport à d'autres documents lui permettant d'opérer par lui-même une comparaison (C. pr. civ., art. 288), il a tout pouvoir d'injonction à cette fin (y compris vis-à-vis des tiers : C. pr. civ., art. 290). Le juge n'est donc pas tenu de recourir à une expertise graphologique, mais s'il y a recours, le technicien aura le droit de retirer les pièces en cause ou à se les faire adresser par le secrétariat de la juridiction (C. pr. civ., art. 292).

La force probante de l'acte sous seing privé est toutefois atténuée par rapport à celle de l'acte authentique. La date de l'acte sous seing privé ne fait pas foi à l'égard des tiers. Or, ce détail est capital au regard de l'opposabilité de l'acte aux tiers. En droit, le principe est que l'acte antérieur l'emporte sur l'acte postérieur. Si un bien a été vendu par acte sous seing privé deux fois, le premier acte aura emporté transfert de propriété. Afin de protéger les tiers en évitant la tentation d'une collusion frauduleuse, ici d'un acte antidaté, le principe est l'inopposabilité de la date figurant sur l'acte sous seing privé. L'article 1377 du Code civil excepte trois cas où l'acte sous seing privé est dit avoir « date certaine » :

– lorsque l'acte a été enregistré, la date certaine est celle du dépôt de l'acte à l'enregistrement ;

– lorsque le signataire de l'acte est mort, le jour de la mort est la date certaine ;

– lorsque « la substance » de l'acte sous seing privé est constaté dans un acte authentique.

c. Les actes contresignés par avocat

■ 270 Aux termes de l'article 1374 du Code civil (ord. 10 fév. 2016) : « L'acte sous signature privée contresigné par les avocats de chacune des parties ou par l'avocat de toutes les parties fait foi de l'écriture et de la signature des parties, tant à leur égard qu'à celui de leurs héritiers ou ayants cause (al. 1). La procédure de faux prévue par le Code de procédure civile lui est applicable (al. 2). Cet acte est dispensé de toute mention manuscrite exigée par la loi (al. 3) ».

La loi n° 2011-331 du 28 mars 2011 de modernisation des professions judiciaires ou juridiques et certaines professions réglementées a institué cette catégorie intermédiaire d'actes, dit sommairement acte d'avocat. Il résulte du nouvel article 66-3-1 de la loi du 31 décembre 1971 qu'« en contresignant un acte sous seing privé, l'avocat atteste avoir éclairé pleinement la ou les parties qu'il conseille sur les conséquences juridiques de cet acte ». L'acte est dispensé de toute mention manuscrite exigée par la loi, sauf disposition dérogatoire expresse. Il fait pleine foi de l'écriture et de la signature de celles-ci tant à leur égard qu'à celui de leurs héritiers ou ayants cause. La procédure de faux prévue par le Code de procédure civile lui est applicable. Ce nouvel acte offre une sécurité renforcée à la relation contractuelle par la présence de l'avocat.

La loi n° 2016-1547 du 18 novembre 2016 de modernisation de la justice du XXIe siècle a fait le choix de l'acte d'avocat pour le divorce sans juge (Code civil, art. 229). Il s'ensuit que le régime juridique retenu emprunte au régime probatoire renforcé des actes authentiques.

d. Les autres écrits

L'ordonnance n° 2016-131 du 10 février 2016 a rassemblé aux articles 1378 à 1378-2 du Code civil, sous l'appellation « autres écrits », les écrits constitués des registres et autres documents. Il y a lieu de distinguer, comme avant la réforme, entre les registres et documents professionnels, des registres et documents domestiques. L'article 1378 du Code civil reprend le principe de non divisibilité de la preuve pour les premiers : « les registres et documents que les professionnels doivent tenir ou établir ont, contre leur auteur, la même force probante que les écrits sous signature privée ; mais celui qui s'en prévaut ne peut en diviser les mentions pour n'en retenir que celles qui lui sont favorables ». L'ancien article 1329 du C. civ. Qui n'a pas été repris disposait : « Les registres des marchands ne font point, contre les personnes non marchandes, preuve des fournitures qui y sont portées, sauf ce qui sera dit à l'égard du serment ». Les seconds font preuve selon les mêmes modalités prévues par l'ancien article 1331 du C. civ. L'article 1378-1 du code établit qu'ils ne font pas preuve contre leur auteur, à moins qu'ils énoncent un paiement reçu ou « lorsqu'ils contiennent la mention expresse que l'écrit a été fait pour suppléer le défaut du titre en faveur de qui ils énoncent une obligation ». 271 ■

e. Les copies

Fusion des anciens articles 1334 et 1348, al. 2 du Code civil, le nouvel article 1379 du Code civil se veut plus explicite. La présentation retenue par le Code en 2016 et la consécration d'une sous-section à la force probante des copies a le mérite d'une meilleure accessibilité à la règle. Sur le fond, la présomption selon laquelle « est réputée durable toute reproduction indélébile de l'original qui entraîne une modification irréversible du support » disparaît. Un décret en conseil d'État fixe désormais les conditions garantissant le caractère durable de la reproduction. L'article 1379 dispose : « La copie fiable a la même force probante que l'original. La fiabilité est laissée à l'appréciation du juge. Néanmoins est réputée fiable la copie exécutoire ou authentique d'un écrit authentique (al. 1). Est présumée fiable jusqu'à preuve du contraire toute copie résultant d'une reproduction à l'identique de la forme et du contenu de l'acte, et dont l'intégrité est garantie dans le temps par un procédé conforme à des conditions fixées par décret en Conseil d'État (al. 2). Si l'original subsiste, sa présentation peut toujours être exigée (al. 3) ». 272 ■

f. Les actes récognitifs

Reprise des deux premiers alinéas de l'ancien article 1337, l'article 1380 dispose : « L'acte récognitif ne dispense pas de la présentation du titre original sauf si sa teneur y est spécialement relatée (al. 1). Ce qu'il contient de plus ou de différent par rapport au titre original n'a pas d'effet (al. 2) ». 273 ■

B. Les autres preuves

On a vu que la présomption n'est pas exactement un procédé de preuve mais plutôt une dispense de preuve, c'est pourquoi elle a été présentée dans la partie consacrée à la charge de la preuve. La présomption judiciaire forme une section autonome depuis l'ordonnance du 10 février 2016 constituée du seul article 1382. Outre les présomptions et la preuve par écrit, les autres modes de preuve sont la preuve par témoins, l'aveu et le serment des parties. À chacun des modes de preuve, le Code civil consacre, depuis 2016, une section distincte. 274 ■

275 La preuve par témoins est la preuve par témoignage. Elle consiste à se reposer sur les déclarations d'une ou plusieurs personnes qui attestent de la véracité d'un fait pour y avoir assisté ou même en avoir eu indirectement connaissance. L'adage *testis unus testis nullus* (un seul témoin, pas de témoin) n'est plus actuel. Mais le droit a toujours été réticent à l'égard de ce procédé qui dans la hiérarchie des preuves est la moins probante. Selon une maxime reprise par Loysel sous l'Ancien Régime « qui mieux abreuve mieux preuve », autrement dit il y a toujours danger de suborner des témoins et le risque de faux témoignage, pénalement répréhensible, demeure. Le doute est lié au manque de confiance en la parole de celui qui témoigne, la nature humaine étant perfectible et non parfaite. La preuve testimoniale est toutefois l'un des modes de preuve admis par notre système juridique, avec pour limite la créance qu'elle porte. La croyance en ce que dit le témoin relève du pouvoir d'appréciation souverain des juges du fond qui pourront reconnaître ou non valeur probante au témoignage qu'ils reçoivent. Ceci figure désormais à l'article 1382 du Code civil ainsi rédigé : « La valeur probante des déclarations faites par un tiers dans les conditions du Code de procédure civile est laissée à l'appréciation du juge ».

276 « L'aveu est la déclaration par laquelle une personne reconnaît pour vrai un fait de nature à produire contre elle des conséquences juridiques (al. 1). Il peut être judiciaire ou extrajudiciaire (C. civ., art. 1383). L'aveu extrajudiciaire est celui qui est fait en dehors de l'instance en cours où il doit être prouvé ; il est une sorte de témoignage contre soi-même et ne peut être que verbal. C'est pourquoi, le droit ne l'admet que dans les situations où la preuve peut être rapportée par tout moyen (C. civ., art. 1383-1). À ce titre, il est reçu par le juge comme le serait un témoignage et la vraisemblance de ce qui est avoué relève de son pouvoir souverain d'appréciation. Il peut donc n'avoir aucune force probante.

L'aveu judiciaire est « la déclaration que fait en justice la partie ou son représentant spécialement mandaté » (C. civ., art. 1383-2). Il peut être fait verbalement ou par écrit. À la différence du précédent, il fait foi contre celui qui l'a fait et est indivisible. Le juge doit tenir pour vrai ce qui est judiciairement avoué, l'aveu peut prouver contre tout type de preuve, y compris la preuve par écrit, et on ne peut pas retrancher une partie de ce qui a été avoué en conservant l'autre. Il dispense le juge de procéder à toute autre recherche. A été ainsi approuvée une cour d'appel qui ayant constaté que devant les premiers juges les intéressés avaient reconnu s'être portés cautions solidaires de la société débitrice, s'est abstenue d'examiner l'écrit qui faisait preuve desdits cautionnements (Civ. 1re, 15 juin 2004, *D.* 2004. 2042).

277 Le serment enfin est un mode de preuve assez désuet à une époque où, comme le soulignait le professeur Carbonnier, il n'y a plus d'autels dressés aux divinités auxquelles on puisse sacrifier. Il demeure cependant comme ultime moyen de prouver la véracité des faits qui sont allégués. Il existe deux types de serments, l'un décisoire, l'autre supplétoire.

Le serment décisoire est le serment déféré par une partie à son adversaire pour qu'elle jure l'exactitude du fait personnel la concernant (C. civ., art. 1385). La partie à laquelle le serment est déféré peut soit jurer et gagner son procès, soit refuser de prêter serment et perdre son procès, soit encore le référer à la partie lui ayant déféré, à condition qu'il s'agisse d'un fait commun aux deux parties. La partie à laquelle le serment a été référé peut alors soit prêter le serment, et elle gagne le procès, soit refuser de le prêter et elle le perd.

Le serment supplétoire, lui, est le serment déféré d'office par le juge ou à la demande de l'une des parties (C. civ., art. 1386). Il ne peut être référé par la partie auquel il a été déféré. La force probante du serment supplétoire, à la différence du serment décisoire, est laissée à la libre appréciation des juges du fond.

§ 2 Recevabilité des différents modes de preuves

Pour être recevables, les différentes preuves doivent être obtenues de façon loyale. Par exemple, l'enregistrement d'une communication téléphonique réalisé par une partie à l'insu de l'auteur des propos tenus constitue un procédé déloyal rendant irrecevable sa production à titre de preuve (Com. 3 juin 2008, *D.* 2008. 2476). Les différents modes de preuves qui viennent d'être présentés ne sont pas également recevables en justice. Les articles 1358 à 1362 du Code civil posent le régime relatif à leur admissibilité. En liminaire, on précisera pour ne plus y revenir, qu'entre commerçants le principe est celui de la liberté de la preuve (C. com., art. 109). La preuve en matière civile peut être rapportée par tous moyens seulement dans les cas où la loi n'en dispose pas autrement (C. civ., art. 1358). 278 ■

La preuve par écrit est exigée pour les actes qui excèdent une somme fixée par décret (supérieure à 1 500 euros depuis un décret du 20 août 2004). Il s'ensuit que la preuve testimoniale est inefficace et n'est pas reçue contre et outre le contenu de ces actes et sur ce qui serait allégué avoir été dit avant ou depuis ces actes (C. civ., art. 1359). Une fois formulée, le plaideur ne peut plus restreindre sa demande primitive pour avoir accès à la preuve testimoniale (C. civ., art. 1359, al. 3). Lorsque, ensuite, la somme demandée est moindre parce qu'elle constitue le restant d'une somme globale plus élevée, dès lors que l'acte justifiant la somme globale n'a pas été prouvé par écrit, la preuve testimoniale n'est plus admise pour la somme résiduelle constituant la demande (C. civ., art. 1359, al. 4). 279 ■

Aux termes de l'article 1361 C. civ., « Il peut être suppléé à l'écrit par l'aveu judiciaire, le serment décisoire ou un commencement de preuve par écrit corroboré par un autre moyen de preuve ». La définition du commencement de preuve par écrit est donnée à l'article 1362, il s'agit de « tout écrit qui, émanant de celui qui conteste un acte ou de celui qu'il représente, rend vraisemblable ce qui est allégué ». Constitue par exemple un commencement de preuve par écrit un texte dactylographié, (Civ. 1re, 13 mars 2008, *D.* 2008. 1356), bien que non signé, dès lors que la partie à laquelle on l'oppose reconnaît qu'elle l'a elle-même dactylographié et qu'il est son œuvre matérielle et intellectuelle (Civ. 1re, 17 janv. 1961, *Bull. civ.* I, n° 41). En revanche, si le document est émané de la partie qui veut s'en prévaloir, il n'y a pas preuve ni même commencement de preuve. 280 ■

Le législateur en 1975, en ajoutant un alinéa troisième à l'ancien article 1347 du Code civil, a étendu le domaine de l'exception de l'ancien article 1341 devenu l'article 1359. Il a été repris à l'alinéa 2 de l'article 1362 : « Peuvent être considérés par le juge comme équivalant à un commencement de preuve par écrit les déclarations faites par une partie lors de sa *comparution personnelle*[Q], son refus de répondre ou son absence à comparution ». Cette disposition a pour effet d'appliquer le régime juridique du commencement de preuve par écrit à des situations qui, par nature, sont différentes. L'ordonnance du 10 février 2016 a ajouté la précision suivante à l'alinéa 3 du nouvel article 1362 : « La mention d'un écrit authentique ou sous signature privée sur un registre public vaut commencement de preuve par écrit ».

281 L'opposition entre preuve par écrit et preuve par témoins au regard des conditions d'admissibilité voit son champ d'application réduit par l'article 1360 du Code civil : « Les règles prévues à l'article précédent reçoivent exception en cas d'impossibilité matérielle ou morale de se procurer un écrit, s'il est d'usage de ne pas établir un écrit, ou lorsque l'écrit a été perdu par force majeure ». On songe notamment aux *reconnaissances de dettes*[Q] entre époux ou concubins où le lien affectif peut constituer une impossibilité morale. La disposition ne reprend que très partiellement l'ancien article 1348 du Code qui disposait : « Les règles ci-dessus reçoivent encore exception lorsque l'obligation est née d'un quasi-contrat, d'un délit ou d'un quasi-délit, ou lorsque l'une des parties, soit n'a pas eu la possibilité matérielle ou morale de se procurer une preuve littérale de l'acte juridique, soit a perdu le titre qui lui servait de preuve littérale, par suite d'un cas fortuit ou d'une force majeure (al. 1). Elles reçoivent aussi exception lorsqu'une partie ou le dépositaire n'a pas conservé le titre original et présente une copie qui en est la reproduction non seulement fidèle mais aussi durable. Est réputée durable toute reproduction indélébile de l'original qui entraîne une modification irréversible du support (al. 2) ».

7

Compléments pédagogiques

Mémo

La matière de la preuve est essentielle en droit parce que « *c'est la même chose de ne pas être ou de ne pas être prouvé* » (*Idem est non esse aut non probari*).

La preuve porte sur les faits non sur le droit. Cela suppose que la règle de droit soit connue sans avoir besoin d'être prouvée. Les faits visent tous les événements, les situations, les actes (contrats, etc.), les déclarations susceptibles de prouver la véracité de ce qui est allégué par l'une des parties et donc capables de la faire triompher dans la prétention qu'elle soumet au juge. L'opposition entre les faits et le droit, et corrélativement entre les parties et le juge n'est pas aussi radicale qu'il y paraît de prime abord. *Il existe plus exactement dans le procès*, selon la formule du professeur Cadiet, *un principe de coopération entre le juge et les parties* qui s'exprime également sous l'angle de la preuve.

La détermination de celui auquel incombe la charge de la preuve est importante, moins en raison du surcroît de travail pour construire son dossier, qu'en raison de ce que la doctrine a appelé « le risque de la preuve ». *La question de la charge de la preuve devient essentielle quand le fait n'a pu être prouvé. La personne qui succombe dans son procès est alors celle sur laquelle portait la charge de la preuve, elle perd son procès parce qu'elle n'a pas satisfait à son obligation*. Aux termes de l'article 1353 du Code civil, « celui qui réclame l'exécution d'une obligation doit la prouver [al. 1er]. Réciproquement, celui qui se prétend libéré doit justifier le payement ou le fait qui a produit l'extinction de son obligation [al. 2] ». *Ces deux alinéas sont complémentaires, si c'est au débiteur qui se prétend libéré de justifier de l'exécution de son obligation, il appartient d'abord à celui qui réclame l'exécution de l'obligation de prouver son existence*. La jurisprudence a pu parfois, par le moyen de l'obligation d'information, renverser la charge de la preuve. *Plus généralement, le recours aux présomptions permet de supprimer ou d'atténuer le risque de la preuve soit en supprimant l'exigence même d'une preuve, soit en renversant la charge de la preuve*. Les présomptions peuvent être définies comme des conséquences que la loi ou le magistrat tire d'un fait connu à un fait inconnu. La loi distingue les présomptions établies par la loi qui sont des présomptions légales, des présomptions judiciaires. *Les présomptions légales peuvent être simples, mixtes ou irréfragables*.

Parmi les différents modes de preuve se trouvent la preuve par écrit, la preuve par témoins, l'aveu de la partie et le serment. Les articles 1363 à 1368 du Code civil ouvrent la section relative aux dispositions générales de la preuve par écrit. Ils intègrent et définissent les caractéristiques essentielles de l'écrit en matière probatoire. « *L'écrit consiste en une suite de lettres, de caractères, de chiffres ou de tous autres signes ou symboles dotés d'une signification intelligible, quel que soit leur support* » (C. civ., art. 1365). Il y a dissociation de l'écrit et du support sur lequel il est porté. Il en résulte que le juge retient en tant que preuve l'écrit le plus vraisemblable indépendamment du support, à moins qu'une loi spéciale ou une convention de preuve entre les parties n'en dispose autrement (C. civ., art. 1368). Enfin, l'article 1367 du Code civil parfait l'intégration de l'écrit électronique dans notre système juridique en donnant définition légale de la signature. Le Code civil traite, à propos de la preuve par écrit, de deux types d'actes. L'acte authentique est défini comme « celui qui a été reçu, avec les solennités requises, par un officier public ayant compétence et qualité pour instrumenter » (art. 1369, al. 1er). L'authenticité d'un acte est donc subordonnée à une triple condition, à défaut il y a disqualification de l'acte qui « d'authentique » devient acte « sous seing privé ». *Cet acte fait foi au regard de l'existence de l'acte et aux constatations directement effectuées par l'officier public*. La preuve établie par un acte dressé par un officier public ne peut en effet être renversée qu'au terme d'une procédure dite « d'inscription de faux ». *L'acte sous seing privé est dressé par les seules parties*. Il obéit cependant à certaines conditions pour valoir à titre de preuve. Il faut qu'il comporte la signature des parties à l'acte. S'ajoutent parfois des conditions supplémentaires. Lorsque l'acte porte une convention synallagmatique, il faut que soient dressés autant d'originaux que de parties ayant un intérêt opposé et qu'il ait été fait mention du nombre d'originaux dressés, ou il peut encore être remis à un tiers dépositaire, à défaut il ne vaut que commencement de preuve par écrit. Pour certains contrats unilatéraux, il faut que figure dans le titre qui comporte la signature de celui qui souscrit cet engagement « la mention, écrite par lui-même, de la somme ou de la quantité (d'un bien fongible) en toutes lettres et en chiffres ». *La force probante d'un acte sous seing privé entre ceux qui l'ont souscrit et entre leurs héritiers ou ayants cause fait foi à leur égard à une condition : avoir été reconnu par celui auquel on l'oppose ou être légalement tenu pour reconnu* (C. civ., art. 1372). Afin de protéger les tiers en évitant la tentation d'une collusion frauduleuse, ici d'un acte antidaté, le principe est l'inopposabilité de la date figurant sur l'acte sous seing privé. *La preuve testimoniale consiste à se reposer sur les déclarations d'une ou plusieurs personnes qui attestent de la véracité d'un fait pour y avoir assisté ou même en avoir eu indirectement connaissance*. La croyance en ce que dit le témoin relève du pouvoir d'appréciation souverain des juges du fond qui pourront reconnaître ou non valeur probante au témoignage qu'ils reçoivent. *L'aveu judiciaire ou extrajudiciaire est la déclaration faite par une personne qui reconnaît un fait qui va produire des conséquences juridiques à son encontre*. L'aveu extrajudiciaire est reçu par le juge comme le serait un témoignage et la vraisemblance de ce qui est avoué relève de son pouvoir souverain d'appréciation. L'aveu judiciaire est « la déclaration que fait en justice la partie ou son fondé de pouvoir spécial ». Le juge doit tenir pour vrai ce qui est judiciairement avoué, l'aveu peut prouver contre tout type de preuve, y compris la preuve littérale, et on ne peut pas retrancher une partie de ce qui a été avoué en conservant l'autre. *Il existe enfin deux types de serments, l'un décisoire, l'autre supplétoire, valant comme mode de preuve*. Le serment décisoire est le serment déféré par une partie à son adversaire pour qu'elle jure l'exactitude du fait personnel la concernant. Le serment supplétoire, lui, est le serment déféré d'office par le juge ou à la demande de l'une des parties. La force probante du serment supplétoire, à la différence du serment décisoire, est laissée à la libre appréciation des juges du fond.

Les différentes preuves qui viennent d'être présentées ne sont pas également recevables en justice. *Les articles 1358 à 1362 du Code civil posent le régime relatif à leur admissibilité. La preuve par écrit est exigée pour les actes qui excèdent une somme fixée par décret* (supérieure à 1 500 euros). Il s'ensuit que la preuve testimoniale est inefficace et n'est pas reçue contre et outre le contenu de ces actes et sur ce qui serait allégué avoir été dit avant ou depuis ces actes (C. civ., art. 1359). *L'article 1361 du Code civil prévoit par exception que lorsqu'il y a commencement de preuve par écrit, bien que l'acte entre dans la catégorie visée par l'article 1359, la preuve testimoniale est recevable*. On appelle ainsi « tout écrit qui, émanant de celui qui conteste un acte ou de celui qu'il représente, rend vraisemblable ce qui est allégué » (C. civ., art. 1362, al. 1). L'opposition entre preuve par écrit et preuve testimoniale au regard des conditions d'admissibilité voit son champ d'application réduit par *l'exception posée par l'article 1360 du Code civil*. La preuve par écrit n'est pas requise lorsque l'une des parties aura été dans l'impossibilité matérielle ou morale de se procurer un écrit ; lorsqu'il y a eu perte de l'acte par force majeure ou enfin s'il n'est pas d'usage d'établir un écrit.

Quid

■ Comparution personnelle n° 280

En procédure civile, mesure d'instruction qui consiste à entendre directement les parties ou l'une d'elle.

■ Convention synallagmatique ou unilatérale n° 268

Les contrats sont divisés en plusieurs catégories. Le contrat ou convention synallagmatique est un accord de volontés qui fait naître des obligations réciproques à la charge des contractants, le contrat ou la convention unilatérale est un accord de volontés qui ne fait naître d'obligation qu'à la charge de l'un d'eux.

■ Débats n° 249

Phase du procès qui, après la mise en état de l'affaire à être jugée, débute parfois par le rapport du magistrat ayant instruit le dossier (juge de la mise en état, juge rapporteur) et est destinée aux plaidoiries des parties.

■ Faits et actes juridiques n° 251

Distinction doctrinale qui consiste à opposer les manifestations de volonté destinées à produire des effets de droit (ex. : un contrat) et les événements qui produisent des effets de droit sans volonté de ceux auxquels ils s'appliquent.

■ Mesures d'instruction n° 252

Toute mesure ordonnée par le juge d'office ou à la demande des parties destinée à expliciter tel ou tel élément du dossier (ex. : mesure d'expertise).

■ Prétention n° 249

Demande de chacun des plaideurs qui délimite l'objet du litige et l'étendue de la saisine du juge. Elle est constituée par les questions de fait et de droit que les plaideurs soumettent au juge.

■ Reconnaissance de dette n° 281

Acte par lequel une personne reconnaît unilatéralement devoir une certaine somme d'argent ou quantité à une autre personne.

Biblio

– D. Ammar, « Preuve et vraisemblance, contribution à l'étude de la preuve électronique », *RTD civ.* 1993. 499.
– F. Boulanger, « Réflexions sur le problème de la charge de la preuve », *RTD civ.* 1966. 736.
– E.A. Caprioli, « La loi française sur la preuve et la signature électroniques dans la perspective européenne », *JCP* 2000. I. 224.
– H. Croze, « Informatique, preuve et sécurité », *D.* 1987. Chron. 165.
– F. Favennec-Héry, « La date certaine des actes sous seing privé », *RTD civ.* 1992. 1.
– J.-C. Galloux, « L'empreinte génétique : la preuve parfaite ? », *JCP* 1991. I. 3497.
– P.-Y. Gautier, X. Linant de Bellefonds, « De l'écrit électronique et des signatures qui s'y attachent », *JCP* 2000. I. 236.
– J.-P. Gridel, « La valeur du témoignage en droit civil », *RID comp.* 1994. 437.
– G. Lardeux, « Le droit à la preuve : tentative de systématisation », *RTD civ.* 2017. 1 ; « Commentaire du titre IV *bis* nouveau du livre III du Code civil intitulé "De la preuve des obligations" ou l'art de ne pas réformer », *D.* 2016. 850.
– Ph. Malinvaud, « L'impossibilité de se procurer un écrit », *JCP* 1972. I. 2468.

Quiz

1) Sujets corrigés

Commentaires d'arrêt

Énoncé n° 1

Cass., ass. plén. 7 janv. 2011

« Sur le premier moyen, pris en sa première branche, du pourvoi formé par la société Sony et le premier moyen, pris en ses première et deuxième branches, du pourvoi formé par la société Philips, réunis :

Vu l'article 9 du Code de procédure civile, ensemble l'article 6 § 1 de la Convention de sauvegarde des droits de l'homme et des libertés fondamentales et le principe de loyauté dans l'administration de la preuve ;

Attendu que, sauf disposition expresse contraire du Code de commerce, les règles du Code de procédure civile s'appliquent au contentieux des pratiques anticoncurrentielles relevant de l'Autorité de la concurrence ; que l'enregistrement d'une communication téléphonique réalisé à l'insu de l'auteur des propos tenus constitue un procédé déloyal rendant irrecevable sa production à titre de preuve ;

Attendu, selon l'arrêt attaqué, rendu sur renvoi après cassation (Ch. com., 3 juin 2008, *Bull.* 2008, IV, n° 112), que la société Avantage-TVHA a saisi le Conseil de la concurrence (devenu l'Autorité de la concurrence), de pratiques qu'elle estimait anticoncurrentielles sur le marché des produits d'électronique grand public, en produisant des cassettes contenant des enregistrements téléphoniques mettant en cause les sociétés Philips France et Sony France ; que ces sociétés ont demandé au Conseil de la concurrence d'écarter ces enregistrements au motif qu'ils avaient été obtenus de façon déloyale ;

Attendu que pour rejeter leur recours formé contre la décision du Conseil de la concurrence qui a prononcé une sanction pécuniaire à leur encontre, l'arrêt retient que les dispositions du Code de procédure civile, qui ont essentiellement pour objet de définir les conditions dans lesquelles une partie peut obtenir du juge une décision sur le bien-fondé d'une prétention dirigée contre une autre partie et reposant sur la reconnaissance d'un droit subjectif, ne s'appliquent pas à la procédure suivie devant le Conseil de la concurrence qui, dans le cadre de sa mission de protection de l'ordre public économique, exerce des poursuites à fins répressives le conduisant à prononcer des sanctions punitives ; qu'il retient encore que, devant le Conseil de la concurrence, l'admissibilité d'un élément de preuve recueilli dans des conditions contestées doit s'apprécier au regard des fins poursuivies, de la situation particulière et des droits des parties auxquelles cet élément de preuve est opposé ; qu'il ajoute enfin que si les enregistrements opérés ont constitué un procédé déloyal à l'égard de ceux dont les propos ont été insidieusement captés, ils ne doivent pas pour autant être écartés du débat et ainsi privés de toute vertu probante par la seule application d'un principe énoncé abstraitement, mais seulement s'il est avéré que la production de ces éléments a concrètement porté atteinte au droit à un procès équitable, au principe de la contradiction et aux droits de la défense de ceux auxquels ils sont opposés ;

Qu'en statuant ainsi, la cour d'appel a violé les textes et le principe susvisés ;

PAR CES MOTIFS, et sans qu'il y ait lieu de statuer sur les autres griefs :

CASSE ET ANNULE, en toutes ses dispositions, l'arrêt rendu le 29 avril 2009, entre les parties, par la cour d'appel de Paris ; remet, en conséquence, la cause et les parties dans l'état où elles se trouvaient avant ledit arrêt et, pour être fait droit, les renvoie devant la cour d'appel de Paris autrement composée ».

Voir le corrigé en fin de rubrique.

2) Corrigés

Commentaire d'arrêt

I. Le principe de loyauté dans l'administration de la preuve

A. L'absence de disposition dérogatoire expresse dans le Code de commerce

– Le contentieux des pratiques anticoncurrentielles devant l'Autorité de la concurrence est régi à titre principal par le Code de commerce.

– Le législateur peut dans ces dispositions spécifiques décider de déroger aux règles générales d'administration de la preuve.

– Cette dérogation doit apparaître expressément, le cas échéant il y a lieu d'appliquer les règles générales d'administration judiciaire de la preuve.

B. Un principe de procédure civile applicable au contentieux des pratiques anticoncurrentielles devant l'Autorité de la concurrence

– L'existence d'un principe de loyauté dans la production des preuves en procédure civile.

– Les juges du fond refusent cependant l'application du Code de procédure civile comme droit commun applicable devant l'Autorité de la concurrence. L'argument essentiel tient au fait que la procédure s'analyserait comme une procédure répressive, donnant lieu à des sanctions punitives afin de protéger l'ordre public économique. Les éléments de preuve obtenus de façon déloyale ne doivent pas être écartés du débat sauf à prouver qu'ils emportent violation du procès équitable.

– L'arrêt est cassé. L'administration judiciaire de la preuve, ici le principe de loyauté dans la production de la preuve, a vocation à s'appliquer au contentieux devant l'Autorité de la concurrence car semble dire implicitement la Cour, il s'agit de droit des affaires, non de droit pénal. Les fins poursuivies par la procédure ne suffisent pas à transformer la procédure en procédure répressive.

II. La déloyauté dans l'obtention de la preuve produite

A. L'enregistrement d'une communication téléphonique à l'insu de son auteur, un procédé déloyal

– Exposer la déloyauté en l'espèce.

– Une jurisprudence constante qui s'explique par l'illégalité caractérisée du mode de production constaté. L'illégalité constatée ne doit cependant pas avoir été anéantie par un fait justificatif, telle pourrait être l'analyse d'un arrêt de la chambre sociale où le vol par une salariée de documents confidentiels de l'entreprise a été couvert par l'état de nécessité où elle se trouvait de prouver le caractère abusif de son licenciement et son absence de faute. La Cour retient « qu'un salarié, lorsque cela est strictement nécessaire à l'exercice des droits de sa défense dans le litige l'opposant à son employeur, peut produire en justice des documents dont il a eu connaissance à l'occasion de ses fonctions ; que les énonciations de l'arrêt attaqué caractérisant cette nécessité, le moyen ne peut être accueilli » (Soc. 30 juin 2004, *Bull. civ.* V, n° 187 ; comp. Com. 5 oct. 2004, n° 02-13.476).

B. L'irrecevabilité consécutive de la preuve produite

– La preuve est censée n'avoir jamais été produite. C'est la même chose de ne pas être et de ne pas être prouvé loyalement. Les éléments produits sont écartés des débats, les juges ne pourront fonder leur décision sur ceux-ci.

– Il avait déjà été jugé que « l'enregistrement d'une conversation téléphonique privée, effectué et conservé à l'insu de l'auteur des propos, est un procédé déloyal rendant irrecevable en justice la preuve ainsi obtenue » (Civ. 2e, 7 oct. 2004, *D.* 2005. 122, note Ph. Bonfils ; *RTD civ.* 2005, obs. J. Mestre et B. Fages ; déjà Com. 25 févr. 2003, *RTD civ.* 2004. 92, obs. J. Mestre). Plus récemment, le principe a été étendu au Conseil de la concurrence en des termes similaires (Com. 3 juin 2008, *D.* 2008. 2476, obs. E. Chevrier), mais au seul visa de l'article 6 § 1 de la CEDH. L'arrêt de 2011 s'inscrit dans cette perspective.

Remarque : le sujet fait appel aux connaissances relatives aux chapitres 1 à 6 du présent ouvrage. Il correspond à une épreuve de trois heures.

Sujet terminal

Commentaire d'article

Énoncé

Article L. 1321-2-1 du Code du travail

« Le règlement intérieur peut contenir des dispositions inscrivant le principe de neutralité et restreignant la manifestation des convictions des salariés si ces restrictions sont justifiées par l'exercice d'autres libertés et droits fondamentaux ou par les nécessités du bon fonctionnement de l'entreprise et si elles sont proportionnées au but recherché ».

Voir le corrigé en fin de rubrique

Corrigé

Commentaire d'article

La loi n° 2016-1088 du 8 août 2016 relative au travail, à la modernisation du dialogue social et à la sécurisation des parcours professionnels a inséré au Code du travail un nouvel article, L. 1321-2-1, aux termes duquel :

« Le règlement intérieur peut contenir des dispositions inscrivant le principe de neutralité et restreignant la manifestation des convictions des salariés si ces restrictions sont justifiées par l'exercice d'autres libertés et droits fondamentaux ou par les nécessités du bon fonctionnement de l'entreprise et si elles sont proportionnées au but recherché ».

Cette réponse du législateur français au fait religieux s'inscrit dans le contexte de l'affaire *Baby-Loup* (Cass., ass. plén., 25 juin 2014, n° 13-28.369, *Bull. ass. plén.*, n° 1 ; Soc. 19 mars 2013, n° 11-28.845). Dans cette affaire, une employée d'une crèche située à Chanteloup-les-Vignes portait le foulard islamique et pour cette raison a été licenciée. Après un long chemin juridictionnel, l'affaire a été tranchée par l'assemblée plénière de la Cour de cassation dans les termes suivants : « attendu qu'il résulte de la combinaison des articles L. 1121 1 et L. 1321 3 du code du travail que les restrictions à la liberté du salarié de manifester ses convictions religieuses doivent être justifiées par la nature de la tâche à accomplir et proportionnées au but recherché ». Or, en l'espèce, le règlement intérieur de l'entreprise disposait : « le principe de la liberté de conscience et de religion de chacun des membres du personnel ne peut faire obstacle au respect des principes de laïcité et de neutralité qui s'appliquent dans l'exercice de l'ensemble des activités développées, tant dans les locaux de la crèche ou ses annexes qu'en accompagnement extérieur des enfants confiés à la crèche ». Le pourvoi diligenté contre l'arrêt de la cour d'appel ayant considéré le licenciement pour faute grave justifié fut rejeté par les hauts magistrats.

Le nouveau texte sanctuarise, selon une expression doctrinale (J. Mouly, « Le principe de neutralité dans l'entreprise », *D.* 2016. 1992), l'entreprise. Les modalités d'application de cet encadrement d'une liberté fondamentale par les personnes privées confèrent un intérêt particulier aux règles d'adoption des règlements intérieurs. Qui, en somme, va pouvoir encadrer la liberté des travailleurs, dans quelle mesure et quel sera le contrôle des magistrats ?

Le débat se déroule avec pour arrière fond la Cour européenne des droits de l'homme (CEDH) et la garantie de l'article 9, §1 de la Convention européenne de sauvegarde des droits de l'homme et des libertés fondamentales (CESDH) disposant : « Toute personne a droit à la liberté de pensée, de conscience et de religion ; ce droit implique la liberté de changer de religion ou de conviction, ainsi que la liberté de manifester sa religion ou sa conviction individuellement ou collectivement, en public ou en privé, par le culte, l'enseignement, les pratiques et l'accomplissement des rites ».

La confrontation de la neutralité et de la liberté des convictions suppose que la neutralité soit définie, a fortiori « le principe de neutralité ». Or, la délimitation conceptuelle n'est pas aboutie.

Pour déterminer l'amplitude susceptible d'être donnée à l'article L.1321-2-1 du Code du travail, il y a lieu de reprendre successivement les possibles du nouveau texte :

1° des restrictions à la manifestation des convictions des salariés

2° des restrictions contenues dans le règlement intérieur de l'entreprise

3° des restrictions par l'obligation de respecter un principe de neutralité

4° des restrictions justifiées par l'exercice d'autres libertés et droits fondamentaux ou par les nécessités du bon fonctionnement de l'entreprise

5° des restrictions proportionnelles au but recherché

1° des restrictions à la manifestation des convictions des salariés

Libre de croire, le salarié n'a pas la même liberté au moment de le manifester dans l'entreprise. La limite posée par le nouveau texte concerne l'expression des convictions non les convictions elles-mêmes. Le for interne n'est pas touché, seul l'est le for externe. Cette limite à la liberté d'expression pose la question de la limite dressée à la liberté de pensée, de conscience et de religion fondée sur l'article 9 CESDH.

Le texte choisit une expression fort large « la manifestation », laquelle permet d'intégrer tout mode d'expression des convictions. Poussé jusqu'à l'absurde, le fait de manger des aliments estampillés hallal dans les lieux de l'entreprise pourrait révéler l'appartenance religieuse d'un salarié. La révélation cependant des convictions est-elle leur manifestation ? Autrement dit, la manifestation suppose-t-elle d'être délibérée ? Ou suffit-il que la conviction soit visible par les tiers pour être manifestée ? L'esprit du texte conduit à assimiler à une manifestation toute forme audible ou visible des convictions du salarié.

Fidèle en cela à l'article 6 du projet de loi résultant du rapport Badinter, le terme conviction a été repris. L'article 6 initialement proposé indiquant « la liberté du salarié de manifester ses convictions, y compris religieuses, ne peut connaître de restrictions que si elles sont justifiées [et] proportionnées ». La suppression de la précision « y compris religieuses » n'enlève pas au texte l'étendue que le législateur a voulu lui conférer. On note cependant que dans le projet de loi le principe était celui de la liberté du salarié, l'exception la restriction. La forme rédactionnelle de l'article L. 1321-2-1 du Code du travail révèle son esprit. Le législateur pose le principe de neutralité comme fondement de la disposition nouvelle et non la liberté du salarié.

L'amplitude du texte est large. Il s'agit de toute conviction personnelle, qu'elle soit religieuse, politique, philosophique ou morale. Une conception végétalienne de la vie pourrait par exemple être concerné par la nouvelle disposition. Ceci pose la question de la délimitation des restrictions qui sera retenue dans le règlement intérieur de l'entreprise, en particulier celle du choix des convictions objet de restriction.

2° des restrictions contenues dans le règlement intérieur de l'entreprise

Le règlement intérieur peut être adopté par toute entreprise. Il devient obligatoire lorsque l'entreprise réunit au moins vingt salariés. La « loi travail » permet à des personnes privées de limiter l'exercice d'une liberté publique.

L'employeur pourra-t-il choisir les convictions qu'il restreint ? Autrement dit, pourrait-il ne limiter que l'expression des convictions religieuses, voire au sein de celles-ci n'exclure que la manifestation d'une religion plutôt qu'une autre ? Emerge ici la difficulté tenant à la discrimination.

L'égalité de traitement est un principe phare du droit du travail. L'employeur ne devrait donc pas pouvoir discriminer entre les différentes convictions. Il prendrait en effet le risque d'être condamné pour discrimination. L'encadrement devrait donc être général s'agissant des convictions objet de restriction.

3° des restrictions par l'obligation de respecter un principe de neutralité

Le respect imposé par l'employeur dans son entreprise est celui du principe de neutralité. Ce principe va donner lieu à un ensemble de restrictions posées à la manifestation des convictions du salarié. Le principe de neutralité évoque le principe de laïcité propre aux services publics. Faut-il considérer que le principe de neutralité, qui n'est pas encore un principe juridique défini, puisse être le pendant dans les rapports privés de travail du principe de laïcité, imposé aux salariés des administrations publiques ?

La neutralité n'est pas ici simplement religieuse, elle est plus vaste. Elle suppose littéralement l'absence de prise de position du salarié au-delà du seul domaine religieux. Que penser alors des délégués syndicaux qui, en raison même de leur mission, sont appelés à s'engager et à manifester leurs convictions, ici politiques et sociales ?

Le texte est peu contraignant sous cet aspect, et l'on peut penser qu'il l'est par choix, afin de laisser aux différentes entreprises le pouvoir de décider au moment de l'élaboration de leur règlement intérieur ce qui est convenable au regard de leur structure.

4° des restrictions justifiées par l'exercice d'autres libertés et droits fondamentaux ou par les nécessités du bon fonctionnement de l'entreprise

Il s'agit d'une restriction sur le lieu de travail, elle est donc une restriction aux libertés individuelles du salarié. Celle-ci s'inscrit dans l'exercice de la profession. C'est pourquoi l'une des justifications de l'atteinte à la liberté est placée dans « le bon fonctionnement de l'entreprise ».

La grande chambre de la Cour de justice de l'Union européenne (CJUE) vient de rendre une décision le 14 mars 2017 à une demande de décision préjudicielle portée sur l'interprétation de l'article 4, paragraphe 1, de la directive 2000/78/CE du Conseil, du 27 novembre 2000, portant création d'un cadre général en faveur de l'égalité de traitement en matière d'emploi et de travail. Une employée avait refusé d'enlever le foulard couvrant ses cheveux et avait, pour ce fait, été licenciée. Pour apprécier s'il y avait eu atteinte à l'égalité de traitement, la CJUE invite à distinguer le for interne du for externe. Les juges sont ensuite invités à un double contrôle. Le premier est du côté du salarié par rapport à l'existence d'une règle interne à l'entreprise : « ce qu'il appartient à cette juridiction de vérifier, le licenciement de Mme Bougnaoui a été fondé sur le non-respect d'une règle interne qui était en vigueur au sein de cette entreprise, interdisant le port de tout signe visible de convictions politiques, philosophiques ou religieuses, et s'il devait apparaître que cette règle en apparence neutre aboutit, en fait, à un désavantage particulier pour les personnes adhérant à une religion ou à des convictions données, telles que Mme Bougnaoui, il y aurait lieu de conclure à l'existence d'une différence de traitement indirectement fondée sur la religion ou sur les convictions, au sens de l'article 2, paragraphe 2, sous b), de la directive 2000/78 ». Le second contrôle consiste à se placer du côté de l'intérêt de l'entreprise : « les États membres peuvent prévoir qu'une différence de traitement (...) ne constitue pas une discrimination lorsque, en raison de la nature d'une activité professionnelle ou des conditions de son exercice, la caractéristique en cause constitue une exigence professionnelle essentielle et déterminante, pour autant que l'objectif est légitime et que l'exigence est proportionné ». Or, en l'occurrence il est conclu que « que la volonté d'un employeur de tenir compte des souhaits d'un client de ne plus voir les services dudit employeur assurés par une travailleuse portant un foulard islamique ne saurait être considérée comme une exigence professionnelle essentielle et déterminante au sens de cette disposition ».

Cet arrêt, bien que rendu sur un texte distinct de l'article L.1321-2-1 du Code du travail l'éclaire opportunément. Il n'est pas excessif de dire que le nouveau texte ayant pour but d'établir une forme de sécurité juridique quant à l'expression des convictions personnelles, en particulier d'appréhender le fait religieux, en entreprise n'est que le fondement d'un édifice à venir. Cet édifice sera constitué du matériau prétorien. Il va revenir à la jurisprudence d'établir quels sont les atteintes justifiées ou non à la liberté individuelle du salarié en fonction du contenu qu'elle donnera à un concept juridiquement flou, « le bon fonctionnement de l'entreprise ».

L'exercice d'autres droits et libertés fondamentaux qui est la seconde mesure retenue par le texte est juridiquement plus explicite. Leur contenu cependant sera également fixé par la jurisprudence.

5° des restrictions proportionnelles au but recherché

Un pont devra être établi entre le nouveau principe de neutralité, permettant des atteintes proportionnées aux convictions du salarié figurant au Code du travail, et les restrictions à la liberté de pensée, de conscience et de religion figurant à l'article 9, §2 CESDH aux termes duquel : « La liberté de manifester sa religion ou ses convictions ne peut faire l'objet d'autres restrictions que celles qui, prévues par la loi, constituent des mesures nécessaires, dans une société démocratique, à la sécurité publique, à la protection de l'ordre, de la santé ou de la morale publiques, ou à la protection des droits et libertés d'autrui ».

La restriction permet-elle l'interdiction générale qui supprimerait purement et simplement la liberté du salarié ? Pareille suppression serait attentatoire à la Déclaration des droits de l'homme et du citoyen, mais aussi à la Convention européenne des droits de l'homme et des libertés fondamentales. Elle pourrait donner lieu à saisine du Conseil constitutionnel par la voie de la question prioritaire de constitutionnalité, ou à saisine de la Cour européenne des droits de l'homme pour violation de l'article 9 de la Convention. Qui plus est restreindre n'est pas supprimer.

La proportionnalité est l'appréciation d'une mesure, laquelle suppose la pesée entre l'importance de l'atteinte au droit considéré et le but recherché par l'atteinte imposée. Le but étant le respect de l'exercice des droits et libertés fondamentaux d'autrui, ou le bon fonctionnement de l'entreprise, la construction du principe sera de type casuistique.

Le risque sera nécessairement la divergence des avis en une matière supposant nécessairement l'engagement de ceux qui seront chargés d'apprécier, qu'ils aient des convictions ou qu'ils n'en aient pas d'ailleurs. La neutralité peut aussi cacher en ce domaine des convictions religieuses, politiques ou autres, une forme d'engagement.

L'étendue de l'atteinte sera appréciée au cas par cas. Dans l'affaire Baby-loup évoquée précédemment, les juges du fond avaient retenu que la neutralité vestimentaire devait s'appliquer à tous les salariés en raison de la taille réduite de la crèche, lieu du travail, qui pouvait les conduire à être en contact avec les enfants. Nécessairement, la solution aurait été différente dans une entreprise de grande taille.

Il faudra donc dans l'appréciation du caractère proportionné se référer aux personnes concernées, à la taille de l'entreprise, aux lieux d'exercice de l'activité professionnelle, à sa nature, au temps du travail, etc.

Le principe de neutralité pourrait recevoir au sein des entreprises des formes d'expression aussi diverses que les entreprises elles-mêmes, ce qui est peu propice à une protection efficace des droits et libertés individuels des salariés.

La solution apportée par la loi du 8 août 2016 est déceptive peut-être justement parce qu'elle est juridique. La réception des convictions diverses en entreprise suppose une réception du phénomène interculturel actuel. Pour recevoir cette diversité, une formation est nécessaire, plus que juridique elle nous semble dialogique. Elle suppose de recevoir l'autre dans ce que nous ne sommes pas. Il y a donc un travail de sensibilisation à mener par rapport, notamment, au fait religieux. Des chartes de conduites, des bonnes pratiques sont en passe d'être élaborées par les grandes entreprises au-delà d'une approche strictement juridique. En ce sens plusieurs initiatives ont été menées, tel que l'observatoire du fait religieux en entreprise fondé par l'institut Randstad. L'objectif est de former dans le cadre des ressources humaines et le management en entreprise les futurs cadres appelés à faciliter le vivre ensemble professionnel. Le débat sociétal reste celui de la réponse à apporter : faut-il intégrer le fait religieux dans les entreprises avec un respect du pluralisme ou à l'inverse faut-il, comme le soutient le Haut conseil à l'intégration défendre la laïcité en entreprise ? Le législateur français a fait le choix le 8 août dernier pour la neutralité, il n'est pas certain que la solution choisie soit la plus efficace.

partie 2

Personnes

Si l'intitulé dans nos Facultés de droit reste celui de droit des personnes, il apparaît que la personne n'y a pas grande part et que la matière concerne davantage les droits de la personne. L'évolution connue des droits de la personne est révélatrice d'une véritable théorie du droit imprégnée de positivisme conduisant au nominalisme et au relativisme. Positivisme parce que les droits reposent sur une théorie du pouvoir, la force du droit octroyé tient moins à son contenu qu'au pouvoir reconnu à l'autorité ayant accordé ce droit. Nominalisme ensuite parce que les mots ne révèlent pas la réalité objective que l'on traduirait en concept, mais d'un consensus, d'un accord sur ce que l'on désigne et qui dépend de l'idée que l'on s'en fait. Il n'y a pas de réalité objective, mais une conscience de celle-ci et qui dépend exclusivement des sujets. Le droit devient pur produit de l'idéalisme développé en particulier par Descartes, puis Kant. Ce mensonge des mots qui ne sont plus utiles à désigner l'essence des choses réputée ne pas exister conduit aux errances du droit. Il suffit de songer à un rapport d'une assemblée parlementaire en 2008 sur la gestation pour autrui (Rapport d'information n° 421, Sénat, 25 juin 2008) où la légalisation préconisée de cette gestation est demandée tout en affirmant qu'elle ne consacrerait pas un droit à l'enfant, ou encore à l'eugénisme prohibé par l'article 16-4 du Code civil et le développement croissant des dépistages prénataux ou préimplantatoires qui fondent près de 96 % des interruptions médicales de grossesse (IMG). Relativisme juridique enfin car le droit n'a pas à poser des valeurs morales ou sociales communes à la société qu'il régit. Il doit être neutre et défendre le pluralisme, afin que chaque individu puisse avoir une liberté de choix indépendamment de la valeur de la solution proposée. Il en résulte un grand danger à propos de la personne. Le droit se refusant de la définir, car cela suppose une approche ontologique, anthropologique et des choix éthiques, il accorde à la personne des droits qui sont souvent une négation de ce qu'est intrinsèquement la personne (v. nos obs. in *RLDC* 2010, n° 72, « La dignité de la personne en tant qu'être humain »). Il s'ensuit des conflits entre les différents droits mais aussi le refus de toute protection de la personne pour ne l'avoir pas défini (v. notre étude : « La dignité de la personne en tant qu'être humain », *Revue Lamy Droit civil*, 2010). 282

La personne suppose pour être prise en considération par le droit d'avoir la personnalité juridique, elle doit être sujet de droit (chapitre 8). Cette qualité aura pour effet de lui conférer un certain nombre de droits subjectifs encore appelés de la 283 personnalité. Cette reconnaissance de la personne par le droit va lui conférer un statut, désigné par l'expression état des personnes (chapitre 9), sachant que le mineur de moins de dix-huit ans et le majeur souffrant d'une altération de ses facultés personnelles feront l'objet de la sollicitude du droit par un régime juridique se voulant protecteur de leurs intérêts, tout comme de façon plus récente la personne victime de violence au sein de l'intimité familiale (chapitre 10).

chapitre 8

La personne reconnue par le droit

Plan analytique

section 1

La notion de personne

§ 1 L'existence de la personne

A. Le moment où il y a une personne

B. De la conception à la naissance

§ 2 La mort de la personne

A. La mort physique de la personne

B. La disparition ou l'absence de la personne

§ 3 La dignité de la personne

section 2

La personne sujet de droit

§ 1 La personnalité juridique

A. La personne physique

B. La personne morale

§ 2 Les prérogatives juridiques

A. La notion de droit subjectif

B. Les droits subjectifs attribués

Compléments pédagogiques

La personne reconnue par le droit

Le droit procède par catégories. Les personnes sont opposées aux choses, bien que certains aient pu dénoncer une certaine réification de la personne avec les manipulations génétiques. Est sujet de droit toute personne qui se voit conférer la personnalité juridique. Celle-ci est l'aptitude à être titulaire et à exercer des droits. Elle est potentiellement le pouvoir d'exercer et de jouir de ces droits. Il s'agit d'une simple potentialité parce que pour devenir effectif ce pouvoir doit être détenu par un sujet de droit ayant la capacité juridique. On distingue la capacité juridique d'exercice et de jouissance. Or, si l'on peut avoir la personnalité juridique sans capacité d'exercice, on ne peut concevoir la personnalité juridique sans capacité de jouissance, sinon la personne serait tout bonnement inexistante. Mais avant d'être sujet de droit (section 2), la personne est une personne humaine digne à ce titre de protection (section 1). 284

section 1

La notion de personne

§ 1 L'existence de la personne

À partir de quand y a-t-il une personne (A) et quand mérite-t-elle protection (B) ? 285

A. Le moment où il y a une personne

La question de savoir si l'enfant conçu est une personne reste entière en droit, v. ss 279 si l'on admet pour point de départ de la réflexion la proposition doctrinale selon laquelle personne et personnalité juridique doivent être distinguées. Certains auteurs préconisent, en effet, de distinguer le moment où il y a une personne et la question plus contingente du moment où le droit reconnaît personnalité juridique à une personne. L'avantage de la solution serait de permettre une extension de la protection de la personne à sa conception, alors même que le droit ne conférerait la personnalité juridique à l'enfant conçu qu'à la condition d'être né vivant et viable. De façon générale, force est cependant de constater l'absence de protection générale de la personne de l'enfant conçu *in utero* puisque la mère a un droit discrétionnaire de recourir à une interruption volontaire de grossesse dès lors qu'elle satisfait à l'état de détresse exigé par la loi du 15 janvier 1975 (dont elle est seule juge) et qu'elle agit dans le délai légal de 12 semaines à partir de la conception. 286

287 Les procréations médicalement assistées et toutes les manipulations génétiques prouvent par ailleurs que l'enfant conçu *ex utero* n'est pas protégé par le droit. Un jugement du tribunal administratif d'Amiens du 9 mars 2004 (*D.* 2004. 1051, note X. Labbée) ne reconnaît pas la personnalité juridique à l'embryon congelé, encore moins la qualité de personne. Il s'ensuit que la défaillance du matériel de conservation des embryons d'un couple recourant à l'assistance médicale à la procréation par baisse de l'azote, obstacle à leur réimplantation en l'état des connaissances scientifiques, ne peut justifier l'existence d'un préjudice moral résultant de la perte d'êtres chers.

Quelques dates clefs de la législation relative aux embryons ex utero : le 23 mai 1984 (*JCP* 1985. I. 3191), le Comité consultatif national d'éthique est d'avis que « l'embryon ou le fœtus doit être reconnu comme une personne humaine potentielle qui est ou a été vivante et dont le respect s'impose », avis réitéré à propos de l'embryon *in vitro* le 15 décembre 1986 ; le 27 juillet 1994 (*JO* 29 juill., p. 11024), le Conseil constitutionnel considère que, selon le législateur, « le principe du respect de tout être humain dès le commencement de la vie n'est pas applicable aux embryons *in vitro* qui ne bénéficient que de garanties spéciales » ; le 29 juillet de la même année, avec les lois n° 94-653 et 654 sur le don des éléments et produits du corps humain, l'assistance médicale à la procréation et le diagnostic prénatal, l'enfant ainsi conçu se voit définitivement refuser toute protection. Il peut faire l'objet de congélation, de destruction, de réimplantation. La loi n° 2004-800 du 6 août 2004 ayant révisé les lois de 1994, bien qu'interdisant le clonage, a autorisé la recherche sur l'embryon humain (A. Dorsner-Dolivet, « De l'interdiction du clonage à la réification de l'être humain. L. du 6 août 2004 », *JCP* 2004. I. 172). La révision des lois bioéthiques en 2009 ne laissait pas espérer une modification de l'acquis antérieur (« Étude du Conseil d'État relative à la révision des lois bioéthiques », *D.* 2009. 1269), et la réforme de 2011 l'a confirmé.

288 Mais cette absence de protection ne permet pas de dire que l'enfant conçu n'est pas une personne ainsi qu'il a été magistralement expliqué à propos d'un arrêt en date du 29 juin 2001. L'assemblée plénière approuve la relaxe d'un conducteur de véhicule prononcée par les juges du fond du chef d'atteinte volontaire à la vie d'un enfant à naître. En l'espèce, le conducteur avait blessé une femme enceinte de six mois ayant perdu, des suites du choc, l'enfant qu'elle portait. La Cour de cassation en formation solennelle retient que « le principe de la légalité des délits et des peines, qui impose une interprétation stricte de la loi pénale, s'oppose à ce que l'incrimination prévue par l'article 221-6 du Code pénal, réprimant l'homicide involontaire d'autrui, soit étendue au cas de l'enfant à naître dont le régime juridique relève de textes particuliers sur l'embryon ou le fœtus » (*JCP* 2001. II. 10560 note M.-L. Rassat). La qualité d'autrui est refusée au fœtus par les magistrats, et, ce faisant, le fait qu'il soit une personne. Le raisonnement des juges n'a pas toujours convaincu. Le professeur Rassat, notamment, dénonce avec clairvoyance la confusion ayant sans doute présidé à cette solution et l'application discutable des règles de droit pénal qui s'en est suivie : « [...] Ce n'est pas parce que l'embryon peut être supprimé dans le cadre de l'interruption de grossesse qu'il a cessé, d'une façon générale, d'être une personne de droit pénal. Ce point de vue repose sur un syllogisme inexact, comme beaucoup de syllogismes (le droit pénal interdit de tuer les personnes ; le droit pénal permet de supprimer les fœtus ; donc le fœtus n'est pas une personne) alors que le vrai raisonnement est : le droit pénal interdit, en principe, de tuer les personnes ; mais le

droit pénal permet de supprimer les fœtus ; donc le droit pénal permet de tuer certaines personnes. Il reste que cela n'est licite, naturellement, que dans les conditions exceptionnelles prévues par la loi et à défaut desquelles le droit pénal commun retrouve son empire ». Et, en effet, nul n'aurait songé à nier la qualité de personne à ceux que la loi pénale française condamnait à mort lorsque la peine de mort était encore en vigueur.

Il s'ensuit que la solution retenue par l'assemblée plénière est plus que discutable, lorsque raisonnant implicitement à partir de l'IVG et explicitement par renvoi aux dispositions applicables aux fœtus conçus *ex utero*, elle refuse de reconnaître l'existence d'un homicide involontaire à l'encontre d'un fœtus de six mois décédé dans le sein maternel. Aucune disposition juridique ne déclare *expressis verbis* que l'enfant conçu n'est pas une personne ou n'indique à partir de quand il y a commencement de la vie. Les généticiens en revanche admettent tous qu'il y a dès la fécondation l'ensemble du patrimoine génétique de la personne. Ceci pose la question de la protection de la personne de la conception à la naissance.

B. De la conception à la naissance

L'article 1er de la loi du 17 janvier 1975 relative à l'interruption de grossesse énonce que « La loi garantit le respect de tout être humain dès le commencement de la vie » et qu'il « ne saurait être porté atteinte à ce principe qu'en cas de nécessité ». L'article 16 du Code civil soutient que « la loi assure la primauté de la personne, interdit toute atteinte à la dignité de celle-ci et garantit le respect de l'être humain dès le commencement de sa vie ». Enfin, toutes les déclarations de droits soulignent ce droit à la vie de la personne (Déclaration universelle des droits de l'homme, art. 3 ; Conv. EDH, art. 2 ; Charte de l'Union européenne, art. 2 § 1 ; Pacte international de New York, art. 6 § 1 ; etc.). 289 ■

Toute la difficulté tient aux divergences d'appréciation sur le moment à partir duquel on peut considérer que la vie commence. La Cour européenne des droits de l'homme dans l'affaire *Vo c/ France*, le 8 juillet 2004, a été saisie par une mère se plaignant de l'impossibilité d'obtenir la condamnation pénale du médecin ayant commis une erreur médicale à la suite de laquelle elle a dû subir un avortement thérapeutique. 290 ■

La question principale posée à la Cour était celle de savoir « si l'absence de recours de nature pénale en droit français pour réprimer la suppression involontaire d'un fœtus constitue un manquement par l'État à son obligation de "protéger par la loi" le droit de toute personne à la vie, garantie par l'article 2 de la Convention ». Avant de répondre par la négative sur la question de l'existence nécessaire d'un recours de nature pénale, la Cour a estimé qu'il convenait « au préalable de se pencher sur l'opportunité pour la Cour de s'immiscer dans le débat lié à la détermination de ce qu'est une personne et quand commence la vie, dans la mesure où cet article dispose que la loi protège "le droit de toute personne à la vie" ». Dans le considérant 82 de la décision, la Cour rappelle que :

« L'interprétation de l'article 2 [...] s'est faite dans un souci évident d'équilibre, et la position des organes de la Convention, au regard des dimensions juridiques, médicales, philosophiques, éthiques ou religieuses de la définition de la personne humaine a pris en considération les différentes approches nationales du problème. Ce choix s'est traduit par la prise en compte de la diversité des conceptions quant au point de départ de la vie, des cultures juridiques et des standards de protection nationaux, laissant place à un large pouvoir discrétionnaire de l'État en la matière qu'exprime fort bien l'avis du Groupe européen d'éthique des sciences et des nouvelles technologies auprès de la Commission européenne : "les instances communautaires doivent aborder ces questions éthiques en tenant compte des divergences morales et philosophiques reflétées par l'extrême diversité des règles juridiques applicables à la recherche sur l'embryon humain [...]. Il serait non seulement juridiquement délicat d'imposer en ce domaine une harmonisation des législations nationales mais, du fait de l'absence de consensus, il serait également inopportun de vouloir édicter une morale unique, exclusive de toutes les autres" [...] ».

« Il en résulte que le point de départ du droit à la vie relève de la marge d'appréciation des États dont la Cour tend à considérer qu'elle doit leur être reconnue dans ce domaine, même dans le cadre d'une interprétation évolutive de la Convention, qui est un "instrument vivant à interpréter à la lumière des conditions de vie actuelles" [...]. Les raisons qui la poussent à ce constat sont, d'une part, que la solution à donner à ladite protection n'est pas arrêtée au sein de la majorité des États contractants, et en France en particulier, où la question donne lieu à débat [...] et, d'autre part, qu'aucun consensus européen n'existe sur la définition scientifique et juridique des débuts de la vie ». Et un peu plus loin, la Cour considère que tout au plus on peut trouver « comme dénominateur commun aux États l'appartenance à l'espèce humaine ; c'est la potentialité de cet être et sa capacité à devenir une personne [...] qui doivent être protégées au nom de la dignité humaine sans pour autant en faire une "personne" qui aurait un "droit à la vie" au sens de l'article 2 » (Considérant 84).

La Cour européenne des droits de l'homme a conclu sur cette question préalable, au considérant 85, « Quant à ce qui précède, la Cour est convaincue qu'il n'est ni souhaitable ni même possible actuellement de répondre dans l'abstrait à la question de savoir si l'enfant à naître est "une personne" » au sens de l'article 2 de la Convention » (*JCP* 2004. II. 10.158, note M. Levinet).

■ 291 Le droit à la vie reste un droit conditionnel pour l'enfant conçu :

— la mère peut décider d'une interruption de la grossesse, lorsqu'elle est en état de détresse, pendant les douze premières semaines à partir de la conception (CSP, art. L. 2212-1). L'intégrité morale (état de détresse) de la mère justifie le non-respect de l'intégrité physique du fœtus (avortement). L'argument avancé, en l'occurrence, est que l'enfant conçu n'est qu'un tissu cellulaire de la mère, il n'y aurait pas véritablement atteinte à la vie d'un enfant en raison du délai posé par le texte. Nombre de spécialistes de médecine s'opposent sur le moment à partir duquel il y a une personne, mais tous s'accordent à reconnaître que dès la conception l'originalité, l'unicité de la personne, son patrimoine génétique est définitivement arrêté.

— la mère peut interrompre sa grossesse à tout moment en cas de péril grave pour sa santé (avortement thérapeutique ou interruption médicale de grossesse).

■ 292 L'évolution est identique en matière de procréations médicalement assistées. L'intention du législateur par la reconnaissance de ces procédés est louable, il s'agit d'aider des couples stériles à procréer. L'inconvénient est de mettre en opposition les droits de personnes qui, par nature, devraient être les plus proches et solidaires entre elles : le père/la mère et l'enfant. Le droit à l'enfant s'oppose au droit de l'enfant ainsi qu'il est classiquement souligné. Ce « droit à l'enfant » n'est pas une simple formule de style. La CEDH a donné une assise juridique à cette nouvelle prérogative juridique (Aff. *Dickson c/. Royaume-Uni*, 4 déc. 2007 ; v. aussi en matière d'adoption l'aff. *Emonet* *et al. C/ Suisse*, 13 déc. 2007, *RTD civ.* 2008. 272, obs. J. Hauser). Dans cette affaire, une femme demandait à être inséminée par la semence de son mari incarcéré. Le Royaume-Uni est condamné pour avoir refusé ce recours à l'assistance médicale à la procréation.

L'assistance médicale à la procréation pose la question de l'emprise du droit sur les enfants conçus, ces embryons qui, étant surnuméraires, ne pourront pas être implantés dans l'uterus de la femme. Une loi a modifié la loi n° 2011-814 du 7 juillet 2011 relative à la bioéthique autorisant, sous certaines conditions, la recherche sur l'embryon et les cellules-souches embryonnaires. L'objectif a été de lever l'interdiction de la recherche sur l'embryon et d'autoriser les recherches sur les embryons surnuméraires sans projet parental puissent être conduites à des fins médicales ou scientifiques selon un système d'autorisation soumise à conditions. L'article L. 2151-5-1 du Code de la santé publique, modifié par la loi n° 2013-715 du 6 août 2013, permet désormais que cette recherche soit menée. Au plan éthique, il est intéressant de consulter ce que disent certaines autorités religieuses (Sur les problèmes éthiques posés par la recherche médicale en ce domaine, on consultera avec profit la Déclaration de l'Académie pontificale pour la vie « sur la production et l'usage scientifique et thérapeutique des cellules-souches embryonnaires humaines », 25 août 2000 : http://www.vatican.va/roman_curia/pontifical_academies/acdlife/documents/rc_pa_acdlife_doc_20000824_cellule-staminali_fr.html ; outre l'encyclique *Evangelium vitae* du 25 mars 1995 de Saint Jean-Paul II qui est une mine d'or de réflexions éthiques sur la vie : http://www.vatican.va/holy_father/john_paul_ii/encyclicals/documents/hf_jp-ii_enc_25031995_evangelium-vitae_fr.html). Le débat mené en Italie pour la recherche dans ce pays sur les embryons, avec l'apport de la CEDH et de la Cour constitutionnelle italienne, est également instructif (v. notamment notre étude « Le recours à la procréation médicalement assistée et le sort des embryons humains, une partition à quatre mains de la Cour constitutionnelle italienne et de la Cour européenne des droits de l'homme », in *Lettre d'Italie*, 2015/1, http://cdpc.univ-tln.fr). 293 ■

§ 2 La mort de la personne

La mort est le moment où la personne n'a plus d'existence physique et la détermination de celle-ci emporte d'importants effets juridiques (A). Le législateur a pris soin de réglementer les situations où l'on ne sait pas si la personne absente ou disparue est décédée (B). 294 ■

A. La mort physique de la personne

1. *Le décès de la personne*

La perte de la personnalité juridique est liée au décès de la personne. Par analogie, et jusqu'à une loi du 31 mai 1854, une personne pouvait être condamnée à la mort civile. La condamnation à la mort civile emportait perte de la personnalité juridique pour la personne, c'est-à-dire incapacité juridique générale non seulement d'exercice mais aussi de jouissance. La peine faisait songer à une sorte de bannissement, proche de la pratique connue des sociétés archaïques. L'article 720 du Code civil ne prévoit, désormais, comme cause d'ouverture d'une succession que la mort naturelle. La 295 ■

question de la mort porte celle du moment à partir duquel une personne peut être considérée comme morte.

296 Au plan médical, le décret n° 2005-949 du 2 août 2005 est intervenu pour établir certains critères de la mort, condition indispensable au prélèvement d'organes. L'article R. 1232-1 du Code de la santé publique précise que si la personne présente un arrêt cardiaque et respiratoire persistant, le constat de la mort ne peut être établi que si les trois critères cliniques suivants sont simultanément présents : 1° Absence totale de conscience et d'activité motrice spontanée 2° Abolition de tous les réflexes du tronc cérébral 3° Absence totale de ventilation spontanée.

297 Le décès entraîne perte de la personnalité juridique, autrement dit la personne décédée n'est plus le réceptacle de droits, elle n'est plus sujet de droit. Un jugement du tribunal de grande instance de Paris qui retient maladroitement, à propos d'une photographie de la dépouille du président Mitterrand dans un journal, « qu'on ne peut soutenir comme le fait la défense que le droit au respect de la vie privée prend fin à la date du décès ou que le droit du respect de l'intimité de la vie privée disparaît au moment du décès » (TGI Paris, 13 juill. 1997, *D.* 1997. 255) est juridiquement mal fondé. Cela signifierait que la personnalité juridique survit à la mort de la personne. La dépouille de la personne doit simplement être respectée comme ayant été le réceptacle d'une vie humaine, à ce titre « Toute atteinte à l'intégrité du cadavre par quelque moyen que ce soit » (nouv. C. pén., art. 225-17, al. 1er) est sanctionnée. Pour la même raison, la diffamation à l'égard d'un mort suppose, pour que l'action soit recevable, que les héritiers invoquent une atteinte à leur honneur personnel, l'action en diffamation est de nature personnelle et intransmissible (Civ. 1re, 12 déc. 2006, *D.* 2007.541).

298 Aux termes de l'article 78 du Code civil « L'acte de décès sera dressé par l'officier de l'état civil de la commune où le décès a eu lieu, sur la déclaration d'un parent du défunt ou sur celle d'une personne possédant sur son état civil les renseignements les plus exacts et les plus complets qu'il sera possible ». La loi n° 2016-1547 du 18 novembre 2016 de modernisation de la justice du XXIe siècle a ajouté un alinéa second aux termes duquel : « Pour s'assurer de l'exactitude des informations déclarées, l'officier de l'état civil peut demander la vérification des données à caractère personnel du défunt auprès du dépositaire de l'acte de naissance ou, à défaut d'acte de naissance détenu en France, de l'acte de mariage ». Les renseignements figurant à l'acte de décès sont énumérés à l'article 79 du Code civil.

2. *Le droit de mourir*

299 La question d'un droit à la mort n'a jamais été aussi actuelle en Occident. La laïcisation de nos sociétés n'a pas encore conduit à l'autodétermination dans la mort en France, même si l'on en prend le chemin. Pourquoi ? Peut-être parce que « ce qui résiste, c'est l'altérité. Cette altérité qui tout à la fois nous permet et nous commande la compassion pour la souffrance, nous impose d'agir pour la soulager tout en nous interdisant de porter la main sur l'autre, en nous interdisant de demander à l'autre de porter la main sur nous » (G. Giudicelli-Delage, « Approches de la vie et de la mort en Europe », *RSC* 2008. 513). La loi n° 2002-303 du 4 mars 2002 relative aux droits des malades et à la qualité du système de santé (*JO* 5 mars, p. 4118) dispose à l'article 1er, alinéa 1er, du titre I concernant la solidarité envers les personnes

handicapées que « Nul ne peut se prévaloir d'un préjudice du seul fait de sa naissance ». La disposition avait déjà été proposée par le Sénat, puis abandonnée au moment de l'examen du projet de loi relatif à l'interruption volontaire de grossesse et à la contraception (document n° 582, 28 mars 2001, art. 9 *bis* du projet). Autrement dit, une personne née handicapée ne peut demander à autrui, en particulier aux médecins, indemnisation pour ne pas l'avoir mise à mort pendant sa vie *intra-utérine*. Il n'y a pas de droit à la mort. En revanche, elle pourrait demander indemnisation d'un handicap causé directement par une faute médicale ou qui l'aurait aggravé ou qui n'aurait pas permis de prendre les mesures susceptibles de l'atténuer (art. 1er, al. 2 de la loi), mais cela concerne non plus un hypothétique droit à la mort, mais un droit à la santé. La nouvelle disposition met un terme à l'arrêt de l'assemblée plénière du 17 novembre 2000 (affaire *Perruche* ; B. Edelman, « L'arrêt Perruche : une liberté pour la mort ? », *D.* 2002. Chron. 2349) dans lequel un enfant né avec un grave handicap avait pu obtenir indemnisation des médecins du seul fait de sa naissance, leur erreur de diagnostic ayant empêché la mère d'exercer son choix d'interrompre sa grossesse. Il est vrai que l'assemblée plénière, elle-même, était déjà revenue sur sa position par trois arrêts rendus le 13 juillet 2001 limitant l'indemnisation au seul préjudice en relation de causalité directe avec les fautes commises par le médecin (arrêts nos 478, 479 et 480).

Ce refus d'un droit à la mort conduit à interdire le suicide et l'euthanasie. Si le suicide n'est pas en soi prohibé par le Code pénal, en revanche la provocation au suicide est pénalement répréhensible (nouv. C. pén., art. 223-13 et s.). 300 ■

Plusieurs propositions de loi ont été déposées afin de légaliser l'euthanasie (J. Pousson-Petit, « Propos paradoxaux sur l'euthanasie à partir de textes récents », *Dr. fam.* févr. 2001, p. 4). Le législateur s'est orienté vers une réglementation des *soins palliatifs*Q afin de soulager le malade incurable de ses souffrances physiques et de l'entourer, de l'accompagner moralement dans les derniers moments de sa vie (F. Bolot, « La prise en charge de la douleur, des souffrances en fin de vie et le droit », *Gaz. Pal.* 19-20 mars 2003, p. 751). Cette réglementation s'inscrit dans le droit à la dignité récemment proclamé par la loi du 4 mars 2002 précitée. Le nouvel article L. 1110-2 du Code de la santé publique dispose que « La personne malade a droit au respect de sa dignité » (S. Prieur, « Les droits des patients dans la loi du 4 mars 2002 », *Rev. droit médical* 2002. 119) et l'article L. 1110-5 du même Code précise en son alinéa 2 que « Toute personne a le droit d'avoir une fin de vie digne et accompagnée du meilleur apaisement possible de la souffrance. Les professionnels de santé mettent en œuvre tous les moyens à leur disposition pour que ce droit soit respecté » (mod. L. n° 2016-87, 2 fév. 2016).

Un rapport a été rédigé sous la direction de Mme de Hennezel, en octobre 2003, sur la question des soins palliatifs et de l'euthanasie. Ce cinquième rapport sur la fin de vie remis à M. le ministre Mattéi, de quelques 161 pages, solidement argumenté, a le grand mérite de rappeler les enjeux d'un débat où la charge émotionnelle rend a priori difficile la discussion (accessible sur : http://www.sante.gouv.fr/htm/actu/hennezel/ rapport_complet.pdf). 301 ■

Souvent est-il rappelé, « on présente le temps de mourir comme un temps pénible, inutile, dépourvu de sens dès lors qu'il n'y a pas d'espoir de guérison. Rarement on le présente comme un temps fort, marqué par une dynamique relationnelle surprenante dont l'enjeu est aussi important pour celui qui meurt que pour son entourage et le deuil qu'il aura à vivre. C'est le temps des derniers échanges, et cela compte». Des propositions sont faites dans quatre grands domaines, ceux de la communication, de l'organisation des soins, de la formation, et de l'amélioration des pratiques des soignants confrontés à des situations limites. Il est très justement conclu en faveur de solutions non juridiques: «ce n'est pas une loi qui amendera les consciences, ni qui diminuera la solitude des médecins confrontés à des fins de vie difficiles. Par contre, on peut craindre qu'elle freine les efforts des soignants pour améliorer leurs pratiques, pour la penser, pour inventer une manière d'être humble et humaine auprès de ceux qu'on ne peut plus guérir». Le rapport dénonce la conspiration du silence qui entoure souvent celui qui va mourir et préconise que le mourant puisse se réapproprier sa mort, non pas au sens de se donner la mort ou d'accéder à sa demande de lui donner la mort de façon délibérée et active, mais comme «un droit à l'information et au dialogue sur sa mort». Il est préconisé de réaliser des entretiens de fin de vie avec les mourants, sorte de contrat appelé de «non-abandon», où le malade est accompagné jusqu'à l'ultime porte qu'il devra franchir seul. Les soins palliatifs sont une réponse appropriée à la fin de vie, mais les équipes médicales et les lits manquent encore, en dépit des efforts réalisés ces dernières années. La richesse de cette étude est en partie d'avoir été réalisée par des personnes ayant été au contact pendant des années avec des patients en fin de vie.

■ 302 Une commission s'est réunie pour repenser la fin de vie et a rendu son rapport, le 18 décembre 2012: «Penser solidairement la fin de vie» (Rapport dit «Sicard» du nom du président de la commission, accessible sur internet). La réflexion s'oriente, au-delà des soins palliatifs, vers la possible reconnaissance du «suicide assisté» consistant à donner les produits propres à provoquer la mort, la personne se les administrant elle-même. Le rapport continuant à s'opposer à l'euthanasie conçue comme le fait de donner la mort à autrui directement. Le suicide assisté n'est pas contraire aux droits de l'homme selon la CEDH. Elle observe, dans l'affaire *Haas c/ Suisse* du 20 janvier 2011, que si l'obligation positive faite dans un État de faciliter le suicide assisté existe, il doit être toutefois encadré: «Elle partage à cet égard le point de vue du Tribunal fédéral, selon lequel le droit à la vie garanti par l'article 2 de la Convention oblige les États à mettre en place une procédure propre à assurer qu'une décision de mettre fin à sa vie corresponde bien à la libre volonté de l'intéressé. Elle estime que l'exigence d'une ordonnance médicale, délivrée sur le fondement d'une expertise psychiatrique complète, est un moyen permettant de satisfaire à cette obligation». Autrement dit, la volonté de se donner la mort si elle est libre légitime l'acte lui-même, ce qui au plan philosophique consiste à donner à la volonté un pouvoir qu'il ne lui appartient pas d'avoir... Après que l'Allemagne ait été condamnée pour avoir interdit de façon générale le recours au suicide assisté (CEDH 19 juillet 2012, *Koch c/ Allemagne*, Req. n° 497/09), dans un tout dernier arrêt, la CEDH a cependant précisé, à propos de la Suisse, qu'elle devait clarifier sa législation pour que les patients désireux d'obtenir la dose mortelle d'un médicament puissent connaître les conditions d'accès et obtenir l'ordonnance (CEDH 14 mai 2013, *Gros c/ Suisse*, Req. n° 67810/10). On y apprend que «dans l'ère de sophistication médicale croissante combinée à l'allongement de l'espérance de vie, beaucoup de personnes ont le souci de ne pas être forcées de s'attarder dans la vieillesse ou dans des états de décrépitude physique ou mentale qui contredisent des convictions bien ancrées sur l'identité personnelle» (§ 58)!

L'euthanasie reste jusqu'à aujourd'hui interdite en France. La difficulté est de savoir quand il y a acte d'euthanasie ou non. Elle se présente habituellement en droit pénal. Peut-on dire qu'il y a mort provoquée lorsque la personne ne vivait que par le relais de tubes et d'appareils de réanimation ? (*D.* 1998. Jur. 236). Il faut distinguer l'acte d'euthanasie qui provoque la mort, illicite celui-là, du refus de soins par le patient afin d'éviter un acharnement thérapeutique, refus qui est autorisé par la loi n° 99-477 du 9 juin 1999. La loi n° 2005-370 du 22 avril 2005 relative aux droits des malades et à la fin de vie (*JO* 23 avril, p. 7089) a modifié les articles L. 1110-5 et suivants du Code de la santé publique dans le sens d'un respect du malade en fin de vie. L'art. L. 1111-10 dispose en particulier que « Lorsqu'une personne, en phase avancée ou terminale d'une affection grave et incurable, quelle qu'en soit la cause, décide de limiter ou d'arrêter tout traitement, le médecin respecte sa volonté après l'avoir informée des conséquences de son choix. La décision du malade est inscrite dans son dossier médical ». Le médecin doit, aux termes des articles 37 et 38 du décret n° 95-1000 du 6 septembre 1995 portant Code de déontologie médicale, en toutes circonstances, s'efforcer de soulager les souffrances de son malade, l'assister moralement et éviter toute obstination déraisonnable dans les investigations et la thérapeutique, accompagner le mourant jusqu'à ses derniers moments, assurer par des soins et mesures appropriés, la qualité d'une vie qui prend fin, sauvegarder la dignité du malade et réconforter son entourage, mais il n'a pas le droit de provoquer délibérément la mort. Sur le fondement de ces textes, le Conseil d'État a approuvé la sanction d'interdiction temporaire d'exercer la médecine prononcée par la section disciplinaire du Conseil national de l'ordre des médecins à l'encontre de l'un de leurs confrères ayant pratiqué sur un malade incurable l'injection d'une dose de chlorure de potassium destinée à provoquer immédiatement la mort par arrêt cardiaque. Il est précisé que l'acte d'euthanasie ne saurait être justifié par l'état dans lequel se trouvait la patiente (CE 29 décembre 2000, *D.* 2001. IR. 595). **303**

Le débat de la fin de vie a été relancé par l'affaire « Vincent Lambert », véritable saga judiciaire sur le maintien en vie ou non d'une personne sous assistance complète, après un accident de la route survenu en 2008. Le patient est plongé dans le coma avec un état de conscience minimal avec l'entourage, et, au bout de cinq ans, en avril 2013, l'équipe médicale décide avec l'accord de l'épouse, de cesser la nutrition et l'hydratation de son mari. Les parents s'opposent à cette décision et, n'ayant pas été consultés, obtiennent l'annulation de la décision du CHU. Une nouvelle décision d'arrêt des traitements est fixée en janvier 2014. Le Conseil d'État saisi statue en faveur de la cessation de l'alimentation dans un arrêt circonstancié du 24 juin 2014 et conclut que, le cas échéant, il y aurait obstination déraisonnable du maintien en vie du patient. Les parents saisissent la Cour européenne des droits de l'homme : « Les requérants considèrent que l'arrêt de l'alimentation et de l'hydratation artificielles de Vincent Lambert serait contraire aux obligations découlant pour l'État de l'article 2 de la Convention. Ils estiment que la privation de nourriture et d'hydratation serait pour lui un mauvais traitement constitutif de torture, au sens de l'article 3 de la Convention, et font également valoir que la privation de kinésithérapie depuis octobre 2012, ainsi que de rééducation à la déglutition équivalent à un traitement inhumain et dégradant prohibé par cette disposition. Ils estiment enfin que l'arrêt de l'alimentation et de l'hydratation s'analyserait également en une atteinte à l'intégrité physique de Vincent Lambert, au sens de l'article 8 de la Convention ». Le 5 juin 2015, dans un arrêt de grande chambre (*Req. n° 46043/14*), la Cour décide que la France n'a **304** pas violé l'article 2 de la Conv. EDH relatif au droit à la vie, et juge, en particulier, que le maintien en vie s'apparente en l'espèce à une obstination déraisonnable :

« Dans ses observations au Conseil d'État en qualité d'*amicus curiae*, M. Leonetti a précisé que cette formulation, plus stricte que celle initialement envisagée de traitement "qui prolonge artificiellement la vie", était plus restrictive et faisait référence au maintien artificiel de la vie "au sens purement biologique, avec la double caractéristique qu'il s'agit d'un patient présentant des lésions cérébrales majeures et irréversibles et que son état ne présente plus de possibilité de conscience de soi et de vie relationnelle" (paragraphe 44 ci-dessus). Dans le même sens, le Conseil national de l'ordre des médecins a souligné l'importance de la notion de temporalité, en retenant qu'en présence d'un état pathologique devenu chronique, entraînant une détérioration physiologique de la personne et une perte de ses facultés cognitives et relationnelles, l'obstination pourrait être considérée comme déraisonnable dès lors qu'aucun signe d'amélioration n'apparaîtrait (*ibid.*).

158. Dans sa décision du 24 juin 2014, le Conseil d'État a détaillé les éléments à prendre à compte par le médecin pour apprécier si les conditions de l'obstination déraisonnable étaient réunies, tout en indiquant que chaque situation devait être appréhendée dans sa singularité : les éléments médicaux (dont il a indiqué qu'ils devaient couvrir une période suffisamment longue, être analysés collégialement et porter notamment sur l'état du patient, sur l'évolution de son état, sur sa souffrance et sur le pronostic clinique) et les éléments non médicaux, à savoir la volonté du patient, quel qu'en soit le mode d'expression, à laquelle le médecin doit "accorder une importance toute particulière", et l'avis de la personne de confiance, de la famille ou des proches.

159. La Cour relève que le Conseil d'État a énoncé deux importantes garanties dans cette décision : il a tout d'abord affirmé que "la seule circonstance qu'une personne soit dans un état irréversible d'inconscience ou, à plus forte raison, de perte d'autonomie la rendant tributaire d'un tel mode d'alimentation et d'hydratation ne saurait caractériser, par elle-même, une situation dans laquelle la poursuite de ce traitement apparaîtrait injustifiée au nom du refus de l'obstination déraisonnable." Par ailleurs, il a souligné qu'au cas où la volonté du patient ne serait pas connue, elle ne pourrait être présumée consister en un refus d'être maintenu en vie (paragraphe 48 ci-dessus).

160. Au terme de cette analyse, la Cour ne peut suivre l'argumentation des requérants. Elle considère que les dispositions de la loi du 22 avril 2005, telle qu'interprétées par le Conseil d'État, constituent un cadre législatif suffisamment clair, aux fins de l'article 2 de la Convention, pour encadrer de façon précise la décision du médecin dans une situation telle que celle de la présente affaire. La Cour conclut dès lors que l'État a mis en place un cadre réglementaire propre à assurer la protection de la vie des patients (voir paragraphe 140 ci-dessus) ».

305 Au moment où il est légiféré en France sur la fin de vie, la structuration et la composition du Haut Conseil de la famille, de l'enfance et de l'âge (HCFEA) ont été fixées par le décret n° 2016-1441 du 25 octobre 2016 pris pour l'application de l'article 69 de la loi n° 2015-1776 du 28 décembre 2015 relative à l'adaptation de la société au vieillissement. Le législateur le divise en trois formations respectivement spécialisées dans le champ de la famille, celui de l'enfance et de l'adolescence et, enfin, celui de l'âge, notamment l'avancée en âge des personnes âgées et des personnes retraitées et l'adaptation de la société au vieillissement. Il y a lieu de

consulter le nouvel article *D.* 141-2 du CASF pour découvrir la composition du Haut conseil dont le nombre rendra sans doute assez lourd le mode de fonctionnement. Une commission chargée des « questions de bientraitance » (CASF, *D.* 141-4) est instituée, ce qui dans un contexte de fin de vie n'est pas anodin.

L'importante loi n° 2016-87 du 2 février 2016 créé de nouveaux droits en faveur des malades et des personnes en fin de vie. Elle fait entrer la nutrition et l'hydratation artificielles dans la catégorie des traitements. Cette qualification a une incidence sur le régime juridique à leur appliquer dans un contexte où se fait présent le contentieux sur la vie de Vincent Lambert (T. Coussens-Barre, *AJDA* 2016,1932 et le récapitulatif de l'affaire) ou, encore, le recours au référé-liberté pour s'opposer à une décision médicale d'arrêt des traitements, ainsi la toute récente décision d'un tribunal administratif ayant validé la décision prise d'arrêt des traitements par une équipe collégiale le 27 octobre 2016, la personne ayant subi un accident le 7 octobre 2016. L'épouse et les enfants s'y étaient fermement opposés (TA 9 novembre 2016, n° 1607855, *D.* 2016, 2345, obs. F. Vialla et P. Véron ; et aussi TA Marseille 9 novembre 2016, à propos d'une fillette d'un an : P. Véron, F. Vialla, *AJDA* 2017, 301). Concrètement, il pourra être décidé d'arrêter le « traitement » consistant à nourrir et donner à boire à une personne, ce qui à terme conduit à la mort. **306 ■**

La loi instaure également la sédation profonde jusqu'à la mort et les directives anticipées de fin de vie sont revisitées (L. Fermaud, « Les droits des personnes en fin de vie », *AJDA* 2016, 2143 ; R. Binet, « Présentation de la loi créant de nouveaux droits en faveur des malades et des personnes en fin de vie », *Dr. fam.* 2016, dossier 34 ; G. Raoul-Cormeil, « Les personnes protégées et les dispositifs d'anticipation sur la fin de vie médicalisée », *Dr. fam.* 2016, dossier 35 ; C. Bergoignan-Esper, « La loi du 2 février 2016 : quels nouveaux droits pour les personnes malades en fin de vie ? », *RDSS* 2016, 296 ; R. Desgorces, « La loi n° 2016-87 du 2 février 2016 créant de nouveaux droits en faveur des malades et des personnes en fin de vie », *LPA*, n° 117, 2016. 12 ; Y.-M. Doublet, « La loi n° 2016-87 du 2 février 2016 créant de nouveaux droits en faveur des malades et des personnes en fin de vie », *LPA*, n° 56, 2016, 7 ; *AJ* fam. 2016, 217, obs. A. Dionisi-Peyrusse).

L'article 1110-5-2 CSP détaille les modalités permettant la mise en place de la sédation profonde jusqu'à la mort : **307 ■**

« À la demande du patient d'éviter toute souffrance et de ne pas subir d'obstination déraisonnable, une sédation profonde et continue provoquant une altération de la conscience maintenue jusqu'au décès, associée à une analgésie et à l'arrêt de l'ensemble des traitements de maintien en vie, est mise en œuvre dans les cas suivants :

1° Lorsque le patient atteint d'une affection grave et incurable et dont le pronostic vital est engagé à court terme présente une souffrance réfractaire aux traitements ;

2° Lorsque la décision du patient atteint d'une affection grave et incurable d'arrêter un traitement engage son pronostic vital à court terme et est susceptible d'entraîner une souffrance insupportable.

Lorsque le patient ne peut pas exprimer sa volonté et, au titre du refus de l'obstination déraisonnable mentionnée à l'article L. 1110-5-1, dans le cas où le médecin arrête un traitement de maintien en vie, celui-ci applique une sédation profonde et continue provoquant une altération de la conscience maintenue jusqu'au décès, associée à une analgésie.

La sédation profonde et continue associée à une analgésie prévue au présent article est mise en œuvre selon la procédure collégiale définie par voie réglementaire qui permet à l'équipe soignante de vérifier préalablement que les conditions d'application prévues aux alinéas précédents sont remplies.

A la demande du patient, la sédation profonde et continue peut être mise en œuvre à son domicile, dans un établissement de santé ou un établissement mentionné au 6° du I de l'article L. 312-1 du code de l'action sociale et des familles.

L'ensemble de la procédure suivie est inscrite au dossier médical du patient».

Saisi par l'Union nationale des associations de familles de traumatisés crâniens et de cérébro-lésés d'une question prioritaire de constitutionnalité sur la conformité aux droits et libertés que la Constitution garantit des articles L. 1110-5-1, L. 1110-5-2 et L. 1111-4 du code de la santé publique, dans leur rédaction résultant de la loi n° 2016-87 du 2 février 2016 créant de nouveaux droits en faveur des malades et des personnes en fin de vie., le Conseil constitutionnel par décision du 2 juin 2017 conclut à la constitutionnalité (Décision n° 2017-632 QPC du 2 juin 2017). Rappelant que «les dispositions contestées habilitent le médecin en charge d'un patient hors d'état d'exprimer sa volonté à arrêter ou à ne pas mettre en œuvre, au titre du refus de l'obstination déraisonnable, les traitements qui apparaissent inutiles, disproportionnés ou sans autre effet que le seul maintien artificiel de la vie. Dans ce cas, le médecin applique une sédation profonde et continue jusqu'au décès, associée à une analgésie», le Conseil pose une réserve d'interprétation ainsi formulée: «S'agissant d'une décision d'arrêt ou de limitation de traitements de maintien en vie conduisant au décès d'une personne hors d'état d'exprimer sa volonté, le droit à un recours juridictionnel effectif impose que cette décision soit notifiée aux personnes auprès desquelles le médecin s'est enquis de la volonté du patient, dans des conditions leur permettant d'exercer un recours en temps utile. Ce recours doit par ailleurs pouvoir être examiné dans les meilleurs délais par la juridiction compétente aux fins d'obtenir la suspension éventuelle de la décision contestée. Sous ces réserves, le grief tiré de la méconnaissance du droit à un recours juridictionnel effectif doit être écarté».

■ 308 Plusieurs décrets d'application ont été pris en application du nouveau texte, le décret n° 2016-1067 du 3 août 2016 relatif aux directives anticipées, le décret n° 2016-1066 du 3 août 2016 modifiant le code de déontologie médicale et relatif aux procédures collégiales et au recours à la sédation profonde et continue jusqu'au décès, alors que quelques mois auparavant le décret n° 2016-451 du 12 avril 2016 avait modifié la composition du conseil d'orientation stratégique du Centre national des soins palliatifs et de la fin de vie (Y.-M. Doublet, «Les dispositions réglementaires d'application de la loi du 2 février 2016 créant de nouveaux droits en faveur des malades et des personnes en fin de vie», *RDSS* 2016, 1092; A. Denizot, «L'art du copier-coller», *RTD civ.* 2016, 916). Il y a lieu de se reporter au Code de la santé publique en particulier aux articles L.1110-5-1 et L. 1110-5-2 régissant ces questions. Ces directives, à durée illimitée, sont susceptibles de modifications. Elles permettent à toute personne de limiter ou d'arrêter les traitements en cours, d'être transféré en réanimation si l'état de santé le requiert, d'être mis sous respiration artificielle, de subir une intervention chirurgicale, d'être soulagé de ses souffrances même si cela a pour effet de mener au décès. Mais la décision revient en définitive au médecin et à l'équipe médicale qui peuvent, à l'issue d'une procédure règlementée, ne pas suivre les directives du patient.

B. La disparition ou l'absence de la personne

La disparition et l'absence sont l'expression d'une incertitude tenant dans le premier cas à l'absence de cadavre (1), dans le second à l'absence de nouvelles données par la personne à ses proches (2). 309 ■

1. *La disparition de la personne*

Les articles 88 et suivants du Code civil réglementent les situations où une personne a disparu « dans des circonstances de nature à mettre sa vie en danger ». Il y a une forte présomption permettant de penser que la personne est décédée. Ces circonstances sont appréciées souverainement par les juges du fond, il s'agira du marin disparu en haute mer alors que le navire se trouvait au plus fort de la tempête, du mineur qui, au moment de l'effondrement d'une galerie souterraine, se trouve au fond de la mine, du voyageur embarqué sur un avion qui s'écrase, etc. Dans chacune de ces hypothèses, le corps du disparu peut ne pas être retrouvé bien qu'il soit probablement décédé. S'il le juge nécessaire, le magistrat saisi du dossier pourra ordonner toute mesure d'information complémentaire, notamment requérir une enquête administrative sur les circonstances de la disparition (C. civ., art. 90, al. 2). 310 ■

En l'absence de cadavre, le décès ne peut être constaté. Juridiquement, les personnes sont dépendantes les unes des autres par des liens divers (mariage, filiation, contrats de travail, de crédit, de location, etc.). Il faut empêcher que la famille du disparu, et plus largement que toutes personnes intéressées par la survenance de cet événement ne subissent indirectement les répercussions de cette incertitude. C'est la raison pour laquelle une procédure est organisée par le Code civil qui permet la déclaration judiciaire du décès de tout Français disparu en France ou hors de France dans ces conditions (art. 88, al. 1er), de tout étranger ou apatride disparu soit sur un territoire relevant de l'autorité de la France, soit à bord d'un bâtiment ou aéronef français, soit même à l'étranger s'il avait son domicile ou sa résidence habituelle en France (art. 88, al. 2). 311 ■

Par analogie, cette procédure a été étendue aux cas où le décès est certain, mais où le corps n'a pu être retrouvé (art. 88, al. 3).

La procédure de déclaration judiciaire de décès est ouverte à l'initiative du procureur de la République ou de toute personne qui justifie d'un intérêt. Celle-ci doit transmettre la requête par l'intermédiaire du procureur (art. 90, al. 1er). La juridiction compétente est le tribunal de grande instance. Il s'agira : 312 ■

— pour le Français, l'étranger ou l'apatride mort ou disparu en France ou sur un territoire relevant de son autorité, celui du lieu de survenance de l'événement ;

— pour le Français, l'étranger ou l'apatride mort ou disparu hors de France ou sur un bâtiment ou aéronef français celui du lieu de son domicile ou de sa dernière résidence en France ;

— pour le Français n'ayant pas de domicile ou de résidence connu, soit celui de Paris, soit si l'événement est survenu à bord d'un bâtiment ou d'un aéronef celui du port d'attache de ce bâtiment ou de cet aéronef. Cette situation ne vise pas l'étranger ou l'apatride puisque l'une des conditions de recevabilité de la requête est pour ceux-ci d'avoir eu un domicile ou une résidence habituelle en France ;

— lorsque plusieurs personnes ont disparu, une requête collective peut être adressée au tribunal. Dans cette hypothèse, la juridiction compétente est celle du lieu de la disparition, du port d'attache du bâtiment ou de l'aéronef ou, à défaut, du tribunal de grande instance de Paris (C. civ., art. 89, al. 2).

Enfin, aux termes de l'article 89 du Code civil, il existe une hiérarchie dans l'ordre de cette compétence révélée par la terminologie choisie par le législateur, chaque compétence n'intervient qu'à défaut de la précédente (v. dans l'article « sinon », « à défaut » marquant l'ordre par l'exclusion).

313 La procédure de déclaration judiciaire se déroule en *chambre du conseil*[Q]. Elle est simplifiée, les parties n'étant pas tenues de recourir au ministère d'avocat, et peu coûteuse puisque tous les actes de procédure ainsi que les *expéditions*[Q] et extraits des actes ne sont pas soumis aux *droits de timbre et d'enregistrement*[Q] (C. civ., art. 90, al. 1er). Pour l'appréciation de la date du décès, le tribunal tient compte des « présomptions tirées des circonstances de la cause et, à défaut, au jour de la disparition » (C. civ., art. 90, al. 3). Dans tous les cas, la date du décès doit être déterminée dans le jugement de déclaration.

314 L'intérêt immédiat du *jugement déclaratif*[Q] intervenu est qu'il tient lieu d'acte de décès et, en tant que tel, est opposable aux tiers (C. civ., art. 91, al. 3). Le *dispositif*[Q] du jugement est transcrit aux registres de l'état civil. À partir de ce moment, tout se passe comme si la personne disparue était normalement décédée. Il pourra y avoir dissolution du mariage et liquidation du régime matrimonial de la personne si elle était mariée, ouverture de sa succession, et tous les actes civils qui sont habituellement passés lors du décès d'une personne.

315 La logique du « comme si » est toujours approximative. Faute de cadavre pour attester du décès effectif de la personne, on reste dans le domaine des probabilités. Il n'est donc pas impossible que celui qui a été déclaré judiciairement mort, réapparaisse un beau jour. Le disparu peut demander annulation du jugement déclaratif selon la procédure sus énoncée. Cette annulation est inscrite à côté de la transcription initiale aux registres de l'état civil. La réintégration du disparu dans ses droits se fait aux conditions retenues par les articles 130 à 132 du Code civil auxquels renvoie expressément l'article 92 du même Code. Sa situation est identique à celle de l'absent dont l'absence a été judiciairement déclarée.

2. *L'absence de la personne*

316 À la différence de la disparition, l'absence n'est pas insérée dans le chapitre du Code civil consacré aux actes de décès. Elle forme, à elle seule, un titre du même Code intitulé « Des absents ». L'absent est celui qui un jour n'est pas rentré chez lui et dont on ne sait ce qu'il est devenu. Est-il mort, hospitalisé ou a-t-il décidé volontairement de disparaître ? L'absence se distingue par là même de la non-présence. Une personne peut ne pas être présente et n'être pas juridiquement absente, parce que l'on sait où la trouver. L'absence est caractérisée « Lorsqu'une personne a cessé de paraître au lieu de son domicile ou de sa résidence sans que l'on en ait eu de nouvelles » (C. civ., art. 112). Le droit se charge alors d'organiser les affaires de l'absent. Le régime juridique de l'absence est organisé autour de deux périodes successives. La première est la présomption d'absence (a) ; si à l'issue d'une durée de dix ans l'absent n'est pas réapparu, une seconde période commence dite « de déclaration d'absence » (b).

a. La présomption d'absence

Dans les premiers temps, le droit considère que la personne ne s'est absentée que temporairement et qu'elle va réapparaître. Aucune circonstance ne permettant de supposer la mort de l'absent, les biens de l'absent seront gérés et soumis aux règles applicables à la tutelle des majeurs sans conseil de famille (C. civ., art. 113, mod. Ord. n° 2015-1288 du 15 oct. 2015, art. 9) telles qu'elles sont prévues pour les mineurs (v. art. 389-2 s. ; v. ss 411 s.). Le but poursuivi par les articles 112 à 121 du Code civil est la protection des droits de celui qui n'est pas là pour y veiller lui-même. Concrètement, le juge des tutelles sera compétent. Il est saisi à la requête de tout intéressé ou du ministère public. Le juge désigne la ou les personnes qui seront les administrateurs légaux des intérêts de l'absent, le cas échéant il fixe les sommes qu'il convient d'affecter annuellement à l'entretien de la famille ou aux charges du mariage, les moyens d'établissement des enfants, la rémunération éventuelle qui peut être allouée à celle ou ceux qui représentent l'absent (C. civ., art. 114). Dans la désignation des représentants, le juge a entière liberté, il n'est pas tenu de désigner obligatoirement un parent, il peut mettre fin à la mission de celui ou de ceux qu'il a initialement désignés. Aux côtés du juge des tutelles, le ministère public est « spécialement chargé de veiller aux intérêts des présumés absents ; il est entendu sur toutes les demandes le concernant ; il peut requérir d'office l'application ou la modification » des mesures qui ont été ordonnées pendant la période de présomption d'absence (C. civ., art. 117). Cette procédure n'est pas mise en œuvre lorsque l'absent avait laissé une procuration suffisante à l'effet de le représenter et d'administrer ses biens (C. civ., art. 121). 317 ■

Lorsque l'absent réapparaît ou donne de ses nouvelles, il lui appartient de demander au juge de mettre fin aux mesures prises pour sa représentation et l'administration de ses biens. Il récupère alors l'intégralité de ses biens, ainsi que ceux qui ont pu être acquis pour son compte durant la période où il était absent (C. civ., art. 118). Si son décès est constaté ou judiciairement déclaré, les droits acquis par les tiers ne peuvent être remis en cause, quelle que soit la date retenue du décès, à moins qu'ils n'aient été acquis frauduleusement (C. civ., art. 119). 318 ■

b. La déclaration d'absence

De présumée, l'absence devient déclarée lorsqu'un délai de dix ans s'est écoulé depuis la date de sa constatation par le juge des tutelles ou, lorsqu'à défaut d'une telle constatation, « la personne aura cessé de paraître au lieu de son domicile ou de sa résidence, sans que l'on en ait eu de nouvelles depuis plus de vingt ans » (C. civ., art. 122). La logique des dispositions contenues dans les articles 122 à 132 du Code civil change radicalement. L'écoulement du temps a fait réviser au droit son premier jugement, et il présume que très certainement l'absent n'a jamais reparu à son domicile ou à sa résidence parce qu'il est décédé. L'importance des effets attachés au jugement de déclaration d'absence justifie une publicité de la requête déposée auprès du tribunal de grande instance. Le tribunal doit procéder à une publication dans deux journaux du département du domicile ou de la dernière résidence connue de l'absent, ou le cas échéant du pays de ce domicile ou de cette résidence et, il peut procéder à toute mesure de publicité qu'il jugerait utile (C. civ., art. 123). Il devra être pareillement procédé à publication du jugement de déclaration d'absence dans le 319 ■

délai fixé par le tribunal. Cette exigence est prescrite à peine de nullité du jugement intervenu (C. civ., art. 127).

■ 320 Le jugement passé en force de chose jugée, son dispositif est transcrit sur les registres des décès du lieu du domicile ou de la dernière résidence connue de l'absent (C. civ., art. 127). « Le jugement déclaratif d'absence emporte, à partir de la transcription, tous les effets que le décès établi de l'absent aurait eus » (C. civ., art. 128, al. 1er). Le mariage éventuel de l'absent est dissous, le régime matrimonial liquidé, la succession ouverte, etc.

■ 321 Si l'absent reparaît ou si son existence est prouvée, la requête en déclaration d'absence est non avenue si aucun jugement n'a encore été rendu (C. civ., art. 126), si le jugement était déjà rendu, le procureur de la République ou toute personne intéressée (y compris l'absent) peut demander son annulation (C. civ., art. 129). Le jugement d'annulation fait l'objet d'une publication selon les formes précédemment décrites et il est transcrit aux registres de l'état civil.

■ 322 À la différence de celui qui est revenu alors que son absence était simplement constatée, l'absent comme le disparu ne peuvent recouvrer leurs biens que dans l'état où ils se trouvent au jour de la restitution (C. civ., art. 130), à moins que la fraude ne puisse être établie dans l'établissement de la déclaration d'absence (C. civ., art. 131). Le propriétaire des biens, dont l'existence a été judiciairement constatée, ne peut exiger de recouvrer ses biens dans l'état où il les avait laissés. Il ne peut pas non plus demander une contrepartie pour l'usage qui aura été fait de ses biens le temps de son absence. Enfin, « le mariage de l'absent reste dissous, même si le jugement déclaratif d'absence a été annulé » (C. civ., art. 132). Cela signifie que si le conjoint de l'absent souhaite être à nouveau marié avec celui qui a reparu, il faudra contracter un nouveau mariage. Mais il peut aussi s'être remarié avec un autre que l'absent ou encore ne pas souhaiter se remarier avec ce dernier. Le jugement de déclaration d'absence a mis radicalement fin à la situation matrimoniale antérieure, et son annulation ne produit aucun effet sur la dissolution intervenue.

§ 3 La dignité de la personne

■ 323 Le concept de dignité a été, ces dernières décennies, d'une importance cruciale, sans que le contenu de ce qui est signifié ne soit pleinement satisfaisant. C'est ainsi que l'article 16 du Code civil dispose : « La loi assure la primauté de la personne, interdit toute atteinte à la dignité de celle-ci et garantit le respect de l'être humain dès le commencement de sa vie », ou encore que l'article L. 1110-2 du Code de la santé publique rappelle que « La personne malade a droit au respect de sa dignité » et c'est encore au nom de la dignité que la fin de vie par sédation profonde est défendue dans l'actuelle proposition de loi sur la fin de vie (*v. ss 306*). La difficulté s'agissant de la dignité tient à la référence anthropologique nécessairement extérieure au droit à laquelle le juriste doit se risquer, outre la définition ontologique de ce qu'est la personne.

■ 324 La singularité de la personne par rapport à l'animal tient à sa nature rationnelle, sa capacité à s'abstraire du monde et à le modeler. *In fine*, la personne prend sens dans ce qui la constitue, la liberté. Il s'ensuit que la personne ne peut pas être qu'un matériau vivant, elle est matière spirituelle qui suppose dans sa définition la transcendance. La personne définie par cet élément singulier qu'est la liberté suppose la transcendance puisque sa liberté est orientée vers une fin qui la meut, cause première et cause ultime de ses actes. L'être fondement ontologique suppose l'admission de la spiritualité comme forme de la corporéité humaine. La personne a une nature rationnelle – volonté et intelligence – qui révèle sa nature spirituelle – la recherche du vrai comme plein accomplissement de ce qu'elle est. Et c'est pourquoi la vérité libère. La définition de la personne se fait en dehors du droit, elle se fait également au-delà de la philosophie et suppose de répondre à la question du sens originaire et final de la vie (notre étude « La dignité de la personne en tant qu'être humain », *RLDC* 2010). Le juriste est nécessairement gêné sur le concept, car la réponse à apporter à la question du sens sera nécessairement engagée. Elle ne pourra se teinter ni de neutralité ni de laïcisme. C'est ainsi que ce qui fait, dans la société occidentale aux racines chrétiennes, la dignité incomparable de la personne est sa création à l'image et à la ressemblance de Dieu. La personne n'est pas un « animal qui a réussi »... elle est, par son incorporation au Christ, le visage de Dieu. À défaut de pouvoir étayer scientifiquement la démonstration, il faut donc se contenter de limiter la dignité de la personne au fait qu'elle a reçu la vie et que cette vie elle la tient d'un autre que d'elle-même, ce qui par ce seul fait justifie qu'elle n'en soit que dépositaire et non propriétaire.

Définir la personne et sa dignité par rapport à elle-même peut conduire à un subjectivisme mortifère, tel celui des jumeaux belges de 45 ans qui ayant appris qu'ils allaient devenir aveugles, alors qu'ils étaient sourds, ont décidé de recourir à l'euthanasie autorisée par la loi belge.

section 2

La personne sujet de droit

Toute personne a la personnalité juridique du seul fait de son existence. Ceci est assez récent, puisqu'encore au XIXe siècle il y avait des esclaves. Or l'esclave était rangé dans la catégorie des biens. En 1948, cent ans après l'abolition de l'esclavage en France, l'article 6 de la Déclaration universelle des droits de l'homme proclame que « Chacun a le droit à la reconnaissance en tous lieux de sa personnalité juridique » (repris ultérieurement par les autres Déclarations). La personnalité juridique est inhérente à l'existence d'une personne physique. L'animal ne se voit pas encore reconnaître la personnalité juridique, en revanche cette personnalité a été attribuée à des groupements de personnes ou de biens (§ 1).Cette personnalité confère à son bénéficiaire un ensemble de prérogatives juridiques regroupées sous l'appellation de droits de la personnalité (§ 2). 325

§ 1 La personnalité juridique

La personnalité juridique reconnue aux personnes physiques (A) a été attribuée, par analogie, aux personnes morales (B). Les groupements qui jouissent de la personnalité 326 juridique sont, en effet, désignés sous l'appellation générique de « personnes morales », par opposition aux personnes physiques, même s'il existe plusieurs types de personnes morales. Tout comme une personne physique, la personne morale est une personne reconnue comme sujet de droit.

A. La personne physique

327 Chacun s'accorde à reconnaître que toute personne a, par le seul fait de sa naissance, la personnalité juridique. La personnalité juridique est constituée de la capacité de jouissance et de la capacité d'exercice de la part du sujet. Seule la capacité de jouissance est cependant requise du sujet, la capacité d'exercice pouvant donner lieu à des techniques de représentation.

328 L'enfant conçu ne se voit reconnaître cette personnalité juridique qu'à la condition de cette naissance. L'adage *infans conceptus pro nato habetur* (l'enfant conçu est réputé né chaque fois qu'il y va de son intérêt) connaît ainsi des applications ponctuelles en droit civil. Plus spécialement, l'article 725 du Code civil énonce, de façon positive depuis la loi n° 2001-1135 du 3 décembre 2001, que « Pour succéder, il faut exister à l'instant de l'ouverture de la succession ou, ayant déjà été conçu, naître viable ». Dans le même sens, l'article 906, alinéas 1 et 2 du même Code porte que pour être capable de recevoir entre vifs ou par testament, il suffit d'être conçu au moment de la donation ou à l'époque du décès du testateur. Ceci permettrait de soutenir que l'enfant, dès la conception (c'est-à-dire au moment de la fécondation), a la personnalité juridique. Toutefois, la condition supplémentaire posée par ces textes interdit une telle affirmation. Il faut encore que l'enfant conçu soit né viable (C. civ.art. 906, al. 3 et 725). Le critère de la viabilité de l'enfant nouveau-né se retrouve en d'autres dispositions. Ainsi, l'article 318 énonce « Aucune action n'est reçue quant à la filiation d'un enfant qui n'est pas né viable ».

329 Seul l'enfant né viable se voit rétrospectivement reconnaître la personnalité juridique depuis la conception. La condition fera l'objet d'une appréciation au cas par cas. Un enfant né vivant mais qui meurt à la naissance n'est pas un enfant né viable. Un enfant qui vient au monde mort-né n'est pas un enfant vivant. Dans ces deux hypothèses, l'enfant est réputé n'avoir jamais eu la personnalité juridique. Si l'enfant naît viable, le problème est alors celui de la preuve de la date de la conception. Ce dernier a en effet la personnalité juridique à partir du jour de la conception, il peut être titulaire de droits entrés dans son patrimoine alors qu'il était simplement conçu. La loi présume que le temps de la conception se situe entre 300 jours et 180 jours avant la naissance (C. civ., art. 311, al. 1). Il ne s'agit que d'une présomption légale simple, la preuve contraire étant recevable (C. civ., art. 311, al. 3).

B. La personne morale

1. *Entre fiction et réalité*

330 Le traitement réservé aux groupements de personnes ou de biens par le droit a donné lieu à des débats doctrinaux. Une partie minoritaire de la doctrine a nié purement et simplement que de tels groupements aient la personnalité. Elle estime que la gestion des biens, dettes et autres éléments patrimoniaux liés à la constitution d'un

groupement n'est qu'une forme de propriété collective, autrement dit un système dérivé de l'*indivision*[Q]. L'explication ne convainc pas car les règles applicables au groupement ne sont pas assimilables à celles de l'indivision. À la même époque, d'autres auteurs ont justifié la personnalité juridique de ces groupements en recourant à la fiction. Un groupement n'a pas en soi la personnalité, mais le législateur la lui reconnaît artificiellement. Tous les groupements n'ont donc pas automatiquement la personnalité morale, il faut que la loi décide de la leur attribuer. Il s'agit d'une fiction légale car chaque fois pour exercer ses droits, la personne morale devra passer par l'intermédiaire de représentants. Sans des personnes physiques, la personne morale ne pourrait exister. Très vite la doctrine dans sa majorité a rejeté cette interprétation peu satisfaisante. La personnalité morale n'est pas une pure création de l'esprit. Elle répond à une réalité à la fois organique, sociologique et technique. Les groupements auxquels est conférée la personnalité juridique sont dotés d'une existence propre. Ils sont organisés et hiérarchisés. Un pouvoir de décision appartient à ceux qui les dirigent. Le sens de son existence peut être placé dans l'intérêt social ou collectif qui la meut. Cette entité est distincte de la personne de ses membres. Les choix économiques, politiques, sociaux, etc. du groupement ne se confondent pas avec la volonté de tel ou tel de ses membres, mais expriment une volonté collective, forme d'expression de la personne morale. Enfin et surtout, le développement des activités économiques nécessite la mise en place de moyens techniques simples et adaptés. La personne morale est dans cette perspective technique juridique (théorie développée en particulier par L. Michoud).

En l'absence de définition légale, les juridictions ont été amenées à indiquer les critères de la personne morale (pour une rétrospective : F. Terré, Y. Lequette, *Les grands arrêts de la jurisprudence civile*, 13e éd., Dalloz, 2015, n° 19-20, p. 134 s). En 1954, la Cour de cassation s'oppose à la conception traditionnelle qui réduisait la personnalité morale à une fiction légale. Elle soutient que « la personnalité civile n'est pas une création de la loi, elle appartient en principe à tout groupement pourvu d'une possibilité d'expression collective pour la défense d'intérêts licites, dignes par suite d'être juridiquement reconnus et protégés » (Civ. 2e, 28 janv. 1954, *D.* 1954. 217, note G. Levasseur). La solution retenue est importante, elle signifie que le nombre de personnes morales n'est pas au pouvoir de l'État. Il suffit qu'un groupement réunisse les conditions posées par la jurisprudence pour pouvoir prétendre à la personnalité juridique. Le principe énoncé n'a pas été depuis remis en question (v. not. Soc. 23 janv. 1990, Dr. soc. 1990. 326, note J. Savatier). 331 ■

2. *Éléments constitutifs de la personne morale*

Deux éléments sont requis : un intérêt identifiable et une volonté propre. 332 ■

L'intérêt distinct poursuivi par le groupement fonde l'autonomie de la personne morale. Il permet d'assurer l'unité du groupement et de le distinguer de la pluralité des membres le constituant. Mais les auteurs sont allés plus loin constatant que l'intérêt de la société ne se confond pas toujours avec l'intérêt collectif mais peut être constitué par l'un des intérêts individuels de ses membres individualisé et transformé en acte constitutif de celle-ci. Cette individualisation permet alors l'attribution de la personnalité morale à un groupement constitué d'un seul membre. L'intérêt sera le plus souvent le but poursuivi par le groupement et supposera l'analyse de son objet.

La volonté propre est la capacité reconnue au groupement de manifester une volonté commune à ses membres et en même temps distincte de ceux-ci. Cela suppose non seulement l'existence de cette volonté mais aussi les moyens d'exprimer cette volonté. La manifestation de cette volonté supposera s'agissant d'un groupement des modes d'expression de la volonté collective. Techniquement, il s'agira d'organes chargés de représenter la personne morale, y compris en justice. Ces modes d'organisation constituent pour une bonne part le droit des sociétés.

§ 2 Les prérogatives juridiques

333 Toute personne est titulaire de droits. Le pluriel du mot « droit » s'oppose au droit pris au singulier. Les droits sont les prérogatives juridiques accordées à toute personne, pour cette raison appelés « droits subjectifs », par opposition au « droit objectif » constitué de l'ensemble des règles et des principes juridiques applicables aux sujets de droit. La notion de « droit subjectif » (A) est le soubassement conceptuel des différentes catégories de droits à disposition des personnes physiques ou morales (B).

A. La notion de droit subjectif

334 Par « droit subjectif », on désigne les prérogatives juridiques dont peut jouir tout sujet de droit, le « droit à » et le « droit de ». Il s'agit donc d'un pouvoir reconnu à la personne, attribué ou, au moins, protégé par l'État. Le raisonnement est de type pyramidal, au sommet se trouve le droit objectif et à la base les droits des individus. À la question de savoir pourquoi une personne a le droit de faire telle ou telle chose, la réponse invariable est parce que le droit objectif l'autorise. L'inconvénient de cette démarche intellectuelle repose dans l'absence de réponse satisfaisante à la question de savoir ce qui légitime le droit objectif. Elle aboutit à une crise du sens, au volontarisme et corrélativement au relativisme. Aussi, il a été proposé de concevoir les droits subjectifs en termes de droits naturels innés de l'homme. Le seul problème tient à l'absence de hiérarchie objective des valeurs reconnue par le système juridique permettant de déterminer quels seraient ces droits naturels innés.

335 Si la détermination du fondement des droits subjectifs reste difficile et controversée, en revanche on s'accorde depuis le début du siècle sur les caractères des droits conférés à la personne. La théorie de l'abus de droit met un frein au pouvoir concédé à la personne. Tout droit subjectif a, en principe, pour limite le caractère abusif de l'exercice qui en est fait par son titulaire, ce que l'on appelle « l'abus de droit ». Tout droit a, selon l'expression de L. Josserand, une fonction sociale. La chambre des requêtes de la Cour de cassation a fait application de cette théorie dans l'arrêt *Clément-Bayard* du 3 août 1915 (*DP* 1917. 1. 79). Les faits sont assez pittoresques : Coquerel achète un terrain exigu en face d'un hangar de dirigeables appartenant à son voisin. En raison de mauvaises relations de voisinage, Coquerel dresse un certain nombre de pieux en fer d'environ trois mètres de hauteur tout le long de sa parcelle. Un dirigeable vient s'éventrer sur la ligne hérissée de pieux du terrain de Coquerel. Clément-Bayard, propriétaire des dirigeables, saisit le juge pour obtenir indemnisation de son préjudice. Les juges du fond condamnent Coquerel au paiement de dommages-intérêts. Celui-ci forme un pourvoi en cassation en se fondant sur le caractère absolu de son droit de propriété (v. C. civ., art. 544), il pouvait, sur son terrain, faire ce que bon lui semblait. Clément-Bayard rétorque que tout fait quelconque de l'homme, qui cause à autrui un dommage, oblige celui par la faute duquel

il est arrivé, à le réparer (C. civ., art. 1382). Le pourvoi est rejeté dès lors que le dispositif mis en place par Coquerel ne présentait pour l'exploitation de son terrain aucune utilité et n'avait été édifié que dans l'unique but de nuire à son voisin. Depuis, la jurisprudence a souvent utilisé l'abus de droit pour sanctionner les comportements fautifs et dommageables d'une personne dans l'exercice de son droit. L'intention de nuire, condition initiale posée par la Cour de cassation, n'est plus exigée, une simple faute suffit à caractériser l'exercice abusif du droit. De ceci il résulte que le droit subjectif n'est pas un droit consacrant un individualisme à outrance. Il peut être défini, selon la formule du professeur Aynès, comme « l'attribution, par la règle de droit, d'un pouvoir d'imposer, d'exiger ou d'interdire, considéré comme utile à la personne prise à la fois comme individu et comme acteur de la vie sociale ».

Ceci étant, l'attribution de droits de plus en plus nombreux aux personnes engendre un risque de télescopage des droits octroyés. Il suffit de songer au droit de l'enfant à connaître ses origines (Convention des droits de l'enfant, art. 7) et au droit de la mère d'accoucher sous X (C. civ., art. 326). La loi n° 2002-93 du 22 janvier 2002 relative à l'accès aux origines des personnes adoptées et pupilles de l'État (*JO* du 23 janv., p. 1519) a partiellement mis fin à cette opposition, mais la contradiction des droits demeure en matière de procréations médicalement assistées où le principe est celui de l'anonymat des donneurs. Il a été retenu par cette loi que : 1) l'accès d'une personne à ses origines est sans effet sur l'état civil et la filiation. Il ne fait naître ni droit ni obligation au profit ou à la charge de qui que ce soit (nouv. CASF, art. L. 147-7) ; 2) la mère qui demande lors de l'accouchement la préservation du secret de son admission et de son identité est informée des conséquences juridiques de sa demande et est invitée à laisser, si elle l'accepte, des renseignements sur sa santé, celle du père, l'origine de l'enfant et les circonstances de la naissance ainsi que, sous pli fermé, son identité (nouv. CASF, L. 222-6). Elle est enfin informée qu'elle peut à tout moment lever le secret de son identité ou qu'il peut l'être dans les conditions du nouvel article L. 147-6 du Code de l'action sociale et des familles, savoir si elle y a expressément consenti ou s'il n'y a pas eu de manifestation de volonté expresse de sa part de préserver le secret après que sa volonté ait été vérifiée ou qu'elle soit décédée. Le même principe de communication des origines est organisé pour le père de l'enfant (sur cette loi : M.-C. Le Boursicot, « Consécration du droit à la connaissance de ses origines », *RJPF* mars 2002, p. 6). 336 ■

Un autre risque consécutif à la prolifération des droits tient à l'accroissement corrélatif des devoirs. Le *droit à* ou le *droit de* est *in fine* opposé aux autres sujets de droit dont le domaine de liberté sera réduit d'autant. Par ailleurs, la spécialisation des droits en fonction des sujets qui en sont titulaires tend à une atomisation des rapports humains. La personne n'est plus caractérisée par les liens qui l'unissent aux autres, elle est potentiellement en opposition avec autrui ayant à sa disposition un arsenal de droits. Sociologiquement, les rapports humains ne sont plus dominés par un esprit de gratuité et de don, mais par un esprit de revendication et de dû.

La question des modalités entourant la naissance d'un droit subjectif n'a pas à notre connaissance donné lieu à analyse. La controverse en jurisprudence au sujet de l'existence d'un droit dérivé du droit de propriété, le droit à l'image des biens, permet de l'éclairer. 337 ■

Plusieurs décisions laissaient penser que le propriétaire d'un bien disposait d'un droit à l'image de celui-ci, les discussions allant bon train en doctrine au sujet de la qualification juridique de ce nouveau droit. Au visa de l'article 544 du Code civil, la première chambre civile de la Cour de cassation ? le 10 mars 1999 ? avait en effet reconnu un droit à l'image du bien à son propriétaire (*JCP* 1999. II. 10078, note P.-Y. Gautier ; *RTD civ.* 1999. 859, obs. F. Zénati ; C. Caron, « Les virtualités dangereuses du droit de propriété », *Defrénois* 1999, art. 37928, p. 897). Le droit apparaît comme une prérogative individuelle opposable à autrui. On raisonne en quelque sorte comme dans les années 1970 lorsque pour la première fois le Code civil ouvrait ses colonnes à l'article 9 reconnaissant « un droit au respect de la vie privée ». Une proposition de loi du 16 juillet 2003 préconisait d'ajouter à la suite de l'article 544 du Code civil, un article 544-1 ainsi rédigé : « Chacun a droit au respect de l'image des biens dont il est propriétaire. Toutefois, la responsabilité de l'utilisateur de l'image du bien d'autrui ne saurait être engagée en l'absence de trouble causé par cette utilisation au propriétaire de ce bien » (D. Bécourt, « Images et vie privée : réflexions sur la proposition de loi du 16 juillet 2003 », *Gaz. Pal.* 14 févr. 2004, Chron. 240).

Il n'a pas été donné suite et la jurisprudence a refusé dès l'année 2000 de reconnaître la protection de l'image d'un bien sur le fondement de l'article 544 du Code civil (Civ. 1re, 2 mai 2001, *Bull. civ.* I, n° 114 ; Civ. 2e, 5 juin 2003, *Bull. civ.* II, n° 175). L'assemblée plénière de la Cour de cassation, le 7 mai 2004, a mis, semble-t-il un terme aux errances et à l'imagination, en retenant que : « le propriétaire d'une chose ne dispose pas d'un droit exclusif sur l'image de celle-ci ; qu'il peut toutefois s'opposer à l'utilisation de cette image par un tiers lorsqu'elle lui cause un trouble anormal » (*JCP* 2004. II. 10085).

B. Les droits subjectifs attribués

1. *Les droits de la personne physique*

338 Il existe deux grandes catégories de droits dont la personne est titulaire : les droits patrimoniaux (a) et les droits extrapatrimoniaux (b). Ces domaines de la patrimonialité et de l'extrapatrimonialité ne peuvent au demeurant être distingués que de manière fort approximative, le premier relève de l'avoir, le second de l'être. Au-delà les critères de distinction suggérés sont loin de satisfaire au besoin de précision du juriste. Aubry et Rau caractérisaient le contenu patrimonial par la valeur pécuniaire des droits le constituant. Il a été depuis objecté qu'il n'est aucune raison d'exclure du patrimoine d'une personne les droits non pécuniaires dont elle est titulaire. On prétend que, ne pouvant être saisis par les créanciers, ces droits ne font pas partie du patrimoine. Mais il existe des droits pécuniaires, donc certainement patrimoniaux, qui sont insaisissables (droit à des aliments, par exemple). De nombreux droits de la personnalité ont, d'ailleurs, une incidente pécuniaire, par exemple, le droit à la filiation emporte des droits à des aliments, des droits de succession. D'autre part, la lésion de ces droits donne ouverture à une action en dommages-intérêts ; elle se traduit donc par une somme d'argent. Il paraît difficile, dans ces conditions, de séparer par une cloison étanche les droits pécuniaires et les droits non-pécuniaires. Les uns et les autres sont fondus dans le contenant de tous les droits de la personne, qui est le patrimoine, parce que les uns et les autres sont affectés à cette personne (H.L. et J. Mazeaud, *Leçons de droit civil, Introduction à l'étude du droit privé*, Montchrestien, 1959, n° 292, p. 319 ; v. aussi B. Beignier, *L'honneur et le droit*, LGDJ, coll. « Solus », 1995, p. 84). En fait, plutôt que de valeur pécuniaire, il s'agit de la

capacité à donner un prix au bien considéré, la cessibilité onéreuse caractérise davantage la patrimonialité, et à l'inverse le caractère inestimable d'une chose tendrait à lui conférer le sceau de l'extrapatrimonialité (v. not. P. Catala, « La transformation du patrimoine dans le droit civil moderne », *RTD civ.* 1966. 170). Ceci demeure cependant variable en fonction des civilisations, des temps et des lieux. C'est pourquoi, le critère ultime de l'extrapatrimonialité, de façon générale, a été placé dans le caractère non-échangeable ou contre-échangeable du bien, c'est-à-dire dans le fait qu'il est ou non unique (A. Sériaux, « La notion juridique du patrimoine », *RTD civ.* 1994. 804).

a. Les droits patrimoniaux

Parmi les droits patrimoniaux, contenu du patrimoine, l'opposition est habituelle 339 ■
entre les droits réels et les droits personnels encore dénommés « droits de créance » ainsi qu'entre les « droits corporels » et les « droits incorporels ». Certaines de ces catégories pouvant se superposer. Le droit réel est le droit d'une personne sur une chose, il peut être principal ou accessoire. Le droit réel principal est un droit qui donne à la personne un pouvoir sur la chose. Le droit de propriété (v. C. civ., art. 544) est un droit complet parce qu'il confère à son titulaire le pouvoir d'user, de jouir et de disposer de la chose (l'*usus*, le *fructus* et l'*abusus*). Il existe des droits réels principaux démembrés ainsi appelés parce que les prérogatives sur la chose appartiennent à des personnes différentes. Le droit de propriété fait parfois l'objet d'un démembrement, par exemple, lorsque la nue-propriété d'un bien appartient à une personne et l'usufruit du même bien à une autre. L'une aura le droit de disposer du bien, c'est-à-dire juridiquement de le transmettre ou de le céder, l'autre d'user et de jouir de ce bien. Une personne peut ainsi être nue-propriétaire d'un appartement, elle a pouvoir de le léguer, de le vendre, etc. Une autre personne sera usufruitière du même appartement, elle peut le louer (bailler l'usage) et percevoir les loyers (récolter les fruits). Lorsqu'une personne dispose de son bien, elle ne peut le faire dans ce cas précis que grevé du droit d'usufruit que détient l'autre personne. Le droit réel accessoire est constitué lorsqu'un bien sert de garantie à l'accomplissement d'une obligation souscrite par une personne envers une autre personne. Ainsi, le banquier qui prête une somme d'argent importante à un client demandera souvent en garantie une hypothèque sur la maison de l'emprunteur. L'hypothèque est un droit réel accessoire. Le droit personnel ou droit de créance est l'engagement pris par une personne envers une autre personne de faire ou de ne pas faire, de donner quelque chose. L'obligation de l'une est la créance de l'autre. Le droit personnel est un lien d'obligation entre deux ou plusieurs personnes. Au titre d'un contrat de prêt, le banquier sera créancier de l'emprunteur. Le droit de créance est constitué du droit au remboursement du capital et des intérêts. Le droit personnel est un droit incorporel parce qu'il est constitué d'un lien entre deux personnes, par hypothèse dématérialisé. Le droit réel, lui, peut être corporel ou incorporel selon la nature du bien sur lequel porte le droit (ex : un droit de propriété intellectuelle ou industrielle est un droit réel incorporel).

b. Les droits extrapatrimoniaux

Il s'agit des droits situés hors du patrimoine et directement rattachés à la personne de 340 ■
leur titulaire. Les droits de la personne sont composés de tous les droits référencés dans les différentes conventions et déclarations de droits et disséminés dans les différents codes du droit interne. En droit civil, les droits extrapatrimoniaux sont

surtout constitués par les droits de la personnalité. Le nombre de ces droits ne cesse de croître au point qu'il est difficile d'en dresser nomenclature. On distinguera le droit à l'intégrité physique par la maîtrise du corps (1), le droit à l'intégrité morale avec l'honneur (2) et le respect de la vie privée et familiale (3).

1. Le corps

■ 341 Les droits relatifs à l'intégrité physique et morale sont des satellites de la vie, du corps et de l'honneur. L'inconvénient tient à l'absence de hiérarchie cohérente reconnue par le droit entre ces différents droits. Cet ordre qui serait pourtant nécessaire ne se retrouve pas en raison de la hiérarchie des valeurs qu'il supposerait. Le pluralisme juridique, avatar du relativisme, interdit ce genre d'approche. L'étude des principaux droits de la personnalité témoigne de l'absence de vue d'ensemble de ces questions par le droit. Si la vie et la mort sont devenues des objets maîtrisables par la personne (cf « notion de personne »), le corps n'est pas entièrement laissé au vouloir de la personne.

■ 342 Le corps est partie composante de la personne qui est selon les théologiens corps et âme, ou de façon plus laïque corps et esprit, être charnel et spirituel (lire l'excellente présentation du philosophe Eric de Rus, « Une alternative à la déconstruction de la personne humaine : un éclairage anthropologique sur la crise de la famille », in *Réforme du mariage-Prospectives en matière familiale*, éd. DDM, 2013). La loi n° 94-653 du 29 juillet 1994 a inséré un chapitre dans le Code civil (art. 16 à 16-9) consacré au respect du corps humain : « Chacun a droit au respect de son corps [al. 1er]. Le corps humain est inviolable. Le corps humain, ses éléments et ses produits, ne peuvent faire l'objet d'un droit patrimonial [al. 2] » (C. civ., art. 16-1).

La loi n° 2008-1350 du 19 décembre 2008 relative à la législation funéraire a étendu la protection du corps humain au cadavre. L'article 16-1-1 nouveau du Code civil dispose en ce sens que « Le respect dû au corps humain ne cesse pas avec la mort. Les restes des personnes décédées, y compris les cendres de celles dont le corps a donné lieu à crémation, doivent être traités avec respect, dignité et décence » (E. Aubin, I. Savarit-Bourgeois, « Du statut juridique des cendres à la nouvelle gestion communale en matière funéraire », *D.* 2009. 531). Le juge peut prendre toute mesure utile pour empêcher toute atteinte illicite (C. civ., art. 16-2). A ainsi été jugé contraire au respect du corps humain, le fait de mettre au regard de tous une vingtaine de cadavres à l'occasion d'une exposition « Our body, à corps ouvert » (TGI Paris 21 avril 2009 ; CA Paris 30 avril 2009, *D.* 2009. 1278).

■ 343 À première vue, il semble que la personne n'a pas de droit absolu sur son corps. En termes imagés, nul n'est propriétaire de son corps, il en a seulement l'usufruit. L'alinéa premier de l'article 16-3 du Code civil énonce « Il ne peut être porté atteinte à l'intégrité du corps humain qu'en cas de nécessité médicale pour la personne ». L'intégrité physique de la personne ne semble donc pas au pouvoir de sa volonté. Le consentement semblait inefficace à légitimer une atteinte contre soi-même ou contre les autres. La Cour européenne des droits de l'homme, le 19 février 1997, avait eu l'occasion d'affirmer, à propos de coups et blessures infligés entre adultes consentants dans le cadre de pratiques sado-masochistes, que le consentement de la personne est inefficace à légitimer une atteinte à son propre corps (*D.* 1998. 97, note J.-E. Larralde). Le consentement du patient est simplement requis pour toute intervention chirurgicale (C. civ., art. 16-3, al. 2) pratiquée en cas de nécessité médicale (C. civ., art. 16-3, al. 1er). Les médecins peuvent passer outre le refus du patient, ainsi pour une transfusion sanguine sur un témoin de Jéhovah qui s'y était opposé (CAA Paris, 9 juin 1998, *D.* 1999. 277), ou se passer de tout consentement s'il est hors d'état de le manifester.

L'atteinte à l'intégrité physique d'une personne peut parfois être justifiée par la nécessité de secourir autrui. Une personne peut donner un élément de son corps pour sauver autrui. Mais celui qui se prête à un prélèvement d'éléments de son corps ou à la collecte de produits de celui-ci (don d'organes, don du sang, don de sperme ou d'ovule, etc.) ne peut le faire qu'à titre gratuit (C. civ., art. 16-6) et aucune information sur l'identité du donneur et du receveur ne peut être divulguée. « Le donneur ne peut connaître l'identité du receveur ni le receveur celle du donneur » (C. civ., art. 16-8). L'information et le consentement du donneur sont organisés aux articles R. 1231 et s. du Code de la santé publique (Décr. n° 2005-443 du 10 mai 2005). Le décret n° 2016-1118 du 11 août 2016 a renouvelé les modalités d'expression du refus du prélèvement d'organe par l'inscription sur un registre national automatisé conformément aux nouveaux articles R. 1232-4-4 CSP.

En contradiction avec l'économie des articles 16-1 et suivants du Code civil, de nouvelles atteintes à l'intégrité physique peuvent être justifiées par le consentement de la personne qui s'y soumet. Toute personne majeure qui a exprimé « une volonté libre, motivée et délibérée en considération d'une information claire et complète sur ses conséquences » (nouv. CSP , art. L. 2123-1) peut demander une stérilisation définitive à visée contraceptive. L'évolution de la jurisprudence européenne est également loin d'asseoir le principe d'indisponibilité du corps humain. Dans l'arrêt *K.A et A.D c/ Belgique* du 17 février 2005 (*RTD civ.* 2005. 341, obs. J.-P. Marguénaud), la Cour reconnaît « un principe d'autonomie personnelle » justifiant toute atteinte contre soi-même, sauf à justifier de raisons particulièrement graves permettant l'ingérence des pouvoirs publics. Il est en effet retenu que « la faculté pour chacun de mener sa vie comme il l'entend peut également inclure la possibilité de s'adonner à des activités perçues comme étant d'une nature physiquement ou moralement dommageable ou dangereuse pour sa personne. En d'autres termes, la notion d'autonomie personnelle peut s'entendre au sens du droit d'opérer des choix concernant son propre corps ». Derrière la question du consentement automutilant, la problématique est celle de la liberté. Que faut-il entendre par liberté individuelle ? Peut-on détacher l'individu de la communauté à laquelle il appartient ? L'humanité entraînée par le choix d'un seul sort-elle indemne de celui-ci et quel est alors le rôle du droit ? (lire l'étude éclairante de M. Fabre-Magnan, « Le domaine de l'autonomie personnelle. Indisponibilité du corps humain et justice sociale », *D.* 2008. 31). 344 ■

Il existe le même type de contradiction à propos des principes posés à l'alinéa premier de l'article 16-4 du Code civil, « Nul ne peut porter atteinte à l'intégrité de l'espèce humaine », et à l'alinéa deuxième « Toute pratique eugénique tendant à l'organisation de la sélection des personnes est interdite ». On notera sobrement outre l'autorisation de l'avortement à toute époque de la grossesse « s'il existe une forte probabilité que l'enfant à naître soit atteint d'une affection d'une particulière gravité reconnue comme incurable au moment du diagnostic » (L. 6 août 2004, art. L. 2131-1 et s.) : 1) le décret n° 98-216 du 24 mars 1998 relatif au diagnostic biologique effectué à partir de cellules prélevées sur l'embryon *in vitro* ; 2) le classique diagnostic anténatal. 345 ■

Il semble cependant que l'article 16-4 du Code civil a un domaine d'application plus restreint. Il s'agit simplement d'interdire le clonage des êtres humains après l'émoi suscité par le clonage d'une brebis (Dolly) et le danger de dérives multiples (utilisation du procédé pour pallier les dons d'organes insuffisants, eugénisme positif, etc.). Après la directive européenne n° 98-44 du 7 juillet 1998 relative à la brevetabilité des inventions biotechnologiques, non encore transposée, autorisant les *brevets*[Q] sur un élément isolé du corps humain ou autrement produit par procédé technique, y compris la séquence ou la séquence partielle d'un gène (art. 5 § 2, *D.* 1998. Lég. 344), on pouvait avoir quelques inquiétudes à propos de la question du clonage.

Le législateur français a mis fin à celles-ci avec la loi n° 2004-800 du 6 août 2004 en condamnant le clonage reproductif et thérapeutique. (P. Hennion-Jacquet, « Réflexions sur la révision des lois de bioéthique : vers la légalisation du clonage thérapeutique ? », *D.* 2008. 1061). Un nouvel alinéa a été inséré à l'article 16-4 du Code civil disposant « Est interdite toute intervention ayant pour but de faire naître un enfant génétiquement identique à une autre personne vivante ou décédée ». Par ailleurs, une nouvelle catégorie de crimes a été à cette occasion créée, les crimes contre l'espèce humaine aux articles 214-1 et suivants du Code pénal, parmi lesquels l'eugénisme, le clonage reproductif (A. Dorsner-Dolivet, « De l'interdiction du clonage à la réification de l'être humain. L. du 6 août 2004 », *JCP* 2004. I. 172).

L'office européen des brevets a, pour sa part, le 25 novembre 2008, considéré comme non brevetables les inventions biotechnologiques concernant les cellules-souches dès lors qu'elles supposent le sacrifice d'embryons humains (J.-C. Galloux, « Non à l'embryon industriel : le droit européen des brevets au secours de la bioéthique », *D.* 2009. 578).

346 Le droit au respect de son corps qui négativement suppose le respect contre toute atteinte signifie positivement un droit à des soins adaptés. Le nouvel article L. 1110-1 du Code de la santé publique (L. n° 2002-303 du 4 mars 2002) reconnaît que « Le droit fondamental à la protection de la santé doit être mis en œuvre par tous moyens disponibles au bénéfice de toute personne. Les professionnels, les établissements et réseaux de santé, les organismes d'assurance-maladie ou tous autres organismes participant à la prévention et aux soins, et les autorités sanitaires contribuent, avec les usagers, à développer la prévention, garantir l'égal accès de chaque personne aux soins nécessités par son état de santé et assumer la continuité des soins et la meilleure sécurité sanitaire possible » et les articles suivants déclinent cette pétition de principe.

2. L'honneur

347 La réputation de toute personne est sacrée. Salir l'honneur de quelqu'un conduit potentiellement à essayer de couper les liens sociaux qui l'unissent aux autres. La médisance qui consiste à dévoiler les fautes et les exactions d'autrui et la calomnie qui consiste à les lui imputer à tort sont causes de dislocation des rapports en société. Ce sont deux travers communément partagés par l'humanité, mais seule la calomnie est sanctionnée par le droit. Ce choix est discutable et l'on pourrait soutenir que toute personne a droit à une vie tranquille, le rappel des exactions commises dans le passé est préjudiciable à sa réputation actuelle et à sa possibilité d'amendement. La médisance apparaît un peu comme une atteinte au droit à l'oubli dont pourrait bénéficier l'intéressé...

L'article 29 de la loi du 29 juillet 1881 sur la liberté de la presse définit la diffamation « comme toute allégation ou imputation d'un fait qui porte atteinte à l'honneur ou à la considération de la personne ou du corps auquel le fait est imputé ». Un simple jugement de valeur n'est pas diffamatoire (Civ. 1re, 14 mai 2009, *D.* 2009. 1484). Lorsque celui qui diffame a été attrait en justice, il peut se défendre en opposant l'*exceptio veritatis* (sur la différence avec la bonne foi : Crim. 17 juin 2008, *D.* 2008. 1831). La preuve de l'exactitude des faits allégués contre autrui l'exonère de toute responsabilité. Le cas échéant, il pourra être condamné pénalement.

Les atteintes à la réputation d'autrui sont surtout le fait de la presse, mais la loi de 1881 n'est pas le seul fondement que puisse invoquer celui qui a pâti de l'atteinte. 348 ■
Une cour d'appel, ayant soutenu que « le respect du principe fondamental de la liberté de la presse interdit qu'il soit fait application en cette matière du régime général de la responsabilité civile prévue par l'article 1382 du Code civil, hors les cas où la publication litigieuse constitue un abus de la liberté d'expression caractérisé par une dénaturation, une déformation des faits ou une négligence manifeste dans la vérification de l'information soit par l'atteinte portée aux droits fondamentaux de la personne », a été à juste titre cassé (Civ. 2e, 24 janv. 1996, *D.* 1997. 268, note J. Ravanas). Mais les conditions de mise en œuvre de la responsabilité ne sont pas toujours réunies. L'humour, même de mauvais goût, permet qu'une personne soit tournée publiquement en dérision, ainsi avec les poupées vaudou représentant, notamment, le président de la République (B. Edelman, « Le président piqué... dans sa dignité », *D.* 2009. 610). Le procédé est fréquent dans les émissions télévisées dites « humoristiques ». De façon générale, les satires et caricatures ne portent pas atteinte à la réputation d'autrui dès lors qu'elles obéissent aux lois du genre et permettent le respect de la liberté d'expression.

La nécessaire liberté d'expression, le droit à l'information peuvent encore être en opposition avec le respect de la présomption d'innocence auquel a droit toute 349 ■
personne. Il faut trouver le juste équilibre entre ces différents impératifs. La loi n° 2000-516 du 15 juin 2000 renforce la protection de la présomption d'innocence et les droits des victimes (*JO* 16 juin, p. 9038), conformément à la possibilité laissée à chaque État par l'article 10 § 2 de la Conv. EDH de limiter la liberté d'expression. Aux termes de l'article 9-1 du Code civil, tel que modifié par cette loi, « Chacun a droit au respect de la présomption d'innocence [al. 1er]. Lorsqu'une personne est, avant toute condamnation, présentée publiquement comme coupable de faits faisant l'objet d'une enquête ou d'une instruction judiciaire, le juge peut, même en *référé*Q, *sans préjudice de*Q la réparation du dommage subi, prescrire toutes mesures, telles que l'insertion d'une rectification ou la diffusion d'un communiqué, aux fins de faire cesser l'atteinte à la présomption d'innocence, et ce aux frais de la personne, physique ou morale, responsable de cette atteinte [al. 2] ». La loi de 1881, modifiée par la loi du 15 juin 2000, envisage par ailleurs une série de situations pouvant donner lieu à condamnation lorsque l'intéressé n'a pas donné son consentement :

— la présentation d'une personne identifiée ou identifiable mise en cause à l'occasion d'une procédure pénale mais n'ayant pas fait l'objet de condamnation et faisant apparaître soit le port de menottes ou entraves, soit qu'elle va être placée en détention provisoire (art. 35 ter I) ;

— le fait de réaliser ou de commenter un sondage d'opinion ou toute autre consultation portant sur la culpabilité d'une personne, sur la peine susceptible d'être prononcée ou de publier des indications permettant d'accéder à ces sondages ou consultations (art. 35 ter II) ;

— la diffusion de toute information relative à l'identité ou permettant l'identification d'un mineur ayant quitté ses parents ou ses représentants légaux, d'un mineur suicidé ou d'un mineur victime d'une infraction (art. 39 *bis*) ;

— la diffusion de l'identité d'une victime d'agression ou d'une atteinte sexuelle ou l'image lorsqu'elle est identifiable (art. 39 *quinquies*) ;

— la reproduction des circonstances d'un crime ou d'un délit lorsqu'elle porte atteinte gravement à la dignité d'une victime (art. 35 *quater*).

En toutes ces situations, la personne est passible d'une amende de 100 000 francs (15 244,90 euros).

3. La vie privée et familiale

350 Trois textes clefs :

— l'article 9 du Code civil (L. n° 70-643 du 17 juillet 1970) : « Chacun a droit au respect de sa vie privée. Les juges peuvent, sans préjudice de la réparation du dommage subi, prescrire toutes mesures, tels que séquestre, saisie et autres, propres à empêcher ou faire cesser une atteinte à l'intimité de la vie privée ; ces mesures peuvent, s'il y a urgence, être ordonnées en référé » ;

— l'article 8 de la Convention européenne de sauvegarde des droits de l'homme et des libertés fondamentales : « 1. Toute personne a droit au respect de sa vie privée et familiale, de son domicile et de sa correspondance. 2. Il ne peut y avoir ingérence d'une autorité publique dans l'exercice de ce droit que pour autant que cette ingérence est prévue par la loi et qu'elle constitue une mesure qui, dans une société démocratique, est nécessaire à la sécurité nationale, à la sûreté publique, au bien-être économique du pays, à la défense de l'ordre et à la prévention des infractions pénales, à la protection de la santé ou de la morale, ou à la protection des droits et libertés d'autrui ». Le juge vérifie alors s'il y a proportionnalité entre l'objectif poursuivi et l'atteinte perpétrée, tel n'est pas le cas lorsque la production d'une lettre en justice aboutit à rendre publique des éléments relevant de la vie privée du plaideur sans que la protection des droits de la défense l'exige (Civ. 1re, 16 oct. 2008, *D.* 2008. 2728) ;

— le Conseil constitutionnel a rattaché le droit au respect de la vie privée et familiale au bloc de constitutionnalité et plus particulièrement à l'article 2 de la Déclaration des droits de l'homme et du citoyen de 1789 énonçant que « le but de toute association politique est la consécration des droits naturels et imprescriptibles de l'homme. Ces droits sont la liberté, la propriété, la sûreté et la résistance à l'oppression » (Cons. const. 23 juill. 1999, *RTD civ.* 1999. 725).

Le droit au respect de la vie privée et familiale est de délimitation délicate : où commence et où s'achève la vie privée d'une personne ? Est-ce que par exemple le moyen mis en place par une entreprise privée espagnole de recouvrement des créances consistant à faire suivre le débiteur récalcitrant par une personne déguisée en panthère rose... en tous lieux où elle se trouve n'est pas une atteinte à la vie privée ?

L'acuité de la question se révèle lorsque cette personne a par ailleurs une vie publique (personnage politique, artistes, etc.). Quels sont les éléments de la vie privée ? Il n'y a pas de réponse univoque. Certains éléments sont exclus comme la fortune ou la profession exercée. Seule l'étude de la jurisprudence permet de dresser un état des solutions retenues.

L'image : la photographie d'une personne, quel que soit le support de la reproduction, ne peut être diffusée sans le consentement de l'intéressée. Pour constituer une atteinte à la vie privée, la reproduction doit avoir pour objet de montrer la personne dont l'image est diffusée. La diffusion d'une photographie prise sur le seuil d'un bâtiment public, n'isolant pas le demandeur en réparation du groupe de personnes représentées, centrée non sur celui-ci mais sur un événement d'actualité, auquel il se trouvait mêlé par l'effet d'une coïncidence due à des circonstances tenant exclusivement à sa vie professionnelle ne constitue pas une atteinte à sa vie privée (Civ. 1re, 25 janv. 2000, *JCP* 2000. II. 10257, concl. M. Jerry Sainte-Rose). En revanche, la photographie d'une personne prise isolément, telle que la diffusion de l'image d'un enfant saisie au cours d'une manifestation folklorique, est attentatoire à sa vie privée (Civ. 1re, 12 déc. 2000, *D.* 2001. IR. 182). 351 ■

Lorsqu'il s'agit de l'image d'une personne décédée, l'atteinte n'est pas portée au respect de la vie privée de la personne défunte qui par définition n'a plus la personnalité juridique. Elle est traditionnellement sanctionnée au titre de la violation du respect dû aux sentiments d'affliction des proches parents du défunt (TI Montreuil-sur-Mer, 25 sept. 2003, *D.* 2003. 2530, note P. Labbée).

Si le droit à l'image est parfois sanctionné au titre de la vie privée, il accède à l'autonomie et peut faire l'objet d'une sanction indépendante de celle-ci. La Cour de cassation a ainsi jugé « "que l'atteinte au respect dû à la vie privée et l'atteinte au droit de chacun sur son image constituent des sources de préjudice distinctes" (T. Hassler, « Images et vie privée sous la loupe des médias », AJ famille 2008. 184).

Les sentiments : l'atteinte à la vie privée peut être constituée par le non-respect des sentiments intimes des personnes, qu'ils soient heureux ou malheureux. Un médecin ayant révélé des éléments sur la santé d'un président de la République dans un ouvrage paru peu de temps après le décès a été condamné à réparer le dommage causé aux proches du défunt. Les juges du fond ont relevé que les demandeurs bénéficiaient d'un droit propre à obtenir l'indemnisation, d'une part de l'atteinte intolérable à leurs sentiments les plus profonds réalisée par la publication, quelques jours après le décès, au mépris du respect dû à la douleur des familles, d'informations relatives à la personnalité de leur époux et père, d'autre part de la référence ou des allusions à l'intimité de leur propre vie privée, liées à l'évocation illégitime, par un praticien trahissant la confiance qui lui avait été accordée par le président mais aussi les membres de sa famille (TGI Paris, 23 oct. 1996, *JCP* 1996. II. 22844, note M. Serna). Pareillement, la photographie représentant directement le corps et le visage d'un préfet assassiné gisant sur la chaussée d'une rue est une image attentatoire à la dignité de la personne humaine et sa publication constitue une atteinte à la vie privée de la famille du défunt (Civ. 1re, 20 déc. 2000, *D.* 2001. IR. 394). 352 ■

Mais un événement heureux peut encore lorsqu'il est divulgué porter atteinte à l'intimité de la vie privée de la personne, qu'il s'agisse d'une maternité, d'une relation amoureuse, etc.

La correspondance : le Code civil sanctionne la violation du secret des correspondances en tant qu'atteinte à la vie privée. La solution est traditionnelle et elle a été récemment étendue au courrier électronique. 353 ■

Le sexe : la Cour européenne des droits de l'homme, le 25 mars 1992, a condamné la France pour atteinte au respect de la vie privée pour avoir refusé à un transsexuel 354 ■

la rectification de son acte de naissance et le changement de son prénom (*JCP* 1992. II. 21955). La Cour relève notamment que l'intervention chirurgicale et le traitement hormonal ayant entraîné l'abandon irréversible des marques extérieures du sexe d'origine, la personne a témoigné une détermination assez importante pour être prise en considération et que le changement de prénom est un élément pertinent au regard de l'article 8 de la Conv. EDH dès lors que les inconvénients découlant de la mention du sexe dans de nombreux documents atteignent un degré de gravité suffisant pour entrer en ligne de compte. Moins de six mois après, l'assemblée plénière alignait sa jurisprudence sur celle de la Cour européenne (Cass., ass. plén. 11 déc. 1992, *JCP* 1993. II. 21991).

De façon générale, toute discrimination en raison de l'orientation sexuelle peut être constitutive d'une atteinte à la vie privée.

■ 355 La famille : le principe selon lequel toute personne a droit à bénéficier d'une vie familiale, quelles que soient les familles concernées, est posé par l'article 8 de la Conv. EDH, il est complété par l'article 12 de la Conv. EDH énonçant « À partir de l'âge nubile, l'homme et la femme ont le droit de se marier et de fonder une famille selon les lois nationales régissant l'exercice de ce droit ». L'incidence de la vie privée en matière familiale emporte de nombreuses conséquences et les situations de famille les plus diverses connaissent de l'article 9 du Code civil devant les juridictions (M. Schmitt, « La protection de la vie privée et la famille », *AJ famille* 2008. 191).

Le droit de mener une vie familiale normale permet tout à la fois de faciliter le regroupement familial (Cons. const. 13 août 1993, décis. n° 93-325 DC, *JO* 18 août, p. 11722, cons. 69 et 70 ; *Lebon* p. 224 ; Cons. const. 13 juill. 2012, décis. n° 2012-264 QPC, *JO* 14 juill., p. 11636, texte n° 84, cons. 6), mais aussi de protéger certains modes de vie ensemble minoritaires. À ce titre, le Conseil constitutionnel a affirmé, en réponse à QPC, que le fait pour des personnes de même sexe ou de sexe différent de ne pouvoir établir un double lien de filiation par le refus de l'application de l'article 365 du Code civil aux partenaires d'un pacte civil de solidarité, ne portait pas atteinte à ce droit (Cons. const. 6 oct. 2010, décis. n° 2010-39 QPC, *D.* 2010. 2744, note F. Chénédé ; CEDH 15 mars 2012, *Gas et Dubois c/ France*, req. n° 25951/07, *JCP* G, 2012. 589, note A. Gouttenoire et F. Sudre ; *D.* 2012.1241, note A. Dionisi-Peyrusse ; et sur la distinction avec le droit de se marier : Cons. const. 28 janv. 2011, décis. n° 2010-92 QPC).

■ 356 De façon traditionnelle, la seule violation du droit au respect de la vie privée et familiale ne suffit pas à entraîner une sanction. Il faut pour qu'une atteinte soit sanctionnée qu'elle ait été fautive et dommageable. On retrouve les conditions classiques de mise en œuvre de la *responsabilité délictuelle*[Q] fondée sur l'article 1382 du Code civil : une faute, un dommage, un lien de causalité entre la faute et le dommage. Mais à l'occasion d'une atteinte à la vie sentimentale d'une personne, la première chambre civile de la Cour de cassation, le 5 novembre 1996, a soutenu « que selon l'article 9 du Code civil, la seule constatation de l'atteinte à la vie privée ouvre droit à réparation » (*D.* 1997. Jur. 403, note S. Laulom). Cet arrêt semblait prôner une autonomie juridique du régime applicable aux droits de la personnalité, avec un détachement consécutif des principes de la responsabilité délictuelle. L'interprétation de la solution en doctrine est demeurée classique. Il n'y aurait dans cet arrêt, ainsi que le soutient le professeur J. Hauser, qu'« un simple allégement technique de la preuve, l'atteinte faisant présumer la faute et le dommage » (*RTD civ.* 1997. 633).

Autrement dit, la victime n'a plus à rapporter la preuve de la faute, celle-ci est présumée par l'atteinte qui a été portée à son droit. La réparation de son préjudice n'a donc pas été sortie de l'axe de la responsabilité.

De la même façon, il est retenu que la seule constatation de l'atteinte au respect de la vie privée et à l'image par voie de presse caractérise l'urgence (Civ. 1re, 20 déc. 2000, *JCP* 2001. II. 10488, note J. Ravanas ; Civ. 1re, 12 déc. 2000, *JCP* 2000. IV. 1254). Il résulte de cette solution que le juge peut procéder à toute mesure qu'il jugerait utile, en référé, pour faire cesser l'atteinte constatée.

Il ne faut évidemment pas que l'atteinte puisse être justifiée par un impératif jugé supérieur à celui du respect de la vie privée et familiale des personnes. L'article 8 § 2 de la Conv. EDH autorise le législateur à limiter l'exercice de ce droit. 357 ■

Lorsqu'un préfet prend un arrêté de reconduite à la frontière d'une personne, celle-ci peut demander son annulation dans le cadre du *recours pour excès de pouvoir*[Q] devant la juridiction administrative. Le juge vérifiera que la décision administrative n'est pas disproportionnée par rapport à l'objectif poursuivi. Un célibataire, ayant fait valoir qu'il réside en France avec ses frères et bénéficie de leur aide, n'est pas fondé, par exemple, à invoquer l'article 8 de la Conv. EDH dès lors qu'il a d'autres attaches familiales au Sénégal et que l'arrêté du préfet de police n'a pas porté au droit de l'intéressé au respect de sa vie familiale une atteinte disproportionnée aux buts en vue desquels il a été pris (CE 28 juill. 2001, *JCP* 2001. IV. 1246). Pareillement, le respect dû à la vie privée ne fait pas obstacle à ce que le juge intervienne conformément aux pouvoirs que lui donne la loi, pour protéger l'enfant en péril. Un juge aux affaires familiales est dès lors bien fondé à interdire tout droit de visite et d'hébergement à un père présentant des troubles graves de la personnalité, son enfant présentant des troubles psychologiques importants (Civ. 1re, 19 déc. 2000, *D.* 2001. IR. 410).

L'arbitrage entre les différents droits subjectifs, les limites que le législateur ou le juge peut imposer à certains droits pour en protéger d'autres, est soumis aux dispositions de l'article 10 de la Conv. EDH. L'affaire *Plon c/ France* ayant donné lieu à l'arrêt du 18 mai 2004 illustre parfaitement le propos, et offre des précisions intéressantes (*D.* 2004. 1838, note A. Guedj). Dans cette affaire, la Cour estime tout d'abord que l'interdiction temporaire en référé d'un livre révélant des secrets médicaux sur un personnage public prononcée dix jours après le décès de celui-ci est légitime au sens de ce texte et justifiait une atteinte à la liberté d'expression. Elle poursuit cependant en estimant que le maintien de l'interdiction plus de neuf mois après le décès, par le tribunal de grande instance saisi de l'affaire au fond, ne répondait plus à « un besoin social impérieux », d'autant plus que le livre ayant malgré tout été diffusé avant l'interdiction (plus de 40 000 exemplaires vendus et mis en ligne sur Internet) la sauvegarde du secret médical ne pouvait constituer un impératif prépondérant. 358 ■

Il revient par conséquent par application de ce texte au juge national d'apprécier la nature de l'atteinte au droit considéré et sa justification, pour décider si elle est légitime ou non (Civ. 2e, 4 nov. 2004, *JCP* 2004. II. 10188, note D. Bakouche).

2. *Les droits de la personne morale*

L'entreprise à forme sociale (société) bénéficie en principe de la personnalité juridique. Sujet de droit, elle bénéficiera des attributs de toute personne morale, et sera titulaire d'un patrimoine. Ces prérogatives résulteront d'une déclaration d'existence 359 ■

et immatriculation obéissant à de nombreuses formalités afin de s'assurer de la réalité de la société, et de veiller à l'intérêt des tiers.

Quelle que soit la forme de la personne morale, elle aura un patrimoine (a) et des droits découlant de son statut social (b).

a. Le patrimoine de la personne morale

360 Toute personne a un patrimoine et n'a qu'un patrimoine, la règle s'applique de façon unitaire aux personnes physiques et aux personnes morales. Ce lien indivisible entre la personne et son patrimoine a été de façon majeure mis en relief par Aubry et Rau (auteurs du XIXe siècle). Cette théorie traditionnelle du patrimoine s'oppose à la théorie des patrimoines d'affectation connue du droit anglo-saxon selon laquelle une même personne peut être titulaire de plusieurs patrimoines. Elle aura autant de patrimoines que de masses de biens affectées à des objectifs distincts. Le droit français n'a pas souscrit à cette analyse, même si avec l'entreprise unipersonnelle à responsabilité limitée (EURL) et, aujourd'hui avec aussi la société par action simplifiée unipersonnelle, le débat a été relancé. Cela permettrait, pour une partie de la doctrine, à une personne physique de posséder par le biais de cette forme sociale deux patrimoines, le sien et, par l'intermédiaire de la personne morale constituée, celui de la société à associé unique. Il s'agit en réalité d'un montage juridique par l'utilisation de la technique des sociétés, et il paraît excessif de l'assimiler à la théorie des patrimoines d'affectation, sinon sous forme d'analogie.

Le patrimoine demeure unique, intransmissible et incessible. Ces trois caractères produisent nombre d'effets juridiques. Parmi les plus connus, on notera le principe selon lequel le patrimoine d'une personne constitue le *droit de gage général*Q de tous ses créanciers.

361 Selon l'analyse d'Aubry et Rau, le patrimoine est une universalité de droit. Il s'agit, ainsi qu'il est classiquement enseigné, d'un contenant plus que d'un contenu. Le patrimoine contient tous les droits et toutes les obligations de la personne qui en est titulaire. De façon comptable, on oppose l'actif au passif de la personne, autrement dit sa fortune constituée de l'ensemble de ses biens mobiliers et immobiliers, corporels ou incorporels, à ses dettes constituées des obligations personnelles qui la lient à autrui. Mais ce passif et cet actif sont identiquement des éléments patrimoniaux. Une personne peut donc être titulaire d'un patrimoine composé exclusivement de dettes. Le patrimoine est composé des flux et reflux résultant de la circulation des biens et des prestations de service entre les membres du corps social. Les droits patrimoniaux de la personne sont les éléments d'actif dont elle est titulaire. L'étude détaillée de ces divers droits relève du droit des biens, de la propriété industrielle et commerciale, de la propriété intellectuelle et des sûretés.

362 Toute société prend forme à partir d'un contrat où l'intérêt commun des membres forme ce que l'on appelle *affectio societatis*. Il y a volonté de se comporter ensemble dans un esprit de collaboration pour agir en commun. L'article 1832 du Code civil énonce que « la société est instituée par deux ou plusieurs personnes qui conviennent par un contrat d'affecter à une entreprise commune des biens ou leur industrie en vue de partager le bénéfice ou de profiter de l'économie qui pourra en résulter ». Cette affectation passe par ce que l'on appelle des « apports ». Il existe trois catégories d'apports : l'apport en numéraire qui est un apport en argent ; l'apport en nature qui porte sur tout autre bien (ex. *fonds de commerce*Q) et l'apport en industrie, travail

effectué en qualité d'associé et non contre rémunération, la contrepartie sera une part des bénéfices. Par entreprise commune, on entend l'activité économique proprement dite, l'objet de la société. Enfin, les bénéfices sont l'objectif recherché, soit un accroissement matériel de gain, soit un gain comptable qui tient compte des économies réalisées.

Le patrimoine de la personne morale révèle ces opérations, mais il y a autonomie de la personne et par conséquent absence de confusion avec le patrimoine de ses membres. Il ne pourrait y avoir paiement d'une dette d'un membre de la société par compensation avec une créance de la société.

Lors de leur constitution, certaines sociétés supposent un capital social minimum à la création, il s'agit des sociétés de capitaux. En retour, l'écran de la société est total, les membres de la société ne sont responsables des dettes sociales que dans la limite des apports qu'ils auront faits, sauf conventions particulières. En revanche, s'il n'y a pas de capital minimum exigé, la société n'a pas de crédit vis-à-vis des tiers car elle n'offre aucune garantie particulière, il est prévu en ces hypothèses que le patrimoine des membres de la société sera le gage de la dette sociale. Ils seront tenus de façon indéfinie sur leurs biens et parfois solidairement entre eux.

b. Les droits découlant du statut social

La personnalité juridique ayant été reconnue au groupement, la personne morale est née. Personne, le groupement aura, à l'instar des personnes physiques, une sorte d'état civil constitué principalement d'un nom – dénomination sociale –, d'un domicile – siège social – ou encore d'une nationalité. Elle verra le jour au moment de sa constitution, après des formalités d'enregistrement ou d'immatriculation (publicité), tout comme sa dissolution peut être assimilée à la mort de la personne morale. Chacun de ces états est fort réglementé par le législateur et dépend de la forme prise par la personne morale. 363 ■

La dénomination sociale est le nom du groupement. Le nom choisi pour le groupement est en principe libre (M. Dagot, « Le nom des personnes morales », *JCP* 1992. I. 3579), mais le législateur peut exiger qu'il soit précédé ou suivi de la forme sociale retenue pour le groupement. Cette obligation est une façon d'informer les tiers de l'étendue des obligations imposées à la personne morale et à ses membres. Chaque forme sociale en effet correspond à un régime propre s'agissant notamment de la responsabilité des associés ou actionnaires et de la garantie offerte par ceux — ci en cas de dette sociale. La liberté dans le choix du nom trouve pour limite les droits des tiers, il ne faut pas par exemple que le nom choisi soit une forme de parasitisme commercial (utiliser un nom connu dans une branche d'activité pour bénéficier de la notoriété de ce nom dans une autre branche d'activité), que le nom soit celui d'un nom de famille très connu par ailleurs, sauf à obtenir l'autorisation de son titulaire. La confusion engendrée par l'utilisation d'un nom pourrait donner lieu à sanction. Tel ne fut cependant pas le cas de l'utilisation faite par un site espagnol du nom « Marie Claire ». La cour d'appel de Paris a en effet jugé que « ne constitue pas une atteinte à la dénomination sociale et au nom commercial Marie Claire Album, l'usage et la dénomination sociale Marie Claire d'une société espagnole sur un site Internet espagnol, alors qu'il n'y a pas de risque de confusion, dès lors que ce site ne s'adresse pas à un public français » (Paris 27 sept. 2006, *SA Marie Claire Album c/ SA Marie Claire*, *JCP* G, 2007. II. 10089). 364 ■

365 Le domicile de la personne morale est le lieu de son siège social. Ce siège social est fixé dans les statuts. Il détermine notamment la compétence territoriale des juridictions en cas de litige. L'article 43, alinéa 3 du nouveau Code de procédure civile, énonce plus précisément que le lieu où demeure le défendeur s'agissant d'une personne morale doit s'entendre du « lieu où celle-ci est établie ». Ce lieu est donc de façon traditionnelle celui du siège social, sous réserve de n'être pas fictif.

La jurisprudence a pris le soin de préciser à propos des personnes morales que ce lieu est celui où se trouvent concentrées l'administration, la direction et l'activité commerciale ou encore au lieu où sont exercées les fonctions de direction et où sont prises les décisions essentielles à la marche de la société lorsqu'il apparaît que le siège social est détaché des services administratifs, comptables et commerciaux de la société. Il s'agit alors du lieu du principal établissement.

366 La nationalité est le troisième élément d'identification figurant à l'état civil de la personne morale. Cette nationalité est essentielle pour déterminer la loi qui sera applicable à la personne morale. Elle est en principe déterminée selon le critère du siège social : s'il est situé en France la société est française, s'il est situé à l'étranger, elle est régie par la loi étrangère correspondante au lieu du siège social. En fonction de la nationalité de la personne morale, seront déterminées les règles applicables notamment à sa constitution, son fonctionnement et sa dissolution. Il en découle le régime juridique applicable.

367 Les personnes morales peuvent également être titulaires de prérogatives extrapatrimoniales. En dehors des questions patrimoniales, le droit leur reconnaît des valeurs à défendre tel que l'honneur ou le droit à l'image. Ces solutions sont une extension par la voie de l'analogie des solutions classiques appliquées aux personnes physiques.

368 La protection peut porter sur l'ensemble des droits de la personnalité hormis les droits en rapport avec la vie humaine. Il s'ensuit que la jurisprudence admet qu'une personne morale blessée dans son honneur peut exiger et obtenir un droit de réponse, obtenir réparation d'une atteinte à sa vie privée et plus généralement de tout préjudice moral à l'exception du pretium doloris. La personne morale pourrait également demander en justice le respect à son profit des droits et libertés fondamentaux figurant aux diverses déclarations de droits. (N. Mathey, « Les droits et libertés fondamentaux des personnes morales de droit privé », *RTD civ.* 2008. 205).

8

Compléments pédagogiques

Mémo

La personne est anthropologiquement et ontologiquement autre chose que la personnalité juridique qui lui est attribuée par le droit. À ce titre, elle mérite protection.

De façon plus restrictive par rapport à la notion de personne, est sujet de droit toute personne qui se voit conférer la personnalité juridique. *La personnalité juridique est l'aptitude à être titulaire et à exercer des droits.* On distingue la personnalité juridique des personnes physiques et des personnes morales.

Toute personne physique a la personnalité juridique du seul fait de sa naissance. Le droit ne reconnaît la personnalité juridique qu'à l'enfant né vivant et viable, Seul l'enfant né vivant et viable se voit rétrospectivement reconnaître la personnalité juridique depuis sa conception. *La perte de la personnalité juridique est liée au décès de la personne. La disparition et l'absence d'une personne soulèvent une incertitude* tenant dans le premier cas à l'absence de cadavre, dans le second à l'absence de nouvelles données par la personne à ses proches. À la différence de la disparition, l'absence n'est pas insérée dans le chapitre du Code civil consacré aux actes de décès. Elle forme, à elle seule, un titre du même Code intitulé « Des absents ». *L'absence est caractérisée « lorsqu'une personne a cessé de paraître au lieu de son domicile ou de sa résidence sans que l'on en ait eu de nouvelles »* (C. civ., art. 112). Le droit se charge alors d'organiser les affaires de l'absent. Le régime juridique de l'absence est organisé autour de deux périodes successives. Dans les premiers temps, le droit considère que la personne ne s'est absentée que temporairement et qu'elle va réapparaître. *De présumée, l'absence devient déclarée lorsqu'un délai de dix ans s'est écoulé depuis la date de sa constatation par le juge des tutelles ou, lorsqu'à défaut d'une telle constatation, « la personne aura cessé de paraître au lieu de son domicile ou de sa résidence, sans que l'on en ait eu de nouvelles depuis plus de vingt ans »* (C. civ., art. 122). La logique des dispositions contenues dans les articles 122 à 132 du Code civil change radicalement. *Le droit présume que l'absent* n'a jamais reparu à son domicile ou à sa résidence parce qu'il *est décédé*.

La personnalité juridique *a été attribuée à des groupements de personnes ou de biens*. L'*avantage* présenté par la reconnaissance de la personnalité juridique à un groupement de personnes est de lui conférer *tous les attributs de cette personnalité, notamment un patrimoine, mais aussi un nom, un domicile, etc. Le traitement réservé aux groupements de personnes ou de biens par le droit a donné lieu à des débats doctrinaux certains étant favorables à la théorie de la fiction, d'autre à la théorie de la réalité*. L'analogie avec les personnes physiques trouve pour seule limite celle de la vie humaine, hormis cet obstacle, la personne morale se voit reconnaître toutes les prérogatives patrimoniales et extrapatrimoniales dont jouissent les personnes physiques.

Les droits sont les prérogatives juridiques accordées à toute personne, pour cette raison appelés « droits subjectifs », par opposition au « droit objectif » constitué de l'ensemble des règles et des principes juridiques applicables aux sujets de droit.

Par *droit subjectif*, on désigne les *prérogatives juridiques dont peut jouir tout sujet de droit, le « droit à » et « le droit de »*. Si la détermination du fondement des droits subjectifs reste difficile et controversée, en revanche on s'accorde sur le fait que *tout droit subjectif a, en principe, pour limite le caractère abusif de l'exercice qui en est fait par son titulaire, ce que l'on appelle « l'abus de droit »*.

Il existe deux grandes catégories de droits dont la personne est titulaire : les droits patrimoniaux et les droits extrapatrimoniaux. Le *patrimoine contient tous les droits et toutes les obligations de la personne qui en est titulaire. Les droits patrimoniaux de la personne sont les éléments d'actif dont elle est titulaire*. Parmi ces droits, l'opposition est habituelle entre les droits réels et les droits personnels encore dénommés « droits de créance » ainsi qu'entre les droits corporels et les droits incorporels.

En droit civil, les droits extrapatrimoniaux sont surtout constitués par les droits de la personnalité. On peut regrouper les droits de la personnalité autour de deux axes, l'intégrité physique et morale et le respect de la vie privée et familiale de la personne.

Le corps est partie, composante de la personne. La loi n° 94-653 du 29 juillet 1994 a inséré un chapitre dans le Code civil (art. 16 à 16-9) consacré au respect du corps humain : « Chacun a droit au respect de son corps. *Le corps humain est inviolable*. Le corps humain, ses éléments et ses produits, ne peuvent faire l'objet d'un droit patrimonial » (C. civ., art. 16-1). L'alinéa premier de l'article 16-3 du Code civil énonce *« Il ne peut être porté atteinte à l'intégrité du corps humain qu'en cas de nécessité médicale pour la personne »*. L'intégrité physique de la personne ne semble donc pas au pouvoir de sa volonté. Le consentement est inefficace à légitimer une atteinte contre soi-même ou contre les autres. L'atteinte à l'intégrité physique d'une personne peut parfois être justifiée par la nécessité de secourir autrui.

Salir l'honneur de quelqu'un conduit potentiellement à essayer de couper les liens sociaux qui l'unissent aux autres. *Les atteintes à la réputation d'autrui sont surtout le fait de la presse*, mais la loi du 29 juillet 1881 sur la liberté de la presse n'est pas le seul fondement que puisse invoquer celui qui a pâti de l'atteinte, l'article 1382 du Code civil demeure applicable. De façon générale, les satires et caricatures ne portent pas atteinte à la réputation d'autrui dès lors qu'elles obéissent aux lois du genre et permettent le respect de la liberté d'expression. *La nécessaire liberté d'expression, le droit à l'information peuvent encore être en opposition avec le respect de la présomption d'innocence auquel a droit toute personne* (C. civ., art. 9-1). La loi n° 2000-516 du 15 juin 2000 renforce la protection de la présomption d'innocence et les droits des victimes (*JO* 16 juin, p. 9038), conformément à la possibilité laissée à chaque État par l'article 10 § 2 de la Conv. EDH de limiter la liberté d'expression. *La loi de 1881, modifiée par la loi du 15 juin 2000, envisage par ailleurs une série de situations pouvant donner lieu à condamnation lorsque l'intéressé n'a pas donné son consentement.*

Trois textes fondent le droit au respect de la vie privée et familiale : l'article 9 du Code civil (L. n° 70-643 du 17 juillet 1970), l'article 8 de la Convention européenne de sauvegarde des droits de l'homme et des libertés fondamentales, l'article 2 de la Déclaration des droits de l'homme et du citoyen de 1789. Le droit au respect de la vie privée et familiale est de délimitation délicate : *où commence et où s'achève la vie privée d'une personne ? Seule l'étude de la jurisprudence permet de dresser un état des solutions retenues*, il y aura atteinte à la vie privée et familiale d'une personne en cas d'utilisation de son image, de non-respect de ses sentiments, de violation du secret de sa correspondance, de refus de rectification de son état civil en cas de transsexualisme, d'obstacle à sa vie familiale, de violation de son droit de fonder une famille, etc.

Il ne faut évidemment pas que l'atteinte puisse être justifiée par un impératif jugé *supérieur* à celui du respect de la vie privée et familiale des personnes.

Quid

■ Brevet (d'invention) n° 345

Titre délivré par l'Institut national de la propriété intellectuelle (INPI) qui assure à l'auteur d'une invention un monopole temporaire d'exploitation sur celle-ci.

■ Chambre du conseil n° 313

En principe, les débats devant la juridiction sont publics, hormis les cas où la loi exige ou permet qu'ils aient lieu en chambre du conseil (C. pr. civ., art. 22). La non-publicité des débats est justifiée essentiellement par des raisons d'ordre public. Il s'agit de protéger la vie privée des justiciables, d'éviter un trouble social lorsque l'affaire suscite un grand émoi dans l'opinion publique, etc.

■ Dispositif n° 314

Le dispositif est la partie du jugement qui acquiert autorité de la chose jugée. Il se situe à la fin de la décision judiciaire. Il énonce la décision (C. pr. civ., art. 455, al. 2), c'est-à-dire fixe les droits des parties. Le dispositif est différent des motifs de la décision. Les motifs correspondent à l'argumentation des juges ayant permis l'énoncé du dispositif.

■ Droit de gage général n° 360

Possibilité reconnue à tout créancier de saisir un élément du patrimoine de son débiteur pour assurer le paiement de sa créance.

■ Droits de timbre et d'enregistrement n° 313

Les droits de timbre sont des catégories d'impôts disparates ainsi désignés parce qu'ils étaient souvent formalisés par l'apposition d'une vignette, d'un timbre témoignant du paiement. Les droits d'enregistrements sont des impôts perçus au moment de l'inscription sur un registre d'un acte. L'enregistrement de l'acte donne date certaine aux actes sous seing privé.

■ Expédition n° 313

Copie d'un acte judiciaire ou extrajudiciaire dressée par l'officier public qui possède l'original de l'acte. L'expédition d'un jugement est faite par le greffier en chef de la juridiction ayant rendu la décision au greffe de laquelle le jugement original est conservé.

■ Fonds de commerce n° 362

Ensemble des éléments corporels (stocks de marchandises, mobilier, outillage, etc.) et incorporels (clientèle, nom, etc.) qui permet à un commerçant d'exercer une activité commerciale. Le fonds de commerce n'inclut pas les murs dans lesquels il est exploité.

■ Indivision n° 330

Système dans lequel plusieurs personnes sont propriétaires d'un ou plusieurs biens, sans que leurs parts soient individualisées. Chaque indivisaire est titulaire d'une quote-part de l'indivision sans que celle-ci soit matérialisée. Le régime juridique de l'indivision est organisé aux articles 815 et s. du Code civil.

■ Jugement déclaratif n° 314

Le caractère déclaratif du jugement tient à ce qu'il reconnaît, constate, déclare des droits qui existaient au moment de l'ouverture de l'instance. La ou les parties bénéficiaires, par ce jugement, voient leurs droits consolidés. Le jugement déclaratif s'oppose au jugement constitutif qui, lui, créé une situation juridiquement nouvelle par rapport à la situation antérieure au jugement.

■ Recours pour excès de pouvoir n° 357

Il s'agit d'un recours juridictionnel destiné à faire annuler pour cause d'illégalité un acte (incompétence de l'auteur, vice de forme, détournement de pouvoir, violation de la loi). Il relève du contentieux objectif de l'illégalité par opposition au contentieux subjectif des droits où par un recours de pleine juridiction, le requérant demande au juge de reconnaître la créance qu'il a contre l'administration.

■ Référé n° 349

Procédure contentieuse et contradictoire qui permet à une personne de saisir le juge pour qu'il prenne rapidement des mesures provisoires afin de préserver ou de protéger les droits du demandeur. Il existe différents types de référé ; en général les conditions de recevabilité de la demande sont : l'urgence et l'absence de contestation sérieuse ou que justifie l'existence d'un différend, faire cesser un trouble manifestement illicite.

■ Responsabilité délictuelle n° 356

Lorsque la responsabilité n'est pas contractuelle, on dit qu'elle est « délictuelle ». Terme générique pour désigner l'obligation de réparer le préjudice causé par son fait personnel (C. civ., art. 1382), par sa négligence ou imprudence (C. civ., art. 1383), par la chose dont on a la garde (C. civ., art. 1384), etc.

■ Sans préjudice de n° 349

Expression courante de la langue française, à ne pas confondre avec le concept juridique de « préjudice » ; le juge peut, sans préjudice de la réparation du dommage subi, prescrire toute mesure destinée à faire cesser l'atteinte à un droit, signifie que le juge peut sans exclusion de la réparation du dommage subi, ou en plus de la réparation du dommage subi, prescrire d'autres mesures.

■ Soins palliatifs n° 300

Soins pratiqués par une équipe pluridisciplinaire en institution ou à domicile, visant à soulager la douleur, à apaiser la souffrance psychique, à sauvegarder la dignité de la personne malade ou à soutenir son entourage.

Document

CEDH 14 mai 2013, *Gross c/ Suisse* (Communiqué de presse)

La législation suisse n'indique pas assez clairement dans quels cas le suicide assisté est autorisé. Dans son arrêt de chambre, non définitif, rendu ce jour dans l'affaire *Gross c/ Suisse* (req. n° 67810/10), la Cour européenne des droits de l'homme dit, à la majorité, qu'il y a eu : violation de l'article 8 (droit au respect de la vie privée et familiale) de la Convention européenne des droits de l'homme.

Dans cette affaire, une dame âgée souhaitant mettre fin à ses jours et ne souffrant d'aucune pathologie clinique se plaignait de n'avoir pu obtenir des autorités suisses l'autorisation de se procurer une dose mortelle de médicament afin de se suicider.

La Cour dit notamment que la législation suisse, tout en permettant d'obtenir une dose mortelle de médicament sur ordonnance médicale, ne fournit pas des directives suffisantes pour définir avec clarté l'ampleur de ce droit. Cette incertitude a dû causer à Mme Gross une angoisse considérable. Parallèlement, la Cour ne se prononce pas sur la question de savoir si la requérante aurait dû être autorisée à obtenir une dose mortelle de médicament pour mettre fin à ses jours.

Principaux faits

La requérante, Alda Gross, est une ressortissante suisse née en 1931 et résidant à Greifensee (Suisse). Depuis un certain nombre d'années, elle souhaite mettre un terme à sa vie. Bien qu'elle ne souffre d'aucune pathologie clinique, elle plaide qu'elle a plus de 80 ans et ne souhaite pas continuer à subir le déclin de ses facultés physiques et mentales. Elle explique notamment qu'elle devient de plus en plus fragile, a des difficultés de concentration et ne peut plus faire de longues marches. Ayant cherché en vain un médecin disposé à lui établir l'ordonnance nécessaire pour se voir délivrer une dose mortelle de pentobarbital sodique, elle s'est tournée vers la direction de la santé du canton de Zurich, qui a rejeté en avril 2009 sa demande tendant à l'obtention de ce médicament. Cette décision fut finalement confirmée par les tribunaux en avril 2010.

Les médecins consultés par Mme Gross ou son représentant refusèrent de délivrer l'ordonnance demandée notamment parce que l'intéressée ne souffrait d'aucune pathologie clinique. Ils indiquèrent que le Code de déontologie professionnelle les empêchait d'établir une telle ordonnance et/ou qu'ils craignaient d'être entraînés dans de longues procédures judiciaires. La Cour suprême fédérale suisse, par une décision du 12 avril 2010, rejeta le recours formé par Mme Gross contre la décision de la direction de la santé, considérant que l'État n'était pas tenu de garantir à un individu l'accès à une dose mortelle de médicament. Elle dit aussi que l'intéressée ne remplissait pas les conditions fixées dans les directives éthiques sur les soins à accorder aux patients en fin de vie adoptées par l'académie suisse de médecine étant donné qu'elle n'était pas atteinte d'une maladie mortelle en phase terminale.

Griefs

Mme Gross se plaignait qu'en lui refusant le droit de décider quand et comment elle finirait sa vie, les autorités suisses ont violé l'article 8 (droit au respect de la vie privée familiale) de la Convention.

La requête a été introduite devant la Cour européenne des droits de l'homme le 10 novembre 2010.

Décision de la Cour

Article 8

La Cour considère que le souhait de Mme Gross d'obtenir une dose mortelle de médicament afin de mettre fin à ses jours relève du droit au respect de la vie privée garanti par l'article 8. Dans l'affaire *Haas c/ Suisse*, elle a déjà reconnu que le droit d'un individu de choisir quand et comment mourir, à condition que celui-ci soit en état de prendre sa décision librement et d'agir en conséquence, constituait l'un des aspects du droit au respect de la vie privée (*Haas c/ Suisse*, n° 31322/07, CEDH 2011).

La Cour observe que le Code pénal suisse ne réprime l'incitation et l'assistance au suicide que lorsque l'auteur de tels actes est conduit à les commettre pour des « motifs égoïstes ». Conformément à la jurisprudence de la Cour suprême fédérale suisse, un médecin peut prescrire un médicament mortel pour aider un patient à se suicider si certaines conditions spécifiques, indiquées dans les directives éthiques adoptées par l'académie suisse de médecine, sont remplies. Il faut en particulier que les autres possibilités de venir en aide au patient soient discutées, que le patient soit en état de prendre sa décision et qu'il ait bien réfléchi à son souhait sans pression extérieure.

Toutefois, ces directives, émises par une organisation n'appartenant pas à l'État, n'ont pas la qualité de loi. En outre, comme elles ne concernent que les patients dont le médecin a conclu que leur maladie les conduirait à la mort en quelques jours ou quelques semaines, elles ne s'appliquent pas au cas de Mme Gross. Le Gouvernement suisse n'a soumis aucun autre texte fournissant des directives indiquant si et, si oui, dans quelles circonstances, un médecin était autorisé à délivrer une ordonnance prescrivant une dose mortelle de médicament à un patient non atteint d'une maladie en phase terminale.

La Cour considère que cette absence de directives claires posées par la loi est susceptible d'avoir un effet dissuasif sur les médecins, qui pourraient sinon être enclins à fournir à une personne dans la situation de Mme Gross l'ordonnance demandée. C'est ce que confirme le fait que les médecins consultés par elle ont rejeté sa demande parce qu'ils redoutaient d'être entraînés dans des procédures judiciaires longues ou de s'exposer à des conséquences négatives sur le plan professionnel.

Cette incertitude quant à l'issue de sa demande dans une situation concernant un aspect particulièrement important de sa vie a dû causer à Mme Gross une angoisse considérable.

Cela ne se serait pas produit s'il y avait eu des directives claires et approuvées par l'État définissant les circonstances dans lesquelles les médecins sont autorisés à délivrer une ordonnance lorsqu'une personne a pris librement la décision grave de mettre fin à ses jours sans qu'elle soit proche de la mort à cause d'une maladie donnée.

Ces considérations suffisent à la Cour pour conclure que la législation suisse, tout en offrant la possibilité d'obtenir une dose létale de médicament sur ordonnance médicale, ne fournit pas des directives suffisantes définissant avec clarté l'ampleur de ce droit. Dès lors, il y a eu violation de l'article 8 de ce chef.

Parallèlement, la Cour ne se prononce pas sur la question de savoir si Mme Gross aurait dû se voir accorder la possibilité d'obtenir une dose mortelle de médicament pour mettre fin à ses jours. Elle considère que c'est en premier lieu aux autorités nationales qu'il incombe d'émettre des directives complètes et claires sur la question.

Biblio

– A. Dorsner-Dolivet, « De l'interdiction du clonage à la réification de l'être humain. L. du 6 août 2004 », *JCP* 2004. I. 172.
– D. Acquarone, « L'ambiguïté du droit à l'image », *D.* 1985. Chron. 128.
– Bolot, « La prise en charge de la douleur, des souffrances en fin de vie et le droit », *Gaz. Pal.* 19-20 mars 2003, p. 751.
– C. Caron, « Les virtualités dangereuses du droit de propriété, *Defrénois* 1999, art. 37928, p. 897.
– D. Bureau, « La présomption d'innocence devant le juge civil », *JCP* 1998. I. 166.
– J.-P. Gridel, « L'individu juridiquement mort », *D.* 2000. Chron. 266. ; « Retour sur l'image du préfet assassiné : dignité de la personne humaine et liberté de l'information d'actualité », *D.* 2001. Chron. 872 ; « Brèves remarques approbatives de la cassation intervenue dans l'affaire dite des guignols de l'info », *D.* 1998. Chron. 183.
– P. Kayser, « Les droits de la personnalité, aspects théoriques et pratiques », *RTD civ.* 1971. 445.
– Ph. Malaurie, « Le respect de la vie en droit civil », in *Mélanges L. Boyer*, PU Toulouse, 1996, p. 429.
– J.-P. Marguenaud, « La personnalité juridique des animaux », *D.* 1998. Chron. 205.
– L. Martin, « Personne et sujet de droit », *RTD civ.* 1981. 785.
– G. Mémeteau, « La situation juridique de l'enfant conçu », *RTD civ.* 1990. 611.
– J. Paillusseau, « Le droit moderne de la personnalité morale », *RTD civ.* 1993. 705.
– F. Petit, « Les droits de la personnalité confrontés au particularisme des personnes morales », *D. Affaires* 1998. Doct. 826.
– M. Raymondis, « Problèmes juridiques d'une définition de la mort », *RTD civ.* 1969. 29.
– J.-C. Soyer, « L'avenir de la vie privée (face aux effets pervers du progrès et de la vertu…) », in *Mélanges F. Terré*, Dalloz-PUF-Juris-Classeur, 1999, p. 343.
– A. Terrasson de Fougères, « La résurrection de la mort civile », *RTD civ.* 1997. 893.
– M. Vivant, « Le régime juridique de la non-présence », *RTD civ.* 1993. 705.
– Décis. n° 2001-446 DC du 27 juin 2001 (loi relative à l'IVG et à la contraception), *JO* 28 juin.

Quiz

1) Sujet corrigé

A) Commentaire d'article

Énoncé

Article 1110-5-2 du Code de la santé publique

À la demande du patient d'éviter toute souffrance et de ne pas subir d'obstination déraisonnable, une sédation profonde et continue provoquant une altération de la conscience maintenue jusqu'au décès, associée à une analgésie et à l'arrêt de l'ensemble des traitements de maintien en vie, est mise en œuvre dans les cas suivants :

1° Lorsque le patient atteint d'une affection grave et incurable et dont le pronostic vital est engagé à court terme présente une souffrance réfractaire aux traitements ;
2° Lorsque la décision du patient atteint d'une affection grave et incurable d'arrêter un traitement engage son pronostic vital à court terme et est susceptible d'entraîner une souffrance insupportable.
3° Lorsque le patient ne peut pas exprimer sa volonté et, au titre du refus de l'obstination déraisonnable mentionnée à l'article L. 1110-5-1, dans le cas où le médecin arrête un traitement de maintien en vie, celui-ci applique une sédation profonde et continue provoquant une altération de la conscience maintenue jusqu'au décès, associée à une analgésie.
La sédation profonde et continue associée à une analgésie prévue au présent article est mise en œuvre selon la procédure collégiale définie par voie réglementaire qui permet à l'équipe soignante de vérifier préalablement que les conditions d'application prévues aux alinéas précédents sont remplies.
À la demande du patient, la sédation profonde et continue peut être mise en œuvre à son domicile, dans un établissement de santé ou un établissement mentionné au 6° du I de l'article L. 312-1 du Code de l'action sociale et des familles.
L'ensemble de la procédure suivie est inscrite au dossier médical du patient ».

Voir le corrigé en fin de rubrique.

B) Cas pratique

Énoncé

Alors que Nathalie et François sont mariés depuis seulement quelques mois, leur couple vit déjà des moments difficiles. Si Nathalie rencontre un grand succès dans son métier de mannequin professionnel, François, qui a fait de la politique son métier, accepte très mal l'exposition de sa femme au plus grand nombre. Il devient peu à peu très méfiant envers son épouse, la soupçonnant même de le tromper. Guidé par ses doutes, il décide de cacher des micros dans les pièces à vivre du domicile conjugal. Plusieurs conversations téléphoniques surprises grâce à ces écoutes viennent confirmer ses craintes : sa femme est infidèle, cela ne semble plus faire de doute. Tentant d'obtenir des explications auprès de son épouse alors en déplacement à l'étranger, François n'obtiendra en guise de réponse que des SMS moqueurs revendiquant le fait d'avoir un amant !

Désabusé, François souhaite utiliser les enregistrements qu'il a effectués dans une procédure judiciaire afin de prouver la faute de son épouse.

Comme si cela ne suffisait pas, l'exposition médiatique du couple le soumet aux affres de la presse « people ». L'une de ces publications baptisées « Ici Toulon » a découvert les difficultés du couple et en a exposé les grandes lignes en « Une » de sa dernière édition ayant pour titre « Nathalie et François : vers un divorce ? ».

Fatigué par ses mésaventures, François vit très mal la parution d'un article dans le quotidien d'information « Le global » illustré par une photo de lui endormi pendant un meeting politique avec pour légende « Le débat était passionnant ».

Dans cette situation délicate, François vous consulte, il vous expose son souhait d'obtenir réparation pour les diverses épreuves qu'il vit et sa volonté de prouver l'infidélité de son épouse par voie judiciaire.

Voir le corrigé en fin de rubrique.

2) Corrigé

Commentaire d'article

Introduction

Problématique sur le droit à la mort, la dignité de la personne, le respect de la volonté du patient.

Le contexte à l'adoption de la proposition de loi/ Les droits voisins, notamment belge/ L'affaire Vincent Lambert et l'arrêt de la CEDH du 5 juin 2015.

Présentation de la loi du 2 février 2016 et des décrets d'application du 3 août 2016.

I. Le recours à la sédation profonde et continue jusqu'à la mort

A. Les conditions médicales du recours à la sédation profonde et continue

– Une affection grave et incurable.

– Un pronostic vital engagé à court terme.

– Une souffrance réfractaire aux traitements ou insupportable en cas d'arrêt des traitements.

B. Les conditions juridiques du recours à la sédation profonde et continue

– La notion d'obstination déraisonnable en contemplation de la souffrance à éviter.

– L'article L. 1110-5 CSP.

II. La volonté du patient et de ses proches dans la décision de sédation profonde et continue jusqu'à la mort

A. Le patient associé à la décision de sédation profonde et continue

– Une demande émanant du patient. Une demande insuffisante à permettre le recours à la sédation, le contrôle de l'équipe médicale. La frontière entre la sédation et le suicide assisté.

– Une demande de mort : « provoquant une altération de la conscience maintenue jusqu'au décès, associée à une analgésie et à l'arrêt de l'ensemble des traitements de maintien en vie ». Utiliser comme argument la nature juridique de traitement de la nutrition et de l'hydratation.

– la question de la « mort digne ». Un terme polysémique utilisé par les partisans du droit de mourir et les opposants au droit de mourir.

B. La situation du patient hors d'état d'exprimer sa volonté

– L'utilité du recours aux directives anticipées.

– La personne tiers de confiance ou la famille proche : développer la jurisprudence ayant refusé de prendre en compte le refus de sédation de la famille.

– Le dernier mot laissé à l'équipe médicale : exploiter la décision QPC n° 2017-632 du Conseil constitutionnel du 2 juin 2017.

Cas pratique

1. Le prononcé du divorce aux torts de l'épouse

– Fondement juridique (C.civ., art 242).

– Force probante des écoutes illicites : procédé déloyal, irrecevabilité.

– Force probante des SMS : recevabilité de la preuve/ appréciation des juges sur la véracité des faits par ces seuls messages.

– À supposer que les faits soient démontrés ce qui est peu probable en l'espèce, le seul fait de l'adultère n'est pas constitutif d'une faute grave et renouvelée autorisant un divorce aux torts exclusifs de celui qui l'a commis.

2. Le respect de la vie privée du couple

– Fondement juridique : C. civ., art. 9 et CEDH, art. 8.

– Atteinte à la vie privée constituée en fonction des circonstances de l'affaire non précisées en l'espèce ; la seule violation du droit donne lieu à réparation sans avoir à prouver de préjudice supplémentaire (Civ. 1re, 5 nov. 1996, *JCP* 1997. II. 22805, note J. Ravanas).

3. Le droit à l'image de François

– Fondement juridique : C. civ., art. 9 et CEDH, art. 8.

– Application à l'espèce : François est un homme politique, il n'y a pas d'atteinte à reproduire son image.

– L'ironie tenant à la légende ne saurait être sanctionnée en raison de la liberté d'expression défendue par le droit de la presse et le droit à caricature (développer la jurisprudence illustrant le propos).

chapitre 9

Les éléments du statut personnel

Plan analytique

section 1

Les éléments de l'état des personnes

§ 1 Le nom et le prénom

A. L'attribution du nom et du prénom

B. Le changement de nom ou de prénom

§ 2 Le sexe

A. Le sexe de naissance

B. Le changement de sexe

§ 3 La nationalité

A. La nationalité figurant dans l'acte de naissance

B. Le changement de nationalité

§ 4 Le domicile

section 2

Les registres de l'état civil

§ 1 Les mentions portées au registre de l'état civil

§ 2 La rectification des actes de l'état civil

Compléments pédagogiques

L'état des personnes est le statut personnel de l'individu. Il porte les éléments d'individualisation de la personne dans la société. Nom, âge, sexe, filiation, situation matrimoniale, nationalité, domicile sont des éléments permettant d'identifier et de situer la personne au sein de l'organisation sociale. Pour cette raison, ils figurent au nombre des indications contenues dans l'état civil des personnes. 369

Traditionnellement, l'état des personnes est présenté comme un statut dont certains éléments sont imprescriptibles et indisponibles. Autrement dit, l'écoulement du temps et la volonté des personnes ne peuvent modifier le contenu de cet état. Ainsi, le nom, le sexe ou encore la filiation. Pourtant, de nombreux éléments de l'état des personnes peuvent aujourd'hui être modifiés, à certaines conditions, soit par l'effet du temps, soit plus rarement par la volonté de leur titulaire. Une personne peut en cours de vie changer de nom, de sexe, de parent, d'époux, etc. aux conditions prévues par la loi. Il y a mutabilité contrôlée des éléments de l'état des personnes (section 1). 370

Les actes de l'état civil forment le titre deuxième du Livre premier du Code civil consacré aux personnes. L'état civil de la personne ne saurait pourtant être réduit aux actes qui le constituent. Chaque acte contient les éléments d'identification d'une personne qui ne sont pas répertoriés isolément en tant qu'acte de l'état civil, ceux-ci forment l'état des personnes. Toute mention portée sur les registres de l'état civil constitue une indication sur le statut civil de la personne. Le changement des éléments permettant d'identifier les personnes ou les erreurs contenues dans les actes de l'état civil justifie une modification des mentions portées aux registres de l'état civil (section 2). 371

section 1

Les éléments de l'état des personnes

Le statut civil de la personne figure en partie dans les registres de l'état civil. Il porte des éléments tenant directement à la personne, et des éléments tenant à sa vie sociale, ainsi des liens d'alliance ou de filiation. La volonté des personnes est aujourd'hui efficace pour modifier leur statut personnel et familial. L'indisponibilité de l'état des personnes a été réduite de façon substantielle au XXe siècle. Le mariage et la filiation étant traités dans la partie consacrée aux rapports interpersonnels et celle établissant les responsabilités générationnelles, on ne traitera ici que du nom et du prénom (§ 1), du sexe (§ 2), de la nationalité (§ 3) et du domicile (§ 4) en tant qu'éléments d'individualisation des personnes. 372

§ 1 Le nom et le prénom

A. L'attribution du nom et du prénom

1. *Le nom de famille*

373 Outre la filiation, la situation matrimoniale ou le décès de la personne, les actes de l'état civil portent plusieurs éléments d'identification constituant le statut civil de la personne dans la société. Le nom, le prénom, le sexe, la nationalité ou encore le domicile sont autant d'éléments de la personne qui figurent comme énonciations obligatoires dans les actes de l'état civil.

374 Le nom permet d'individualiser les personnes. L'erreur sur le nom d'une personne peut avoir une incidence juridique. Un avis à tiers détenteur adressé à une femme mariée désignée par les prénom et nom de son mari est entaché de nullité (Civ. 1re, 6 févr. 2001, *Bull. civ.* I, n° 25). La question des règles de dévolution du nom est donc essentielle. La loi du 6 fructidor an II énonce dans son article 1er « Aucun citoyen ne pourra porter de nom ni de prénom autres que ceux exprimés dans son acte de naissance [...] ».

Traditionnellement, le nom patronymique attribué à la naissance à l'enfant dépendait de son lien de filiation. La loi n° 304 du 4 mars 2002 relative au nom de famille (*JO* 5 mars, p. 4159 ; F. Dekeuwer-Défossez, « Commentaire de la loi relative au nom de famille », RJPF juill.-août 2002, p. 11) a supprimé l'appellation « nom patronymique » au profit du « nom de famille » (art. 1er, 2°) et modifié les règles d'attribution du nom, à l'exception de celles applicables à l'enfant né de parents inconnus (C. civ., art. 57). Cette loi a été ensuite modifiée par la loi n° 2003-516 du 18 juin 2003 (J. Massip, « La modification de la loi sur le nom de famille ou l'histoire d'une occasion manquée (commentaire de la loi du 18 juin 2003) », *Gaz. Pal.* 16 oct. 2003, p. 2840) ayant donné lieu au décret d'application n° 2004-1159 du 29 octobre 2004 fixant les modalités du changement ou de l'adjonction de nom. Il existe ainsi que le souligne Monsieur le professeur Philippe Malaurie une véritable idéologie du nom car historiquement le nom en révélant la personne révélait la société – chez les juifs, dit-il, Joseph signifiait Dieu ajoute, Jean, Dieu accorde, ou chez les grecs, André signifiait viril, Nicolas, la victoire du peuple – ce faisant on rendait compte d'une société à un moment donné avec ses valeurs. Ultérieurement, le nom a désigné la famille, sa position sociale, et pour désigner la personne est apparu le prénom, jusqu'à l'ordonnance de Villers-Coterêts de 1539 où il est prévu que des registres doivent être tenus. Le nom se transmet par le père, il devient nom patronymique. La dernière tendance législative étant à l'égalité inégalitaire, à savoir traiter de façon égale des choses différentes, le nom dépend de la volonté des individus selon les modalités fixées par la loi au moment de constituer leur famille.

375 Depuis le 1er janvier 2005, date d'entrée en vigueur de la loi du 18 juin 2003, les dispositions relatives à la dévolution du nom de famille constituent des dispositions communes à toute filiation :

— tout enfant (né dans ou hors mariage, ou adopté de façon plénière par deux époux) peut porter au choix des parents sur déclaration, le nom du père, le nom de la mère, dans la limite d'un pour chacun d'eux s'ils ont un double nom de famille, les deux noms accolés dans l'ordre qu'ils décident. Si les parents n'ont fait aucune déclaration, la loi du 18 juin 2003 énonce désormais : l'enfant « prend le nom de celui de ses parents à l'égard duquel sa filiation est établie en premier lieu et le nom de son père si sa filiation est établie simultanément à l'égard de l'un et de l'autre » ; curieusement, la loi n° 2013-404 du 17 mai 2013 n'a pas modifié la disposition. Il a juste été ajouté à la fin du premier alinéa de l'article 311-21 du Code civil : « En cas de désaccord entre les parents, signalé par l'un d'eux à l'officier de l'état civil, au plus tard au jour de la déclaration de naissance ou après la naissance, lors de l'établissement simultané de la filiation, l'enfant prend leurs deux noms, dans la limite du premier nom de famille pour chacun d'eux, accolés selon l'ordre alphabétique ».

— dans tous les cas, le nom de famille donné au premier enfant s'appliquera à tous les autres enfants (C. civ., art. 311-21, al. 3).

Lorsque la filiation n'est établie qu'à l'égard d'un parent, l'enfant prend le nom de ce parent. Il n'est plus nécessaire pour que la règle s'applique que la filiation soit établie « à la date de la déclaration de naissance » (L. 16 janv. 2009).

Une exception est maintenue par la nouvelle loi tenant à la divisibilité du lien de filiation hors mariage : l'article 311-23, alinéa 2 du C. civ. énonce en ce sens que « Lors de l'établissement du second lien de filiation "puis" (mod. L. n° 2009-61 du 16 janvier 2009) durant la minorité de l'enfant, les parents peuvent, par déclaration conjointe devant l'officier de l'état civil, choisir soit de lui substituer le nom de famille du parent à l'égard duquel la filiation a été établie en second lieu, soit d'accoler leurs deux noms, dans l'ordre choisi par eux, dans la limite d'un nom de famille pour chacun d'eux. Le changement de nom est mentionné en marge de l'acte de naissance ». Si l'enfant a plus de treize ans son consentement est requis.

De même, on souligne l'exception tenant au maintien du nom d'origine de l'enfant adopté par deux époux selon les formes de l'adoption simple : l'article 363 du C. civ. dispose, depuis la loi du 18 juin 2003, passé au « genre neutre » depuis la loi du 17 mai 2013, que « L'adoption simple confère le nom de l'adoptant à l'adopté en l'ajoutant au nom de ce dernier. Toutefois, si l'adopté est majeur, il doit consentir à cette adjonction.

« Lorsque l'adopté et l'adoptant, ou l'un d'eux, portent un double nom de famille, le nom conféré à l'adopté résulte de l'adjonction du nom de l'adoptant à son propre nom, dans la limite d'un seul nom pour chacun d'eux. Le choix du nom adjoint ainsi que l'ordre des deux noms appartient à l'adoptant, qui doit recueillir le consentement personnel de l'adopté âgé de plus de treize ans. En cas de désaccord ou à défaut de choix, le nom conféré à l'adopté résulte de l'adjonction en seconde position du premier nom de l'adoptant au premier nom de l'adopté.

« En cas d'adoption par deux époux, le nom ajouté à celui de l'adopté est, à la demande des adoptants, celui de l'un d'eux, dans la limite d'un nom. Si l'adopté porte un double nom de famille, le choix du nom conservé et l'ordre des noms adjoints appartient aux adoptants, qui doivent recueillir le consentement personnel de l'adopté âgé de plus de treize ans. En cas de désaccord ou à défaut de choix, le nom conféré à l'adopté résulte de l'adjonction en seconde position du premier nom des adoptants selon l'ordre alphabétique, au premier nom de l'adopté.

« Le tribunal peut, toutefois, à la demande de l'adoptant, décider que l'adopté ne portera que le nom de l'adoptant ou, en cas d'adoption de l'enfant du conjoint, que l'adopté conservera son nom d'origine. En cas d'adoption par deux époux, le nom de famille substitué à celui de l'adopté peut, au choix des adoptants, être soit celui de l'un d'eux, soit leurs deux noms accolés dans l'ordre choisi par eux et dans la limite d'un seul nom pour chacun d'eux. Cette demande peut également être formée postérieurement à l'adoption. Si l'adopté est âgé de plus de treize ans, son consentement personnel à cette substitution du nom de famille est nécessaire. ».

376 La loi n° 2016-1547 du 18 novembre 2016 a étendu le bénéfice des règles relatives au choix du nom de famille à l'enfant né à l'étranger dans les conditions du nouvel article 311-24-1 du C. civ : « En cas de naissance à l'étranger d'un enfant dont au moins l'un des parents est français, la transcription de l'acte de naissance de l'enfant doit retenir le nom de l'enfant tel qu'il résulte de l'acte de naissance étranger. Toutefois, au moment de la demande de transcription, les parents peuvent opter pour l'application de la loi française pour la détermination du nom de leur enfant, dans les conditions prévues à la présente section ».

377 Toute personne peut défendre son nom contre l'utilisation qui en serait faite par un tiers, à moins que le tiers ne justifie d'un droit propre pour porter le nom en cause (ex : homonyme). Il peut indifféremment s'agir d'usurpation de nom, d'utilisation abusive ou d'utilisation commerciale. Dans le premier cas, la personne reproche à autrui de porter un nom dont il n'est pas titulaire, dans les autres, elle demande réparation du préjudice causé par l'utilisation de son nom. Le préjudice suppose établie la confusion avec le titulaire du nom utilisé.

Les juridictions ont parfois étendu la protection du nom au simple pseudonyme. Il a été notamment jugé par la cour d'appel de Paris, le 15 septembre 1999, que « le nom fantaisie librement choisi pour masquer au public la personnalité véritable d'un individu dans l'exercice d'une activité particulière telle qu'artistique, littéraire ou même privée, est protégeable à l'égal du nom comme constituant une propriété lorsque, par un usage prolongé et notoire, il s'est incorporé à cet individu et est devenu pour le public le signe de sa personnalité ; qu'il autorise ainsi son titulaire à s'opposer à son appropriation par un tiers s'il doit en résulter une confusion moralement ou matériellement préjudiciable, étant rappelé que pour qu'un pseudonyme soit protégé, il n'est pas nécessaire que ledit titulaire ait acquis sous celui-ci une notoriété dépassant le milieu où il exerce son activité » (*D.* 2000. 801, note Ph. Bonfils).

La question a été posée de savoir si le titre nobiliaire devait ou non être assimilé au nom. La chambre commerciale de la Cour de cassation a opté implicitement pour une réponse positive (Com. 21 octobre 1997, *JCP* G, 1998. II. 10071, note J. Casey) alors qu'un arrêt de la cour d'appel de Bourges, du 24 février 1998 opte pour la négative (*JCP* G, 1998. II. 10072, note L. Ruet). Les espèces étaient au demeurant bien distinctes puisque dans le premier cas, un titre avait été utilisé à des fins commerciales, alors que dans le second une épouse divorcée prétendait faire usage du titre de son ex-mari. La protection du titre nobiliaire contre une usurpation est également recevable (Civ. 1re, 30 sept. 2003, *JCP* 2004. II. 10119, note A. Zelcevic-Duhamel ; *D.* 2004. 86, obs. G. Loiseau).

2. *Le prénom de l'enfant*

378 Le ou les prénoms de l'enfant sont mentionnés dans l'acte de naissance. Ils « sont choisis par ses père et mère » (C. civ., art. 57, al. 2). La loi n° 96-604 du 5 juillet 1996 autorise même la mère qui veut accoucher sous X à faire connaître les prénoms qu'elle souhaite voir attribuer à l'enfant. On ne saisit d'ailleurs pas trop l'objet d'une telle disposition, dès lors que ce type d'accouchement est le préalable à l'abandon de

l'enfant à naître. Il n'existe pas de hiérarchie entre les différents prénoms inscrits dans l'acte de naissance, chacun d'eux pouvant être choisi comme prénom usuel (art. 57, al. 2 du C. civ. *in fine*).

Le choix des prénoms de l'enfant laissé à la volonté des parents est toutefois contrôlé par l'officier d'état civil « Lorsque ces prénoms ou l'un d'eux, seul ou associé aux autres prénoms ou au nom, lui paraissent contraires à l'intérêt de l'enfant ou au droit des tiers à voir protéger leur nom de famille [...] » (C. civ., art. 57, al. 3). L'officier d'état civil est tenu d'inscrire immédiatement les prénoms sur les registres d'état civil, mais il avisera sans délai le procureur de la République de la situation. Le procureur peut décider de saisir le juge aux affaires familiales. Le juge tranchera le litige et s'il estime que le prénom choisi porte atteinte à l'intérêt de l'enfant ou des tiers, la suppression du prénom des registres de l'état civil pourra être ordonnée. A été notamment jugé contraire à l'intérêt de l'enfant, les prénoms Ravi, Cheyenne, Cerise. Il incombe alors aux parents de choisir un autre prénom, à défaut le juge le déterminera lui-même (C. civ., art. 57, al. 4).

B. Le changement de nom ou de prénom

En dépit de la loi du 6 fructidor an II, il n'y a pas immutabilité du nom, où du moins est-elle relative. Le nom ne se perd pas par le non-usage, mais rien n'interdit la possession d'un nom par l'usage. Il a été notamment jugé à propos d'une dame s'appelant « Sainte Catherine » et désireuse de récupérer le nom de ses ancêtres « de Sainte Catherine » que « si la possession loyale et prolongée d'un nom est propre à conférer à l'individu qui le porte le droit à ce nom, elle ne fait pas obstacle à ce que celui-ci renonçant à s'en prévaloir, revendique le nom de ses ancêtres qu'il n'a pas perdu en raison de l'usage d'un autre nom par ses ascendants proches » (Civ. 1re, 15 mars 1988, *Bull. civ.* I, n° 78 ; Civ. 1re, 17 déc. 2008, *D.* 2009. 168). 379

Par l'effet de l'adoption, une personne peut avoir ensuite un nom différent de son nom de naissance, soit par substitution du nom de l'adoptant (adoption plénière), soit par adjonction du nom de l'adoptant (adoption simple). Même si ce n'est qu'un usage, la femme mariée peut utiliser le nom de son mari plutôt que son nom de naissance, et tant le mari que la femme peuvent décider d'adjoindre le nom de l'autre au sien. Lorsqu'une action en contestation ou en réclamation de filiation est couronnée de succès, l'enfant change de nom. Toutefois, pour les enfants majeurs, le changement de nom est subordonné à leur consentement (C. civ., art. 61-3, al. 2). Enfin, le changement de nom peut également provenir des règles nouvelles relatives à la dévolution du nom de famille.

Par changement de nom, on entend ici la procédure prévue à l'article 61 du Code civil qui, à titre principal, prévoit la possibilité pour toute personne de demander la transformation de son nom, à condition de justifier d'un intérêt légitime (C. civ., art. 61, al. 1er). Le caractère légitime de l'intérêt allégué peut être constitué par le ridicule tenant à l'homonymie du nom avec un mot grossier, ou encore la volonté d'intégration dans une communauté rendue difficile en raison de la consonance étrangère du nom. La transformation du nom peut être totale ou partielle, résulter d'une adjonction ou d'une suppression de tout ou partie du nom d'origine. La requête peut encore être justifiée, ainsi qu'il résulte expressément de la loi, de la volonté de l'intéressé « d'éviter l'extinction du nom porté par un ascendant ou un collatéral du demandeur jusqu'au quatrième degré » (C. civ., art. 61, al. 2). En cette 380 hypothèse, il suffit de rapporter la preuve de la réalité de l'extinction du nom et du lien de parenté avec l'ascendant ou le collatéral. Au cours de la procédure parlementaire ayant abouti à la loi n° 2016-1547 du 18 novembre 2016, il était préconisé de modifier l'article 61 « pour prévoir qu'une demande de changement de nom (puisse) être justifiée par la volonté, pour un enfant majeur, d'adjoindre le nom de l'un ou l'autre de ses parents à son nom de naissance ». La proposition se trouve à l'article 51, 5° de la loi, mais fût déclarée inconstitutionnelle par le Conseil constitutionnel à la demande des sénateurs requérants, au visa de « l'article 45 de la Constitution et notamment de la première phrase de son premier alinéa, selon laquelle : « Tout projet ou proposition de loi est examiné successivement dans les deux assemblées du Parlement en vue de l'adoption d'un texte identique », que les adjonctions ou modifications qui peuvent être apportées après la première lecture par les membres du Parlement et par le Gouvernement doivent être en relation directe avec une disposition restant en discussion. Toutefois, ne sont pas soumis à cette dernière obligation les amendements destinés à assurer le respect de la Constitution, à opérer une coordination avec des textes en cours d'examen ou à corriger une erreur matérielle » (Décis. n° 2016-739 DC du 17 novembre 2016, §57).

■ 381 La requête est portée devant le Conseil d'État et le changement de nom autorisé par décret. Il s'agit d'une procédure administrative et non judiciaire. Afin de préserver les droits des tiers, tout intéressé peut faire opposition à ce changement, mais selon une procédure *a posteriori*. Le Conseil d'État a rappelé à des tiers, dont le nom choisi était le leur et qui soutenaient que le Gouvernement aurait dû, avant la prise du décret, les inviter à présenter leurs observations, qu'aucune disposition légale ou réglementaire n'impose une consultation préalable (CE 21 avr. 1997, *RTD civ.* 1997. 631 ; CE 19 avr. 2000, *RTD civ.* 2000. 539, obs. J. Hauser). Un délai de deux mois court à partir de la publication au *Journal officiel* du décret autorisant le changement de nom pendant lequel les tiers peuvent former opposition. Le décret prend donc effet au jour de l'expiration du délai ou au jour du rejet de l'opposition s'il y en a une (C. civ., art. 61-1). Lorsque le bénéficiaire du changement a des enfants, le décret opère effet de plein droit à leur égard et sous réserve de leur consentement personnel s'ils ont plus de treize ans. La transformation du nom de la personne fait, enfin, l'objet d'une mention en marge des actes de l'état civil, et le cas échéant de ceux de son conjoint et de ses enfants (C. civ., art. 61-4).

■ 382 La loi n° 2016-1547 du 18 novembre 2016 a ajouté des dispositions relatives au changement de nom lié à l'acquisition d'un autre nom à l'étranger. L'article 61-3-1, al. 1 C. civ dispose : « Toute personne qui justifie d'un nom inscrit sur le registre de l'état civil d'un autre État peut demander à l'officier de l'état civil dépositaire de son acte de naissance établi en France son changement de nom en vue de porter le nom acquis dans cet autre État. Lorsque la personne est mineure, la déclaration est effectuée conjointement par les deux parents exerçant l'autorité parentale ou par le parent exerçant seul l'autorité parentale, avec son consentement personnel si elle a plus de treize ans ». Mais elle a également et réciproquement ajouté un alinéa important à l'article 61-4, al. 2 C. civ : « les décisions de changement de prénoms et de nom régulièrement acquises à l'étranger sont portées en marge des actes de l'état civil sur instructions du procureur de la République ». La régularité condition de la transcription n'est pas sans évoquée la question de la régularité au cœur du débat sur la gestation pour autrui.

La procédure pour changer de prénom a été modifiée par la loi du 18 novembre 2016 (C. civ. art. 60). Le principe est celui de la liberté : « toute personne peut changer de prénom ». Il suffit d'en faire la demande auprès de l'officier d'état civil du lieu de naissance ou du lieu de résidence. Il peut y avoir pareillement suppression ou adjonction, voire modification de l'ordre des prénoms (déjà suppression de deux prénoms sur trois : *AJ fam.* 2015. 177). L'alinéa 4 de l'article 60 du Code civil pose la limite au principe de liberté : « S'il estime que la demande ne revêt pas un intérêt légitime, en particulier lorsqu'elle est contraire à l'intérêt de l'enfant ou aux droits des tiers à voir protéger leur nom de famille, l'officier de l'état civil saisit sans délai le procureur de la République. Il en informe le demandeur. Si le procureur de la République s'oppose à ce changement, le demandeur, ou son représentant légal, peut alors saisir le juge aux affaires familiales ». En cas d'opposition au changement de prénom demandé par application de l'article 60 C. civ., il y a lieu de se reporter à la procédure nouvelle des articles 1055-1 à 1055-4 C. pr. civ., résultant du décret n° 2017-450 du 29 mars 2017. 383 ■

§ 2 Le sexe

A. Le sexe de naissance

Le sexe est un élément de l'état des personnes qui est spécifié dans l'acte de naissance de l'enfant (C. civ., art. 57, al. 1er) et se trouve corroboré par les prénoms donnés à l'enfant. Cet élément n'est plus pris en compte au moment de la célébration du mariage, à l'ancien article 144 du Code civil énonçant que « L'homme et la femme ne peuvent contracter mariage avant dix-huit ans révolus » a été substitué la formulation suivante figurant à l'article 143 : « Le mariage est contracté par deux personnes de sexe différent ou de même sexe ». L'article 144 du Code civil nouveau disposant à présent : « Le mariage ne peut être contracté avant dix-huit ans révolus ». 384 ■

L'approche biologique de la personne la définit comme un être sexué qui sera de sexe féminin ou de sexe masculin, sauf cas d'hermaphrodisme d'une personne née avec deux sexes. Mais la personne, au plan ontologique, est personne masculine ou personne féminine, non à la manière de l'animal, être sexué, mais en tant que personne. Elle intègre tout à la fois la corporéité et la rationalité. Cette convergence de l'esprit et de la matière dans l'être humain, se révèle par le fait que ces éléments ne sont pas seulement juxtaposés, mais présents simultanément, ce qui fait de la personne corporelle une personne spirituelle, sans séparation. Aussi, « la sexualité s'appréhende à partir de la corporéité de l'être humain, mais l'être humain est toujours un être personnel ; et il est humain, non seulement par son esprit, mais par son union de matière et d'esprit. C'est-à-dire qu'il ne peut y avoir personne humaine qui ne soit pas personne féminine ou personne masculine » (J. I. Banares, « *Vinculo conyugal y complementaridad de mujer y varon* », *REDC* 68 (2011), p. 11 s.). On comprend alors que la sexualité intègre la dimension intégrale de la personne humaine, ce n'est pas un fait accidentel ou détachable de ce qu'est la personne. Elle doit dès lors être exercée de façon personnelle et pleinement humaine. La personne étant masculine ou féminine, elle a une dimension sponsale établie par la diversité de ses modes d'être. 385 ■

L'orientation sexuelle se définit comme l'attirance sexuelle envers des personnes de sexe différent, de même sexe ou pour les deux indifféremment. Elle est insuffisante à révéler l'identité sexuelle de la personne. L'identité sexuelle, enfin, peut être troublée c'est-à-dire qu'il peut y avoir distorsion entre l'identité biologique de la personne et son identité psychique. Le transsexualisme traduit une distorsion entre le sexe biologique, chromosomique et psychologique. La loi n° 2016-1547 du 18 novembre 2016 reconnaît, à certaines conditions, la possibilité de changer de sexe.

B. Le changement de sexe

386 Dans le contexte de l'insertion au Code civil d'une nouvelle section consacrée à la modification de la mention du sexe à l'état civil, articles 61-5 à 61-8, une brève rétrospective doit être faite. La Cour européenne des droits de l'homme avait condamné la France pour atteinte au droit au respect de la vie privée par son refus de modifier l'état civil d'un transsexuel, l'assemblée plénière, quelques mois après, estimant que « lorsque, à la suite d'un traitement médico-chirurgical subi dans un but thérapeutique, une personne présentant le syndrome du transsexualisme ne possède plus tous les caractères de son sexe d'origine et a pris une apparence physique la rapprochant de l'autre sexe, auquel correspond son comportement social, le principe du respect dû à la vie privée justifie que son état civil indique désormais le sexe dont elle a l'apparence [...] le principe d'indisponibilité de l'état des personnes ne fait pas obstacle à une telle modification ». Le transsexuel doit-il déposer une requête en rectification devant le président du tribunal de grande instance ou saisir le tribunal de grande instance (et non son président) d'une action d'état ? L'objet de la demande est-il de rectifier une inexactitude contenue dans l'acte de l'état civil existant ou de modifier le statut civil de la personne qui lui-même a fait l'objet d'un changement postérieur à l'établissement de l'acte de l'état civil initial ? Tout dépend en réalité de l'angle de vue à partir duquel on examine cette question. Si le transsexualisme est un syndrome, que les interventions médico-chirurgicales sont bien justifiées dans un but thérapeutique, cela semble étayer l'idée que le transsexuel ne demande en somme que la réintégration dans son sexe d'origine sur lequel il a été fait erreur. La rectification de la mention du sexe dans l'acte de naissance semble s'imposer et la procédure de l'article 99 du C. civ. devrait être suivie. Telle semble bien d'ailleurs être l'approche de l'assemblée plénière qui n'hésite pas à soutenir qu'il n'y a pas atteinte à l'indisponibilité de l'état des personnes. En revanche, si l'on soutient que le transsexualisme correspond à une déviance, à une inversion, détachable de la constitution biologique d'origine, qui peut apparaître au cours de la vie d'une personne et à laquelle la volonté permet, par le recours à la médecine, de prendre corps, alors il s'agit d'un changement d'état et la modification de l'état civil ne peut avoir lieu que par une action formée devant la formation collégiale du tribunal de grande instance. Il y a alors modification de l'état civil pour l'avenir à partir du jugement ordonnant cette modification. Cela semble la seule solution cohérente si l'on considère l'effet que pourrait avoir la rectification de l'acte de naissance initial pour inexactitude de la mention du sexe. À supposer que le transsexuel ait eu, avant sa transformation, des enfants, ceux-ci seraient réputés être nés de personnes de sexes identiques, ce qui semble-t-il n'est pas encore possible... Mais alors il faut bien admettre qu'il y a atteinte au principe d'indisponibilité de l'état des personnes.

Le genre qui consiste à nier la définition de la personne à partir de son sexe biologique, a fait son entrée au Code civil (voir l'excellent ouvrage de Marguerite Peteers, *Le* gender, *une norme mondiale ? Pour un discernement*, Mame, 2013 ou notre étude : « Les expressions de la théorie du *gender* en droit », Colloque organisé par l'OSP Fréjus Toulon, 17-18 sept. 2011, *Rev. Kephas* 2012/1 ou éd. Parole et silence, coll. « Observatoire socio-politique (OSP) », 2012). Une proposition de loi souhaitait intégrer un nouvel article 99-2 au Code civil aux fins de changement sans condition de sexe à l'état civil (C. Nierinck, « Le sexe, le genre et l'état civil », *Dr. fam.* 2012, Repère 2). Ainsi que le constataient les professeurs Terré et Lequette (*Grands arrêts de la jurisprudence civile*, 13 éd., Dalloz, 2015, p. 191), l'Europe, en la personne de M. Thomas Hammarberg, commissaire aux droits de l'homme près le Conseil de l'Europe, a publié en 2009 un rapport « recommandant d'instaurer des procédures rapides et transparentes de changement de nom et de sexe sur les extraits d'acte de naissance », ce qui avait conduit la Chancellerie à adopter une circulaire, le 14 mai 2010, aux termes de laquelle le ministère public était invité à donner un avis favorable à ces demandes. 387 ■

Mais par plusieurs arrêts, la Cour de cassation avait continué à subordonner ce changement à la preuve de la réalité du syndrome transsexuel et du caractère irréversible de la transformation, conditions déclarées non discriminatoires (Civ. 1re, 7 juin 2012, *D.* 2012, 1545 ; *Dr. fam.* 2012, n° 131, obs. P. Reigné ; 13 févr. 2013, *Bull. civ.* I, n° 14 ; S. Paricard, « Le transsexualisme, à quand la loi ? », *Dr. fam.* 2012, Etude 2). Ceci avait à nouveau entraîné la condamnation de la France par la Cour européenne des droits de l'homme. Un ultime arrêt de condamnation par la Cour européenne a été rendu le 6 avril 2017 (Aff. *A.P., Garçon et Nicot c/ France*, req. nos 79885/12, 52471/13 et 52596/13, *D.* 2017. 1027). En l'espèce, « les requérants, qui sont des personnes transgenres, allèguent que le rejet de leur demande tendant à la rectification de la mention de leur sexe sur leur acte de naissance au motif que, pour justifier d'une telle demande, le demandeur doit établir la réalité du syndrome transsexuel dont il est atteint ainsi que le caractère irréversible de la transformation de son apparence, emporte violation de l'article 8 de la Convention ». Pour condamner la France, la Cour retient que « le rejet de la demande des deuxième et troisième requérants tendant à la modification de leur état civil au motif qu'ils n'avaient pas établi le caractère irréversible de la transformation de leur apparence, c'est-à-dire démontré avoir subi une opération stérilisante ou un traitement médical entrainant une très forte probabilité de stérilité, s'analyse en un manquement par l'État défendeur à son obligation positive de garantir le droit de ces derniers au respect de leur vie privée. Il y a donc, de ce chef, violation de l'article 8 de la Convention à leur égard ».

La condamnation intervenue devrait être la dernière, le législateur français s'étant aligné aux exigences européennes. Désormais, l'article 61-5 C. civ. autorise le changement de la mention du sexe sans référence à aucun syndrome psychique et à aucune transformation physique : « Toute personne majeure ou mineure émancipée qui démontre par une réunion suffisante de faits que la mention relative à son sexe dans les actes de l'état civil ne correspond pas à celui dans lequel elle se présente et dans lequel elle est connue peut en obtenir la modification » (al. 1er). Les alinéas suivants vont énumérer les principaux faits utiles dont la preuve peut être établie par tous moyens : « 1° Qu'elle se présente publiquement comme appartenant au sexe revendiqué ; 2° Qu'elle est connue sous le sexe revendiqué de son entourage familial, 388 ■

amical ou professionnel ; 3° Qu'elle a obtenu le changement de son prénom afin qu'il corresponde au sexe revendiqué ». Il suit de l'énumération rapportée qu'aucune condition relative à une transformation quelconque n'est requise. Le changement est justifié par le choix social de la personne et la réception de ce choix par ceux qui la fréquente, la famille, les amis, les relations professionnelles. L'article 61-6, al. 3 du C. civ. renforce cette interprétation disposant : « Le fait de ne pas avoir subi des traitements médicaux, une opération chirurgicale ou une stérilisation ne peut motiver le refus de faire droit à la demande ».

La demande doit être faite auprès du tribunal de grande instance selon les modalités fixées par le décret du 29 mars 2017 aux articles 1055-5 à 1055-9 du Code de procédure civile.

■ 389 La prise en compte de la famille proche, conjoint et enfants, consiste, d'une part, à exiger leur consentement pour la modification de leur propre état civil : « les modifications de prénoms corrélatives à une décision de modification de sexe ne sont portées en marge des actes de l'état civil des conjoints et enfants qu'avec le consentement des intéressés ou de leurs représentants légaux » (C. civ., art. 61-7, al. 2). Il s'ensuit qu'une même personne pourra concomitamment dans les actes d'état civil apparaître avec des prénoms différents selon que l'acte est son acte de naissance ou celui de son conjoint ou de ses enfants. L'article 61-8 C. civ. prévoit, d'autre part, que « la modification de la mention du sexe dans les actes de l'état civil est sans effet sur les obligations contractées à l'égard de tiers ni sur les filiations établies avant cette modification ».

■ 390 La question du droit au mariage des transsexuels, et plus largement des personnes transgenres, n'a pas encore donné lieu à saisine des juridictions en France. Sans doute pour la raison avancée par le professeur J. Hauser (*RTD civ.* 1997. 905), à l'occasion de brèves observations sur deux arrêts, l'un de la cour d'appel d'Agen du 30 novembre 1996, l'autre de la cour d'appel de Toulouse du 30 avril 1997, ayant admis le changement de sexe sur les registres de l'état civil : les officiers d'état civil s'en tiennent au sexe mentionné après rectification des registres et célèbrent le mariage. *De facto*, en France, la modification de l'état civil permet aux transsexuels d'accéder à la qualité de personne mariée, leur droit de fonder une famille étant ainsi respecté. La solution est différente en Angleterre, la loi anglaise ne permettant pas de modifier l'acte de naissance. La CJCE a été saisie, par voie préjudicielle, de la question de savoir si l'interdiction par une législation nationale de modifier l'état civil d'une personne du fait de son changement de sexe, afin qu'elle puisse se marier, ne constituait pas une discrimination au sens de l'article 141 du CE. Aux termes de ce texte, « Chaque État membre assure l'application du principe de l'égalité des rémunérations entre les travailleurs masculins et les travailleurs féminins pour un même travail ou un travail de même valeur ». Or, en l'espèce, l'impossibilité du mariage pour le couple dont l'un des membres était transsexuel privait l'autre de la pension de réversion qu'il aurait eue s'il avait été marié. Le 7 janvier 2004, la CJCE rappelle que l'état des personnes demeure une compétence exclusive des États – en particulier les conditions pour contracter mariage – et que « la décision de réserver certains avantages aux couples mariés, en excluant tous ceux qui cohabitent sans être mariés, relève soit du choix du législateur, soit de l'interprétation effectuée par les juridictions nationales des règles juridiques de droit interne, sans que les particuliers puissent faire valoir aucune discrimination fondée sur le sexe, interdite par le droit communautaire » (*D.* 2004. 979, note Ph. Icard).

Le droit parental des transsexuels a été directement mis en cause devant la Cour européenne des droits de l'homme (CEDH 22 avr. 1997, *Dr. fam.* 1998. Comm. 21). En l'espèce, une dame avait conçu un enfant par insémination artificielle avec donneur et son compagnon faisait grief au Royaume-Uni de lui avoir refusé la qualité de père. Ce père potentiel était une personne de sexe biologique féminin « devenue » homme. Pour rejeter la demande fondée sur la violation de l'article 8 de la Convention européenne des droits de l'homme, la Cour estime que « les requérants se trouvent dans une situation semblable à celle de toute famille où, pour une raison quelconque, la personne qui assume le rôle de "père" n'est pas enregistrée comme tel. La Cour ne juge pas établi qu'une opprobre particulière frappe encore les enfants ou les familles se trouvant dans ce cas ». Le refus explicite de la Cour de s'engager dans un débat relatif au droit parental du transsexuel, n'exclut pas l'approbation implicite de familles constituées de deux personnes de même sexe chromosomique ayant à charge un enfant. La disparition de la sexuation de la parenté résout la difficulté. 391 ■

§ 3 La nationalité

A. La nationalité figurant dans l'acte de naissance

L'acte de naissance par l'indication des père et mère (C. civ., art. 57, al. 1er) permet de déterminer la nationalité de l'enfant. L'article 18 du Code civil en effet indique « Est français l'enfant dont l'un des parents au moins est français », à moins que l'enfant, dont la naissance a eu lieu hors de France et dont un seul des parents est français, ne répudie sa qualité de français dans les six mois précédant sa majorité ou les douze mois la suivant (C. civ., art. 18-1, al. 1er). 392 ■

Pareillement, l'indication du lieu de naissance en France porté dans l'acte suffit à établir la nationalité française de l'enfant dont les parents sont inconnus, apatrides ou, bien qu'étrangers, dont la loi de chacun n'attribue la nationalité d'aucun des deux parents (C. civ., art. 19 et 19-1) ou dont l'un d'eux est né en France (C. civ., art. 19-3). Lorsque la nationalité française est conférée par le lieu de naissance en France, il est prévu respectivement par ces mêmes textes que l'enfant est réputé n'avoir jamais été français, si, au cours de sa minorité, sa filiation est établie à l'égard d'un étranger et qu'il acquiert conformément à la loi nationale de son auteur, la même nationalité que lui, si la nationalité étrangère de l'un de ses parents vient à lui être transmise ou s'il décide de répudier sa qualité de français dans les six mois précédant sa majorité et dans les douze mois la suivant (C. civ., art. 19-4). Enfin, la naissance de l'enfant en France à laquelle s'ajoute une résidence habituelle en France « pendant une période continue ou discontinue d'au moins cinq ans, depuis l'âge de onze ans » confère à l'enfant de parents étrangers la nationalité française à sa majorité (C. civ., art. 21-7).

En droit français, « le mariage n'exerce de plein droit aucun effet sur la nationalité » (C. civ., art. 21-1), l'époux qui désire obtenir la nationalité de son conjoint doit remplir les conditions fixées à l'article 21-2 du Code civil.

B. Le changement de nationalité

393 Les situations où il y a changement de nationalité sont multiples : une personne peut acquérir la nationalité française :

– par déclaration, ainsi pour l'adopté simple aux conditions fixées par l'article 21-12 du C. civ., pour la personne ayant la possession d'état de français aux conditions de l'article 21-13 du C. civ., pour le français par filiation qui n'en ayant pas eu la possession d'état ni sa résidence habituelle en France ainsi que ses ascendants depuis cinquante ans, avait perdu cette nationalité (C. civ., art. 23-6, 30-3), aux conditions fixées par l'article 21-14 et 26 et suivants du Code civil ;

– par décision de l'autorité publique, ainsi pour tout étranger engagé dans les armées françaises aux conditions de l'article 21-14-1 du C. civ., pour l'étranger qui demande sa naturalisation (C. civ., art. 21-15) aux conditions des articles 21-16 à 21-25-1 du Code civil, ou suite à une demande de réintégration aux conditions des articles 24 et suivants du Code civil.

394 Une personne peut également changer de nationalité en perdant la nationalité française :

– par l'acquisition d'une autre nationalité et la volonté expresse de renoncer à la nationalité française aux conditions fixées aux articles 23 et s. du Code civil ;

– par renonciation à la qualité de français ;

– par l'effet d'un jugement contre un Français par filiation qui n'en ayant pas eu la possession d'état ni sa résidence habituelle en France ainsi que ses ascendants depuis cinquante ans (C. civ., art. 23-6) ;

– par décret lorsque le Français se comporte en fait comme le national d'un pays étranger dont il a acquis la nationalité (C. civ., art. 23-7) ou lorsque, malgré l'injonction du gouvernement français, il n'a pas cessé son emploi ou cessé d'apporter son concours à une armée, un service public étranger ou une organisation internationale dont la France ne fait pas partie (C. civ., art. 23-8) ;

– par l'effet d'une déchéance prévue aux articles 25 et s. du C. civ.

395 La filiation aura aussi une incidence en matière de nationalité (P. Lagarde, « Etablissement de la filiation attributive de nationalité : quelques problèmes d'actualité », *AJ Fam.* 2012. 37) lorsqu'elle aura été établie alors que la personne était mineure, v. Civ. 1re, 17 déc. 2010, n° 09-17.242 ; n° 09-13.957 ; n° 10-10.906 ; Civ. 1re, 26 janv. 2011, n° 10-30.124, *Dr. fam.* 2011. comm. 55, C. Neirinck ; comp. Civ. 1re, 14 févr. 2006, n° 05-13.006, *Dr. fam.* 2006. comm. 107, P. Murat ; *RTD civ.* 2006. 294, obs. J. Hauser.

Le Conseil constitutionnel a jugé que, s'agissant de la nationalité, la limitation des conséquences de l'établissement de la filiation par l'effet de la loi aux seules personnes mineures au 1er juillet 2006 n'est pas inconstitutionnelle (Cons. const. 21 oct. 2011, n° 2011-186/187/188/189 QPC, *Dr. fam.* 2011. comm. 178, C. Neirinck).

396 Toute modification relative à la nationalité fait l'objet d'une mention en marge de l'acte de naissance (C. civ., art. 28). La question est à la fois civile et politique, les réformes sont par conséquent relativement nombreuses en la matière.

§ 4 Le domicile

L'article 108-2, alinéa 1er du Code civil énonce que « Le mineur non émancipé est domicilié chez ses père et mère ». L'acte de naissance est donc aussi révélateur du domicile de la personne à sa naissance. L'acte de mariage, lui, est insuffisant à déterminer le domicile de chacun des époux, dès lors que les époux peuvent avoir des domiciles distincts de la résidence de la famille (C. civ., art. 108, al. 1er). 397 ■

Le domicile est un élément important puisqu'il fixe le lieu où sont exercés les droits civils de la personne (C. civ., art. 102) : il s'agit du lieu où la personne a son principal établissement. Le dernier domicile du défunt détermine le lieu d'ouverture de la succession (C. civ., art. 720). En procédure, chaque fois que la personne est défendeur à une action en justice, le nouveau Code de procédure civile se référera pour déterminer la juridiction territorialement compétente au domicile du plaideur ou à défaut à leur résidence, hormis les cas où il est autrement disposé (C. pr. civ., art. 42 et s.). 398 ■

Aux termes de l'article 111 du C. civ., « Lorsqu'un acte contiendra, de la part des parties ou de l'une d'elles, *élection de domicile*Q pour l'exécution de ce même acte dans un autre lieu que celui du domicile réel, les significations, demandes et poursuites relatives à cet acte, pourront être faites au domicile convenu, (Décr. n° 75-1122 du 5 déc. 1975) « et, sous réserve des dispositions de l'article 48 du C. pr. civ., devant le juge de ce domicile ». Les cas où l'élection de domicile sera valable se trouvent restreints en raison de la prohibition des clauses dérogeant aux règles de compétence territoriale (C. pr. civ., art. 48). Non seulement elle ne pourra valoir qu'entre personnes ayant la qualité de commerçant, mais en plus elle ne sera opposable qu'à ceux qui ont été parties à l'acte (Paris 6 février 1958, *D.* 1958. 215) et pour ce seul acte (Toulouse 5 mai 1969, *JCP* 1970. II. 16234, note j. a.). La jurisprudence opère enfin des distinctions en fonction de la partie dans l'intérêt de laquelle la clause a été stipulée. Si elle l'a été dans l'intérêt du demandeur, il a le choix entre assigner au domicile élu ou au domicile réel (Civ. 2e, 10 mars 1977, *D.* 1977. IR. 410, obs. P. Julien). En revanche, si elle l'a été dans l'intérêt réciproque des deux parties, ou *a fortiori* dans l'intérêt du seul défendeur, l'assignation doit obligatoirement être faite au lieu du domicile convenu (Civ. 3e, 17 oct. 1978, *Bull. civ.* III, n° 316). 399 ■

Quant au changement de domicile, il suffit brièvement d'indiquer pour n'y plus revenir qu'il s'opère « par le fait d'une habitation réelle dans un autre lieu, joint à l'intention d'y fixer son principal établissement » (C. civ., art. 103), sachant que « La preuve de l'intention résultera d'une déclaration expresse, faite tant à la municipalité du lieu que l'on quittera, qu'à celle du lieu où on aura transféré son domicile » (C. civ., art. 104) 400 ■

section 2

Les registres de l'état civil

401 Les actes de l'état civil sont moins nombreux que tous les éléments d'identification de la personne constitutifs de son état civil (§ 1).

Toute erreur contenue dans un acte de l'état civil peut être purgée selon la procédure de rectification prévue au Code civil (§ 2). L'acte de l'état civil est alors rectifié. La rectification s'intègre à l'acte initial. En revanche, si le changement du statut civil de la personne peut aussi être une cause de modification des mentions portées aux registres de l'état civil, il n'entraîne pas rectification des actes existants mais nouvelle inscription qui opère à la date du changement. Ces deux domaines doivent être soigneusement distingués, le premier donne lieu à action en rectification, le second à action en contestation ou en réclamation d'état.

§ 1 Les mentions portées au registre de l'état civil

402 Les registres de l'état civil sont tenus en double exemplaire, l'un conservé à la commune, l'autre au greffe du tribunal de grande instance. La loi n° 2016-1547 du 18 novembre 2016 a simplifié la tenue des registres en modifiant l'article 40 du C. pr. civ.. Par dérogation à la tenue en double exemplaire, « les communes dont les traitements automatisés de données de l'état civil satisfont à des conditions et à des caractéristiques techniques fixées par décret sont dispensées de l'obligation d'établir un second exemplaire des actes de l'état civil. Cette dispense est également applicable aux actes de l'état civil établis par le ministère des affaires étrangères » (C. civ., art. 40, al. 3 et 4). Il y a lieu de se reporter au décret n° 2017-890 du 6 mai 2017 relatif à l'état civil, articles 11 et suivants.

Le contenu de ces registres est strictement réglementé. Il obéit aux formalités prescrites par le décret n° 62-921 du 3 août 1962, modifié. Ces registres ne doivent pas être confondus avec le répertoire civil qui est constitué des jugements et actes conservés aux secrétariats des juridictions lesquels font l'objet de mentions dans les registres.

À propos de la tenue des registres, l'article 35 du Code civil prend soin de préciser que « les officiers d'état civil ne pourront rien insérer dans les actes qu'ils recevront, soit par note, soit par énonciation quelconque, que ce qui doit être déclaré par les comparants ». Les éléments enregistrés dans les actes de l'état civil sont identiques sur tout le territoire, que ce soit à Dunkerque ou à Perpignan, et les mentions figurant sur les registres sont indépendantes de la volonté de l'officier qui les reçoit ou de celles des personnes qui les déclarent.

La loi n° 2013-404 du 17 mai 2013 relative à l'ouverture du mariage aux personnes de même sexe a inséré un nouvel article 34-1 du Code civil disposant : « Les actes de l'état civil sont établis par les officiers de l'état civil. Ces derniers exercent leurs fonctions sous le contrôle du procureur de la République ».

403 Les actes de l'état civil sont dressés par l'officier habilité à tenir les registres de l'état civil, c'est-à-dire le maire de la commune. Son adjoint peut, sans délégation de

pouvoir particulière, remplacer le maire dans cette fonction (CE 11 oct. 1991), en revanche une secrétaire de mairie ne le peut pas. En ce dernier cas, l'acte est tout simplement dépourvu de caractère authentique. Lorsque des Français sont à l'étranger, l'acte de l'état civil est reçu par les agents diplomatiques ou consulaires (C. civ., art. 48). De façon plus exceptionnelle, ils sont reçus par les officiers de l'état civil militaires désignés par arrêté du ministre des Armées « en cas de guerre, d'expédition, d'opérations de maintien de l'ordre et de pacification ou de stationnement des troupes françaises en territoire étranger, en occupation ou en vertu d'accords intergouvernementaux » hors de France métropolitaine, ou « dans les parties du territoire où, par suite de mobilisation ou de siège, le service municipal de l'état civil n'est plus régulièrement assuré » en France métropolitaine (C. civ., art. 93, al. 2 et 3).

Tout acte de l'état civil met en présence l'officier d'état civil, les déclarants qui ne sont pas toujours les intéressés, et les témoins (C. civ., v. art. 35 à 39). « Les actes de l'état civil énonceront l'année, le jour et l'heure où ils seront reçus, les prénoms et nom de l'officier de l'état civil, les prénoms, noms, professions et domiciles de tous ceux qui y seront dénommés [al. 1er]. Les dates et lieux de naissance : a) Des père et mère dans les actes de naissance et de reconnaissance ; b) De l'enfant dans les actes de reconnaissance ; c) Des époux dans les actes de mariage ; d) Du décédé dans les actes de décès, seront indiqués lorsqu'ils seront connus. Dans le cas contraire, l'âge desdites personnes sera désigné par leur nombre d'années, comme le sera, dans tous les cas, l'âge des déclarants. En ce qui concerne les témoins, leur qualité de majeurs sera seule indiquée [al. 2] » (C. civ., art. 34). 404 ■

Le décret n° 2000-1277 du 26 décembre 2000 a simplifié les formalités administratives relatives à la preuve de l'état civil et supprimé la fiche d'état civil. La suppression de la fiche individuelle et de la fiche familiale d'état civil (Décr., art. 1er) conduit à dissocier la production des éléments de l'état civil, la personne pouvant, selon les cas, ne justifier par exemple que de sa nationalité ou de son domicile sans être tenue de produire l'intégralité du contenu de son état civil. Cette modification tire sans doute enseignement de la pratique habituelle en mairie de dresser une fiche d'état civil sur simple production de la carte d'identité, sans réel contrôle de la pièce présentée. Cette volonté de simplification des formalités administratives se traduit ensuite par le document à produire pour justifier d'un élément de l'état civil. Une simple photocopie de l'acte d'état civil suffit et il n'est plus nécessaire de la faire certifier conforme. Ceci étant, le décret précise que les administrations qui ont des doutes sur la validité de la photocopie peuvent par demande motivée, envoyée par lettre recommandée avec avis de réception, exiger la présentation de l'original de la pièce. En ce cas, les procédures en cours sont suspendues jusqu'à cette présentation (Décr., art. 3). Enfin, le domicile retenu pour toute procédure administrative, à l'exception des procédures en rapport avec la nationalité ou les élections, est le domicile déclaré par la personne. En l'absence de notification écrite par la personne d'un nouveau domicile, le domicile déclaré lui est opposable (Décr., art. 6). 405 ■

Les actes civils principaux figurant aux tables annuelles du registre sont : l'acte de naissance, de reconnaissance ou d'adoption, l'acte de mariage, et l'acte de décès ou les actes d'enfants sans vie. L'acte de naissance est formalisé par une déclaration de la naissance en mairie dans les cinq jours suivant l'accouchement au lieu de celui-ci 406 ■

(C. civ., art. 55) et doit comporter les énonciations prévues à l'article 57 du Code civil. Si l'enfant n'a pas été déclaré, son état civil ne peut être dressé que par déclaration judiciaire de naissance. Le tribunal compétent est, en principe, celui de l'arrondissement dans lequel est né l'enfant, le tribunal du domicile du requérant ne devenant compétent que dans le cas où le lieu de naissance est inconnu (C. civ., art. 55, al. 2). Il a été jugé qu'un intérêt d'ordre public s'attache à ce que toute personne vivant habituellement en France, même si elle est née à l'étranger et possède une nationalité étrangère, soit pourvue d'un état civil. En raison de l'urgence à donner à une enfant de près de trois ans un acte de naissance et afin d'éviter un déni de justice, le tribunal du lieu du domicile des parents a été déclaré compétent (Paris 2 avril 1998, *D.* 1998. IR. 137). La loi n° 93-22 du 8 janvier 1993 a intégré dans le chapitre consacré aux actes de naissance une section nouvelle relative à l'acte de reconnaissance (C. civ., art. 62 et s.). Le rattachement de cet acte aux actes de naissance est malencontreux dès lors que la reconnaissance est un mode d'établissement de la filiation qui peut intervenir à tout moment après la naissance de l'enfant. L'ordonnance du 4 juillet 2005 portant réforme de la filiation a ajouté une obligation nouvelle à charge de l'officier d'état civil : « Lorsque l'officier de l'état civil du lieu de naissance d'un enfant porte mention de la reconnaissance dudit enfant en marge de l'acte de naissance de celui-ci, il en avise l'autre parent par lettre recommandée avec demande d'avis de réception » (C. civ., art. 57-1, al. 1er).

407 L'acte de mariage est la mention par l'officier d'état civil de l'accord des fiancés à se prendre pour époux. Il doit comporter les énonciations prévues à l'article 76 du Code civil. La célébration du mariage est précédée d'une publication des bans par voie d'affiche apposée en mairie pendant dix jours (C. civ., art. 63 et 64) qui permet aux tiers de faire valoir les oppositions ou empêchements à mariage. Chacun des futurs époux doit fournir l'expédition de son acte de naissance (C. civ., art. 70), sauf la situation dérogatoire autorisée par la loi du 18 novembre 2016 à l'alinéa 2 de l'article 70 du C. civ. : « toutefois, l'officier de l'état civil peut, après en avoir préalablement informé le futur époux, demander la vérification des données à caractère personnel contenues dans les actes de l'état civil auprès du dépositaire de l'acte de naissance du futur époux. Ce dernier est alors dispensé de la production de son extrait d'acte de naissance ». « Le mariage sera célébré, au choix des époux, dans la commune où l'un d'eux, ou l'un de leurs parents, aura son domicile ou sa résidence établie par un mois au moins d'habitation continue à la date de la publication prévue par la loi » (C. civ., art. 74) en présence d'au moins deux témoins, quatre au plus (C. civ., art. 75). Les époux doivent déclarer s'ils ont passé *contrat de mariage*[Q] et dans ce cas indiquer la date de ce contrat, ainsi que les noms et lieu de résidence du notaire qui l'aura reçu ; ceci afin d'assurer la publicité du régime matrimonial éventuellement souscrit par les époux et donc la protection des tiers.

La loi n° 2016-1547 du 18 novembre 2016 a transféré l'enregistrement des pactes civils de solidarité des greffes des juridictions aux officiers d'état civil rapprochant les différentes formes de couple. À compter du 1er novembre 2017, « les personnes qui concluent un pacte civil de solidarité en font la déclaration conjointe devant l'officier de l'état civil de la commune dans laquelle elles fixent leur résidence commune ou, en cas d'empêchement grave à la fixation de celle-ci, devant l'officier de l'état civil de la commune où se trouve la résidence de l'une des parties » (C. civ., art ; 515-3, al. 1). « À l'étranger, l'enregistrement de la déclaration conjointe d'un pacte liant deux partenaires dont l'un au moins est de nationalité française et les formalités prévues aux troisième et cinquième alinéas sont assurés par les agents diplomatiques et consulaires français ainsi que celles requises en cas de modification du pacte » (C. civ., art. 515-3, al. 7). Aux termes de l'article 515-3-1, al. 1er du C. civ., « il est fait mention, en marge de l'acte de naissance de chaque partenaire, de la déclaration de pacte civil de solidarité, avec indication de l'identité de l'autre partenaire. Pour les personnes de nationalité étrangère nées à l'étranger, cette information est portée sur un registre tenu au service central d'état civil du ministère des affaires étrangères. L'existence de conventions modificatives est soumise à la même publicité ».

L'acte de décès est dressé au lieu du décès (C. civ., art. 78) et comporte les énonciations prévues à l'article 79 du Code civil. À des fins probatoires, la loi du 18 novembre 2016 a ajouté un alinéa second à l'article 78 : « Pour s'assurer de l'exactitude des informations déclarées, l'officier de l'état civil peut demander la vérification des données à caractère personnel du défunt auprès du dépositaire de l'acte de naissance ou, à défaut d'acte de naissance détenu en France, de l'acte de mariage ». Des formalités particulières doivent être respectées si la mort n'apparaît pas naturelle ou si le décès a lieu dans une prison ou maison de réclusion ou de détention (C. civ., art. 81 à 87). 408 ■

Lorsque l'acte de décès concerne un enfant décédé avant qu'il y ait eu déclaration à l'état civil, l'article 79-1 du C. civ. distingue la situation de l'enfant né vivant et viable pour lequel l'officier d'état civil devra dresser un acte de naissance et un acte de décès, et celle de l'enfant dont aucun certificat médical n'atteste sa viabilité. Pour ce dernier, l'officier d'état civil dresse un acte d'enfant sans vie, sans qu'il ait à vérifier si l'enfant avait atteint le seuil de viabilité fixé par l'organisation mondiale de la santé à vingt-deux semaines d'aménorrhée (Civ. 1re, 6 févr. 2008, *D.* 2008. 1862 ; Décr. 20 août 2008 sur les modalités d'enregistrement de l'acte d'enfant sans vie, *D.* 2008. 2061 ; *RTD civ.* 2008. 268, obs. J. Hauser).

§ 2 La rectification des actes de l'état civil

La procédure permettant de rectifier un acte de l'état civil est régie par les articles 99 et suivants du Code civil. La gravité de l'inexactitude entachant l'acte de l'état civil donne lieu à deux procédures distinctes. Le Code de procédure civile distingue, depuis le décret n° 2017-890 du 6 mai 2017 relatif à l'état civil, la rectification et l'annulation administratives des actes de l'état civil des articles 1046 et 1047 du Code et la rectification et l'annulation judiciaires des actes de l'état civil des articles 1048 à 1055. 409 ■

La procédure administrative relève de la compétence de l'officier d'état civil, le cas échéant du pouvoir du procureur de la République dans la mesure des articles 99-1 et 99-2 du Code civil. Il s'agit de réparer les erreurs et omissions matérielles. La procédure judiciaire obéit aux règles de la procédure gracieuse. L'action est ouverte à toute personne qui y a intérêt et au ministère public. Elle est engagée devant le tribunal de grande instance. La compétence territoriale est déterminée à l'article 1048 du C. pr. civ. : « tribunal de grande instance ou son président territorialement compétent, est celui du lieu où demeure la personne dont l'état civil est en cause ou, si elle demeure hors de France, le tribunal de grande instance de Paris ou son président. Peut également être saisie la juridiction du lieu ou l'acte a été dressé ou transcrit. Sont toutefois seuls compétents : - la juridiction du lieu d'établissement du service central d'état civil du ministère des affaires étrangères, pour les actes détenus par ce service ; - le tribunal de grande instance de Paris ou son président, pour les certificats tenant lieu d'acte d'état civil à un réfugié, un apatride ou un bénéficiaire de la protection subsidiaire ».

Dans tous les cas, la rectification ordonnée est opposable à tous à compter de sa publication aux registres de l'état civil (C. civ., art. 100). L'expédition de l'acte d'état civil ne peut être délivrée qu'avec la rectification opérée (C. civ., art. 101).

9

Compléments pédagogiques

Mémo

Nom, âge, sexe, filiation, situation matrimoniale, nationalité, domicile sont *des éléments permettant d'identifier et de situer la personne au sein de l'organisation sociale*. Cet état des personnes est présenté comme un statut dont certains éléments sont imprescriptibles et indisponibles. *L'état civil de la personne ne saurait pourtant être réduit aux actes qui le constituent*. Chaque acte contient les éléments d'identification d'une personne qui ne sont pas répertoriés isolément en tant qu'acte de l'état civil.

Les actes de l'état civil sont dressés par l'officier habilité à tenir les registres de l'état civil, c'est-à-dire le maire de la commune, et à certaines conditions les agents diplomatiques ou consulaires ou les officiers de l'état civil militaires désignés par arrêté du ministre des Armées. Tout acte de l'état civil met en présence l'officier d'état civil, les déclarants qui ne sont pas toujours les intéressés, et les témoins. *Une réforme (Décr. n° 2000-1277 du 26 décembre 2000) a simplifié les formalités administratives relatives à la preuve de l'état civil et supprimé la fiche d'état civil. Le Code dénombre trois actes civils principaux : l'acte de naissance, l'acte de mariage, et l'acte de décès. L'acte de naissance* est formalisé par une déclaration de la naissance en mairie dans les trois jours de l'accouchement au lieu de celui-ci (C. civ., art. 55) et doit comporter les énonciations prévues à l'article 57 du Code civil. La loi n° 93-22 du 8 janvier 1993 a intégré dans le chapitre consacré aux actes de naissance une section nouvelle relative à l'acte de reconnaissance d'un enfant naturel (C. civ., art. 62 et s.). *L'acte de mariage* est la mention par l'officier d'état civil de l'accord des fiancés à se prendre pour mari et femme. Il doit comporter les énonciations prévues à l'article 76 du Code civil. *L'acte de décès* est dressé au lieu du décès (C. civ., art. 78) et comporte les énonciations prévues à l'article 79 du Code civil.

Le nom, le prénom, le sexe, la nationalité ou encore le domicile sont autant d'éléments de la personne qui figurent comme énonciations obligatoires dans les actes de l'état civil. Traditionnellement, le nom attribué à la naissance à l'enfant dépend de son lien de filiation. *Que l'enfant soit légitime ou naturel, il ne porte le nom que de l'un de ses deux parents*. Cette *règle* a été *assouplie par l'article 43 de la loi du 23 décembre 1985* qui autorise toute personne majeure et également l'enfant mineur, à ajouter au nom, *à titre d'usage*, le nom de celui de ses parents qui ne lui a pas transmis le sien. Avec les *lois n° 304 du 4 mars 2002 et 516 du 18 juin 2003* les règles de dévolution du nom de famille ont été modifiées, la nouvelle loi *supprimant toute référence au caractère légitime ou naturel de la filiation chaque fois que cela est possible*. Ces dispositions sont entrées en vigueur le 1er janvier 2005. *Toute personne peut défendre son nom contre l'utilisation qui en serait faite par un tiers*. Les juridictions ont parfois étendu la protection du nom au simple pseudonyme. Le ou les prénoms de l'enfant sont mentionnés dans l'acte de naissance. Ils « sont choisis par ses père et mère »

(C. civ., art. 57, al. 2), chacun d'eux pouvant être choisi comme prénom usuel. L'officier d'état civil « Lorsque ces prénoms ou l'un d'eux, seul ou associé aux autres prénoms ou au nom, lui paraissent contraires à l'intérêt de l'enfant ou au droit des tiers à voir protéger leur nom de famille [...] » (C. civ., art. 57, al. 3) est tenu d'inscrire immédiatement les prénoms sur les registres d'état civil, mais il avisera sans délai le procureur de la République de la situation. Le sexe est un élément de l'état des personnes qui est spécifié dans l'acte de naissance de l'enfant (C. civ., art. 57, al. 1er) et se trouve corroboré par les prénoms donnés à l'enfant. *L'acte de naissance par l'indication des père et mère (C. civ., art. 57, al. 1er) permet de déterminer la nationalité de l'enfant*. Pareillement, l'indication du lieu de naissance en France porté dans l'acte ou encore la naissance de l'enfant en France à laquelle s'ajoute une résidence habituelle en France permet, aux conditions légales, d'établir la nationalité française de l'enfant. *En droit français, « le mariage n'exerce de plein droit aucun effet sur la nationalité »*. L'article 108-2, al. 1er du Code civil énonce que « *Le mineur non émancipé est domicilié chez ses père et mère* ». L'acte de naissance est donc aussi révélateur du domicile de la personne à sa naissance. *Le domicile est un élément important puisqu'il fixe le lieu où sont exercés les droits civils de la personne (C. civ., art. 102)*, il s'agit du lieu où la personne a son principal établissement et, dans certains cas, du lieu où il a élu domicile.

La procédure permettant de *rectifier un acte de l'état civil* est régie par les articles 99 et suivants du Code civil. Elle est, en fonction de la gravité de l'erreur contenue dans l'acte, soit administrative (par requête auprès du procureur de la République), soit judiciaire (par requête auprès du président du tribunal de grande instance). *Dans tous les cas, la rectification ordonnée est opposable à tous (C. civ., art. 100)*. L'expédition de l'acte d'état civil ne peut être délivrée qu'avec la rectification opérée (C. civ., art. 101). Le juge doit veiller à ne pas admettre au titre d'une requête en rectification d'un acte de l'état civil, une action en contestation ou en réclamation d'état déguisée. La question prend une acuité nouvelle avec le cas du transsexualisme.

Indépendamment de la rectification des actes initiaux pour contenu erroné ou inexact, les mentions aux registres de l'état civil peuvent être modifiées parce que le statut civil de la personne a lui-même changé au cours de sa vie. Le mariage et la filiation étant traités dans la partie consacrée au droit de la famille, on ne traitera ici que du changement de nom et de prénom et du changement de nationalité.

Il n'y a pas immutabilité du nom de famille. Indirectement, par l'effet de l'adoption, du mariage ou d'une action en contestation ou en réclamation d'état d'enfant, une personne peut avoir un nom différent de son nom à la naissance. La procédure prévue à l'article 61 du Code civil qui, à titre principal, prévoit la *possibilité* pour toute personne *de demander la transformation de son nom, à condition de justifier d'un intérêt légitime*, permet directement à une personne de changer de nom. La requête peut encore être justifiée, ainsi qu'il résulte expressément de la loi, de la volonté de l'intéressé « d'éviter l'extinction du nom porté par un ascendant ou un collatéral du demandeur jusqu'au quatrième degré ». *Dans tous les cas, la requête est portée devant le Conseil d'État et le changement de nom autorisé par décret*. Il s'agit d'une *procédure administrative* et non judiciaire. Afin de préserver les droits des tiers, tout intéressé peut faire opposition à ce changement, mais selon une procédure a posteriori. Un délai de deux mois court à partir de la publication au Journal officiel du décret autorisant le changement de nom pendant lequel les tiers peuvent former opposition. La transformation du nom de la personne fait enfin l'objet d'une mention en marge des actes de l'état civil, et le cas échéant de ceux de son conjoint et de ses enfants (C. civ., art. 61-4). Une *procédure identique* est prévue *pour changer de prénom*, à ceci près que *la demande est de la compétence du juge aux affaires familiales* (C. civ., art. 60).

Les situations où il y a changement de nationalité sont multiples, une personne peut acquérir la nationalité française par déclaration, par décision de l'autorité publique, par effet de l'adoption plénière. Mais une personne peut également changer de nationalité en perdant la nationalité française par l'acquisition d'une autre nationalité et la volonté expresse de *renoncer à la nationalité française*, par renonciation à la qualité de français, par l'effet d'un jugement contre un Français par filiation qui n'en ayant pas eu la possession d'état ni sa résidence habituelle en France ainsi que ses ascendants depuis cinquante ans, par décret, par l'effet d'une déchéance. *Toute modification relative à la nationalité fait l'objet d'une mention en marge de l'acte de naissance* (C. civ., art. 28).

Quid

■ Contrat de mariage n° 407

Toutes les personnes qui se marient sont d'office soumises au régime matrimonial légal, dit « de communauté réduite aux acquêts », mais elles peuvent, par une convention, indiquer un choix différent (tels que régime de communauté universelle, de séparation de biens…). Le contrat de mariage a vocation à organiser le régime des biens entre époux pendant le mariage, la mention qui en est faite aux registres de l'état civil est une mesure de publicité destinée à protéger les tiers.

■ Élection de domicile n° 399

Choix par lequel la personne déclare élire domicile à un autre lieu que son domicile réel afin que les actes de procédure soient réalisés valablement au lieu du domicile élu.

Biblio

– A. Chamoulaud-Trapiers, « La possession du nom patronymique », *D.* 1998. Chron. 39.

– G. Fauré, « Transsexualisme et indisponibilité de l'état des personnes », *RDSS* 1989. 1.

– Loi n° 98-349 du 11 mai 1998 relative à l'entrée et au séjour des étrangers en France et au droit d'asile (*JO* 12 mai 1998, p. 7087 ; *D.* 1998. Lég. 173 ; *JCP* 1998. Act. 1025, obs. N. Guimezanes).

– J. Massip, « Possession d'état, nom et état civil », *Defrénois* 2000, art. 37214 ; « Les décrets du 16 septembre 1997 sur l'état civil », *Gaz. Pal.* 19 mars 1998. doct. 358 ; « La modification de la loi sur le nom de famille ou l'histoire d'une occasion manquée (commentaire de la loi du 18 juin 2003) », *Gaz. Pal.* 16 oct. 2003. 2840.

– Modalités d'information du public, actes d'état civil, établissement et délivrance du titre d'identité républicain, décrets des 20 et 21 août 1998, *D.* 1998. Lég. 338 et s.

– A. Ponsart, « Sur quelques aspects de l'évolution du droit des actes de l'état civil », in *Mélanges R. Savatier,* Dalloz, 1965, p. 779.

Quiz

1) Sujet corrigé

A) Dissertation

Énoncé

L'état civil.

Voir le corrigé en fin de rubrique.

B) Commentaire d'arrêt

Énoncé

CEDH 6 avril 2017 (Aff. A.P., Garçon et Nicot)

[...]B. Sur le fond

1. Questions préliminaires

a) Sur l'applicabilité de l'article 8 de la Convention

92. La Cour a souligné à de nombreuses reprises que la notion de « vie privée » est une notion large, non susceptible d'une définition exhaustive, qui recouvre non seulement l'intégrité physique et morale de l'individu, mais aussi parfois des aspects de l'identité physique et sociale de celui-ci. Des éléments tels que, par exemple, l'identité ou l'identification sexuelle, le nom, l'orientation sexuelle et la vie sexuelle relèvent de la sphère personnelle protégée par l'article 8 de la Convention (voir, notamment, *Van Kück c/ Allemagne*, n° 35968/97, § 69, *CEDH* 2003-VII, *Schlumpf c/ Suisse*, n° 29002/06, § 77, 8 janvier 2009, et *Y.Y. c/ Turquie*, précitée, § 56, ainsi que les références qui y sont indiquées).

93. La Cour a également souligné que la notion d'autonomie personnelle reflète un principe important qui sous-tend l'interprétation des garanties de l'article 8 de la Convention (voir *Pretty c/ Royaume-Uni*, n° 2346/02, § 61), ce qui l'a conduite à reconnaître, dans le contexte de l'application de cette disposition à la situation des personnes transsexuelles, qu'elle comporte un droit à l'autodétermination (voir, précités, Van Kück, § 69, et Schlumpf, § 100), dont la liberté de définir son appartenance sexuelle est l'un des éléments les plus essentiels (Van Kück, précité, § 73). Elle a de plus indiqué que le droit à l'épanouissement personnel et à l'intégrité physique et morale des personnes transsexuelles est garanti par l'article 8 (voir, notamment, précités, Van Kück, § 69, Schlumpf, § 100, et *Y.Y. c/ Turquie*, § 58).

94. Les arrêts rendus à ce jour par la Cour dans ce domaine portent sur la reconnaissance légale de l'identité sexuelle de personnes transsexuelles ayant subi une opération de réassignation (*Rees c/ Royaume-Uni*, 17 octobre 1986, série A n° 106 ; *Cossey c/ Royaume-Uni*, 27 septembre 1990, série A n° 184 ; *B. c/ France*, précité ; Christine Goodwin, précité ; *I. c/ Royaume-Uni* [GC], n° 25680/94, 11 juillet 2002 ; Grant c/ Royaume-Uni, n° 32570/03, *CEDH* 2006-VII ; Hämäläinen c. Finlande [GC], n° 37359/09, *CEDH* 2014) et sur les conditions de l'accès à une telle opération (Van Kück, précitée ; Schlumpf, précitée ; *L. c/ Lituanie*, n° 27527/03, *CEDH* 2007-IV ; *Y.Y. c/ Turquie*, précité). On ne saurait toutefois en déduire que la question de la reconnaissance légale de l'identité sexuelle des personnes transgenres qui n'ont pas subi un traitement de

réassignation sexuelle agréé par les autorités ou qui ne souhaitent pas subir un tel traitement échappe au champ d'application de l'article 8 de la Convention.

95. Élément de l'identité personnelle, l'identité sexuelle relève pleinement du droit au respect de la vie privée que consacre l'article 8 de la Convention. Cela vaut pour tous les individus.

96. L'article 8 s'applique donc aux présentes affaires sous son volet « vie privée », ce que, du reste, le Gouvernement ne conteste pas.

b) Sur la question de savoir si les affaires concernent une ingérence ou une obligation positive

97. Se référant aux arrêts I. c. Royaume-Uni, Christine Goodwin et Van Kück (précités), le Gouvernement rappelle que l'article 8 met à la charge des États membres l'obligation de reconnaître juridiquement la conversion sexuelle des personnes transsexuelles, ces États ne disposant d'une marge d'appréciation que pour déterminer les conditions que doivent remplir celles qui revendiquent la reconnaissance juridique de leur nouvelle identité sexuelle pour établir que leur conversion sexuelle a bien été opérée. Il en déduit que le grief doit être examiné sous l'angle des obligations positives.

98. Les deuxième et troisième requérants ne se prononcent pas explicitement sur ce point.

99. La Cour marque son accord avec le Gouvernement : comme par exemple dans l'affaire Sheffield et Horsham c/ Royaume-Uni (30 juillet 1998, § 51, *Recueil des arrêts et décisions* 1998-V), les griefs des requérants doivent être examinés sous l'angle de la question de savoir si l'État défendeur est ou non resté en défaut de s'acquitter de l'obligation positive de garantir aux intéressées le droit au respect de leur vie privée. Elle renvoie par ailleurs à l'affaire Hämäläinen précitée qui, comme les présentes affaires, concernait la compatibilité des conditions de la reconnaissance légale de l'identité d'une personne transsexuelle avec les exigences de l'article 8 de la Convention, dans laquelle elle a jugé plus approprié d'analyser le grief de la requérante du point de vue des obligations positives. En d'autres termes, la question à trancher est celle de savoir si le respect de la vie privée des requérants implique pour l'État l'obligation positive de mettre en place une procédure propre à leur permettre de faire reconnaître juridiquement leur identité sexuelle sans avoir à remplir les conditions qu'ils dénoncent (voir, mutatis mutandis, Hämäläinen, § 64).

100. La Cour constate que la France répond à première vue à cette obligation positive puisque le droit français permet aux personnes transsexuelles d'obtenir la reconnaissance légale de leur identité par le biais de la rectification de leur état civil. Cependant, à l'époque des faits de la cause des requérants, le droit français subordonnait cette reconnaissance légale à l'établissement de la réalité du syndrome transsexuel et du caractère irréversible de la transformation de l'apparence ; les demandes formulées à cette fin par les deuxième et troisième requérants ont ainsi été rejetées au motif que cette condition n'était pas remplie. La question qui se pose dans le cas des deuxième et troisième requérants est donc celle de savoir si, en leur opposant cette condition, la France a manqué à son obligation positive de garantir le droit de ces derniers au respect de leur vie privée. Dans le cas du premier requérant, se pose celle de savoir si la France s'est rendue responsable d'un pareil manquement en subordonnant la reconnaissance légale de son identité à sa soumission à une expertise médicale.

101. La Cour va en conséquence vérifier si, compte tenu de la marge d'appréciation dont elle disposait, la France, en opposant de telles conditions à la reconnaissance légale de l'identité sexuelle des requérants, a ménagé un juste équilibre entre l'intérêt général et les intérêts de ces derniers, les objectifs visés au paragraphe 2 de l'article 8 jouant un certain rôle (voir, par exemple, Hämäläinen, précité, § 65).

2. Sur la condition d'irréversibilité de la transformation de l'apparence

a) Thèses des parties

i. Les deuxième et troisième requérants

102. Les requérants s'accordent à considérer qu'imposer la preuve du « caractère irréversible de la transformation de [l'] apparence » revient à imposer la stérilité.

103. Ils n'ont pas produit d'observations. Ils détaillent cependant leur thèse dans leur requête. Selon eux, il ressort de la jurisprudence de la Cour que l'article 8 consacre la liberté fondamentale de définir son identité de genre, sans subordonner son exercice au diagnostic d'une pathologie psychiatrique ou à un traitement médical ou chirurgical ; ils observent que c'est également l'approche préconisée dans la Résolution APCE 1728 (2010). Or les critères retenus par la Cour de cassation seraient en contradiction avec cette conception, puisqu'ils reposeraient non sur l'idée que le changement de sexe est une liberté fondamentale, mais sur celle que le demandeur au changement d'état civil souffre d'un trouble mental portant sur son identité sexuelle, auquel l'opération de conversion sexuelle aurait vocation à mettre fin. Les requérants ajoutent que l'on ne saurait justifier une telle approche par la crainte irrationnelle que la mention du sexe sur les actes de l'état civil pourrait être indéfiniment modifiée au grès de la fantaisie des individus, et que cela mettrait en conséquence en péril le principe de l'indisponibilité de l'état des personnes ; d'abord en raison de la hiérarchie des normes ; ensuite parce que ce principe n'implique pas l'irréversibilité de changement d'état, qui est du reste possible pour le statut marital et le prénom par exemple. Il n'y aurait aucune valeur morale justifiant que, parce qu'elle n'a pas subi un processus irréversible de changement de sexe, une personne soit privée de son droit fondamental de choisir son identité de genre et d'obtenir que les actes de l'état civil reflètent cette identité. Cela reviendrait à imposer la stérilisation à ceux qui entendent exercer ce droit, au mépris de leur dignité et du respect dû à leur corps et à l'intimité de leur vie privée.

ii. Le Gouvernement

104. Dans ses observations, le Gouvernement déclare admettre qu'il résulte de l'arrêt *Y.Y. c/ Turquie* précité que la stérilité définitive érigée en condition préalable au processus de changement de sexe constitue une violation de l'article 8. Il soutient cependant que le caractère irréversible de la transformation exigé par les arrêts de la Cour de cassation du 7 juin 2012 « n'implique pas nécessairement » la stérilité et ne revient pas à contraindre les intéressés à subir une stérilisation. Il souligne que le « traitement médico-chirurgical » requis en vertu de la jurisprudence antérieure « était traditionnellement entendu comme exigeant l'ablation des organes génitaux d'origine et leur remplacement par des organes génitaux artificiels du sexe revendiqué (opération dite de réassignation sexuelle) », que la Cour de cassation a remplacé cette condition par celle du caractère irréversible de la transformation de l'apparence afin de tenir compte de l'évolution des techniques médicales et que, si elle n'a pas défini cette notion, c'est parce qu'elle n'est pas juridique mais médicale. Il reconnaît qu'une opération de réassignation sexuelle emporte la stérilité, mais soutient qu'il n'existe pas de certitude scientifique s'agissant des effets des traitements hormonaux sur la fécondité. Selon lui, de tels traitements ont en revanche des conséquences irréversibles sur l'apparence, la haute autorité de la Santé ayant indiqué que le développement mammaire et l'atrophie testiculaire induits par l'estrogénothérapie « peuvent être irréversibles », et que les modifications de la voix, la pilosité faciale, la calvitie et l'hypertrophie clitoridienne induites par la testostérone « sont irréversibles ». Le Gouvernement précise que c'est à la lumière de l'ensemble de ces éléments médicaux que les juges du fond apprécient s'il existe une transformation irréversible de l'apparence permettant un changement de la mention du sexe sur l'état civil, soulignant que plusieurs décision récentes montrent que des juridictions ont admis de tels changements au vu de certificats médicaux

attestant d'opérations chirurgicales ou de traitements hormonaux sans exiger la démonstration de la stérilité.

105. Le Gouvernement déduit du fait que le grief doit être examiné sous l'angle des obligations positives, qu'« il n'y a pas lieu d'examiner si l'ingérence était prévue par la loi ». Il soutient ensuite que le refus opposé aux requérants poursuivait un but légitime puisqu'il était guidé par le principe français de l'indisponibilité de l'état des personnes, qui implique que la modification de l'acte de naissance ne peut résulter du seul choix de la personne concernée, même si ce choix relève du respect dû à sa vie privée. Ainsi, selon le Gouvernement, c'est parce que la fiabilité et la cohérence de l'état civil français sont en jeu et qu'il s'agit de conserver à l'identité sexuelle son rôle nécessaire et structurant au sein de l'organisation sociale et juridique, que le changement de sexe ne peut être autorisé à l'état civil qu'après qu'ait été objectivement constaté l'irréversibilité du processus de conversion sexuelle.

106. Le Gouvernement observe de plus que la Cour a rappelé dans l'arrêt *Y.Y. c/ Turquie* précité que, si la marge d'appréciation des États est plus restreinte lorsqu'un aspect particulièrement important de l'existence ou de l'identité d'un individu est en jeu, elle est plus large lorsqu'il n'y a pas de consensus au sein des États membres. Or les États européens n'exigeant aucune opération chirurgicale ou traitement hormonal seraient minoritaires. Ensuite, notant que la Cour a relevé dans ce même arrêt que la tendance actuelle est à l'assouplissement des conditions légales quant à l'exigence de stérilité préalable ou à la nécessité d'une opération de réassignation sexuelle, il souligne que – tel qu'établi à l'époque des faits des présentes affaires – le droit positif français s'inscrit dans cette tendance dès lors qu'il ne subordonne plus la modification de la mention du sexe à une opération de réassignation sexuelle mais à la démonstration que des traitements hormonaux ou des opérations chirurgicales ont produit des conséquences irréversibles sur l'apparence du sujet. Le Gouvernement en déduit qu'il n'est pas disproportionné de rejeter une demande de modification de la mention du sexe lorsque le caractère irréversible du changement de l'apparence n'est pas démontré. Un tel refus ménagerait un juste équilibre entre, d'une part, le principe d'indisponibilité de l'état des personnes et l'exigence de sécurité juridique et, d'autre part, le droit de chacun au respect de sa vie privée.

107. Dans le cas particulier du troisième requérant, le Gouvernement fait valoir que la demande de ce dernier a été rejetée au motif que, s'étant borné à faire valoir qu'il appartenait au sexe féminin aux yeux des tiers, il n'avait pas apporté la preuve du caractère irréversible du processus de changement de sexe. Quant à la demande du deuxième requérant, il expose qu'elle a été rejetée au motif qu'au vu du caractère lacunaire du dossier médical produit, aucune des deux conditions posées par la jurisprudence de la Cour de cassation n'était remplie dans son cas.

108. Enfin, par une lettre du 17 janvier 2017, le Gouvernement informe la Cour du fait que le régime juridique applicable aux demandes de changement de sexe a été modifié par la loi de modernisation de la justice du XXIe siècle adoptée le 18 novembre 2016 (paragraphe 68 ci-dessus). Il indique que les nouvelles dispositions « fournissent aux personnes désireuses de changer de sexe à l'état civil un cadre procédural spécifique, allégé et dématérialisé ». Il ajoute notamment qu'« ainsi, toute personne majeure ou mineure émancipée qui démontre par une réunion suffisante de faits que la mention relative à son sexe à l'état civil ne correspond pas à celui dans lequel elle se présente et dans lequel elle est connue, peut obtenir la modification », et qu'« il est expressément précisé qu'une décision de refus ne peut être motivée par le fait de ne pas avoir subi des traitements médicaux, une opération chirurgicale ou une stérilisation ». [...]

c) Appréciation de la Cour

i. Question préliminaire

116. La première question qui se pose en l'espèce est celle de savoir si, en imposant aux personnes transgenres qui souhaitent obtenir la reconnaissance de leur identité sexuelle la démonstration du « caractère irréversible de la transformation de [l']apparence », le droit positif français, tel qu'établi à l'époque des présentes affaires, assujettissait cette reconnaissance à la réalisation d'une opération ou d'un traitement stérilisants.

117. La Cour relève tout d'abord l'ambigüité de ces termes : la référence à l' « apparence » fait penser à une transformation superficielle, alors que la notion d'irréversibilité renvoie à l'idée d'une transformation radicale qui, dans le contexte du changement de l'identité légale des personnes transgenres, renvoie elle-même à celle de la stérilité. Elle juge cette ambigüité problématique dès lors que l'intégrité physique des personnes est en jeu.

118. Elle note que le Gouvernement se réfère – sans les produire – à des décisions internes dont il ressortirait que certaines juridictions du fond auraient admis des changements de l'état civil de personnes transgenres sans exiger d'elles qu'elles établissent leur stérilité. Elle constate cependant que l'un des requérants se réfère à des décisions concomitantes – il en produit deux – qui montrent à l'inverse que plusieurs juridictions ont exigé une telle preuve.

119. La Cour observe en outre que, dans son avis du 27 juin 2013, la CNCDH souligne que, « si l'intervention chirurgicale n'est pas exigée, le droit demande en revanche un traitement médical irréversible, qui implique notamment une obligation de stérilisation » et que « cette condition contraint les personnes concernées à suivre des traitements médicaux aux conséquences très lourdes, qui impliquent une obligation de stérilisation », précisant que « cette obligation ne passe pas forcément par des opérations chirurgicales de réassignation sexuelles, mais peut être obtenue par des traitements hormonaux, dont la Haute Autorité de santé indique que, pris sur le long terme, ils sont susceptibles d'entraîner des modifications irréversibles du métabolisme » (paragraphe 63 ci-dessus). C'est aussi l'analyse des auteurs de la proposition de loi n° 216 visant à protéger l'identité de genre, enregistrée au Sénat le 11 décembre 2013, dont les motifs précisent que, si le droit positif tel qu'alors établi « n'exige pas d'intervention chirurgicale, il demande en revanche un traitement médical irréversible qui implique la stérilisation » (paragraphe 66 ci-dessus). Des associations dédiées à la protection des intérêts des personnes transgenres, telles que Transgender Europe (paragraphe 71 ci-dessus) et l'association nationale transgenre (paragraphe 67 ci-dessus), observent pareillement que la stérilité figure parmi les conditions posées par le droit positif français tel qu'il était établi à l'époque des faits des présentes affaires.

120. La Cour partira donc du principe qu'à l'époque des circonstances de la cause des requérants, le droit positif français assujettissait la reconnaissance de l'identité sexuelle des personnes transgenres à la réalisation d'une opération stérilisante ou d'un traitement qui, par sa nature et son intensité, entraînait une très forte probabilité de stérilité.

ii. Sur la marge d'appréciation

121. Dans la mise en œuvre des obligations positives qui leur incombent au titre de l'article 8, les États jouissent d'une certaine marge d'appréciation. Pour déterminer l'ampleur de cette marge d'appréciation, il y a lieu de prendre en compte un certain nombre de facteurs. Ainsi, cette marge d'appréciation est plus large lorsqu'il n'existe pas de consensus entre les États membres du Conseil de l'Europe sur l'importance relative de l'intérêt en jeu ou sur les meilleurs moyens de le protéger, en particulier lorsque l'affaire soulève des questions morales ou éthiques délicates. Elle est d'une façon générale également ample lorsque l'État doit ménager un équilibre entre des intérêts privés et publics concurrents ou entre différents droits protégés par la Convention

qui se trouvent en conflit. Toutefois, lorsqu'un aspect particulièrement important de l'existence ou de l'identité d'un individu se trouve en jeu, la marge laissée à l'État est restreinte (voir, notamment, Hämäläinen, précité, § 67, ainsi que les références qui y sont indiquées).
122. En l'espèce, la Cour note que les États parties sont partagés sur la condition de stérilité (paragraphe 71 ci-dessus). Il n'y a donc pas consensus en la matière. Elle relève ensuite que des intérêts publics sont en jeu, **le** Gouvernement invoquant à cet égard la nécessité de préserver le principe de l'indisponibilité de l'état des personnes et de garantir la fiabilité et la cohérence de l'état civil, et que les présentes affaires soulèvent des questions morales et éthiques délicates.
123. Elle constate toutefois également qu'un aspect essentiel de l'identité intime des personnes, si ce n'est de leur existence, se trouve au cœur-même des présentes requêtes. D'abord parce que l'intégrité physique des individus est directement en cause dès lors qu'il est question de stérilisation. Ensuite, parce que les requêtes ont trait à l'identité sexuelle des individus, la Cour ayant déjà eu l'occasion de souligner que « la notion d'autonomie personnelle reflète un principe important qui sous-tend l'interprétation des garanties de l'article 8 » (voir, précités, Pretty, § 61, Van Kück, § 69, et Schlumpf, § 100) et que le droit à l'identité sexuelle et à l'épanouissement personnel est un aspect fondamental du droit au respect de la vie privée (voir Van Kück, précité, § 75). Ce constat la conduit à retenir que l'État défendeur ne disposait en l'espèce que d'une marge d'appréciation restreinte.
124. Surabondamment, la Cour relève que cette condition a disparu du droit positif de onze États parties entre 2009 et 2016, dont la France, et que des réformes dans ce sens sont débattues dans d'autres États parties (paragraphe 71 ci-dessus). Cela montre qu'une tendance vers son abandon, basée sur une évolution de la compréhension du transsexualisme, se dessine en Europe ces dernières années.
125. Elle note aussi que de nombreux acteurs institutionnels européens et internationaux de la promotion et de la défense des droits humains ont très nettement pris position en faveur de l'abandon du critère de stérilité, qu'ils jugent attentatoire aux droits fondamentaux : le Commissaire aux droits de l'homme du Conseil de l'Europe, l'Assemblée parlementaire du Conseil de l'Europe, le rapporteur spécial des Nations unies sur la torture et autres peines ou traitements cruels, inhumains ou dégradants, l'organisation mondiale de la santé, le fonds des Nations unies pour l'enfance, la Haut-Commissaire et le Haut-Commissariat aux droits de l'Homme des Nations unies, ONU Femmes, ONU Sida, le programme des Nations unies pour le développement et le fonds des Nations unies pour la population (paragraphes 73-81 ci-dessus). Elle observe que beaucoup de ces déclarations sont intervenues antérieurement ou concomitamment aux arrêts rendus par la Cour de cassation en la cause des deuxième et troisième requérants.
iii. Sur le maintien d'un juste équilibre entre l'intérêt général et les intérêts des requérants
126. La Cour constate que, pour obtenir la reconnaissance de leur identité, les personnes qui se trouvent dans la situation des requérants n'avaient d'autre choix que de subir préalablement un lourd traitement médical ou une opération chirurgicale qui devait avoir pour conséquence, selon le droit positif français à l'époque des faits des présentes affaires, une transformation irréversible de leur apparence. Comme la Cour l'a indiqué précédemment, cela conduisait, selon un très fort taux de probabilité, à exiger leur stérilité. Toutes les personnes transgenres ne veulent – ou ne peuvent – pourtant pas subir un traitement ou une opération ayant de telles conséquences, ce qu'illustre du reste le cas des deuxième et troisième requérants dans les présentes affaires. La Cour relève à cet égard que, dans son avis du 27 juin 2013 précité, la CNCDH souligne que des personnes qui ne souhaitaient pas avoir recours à ces traitements et à ces opérations en

acceptaient néanmoins la contrainte dans l'espoir de voir aboutir la procédure judiciaire relative à la modification de leur état civil (paragraphe 65 ci-dessus).
127. Or de tels traitements et opérations médicaux touchent à l'intégrité physique de la personne, laquelle est protégée par l'article 3 de la Convention (que les deuxième et troisième requérants n'invoquent toutefois pas) ainsi que par l'article 8 de la Convention.
128. Dans des contextes différents, la Cour a ainsi conclu à la violation de ces dispositions dans le cadre de stérilisations pratiquées sur des adultes sains d'esprit qui n'y avaient pas donné un consentement éclairé. En particulier, elle a déduit du fait que la stérilisation porte sur l'une des fonctions corporelles essentielles des êtres humains, qu'elle a des incidences sur de multiples aspects de l'intégrité de la personne, y compris sur le bien-être physique et mental et la vie émotionnelle, spirituelle et familiale. Elle a précisé que, si elle peut être pratiquée de manière légitime à la demande de la personne concernée, par exemple comme mode de contraception, ou à des fins thérapeutiques lorsque l'existence d'une nécessité médicale est établie de façon convaincante, la situation est différente lorsqu'elle est imposée à un patient adulte et sain d'esprit sans son consentement. Selon la Cour, une telle manière de procéder est incompatible avec le respect de la liberté et de la dignité de l'homme, qui constitue l'un des principes fondamentaux au cœur de la Convention (voir Soares de *Melo c/ Portugal*, n° 72850/14, §§ 109-111, 16 février 2016 ; voir aussi *G.B. et R.B. c/ République de Moldova*, n° 16761/09, §§ 29-30 et 32, 18 décembre 2012).
129. Plus largement, la Cour a jugé que, dans le domaine de l'assistance médicale, même lorsque le refus d'accepter un traitement particulier risque d'entraîner une issue fatale, le fait d'imposer un traitement médical à un adulte sain d'esprit sans son consentement s'analyse en une atteinte à son droit à l'intégrité physique (voir *V.C. c. Slovaquie*, n° 18968/07, § 105, *CEDH* 2011, ainsi que les arrêts auxquels il renvoie : Pretty, précité, §§ 63 et 65, *CEDH* 2002-III, *Glass c/ Royaume-Uni*, n° 61827/00, §§ 82-83, *CEDH* 2004-II, et Les témoins de Jéhovah de Moscou c/ Russie, n° 302/02, § 135, 10 juin 2010 ; voir aussi Soares de Melo, précité, § 109).
130. Or un traitement médical n'est pas véritablement consenti lorsque le fait pour l'intéressé de ne pas s'y plier a pour conséquence de le priver du plein exercice de son droit à l'identité sexuelle et à l'épanouissement personnel qui, comme rappelé précédemment, est un aspect fondamental de son droit au respect de sa vie privée (Van Kück, précité, § 75).
131. Conditionner la reconnaissance de l'identité sexuelle des personnes transgenres à la réalisation d'une opération ou d'un traitement stérilisants – ou qui produit très probablement un effet de cette nature – qu'elles ne souhaitent pas subir, revient ainsi à conditionner le plein exercice de leur droit au respect de leur vie privée que consacre l'article 8 de la Convention à la renonciation au plein exercice de leur droit au respect de leur intégrité physique que garantit non seulement cette disposition mais aussi l'article 3 de la Convention.
132. La Cour admet pleinement que la préservation du principe de l'indisponibilité de l'état des personnes, la garantie de la fiabilité et de la cohérence de l'état civil et, plus largement, l'exigence de sécurité juridique, relèvent de l'intérêt général. Elle constate cependant qu'au nom de l'intérêt général ainsi compris, le droit positif français, tel qu'établi à l'époque des faits des présentes affaires, mettait les personnes transgenres ne souhaitant pas suivre un traitement de réassignation sexuel intégral devant un dilemme insoluble : soit subir malgré elles une opération ou un traitement stérilisants ou produisant très probablement un effet de cette nature, et renoncer au plein exercice de leur droit au respect de leur intégrité physique, qui relève notamment du droit au respect de la vie privée que garantit l'article 8 de la Convention ; soit renoncer à la reconnaissance de leur identité sexuelle et donc au plein exercice de ce même

droit. Elle voit là une rupture du juste équilibre que les États parties sont tenus de maintenir entre l'intérêt général et les intérêts des personnes concernées.

133. Elle rappelle à cet égard qu'elle a retenu dans l'arrêt *Y.Y. c/ Turquie* (précité, § 119) que le respect dû à l'intégrité physique du requérant (une personne transsexuelle dont la demande tendant à avoir accès à une opération de réassignation avait été rejetée parce qu'elle n'avait pas démontré être dans l'incapacité définitive de procréer) s'opposait à ce qu'il ait à se soumettre à un traitement ayant pour effet une infertilité définitive. Elle rappelle également que, dans l'affaire Soares de Melo (précitée, § 111), elle a jugé contraire à l'article 8 le fait de conditionner l'exercice des droits parentaux – protégé par cette même disposition – à la soumission à une opération de stérilisation.

134. La Cour observe par ailleurs que, le 12 octobre 2016, le législateur français a expressément exclu la stérilisation des conditions exigées des personnes transgenres pour l'obtention de la reconnaissance de leur identité. Le nouvel article 61-6 du Code civil précise en effet que « le fait de ne pas avoir subi des traitements médicaux, une opération chirurgicale ou une stérilisation ne peut motiver le refus de faire droit à la demande [de modification de la mention relative à son sexe dans les actes de l'état civil] » (paragraphe 68 ci-dessus).

135. Partant, le rejet de la demande des deuxième et troisième requérants tendant à la modification de leur état civil au motif qu'ils n'avaient pas établi le caractère irréversible de la transformation de leur apparence, c'est-à-dire démontré avoir subi une opération stérilisante ou un traitement médical entrainant une très forte probabilité de stérilité, s'analyse en un manquement par l'État défendeur à son obligation positive de garantir le droit de ces derniers au respect de leur vie privée. Il y a donc, de ce chef, violation de l'article 8 de la Convention à leur égard.

3. Sur la condition de réalité du syndrome transsexuel (requête n° 52471/13)

a) Thèses des patries

136. Selon le deuxième requérant, subordonner la reconnaissance légale de l'identité sexuelle des personnes transgenres à la preuve de la « réalité du syndrome transsexuel » revient à les identifier à des malades mentaux et, de ce fait, à porter atteinte à leur dignité.

137. Le Gouvernement observe qu'un constat préalable de transsexualisme est exigé dans la plupart des États. Il ajoute que, dans son rapport de 2009, la haute autorité de la santé souligne que, dans le processus médical menant à la transformation morphologique du patient transsexuel, le diagnostic de dysphorie du genre est exigé en tant que diagnostic différentiel, afin de garantir aux médecins, en amont du traitement endocrinologique ou chirurgical, que la souffrance du patient ne provient pas d'autres causes possibles, comme la maladie mentale.

b) Appréciation de la Cour

138. La Cour n'ignore pas que le deuxième requérant se fait l'écho du point de vue défendu par les organisations non gouvernementales dédiées à la protection des droits des personnes transgenres, selon lequel, d'une part, le transgendérisme n'est pas une maladie et, d'autre part, la psycho-pathologisation des identités de genre renforce la stigmatisation dont elles sont victimes. C'est également la position de la CNCDH qui, dans son avis du 27 juin 2013 (paragraphes 63-65 ci-dessus), souligne que, « placée dans le cadre judiciaire, l'exigence d'une attestation de « syndrome de dysphorie de genre » est problématique dans la mesure où la formulation même paraît valider une pathologisation de la transidentité, bien que les troubles de l'identité de genre aient été retirés de la liste des affections psychiatriques par [le décret n° 2010-125 du 8 février 2010] ». La CNCDH ajoute que « la demande d'attestation d'un syndrome de dysphorie de genre, qui est requis en tant que diagnostic différentiel dans le strict cadre des démarches médicales entreprises par les personnes transsexuelles, contribue, dans le cadre judiciaire, à la stigmatisation de ces personnes et à l'incompréhension de ce qu'est la réalité de

la transidentité ». Elle recommande en conséquence que cette condition soit retirée de la procédure de changement de sexe à l'état civil.

139. La Cour observe cependant qu'un psychodiagnostic préalable figure parmi les conditions de la reconnaissance juridique de l'identité de genre des personnes transgenres dans la très grande majorité des quarante États parties dans lesquels une telle reconnaissance est possible : seuls quatre d'entre eux ont adopté une législation mettant en place une procédure de reconnaissance qui exclut un tel diagnostic préalable (paragraphe 72 ci-dessus). Il y a donc à l'heure actuelle une quasi-unanimité à cet égard. Elle constate ensuite que le « transsexualisme » figure au chapitre 5 de la classification internationale des maladies (CIM-10 ; n° F64.0) publié par l'Organisation mondiale de la santé, relatif aux « troubles mentaux et du comportement » (sous-chapitre « troubles de la personnalité et du comportement chez l'adulte » ; sous-sous-chapitre « troubles de l'identité sexuelle »). Elle relève de plus que, contrairement à la condition de stérilité, l'obligation d'un psychodiagnostic préalable ne met pas directement en cause l'intégrité physique des individus. Enfin, elle note surabondamment, que si le Commissaire aux droits de l'homme (paragraphe 73 ci-dessus) souligne que la condition d'un diagnostic psychiatrique peut devenir un obstacle à l'exercice de leurs droits fondamentaux, notamment lorsqu'il sert à limiter leur capacité juridique ou à leur imposer un traitement médical, il n'apparaît pas qu'il y ait sur ce point des prises de position d'acteurs européens et internationaux de promotion et de défense des droits fondamentaux aussi tranchées que sur la condition de stérilité.

140. La Cour en déduit que, même si un aspect important de l'identité des personnes transgenres est en cause dès lors qu'il s'agit de la reconnaissance de leur identité sexuelle (paragraphe 123 ci-dessus), les États parties conservent une large marge d'appréciation quant à la décision d'y poser une telle condition.

141. La Cour note par ailleurs que le Gouvernement renvoie à la déclaration de la haute autorité de la santé selon laquelle le diagnostic de dysphorie du genre est exigé en tant que diagnostic différentiel, afin de garantir aux médecins, en amont du traitement endocrinologique ou chirurgical, que la souffrance du patient ne provient pas d'autres causes. Pour autant que le Gouvernement entend ainsi soutenir que l'exigence d'un psychodiagnostic préalable permet d'éviter que des individus qui ne sont pas véritablement transgenres s'engagent dans un traitement médical de conversion irréversible, il ne convainc pas entièrement s'agissant de la situation de personnes qui – tels les deuxième et troisième requérants – refusent de subir un traitement ayant des effets stérilisants irréversibles. La Cour admet néanmoins que cette exigence vise à préserver les intérêts des personnes concernées en ce qu'en tout cas, elle tend à faire en sorte qu'elles ne s'engagent pas erronément dans un processus de changement légal de leur identité.

142. En cela, du reste, les intérêts du deuxième requérant se confondent partiellement avec l'intérêt général attaché à la préservation du principe de l'indisponibilité de l'état des personnes, de la fiabilité et de la cohérence de l'état civil, et de la sécurité juridique, dès lors que cette exigence est également favorable à la stabilité des modifications du sexe à l'état civil.

143. La Cour estime en conséquence que, compte tenu tout particulièrement de la large marge d'appréciation dont elle disposait, la France, en retenant, pour rejeter la demande du deuxième requérant tendant à la modification de la mention du sexe sur son acte de naissance, qu'il n'avait pas démontré la réalité du syndrome transsexuel dont il est atteint, a maintenu un juste équilibre entre les intérêts concurrents en présence.

144. Autrement dit, le rejet de la demande du deuxième requérant pour ce motif ne caractérise pas un manquement par la France à son obligation positive de garantir le droit de ce dernier au

respect de sa vie privée. Il n'y a donc pas eu violation de l'article 8 de la Convention de ce chef à son égard. (…)
PAR CES MOTIFS, LA COUR,
1. Décide, à l'unanimité, de joindre les requêtes n°s 79885/12, 52471/13 et 52596/13 ;
2. Déclare, à l'unanimité, la requête n° 79885/12 irrecevable pour autant qu'elle se rapporte au grief tiré de l'article 8 de la Convention relatif à l'obligation d'établir le caractère irréversible de la transformation de l'apparence ;
3. Déclare, à l'unanimité, le restant des requêtes recevables ;
4. Dit, par six voix contre une, qu'il y a eu violation de l'article 8 de la Convention dans le chef des deuxième et troisième requérants à raison de la condition d'irréversibilité de la transformation de l'apparence (requêtes n°s 52471/13 et 52596/13) ;
5. Dit, à l'unanimité, qu'il n'y a pas eu violation de l'article 8 de la Convention dans le chef du deuxième requérant à raison de la condition de réalité du syndrome transsexuel (requête n° 52471/13) ;
6. Dit, à l'unanimité, qu'il n'y a pas eu violation de l'article 8 de la Convention dans le chef du premier requérant à raison de l'obligation de subir un examen médical (requête n° 79885/12) ;
7. Dit, par six voix contre une, que, s'agissant des requêtes n°s 52471/13 et 52596/13, il n'y a pas lieu d'examiner le grief tiré de l'article 14 de la Convention combiné avec l'article 8 de la Convention ;
8. Dit, à l'unanimité, que, s'agissant de la requête n° 79885/12, il n'y a pas lieu d'examiner le grief tiré de l'article 6 § 1 de la Convention ;
9. Dit, à l'unanimité,
a) que l'État défendeur doit verser aux deuxième et troisième requérants, chacun, dans les trois mois à compter du jour où l'arrêt sera devenu définitif conformément à l'article 44 § 2 de la Convention, 958,40 € (neuf cent cinquante-huit euros et quarante centimes), plus tout montant pouvant être dû par les requérants à titre d'impôt, pour frais et dépens ;
b) qu'à compter de l'expiration dudit délai et jusqu'au versement, ce montant sera à majorer d'un intérêt simple à un taux égal à celui de la facilité de prêt marginal de la Banque centrale européenne applicable pendant cette période, augmenté de trois points de pourcentage ;
10. Rejette, à l'unanimité, les demandes de satisfaction équitable pour le surplus.
Fait en français, puis communiqué par écrit le 6 avril 2017, en application de l'article 77 §§ 2 et 3 du règlement de la Cour.
Milan BlaškoAngelika Nußberger
Greffier adjoint Présidente
Au présent arrêt se trouve joint, conformément aux articles 45 § 2 de la Convention et 74 § 2 du règlement, l'exposé de l'opinion dissidente du juge Ranzoni »

Voir le corrigé en fin de rubrique.

2) Corrigé

Dissertation

I. L'expression de l'état des personnes

A. L'état civil et l'enregistrement des personnes

- Informations sur l'état.
- Conservation des éléments.

B. L'état civil et l'exactitude de l'état des personnes

– Les erreurs : rectifications, procédure administrative, problème de « l'intégrité de l'état des personnes » (CJCE 30 mars 1993, aff. *Christos Konstantinidis*).

– Les changements : régimes matrimoniaux, divorce, filiation, transsexualisme/ actions d'état.

II. Les fonctions de l'état des personnes

A. L'identification de l'état des personnes

– À l'égard du public.

– À l'égard des pouvoirs publics.

B. La protection de l'état des personnes

– La protection de la vie privée.

– La réglementation de la consultation ou de la communication des éléments de l'état.

Commentaire d'arrêt

I. Un droit à l'autodétermination de l'identité sexuelle fondé sur l'article 8 CESDH

A. La liberté de définir son appartenance sexuelle, élément de la vie privé

– L'autonomie personnelle appliquée à l'identité sexuelle.

– L'identité sexuelle élément de la vie privée.

B. L'évolution de la jurisprudence : du transexualisme au transgenre

– Une solution acquise en matière de transsexualisme.

– Une solution étendue aux personnes transgenres.

II. L'obligation positive de l'État d'instituer une procédure de reconnaissance juridique de l'identité sexuelle alléguée

A. La disparition de la condition liée à la réassignation sexuelle

– La transformation irréversible de l'apparence, une condition contraire à la CESDH.

– La preuve du syndrome du transsexualisme : la marge d'appréciation laissée aux Etats.

B. La modification de la mention du sexe à l'état civil

– Les articles 61-5 à 61-8 du C. civ..

– L'abandon des conditions de transformation physique ou de syndrome psychique supposant un trouble de l'identité sexuelle : le sexe « une mention disponible » de l'état des personnes.

chapitre

10

Les mesures de protection juridique

Plan analytique

section 1

La personne mineure

§ 1 L'incapacité juridique du mineur

A. La protection de l'enfant mineur pour les actes les plus graves

B. L'influence de l'âge de l'enfant mineur

§ 2 La représentation du mineur pour les actes de la vie civile

A. L'administration légale

B. La tutelle

section 2

La personne majeure vulnérable

§ 1 Des règles communes de protection

A. Règles communes indépendantes de l'existence d'un régime de protection

B. Règles communes à tout régime de protection

§ 2 Causes d'ouverture communes à tout régime de protection

A. Présentation des causes d'ouverture de la mesure

B. Traitement civil et traitement médical

§ 3 Distinction entre les différents régimes de protection

A. La sauvegarde de justice

B. La curatelle et la tutelle

§ 4 Déclinaison de nouvelles mesures de protection

A. Le mandat de protection future

B. Les mesures d'accompagnement de la personne

C. L'habilitation familiale

section 3

La personne victime de violences

Compléments pédagogiques

Les mesures de protection juridique

Le droit protège les personnes les plus vulnérables en permettant l'adoption de mesures appropriées destinées à les protéger, contre elles-mêmes ou contre les tiers. Le droit civil protège la personne mineure (section 1), le majeur souffrant d'une altération de ses facultés personnelles (section 2), et, de façon plus récente, a mis en place, aidé du droit pénal, un système de protection des personnes victimes de violences au sein de l'intimité familiale (section 3). 410

section 1

La personne mineure

« Le mineur est l'individu de l'un ou de l'autre sexe qui n'a point encore l'âge de dix-huit ans accomplis » (C. civ., art. 388). La majorité est corrélativement fixée à cet âge, la personne est alors capable de tous les actes de la vie civile (C. civ., art. 414). La personnalité juridique de l'enfant mineur est entière, mais l'aptitude à exercer ou à jouir des prérogatives juridiques est diminuée. L'incapacité juridique du mineur consiste en cette diminution totale ou partielle. L'étendue de l'incapacité juridique du mineur (§ 1) oblige à organiser la vie du mineur selon le mode classique de l'administration légale et à défaut de la tutelle (§ 2). 411

Trois lois importantes ont été adoptées le 5 mars 2007 intéressant le mineur :

- loi n° 2007-293 relative à la protection de l'enfance ;
- loi n° 2007-297 relative à la prévention de l'enfance délinquante ;
- loi n° 2007-308 relative à la protection des majeurs.

La loi n° 2016-297 du 14 mars 2016 relative à la protection de l'enfant a renforcé les garanties attachées à la minorité.

§ 1 L'incapacité juridique du mineur

L'incapacité du mineur dépend de la gravité des actes à accomplir justifiant la mise en place d'une protection appropriée (A) dépendant de l'âge de l'enfant (B). 412

A. La protection de l'enfant mineur pour les actes les plus graves

Les actes susceptibles d'être passés par un mineur peuvent avoir un contenu patrimonial ou extrapatrimonial. Les actes extrapatrimoniaux, tels que le mariage ou la reconnaissance d'un enfant, sont intrinsèquement personnels et ne peuvent 413 évidemment être accomplis que par l'incapable lui-même. Il faut pourtant éviter que celui-ci ne s'engage inconsidérément. Aussi, le Code prévoit des procédures adaptées en fonction de l'acte à passer. Ces actes sont ensuite plus usuellement des actes patrimoniaux. Les actes conservatoires ont pour but d'assurer la conservation du patrimoine du mineur. Il s'agit de protéger la consistance du patrimoine du mineur, de préserver son intégrité, telle la souscription d'un contrat d'assurance. Les actes d'administration permettent d'assurer la gestion du patrimoine du mineur, de gérer ses biens, telle que la mise en location d'un appartement. Les actes de disposition, enfin, conduisent à supprimer un bien du patrimoine du mineur, telle que la vente d'un appartement.

■ 414 Afin de préserver les intérêts du mineur, la loi exige parfois qu'il soit accompagné au moment de l'accomplissement de l'acte par un majeur chargé de représenter ses intérêts ou plus radicalement remplacé par ce majeur. Le mineur peut être d'abord contraint d'obtenir une autorisation préalable avant de pouvoir agir seul. Ainsi, un mineur ne peut contracter mariage sans avoir obtenu préalablement le consentement d'au moins un de ses deux parents (C. civ., art. 148, 149), et si ceux-ci sont décédés d'au moins un de ses aïeuls (C. civ., art. 150). Ces textes en effet exigent le consentement du père et de la mère, s'ils sont décédés des aïeuls et aïeules de la branche paternelle et maternelle, mais précisent qu'en cas de dissentiment entre eux, cela emporte consentement. Si l'enfant n'a ni père, ni mère, ni aïeuls, ni aïeules ou s'ils se trouvent tous hors d'état de manifester leur volonté, la décision revient au conseil de famille (C. civ., art. 159). Il a été par ailleurs jugé qu'un mineur ne peut, sans l'autorisation de la ou des personnes ayant autorité sur lui, conclure une convention relative à un droit de la personnalité, tel que le droit à l'image (Civ. 1re, 27 mars 1990, *Bull. civ.* I, n° 72).

En d'autres cas, lorsque son consentement personnel n'est pas requis en raison de la nature de l'acte, le mineur peut être purement et simplement remplacé par celui qui a en charge ses intérêts. L'administrateur légal de l'enfant ou le tuteur, par la technique de la représentation, agira au nom et pour le compte du mineur.

■ 415 Une fois l'acte accompli, le mineur est encore protégé s'il n'a pas respecté les prescriptions légales. La sanction classique est la nullité des actes que le mineur aurait accomplis en dépit de son incapacité. L'irrégularité est sanctionnée par une nullité relative, c'est-à-dire une nullité qui a pour objet la protection de celui qui l'invoque. Il s'ensuit que seul le mineur peut demander cette nullité. Le délai pour agir est de cinq ans, et « Le temps ne court, à l'égard des actes faits par un mineur que du jour de la majorité ou de l'émancipation [...] » (C. civ., art. 1152, 1°). Lorsque l'action est exercée par le représentant du mineur au nom et pour le compte de celui-ci, il faut alors revenir aux règles normalement applicables. Le point de départ du délai doit être dans ce cas placé au jour de la passation de l'acte ou au jour où la violence a cessé, ou encore au jour où l'erreur spontanée ou provoquée a été découverte lorsque la nullité de l'acte est demandée pour vice du consentement (C. civ., art. 1144).

■ 416 Outre la nullité, « Les actes courants accomplis par le mineur peuvent être annulés pour simple lésion. Toutefois, la nullité n'est pas encourue lorsque la lésion résulte d'un événement imprévisible » (C. civ., art. 1149, al. 1). L'acte est rescindable, c'est-à-dire que le mineur pourra demander la destruction de l'acte et donc l'anéantissement de son engagement en prouvant qu'il a été lésé. Toutefois, « le contractant capable peut faire obstacle à l'action en nullité engagée contre lui en établissant que l'acte était utile à la personne protégée et exempt de lésion ou qu'il a profité à celle-ci. Il peut aussi opposer à l'action en nullité la confirmation de l'acte par son cocontractant devenu ou redevenu capable » (C. civ., art. 1151). Lorsque la rescision pour lésion est admise, le mineur a droit de se faire restituer ce qu'il a transféré ou payé au titre de son engagement : « Les restitutions dues à un mineur non émancipé ou à un majeur protégé sont réduites à proportion du profit qu'il a retiré de l'acte annulé » (C. civ., art. 1352-4). Le tiers cocontractant n'a pas de moyen de défense, il ne peut prétendre avoir cru contracter avec un majeur, l'apparence ne lui sert de rien, le Code civil estimant même que « la simple déclaration de majorité, faite par le mineur, ne fait pas obstacle à l'annulation » (C. civ., art. 1149, al. 2).

B. L'influence de l'âge de l'enfant mineur

L'étendue de l'incapacité juridique dépend en partie de l'âge du mineur concerné. En principe, le mineur non émancipé se voit appliquer le régime des incapacités, alors que le mineur émancipé est seul réputé avoir l'exercice des prérogatives juridiques inhérentes au sujet de droit. En réalité, le mineur non émancipé a une certaine autonomie juridique (1) même s'il est vrai que l'émancipation confère seule au mineur une pleine capacité juridique (2). 417 ■

1. *L'autonomie juridique du mineur non émancipé*

Seul l'*infans*, c'est-à-dire l'enfant en bas âge, est entièrement dépendant de ses représentants pour l'accomplissement des actes de la vie civile. Le mineur capable de discernement se voit reconnaître une certaine autonomie juridique. L'article 12 de la Convention de New York sur les droits de l'enfant prévoit d'ailleurs que « Les États garantissent à l'enfant qui est capable de discernement le droit d'exprimer librement son opinion sur toute question l'intéressant, les opinions de l'enfant étant dûment prises en considération eu égard à son âge et à son degré de maturité ». 418 ■

Conformément à ce principe, la loi n° 93-22 du 8 janvier 1993 a assoupli le régime des incapacités par l'insertion des articles 388-1 et 388-2 du Code civil. 419 ■

Initialement simple faculté du juge, l'enfant « pouvant » être entendu par le juge ou par la personne désignée par le juge à cet effet pour toute procédure le concernant, sans préjudice des dispositions prévoyant son intervention ou son consentement, l'audition est devenue un droit pour l'enfant (déjà par application de la Convention internationale des droits de l'enfant : Civ. 1re, 18 mai 2005, n° 02-20.613, *Bull. civ.*, I, n° 212). Dans sa version modifiée par la loi du 5 mars 2007 relative à la protection juridique des majeurs, l'article 388-1, al. 2 énonçait : « Cette audition est de droit lorsque le mineur refuse d'être entendu, le juge apprécie le bien-fondé de ce refus ».

Le décret n° 2009-572 du 20 mai 2009 relatif à l'audition de l'enfant en justice a refondu les articles 388-1 et suivants en un nouveau Titre IX *bis* du Code civil intégré au Livre I. L'enfant est tout d'abord informé de ses droits. Il est prévu à l'article 388-1, al. 1 nouveau que « Le mineur capable de discernement est informé par le ou les titulaires de l'exercice de l'autorité parentale, le tuteur ou, le cas échéant, par la personne ou le service à qui il a été confié de son droit à être entendu et à être assisté d'un avocat dans toutes les procédures le concernant », les alinéas suivants organisant les modalités de cette information. La demande du mineur, en première instance ou en appel indifféremment, est présentée sans forme particulière afin de faciliter l'accès à la juridiction. Le juge reste cependant libre de refuser l'audition, de façon encadrée lorsque la demande émane de l'enfant lui-même puisque l'article 338-4 du C. pr. civ. dispose que ce ne peut être que pour absence de discernement ou parce que la procédure ne le concerne pas, avec plus de latitude lorsque la demande émane des parties, le refus pouvant être justifié par l'inutilité de l'audition au regard de la solution du litige ou son caractère inopportun au regard de l'intérêt de l'enfant. Dans tous les cas, la décision est in susceptible de recours. Les modalités de l'audition sont fixées par le juge, il peut procéder lui-même à celle-ci ou recourir à un tiers si cela lui paraît plus conforme à l'intérêt de l'enfant. Un compte-rendu de l'audition est dressé qui est soumis au principe du contradictoire (C. pr. civ., art. 338-12).

■ 420 La loi n° 303 du 4 mars 2002 relative aux droits des malades et à la qualité du système de santé (*JO* 5 mars, p. 4118 ; E. Putman, *RJPF* mai 2002. 9) attribue également un certain nombre de droits aux mineurs, indépendamment de leur âge, poursuivant ainsi l'évolution. La reconnaissance du droit de toute personne à être informée sur son état de santé (CSP, art. L. 1111-2, al. 1er) donne lieu s'agissant des mineurs au droit de recevoir eux-mêmes l'information et de participer à la prise de décision les concernant d'une manière adaptée à leur degré de maturité : « Les droits des mineurs ou des majeurs sous tutelle mentionnés au présent article sont exercés, selon les cas, par les titulaires de l'autorité parentale ou par le tuteur. Ceux-ci reçoivent l'information prévue par le présent article, sous réserve des articles L. 1111-5 et L. 1111-5-1. Les intéressés ont le droit de recevoir eux-mêmes une information et de participer à la prise de décision les concernant, d'une manière adaptée soit à leur degré de maturité s'agissant des mineurs, soit à leurs facultés de discernement s'agissant des majeurs sous tutelle. Des recommandations de bonnes pratiques sur la délivrance de l'information sont établies par la Haute Autorité de santé et homologuées par arrêté du ministre chargé de la santé. (CSP, art. L. 1111-2, al. 5 et 6, mod. L. 2016-41 du 26 janv. 2016). Le médecin doit en outre systématiquement rechercher le consentement du mineur « s'il est apte à manifester sa volonté et à participer à la décision » (CSP, art. L. 1111-4, al. 7).

Mais le législateur va bien plus loin, l'article L. 1111-5 du CSP disposant que « Par dérogation à l'article 371-1 du Code civil, le médecin ou la sage-femme peut se dispenser d'obtenir le consentement du ou des titulaires de l'autorité parentale sur les décisions médicales à prendre lorsque l'action de prévention, le dépistage, le diagnostic, le traitement ou l'intervention s'impose pour sauvegarder la santé d'une personne mineure, dans le cas où cette dernière s'oppose expressément à la consultation du ou des titulaires de l'autorité parentale afin de garder le secret sur son état de santé. Toutefois, le médecin ou la sage-femme doit dans un premier temps s'efforcer d'obtenir le consentement du mineur à cette consultation. Dans le cas où le mineur maintient son opposition, le médecin ou la sage-femme peut mettre en œuvre l'action de prévention, le dépistage, le diagnostic, le traitement ou l'intervention. Dans ce cas, le mineur se fait accompagner d'une personne majeure de son choix ». La loi n° 2016-41 du 26 janvier 2016 a étendu le dispositif à l'infirmier en insérant un nouvel article L. 1111-5-1 du CSP : « Par dérogation à l'article 371-1 du Code civil, l'infirmier peut se dispenser d'obtenir le consentement du ou des titulaires de l'autorité parentale sur les décisions à prendre lorsque l'action de prévention, le dépistage ou le traitement s'impose pour sauvegarder la santé sexuelle et reproductive d'une personne mineure, dans le cas où cette dernière s'oppose expressément à la consultation du ou des titulaires de l'autorité parentale afin de garder le secret sur son état de santé. Toutefois, l'infirmier doit, dans un premier temps, s'efforcer d'obtenir le consentement du mineur à cette consultation. Dans le cas où le mineur maintient son opposition, l'infirmier peut mettre en œuvre l'action de prévention, le dépistage ou le traitement. Dans ce cas, le mineur se fait accompagner d'une personne majeure de son choix». . L'autonomie juridique du mineur peut prendre ici la forme d'une opposition au droit des parents d'être informés sur l'état de santé de leur enfant et de prendre part à la décision relative à l'acte ou au traitement médical qui sera suivi par leur enfant. La loi du 4 juillet 2001 relative à l'interruption volontaire de grossesse et à la stérilisation volontaire avait déjà ôté tout droit d'expression aux parents s'agissant de l'administration de contraceptifs à leur enfant mineur: «Le consentement des titulaires de l'autorité parentale ou, le cas échéant, du représentant légal n'est pas requis pour la prescription, la délivrance ou l'administration de contraceptifs aux personnes mineures» (art. 24 de la loi, actuel article L. 5134-1 du CSP).

Il s'agit d'éviter que le mineur recule le moment de se faire soigner par peur de révéler sa maladie ou ses premières relations sexuelles à ses parents. Les soins du malade paraissent prioritaires au législateur. Il reste que le refus d'information des parents sur une question aussi grave et importante que la santé de leur enfant aboutit à les priver des droits qu'ils tiennent de l'autorité parentale.

Les lois récentes ont considérablement étendu l'autonomie du mineur, mais il ne faut pas perdre de vue que celle-ci a toujours existé. Le mineur non émancipé peut accomplir tous les actes de la vie courante. Il appartient au juge, en cas de litige, de vérifier au regard des circonstances de l'espèce, si la qualification d'«acte de la vie courante» est justifiée (Civ. 1re, 12 nov. 1998, *JCP* 1999. II. 10053, note T. Garé). L'article 388-1-1 du C. civ. énonce en ce sens que «L'administrateur légal représentera le mineur dans tous les actes civils, sauf les cas dans lesquels la loi ou l'usage autorise les mineurs à agir eux-mêmes». De façon ponctuelle, la loi autorise ainsi le parent, même mineur, à exercer l'action en recherche de maternité ou de paternité (C. civ., art. 328, al. 1er); tout mineur à effectuer certaines démarches, dès l'âge de 16 ans, en matière de nationalité; le mineur, dont la santé, la sécurité ou la moralité est en danger, à demander au juge d'adopter des mesures d'assistance éducative (C. civ., art. 375, al. 1er); le mineur, ayant procédé aux formalités légales exigées en vue de la célébration du mariage, à demander aux magistrats du tribunal de grande instance la mainlevée de l'opposition à mariage formée à son encontre (C. civ., art. 177). 421 ■

2. *La capacité juridique du mineur émancipé*

L'émancipation d'un mineur résulte de plein droit du mariage (art. 413-1, L. n° 2007-308 du 5 mars 2007). Ce texte ne pose aucune condition d'âge pour que l'émancipation soit valable. Il faut donc se référer aux règles particulières du mariage. L'article 144 du C. civ. indique «L'homme et la femme ne peuvent contracter mariage avant dix-huit ans révolus». La disposition de l'article 476 du C. civ. semble concerner uniquement le mineur. En réalité, l'article 145 du C. civ. tempère ce premier constat, dès lors qu'il «est loisible au procureur de la République du lieu de la célébration du mariage d'accorder des dispenses d'âge pour des motifs graves». Dans tous les cas, le consentement des parents au mariage est requis. L'émancipation peut aussi résulter d'une décision du juge des tutelles, à condition que l'enfant soit âgé de seize ans 422 ■

révolus, à la demande des père et mère ou de l'un d'eux (art. 413-2), le cas échéant du conseil de famille (art. 413-3), et indirectement du mineur qui peut demander au juge de convoquer le conseil de famille pour délibérer sur cette question (art. 413-4). Le juge procédera à l'audition du mineur et ne prononcera l'émancipation qu'en présence de justes motifs.

423 Les effets de l'émancipation sont importants puisque « le mineur émancipé est capable, comme un majeur, de tous les actes de la vie civile » (art. 413-6). L'émancipation met fin à l'incapacité du mineur. Il n'est plus sous l'autorité parentale de ses parents (art. 413-7). Trois limites demeurent cependant jusqu'à la majorité légale (dix-huit ans), le consentement des parents est requis s'il veut se marier ou être adopté, il ne peut être commerçant et il ne peut exercer de droits civiques.

§ 2 La représentation du mineur pour les actes de la vie civile

424 Afin de remédier à l'incapacité juridique du mineur, la technique de la représentation permet l'accomplissement des actes de la vie civile au nom et pour le compte du mineur par une personne désignée à cet effet. Ainsi, l'acte accompli par le représentant est directement opposable et produit ses effets à l'égard du représenté. L'enfant mineur est habituellement représenté par ses parents grâce au système de l'administration légale (A), le cas échéant il y a instauration du système de la tutelle (B). La loi n° 2009-526 du 12 mai 2009 de simplification et de clarification du droit et d'allègement des procédures a opéré un transfert de compétence en matière d'administration légale et de tutelle des mineurs. L'article L. 213-3-1 du Code de l'organisation judiciaire dispose en son alinéa premier que « le juge aux affaires familiales exerce les fonctions de juge des tutelles des mineurs ».

A. L'administration légale

425 Les parents sont les personnes naturellement désignées pour administrer la vie de l'enfant. L'administration légale est le terme utilisé pour désigner les personnes en charge de la gestion des biens du mineur. Aux termes du nouvel article 382 du C. civ. modifié par l'ordonnance du 15 octobre 2015, « L'administration légale appartient aux parents. Si l'autorité parentale est exercée en commun par les deux parents, chacun d'entre eux est administrateur légal. Dans les autres cas, l'administration légale appartient à celui des parents qui exerce l'autorité parentale ». Le législateur abandonne la distinction ancienne de l'autorité parentale pure et simple en présence de deux parents, de l'administration sous contrôle judiciaire en présence d'un seul parent. .

426 La mission de représentation de l'enfant par le ou les parents (1) cesse chaque fois qu'il y a conflit d'intérêts entre ceux-ci et l'enfant. Aux administrateurs légaux est substitué un administrateur *ad hoc* (2).

1. *La mission de représentation dévolue aux parents*

Les administrateurs légaux, exerçant l'autorité parentale, sont chargés de représenter le mineur dans tous les actes de la vie civile (C. civ., art. 388-1-1). Aux droits et obligations qui leur sont reconnus s'ajoute le recours nécessaire au juge des tutelles pour les actes les plus graves. 427 ■

Chacun des parents, lorsque l'exercice est commun « est réputé, à l'égard des tiers, avoir reçu de l'autre le pouvoir de faire seul les actes d'administration portant sur les biens du mineur » (C. civ., art. 382-1), étant précisé que « la liste des actes qui sont regardés comme des actes d'administration est définie dans les conditions de l'article 496 ». Aux termes de l'alinéa 3 de l'article 496, « La liste des actes qui sont regardés, pour l'application du présent titre, comme des actes d'administration relatifs à la gestion courante du patrimoine et comme des actes de disposition qui engagent celui-ci de manière durable et substantielle est fixée par décret en Conseil d'État ».

Si un seul parent est administrateur légal, en l'absence de conflit d'intérêt avec le mineur, il exerce seul la gestion des biens de celui-ci.

L'intervention du juge des tutelles est requise en cas de désaccord des administrateurs légaux (C. civ., art. 387) et, dans tous les cas, pour les actes visés à l'article 387-1 du C. civ.. Le décret du 23 février 2016 insère une nouvelle section 1 bis au Code de procédure civile relative à l'intervention du juge des tutelles en matière d'administration légale composée des articles 1180-6 à 1180-19. Structurée en sept sous-sections, les nouvelles dispositions précisent les règles relatives à la demande, son instruction, la consultation et délivrance de copies du dossier, les décisions du juge, leur notification et l'appel. 428 ■

Les actes nécessitant l'autorisation du juge sont les suivants : 429 ■

« 1° Vendre de gré à gré un immeuble ou un fonds de commerce appartenant au mineur ;

2° Apporter en société un immeuble ou un fonds de commerce appartenant au mineur ;

3° Contracter un emprunt au nom du mineur ;

4° Renoncer pour le mineur à un droit, transiger ou compromettre en son nom ;

5° Accepter purement et simplement une succession revenant au mineur ;

6° Acheter les biens du mineur, les prendre à bail ; pour la conclusion de l'acte, l'administrateur légal est réputé être en opposition d'intérêts avec le mineur ;

7° Constituer gratuitement une sûreté au nom du mineur pour garantir la dette d'un tiers ;

8° Procéder à la réalisation d'un acte portant sur des valeurs mobilières ou instruments financiers au sens de l'article L. 211-1 du Code monétaire et financier, si celui-ci engage le patrimoine du mineur pour le présent ou l'avenir par une modification importante de son contenu, une dépréciation significative de sa valeur en capital ou une altération durable des prérogatives du mineur.

L'autorisation détermine les conditions de l'acte et, s'il y a lieu, le prix ou la mise à prix pour lequel l'acte est passé » (C. civ., art. 387-1).

D'autres actes sont prohibés et échappent à la compétence des administrateurs légaux :

« 1° Aliéner gratuitement les biens ou les droits du mineur ;

2° Acquérir d'un tiers un droit ou une créance contre le mineur ;

3° Exercer le commerce ou une profession libérale au nom du mineur ;
4° Transférer dans un patrimoine fiduciaire les biens ou les droits du mineur » (C. civ., art. 387-2).

430 Autorité parentale et administration légale doivent être en effet soigneusement distinguées, même si le plus souvent elles vont de pair. Il peut arriver que celui qui a l'autorité parentale se voit retirer l'administration légale tout simplement parce qu'il a perdu l'exercice de l'autorité parentale (C. civ., art. 373) ou de façon ponctuelle par la désignation d'un administrateur *ad hoc*. Dans le premier cas, il reste titulaire de l'autorité parentale et a encore des droits et des devoirs à l'égard de la personne de l'enfant. Dans le second, il conserve l'exercice de tous les droits et les devoirs qui ne sont pas liés à la mission de l'administrateur *ad hoc*, tant à l'égard de la personne de l'enfant que de ses biens.

431 Le Code entretient malheureusement la confusion en traitant de l'administration des biens de l'enfant au titre de l'autorité parentale, alors que les parents ont en réalité, en qualité d'administrateurs légaux, l'administration et la jouissance des biens de leur enfant (C. civ., art. 382), c'est-à-dire parce qu'ils exercent l'autorité parentale et non parce qu'ils en sont titulaires. Il est précisé que « la jouissance légale est attachée à l'administration légale : elle appartient soit aux deux parents, soit à celui des père et mère qui a la charge de l'administration » (C. civ., art. 386-1) jusqu'à ce que l'enfant ait atteint l'âge de seize ans ou ait été émancipé par mariage. Ils ont donc l'usufruit de tous les biens de leur enfant, à l'exception de ceux qu'il aurait acquis par son travail ou « qui lui auraient été légués ou donnés sous la condition expresse que les père et mère n'en jouiront pas » (C. civ., art. 386-4). Ce droit a pour contrepartie les charges d'entretien de l'enfant et plus généralement les charges auxquelles sont tenus les usufruitiers, essentiellement l'entretien des biens grevés d'usufruit (v. C. civ., art. 386-3). Pour la même raison, l'usufruit des parents pourra prendre fin pour les causes d'extinction de tout usufruit. Mais il peut prendre fin parce que les parents se sont vus retirer l'autorité parentale (v. C. civ., art. 386-2) ou ont perdu l'exercice de l'autorité parentale et donc l'administration légale, plus spécialement parce que le mineur a été soustrait au régime de l'administration légale.

432 Le juge des tutelles peut en outre décider la cessation de l'administration légale d'office, à la demande de parents ou alliés ou du ministère public et ouvrir une tutelle : « En cas d'administration légale, le juge des tutelles peut, à tout moment et pour cause grave, soit d'office, soit à la requête de parents ou alliés ou du ministère public, décider d'ouvrir la tutelle après avoir entendu ou appelé, sauf urgence, l'administrateur légal. Celui-ci ne peut faire aucun acte de disposition à partir de la demande et jusqu'au jugement définitif sauf en cas d'urgence (al. 1). Si la tutelle est ouverte, le juge des tutelles convoque le conseil de famille, qui peut soit nommer comme tuteur l'administrateur légal, soit désigner un autre tuteur (al. 2) » (C. civ., art. 391).

2. *La désignation d'un administrateur ad hoc*

433 Le conflit d'intérêt entre l'administrateur légal et le mineur justifie la désignation d'un administrateur *ad hoc*. Toutefois, « lorsque les intérêts d'un des deux administrateurs légaux sont en opposition avec ceux du mineur, le juge des tutelles peut autoriser l'autre administrateur légal à représenter l'enfant pour un ou plusieurs

actes déterminés » (C. civ., art. 383, al. 2). Le principe demeure cependant de celui qui est énoncé à l'alinéa premier : « Lorsque les intérêts de l'administrateur légal unique ou, selon le cas, des deux administrateurs légaux sont en opposition avec ceux du mineur, ces derniers demandent la nomination d'un administrateur *ad hoc* par le juge des tutelles. A défaut de diligence des administrateurs légaux, le juge peut procéder à cette nomination à la demande du ministère public, du mineur lui-même ou d'office » (C. civ., 383, al. 1). Les représentants légaux du mineur peuvent s'opposer à la désignation par la voie d'appel dans un délai de quinze jours (C. pr. civ., art. 1210-2). Le Code de procédure civile spécifique « Lorsqu'en application des dispositions des articles 383 et 388-2 du Code civil, la juridiction procède à la désignation d'un administrateur *ad hoc* et que dans l'intérêt de l'enfant, il est impossible de choisir celui-ci au sein de la famille ou parmi les proches du mineur, la juridiction peut désigner l'administrateur *ad hoc* parmi les personnes figurant sur la liste prévue à l'article R. 53 du Code de procédure pénale » (C. pr. civ., art. 1210-1).

L'administrateur *ad hoc* ne remplace les parents que pour l'objet et le temps de sa mission. Il ne se substitue pas aux parents pour les autres questions relatives à l'enfant. L'opposition d'intérêts est appréciée par le juge, ce qui donne parfois en matière de filiation des solutions discutées en doctrine, ainsi la mère mariée représentant son enfant contre un tiers revendiquant sa paternité, alors que la Cour de cassation finit par reconnaître celle-ci plutôt que celle du mari (P. Murat, *Dr. famille* 2008. 85 ; *RTD civ.* 2008. 467, obs. J. Hauser). Il est vrai que l'opposition d'intérêts est parfois difficile à appréhender (Civ. 1re, 19 mars 2008, *RTD civ.* 2008. 289, obs. J. Hauser). 434 ■

B. La tutelle

Le mineur peut être protégé par l'ouverture d'une tutelle lorsqu'il n'a pas ou qu'il n'a plus de parents pour prendre soin de lui, lorsque ses parents se sont vu retirer l'autorité parentale, lorsque sa filiation n'a pas été volontairement établie (C. civ., art. 390). La tutelle peut encore être substituée à l'administration légale par décision du juge des tutelles (C. civ., art. 391 v. ss 432). L'organisation de la tutelle repose sur les organes tutélaires (1) et les règles minutieuses de fonctionnement prévues par la loi (2). 435 ■

1. *Les organes de la tutelle*

La tutelle est une charge publique (art. 394 : « La tutelle, protection due à l'enfant, est une charge publique. Elle est un devoir des familles et de la collectivité publique »). Si personne n'accepte la charge de s'occuper de l'enfant, celui-ci est placé au service de l'aide sociale à l'enfance auquel est dévolue la tutelle vacante (art. 411). Le plus souvent heureusement, elle pourra être confiée à un conseil de famille présidée par le juge des tutelles, au tuteur et au subrogé tuteur. 436 ■

Le conseil de famille est composé de personnes désignées par le juge. L'article 399 du C. civ. contient des indications pour le choix des personnes le composant, mais le juge conserve toute liberté. Il peut ainsi préférer nommer des amis, voisins ou toutes autres personnes que des membres de la famille, si l'intérêt du mineur le justifie. 437 ■

Lorsque les personnes désignées par le juge sont des membres de la famille de l'enfant (parents ou alliés), elles ne pouvaient refuser la charge tutélaire que pour les causes énumérées par la loi. Concrètement, l'âge, la maladie, l'éloignement des occupations professionnelles ou familiales exceptionnellement absorbantes ou une charge tutélaire préexistante peuvent justifier le refus de la charge (C. civ., art. 428) ou encore l'existence d'un conflit d'intérêt avec le mineur (C. civ., art. 445). La charge tutélaire apparaît à leur égard comme une solidarité naturelle tenant à la proximité créée par les liens familiaux. Elle correspond à l'exécution d'un devoir de justice, c'est pourquoi le refus doit être justifié. En revanche, pour les autres, le refus était toujours possible sans motif spécifique, car nul n'est tenu par le droit de donner ce qu'il ne veut pas. Or, à leur égard, aucune obligation n'existe par rapport au mineur tant qu'elles n'y ont pas consenti. Quelles que soient les personnes désignées, il faut qu'elles présentent évidemment des garanties de probité et de moralité pour que leur soit confiée la responsabilité de l'enfant. Les nouveaux articles 394 à 397 du Code civil sont plus sommaires et n'opèrent plus cette distinction.

■ 438 Le conseil de famille doit procéder à la nomination parmi ses membres d'un subrogé tuteur (art. 409). Le subrogé tuteur a pour mission particulière de surveiller la gestion tutélaire (art. 410), c'est pourquoi il est conseillé de le choisir dans la ligne familiale à laquelle n'appartient pas le tuteur (art. 409, al. 2).

■ 439 Le tuteur enfin est l'organe d'exécution de la tutelle. Le Code civil établit une hiérarchie entre les différentes personnes pouvant être nommées à cette fonction.

Le tuteur peut d'abord être un tuteur testamentaire. Le choix du tuteur a été fait, par testament ou acte notarié, par le dernier mourant des parents de l'enfant ayant conservé jusqu'à sa mort la charge de l'administration du mineur (art. 403). La personne désignée peut ou non refuser la charge tutélaire.

À défaut de désignation ou en cas de refus par la personne choisie, il appartient au conseil de famille de désigner un tuteur (art. 404). La tutelle légale en fonction du degré de parenté disparaît (C. civ., ancien article 402). Le constat a sans doute été fait de l'évolution des formes de la famille, et un recul de la primauté aux liens du sang est constaté. La désignation par le conseil de famille permet de vérifier au cas par cas quelle est la personne la plus à même de s'occuper de l'enfant. Au-delà, le conseil de famille peut décider de nommer plusieurs tuteurs en fonction des missions dévolues par rapport à l'enfant, par exemple un tuteur à la personne et un tuteur aux biens (C. civ., art. 405).

■ 440 Deux textes régissent la matière des retraits ou empêchements, les articles 396 et 397, alinéas 1 et 2 aux termes desquels :

« Toute charge tutélaire peut être retirée en raison de l'inaptitude, de la négligence, de l'inconduite ou de la fraude de celui à qui elle a été confiée. Il en est de même lorsqu'un litige ou une contradiction d'intérêts empêche le titulaire de la charge de l'exercer dans l'intérêt du mineur. [al. 1er] ;

Il peut être procédé au remplacement de toute personne à qui une charge tutélaire a été confiée en cas de changement important dans sa situation » [al. 2] ;

« Le conseil de famille statue sur les empêchements, les retraits et les remplacements qui intéressent le tuteur et le subrogé tuteur. [al. 1er].

Le juge des tutelles statue sur ceux qui intéressent les autres membres du conseil de famille » [al. 2].

2. *Le fonctionnement de la tutelle*

La caractéristique du régime de la tutelle est la recherche d'un équilibre entre les différents organes présidant à sa mise en œuvre par une dissociation des pouvoirs à l'égard du mineur, et toujours sous la surveillance du juge des tutelles. Le conseil de famille fixe les conditions générales de l'entretien et de l'éducation de l'enfant (C. civ., art. 401), mais il revient au tuteur d'exécuter les directives prises à l'égard de l'enfant (C. civ., art. 408) sous le contrôle du subrogé tuteur (C. civ., art. 410 et s.) et du juge des tutelles (C. civ., art. 400). Outre les règles relatives à la convocation du conseil de famille (C. pr. civ., art. 1234) et celles concernant les conditions de quorum (C. pr. civ., art. 1234-3) et de vote (C. pr. civ., art. 1234-5), le Code civil distingue les actes que peut prendre le tuteur seul ou après autorisation du conseil de famille. Par exception, dans les hypothèses visées à l'article 468 du Code civil, l'autorisation du conseil peut être suppléée par celle du juge des tutelles (C. civ., art. 502). **441** ■

Le tuteur est évidemment tenu de prendre soin de la personne du mineur et de le représenter dans tous les actes civils (C. civ., art. 408). Il doit également, si aucun autre tuteur n'a été désigné à cet effet, gérer les biens de l'enfant. Un nouveau Titre XII intitulé « De la gestion du patrimoine des mineurs et majeurs en tutelle » a été inséré dans le Livre consacré aux personnes dans le Code civil par la loi du 5 mars 2007, constitué des articles 496 à 515 du Code. La lecture des dispositions doit être faite en intégrant les dispositions techniques du décret n° 2008-1484 du 22 décembre 2008 relatif aux actes de gestion du patrimoine des personnes placées en curatelle ou en tutelle, et pris en application des articles 452, 496 et 502 du Code civil (C. civ., art. 496, al. 3). Il est distingué entre les actes que le tuteur peut accomplir seul, ceux qui supposent une autorisation du conseil de famille et ceux qui lui sont interdits (C. civ., art. 509 ; J.-J. Lemouland, « Les actes du tuteur : typologie et classification », *Dr. fam.* mai 2007, Étude 19). Sans entrer dans le détail de la liste des actes dressés par le décret du 22 décembre précité. Il est utile de retenir d'une part que les actes qui supposent une autorisation sont en principe les actes de disposition, alors que les actes d'administration relèvent du pouvoir du tuteur. Le décret donne définition des actes d'administration d'une part, des actes de dispositions d'autre part : « Constituent des actes d'administration les actes d'exploitation ou de mise en valeur du patrimoine de la personne protégée dénués de risque anormal » (Décr. n° 2008-1484, 22 déc. 2008, art. 1er) ; « Constituent des actes de disposition les actes qui engagent le patrimoine de la personne protégée, pour le présent ou l'avenir, par une modification importante de son contenu, une dépréciation significative de sa valeur en capital ou une altération durable des prérogatives de son titulaire » (Décr. n° 2008-1484, 22 déc. 2008, art. 2). Le tuteur a cependant une latitude d'appréciation dans la qualification des actes qu'il accomplit. Le décret prévoit en effet une typologie des actes dans laquelle certains sont nécessairement d'administration ou de disposition, alors que d'autres relèvent de l'appréciation qui en sera faite par le tuteur. Ce dernier peut estimer « qu'en dépit de la qualification effectuée d'un acte par le décret, "les circonstances d'espèce ne permettent pas au tuteur de considérer qu'ils répondent aux critères de l'alinéa 1er en raison de leurs conséquences importantes sur le contenu ou la valeur du patrimoine de la personne protégée, sur les prérogatives de celle-ci ou sur son mode de vie" (Décr., art. 1er, al. 3) et la même précision est apportée pour les actes de disposition ». **442** ■

443 Le bon accomplissement de ses fonctions par le tuteur est garanti par la remise annuelle d'un compte de gestion au greffier en chef du tribunal de grande instance (C. civ., art. 511 réd. L. 12 mai 2009). Le tuteur doit en effet établir chaque année un compte de sa gestion avec en annexe toutes pièces justificatives (C. civ., art. 510), mais « la modicité des revenus et du patrimoine de la personne protégée » peut conduire le juge à l'en dispenser (C. civ., art. 512). La loi l'autorise à exiger des établissements bancaires ou financiers un relevé annuel du ou des comptes de la personne protégée sans que ceux-ci puissent opposer le secret professionnel ou bancaire (C. civ., art. 470, al 2). Les droits du mineur sont également défendus puisque celui-ci aura communication du compte de gestion dressé par le tuteur dès l'âge de seize ans. Il en est de même dans le cadre de l'administration légale, l'administrateur devant rendre compte de sa gestion au mineur dès que ce dernier à seize ans accomplis (Civ. 1re, 9 juill. 2008, n° 07-16.389). Une communication est en outre effectuée au subrogé tuteur, la solution est classique, mais également aux autres personnes chargées de la protection si le tuteur l'estime utile. Les personnes chargées de vérifier les comptes sont visées aux articles 511 et 513 du C. civ. parmi lesquelles le greffier en chef du tribunal d'instance et le subrogé tuteur.

444 Lorsque la mission du tuteur s'achève, il y a reddition des comptes. La responsabilité du tuteur peut être engagée, tout comme celle des autres organes de la tutelle, par application des articles 412 et 413 du C. civ. Aux termes de ce dernier article, « L'action en responsabilité se prescrit par cinq ans à compter de la majorité de l'intéressé, alors même que la gestion aurait continué au-delà, ou de la fin de la mesure si elle cesse avant ».

section 2

La personne majeure vulnérable

445 Tout le régime de l'incapacité des majeurs reposait sur la loi n° 68-5 du 3 janvier 1968 (*D.* 1968, 74) instituant trois régimes de protection du majeur : la sauvegarde de justice, la curatelle et la tutelle. Cette loi a eu le grand mérite de rompre avec le système antérieur confondant traitement médical (maladies mentales, mesures d'internement) et intérêts civils (régime des incapacités). Plus de trente ans après, certaines de ses dispositions paraissent susceptibles d'amélioration. Une recommandation du Conseil de l'Europe de février 1999 dénonce en particulier les règles relatives à la tutelle des majeurs. Le gouvernement français a désigné un groupe de travail autour du conseiller honoraire à la Cour de cassation, Jean Favard, dont les réflexions ont abouti au rapport remis le 18 avril 2000 (*JCP* 2000. Act. 1055). L'une des innovations proposées consiste en une protection accrue du majeur par l'octroi de moyens procéduraux : prohibition de la saisine d'office du juge des tutelles, vérification par des médecins extérieurs du diagnostic médical figurant dans la requête lorsqu'il est établi par un établissement de soins où se trouve le majeur, renforcement des droits de la défense du majeur par ministère d'avocat obligatoire, révision des mesures prises à l'égard du majeur tous les cinq ans, exercice du recours contre l'ordonnance du juge des tutelles devant la cour d'appel au lieu du tribunal de

grande instance, etc. La loi n° 2007-308 du 5 mars 2007 portant réforme de la protection juridique des majeurs s'inspire de ces orientations. Le nouvel article 415 du Code civil énonce que : « Les personnes majeures reçoivent la protection de leur personne et de leurs biens que leur état ou leur situation rend nécessaire selon les modalités prévues au présent titre [al. 1er]. Cette protection est instaurée et assurée dans le respect des libertés individuelles, des droits fondamentaux et de la dignité de la personne [al. 2]. Elle a pour finalité l'intérêt de la personne protégée. Elle favorise, dans la mesure du possible, l'autonomie de celle-ci. Elle est un devoir des familles et de la collectivité publique [al. 3] ».

En dépit de la loi nouvelle, la protection des majeurs reste distribuée entre des règles qui s'appliquent au majeur indépendamment du type de régime de protection dont il relève ou de l'existence d'un régime de protection (§ 1), des causes d'ouverture communes à tout régime de protection (§ 2) et de régimes distincts selon la protection mise en place (§ 3). Des développements particuliers seront enfin consacrés aux nouvelles mesures de protection indépendantes de l'état mental de la personne concernée (§ 4). 446 ■

§ 1 Des règles communes de protection

L'article 414 du Code civil indique que toute personne ayant atteint l'âge de dix-huit ans est capable de tous les actes de la vie civile. Une personne peut cependant souffrir d'une atteinte passagère à ses facultés, sans pour autant avoir besoin d'une protection organisée pour tous les actes de la vie civile. Il est inutile d'ouvrir un régime de protection, mais il est nécessaire de protéger ponctuellement la personne pour l'accomplissement de tel ou tel acte. Dans d'autres cas, la protection du majeur peut être continue. La nécessité de la protection est commune et les moyens de cette protection seront pour partie identiques (A). Lorsqu'il est nécessaire de protéger le majeur de manière continue, certaines mesures protectrices de sa personne et de son cadre de vie seront également communes même si l'incapacité déclarée du majeur donne lieu à des régimes de protection distincts (B). 447 ■

A. Règles communes indépendantes de l'existence d'un régime de protection

Le sort des actes passés par le majeur qui était au moment de l'acte sous l'empire d'un trouble mental passager ou durable (1) et la réparation des dommages causés par celui-ci (2) sont régis par les mêmes dispositions. Cette question fait l'objet d'une section intitulée « Des dispositions indépendantes des mesures de protection » (art. 414-1 à 414-3). 448 ■

1. *Le sort des actes passés par le majeur*

Le principe applicable en l'espèce est d'autoriser l'action en nullité à l'encontre de l'acte accompli (a), sachant que les conditions de recevabilité seront différentes si l'action est exercée du vivant ou après la mort du majeur (b). 449 ■

a. La nullité de l'acte

450 « Pour faire un acte valable, il faut être sain d'esprit. Mais c'est à ceux qui agissent en nullité pour cette cause de prouver l'existence d'un trouble mental au moment de l'acte » (art. 414-1). L'intégration de l'article dans une section relative aux dispositions indépendantes des mesures de protection légitime ensuite son application à tout majeur souffrant d'une altération de ses facultés personnelles. Nulle nécessité donc de prendre en considération l'existence d'un régime spécifique de protection. Cette disposition perdra parfois une partie de son intérêt lorsqu'une règle plus protectrice du majeur résultera de l'ouverture d'un régime de protection.

451 Dénoncer l'acte pour cause d'insanité d'esprit revient à faire valoir l'impossibilité dans laquelle se trouvait le majeur de discerner les conséquences de cet acte, et donc d'apprécier la portée de son engagement. Une querelle doctrinale s'est élevée sur le point de savoir si la règle devait être rattachée à la condition de capacité ou à la condition de consentement exigée pour la formation de toute convention par l'article 1108 du Code civil. Pour qu'une convention soit valablement formée, il faut entre autres conditions que le consentement donné ait été libre – caractéristique rattachée à la volonté – et éclairé – faculté rattachée à l'intelligence –, il faut en outre que la personne ait eu la capacité juridique de contracter l'engagement. L'étendue du domaine d'application de la règle, ayant vocation à permettre l'annulation non seulement d'un acte passé par un majeur placé sous régime de protection mais aussi du majeur souffrant d'une altération passagère de ses facultés, justifie semble-t-il son rattachement à la condition du consentement. Le majeur n'est pas obligatoirement soumis à un régime d'incapacité juridique. L'insanité d'esprit figurant à l'article 414-2 du C. civ. n'est donc pas l'incapacité juridique mais l'incapacité naturelle de la personne de donner un sens à l'acte qu'elle accomplit. Il y a altération de la faculté de l'intelligence, son consentement n'était pas éclairé.

452 La personne qui demande la nullité de l'acte doit rapporter une double preuve : l'existence d'un trouble mental, au moment de la passation de l'acte.

Pour rapporter la preuve du trouble mental, il faut encore savoir ce que recouvre l'expression. L'article 490, alinéa 1er du Code civil fait référence à l'altération des facultés mentales justifiant l'ouverture d'un régime de protection, y figurent la maladie, l'infirmité et l'affaiblissement dû à l'âge. Ce texte en dit trop pour être utile dès lors que tout trouble mental a obligatoirement une de ces trois origines. Il n'y a pas de critères matériels qui puissent être conceptualisés et la question est laissée à l'appréciation souveraine des juges du fond. La jurisprudence se réfère souvent aux solutions retenues pour l'application de l'article 901 du Code civil. Tout comme l'article 414-1, ce texte dispose en son alinéa premier que « Pour faire un acte valable, il faut être sain d'esprit ». Un arrêt ancien a posé les bases d'interprétation de ce critère en retenant que « l'insanité d'esprit visée à l'article 901 C. civ. comprend toutes les variétés d'affections mentales par l'effet desquelles l'intelligence du disposant aurait été obnubilée ou sa faculté de discernement déréglée » (Civ. 4 févr. 1941, DA 1941. 113). Le trouble mental pourra par conséquent résulter de tous types de causes, parmi lesquelles des causes aussi différentes que peuvent être l'absorption excessive d'alcool ou l'atavisme généalogique.

L'existence du trouble mental doit être prouvée au moment de la passation de l'acte, c'est-à-dire au moment précis de son accomplissement. Si l'acte a été fait à un moment où la personne jouissait d'un intervalle lucide, il sera valable. Il appartient au défendeur à l'action en nullité de rapporter la preuve de l'existence de l'intervalle lucide. Tous les actes juridiques peuvent être attaqués pour altération des facultés de ceux qui les ont contractés, qu'il s'agisse d'une lettre de démission d'un salarié (Soc. 2 juill. 2008, n° 07-40.942, inédit), d'une autorisation d'occupation d'un logement faite par un père à son fils, d'une vente de terrain, de l'engagement d'une procédure de divorce, d'un contrat de prêt (*Dr. fam.* nov. 2008, n° 161, obs. Th. Fossier) ou encore d'un acte portant les dernières volontés du défunt pour son inhumation (Civ. 1re, 15 juin 2007, n° 07-14.895, inédit).

b. Le moment de l'exercice de l'action en nullité

Lorsque l'action en nullité est exercée du vivant du majeur protégé, le nouvel article 414-2, alinéa 1er applicable depuis le 1er janvier 2009 énonce que « De son vivant, l'action en nullité n'appartient qu'à l'intéressé ». L'exercice de l'action peut-il – si une mesure de protection juridique était ouverte – être confié au représentant du majeur ? L'ancien article 489, al. 1er visait expressément le tuteur ou curateur, mais on estimait le texte applicable au représentant d'un majeur placé sous régime de protection peut encore être un parent ou allié, au conjoint ou au gérant de tutelle. En ces hypothèses, ils n'ont pas la qualité de tuteur mais administrent les biens du majeur soit selon le système de l'administration légale sous contrôle judiciaire, soit par l'effet des règles du régime matrimonial et du régime primaire impératif, soit enfin par l'institution de la gérance. Il serait incohérent de refuser cette prérogative à ces personnes puisqu'elles ont pour mission de veiller aux intérêts du majeur. La solution ne devrait pas avoir changé en dépit de la modification de la rédaction de l'article, dès lors qu'il s'agit de l'exercice de l'action et non de son existence. Il devrait juste être nécessaire de vérifier si une autorisation du juge des tutelles est requise selon le système de gestion considéré. 453 ■

L'action en nullité « […] s'éteint par le délai de cinq ans prévu à l'article 2224 du C. civ. » (art. 414-2, al. 3). Le délai pour agir se prescrit par cinq ans. La détermination du point de départ de ce délai est différente si le majeur exerce l'action lui-même ou par l'intermédiaire de son représentant. Dans le premier cas, l'article 1152, 2° et 3° du Code civil prévoit que le temps ne court « 2° à l'égard des actes faits par un majeur protégé, du jour où il en a eu connaissance alors qu'il était en situation de les refaire valablement ; 3° à l'égard des héritiers de la personne en tutelle ou en curatelle ou de la personne faisant l'objet d'une habilitation familiale, du jour du décès si elle n'a commencé à courir auparavant ». 454 ■

« Après sa mort, les actes faits par un individu, autres que la donation entre vifs ou le testament, ne pourront être attaqués pour la cause prévue à l'article précédent que dans les cas ci-dessous énumérés : 1° Si l'acte porte en lui-même la preuve d'un trouble mental ; 2° S'il a été fait dans un temps où l'individu était placé sous la sauvegarde de justice ; 3° Si une action avait été introduite avant le décès aux fins de faire ouvrir la tutelle ou la curatelle » (art. 414-2, al. 3). Il est précisé que les actes ne pourront être attaqués que « par ses héritiers ». L'exclusion des actes à titre gratuit se justifie par la défiance du législateur à l'égard de ce type d'actes et consécutivement la volonté de faciliter l'exercice de la nullité à leur encontre. Pour les actes à titre onéreux en revanche, l'action en nullité est strictement encadrée puisqu'elle n'est possible que dans trois cas. Lorsque le majeur n'est pas soumis à un régime de protection, le trouble mental doit être révélé par l'acte lui-même, ce qui est 455 ■

relativement rare. Il s'agit de ce que l'on désigne, en matière d'administration de la preuve, par l'expression de « preuve intrinsèque ». A pu ainsi faire l'objet d'une annulation un contrat de bail dans lequel les juges ont relevé un long intervalle entre la date d'apposition de la signature du locataire et celle du bailleur, une durée du bail anormale compte tenu de l'âge du bailleur, la modicité du loyer et de nombreux avantages stipulés en faveur du locataire (Civ. 3e, 1er juill. 1987, *Bull. civ.* III, n° 134). Les deux autres hypothèses sont en rapport avec l'existence du régime de protection constitué par la sauvegarde de justice ou l'exigence d'une action préalable au décès du majeur afin de le placer sous tutelle ou curatelle. L'exercice de l'action en nullité est alors réduit aux situations où il y a incapacité déclarée ou en cours de déclaration.

2. *La réparation du dommage causé par le majeur*

456 L'article 414-3 du Code civil est le seul article sur la question. Aux termes de ce texte, « Celui qui a causé un dommage à autrui alors qu'il était sous l'empire d'un trouble mental, n'en est pas moins obligé à réparation ». La doctrine, en majorité, a interprété cette disposition comme posant un principe de responsabilité des personnes souffrant d'une altération de leurs facultés personnelles. Renforcée par la solution retenue par la jurisprudence à propos du dommage causé par l'enfant en bas âge, l'idée serait que toute personne, capable ou non de discerner les conséquences de ses actes, pourrait commettre une faute dite « objective ». On peut objecter que la faute ainsi réduite au fait illicite perd toutes les caractéristiques de la notion de « faute », dès lors que l'on supprime l'imputabilité morale de l'acte. Dire qu'un acte est imputable à une personne dans l'incapacité de comprendre ce qu'elle fait, altération de ses facultés mentales, est une incongruité. Cela revient à réduire l'imputabilité à une causalité matérielle entre le fait dit « illicite » et le dommage. Il ne s'agit plus de responsabilité. Il semble plus cohérent de soutenir avec la partie minoritaire de la doctrine que l'article 414-3 du C. civ. pose une obligation légale de réparation. Il s'agit ici de justice distributive et non de justice commutative. Le législateur tenu de choisir entre deux catégories de personnes à protéger et en opposition – la protection des aliénés et la protection des victimes d'un dommage – a estimé que l'impératif d'indemnisation des victimes était supérieur à celui de protection des aliénés, sans doute en raison du développement du système des assurances. La réparation du dommage a été mise à la charge du majeur souffrant d'une altération de ses facultés mentales.

B. Règles communes à tout régime de protection

457 Que le majeur soit placé sous sauvegarde de justice, curatelle ou tutelle, la loi a prévu différentes mesures communes de protection en privilégiant la protection de la personne du majeur (1). Le contrôle de la préservation des intérêts du majeur a été confié au juge des tutelles (2).

1. *Des mesures de protection*

a. La protection de la personne

458 La personne est au cœur de la protection juridique mise en place par la loi du 5 mars 2007. « Cette protection est instaurée et assurée dans le respect des libertés individuelles, des droits fondamentaux et de la dignité de la personne » (C. civ., art. 415, al. 2). La dignité de la personne connaît un succès contemporain indéniable, avec des

approches bien différentes (comp. *Dignitas personae*, Instruction 2008, congrégation pour la doctrine de la foi), allant de la charte des droits fondamentaux de l'Union européenne le 18 décembre 2000 – en passant par l'allocution de Robert Badinter lors de l'adoption de la loi du 4 avril 2006 relative aux violences conjugales pour justifier la modification de l'article 212 du Code civil avec l'insertion du « respect » aux côtés de la fidélité, du secours et de l'assistance – jusqu'à l'important projet de réforme constitutionnelle où la dignité est le fer de lance des constituants. La dignité de la personne suppose de la traiter humainement dans l'élaboration de la protection – qu'il s'agisse de ses relations avec le personnel médical chargé du diagnostic thérapeutique (C. Jonas, « Les aspects médicaux de la protection des majeurs », *Dr. fam.* mai 2007. 8 s) et avec les personnes mettant en place les mesures de protection ayant le pouvoir de décision dans la mise en place de la protection – ou, de façon plus essentielle, des relations souvent durables avec la personne directement chargée de sa protection. Mais elle suppose également de permettre au majeur d'être associé aux décisions le concernant autant qu'il le peut, et d'être informé de celles-ci. La procédure mise en place par le décret n° 2008-1276 du 5 décembre 2008 a pris soin d'associer le majeur. Le juge des tutelles doit ainsi procéder à l'audition du majeur et l'autoriser à consulter le dossier le concernant. Le majeur pourra avoir recours à un avocat, même si la représentation n'est pas obligatoire. De façon générique, l'article 457-1 du C. civ. dispose que « La personne protégée reçoit de la personne chargée de sa protection, selon les modalités adaptées à son état et sans préjudice des informations que les tiers sont tenus de lui dispenser en vertu de la loi, toutes informations sur sa situation personnelle, les actes concernés, leur utilité, leur degré d'urgence, leurs effets et les conséquences d'un refus de sa part ». Le majeur est, par l'information qui lui est fournie, entièrement associé, dans la mesure de ses capacités, à la protection mise en place.

La protection « a pour finalité l'intérêt de la personne protégée. Elle favorise, dans la mesure du possible, l'autonomie de celle-ci » (art. 415, al. 3 du C. civ.). L'un des apports remarqué de la réforme a été la mise en place d'une protection particulière de la personne faisant l'objet d'une curatelle et d'une tutelle (art. 457-1 à 463 du C. civ.). Cette protection sera à n'en pas douter le socle sur lequel raisonnera le juge quelle que soit la mesure de protection mise en place. Il est ainsi prévu, à propos du mandat de protection future, par l'article 479 al. 1er du C. civ. que « lorsque le mandat s'étend à la protection de la personne, les droits et obligations du mandataire sont définis par les articles 457-1 à 459-2. Toute stipulation contraire est réputée non écrite ». La même règle est énoncée à l'article 438 du C. civ. pour la sauvegarde de justice : « Le mandataire spécial peut également se voir confier une mission de protection de la personne dans le respect des articles 457-1 à 463 ». Le majeur autant qu'il est possible doit conserver un pouvoir de décision sur les éléments quotidiens de sa vie ordinaire. L'article 459-2 précise, de façon très concrète, que « La personne protégée choisit le lieu de sa résidence. Elle entretient librement des relations personnelles avec tout tiers, parent ou non. Elle a le droit d'être visitée et, le cas échéant, hébergée par ceux-ci », le juge des tutelles ou le conseil de famille statuant sur les difficultés pouvant se présenter. Le législateur a pris soin de préciser ce point acquis en jurisprudence (Civ. 1re, 28 janv. 2003, n° 00-19.583, v. Th. Fossier, « La protection de la personne, un droit flexible », *Dr. fam.* mai 2007, Étude 17, n° 11). De façon générale, l'article 459 dispose que, hors les cas où le consentement du majeur 459 ■

est strictement personnel (art. 458 du C. civ.), « la personne protégée prend seule les décisions relatives à sa personne dans la mesure où son état le permet ».

b. Le maintien d'une autonomie

1. Le cadre de vie

460 « Quel que soit le régime de protection applicable, le logement de la personne protégée et les meubles meublants dont il est garni doivent être conservés à sa disposition aussi longtemps qu'il est possible » (art. 426, al. 1er). Le principe est la conservation du logement et du mobilier (les meubles meublants) afin d'assurer un minimum de sécurité et permettre qu'à son retour d'un séjour prolongé à l'hôpital ou dans un établissement spécialisé, le majeur retrouve son cadre familier. La mise en œuvre de ce principe est assurée par l'interdiction qui est faite au représentant des intérêts du majeur de conclure sur les biens de celui-ci d'autres conventions que des conventions de jouissance précaire, cessant dès le retour de la personne protégée (art. 426, al. 2). La règle est impérative et s'applique malgré toutes dispositions ou stipulations contraires.

Une limite est malgré tout assignée au principe énoncé, inspirée du proverbe selon lequel « à l'impossible nul n'est tenu ». L'article 490, alinéa 1er *in fine* porte que le logement et le mobilier doivent être conservés à la disposition du majeur aussi longtemps qu'il est possible. L'alinéa 3 de ce texte, comme en écho, précise qu'en cas de nécessité ou s'il est de l'intérêt de la personne protégée qu'il soit disposé des droits relatifs à l'habitation ou que le mobilier soit aliéné, l'acte devra être autorisé par le juge des tutelles, après avis du médecin traitant. La protection du majeur est dans cette situation renforcée. Outre les formalités propres à la nature des actes passés et au régime de protection existant, le médecin doit attester de l'utilité de l'opération envisagée eu égard à l'altération des facultés du majeur, le juge étant seul à détenir le pouvoir d'autoriser l'acte ou non après avoir pris connaissance de l'avis du médecin.

Ce principe ne saurait toutefois préjudicier aux droits des tiers, il est rappelé de façon constante que « cet article ne crée pas une insaisissabilité des tiers sur l'habitation et ne vise que les personnes habilitées à administrer le patrimoine de la personne protégée » (Paris 18 sept. 2001, *D.* 2002. Somm. 2161, obs. J.-J. Lemouland). Le bien peut donc faire l'objet d'une saisie par un tiers sans que la disposition précitée n'ait à être respectée.

Enfin, les « souvenirs et autres objets de caractère personnel » ne pourront être aliénés, quelle que soit leur valeur financière. Si le majeur est placé dans un établissement, ces objets seront conservés à sa disposition par les soins dudit établissement (art. 426, al. 3).

2. Les comptes bancaires

461 Au titre des dispositions générales consacré aux « Mesures de protection juridique des majeurs », un nouvel article 427 limite les pouvoirs de la personne chargée de la mesure de protection en matière bancaire. L'ouverture ou la modification des comptes bancaires est en principe interdite (art. 427, al. 1er). Elle ne se conçoit, par exception, qu'après autorisation du juge des tutelles ou du conseil de famille si tel est l'intérêt du majeur protégé. Quant à la gestion des comptes ouverts et plus généralement à la gestion patrimoniale confiée à la personne chargée de la mesure, elles « sont réalisées exclusivement » au moyen des comptes ouverts de la personne protégée. Il est précisé que « les fruits, produits et plus-value générés par les fonds et les valeurs appartenant à la personne protégée lui reviennent exclusivement »

(427, al. 6). Ceci sans doute afin de prévenir toute fraude ou détournement ou à tout le moins de mettre fin à une pratique développée par les gérants de tutelle et les associations tutélaires. Cette pratique consiste « à verser sur un compte unique ouvert à leur nom les avoirs de tous les majeurs dont ils assurent la protection et à percevoir tout ou partie des intérêts générés par ce compte » (T. Fossier, « La réforme de la protection des majeurs », *JCP* N, 2007. 1128, spéc. n° 23).

2. *Le contrôle du juge des tutelles*

« Le procureur de la République du lieu de traitement et le juge des tutelles peuvent visiter ou faire visiter les majeurs protégés par la loi, quel que soit le régime de protection qui leur est applicable » (C. civ., art. 416, al. 2). Cette disposition est surtout utile en pratique lorsque le majeur protégé a fait l'objet d'un placement dans un établissement spécialisé ou d'une hospitalisation (v. CSP, art. L. 3211-1 et s.). 462 ■

La loi du 5 mars 2007 a élargi les pouvoirs du juge des tutelles. Le contrôle de la qualité de vie du majeur est maintenu avec la possibilité de visite de la personne protégée (art. 416, al. 2). Mais le contrôle est plus vaste et les pouvoirs du juge des tutelles sont précisés. De façon générale, l'alinéa premier de l'article 416 énonce « Le juge des tutelles et le procureur de la République exercent une surveillance générale des mesures de protection dans leur ressort ». De façon particulière, le juge des tutelles « peut prononcer des injonctions contre les personnes chargées de la protection et condamner à l'amende civile prévue par le Code de procédure civile celles qui n'y ont pas déféré » (art. 417, al. 1er). Il peut également les dessaisir de leur mission en cas de manquement, sous réserve du respect du principe du contradictoire, c'est-à-dire après les avoir entendues ou appelées. Par l'intermédiaire cette fois du procureur de la République, le juge peut demander lorsqu'il s'agit d'un mandataire judiciaire sa radiation (art. 417, al. 3). 463 ■

§ 2 Causes d'ouverture communes à tout régime de protection

Les causes d'ouverture d'un régime de protection sont identiques pour la sauvegarde de justice, la curatelle et la tutelle (A) et reposent sur une indépendance des autorités civiles par rapport aux autorités médicales (B). Dans tous les cas, à partir du 1er janvier 2009, les personnes ayant qualité sont celles visées à l'article 430 du Code civil disposant qu'aux termes de ce texte : « La demande d'ouverture de la mesure peut être présentée au juge par la personne qu'il y a lieu de protéger ou, selon le cas, par son conjoint, le partenaire avec qui elle a conclu un pacte civil de solidarité ou son concubin, à moins que la vie commune ait cessé entre eux, ou par un parent ou un allié, une personne entretenant avec le majeur des liens étroits et stables, ou la personne qui exerce à son égard une mesure de protection juridique [al. 1er]. Elle peut être également présentée par le procureur de la République soit d'office, soit à la demande d'un tiers [al. 2] ». 464 ■

A. Présentation des causes d'ouverture de la mesure

465 Le législateur a souhaité simplifier la présentation des causes d'ouverture qui figurent dans le seul article 425 ainsi rédigé : « Toute personne dans l'impossibilité de pourvoir seule à ses intérêts en raison d'une altération, médicalement constatée, soit de ses facultés mentales, soit de ses facultés corporelles de nature à empêcher l'expression de sa volonté peut bénéficier d'une mesure de protection juridique prévue au présent chapitre [al. 1er]. S'il n'en est disposé autrement, la mesure est destinée à la protection tant de la personne que des intérêts patrimoniaux de celle-ci. Elle peut toutefois être limitée expressément à l'une de ces deux missions [al. 2] ». Prodigalité, intempérance, oisiveté disparaissent des termes de la loi.

Au titre des dispositions communes quelques mots sont révélateurs de l'économie de la nouvelle loi : nécessité, subsidiarité, proportionnalité, individualisation (M. Rebourg, « Les principes directeurs de la loi du 5 mars 2007 réformant la protection juridique des majeurs », *Dr. fam.* mai 2007, Étude 16). La mesure de protection de la personne ne doit être prise que lorsqu'il n'y a pas d'autre possibilité. Ceci apparaît très nettement à l'article 428 qui traduit l'esprit des nouvelles dispositions : « La mesure de protection ne peut être ordonnée par le juge qu'en cas de nécessité et lorsqu'il ne peut être suffisamment pourvu aux intérêts de la personne par l'application des règles du droit commun de la représentation, de celles relatives aux droits et devoirs respectifs des époux et des règles des régimes matrimoniaux, en particulier celles prévues aux articles 217, 219, 1426 et 1429, par une autre mesure de protection judiciaire moins contraignante ou par le mandat de protection future conclu par l'intéressé. La mesure est proportionnée et individualisée en fonction du degré d'altération des facultés personnelles de l'intéressé [al. 1er] ». Cette subsidiarité et cette volonté de proportion ne sont heureusement pas nouvelles et déjà elles peuvent être observées dans le droit positif. Le juge devra toujours choisir la mesure la moins contraignante pour le majeur et, dans l'ordre, préférer un accompagnement judiciaire (C. civ., art. 495-1) s'il suffit à une mesure de protection juridique ou le recours à la technique d'un mandat judiciaire s'il permet de pallier la déficience constatée du majeur. Il ne pourra enfin prononcer une mesure de protection juridique que si aucun mandat de protection future n'a été conclu, ou que, bien que l'ayant été, il ne suffise pas à protéger la personne convenablement au regard de ce qui est nécessaire.

B. Traitement civil et traitement médical

466 Le principe reste celui de la dissociation du traitement juridique et du traitement médical du majeur résultant de la confrontation des alinéas 1 et 2 de l'article 490-1. L'incapacité juridique frappant le majeur est distincte des mesures médicales ordonnées. Il n'y a pas de lien obligatoire entre le choix du régime de protection juridique par le juge et la gravité du traitement médical suivi par le majeur. Cela signifie qu'un majeur pourrait faire l'objet d'un placement dans un établissement spécialisé et n'être soumis qu'à la sauvegarde de justice.

467 Le principe d'indépendance demeure en pratique un principe de coopération. Le plus souvent il y aura adéquation de la mesure juridique et de la mesure médicale, mais chacune sera ordonnée selon les règles qui lui sont applicables, le Code civil pour l'une, le Code de la santé publique pour l'autre.

L'altération des facultés personnelles du majeur oblige en effet le juge à prendre en considération l'avis médical du médecin traitant (C. civ., art. 490-1, al. 3) bien qu'il soit libre.

Toute demande d'ouverture d'une mesure doit être accompagnée « à peine d'irrecevabilité » d'un avis médical circonstancié donné par un médecin figurant sur une liste établie par le procureur de la République (art. 431), ledit médecin pouvant demander son avis au médecin traitant (art. 431-1). Par exception, le médecin a un pouvoir de veto lorsque le juge souhaite renouveler une mesure de tutelle ou de curatelle pour une durée supérieure à cinq ans. L'article 442 prévoit en effet « [...] lorsque l'altération des facultés personnelles de l'intéressé décrite à l'article 425 n'apparaît manifestement pas susceptible de connaître une amélioration selon les données acquises de la science, le juge peut, par décision spécialement motivée et sur avis conforme du médecin mentionné à l'article 431, renouveler la mesure pour une durée plus longue qu'il détermine [al. 2] ». L'avis du médecin ici est un avis conforme qui lie le juge. 468 ■

Le certificat médical doit être joint à la requête à peine d'irrecevabilité de celle-ci (C. civ., art. 431) : « Le certificat médical circonstancié prévu par l'article 431 du Code civil : 1° Décrit avec précision l'altération des facultés du majeur à protéger ou protégé ; 2° Donne au juge tout élément d'information sur l'évolution prévisible de cette altération ; 3° Précise les conséquences de cette altération sur la nécessité d'une assistance ou d'une représentation du majeur dans les actes de la vie civile, tant patrimoniaux qu'à caractère personnel, ainsi que sur l'exercice de son droit de vote. Le certificat indique si l'audition du majeur est de nature à porter atteinte à sa santé ou si celui-ci est hors d'état d'exprimer sa volonté. Le certificat est remis par le médecin au requérant sous pli cacheté, à l'attention exclusive du procureur de la République ou du juge des tutelles » (C. pr. civ., art. 1219).

§ 3 Distinction entre les différents régimes de protection

Sauvegarde de justice, curatelle et tutelle sont, eu égard à la sévérité des règles applicables, les trois régimes prévus par la loi pour protéger le majeur. La curatelle est un régime de protection intermédiaire entre les deux autres et emprunte nombre de ses règles à la tutelle. Le Code civil modifié par la loi du 5 mars 2007 adopte pour ordre de présentation, la sauvegarde de justice (A), puis ensemble la curatelle et la tutelle (B). 469 ■

A. La sauvegarde de justice

La sauvegarde de justice concerne les personnes qui n'ont besoin que « d'une protection juridique temporaire ou d'être représentées pour l'accomplissement de certains actes déterminés » (C. pr. civ., art. 433 ; J. Klein et F. Gemignani, « La sauvegarde de justice : aménagements ou évolution ? », *Dr. et pat.* avril 2008, p. 64). Le principe est que la personne conserve l'exercice de ses droits (C. civ., art. 435, al. 1er). La durée de la mesure est d'ailleurs limitée à un an, renouvelable une fois, et lorsque la raison du placement ne demandait qu'une protection temporaire, le juge « peut, à tout moment, en ordonner la main levée si le besoin de protection temporaire cesse » (C. pr. civ., art. 439). 470 ■

471 « Le majeur n'est donc pas atteint par une incapacité générale d'exercice. Il bénéficie malgré tout d'une protection continue qui le place en meilleure situation que le majeur souffrant d'une altération de ses facultés personnelles à l'égard duquel aucun régime n'a été ouvert. Ceci est illustré par la possibilité d'obtenir la rescision pour lésion ou la réduction en cas d'excès des actes passés, « lors même qu'ils ne pourraient être annulés en vertu de l'article 414-1 C. civ. » (art. 435, al. 2 ; v. ss 450).

472 Le fonctionnement de la sauvegarde de justice peut reposer sur la gestion des biens du majeur par un mandataire dont la désignation est antérieure ou postérieure à l'ouverture du régime de protection. Ce mandataire n'est pas soumis obligatoirement aux règles d'approbation et de remise annuelle des comptes pour contrôle au greffe, il faut décision expresse du juge à cet effet.

En l'absence de mandat, les biens du majeur sont administrés selon les règles de la gestion d'affaires (v. art. 1372 et s. du C. civ.). Le quasi-contrat de gestion d'affaires a pour caractéristique de permettre à toute personne, spontanément, de gérer les affaires d'autrui et d'achever la gestion jusqu'à ce que la personne soit en état d'y pourvoir elle-même. La particularité de la sauvegarde de justice par rapport aux règles classiques de la gestion d'affaires tient à l'obligation faite aux proches du majeur (ceux qui auraient qualité pour demander l'ouverture d'une tutelle) de préserver l'intégrité du patrimoine de celui-ci par l'accomplissement de tous les actes conservatoires rendus nécessaires par les circonstances. L'obligation est étendue à ceux qui hébergent à leur domicile le majeur, y compris le directeur de l'établissement de traitement.

473 Toutefois, si les règles précédentes s'avèrent insuffisantes à protéger le majeur sous sauvegarde à l'occasion d'un acte particulier ou de façon générale, tout intéressé peut prévenir le juge des tutelles. Le juge pourra procéder, selon les cas, à la désignation d'un mandataire spécial pour la passation d'un acte déterminé, d'une série d'actes dans la limite de ce qu'un tuteur pourrait faire sans l'autorisation du conseil de famille ou substituer d'office à la sauvegarde une tutelle ou une curatelle (art. 437). Il peut encore renvoyer le demandeur à provoquer l'ouverture d'une tutelle ou curatelle, s'il est de ceux qui ont qualité pour la demander. La mesure prend alors fin par substitution d'une mesure plus protectrice. Mais la sauvegarde de justice peut plus simplement prendre fin parce que la situation l'ayant justifiée a cessé (C. civ., art. 439).

B. La curatelle et la tutelle

474 Curatelle et tutelle font l'objet de présentation commune s'agissant des règles de fonctionnement (1), il convient toutefois de distinguer les régimes, en particulier en matière de gestion patrimoniale (2).

1. *Règles générales de fonctionnement*

a. La protection générale du majeur

475 Le juge saisi par l'une des personnes visées à l'article 430 du C. civ. pourra, en fonction de l'altération constatée des facultés personnelles du majeur, ouvrir une mesure de curatelle ou une mesure de tutelle. Le principe de proportionnalité suppose que le juge ne place le majeur en curatelle que si la sauvegarde de justice ne suffit pas à protéger la personne, et la tutelle que si les deux mesures précédentes

sont insuffisantes. Ce dernier régime postule le besoin d'une représentation « continue dans les actes de la vie civile » (C. civ., art. 440, al. 3).

Le juge ne pourra fixer la mesure de tutelle ou curatelle que pour une durée maximale de cinq ans (art. 441). Il a le pouvoir de la renouveler pour une durée identique et parfois plus longue s'il est justifié au vu des données acquises de la science de l'absence d'amélioration prévisible. En ce dernier cas, le juge devra non seulement obtenir l'avis conforme du médecin mais motiver spécialement la durée plus longue de la mesure (art. 442). La fin de la mesure sera acquise à l'expiration du délai fixé ou antérieurement en cas de jugement de mainlevée prononcé par le juge (C. civ., art. 443). 476 ■

Avec la loi du 5 mars 2007, il n'est plus renvoyé de façon globale à l'organisation de la tutelle des mineurs, hormis pour les cas où les charges tutélaires ou curatélaires sont interdites (renvoi aux art. 395 à 397 du C. civ.). 477 ■

Les charges tutélaires ne supposent pas obligatoirement la constitution d'un conseil de famille (C. civ., art. 445). Le conseil de famille des majeurs en tutelle ne sera constitué que « si les nécessités de la protection de la personne ou la consistance de son patrimoine le justifient et si la composition de sa famille et de son entourage le permet » (C. civ., art. 456). Dans cette hypothèse, si un conseil de famille a été constitué, les règles applicables sont également celles retenues pour les mineurs (C. civ., art. 456, al. 4), sauf :

– art. 398 du C. civ. : le caractère obligatoire de la constitution d'un conseil de famille ;

– art. 399, al. 4 du C. civ. : le choix des membres du conseil de famille en fonction des liens avec les père et mère ;

– art. 401, al. 1er du C. civ. : la compétence en matière d'entretien et d'éducation du mineur en lien avec la volonté des père et mère.

Il appartient au juge des tutelles de désigner le curateur ou le tuteur (C. civ., art. 447), sauf à ce que le majeur soit placé sous tutelle avec constitution d'un conseil de famille lequel est alors compétent (C. civ., art. 456, al. 3). En cette dernière hypothèse, les règles applicables seront les mêmes que celles appliquées par le juge des tutelles (C. civ., art. 446 à 455). Il peut être désigné plusieurs curateurs ou tuteurs « en considération de la situation de la personne protégée, des aptitudes des intéressés et de la consistance du patrimoine à administrer ». 478 ■

Il y a nécessairement désignation d'un tuteur ou d'un curateur, mais le juge apprécie s'il est nécessaire de nommer un subrogé curateur ou un subrogé tuteur (C. civ., art. 454). Ils seront choisis prioritairement, à défaut de désignation par les parents de l'enfant majeur, selon l'ordre prévu aux futurs articles 449 et 450 du Code civil. Priorité est donné à l'autre membre du couple (le conjoint, le pacsé ou le concubin), à défaut un parent, un allié ou « une personne résidant avec le majeur protégé et entretenant avec lui des liens étroits et stables » (C. civ., art. 449, al. 2), à défaut par un mandataire judiciaire.

Le subrogé curateur ou le subrogé tuteur ont pour mission traditionnelle de surveiller les actes du curateur ou tuteur et autant que de besoin de se substituer à eux lorsqu'il y a notamment conflit d'intérêts avec la personne protégée (C. civ., art. 454). La désignation de ceux-ci étant facultative, le législateur a prévu la possibilité de recourir à des curateur ou tuteur *ad hoc* (C. civ., art. 455).

479 La réforme en 2007 a solidarisé la protection à la personne et la protection de son patrimoine, le représentant ayant dès sa désignation cette double mission. Le juge ou le conseil de famille le cas échéant peuvent cependant préférer dissocier ces deux missions (C. civ., art. 447, al. 3). Si ce choix est fait, et à moins que la décision n'y déroge, « les personnes désignées [...] sont indépendantes et ne sont pas responsables l'une envers l'autre. Elles s'informent toutefois des décisions qu'elles prennent » (C. civ., art. 447, al. 4). La personne chargée de la protection à la personne devra respecter les règles générales et le statut des articles 457-1 et suivants du Code civil.

480 Le régime applicable à la nullité des actes est identique quel que soit le régime de protection. Depuis, le 1er janvier 2009, la régularité des actes passés que la personne soit en tutelle ou en curatelle obéit aux articles 464 à 466 du Code civil.

D'une part, les actes accomplis par la personne protégée moins de deux ans avant la publicité de la mesure pourront être maintenus mais les obligations en résultant réduites « sur la seule preuve » de la notoriété ou de la connaissance par le cocontractant à l'époque où les actes ont été passés de l'inaptitude de la personne à défendre ses intérêts en raison de l'altération de ses facultés personnelles (C. civ., art. 464, al. 1er). Ces actes pourront être également annulés, mais il faudra justifier l'existence d'un préjudice subi par la personne protégée (C. civ., art. 464, al. 2). L'action devra dans tous les cas être introduite dans les cinq ans « de la date du jugement d'ouverture de la mesure [al. 3] ».

D'autre part, tous les actes postérieurs à la publicité du jugement d'ouverture de la mesure ne seront plus nuls de droit (C. civ., actuel article 502) mais seront sanctionnés dans les conditions du futur article 465 distinguant : « 1° Si la personne protégée a accompli seule un acte qu'elle pouvait faire sans l'assistance ou la représentation de la personne chargée de sa protection, l'acte reste sujet aux actions en rescision ou en réduction prévues à l'article 435 comme s'il avait été accompli par une personne placée sous sauvegarde de justice, à moins qu'il ait été expressément autorisé par le juge ou par le conseil de famille s'il a été constitué ; 2° Si la personne protégée a accompli seule un acte pour lequel elle aurait dû être assistée, l'acte ne peut être annulé que s'il est établi que la personne protégée a subi un préjudice ; 3° Si la personne protégée a accompli seule un acte pour lequel elle aurait dû être représentée, l'acte est nul de plein droit sans qu'il soit nécessaire de justifier d'un préjudice ; 4° Si le tuteur ou le curateur a accompli seul un acte qui aurait dû être fait par la personne protégée soit seule, soit avec son assistance ou qui ne pouvait être accompli qu'avec l'autorisation du juge ou du conseil de famille s'il a été constitué, l'acte est nul de plein droit sans qu'il soit nécessaire de justifier d'un préjudice. Le curateur ou le tuteur peut, avec l'autorisation du juge ou du conseil de famille s'il a été constitué, engager seul l'action en nullité, en rescision ou en réduction des actes prévus aux 1°, 2° et 3°. Dans tous les cas, l'action s'éteint par le délai de cinq ans prévu à l'article 1304 ».

b. La protection propre à chaque mesure de protection

1. La curatelle

481 La curatelle repose sur un principe d'assistance du majeur dans l'accomplissement des actes. Tout acte qui supposerait l'autorisation du juge ou du conseil de famille en cas de tutelle doit être accompli par le majeur assisté de son curateur (C. civ., art. 467). L'assistance résulte pour les actes écrits de l'apposition de la signature du curateur à côté de celle du majeur. Le curateur peut toujours refuser son assistance, le

majeur devra en ce cas obtenir l'autorisation du juge des tutelles ou du conseil de famille (C. civ., art. 469, al. 3). Le juge ne pourra donner cette autorisation supplétive qu'après avoir entendu ou appelé le curateur (C. pr. civ., art. 1257). Les actes soumis à l'assistance du curateur sont visés de façon générique par le législateur, il s'agit de l'emploi par le majeur de ses capitaux (C. civ., art. 468, al. 1er), de l'introduction ou de la défense à une action en justice (C. civ., art. 468, al. 3), des donations (C. civ., art. 470, al. 2 ; il peut en revanche librement tester), ou encore du mandat de protection future (C. civ., art. 477, al. 2). Les significations faites au majeur protégé doivent l'être aussi au curateur (C. civ., art. 467, al. 3). De façon particulière, le juge peut, à tout moment, reconnaître au majeur la capacité d'accomplir des actes qui normalement requerraient l'assistance du curateur, ou à l'inverse ajouter des actes à la liste de ceux qui supposent l'assistance du curateur (C. civ., art. 471).

L'article 469, al. 1er du C. civ. pose un principe d'interdiction : « Le curateur ne peut se substituer à la personne en curatelle pour agir en son nom ». Par exception, si le curateur constate que « la personne en curatelle compromet gravement ses intérêts », il peut saisir le juge pour être autorisé à passer seul l'acte ou pour demander l'ouverture d'une tutelle (C. civ., art. 469, al. 3). **482 ■**

Le juge pourra également ordonner une curatelle renforcée conférant davantage de pouvoirs au curateur en matière de gestion. L'article 472 du C. civ. énonce que « Dans ce cas, le curateur perçoit seul les revenus de la personne en curatelle sur un compte ouvert au nom de cette dernière. Il assure lui-même le règlement des dépenses auprès des tiers et dépose l'excédent sur un compte laissé à la disposition de l'intéressé ou le verse entre ses mains [al. 1er] ». S'il y a curatelle renforcée, il y a lieu d'appliquer partiellement les règles de gestion du patrimoine des mineurs et majeurs en tutelle conformément à l'article 472, alinéa 3 du Code civil, v. ss 485. **483 ■**

2. La tutelle

Le principe est celui de la représentation du majeur en tutelle pour tous les actes de la vie civile, hormis ceux que la loi ou l'usage lui permet d'accomplir seul (C. civ., art. 473). Ce régime peut être adapté par le juge des tutelles qui peut décider que pour certains actes l'assistance du tuteur suffit ou qu'elle n'est même pas nécessaire. Le majeur sous tutelle peut faire une donation en étant assisté ou représenté par le tuteur, sous réserve d'avoir été autorisé par le juge des tutelles ou le conseil de famille (N. Peterka, « Les libéralités du majeur protégé dans la loi du 5 mars 2007 », *Dr. fam.* mai 2007, Étude 20), mais il pourra tester seul, après l'ouverture de la tutelle, sous réserve d'obtenir la même autorisation, sans que le tuteur, cette fois, puisse l'assister ou le représenter (C. civ., art. 476). Il n'est pas besoin d'autorisation pour que le majeur révoque un testament fait avant ou après l'ouverture de la tutelle. L'article 476 dispose enfin que « le testament fait antérieurement à l'ouverture de la tutelle reste valable à moins qu'il ne soit établi que, depuis cette ouverture, la cause qui avait déterminé le testateur à disposer a disparu ». Mais la protection la plus importante du majeur reste au stade de la gestion de ses biens, le régime de la tutelle est alors précisément réglementé. **484 ■**

2. *Règles relatives à la gestion du patrimoine*

Le nouveau titre XII du Code civil consacré à la gestion du patrimoine des mineurs et des majeurs résulte de la loi du 5 mars 2007. **485 ■**

486 Le tuteur est le représentant de la personne protégée et en tant que tel il est tenu dans sa gestion d'apporter « des soins prudents, diligents et avisés, dans le seul intérêt de la personne protégée » (C. civ., art. 496, al. 2). Les pouvoirs du tuteur seront déterminés, en fonction du type d'acte accomplis sur le patrimoine du majeur. L'un des apports de la loi réside dans la clarification apportée par le décret d'application du 22 décembre 2008 ayant dressé la liste des actes qui seront considérés comme des actes d'administration relatifs à la gestion courante du patrimoine et ceux qui seront qualifiés d'« actes de disposition » engageant le patrimoine de manière durable et substantielle (art. 496, al. 3), donnant une définition de chacun de ces concepts.

487 L'accomplissement des actes de gestion par le tuteur sera soit interdit, soit soumis à autorisation, soit libre de toute autorisation. Les articles 503 à 509 du Code civil ont le mérite d'être présentés de façon ordonnée. Sont distingués trois paragraphes portant successivement sur les actes que le tuteur accomplit sans autorisation (C. civ., art. 503 et 504), avec une autorisation (C. civ., art. 505 à 508), enfin les actes que le tuteur ne peut accomplir (C. civ., art. 509). Sur le fond, l'équilibre des pouvoirs entre le tuteur et le conseil de famille, lorsqu'il a été constitué, est assez traditionnel. La loi de 2007 est sans doute plus précise sur les modalités pratiques de la gestion et plus moderne car elle prend en compte l'évolution des biens composants les patrimoines en se référant notamment aux instruments financiers.

488 Le Conseil de famille, à défaut le juge s'il n'y a pas de conseil, aura principalement pour fonction d'autoriser ou non les actes que le tuteur ne peut accomplir seul (C. civ., art. 502).

Le tuteur agit, sous contrôle du conseil de famille, le plus souvent par voie d'autorisation préalable pour les questions pécuniaires. Le budget de la tutelle est fixé par le conseil de famille. Ce budget comprend le fonctionnement de la tutelle, les frais particuliers pour la gestion des biens et les sommes qui chaque année sont nécessaires à l'entretien de la personne protégée (C. civ., art. 500). Le tuteur peut suggérer le recours à des administrateurs particuliers pour la gestion de certains biens. Le conseil de famille aura le pouvoir d'exiger l'emploi des capitaux liquides et l'excédent de revenus par le tuteur, ainsi que de contrôler l'emploi et le remploi des fonds (C. civ., art. 501, al. 1er). Ces rapports du tuteur et du conseil de famille, le cas échéant du juge, sont régis par les articles 500 à 502 du C. civ.

489 La gestion du patrimoine des majeurs et des mineurs telle que résultant de la nouvelle loi est dans l'ensemble particulièrement précise. Elle reprend en les développant les différentes étapes du fonctionnement de la tutelle que l'on connaît en droit positif. Ceci est particulièrement vérifiable s'agissant de l'établissement, de la vérification et de l'approbation des comptes qui forment un nouveau chapitre dans le Code civil aux lieux et place des articles 469 à 475 du Code civil. La comparaison des textes est frappante. Les nouvelles dispositions précisent le déroulement pratique et concret des opérations à réaliser par le tuteur et le subrogé tuteur, là où les textes anciens indiquaient seulement le but à atteindre.

490 Les obligations du tuteur ont été également renforcées et avec elles ses pouvoirs. S'il doit établir chaque année un compte de sa gestion avec en annexe toutes pièces justificatives, la loi l'autorise à exiger des établissements bancaires ou financiers un relevé annuel du ou des comptes de la personne protégée sans que ceux-ci puissent opposer le secret professionnel ou bancaire.

Le tuteur doit établir chaque année un compte de sa gestion avec en annexe toutes pièces justificatives (C. civ., art. 510), à moins que, la tutelle n'ayant pas été confiée à un mandataire judiciaire à la protection des majeurs, « la modicité des revenus et du patrimoine de la personne protégée » conduise le juge à l'en dispenser (C. civ., art. 512). La loi l'autorise à exiger des établissements bancaires ou financiers un relevé annuel du ou des comptes de la personne protégée sans que ceux-ci puissent opposer le secret professionnel ou bancaire (C. civ., art. 470, al. 2). Les droits de la personne protégée sont également défendus puisque celle-ci aura communication du compte de gestion dressé par le tuteur dès l'âge de seize ans. Une communication est en outre effectuée au subrogé tuteur, la solution est classique, mais également aux autres personnes chargées de la protection si le tuteur l'estime utile. Le conjoint ou le partenaire d'un pacte, le parent ou l'allié ou tout simplement un proche pourrait également demander au juge communication du dossier.

La vérification des comptes sera faite par le subrogé tuteur s'il y en a un, puis par le 491 ■
greffier en chef du tribunal d'instance (C. civ., art. 511). Le juge peut enfin en considération de l'intérêt patrimonial en cause, recourir à un technicien et lui confier mission de vérification et d'approbation du compte de gestion (C. civ., art. 513).

La reddition des comptes est définitive lorsqu'il est mis fin pour quelque cause que ce 492 ■
soit à la mission du tuteur. En pareil cas, dans les trois mois qui suivent la fin de la mission, le tuteur devra remettre à son successeur, à la personne devenue capable ou à ses héritiers les cinq derniers comptes de gestion (C. civ., art. 514).

La prescription de l'action en reddition de comptes, en revendication ou en paiement diligentée par la personne protégée ou par ses héritiers pour les faits de tutelle est une prescription quinquennale. Le point de départ du délai court à compter de la fin de la mesure et non de la fin de la gestion (C. civ., art. 515).

§ 4 Déclinaison de nouvelles mesures de protection

La loi n° 2007-308 du 5 mars 2007 a institué une nouvelle profession celle des 493 ■
« mandataires judiciaires de protection des majeurs ». Le coût induit par la nouvelle loi n'est sans doute pas sans lien avec la date de son entrée en vigueur. Les cas où le patrimoine de la personne protégée suffira à assumer la charge financière de sa protection par des mandataires non familiaux seront un faible pourcentage et il apparaît que le coût sera en grande part à charge de la collectivité. De nouvelles mesures de protection devraient cependant permettre une régulation de ce coût. La première est le mandat de protection future qui permet aux particuliers d'organiser conventionnellement les modalités de leur protection si elle devenait nécessaire (A). La deuxième est la mesure d'accompagnement judiciaire qui préventivement conduit à aider le majeur dans la gestion des prestations sociales alors qu'il ne fait l'objet d'aucune autre mesure de protection (B). La troisième est l'habilitation familiale (C).

A. Le mandat de protection future

Grande innovation de la loi du 5 mars 2007, le mandat de protection future permet à 494 ■
chacun d'organiser conventionnellement les modalités de sa prise en charge future

et par nature éventuelle (J. Klein, « Le mandat de protection future ou la protection juridique conventionnelle », *Dr. fam.* mai 2007, Étude 21 ; Ph. Potentier, « Forces et faiblesses du mandat de protection future », *Dr. et pat.* avril 2008, p. 74 ; M. Revillard, « Le mandat de protection future en droit international privé », *Defrénois* 2008, art. 38806, p. 1533 ; F. Fenouillet, « Le mandat de protection future », *Defrénois* 2009). L'article 477 du Code civil énonce que « Toute personne majeure ou mineure émancipée ne faisant pas l'objet d'une mesure de tutelle peut charger une ou plusieurs personnes, par un même mandat, de la représenter pour le cas où, pour l'une des causes prévues à l'article 425, elle ne pourrait plus pourvoir seule à ses intérêts [al. 1er] ». Comme son nom l'indique le mandat de protection future est un mandat. À ce titre, il sera régi par le droit commun applicable au contrat de mandat. L'article 478 du Code civil renvoie autant que de besoin aux articles 1984 à 2010 du Code civil. Mais il s'agit d'un mandat d'une nature particulière qui tend à la protection d'une personne et de ses biens dans l'avenir pour autant que cette personne souffre d'une altération de ses facultés personnelles. Cette spécificité conduit à réserver l'application du droit commun lorsque celui-ci serait incompatible avec les nouvelles dispositions. S'agissant de la protection à la personne, le mandat devra se conformer aux articles 457-1 à 459-2 du Code civil (art. 478, al. 2). La publicité du mandat a été organisée par la loi n° 2015-1776 du 28 décembre 2015 relative à l'adaptation de la société au vieillissement qui a ajouté un nouvel article 477-1 au Code civil ainsi rédigé : « Le mandat de protection future est publié par une inscription sur un registre spécial dont les modalités et l'accès sont réglés par décret en Conseil d'État ».

■ 495 L'identité du mandataire pouvant être toute personne physique sans autre condition que celle d'avoir été choisie par le mandant (C. civ., art. 480) ou une personne morale figurant sur la liste des mandataires judiciaires de protection à la personne, le législateur a pris nombre de précautions pour encadrer le nouveau contrat et protéger le mandant. Parmi celles-ci, les pouvoirs du mandataire et leur exercice ont été l'objet de toutes les attentions. Si le mandat organise lui-même les modalités de contrôle de son exécution (C. civ., art. 479), il est prévu que « Tout intéressé peut saisir le juge des tutelles aux fins de contester la mise en œuvre du mandat ou de voir statuer sur les conditions et les modalités de son exécution » (C. civ., art. 484). Le mandataire sera tenu de tenir un compte de gestion et à la fin de sa mission il devra tenir à la disposition de la personne ou de ses héritiers les cinq derniers comptes (C. civ., art. 487). La forme du mandat mais aussi le contrôle des obligations du mandataire par le juge des tutelles servent cette prudence.

■ 496 Selon la forme du mandat, les pouvoirs du mandataire ne seront pas les mêmes. Le mandat peut, tout d'abord, prendre la forme d'un acte sous seing privé ou la forme d'un acte notarié, forme qui sera imposée si le mandat a été rédigé par des parents pour leur enfant mineur ou majeur au cas où ils décéderaient. Le mandat notarié (C. civ., art. 489 à 491) peut être modifié par le mandant tant qu'il n'a pas pris effet. Toute modification ou révocation doit être notifiée au mandataire, ce dernier devant également notifier au mandant et au notaire sa volonté de renoncer à sa mission si tel était le cas.

Le mandataire peut accomplir « tous les actes patrimoniaux que le tuteur a le pouvoir d'accomplir seul ou avec une autorisation » (C. civ., art. 490). L'étendue des pouvoirs du mandataire trouve en contrepoids la présence d'un notaire auquel les comptes de gestion devront être remis et qui sera chargé de surveiller la gestion. L'article 491, alinéa 2 du C. civ. dispose notamment qu'il « saisit le juge des tutelles de tout mouvement de fonds et de tout acte non justifiés ou n'apparaissant pas conforme aux stipulations du mandat ».

Le mandat peut prendre la forme d'un acte sous seing privé d'une nouvelle nature puisqu'il devra être contresigné par un avocat (C. civ., art. 492). Ce mandat ne permet l'accomplissement par le mandataire que des actes qu'un tuteur pourrait faire sans autorisation (C. civ., art. 493), pour tout autre type d'acte le mandataire devra s'adresser au juge des tutelles.

Dans tous les cas, l'exécution du contrat de mandat débutera par les modalités fixées à l'article 481 du Code civil : « Le mandat prend effet lorsqu'il est établi que le mandant ne peut plus pourvoir seul à ses intérêts. Celui-ci en reçoit notification dans les conditions prévues par le Code de procédure civile [al. 1er]. À cette fin, le mandataire produit au greffe du tribunal d'instance le mandat et un certificat émanant d'un médecin choisi sur la liste mentionnée à l'article 431 établissant que le mandant se trouve dans l'une des situations prévues à l'article 425. Le greffier vise le mandat et date sa prise d'effet, puis le restitue au mandataire [al. 2] ».

B. Les mesures d'accompagnement de la personne

1. *La mesure d'accompagnement judiciaire*

La mesure d'accompagnement judiciaire suppose que la personne concernée ne soit pas déjà soumise à une mesure de protection traditionnelle (sauvegarde de justice, curatelle ou tutelle) ni à un mandat de protection future (C. civ., art. 495-1). Il s'agit d'une forme renouvelée de tutelle aux prestations sociales. Plus exactement, l'article 495-4, alinéa 1er du Code civil énonce que : « La mesure d'accompagnement judiciaire porte sur la gestion des prestations sociales choisies par le juge, lors du prononcé de celle-ci, dans une liste fixée par décret ». 497 ■

Cette mission ne peut être dévolue qu'à un mandataire judiciaire à la protection des majeurs. Il sera tenu de gérer les « prestations dans l'intérêt de la personne en tenant compte de son avis et de sa situation familiale » (C. civ., art. 495-7, al. 2). La mesure peut être ordonnée pour deux ans renouvelables une fois pour la même durée sur décision spécialement motivée (C. civ., art. 495-8). 498 ■

2. *La mesure d'accompagnement social personnalisé*

Cette nouvelle mesure est insérée au Code de l'action sociale et des familles aux articles L. 271-1 à L. 271-8. Aux termes de l'article L. 271-1, alinéa 1er « Toute personne majeure qui perçoit des prestations sociales et dont la santé ou la sécurité est menacée par les difficultés qu'elle éprouve à gérer ses ressources peut bénéficier d'une mesure d'accompagnement social personnalisé qui comporte une aide à la gestion de ses prestations sociales et un accompagnement social individualisé ». 499 ■

Cet accompagnement peut prendre deux formes. La première est celle d'un contrat passé entre la personne et le département. Là encore le délai maximal du contrat est de quatre ans, la durée minimale étant de six mois. En pratique, le département utilisera très certainement la possibilité de délégation qui lui est laissée à l'article L. 271-3 du CASF à une autre collectivité territoriale, à un centre d'action sociale, à 500 ■

une association ou à un organisme à but non lucratif, voire à un organisme débiteur de prestation sociales. La seconde forme de l'accompagnement est de nature coercitive. Si la personne a refusé de souscrire le contrat ou ne l'a pas respecté, l'article L. 271-5 prévoit que « [...] le président du conseil général peut demander au juge d'instance que soit procédé au versement direct, chaque mois, au bailleur, des prestations sociales dont l'intéressé est bénéficiaire à hauteur du montant du loyer et des charges locatives dont il est redevable [al. 1er] ». Si au bout du compte l'intéressé n'est toujours pas capable de gérer les prestations qui lui sont allouées au point que sa santé ou sa sécurité en est compromise, le président du conseil général transmettra le dossier et tous ses éléments au procureur de la République. Le procureur pourra saisir le juge des tutelles aux fins d'ouverture d'une mesure de protection à la personne (CASF, art. L. 271-6).

C. L'habilitation familiale

■ 501 Cette nouvelle mesure de protection juridique des majeurs a été instituée par l'ordonnance n° 2015-1288 du 15 octobre 2015, modifiée par le décret n° 2016-185 du 23 février 2016 pour l'application de l'ordonnance n° 2015-1288 du 15 octobre 2015 portant simplification et modernisation du droit de la famille, réforme en conséquence le Code de procédure civile (J. Combret et N. Baillon-Wirtz, « Réforme du droit de la famille, nouvelles procédures avec le décret du 23 février 2016 », *JCP* N 2016. 1098 ; R. Binet, « Publication du décret n° 2016-185 du 23 février 2016 : dispositions relatives au divorce », *Dr. fam.* 2016, comm. 74 ; « Bref aperçu des règles procédurales fixées par le décret n° 2016-185 du 23 février 2016 pour l'application de l'ordonnance n° 2015-1288 du 15 octobre 2015 portant simplification et modernisation du droit de la famille », *Procédures* 2016, étude 4, nos observations ; N. Peterka, « Le statut de la personne habilité », *Dr. fam.* 2016, dossier 44 ; L. Mauger-Vielpeau, « L'habilitation familiale : la saisine du juge des tutelles », *Dr. fam.* 2016, dossier 41 ; *AJ fam.* 2016. 126, obs. D. Filosa, P. Salvage-Gerest, V. Avena-Robardet) et enfin par la loi n° 2016-1547 du 18 novembre 2016.

Elle est définie à l'article 494-1 du C. civ. : « Lorsqu'une personne est hors d'état de manifester sa volonté pour l'une des causes prévues à l'article 425, le juge des tutelles peut habiliter une ou plusieurs personnes choisies parmi ses ascendants ou descendants, frères et sœurs ou, à moins que la communauté de vie ait cessé entre eux, le conjoint, le partenaire auquel elle est liée par un pacte civil de solidarité ou le concubin à la représenter ou à passer un ou des actes en son nom dans les conditions et selon les modalités prévues à la présente section et à celles du titre XIII du livre III qui ne lui sont pas contraires, afin d'assurer la sauvegarde de ses intérêts ».

■ 502 Cette mesure ne peut être ordonnée qu'à titre subsidiaire et en cas de nécessité par le juge : « et lorsqu'il ne peut être suffisamment pourvu aux intérêts de la personne par l'application des règles du droit commun de la représentation, de celles relatives aux droits et devoirs respectifs des époux et des règles des régimes matrimoniaux, en particulier celles prévues aux articles 217, 219, 1426 et 1429, ou par les stipulations du mandat de protection future conclu par l'intéressé » (C. civ., art. 494-2). Il s'agit d'éviter le recours à une mesure de protection judiciaire alors que les autres modes de représentation ont échoué ou ne suffisent pas.

La personne habilitée doit remplir les conditions qui auraient été requises pour exercer les charges tutélaires. La mission est exercée à titre gratuit.

Le domaine de l'habilitation est précisément déterminé par le juge. Il peut être spécial ou général aux conditions de l'article 494-6 du C. civ. 487. 503 ■

La procédure se déroule devant le juge des tutelles selon les nouvelles dispositions résultant du décret n° 2016-187 du 23 février 2016 aux articles 1260-1 à 1260-12 du C. pr. civ.. Les parties ne sont pas tenues de constituer un avocat, ni même en appel (C. pr. civ., art. 1260-12, al. 3). Le juge compétent est « celui de la résidence habituelle de la personne à l'égard de qui l'habilitation est sollicitée ou faisant l'objet de l'habilitation » (C. pr. civ., art. 1260-1).

À peine d'irrecevabilité, l'article 1260-3 du C. pr. civ. exige : « 1° le certificat médical circonstancié prévu à l'article 431 du C. civ. », qui doit donc être rédigé par « un médecin choisi sur une liste établie par le procureur de la République » (C. civ., art. 431) et « 2° l'énoncé des faits qui appellent cette protection au regard de l'article 494-2 du C. civ. ». S'il s'agit d'un renouvellement, il faudra joindre la décision ayant délivré l'habilitation initiale (C. pr. civ., art. 1260-4). La requête mentionnera enfin « tout élément utile concernant la situation familiale de la personne à l'égard de qui l'habilitation est sollicitée et notamment l'identité des proches mentionnés à l'article 494-1 du C. civ., la situation financière et patrimoniale de l'intéressé, le nom du médecin traitant si celui-ci est connu du requérant » (C. pr. civ., art. 1260-3, al. 2).

Le juge saisi va entendre la personne objet de l'habilitation, qui peut, conformément à l'article 432 du C. civ. auquel il est renvoyé, être accompagnée ou non d'un avocat. Il sera procédé selon les mêmes modalités qu'en matière de tutelles (C. pr. civ., art. 1220 à 1220-3). L'article 1260-6 du C. pr. civ. distingue les situations où l'audition de la personne qui demande à être habilitée ou à être renouvelée dans cette fonction, sera obligatoire, le juge devant y procéder, de celles où il pourra, s'il l'estime opportun seulement, y procéder.

À l'audience qui se tient en chambre du conseil, le juge entend le requérant, la personne objet de la mesure, la personne devant être habilitée, le ministère public pouvant faire connaître son avis par écrit. Les avocats s'ils ont été constitués sont entendus. Le juge doit statuer sur la requête, à peine de caducité, dans l'année de sa saisine. La décision est notifiée à la personne objet de la mesure, à la personne demandant à être habilitée et aux proches, le procureur de la République en est avisé. Publicité est assurée de la décision « accordant, modifiant, renouvelant ou ordonnant la mainlevée d'une habilitation légale générale », ainsi que toute autre cause mettant fin à l'habilitation, au greffe du tribunal de grande instance dans le ressort duquel est né la personne faisant l'objet de l'habilitation.

L'appel est recevable dans les quinze jours à compter de la notification de la décision, et à compter de la remise de l'avis pour le procureur de la République. L'article 1260-12, al. 5 procède par renvoi aux articles 1242, 1243 à 1247 du C. pr. civ.

section 3

La personne victime de violences

Ces violences s'inscrivent dans le cadre de l'intimité familiale et ont donné lieu à un régime de protection spécifique à la fois civile et pénale. Elles ne sont pas par nature sexuées, même si souvent les femmes sont les premières à en pâtir. Elles ont alors un 504 ■

caractère nécessairement discriminant (CEDH 9 juin 2009, 9 sept. 2009, n° 33401/02, *Opuz c/ Turquie* : JurisData n° 2009-022589. - L. Pelletier, « Précisions sur la portée de l'obligation positive pour les États de prendre des mesures préventives en matière de lutte contre les violences conjugales », *D.* 2016. 1124) : la Commission des droits de l'homme des Nations Unies a expressément reconnu l'existence d'un lien entre la violence fondée sur le sexe et la discrimination, soulignant dans sa résolution 2003/45 « que toutes les formes de violence contre les femmes dans la famille s'inscrivent dans le contexte d'une discrimination de jure et de facto à l'égard des femmes et de la condition d'infériorité réservée à la femme dans la société, et qu'elles sont exacerbées par les obstacles auxquels, bien souvent, se heurtent les femmes qui essaient d'obtenir réparation de l'État » (§ 188) et « la Convention de Belém do Pará, qui constitue à ce jour le seul traité multilatéral de protection des droits de l'homme exclusivement consacré à la lutte contre la violence à l'égard des femmes, énonce que le droit de la femme de vivre dans un climat libre de violence comprend entre autres le droit d'être libre de toutes formes de discrimination » (§ 189 ; v. aussi : CEDH 23 févr. 2016, n° 55354/11, *Civeck c/ Turquie* : JurisData n° 2016-004339 ; *JCP* G 2016. 327, obs. F. Rousseau ; *D.* 2016. 1124 – CEDH 22 mars 2016, n° 646/10, *M. G. c/ Turquie* : JurisData n° 2016-005934 ; *JCP* G 2016. 438, obs. B. Pastre-Belda).

L'Europe a grandement contribué à la prise de conscience de la banalisation des violences dans le cadre familial et de la nécessité d'y remédier par des outils adéquats. Au sein du Conseil de l'Europe, l'entrée en vigueur, le 1er août 2014, de la convention d'Istanbul après dix ratifications, et, en France, le 1er novembre, permettra la mise en place des quatre P : « politiques intégrées », « prévention des violences », « protection des victimes » et « poursuites des auteurs ». L'Union européenne n'est pas en reste, outre la directive 2011/99/UE du Parlement européen et du Conseil, du 13 décembre 2011, relative à la décision de protection européenne, dont on attend la transposition, le règlement (UE) n° 606/2013 du Parlement européen et du Conseil, du 12 juin 2013, relatif à la reconnaissance mutuelle des mesures de protection en matière civile, est entré en vigueur le 11 janvier 2015. Parmi ces mesures de protection figure l'ordonnance de protection prise par le juge aux affaires familiales et instituée par la loi du 9 juillet 2010.

505 Plusieurs lois importantes ont, en effet, participé, en France, à cette construction. La loi n° 2010-769 du 9 juillet 2010 relative aux violences faites spécifiquement aux femmes, aux violences au sein des couples et aux incidences de ces dernières sur les enfants, ainsi que le décret n° 2010-1134 du 29 septembre 2010 relatif à la procédure civile de protection des victimes de violences au sein des couples, répondent à la demande des victimes d'une protection adaptée. Déjà la loi n° 2004-439 du 26 mai 2004 relative au divorce, la loi n° 2006-399 du 4 avril 2006 renforçant la prévention et la répression des violences au sein du couple, et, antérieurement, en droit pénal, diverses incriminations particulières aux rapports conjugaux avaient pris des dispositions particulières.

506 Le Code civil contient, depuis 2010, un titre XIV au Livre I « Des personnes », « Des mesures de protection des victimes de violences ». Au terme de l'article 515-9 du C. Civ., « Lorsque les violences exercées au sein du couple ou par un ancien conjoint, un ancien partenaire lié par un pacte civil de solidarité ou un ancien concubin mettent en danger la personne qui en est victime, un ou plusieurs enfants, le juge aux affaires familiales peut délivrer en urgence à cette dernière une ordonnance de protection ». Cette ordonnance de protection délivrée par le juge aux affaires familiales sur requête permet de fixer diverses mesures provisoires énumérées à l'article 515-11 du C. Civ., parmi lesquelles la résidence de la famille, l'éloignement de la personne violente, les modalités d'exercice de l'autorité parentale. Cette ordonnance ne suppose pas nécessairement une procédure ultérieure en divorce, mais elle peut avantageusement la précéder lorsque la rupture est consommée. De la même façon, il faut souligner que la violence commise peut, à titre autonome, donner lieu à une plainte au commissariat par la victime, éventuellement plainte avec constitution de partie civile, et que le juge des libertés et de la détention a pu instaurer un contrôle judiciaire avec injonction d'éloignement jusqu'à l'audience de jugement. Si dans les deux cas (ordonnance de protection et injonction d'éloignement) il y a mise à l'écart de la personne violente, les deux procédures ne se recoupent pas dans leur objet et leur durée, il sera donc pertinent de recourir simultanément aux deux.

La personne victime de violences bénéficie d'un ensemble de dispositions à la fois civiles et pénales. La toute récente loi du 4 août 2014 relative à l'égalité réelle entre les femmes et les hommes a étendu le dispositif de protection. Elle fait obligation, notamment par les nouveaux articles 221-5-5 et 222-48-2 du Code pénal, aux magistrats, en présence d'enfant, de statuer sur le retrait total ou partiel de l'autorité parentale, élargissant le dispositif antérieur aux dossiers de violences conjugales. Il y aura souvent approche transversale d'un même dossier par des juges différents, selon des procédures distinctes, sans que la communication entre eux soit toujours organisée par les textes. La loi n° 2016-297 du 14 mars 2016 relative à la protection de l'enfant renforce la protection en un domaine où les mineurs sont vulnérables (C. Gatto, « L'intérêt de l'enfant exposé aux violences conjugales », *RTD civ.* 2014. 567 ; « L'enfant face aux violences conjugales », *AJ fam.* 2013. 271 et Dossier « Enfant et conflit conjugal », *AJ fam.* 2013. 263. - R. Cario, *L'enfant exposé aux violences conjugales, Vers un statut spécifique ?,* éd. l'Harmattan, 2012). 507 ■

L'existence de violences au sein de la famille aura des répercussions directes sur l'exercice de l'autorité parentale s'agissant des enfants, sur les modes de rupture du couple, la médiation familiale étant proscrite en présence de violences, ou sur la jouissance du domicile conjugal.

10

Compléments pédagogiques

Mémo

Le droit protège certaines catégories de personnes jugées particulièrement vulnérables. Ce sera le cas des mineurs, des majeurs et des victimes de violences.

« Le mineur est l'individu de l'un ou de l'autre sexe qui n'a point encore l'âge de dix-huit ans » (C. civ., art. 388). L'étendue de l'incapacité juridique du mineur oblige à organiser la vie du mineur selon le mode classique de l'administration légale et à défaut de la tutelle.

Les actes susceptibles d'être passés par un mineur peuvent avoir un contenu patrimonial ou extrapatrimonial. Afin de préserver les intérêts du mineur, la loi exige parfois qu'il soit accompagné au moment de l'accomplissement de l'acte par un majeur chargé de représenter ses intérêts ou plus radicalement remplacé par ce majeur. L'administrateur légal de l'enfant ou le tuteur, par la technique de la représentation, agira au nom et pour le compte du mineur. *Une fois l'acte accompli, le mineur est encore protégé s'il n'a pas respecté les prescriptions légales.* La sanction classique est la nullité des actes que le mineur aurait accomplis en dépit de son incapacité, ou la rescision pour lésion.

L'étendue de *l'incapacité juridique* dépend en partie de l'âge du mineur concerné. *Le mineur émancipé a une certaine autonomie juridique*, même s'il est vrai que l'émancipation confère seule au mineur une pleine capacité juridique. *La loi n° 93-22 du 8 janvier 1993 a assoupli le régime des incapacités* par l'insertion des articles 388-1 et 388-2 du Code civil prévoyant respectivement *l'audition et la représentation de l'enfant en justice. Un décret du 29 mai 2009 a modifié les règles applicables à l'audition, véritable droit pour l'enfant.* La loi n° 303 du 4 mars 2002 relative aux *droits des malades et à la qualité du système de santé poursuit l'évolution en reconnaissant un droit au mineur d'information et de participation à la décision le concernant selon son degré de maturité.* Le mineur non émancipé peut accomplir tous les actes de la vie courante ou les actes spécialement énumérés par la loi. L'émancipation d'un mineur résulte de plein droit du mariage (C. civ., art. 413-1) ou, à certaines conditions, d'une décision du juge des tutelles. Les effets de l'émancipation sont importants puisque *« le mineur émancipé est capable, comme un majeur, de tous les actes de la vie civile » (C. civ., art. 481, al. 1er).* L'émancipation met fin à l'incapacité du mineur.

Afin de remédier à l'incapacité juridique du mineur, la technique de *la représentation* permet l'accomplissement des actes de la vie civile au nom et pour le compte du mineur par une personne désignée à cet effet. *L'enfant mineur est habituellement représenté par ses parents grâce au système de l'administration légale, le cas échéant* il y a instauration du système de la *tutelle*.

Le juge des tutelles peut décider la cessation de l'administration légale d'office, à la demande de parents ou alliés ou du ministère public et ouvrir une tutelle. Lorsque l'administration légale est pure et simple, il doit exister une cause grave (C. civ., art. 391). *Il y a toujours dissociation entre la personne du mineur et celles de ses représentants lorsque leurs intérêts entrent en conflit*, un administrateur *ad hoc* est désigné par le juge. Il ne remplace les parents que pour l'objet et le temps de sa mission.

Le mineur peut être protégé par l'ouverture d'une tutelle lorsqu'il n'a pas ou qu'il n'a plus de parents pour prendre soin de lui, lorsque ses parents se sont vu retirer l'autorité parentale, et pour l'enfant qui n'a ni père ni mère (C. civ, art. 390). La tutelle peut encore être substituée à l'administration légale par décision du juge des tutelles (C. civ., art. 391).

La tutelle est une charge publique (C. civ., art. 394). *Si personne n'accepte* la charge de s'occuper de l'enfant, celui-ci est placé au service de *l'aide sociale à l'enfance* auquel est dévolu la tutelle vacante (C. civ., art. 411). *Le plus souvent* heureusement, elle pourra être confiée à un *conseil de famille* présidé par le juge des tutelles, au tuteur et au subrogé tuteur. *Le conseil de famille est composé de personnes désignées par le juge. Le conseil de famille doit procéder à la nomination parmi ses membres d'un subrogé tuteur*. Le *tuteur* enfin est *l'organe d'exécution* de la tutelle, il peut être testamentaire ou datif.

La caractéristique du régime de la tutelle est la recherche d'un équilibre entre les différents organes présidant à sa mise en œuvre par une dissociation des pouvoirs à l'égard du mineur, et toujours sous la surveillance du juge des tutelles. *Le tuteur est évidemment tenu de prendre soin de la personne du mineur et de le représenter dans tous les actes civils. Il peut accomplir seul tous les actes d'administration, a fortiori les actes conservatoires.* En revanche, tout acte de disposition ne pourra être passé qu'après *autorisation du conseil de famille*. En matière de *succession* et de *libéralités*, les pouvoirs du tuteur seront limités par le risque de charges nouvelles imposées au mineur. Enfin, pour les actions en justice relatives à la défense des droits patrimoniaux du mineur, elles correspondent à des *actes de préservation du patrimoine* de l'enfant et le tuteur n'est donc pas tenu d'obtenir l'agrément du conseil de famille, à la différence des actions relatives à des droits extrapatrimoniaux (C. civ., art. 464).

Le bon accomplissement de ses fonctions par le tuteur est garanti par la *remise annuelle d'un compte de gestion*, par la nécessité d'obtenir *approbation du compte de tutelle par le mineur* à la reddition de celui-ci, par la *possibilité du mineur d'engager à l'encontre des organes tutélaires une action en responsabilité* à l'issue de leur mission.

Tout le régime de l'incapacité des majeurs reposait sur la loi n° 68-5 du 3 janvier 1968 instituant trois régimes de protection du majeur, la sauvegarde de justice, la curatelle et la tutelle. L'importante loi n° 2007-308 du 5 mars 2007 portant réforme de la protection des majeurs est entrée en vigueur au 1er janvier 2009. Elle ordonne la matière, la simplifie et l'enrichit.

Une personne peut souffrir d'une atteinte passagère à ses facultés, sans pour autant avoir besoin d'une protection organisée pour tous les actes de la vie civile. Il est inutile d'ouvrir un régime de protection, mais il est nécessaire de protéger ponctuellement la personne pour l'accomplissement de tel ou tel acte. *Que le majeur souffrant d'une altération de ses facultés soit ou non placé sous un régime de protection, il est protégé par l'action en rescision pour lésion ou en nullité de l'acte passé, à condition* de prouver l'existence d'un trouble mental au moment de la passation de l'acte. En revanche, tout majeur souffrant d'une altération de ses facultés mentales qui cause un dommage est légalement tenu de le réparer. Lorsque le majeur est placé sous régime de protection, *la protection de sa personne est essentielle, et le droit prend en compte l'autonomie réelle du majeur en l'informant et en le faisant participer aux décisions le concernant autant qu'il est possible.* Le principe est la conservation du logement et du mobilier (les meubles meublants) afin d'assurer un minimum de sécurité et permettre qu'à son retour d'un séjour prolongé à l'hôpital ou dans un établissement spécialisé, le majeur retrouve son cadre familier. *Des règles particulières de protection ont été mises en place pour la gestion des comptes bancaires du majeur protégé*. Le procureur de la République du lieu de traitement et le juge des tutelles peuvent, ensuite, visiter ou faire visiter les majeurs protégés par la loi, quel que soit le régime de protection qui leur est applicable. Cette disposition est surtout utile en pratique lorsque le majeur protégé a fait l'objet d'un placement dans un établissement spécialisé ou d'une hospitalisation (v. CSP, art. L. 3211-1 et s.).

L'ouverture d'un régime de protection peut être justifiée dès qu'il y a altération des facultés mentales ou corporelles du majeur. L'incapacité juridique frappant le majeur est *distincte* des mesures médicales ordonnées. Il n'y a pas de lien obligatoire entre le choix du régime de protection juridique par le juge et la gravité du traitement médical suivi par le majeur.

Sauvegarde de justice, curatelle et tutelle sont, eu égard à la sévérité des règles applicables, les trois régimes prévus par la loi pour protéger le majeur. La curatelle est un régime de protection intermédiaire entre les deux autres et emprunte nombre de ses règles à la tutelle. *« Le majeur placé sous sauvegarde de justice conserve l'exercice de ses droits » (C. civ.art. 435). Il n'est donc pas atteint par une incapacité générale d'exercice.*

L'ouverture d'une tutelle suppose que le majeur a besoin d'être assisté pour tous les actes de la vie civile, sauf dérogation légale ou judiciaire. Le majeur sous curatelle lui « a besoin d'être conseillé ou contrôlé dans les actes de la vie civile » (C. civ., ancien art. 508). L'article du 440 C. civ. établit un principe de subsidiarité entre ces différentes mesures selon le degré de dépendance du majeur Lorsque le majeur est sous tutelle ou curatelle renforcée, la loi a élaboré un régime très précis applicable à la gestion de son patrimoine.

La protection des victimes de violences intervient dans l'intimé des familles, soit que l'un des membres du couple soit victime, soit que les enfants le soient. Outre les solutions classiques de droit pénal, telle l'injonction d'éloignement dans le cadre d'un contrôle judiciaire, le juge aux affaires familiales peut prononcer, depuis 2010, une ordonnance de protection dans laquelle un certain nombre de mesures relatives à la personne ou à la famille seront adoptées.

Biblio

– G. Cornu, « L'âge civil », in *Mélanges P. Roubier*, T. II, Dalloz, 1961, p. 9.

– N. Couzigou et Y. Levier, « Le mandat de protection future », *Defrénois* 2006, art. 38371, p. 633.

– F. Delbano, « Les difficultés d'application des principes de nécessité et de subsidiarité des régimes de protection des majeurs », *D.* 1999. Chron. 408.

– G. Durry, M. Gobert, « Réflexions sur la réforme de la tutelle et de l'administration légale », *RTD civ.* 1966. 5 ; « La réforme de la tutelle et de l'administration légale à l'épreuve du temps », in *Mélanges J. Foyer*, PUF, 1997, p. 377.
– T. Fossier, « La réforme de la protection des majeurs. Guide de la lecture de la loi du 5 mars 2007 », *JCP* N, 2007. 1128.
– C. Geffroy, « L'extension des pouvoirs du gérant de la tutelle », in *Mélanges H. Blaise*, Economica, 1995, p. 245.
– J.-P. Gridel, « L'âge et la capacité civile », *D.* 1998. Chron. 90.
– J.-J. Lemouland, « L'assistance du mineur, une voie possible entre l'autonomie et la représentation », *RTD civ.* 1997. 3.
– J.-C. Montanier, « Les actes de la vie courante en matière d'incapacité », *JCP* 1982. I. 3076.
– C. Neirinck, « La dualité de régime de l'administrateur *ad hoc* des mineurs », *JCP* 2000. I. 228 ; « De Charybde en Scylla, l'administrateur *ad hoc* du mineur », *JCP* 1991. I. 3496.

Quiz

1) Sujet corrigé

A) Commentaire d'arrêt

Énoncé

Civ. 1re, 9 juillet 2014

« Attendu, selon l'arrêt attaqué, qu'un juge des tutelles a placé M. X..., né le 7 août 1939, sous tutelle pour une durée de soixante mois et désigné l'AOGPE, mandataire judiciaire à la protection des majeurs, en qualité de tuteur ;

Sur le moyen unique, pris en sa première branche, ci-après annexé :

Attendu que Mme X..., son épouse, fait grief à l'arrêt de confirmer cette décision, sauf à la désigner en qualité de tuteur à la personne et l'AOGPE en qualité de tuteur aux biens ;

Attendu qu'il résulte des pièces de la procédure que M. X... a été régulièrement convoqué à l'audience par la cour d'appel ; que dès lors, cette dernière, qui n'a pas recouru à la procédure de dispense d'audition sur avis médical et qui n'était tenue ni d'entendre la personne protégée ni de s'expliquer sur le défaut de comparution de celle-ci, a fait une exacte application des articles 432 du Code civil et 1245 du Code de procédure civile ; que le moyen n'est pas fondé ;

Mais sur les deuxième et troisième branches du moyen :

Vu les articles 449 et 450 du Code civil ;

Attendu que, pour désigner un mandataire judiciaire en qualité de tuteur aux biens de M. X..., l'arrêt énonce que, si rien ne peut être reproché à son épouse sur la tenue du budget, il faut tenir compte des dissensions familiales très vives au sein de cette famille recomposée et désigner un tiers pour que la situation apparaisse comme claire à tous (enfants, fratrie et conjointe) ;

Qu'en statuant ainsi, sans expliquer en quoi une telle décision était commandée par l'intérêt de la personne protégée, la cour d'appel a privé sa décision de base légale ;

PAR CES MOTIFS :

CASSE ET ANNULE, mais seulement en ce qu'il a désigné l'AOGPE en qualité de tuteur aux biens, l'arrêt rendu le 25 avril 2013, entre les parties, par la cour d'appel de Bordeaux ; remet, en conséquence, sur ce point, la cause et les parties dans l'état où elles se trouvaient avant ledit arrêt et, pour être fait droit, les renvoie devant la cour d'appel de Toulouse »

Voir le corrigé en fin de rubrique.

B) Cas pratique

Énoncé

Monsieur X achète une voiture de sport, souscrit une assurance vie, vend sa collection de timbres, achète une jolie bague, s'offre un bon repas dans un restaurant réputé, décide de se marier avec l'élue de son cœur invitée audit restaurant et gifle publiquement l'audacieux qui a souri à sa chère et tendre.

Monsieur X peut-il réaliser ces actes seuls selon qu'il est placé sous le régime de la tutelle, de la curatelle ou de la sauvegarde de justice. Sa responsabilité civile peut-elle être engagée en raison de la gifle donnée.

Voir le corrigé en fin de rubrique.

C) Commentaire d'arrêt

Énoncé

Civ. 3e, 20 oct. 2004
(*D.* 2005. 257, note D. Noguéro)

« La Cour : sur le moyen unique : Vu l'article 489-1 du Code civil ; Attendu qu'après sa mort, les actes faits par un individu, autres que la donation entre vifs ou le testament, ne pourront être attaqués pour insanité d'esprit que dans les cas ci-dessous énumérés : 1) si l'acte porte en lui-même la preuve du trouble mental ; 2) s'il a été fait dans un temps où l'individu était placé sous la sauvegarde de justice ; 3) si une action avait été introduite avant le décès aux fins de faire ouvrir la tutelle ou la curatelle ; Attendu, selon l'arrêt attaqué, que le 30 juillet 1992, M. X., dont l'état de santé était déficient, a vendu aux époux Y. un immeuble avec réserve d'usufruit moyennant un prix payable pour partie en rente viagère mensuelle et pour partie en obligation éventuelle de soins et d'entretien ; qu'il est décédé le 13 septembre 1992 ; que ses héritiers, les consorts X., ont assigné les époux Y. en nullité de la vente pour absence de consentement ; Attendu que pour accueillir la demande, l'arrêt retient que l'absence de consentement inclut implicitement tous les vices susceptibles d'affecter l'apparence d'un tel consentement ; que l'article 489-1 du C. civ. ne s'applique donc pas ; que le consentement n'a pu être recueilli qu'à la faveur sinon d'un dol délibéré, constitué par une exploitation de l'état de faiblesse de la victime, à tout le moins d'une erreur substantielle de celle-ci, incapable d'apprécier la nature et la portée des engagements pris ; qu'en statuant ainsi, alors que la nullité pour défaut de consentement dû à un trouble mental ne peut être invoquée par les ayants cause universel que dans les cas énumérés à l'article 489-1 du Code civil, la cour d'appel a violé le texte susvisé ;

Par ces motifs : casse… ».

Voir le corrigé en fin de rubrique.

2) Corrigés

Commentaire d'arrêt

I. La désignation du tuteur aux biens

A. Le refus de la qualité de tuteur aux biens à l'épouse

– La distinction du tuteur à la personne et du tuteur aux biens.

– Le refus d'attribution de la qualité de tuteur aux biens de l'épouse.

B. La désignation d'un mandataire judiciaire à la protection des majeurs

– Les fonctions du mandataire judiciaire à la protection des majeurs.

– La désignation en l'espèce.

II. La justification alléguée à la désignation

A. Les dissensions familiales au sein d'une famille recomposée

– La nécessité de justifier de la désignation d'un tiers pour gérer les biens du majeur protégé.

– Les éléments de fait soulevés par les juges.

B. L'intérêt du majeur protégé

– La cassation consécutive à la non prise en compte de l'intérêt du majeur protégé.

– La personne du majeur protégé et ses intérêts au centre de la réforme du 5 mars 2007.

Cas pratique

1. S'agissant des actes accomplis ou susceptibles d'être accomplis par Monsieur X.

– Monsieur X est placé sous sauvegarde de justice. Ce régime est le moins protecteur pour le majeur qui n'est pas atteint d'une incapacité générale d'exercice. Toutefois, il peut demander la nullité des actes pour lesquels un mandataire spécial a été désigné (C. civ., art. 435, al. 1er) et la rescision pour lésion ou réduction en cas d'excès dans les autres cas (C. civ., art. 435, al. 2). Les actes visés ne semblent pas supposer la désignation d'un mandataire spécial. Il pourrait agir en nullité ou réduction dans le délai de cinq ans à compter du jour où il sera en situation de les refaire valablement (C. civ., art. 435, al. 3 et 1304, al. 3). Mais l'existence de la lésion relève du pouvoir souverain des juges du fond (Civ. 1re, 1er mars 1989, *Defrénois* 1989, 1347, obs. Massip) qui prennent en considération l'utilité ou l'inutilité de l'opération, l'importance ou la consistance du patrimoine de la personne protégée et la bonne ou mauvaise foi de ceux avec qui elle a contracté (C. civ., art. 435, al. 2). Pourraient être l'objet d'une action l'acquisition de la voiture, la vente de la collection de timbre, l'achat de la bague. Le mariage d'une personne placée sous sauvegarde de justice ne donne lieu à aucune disposition particulière contrairement à la curatelle et à la tutelle (C. civ., art. 460). Le choix de Monsieur X de se marier ne peut être contesté.

– Monsieur X est placé sous curatelle. Il ne peut, sans l'assistance du curateur, faire aucun acte qui, en cas de tutelle, requerrait une autorisation du juge ou du conseil de famille (C. civ., art. 467). Si la bague a été achetée en vue d'être donnée à sa promise, la donation compte tenu de la valeur supposée de l'objet, pourrait nécessiter l'assistance du curateur (C. civ., art. 476). Cette assistance est expressément requise pour la souscription d'un contrat d'assurance vie ainsi que la désignation du bénéficiaire (art. L. 132-4-1, al.1er, du Code des assurances modifié par la loi n° 2007-1775 du 17 septembre 2007 – art. 9). En outre, l'emploi par le majeur de ses capitaux nécessite l'assistance du curateur (C. civ., art. 468, al. 3). Il est à noter que le juge peut, à tout moment, reconnaître au majeur la capacité d'accomplir des actes qui normalement requerraient l'assistance du curateur, ou à l'inverse ajouter des actes à la liste de ceux qui supposent l'assistance du curateur (C. civ., art. 471). Le mariage de Monsieur X n'est permis qu'avec l'autorisation du curateur ou, à défaut, celle du juge (C. civ., art. 460, al. 1er). L'irrégularité des actes accomplis par la personne protégée est sanctionnée dans les conditions prévues à l'art. 465 du C. civ.

– Monsieur X est placé sous tutelle. Avec ce régime, le plus protecteur, il doit être représenté pour tous les actes de la vie civile, hormis ceux que la loi ou l'usage lui permet d'accomplir seul (C. civ., art. 473). Si celui-ci tolère qu'il conserve la faculté d'accomplir les actes de la vie courante, comme aller au restaurant – sous réserve que le prix ne soit pas excessif au vu de son patrimoine – Monsieur X doit se faire représenter par son tuteur. Quant à la souscription ou le rachat d'un contrat d'assurance sur la vie ainsi que la désignation du bénéficiaire, ils ne peuvent être accomplis qu'avec l'autorisation du juge des tutelles ou du conseil de famille s'il a été constitué (art. L. 132-4-1, al. 1er, du Code des assurances modifié par la loi n° 2007-1775 du 17 septembre 2007 – art. 9). Le mariage de Monsieur X n'est permis qu'avec l'autorisation du juge ou du conseil de famille s'il a été constitué et après audition des futurs conjoints et après avis, le cas échéant, des parents et de l'entourage (art. 460, al. 2). L'irrégularité des actes accomplis par la personne protégée est sanctionnée dans les conditions prévues à l'art. 465 du C. civ.

2. S'agissant de la responsabilité civile de Monsieur X

Celui-ci peut être obligé à réparer le préjudice subi par la victime, conformément aux dispositions de l'article 414-3 du Code civil, le régime de protection mis en place important peu.

Commentaire d'arrêt

I. Le défaut de consentement à l'acte à titre onéreux

A. Le défaut de consentement résultant du trouble mental

– Caractériser l'insanité d'esprit dans les faits.

– Établir la différence entre le défaut de consentement et les vices du consentement (discuter le raisonnement de la cour d'appel).

B. La nullité invoquée de la vente immobilière

– Nullité sur le fondement des articles 1108 et 1109 du Code civil.

– Inefficacité des textes en présence d'un acte à titre onéreux (la solution aurait été différente si libéralité, expliquer).

II. Les règles restrictives de nullité des actes à titre onéreux

A. La prise en compte de la qualité des demandeurs

– Action diligentée par les ayants cause à titre universel (décès du contractant/contestation ultérieure).

– Équilibre recherché entre les droits des créanciers et les droits des héritiers.

B. La restriction résultant de l'article 489-1 du Code civil

– Étude des cas énumérés par le texte.

– Appréciation des faits par rapport au texte.

Sujet terminal

Commentaire d'arrêt

Énoncé

Civ. 1re, 4 mai 2017 (n° 16-17189)

« Sur le moyen unique :

Attendu, selon l'arrêt attaqué (Orléans, 22 mars 2016), que D..., né le [...], a été inscrit à l'état civil comme étant de sexe masculin ; que, par requête du 12 janvier 2015, il a saisi le président du tribunal de grande instance d'une demande de rectification de son acte de naissance, afin que soit substituée, à l'indication "sexe masculin", celle de "sexe neutre" ou, à défaut, "intersexe" ;

Attendu qu'il fait grief à l'arrêt de rejeter sa demande, alors, selon le moyen :

1°/ que le respect de la vie privée suppose en particulier le respect de l'identité personnelle, dont l'identité sexuée est l'une des composantes ; que l'identité sexuée résulte de façon prépondérante du sexe psychologique, c'est-à-dire de la perception qu'a l'individu de son propre sexe ; qu'au cas présent, D... faisait valoir, au soutien de sa demande de rectification de son acte de naissance, qu'il était biologiquement intersexué et ne se considérait, psychologiquement, ni comme un homme ni comme une femme ; qu'en retenant, pour rejeter la demande de rectification d'état civil présentée par D..., que cette demande était « en contradiction avec son apparence physique et son comportement social », sans rechercher, ainsi qu'elle y était invitée, si la mention « de sexe masculin » figurant sur l'acte de naissance de D... n'était pas en contradiction avec le sexe psychologique de D..., la cour d'appel a privé sa décision de base légale au regard des articles 8 de la Convention de sauvegarde des droits de l'homme et des libertés fondamentales et 99 du Code civil ;

2°/ qu'en subordonnant la modification de la mention du sexe portée sur l'état civil à la condition que le sexe mentionné ne soit pas en correspondance avec l'apparence physique et le comportement social de l'intéressé, quand la circonstance que la mention du sexe corresponde à l'apparence physique et au comportement social de l'intéressé ne suffit pas à exclure que son maintien porte atteinte à son identité sexuée et donc à sa vie privée, la cour d'appel a statué par des motifs inopérants en violation des articles 8 de la Convention de sauvegarde des droits de l'homme et des libertés fondamentales et 99 du Code civil ;

3°/ que la cour d'appel a elle-même constaté « qu'en l'absence de production d'hormone sexuelle, aucun caractère sexuel secondaire n'est apparu, ni de type masculin ni de type féminin, le bourgeon génital embryonnaire ne s'étant jamais développé, ni dans un sens ni dans l'autre, de sorte que si D... dispose d'un caryotype XY c'est-à-dire masculin, il présente indiscutablement et encore aujourd'hui une ambiguïté sexuelle » ; qu'en retenant, pour rejeter la demande de rectification d'état civil présentée par D..., que « D... présente une apparence physique masculine », la cour d'appel n'a pas tiré les conséquences de ses propres constatations en violation des articles 8 de la Convention de sauvegarde des droits de l'homme et des libertés fondamentales et 99 du Code civil ;

4°/ que, devant les juges du fond, D... faisait valoir que ses éléments d'apparence masculine (barbe, voix grave) étaient uniquement la conséquence d'un traitement médical destiné à lutter contre l'ostéoporose et ne pouvaient donc « être pris en considération pour déterminer son ressenti » quant à son identité sexuée ; qu'en retenant, pour rejeter la demande de rectification d'état civil présentée par D..., que « D... présente une apparence physique masculine », sans répondre à ce moyen d'où il résultait que cette apparence était purement artificielle et ne relevait pas d'un choix de D..., de sorte qu'elle ne pouvait lui être opposée pour écarter sa demande de rectification d'état civil, la cour d'appel a violé l'article 455 du Code de procédure civile ;

5°/ qu'il résulte des articles 143 et 6-1 du Code civil, dans leur rédaction issue de la loi n° 2013-404 du 17 mai 2013, que la différence de sexe n'est pas une condition du mariage et de l'adoption ; qu'en affirmant, pour rejeter la demande de rectification d'état civil présentée par D..., que celui-ci s'était marié et avait, avec son épouse, adopté un enfant, motif impropre à exclure que le maintien de la mention « de sexe masculin » porte atteinte au droit de D... au respect de sa vie privée, la cour d'appel s'est déterminée par un motif inopérant en violation des articles 8 de la Convention de sauvegarde des droits de l'homme et des libertés fondamentales et 99 du Code civil ;

6°/ que, devant les juges du fond, D... produisait de nombreuses attestations certifiant que son comportement social n'était ni celui d'un homme ni celui d'une femme ; qu'en se bornant à énoncer, pour retenir que D... aurait eu un « comportement social » masculin, qu'il s'était marié et avait, avec son épouse, adopté un enfant, sans analyser, même sommairement, les attestations ainsi produites, la cour d'appel a violé l'article 455 du Code de procédure civile ;

7°/ que l'article 57 du Code civil impose seulement que l'acte de naissance énonce « le sexe de l'enfant » ; que cette disposition ne prévoit aucune liste limitative des sexes pouvant être mentionnés pour son application ; qu'en affirmant « qu'en l'état des dispositions législatives et réglementaires en vigueur, il n'est pas envisagé la possibilité de faire figurer, à titre définitif, sur les actes d'état civil une autre mention que sexe masculin ou sexe féminin, même en cas d'ambiguïté sexuelle », la cour d'appel a violé l'article 57 du Code civil, ensemble le point 55 de la circulaire du 28 octobre 2011 relative aux règles particulières à divers actes d'état civil ;

8°/ qu'il appartient au juge de garantir le respect effectif des droits et libertés fondamentaux reconnus à chacun, en particulier par les conventions internationales auxquelles la France est partie, lesquelles ont, dans les conditions posées par l'article 55 de la Constitution, une valeur supérieure à celle des lois ; que, saisi au cas d'espèce de la situation d'une personne intersexuée biologiquement et psychologiquement, il lui appartenait d'assurer le respect du droit de cette personne au respect de sa vie privée, et notamment de son identité sexuée, lequel implique la mise en concordance de son état civil avec sa situation personnelle ; qu'il disposait pour ce faire, en application de l'article 99 du Code civil, du pouvoir d'ordonner toute modification de l'acte de naissance nécessaire au respect du droit de la personne qui l'avait saisi à sa vie privée ; que le juge ne pouvait, pour refuser de faire droit à cette requête, affirmer que la demande présentée par D... posait des questions délicates relevant de la seule appréciation du législateur ; qu'en statuant ainsi, la cour d'appel a violé les articles 5 et, 99 du Code civil et 8 de la Convention de sauvegarde des droits de l'homme et des libertés fondamentales ;

Mais attendu que la loi française ne permet pas de faire figurer, dans les actes de l'état civil, l'indication d'un sexe autre que masculin ou féminin ;

Et attendu que, si l'identité sexuelle relève de la sphère protégée par l'article 8 de la Convention de sauvegarde des droits de l'homme et des libertés fondamentales, la dualité des énonciations relatives au sexe dans les actes de l'état civil poursuit un but légitime en ce qu'elle est nécessaire à l'organisation sociale et juridique, dont elle constitue un élément fondateur ; que la reconnaissance par le juge d'un « sexe neutre » aurait des répercussions profondes sur les règles du droit français construites à partir de la binarité des sexes et impliquerait de nombreuses modifications législatives de coordination ;

Que la cour d'appel, qui a constaté que D... avait, aux yeux des tiers, l'apparence et le comportement social d'une personne de sexe masculin, conformément à l'indication portée dans son acte de naissance, a pu en déduire, sans être tenue de le suivre dans le détail de son argumentation, que l'atteinte au droit au respect de sa vie privée n'était pas disproportionnée au regard du but légitime poursuivi ;

D'où il suit que le moyen n'est fondé en aucune de ses branches ;

PAR CES MOTIFS :

REJETTE le pourvoi ».

Voir le corrigé en fin de rubrique.

Corrigé

Commentaire d'arrêt

L'arrêt doit être commenté en contemplation de la modification des dispositions du Code civil relatives à la mention du sexe à l'état civil (C. civ., art. 61-5 à 61-8) et de la jurisprudence de la CEDH, en particulier de l'affaire *A.P., Garçon et Nicot* du 6 avril 2017.

I. L'identité sexuelle, élément de la vie privée au sens de l'article 8 CESDH

A. L'appartenance sexuelle un élément de la vie privée

B. Une autodétermination du sexe encadrée par la binarité des sexes

II. Le refus de la mention sexe neutre ou intersexe à l'état civil

A. L'interdiction de faire figurer dans les actes de l'état civil l'indication d'un sexe autre que masculin ou féminin

B. Le but légitime poursuivi : une dualité des énonciations relatives au sexe nécessaire à l'organisation sociale et juridique

partie 3

Famille

titre 1

Rapports interpersonnels : le lien d'alliance

Le droit est traversé par les tendances sociales, en particulier celles s'agissant des mœurs et des formes d'intimité dans la société. Il n'est pas sûr, cependant, qu'elles lui soient antérieures, et il n'est pas incohérent de penser que le droit prépare l'avènement de ces concepts dits « nouveaux ». Par touches successives, il érode les fondements sur lesquels il a longtemps reposé. La conjugalité était substantiellement tout ce qui avait trait à la vie des époux, à la vie en mariage. Le mot connaît une mutation significative, en ce sens qu'il rendrait compte de toute vie à deux quelle que soit la nature du lien des personnes. La conjugalité serait le réceptacle de toutes les formes d'union, expression de la vie de couple (D. Grillet-Ponton, « Quasi-conjugalité, pluri- et post-conjugalité : libres propos sur quelques situations atypiques », *JCP* G, 2002. I. 108 ; C. Brunetti-Pons [dir.], *La notion juridique de couple*, Economica, 1998). 508

L'alliance est par nature un lien. Le lien d'alliance est le rapport établi de façon plus spécifique entre deux personnes, deux familles, deux groupes, deux pays. L'alliance créée une relation nouvelle qui exprime un choix et des engagements réciproques. Le lien d'alliance, dans le cadre familial, permet d'intégrer des liens aussi différents que le lien matrimonial fondé sur le don des époux (chapitre 11), le lien contractuel entre personnes ayant souscrit un pacte civil de solidarité (chapitre 12) ou le lien de fait entre concubins (chapitre 13). L'alliance établit des rapports interpersonnels reconnus par le droit entre deux personnes placées de ce fait en situation de justice, c'est-à-dire en droit d'exiger mutuellement le respect d'obligations propres à la vie commune (cf dossier « Mariage, PACS, concubinage : le guide », *AJ fam.* 2015, n° 01 et 2014, n° 12). Mais l'alliance permet de maintenir les différences essentielles des liens établis en fonction de leur fondement. 509

chapitre 11

Le lien matrimonial des personnes mariées

Plan analytique

section 1

Le mariage

§ 1 Les fiançailles

§ 2 La formation du mariage

A. Le respect des règles substantielles

B. L'effectivité des règles substantielles

§ 3 Les effets du mariage

A. Les effets personnels

B. Les effets patrimoniaux

section 2

Le divorce

§ 1 Le prononcé du divorce

A. Les causes de divorce

B. La procédure de divorce

§ 2 Les effets du divorce

A. Les effets traditionnels attachés au prononcé du divorce

B. Les dispositions particulières relatives à la prestation compensatoire

Compléments pédagogiques

Le lien matrimonial des personnes mariées

Le mariage est tout entier dans le contentement matrimonial, réalité nouvelle créée par l'échange des volontés, selon des formes légales, donnant naissance à l'institution matrimoniale (section 1). Le droit autorise, selon des procédures règlementées, la dissolution du lien par le divorce (section 2). 510

section 1

Le mariage

Le mariage est une réalité naturelle ayant pour élément essentiel le don sexué des personnes dans une communauté de toute la vie, en vue du bien commun des époux, ordonné à la génération et à l'éducation des enfants. La réalité naturelle du mariage en fait l'acte fondateur de la famille. L'objet de l'alliance matrimoniale, ce sont les époux eux-mêmes, ses fins, l'épanouissement mutuel des époux et le lieu de la procréation et de l'éducation, ses propriétés essentielles, l'unité qui suppose la fidélité et l'exclusivité ou monogamie, postulant l'égale dignité de l'homme et de la femme dans ce don mutuel, et l'indissolubilité provenant de la nature même du don, intrinsèquement de l'unité matrimoniale. En droit, le mariage ne fait l'objet d'aucune définition dans le Code civil. 511

Cette réalité naturelle a été altérée dès que l'on a admis le divorce (1884, 1975, 2004), autorisé l'assistance médicale à la procréation (1994, 2004, 2011), puis supprimé du mariage toute altérité sexuelle (2013 ; *La réforme du mariage*, DMM, 2013). La loi du 17 mai 2013 a intégré au Code civil la possibilité du mariage entre personnes de même sexe antérieurement prohibé (Civ. 1re, 13 mars 2007, *D.* 2007. 935, note I. Gallmeister ; *Ibid.* 1375, obs. H. Fulchiron ; *Ibid.* 1561, obs. J.J. Lemouland ; *JCP* 2007, I. 170, D. Vigneau). Le Conseil constitutionnel dans sa décision du même jour a refusé de considérer (*AJ fam.* 2013. 332, chron. F. Chénedé ; *RTD civ.* 2013. 579, J. Hauser) que l'ouverture du mariage aux couples de personnes de même sexe méconnaissait le principe fondamental reconnu par les lois de la République selon lequel le mariage serait l'union d'un homme et d'une femme (pour le commentaire de ces deux décisions, v. *Les grands arrêts de la jurisprudence civile*, 13e éd., Dalloz, 2015, p. 229 s., F. Terré, Y. Lequette). Le droit international lui-même étend l'ampleur de la réforme (B. Haftel, « Mariage pour (vraiment) tous et hiérarchie des normes », *AJ Fam.* 2015. 71). 512

Le don n'est plus fondé sur la différence des sexes, il n'est plus le lieu par nature de la génération, l'unité et l'indissolubilité ont été écartées. Le mariage n'est plus juridiquement le lieu nécessaire de la famille. S'il le demeure ce sera, en quelque 513 sorte, par accident, et pour des considérations autres que juridiques. Ceci remet en cause la pertinence du lien civil entre les époux (sur cette nouvelle approche du mariage : R. Libchaber, « La notion de mariage civil », *Mélanges Ph. Jestaz*, 2006, p. 327 s.). D'où le choix effectué d'une présentation séparée du lien d'alliance, du lien de parenté, et du lien de famille *largo sensu*, le droit ayant supprimé de son ordonnancement la notion homogène de famille (Y. Lequette, « Quelques remarques sur le pluralisme en droit de la famille », *Mélanges G. Champenois* 2012, p. 523 s.). Dans l'absolu, cependant, le lien entre le mariage et la famille continue, parfois, d'exister ce qui permet de le distinguer des autres formes d'alliance, en raison du maintien de la présomption *pater is est quem nuptiae demonstrant.* L'évolution des dispositions relatives au lien de parenté fragilise malgré tout fortement le propos.

Le mariage, précédé parfois de fiançailles (§ 1), va, après sa formation (§ 2), produire des effets juridiques énumérés par la loi (§ 3).

§ 1 Les fiançailles

■ 514 Les fiançailles continuent d'être pour une partie des futurs époux un prélude important au mariage. Il est ce temps où les fiancés apprennent à se connaître et à poser les bases de leur relation future, de leur engagement supposé définitif où ils se donneront l'un à l'autre dans le mariage. Aujourd'hui, les fiançailles se rapprochent substantiellement du concubinage conçu comme période d'essai avant le mariage. Il est fréquent en effet que les fiancés entretiennent des relations sexuelles, voire habitent ensemble avant de s'engager juridiquement. La différence est d'ordre sociologique, dans le premier cas les fiancés, par pudeur ou convenance sociale, cachent leurs relations intimes, et la date du mariage est souvent précipitamment fixée lorsqu'un enfant survient inopinément, dans le second les fiancés assument leur choix d'un engagement à l'essai. Dans les deux cas, il y a déformation par rapport au temps des fiançailles conçu comme une étape où les fiancés apprennent à se respecter, à dominer leurs passions et à construire pour l'avenir une relation matrimoniale épanouissante. Les fiançailles sont le plus souvent réduites à officialiser une relation amoureuse qui devrait aboutir au mariage, elles expriment davantage une démarche sociale que personnelle.

■ 515 Juridiquement, la manière de vivre les fiançailles importe peu. Le droit ne reconnaît pas de façon autonome cette promesse de mariage. La caractéristique des fiançailles est de ne pas lier les fiancés, chacun est libre de rompre quand il le veut et pour les motifs qu'il veut. Cette solution est au demeurant nécessaire pour préserver la liberté matrimoniale consacrée à l'article 12 de la Conv. EDH.

■ 516 Seul l'exercice de la faculté de rompre peut engager la responsabilité de l'auteur de la rupture. La rupture d'une promesse de mariage n'est pas, à elle seule, génératrice de dommages-intérêts, lesquels ne peuvent être accueillis que s'il vient s'y ajouter une faute en raison des circonstances (Civ. 1re, 5 janv. 1995, *D.* 1995. 251, note A. Bénabent). Conformément au droit commun, l'exercice abusif d'un droit peut, quand il est générateur d'un dommage, donner lieu à réparation. Au même titre que la rupture abusive du concubinage, la rupture abusive des fiançailles peut être sanctionnée. Le caractère brutal et soudain de la rupture est souvent constitutif d'un abus, surtout si celle-ci intervient la veille ou le jour de la cérémonie de mariage. Pour s'exonérer, l'auteur de la rupture devra prouver l'existence d'un élément prépondérant justifiant la rupture en de telles circonstances, par exemple la découverte la veille du mariage d'une liaison entretenue avec un tiers par le futur conjoint.

Les conséquences de la rupture des fiançailles sont indirectement prises en compte par le Code civil à propos des cadeaux que se sont faits ou que des tiers ont fait aux fiancés. L'article 1088 du C. civ. dispose que « Toute donation faite en faveur du mariage sera caduque si le mariage ne s'ensuit pas ». En revanche, les cadeaux d'usage sont conservés par chacun par analogie à la solution posée à l'article 852 C. civ. La qualification de « cadeau d'usage » était appréciée souverainement par les juges du fond, elle dépendra souvent d'une comparaison entre la valeur du cadeau et les ressources du donateur. Il a été jugé que lorsqu'il s'agit de biens de consommation courante, le fait qu'ils aient été offerts par les membres de la famille du fiancé est indifférent pour décider leur conservation par celui-ci (Paris 14 sept. 1999, *D.* 2000. Somm. 412), mais lorsque la fiancée a reçu en cadeau un bijou de famille, elle doit le restituer indépendamment des circonstances de la rupture. 517 ■

La loi du 23 juin 2006 portant réforme des successions et des libéralités a ajouté un alinéa 2 à l'article 852 qui précise que « le caractère de présent d'usage s'apprécie à la date où il est consenti et compte tenu de la fortune du disposant ».

§ 2 La formation du mariage

L'acte de mariage obéit à un certain nombre de règles de forme étudiées au titre de l'état civil des personnes (v. ss 407 ; v. aussi art. 165 à 171 du C. civ.). Ces conditions doivent être respectées pour qu'il y ait mariage, à l'exception du cas particulier visé à l'article 197 du Code civil. Il faut en outre satisfaire à une série de règles de fond pour que le mariage puisse être valablement formé (A), règles dont l'effectivité est assurée par différents moyens (B). 518 ■

A. Le respect des règles substantielles

Pour contracter valablement mariage, il faut négativement ne pas faire l'objet d'un empêchement, le mariage ne doit pas être légalement prohibé (1) et positivement satisfaire aux conditions juridiques déterminées par la loi (2). 519 ■

1. *Conditions négatives à la formation du mariage*

Le législateur interdit le mariage entre certaines personnes. On oppose les empêchements à mariage aux prohibitions du mariage. Les premiers tiennent à l'existence d'un lien de parenté ou d'alliance entre les personnes (a), les secondes à l'existence d'une règle impérative dérivée de l'institution du mariage (b). 520 ■

a. L'existence d'un lien de parenté ou d'alliance

L'existence d'un lien de parenté ou d'alliance entre les personnes est un obstacle à la formation du mariage. Certains empêchements sont simples et peuvent être à certaines conditions écartées, d'autres sont dits « dirimants » car l'interdiction du mariage est absolue. Ces empêchements sont justifiés par l'existence d'un lien de parenté en ligne directe ou collatérale et par l'existence en ligne directe d'un lien d'alliance. 521 ■

522 Le mariage entre personnes ayant un lien de parenté en ligne directe est interdit par l'article 161 du Code civil quel que soit le degré de parenté. La ligne directe désigne le lien de parenté existant entre ascendants (parents, grands-parents, etc.) et descendants (enfants, petits-enfants, etc.). Le degré de parenté désigne le nombre de générations séparant les personnes (l'enfant est en ligne directe, au premier degré parent de sa mère et de son père, mais il est en ligne directe parent au second degré des grands-parents de la branche paternelle ou maternelle). Entre ces personnes, le mariage est donc interdit de façon absolue. Les relations nées de l'inceste ne peuvent donner lieu à mariage.

L'enfant ayant fait l'objet d'une adoption plénière, et qui n'a plus de lien juridique avec sa famille par le sang, est soumis malgré tout à la prohibition édictée par ce texte à l'égard de celle-ci (C. civ., art. 356). Par extension, l'article 342-7 du Code civil interdit le mariage entre l'enfant et le débiteur de subsides. Dans cette situation, le risque de consanguinité n'est qu'éventuel. En effet, aux termes de l'article 342 alinéa 1er du Code civil, « Tout enfant dont la filiation paternelle n'est pas légalement établie, peut réclamer des subsides à celui qui a eu des relations avec sa mère pendant la période légale de conception ». La particularité ici tient à l'absence de certitude quant à la paternité du débiteur de subsides, elle n'est que probable, et c'est pourquoi le lien de filiation n'est pas établi, l'enfant n'ayant droit qu'à l'aide matérielle que sont les subsides.

Convient-il d'étendre l'interdiction aux parents adoptifs dans le cadre d'une adoption plénière ? Les textes ne le précisent pas, toutefois deux arguments permettent de répondre affirmativement. « L'adopté a, dans la famille de l'adoptant, les mêmes droits et les mêmes obligations qu'un enfant dont la filiation est établie en application du titre VII du présent livre » (C. civ., art. 358), par conséquent l'enfant adopté devrait connaître les mêmes empêchements. Ensuite, il est précisé pour l'enfant ayant fait l'objet d'une adoption simple qu'il ne peut contracter mariage avec l'adoptant (C. civ., art. 366, 1°), *a fortiori* s'il a fait l'objet d'une adoption plénière dont les effets sont plus radicaux. Simplement, la raison de l'empêchement est distincte de celle justifiant l'interdiction du mariage pour les enfants par le sang. Le risque n'est évidemment plus la consanguinité, mais s'explique par un impératif sociologique tiré de la relation parentale entre adoptant et adopté. C'est pourquoi, il convient d'étendre l'empêchement à tous les ascendants de l'enfant adopté qui ont à son égard un rôle social déterminé.

523 Le législateur interdit également le mariage entre personnes ayant un lien de parenté en ligne collatérale aux articles 162 et 163 du Code civil, y compris, depuis la loi du 17 mai 2013, entre ceux de même sexe : « [...] le mariage est prohibé entre frères et entre sœurs [...] », et il est « [...] prohibé entre l'oncle et la nièce ou le neveu, et entre la tante et le neveu ou la nièce ». En ligne collatérale, le mariage est donc interdit entre personnes de même degré (frère et sœur) ou de degré différent (oncle et nièce, tante et neveu). L'impératif est identique à celui posé par l'article 161 du Code civil. Pourtant, l'empêchement n'est pas absolu lorsque le mariage est demandé par des personnes ayant un lien de parenté en ligne collatérale de degré différent. Le président de la République peut accorder, pour cause grave, une dispense aux mariages en principe prohibés par l'article 163 (C. civ., art. 164, 3°). La même dispense est accordée aux enfants adoptifs du même individu et lorsque le mariage est demandé entre l'adopté et les enfants de l'adoptant en matière d'adoption simple (C. civ., art. 366, 3° et 4°). La solution ne devrait pas à notre sens être étendue à

l'enfant ayant fait l'objet d'une adoption plénière. À la différence de l'adoption simple, l'adoption plénière pose une condition d'âge de l'adopté qui doit avoir en principe moins de quinze ans (C. civ., art. 345). Le lien parental consécutif se trouve renforcé, l'entretien et l'éducation de l'enfant étant de nature à consolider des rapports par essence filiaux, mais aussi fraternels entre les enfants adoptifs ou biologiques de l'adoptant.

Le mariage est enfin interdit entre personnes liées par alliance en ligne directe. 524 ■ L'article 161 du Code civil *in fine* dispose que le mariage est prohibé, en ligne directe, entre alliés de la même ligne de degré différent. A été en effet abrogée la disposition tendant à empêcher le mariage entre alliés de même degré (entre beau-frère et belle-sœur).

Le parent d'un enfant qui se marie ne peut, après divorce ou décès de son enfant, épouser l'ex-conjoint de celui-ci. Cela signifie qu'un beau-père ne pourrait épouser sa bru, ni une belle-mère son gendre.

Il est cependant prévu la possibilité d'une dispense pour cause grave par le président de la République lorsque la personne qui a créé l'alliance est décédée (C. civ., art. 164, 1°).

b. L'existence d'une règle impérative dérivée du mariage

Le mariage est prohibé lorsqu'il violerait une règle impérative dérivée de l'institution 525 ■ matrimoniale. C'est ainsi que l'existence d'un mariage antérieur non dissous est un obstacle à la célébration d'un nouveau mariage. Le droit consacre la monogamie à l'article 147 du Code civil. La preuve de l'existence de mariages antérieurs non dissous ne peut résulter de la production de fiches familiales d'état civil (Civ. 1re, 27 mars 2007, n° 04-11.744, *Bull. civ.* I).

La bigamie est par ailleurs sanctionnée comme délit pénal à l'article 433-20 du C. pén. La prohibition est absolue, seule la dissolution du mariage permet la consécration d'une nouvelle union, y compris lorsque le second mariage a été célébré entre les mêmes personnes (Civ. 1re, 3 févr. 2004, *D.* 2004. 3171, note J.-G. Mahinga).

L'existence de règles impératives à l'institution matrimoniale pose la question en droit international privé de la reconnaissance en France des mariages célébrés à l'étranger entre étrangers. Quels seront les effets d'un mariage polygamique par exemple ou d'un mariage homosexuel ? Le principe est l'application de la loi nationale. Il s'ensuit que si pour des Français se mariant à l'étranger leur mariage ne saurait être reconnu en France (pour le mariage célébré à l'étranger dont l'un des membres au moins est Français, v. ss 536), en revanche pour les étrangers les effets du mariage devraient être reconnus dans la limite de l'ordre public français.

Une réponse ministérielle avait été faite sur la question particulière du mariage entre personnes de même sexe lorsque celui-ci n'était pas légalisé (n° 41533, *JOAN* Q 26 juill. 2005, p. 7437 ; M. Mignot, « Effets en France d'un mariage homosexuel célébré dans un pays de l'Union européenne », *JCP* G, 2005. Act. 652) : « Au sein de l'Union européenne, le droit du mariage reste entièrement régi par les lois nationales. S'agissant des effets en France de mariages entre deux hommes ou deux femmes conclus dans les pays de l'Union européenne, c'est-à-dire en Belgique, aux Pays-Bas, et en Espagne, cette question est susceptible d'être appréhendée au regard des rattachements classiques du droit international privé. Ainsi un mariage homosexuel belge ou néerlandais sera envisagé en France en fonction du statut personnel des personnes concernées et de leur loi nationale. Une union homosexuelle ne pourra produire des effets juridiques en France que si la loi ou les lois nationales des deux époux admettent cette union [...] ».

La loi n° 2013-404 du 17 mai 2013 a inséré un nouveau chapitre au Code civil destiné à régler la question des conflits de lois :

« Art. 202-1. Les qualités et conditions requises pour pouvoir contracter mariage sont régies, pour chacun des époux, par sa loi personnelle.

« Toutefois, deux personnes de même sexe peuvent contracter mariage lorsque, pour au moins l'une d'elles, soit sa loi personnelle, soit la loi de l'État sur le territoire duquel elle a son domicile ou sa résidence le permet.

« Art. 202-2. Le mariage est valablement célébré s'il l'a été conformément aux formalités prévues par la loi de l'État sur le territoire duquel la célébration a eu lieu. »

2. *Les conditions positives à la formation du mariage*

526 La différence de sexe n'est plus une condition inhérente au mariage lequel, depuis la loi n° 2013-404 du 17 mai 2013, est contracté par deux personnes de sexe différent ou de même sexe conformément au nouvel article 143 du Code civil (v. l'étude plus large de J. Roche-Dahan, *la différenciation sexuelle au sein du couple, approche de droit comparé : droit canonique, droit hébraïque, évolution du droit français*, Bruylant, 2009 ; pour mémoire sur la prohibition antérieure : TGI Bordeaux, 27 juill. 2004, *JCP* 2004. II. 10169, note G. Kessler ; Civ. 1re, 13 mars 2007, v. *infra* « Quiz » ; sur la loi : *Réforme du mariage-Prospectives en matière familiale*, DMM, 2013, spéc. l'étude du professeur Hervé Lécuyer). Le Conseil constitutionnel, dans la décision rendue lors de sa saisine préalable à la promulgation de la loi (Cons. const. 17 mai 2013, décis. n° 2013-669 DC), a, en particulier, retenu que :

« 21. Considérant, en deuxième lieu, que la tradition républicaine ne saurait être utilement invoquée pour soutenir qu'un texte législatif qui la contredit serait contraire à la Constitution qu'autant que cette tradition aurait donné naissance à un principe fondamental reconnu par les lois de la République au sens du premier alinéa du Préambule de la Constitution de 1946 ; que, si la législation républicaine antérieure à 1946 et les lois postérieures ont, jusqu'à la loi déférée, regardé le mariage comme l'union d'un homme et d'une femme, cette règle qui n'intéresse ni les droits et libertés fondamentaux, ni la souveraineté nationale, ni l'organisation des pouvoirs publics, ne peut constituer un principe fondamental reconnu par les lois de la République au sens du premier alinéa du Préambule de 1946 ; qu'en outre, doit en tout état de cause être écarté le grief tiré de ce que le mariage serait « naturellement » l'union d'un homme et d'une femme ;

22. Considérant, en troisième lieu, qu'en ouvrant l'accès à l'institution du mariage aux couples de personnes de même sexe, le législateur a estimé que la différence entre les couples formés d'un homme et d'une femme et les couples de personnes de même sexe ne justifiait plus que ces derniers ne puissent accéder au statut et à la protection juridique attachés au mariage ; qu'il n'appartient pas au Conseil constitutionnel de substituer son appréciation à celle du législateur sur la prise en compte, en matière de mariage, de cette différence de situation ; [...] ».

Les conjoints doivent, seulement, être aptes à assumer les obligations découlant du mariage, l'âge requis est de dix-huit ans. Une dispense d'âge est susceptible d'être accordée, pour motifs graves, par le procureur de la République (C. civ , art. 145.). Il n'y a pas d'âge maximum pour se marier.

Pour que le mariage soit valablement célébré, il faut ensuite que les futurs époux y aient consenti. On notera que le législateur, insistant sans doute sur la laïcité du mariage civil, a modifié l'article 165 du Code civil en y ajoutant qu'il s'agit « d'une cérémonie républicaine », s'attachant davantage à faire œuvre d'idéologue que de juriste ! Le juriste retiendra plus sobrement que le consentement au mariage est prépondérant parce qu'il traduit l'adhésion des personnes à l'institution même du mariage (voir G. Piéri, « Le mariage à travers les âges », in *Réforme du mariage-Prospectives en matière familiale*, DMM, 2013). Le mariage emprunte au contrat dans sa formation, la volonté des époux donne naissance au mariage, il emprunte aussi à l'institution, la loi déterminant les effets du mariage. C'est pourquoi, « Il n'y a pas de mariage lorsqu'il n'y a point de consentement » (C. civ., art. 146). 527 ■

Le consentement doit non seulement exister, mais aussi être libre et éclairé (C. civ., art. 180). Il doit enfin être donné par la personne qui s'engage. Lorsque le mariage concerne un mineur, un mineur émancipé ou un majeur protégé, le consentement est donné par ces personnes avec l'assistance du représentant légal par le moyen de l'autorisation préalable requise. La comparution personnelle des futurs époux est exigée, et l'article 146-1 du Code civil précise que « Le mariage d'un Français, même contracté à l'étranger, requiert sa présence ». Par exception, le président de la République peut, pour des motifs graves, autoriser le mariage si l'un des futurs époux est décédé (C. civ., art. 171). Il faut cependant que la volonté de contracter mariage du défunt ait été exprimée sans équivoque, concrètement que les formalités officielles exigées pour la célébration aient été accomplies (v. C. civ., art. 63 et s. mod. L. 2006-1376 du 14 novembre 2006).

Lors de la célébration, l'officier de l'état civil « fera lecture aux futurs époux des articles 212 et 213, du premier alinéa des articles 214 et 215, et de l'article 371-1 du présent Code » (C.civ., art. 75, mod. L. n° 2013-404 du 17 mai 2013).

L'objet du consentement est de contracter mariage avec les effets légaux consécutifs, ce qui exclut le mariage simulé, encore appelé « mariage blanc », ou encore « le mariage de complaisance ». Les juges rechercheront la réalité de l'intention conjugale, la recherche d'un but étranger à l'union conjugale avec volonté délibérée de se soustraire à toutes ses autres conséquences légales est cause de nullité (Civ. 1re, 6 juillet 2000, n°°98-10.462, inédit).

B. L'effectivité des règles substantielles

Le législateur a mis en place des moyens préventifs et des moyens curatifs destinés à assurer le respect des règles de formation du mariage. L'opposition à mariage est un obstacle à sa célébration (1), la nullité du mariage, une sanction du mariage célébré irrégulièrement (2). 528 ■

1. *L'opposition à mariage*

L'opposition à mariage consiste à faire valoir avant la célébration du mariage un empêchement à cette célébration. Toute personne n'est pas habilitée à former opposition à mariage contrairement à l'image véhiculée par les mauvais scénarios de télévision. Le droit de former opposition appartient à celui qui est déjà engagé par mariage avec l'un des futurs époux (C. civ., art. 172), aux ascendants pour tout motif lorsque le mariage concerne leurs descendants à quelque degré qu'ils soient (C. civ., art. 173), à défaut d'ascendants aux collatéraux majeurs jusqu'au deuxième degré (cousins germains) et au tuteur ou curateur autorisé par le conseil de famille (C. civ., 529 ■

art. 175) lorsque le mariage n'a pas été autorisé par le conseil de famille (v. art. 159 du C. civ.) ou en raison de l'état de démence du futur époux à charge pour l'opposant de provoquer l'ouverture d'une tutelle si le majeur n'y est pas déjà soumis (C. civ., art. 174). Les autres personnes n'ont que la faculté d'informer l'officier d'état civil ou le ministère public de l'existence d'un empêchement à mariage. Les articles 175-1 et 175-2 du Code civil reconnaissent en effet au ministère public, directement ou après saisine par l'officier d'état civil, le droit de former opposition pour les cas où il pourrait demander la nullité du mariage.

530 L'acte d'opposition précise la qualité de l'opposant, les motifs de l'opposition, son fondement juridique et élection de domicile de l'opposant au lieu de la célébration du mariage. Elle produit effet pendant un an, elle peut être renouvelée à moins qu'il n'y ait eu mainlevée judiciaire. L'article 176 du C. civ. a été modifié par la loi n° 2006-1376 du 14 novembre 2006 relative au contrôle de validité des mariages. Il intègre désormais les situations où le ministère public fait opposition à un mariage devant être célébré à l'étranger. Lorsque l'opposition est le fait du ministère public, elle ne cesse de produire effet que sur décision judiciaire. Les futurs époux peuvent demander cette mainlevée aux magistrats du tribunal de grande instance tenus de se prononcer dans les dix jours de la saisine (C. civ., art. 177), le même délai étant imposé aux conseillers de la cour d'appel (C. civ., art. 178). Lorsque l'opposition est injustifiée, les futurs époux peuvent demander réparation de leur préjudice moral et obtenir la condamnation des opposants au paiement de dommages-intérêts, à l'exception des ascendants (C. civ., art. 179).

2. *La nullité du mariage*

531 Le mariage peut être annulé lorsque certaines formes substantielles n'ont pas été respectées. Le principe (a) fait toutefois l'objet de tempéraments (b).

a. Le principe

532 La nullité du mariage peut être demandée toutes les fois où une règle substantielle nécessaire à la formation du mariage a été transgressée. En fonction de la cause de nullité invoquée, les personnes pouvant intenter l'action seront différentes. Par ailleurs, la nature de la règle déterminera le caractère absolu ou relatif de la nullité prononcée et les délais de prescription différents de l'action en nullité.

533 Le défaut de consentement à mariage rend le mariage inexistant (C. civ., art. 146). Un acte inexistant est un acte qui ne produit aucun effet et dont l'inefficacité s'impose d'elle-même sans qu'il soit besoin d'une décision judiciaire. La théorie de l'inexistence d'un acte juridique, c'est-à-dire auquel on ne reconnaît aucune existence en raison de l'absence d'un élément substantiel à sa formation, n'est pas reconnue en droit. Les juridictions sanctionnent l'inexistence du mariage consécutive au défaut de consentement par la nullité absolue. Il y a défaut de consentement à mariage, par exemple, lorsque l'un des époux souffre d'une altération de ses facultés mentales due à une maladie (schizophrénie) ou à l'affaiblissement due à l'âge (démence sénile). Lorsque les époux ont contracté mariage pour une fin étrangère à l'union matrimoniale (mariage simulé ou de complaisance), la nullité du mariage est prononcée sur le fondement du défaut de consentement. Le fondement a été critiqué en doctrine, il peut y avoir consentement des époux pour un but étranger et accord sur ce dernier. C'est pourquoi, il est préconisé de modifier l'article 146 C. civ. en

indiquant : « il n'y a pas de mariage s'il n'y a point de consentement ou s'il n'y a point d'intention matrimoniale » (J. Hauser, obs. sous Civ. 1re, 9 juill. 2008, *RTD civ.* 2008. 659). S'il est acquis en jurisprudence que « le mariage est nul lorsque les époux ne se sont prêtés à la cérémonie qu'en vue d'atteindre un but étranger à l'union matrimoniale » telle que la poursuite exclusive d'avantages patrimoniaux (Civ. 1re, 28 oct. 2003, *D.* 2004. 21, note J.-P. Gridel), le mariage ne sera pas annulé si ceux-ci ont cru simplement pouvoir limiter ses effets légaux, comme le mariage contracté pour légitimer un enfant naturel (Civ. 1re, 20 nov. 1963, *D.* 1964. 465, note G. Raymond).

Les vices du consentement sont sanctionnés à l'article 180 du Code civil. Aux termes de ce texte, « Le mariage qui a été contracté sans le consentement libre des deux époux, ou de l'un d'eux, ne peut être attaqué que par les époux, ou par celui des deux dont le consentement n'a pas été libre [al. 1er]. (L. n° 75-617 du 11 juillet 1975) S'il y a eu erreur dans la personne, ou sur des qualités essentielles de la personne, l'autre époux peut demander la nullité du mariage ». La loi n° 2006-399 du 4 avril 2006 relative à la lutte contre les violences au sein du couple a complété l'alinéa premier en ouvrant l'action au ministère public. Elle a en outre considéré que « L'exercice d'une contrainte sur les époux ou l'un d'eux, y compris par crainte révérencielle envers un ascendant, constitue un cas de nullité du mariage ». La nullité est relative, elle tend à protéger celui des époux dont le consentement a été vicié et il peut seul demander l'annulation du mariage. La violence et l'erreur sont des vices du consentement, en revanche le dol (erreur provoquée) n'est pas pris en compte. Loysel justifiait cette exclusion en soulignant « en mariage, il trompe qui peut ». L'erreur sur les qualités substantielles de la personne permet de réintégrer indirectement l'erreur provoquée lorsqu'elle satisfait à l'exigence légale d'objectivité de la qualité essentielle absente. L'erreur constitutive d'un vice du consentement donné au mariage était limitée, avant 1975, à l'erreur dans la personne. Dans un arrêt resté célèbre, dit « arrêt Berthon », du 24 avril 1862, la Cour de cassation avait refusé d'annuler le mariage d'une jeune femme qui ignorait la condamnation antérieure de son mari pour complicité de meurtre. En élargissant l'erreur aux qualités essentielles de la personne, le domaine d'application de la nullité s'est trouvé étendu. Toutefois, le caractère essentiel de la qualité de la personne fait l'objet d'une appréciation objective. Il est mesuré par rapport aux finalités du mariage et aux valeurs morales communément partagées par la société. L'inaptitude aux relations sexuelles ou à procréer antérieure au mariage peut constituer une qualité essentielle, encore faut-il ajouter ici que cette incapacité ne doit pas être naturelle comme elle le sera pour les couples de même sexe... Le mariage d'une personne avec un transsexuel ayant obtenu modification de son état civil et dont le conjoint ignorait la transformation pourrait, lui, être annulé. Dans un autre registre, il a été aussi admis que l'ignorance de la qualité de divorcé du conjoint peut donner lieu à nullité du mariage. L'erreur, dans tous les cas, doit être déterminante au point que si la personne avait connu la vérité elle n'aurait pas consenti au mariage. Une affaire a donné lieu à une décision discutée (polémique) du tribunal de grande instance de Lille, le 1er avril 2008. Le juge a prononcé la nullité pour mensonge de l'épouse sur sa virginité. Celle-ci acquiesçant à la demande de nullité, le juge en a déduit « que cette qualité avait bien été perçue comme une qualité essentielle déterminante du consentement de X. au mariage projeté » (*RTD civ.* 2008. 455 ; *D.* 2008. 1389). Le jugement a été infirmé par la cour d'appel de Douai au motif que la virginité n'est pas une qualité essentielle et sur contexte d'ordre public (*RTD civ.* 2009. 98 ; *D.* 2008. 2938). 534 ■

Le consentement des futurs époux doit être éclairé, il doit aussi être libre c'est-à-dire donné sans contrainte. La violence vice du consentement peut être morale ou physique, le tout est qu'elle soit réelle et suffisamment forte pour impressionner durablement la personne au point de la pousser à consentir. La crainte révérencielle des parents suffit désormais à supprimer la liberté des futurs époux.

Dans tous les cas, l'action en nullité se prescrit par cinq ans (C. civ., art. 1304) à partir de la cessation de la violence ou de la connaissance de l'erreur (C. civ., art. 181).

■ 535 Lorsque l'un des futurs époux est un mineur, une autorisation préalable est requise des représentants légaux. À défaut d'obtention de l'autorisation, ceux dont le consentement était requis ou celui des deux époux qui avait besoin de ce consentement peuvent demander la nullité du mariage intervenu (C. civ., art. 182). L'action en nullité se prescrit un an après la connaissance du mariage par les représentants légaux et pour l'époux protégé, un an après qu'il ait atteint l'âge requis pour consentir valablement.

■ 536 Tout mariage célébré en violation des empêchements et prohibitions à mariage, en l'absence de consentement, en l'absence d'un des époux, en violation de la différence de sexe ou de la condition d'âge, en présence d'un mariage antérieur non dissous peut être annulé à la demande des époux eux-mêmes ou de tout intéressé (C. civ., art. 184). La demande peut aussi être formée par le ministère public conformément à l'article 190 du C. civ. Lorsque le mariage n'a pas été célébré publiquement devant l'officier d'état civil compétent, il peut pareillement être annulé (C. civ., art. 191).

Lorsque le ministère public forme opposition au mariage et que ce dernier est malgré tout célébré par l'officier d'état civil, une action en nullité peut être diligentée par ses soins. Un arrêt de la Cour de cassation du 13 mars 2007 donne le fondement de la solution en termes clairs : « Attendu qu'aux termes de l'article 423 du nouveau Code de procédure civile, le ministère public peut agir pour la défense de l'ordre public à l'occasion des faits qui portent atteinte à celui-ci ; que la célébration du mariage au mépris de l'opposition du ministère public ouvre à celui-ci une action en contestation de sa validité ». En l'espèce, le ministère public agissait en nullité d'un mariage entre personnes de même sexe. Sur le fond, le mariage a été annulé dès lors qu'à cette date « , selon la loi française, le mariage est l'union d'un homme et d'une femme ; que ce principe n'est contredit par aucune des dispositions de la Convention européenne des droits de l'homme et de la Charte des droits fondamentaux de l'Union européenne qui n'a pas en France de force obligatoire » (H. Fulchiron, « Un homme, une femme : la Cour de cassation rejette le mariage homosexuel », *D.* 2007. 1375 ; G. Pluyette, « La définition du mariage civil », *D.* 2007. 1389 ; É. Agostini, « Le mariage homosexuel : le législateur tranchera », *D.* 2007. 1395 ; I. Gallmeister, « Le mariage homosexuel est contraire à la loi », *D.* 2007. 935).

La loi n° 2006-1376 du 14 novembre 2006 relative au contrôle de la validité des mariages dans ses dispositions relatives aux formalités préalables au mariage célébré à l'étranger par une autorité étrangère et à la transcription du mariage célébré à l'étranger par une autorité étrangère donne mission au ministère public de veiller au respect des conditions substantielles du mariage en France.

Dans la première hypothèse, le français doit obtenir un certificat de capacité à mariage délivré par l'autorité diplomatique ou consulaire : « Lorsque des indices sérieux laissent présumer que le mariage envisagé encourt la nullité au titre des articles 144, 146, 146-1, 147, 161, 162, 163, 180 ou 191, l'autorité diplomatique ou consulaire saisit sans délai le procureur de la République compétent et en informe les intéressés [al. 1er]. Le procureur de la République peut, dans le délai de deux mois à compter de la saisine, faire connaître par une décision motivée, à l'autorité diplomatique ou consulaire du lieu où la célébration du mariage est envisagée et aux intéressés, qu'il s'oppose à cette célébration [al. 2] » (C. civ., art. 171-4).

Dans la seconde hypothèse, l'opposabilité du mariage aux tiers est subordonnée à la transcription du mariage sur les registres de l'état civil (C. civ., art. 171-5), alors qu'il produit ses effets s'il a été valablement célébré à l'égard des époux et des enfants. Cette transcription sera impossible si le ministère public avait formé opposition. De même, si des indices sérieux laissent soupçonner une cause de nullité, il sera sursis à la transcription et le ministère public sera saisi du dossier (C. civ., art. 171-7 et 171-8).

Ces nouvelles dispositions permettront d'éviter que des Français aillent célébrer leur mariage à l'étranger pour contrevenir à l'une des dispositions impératives du mariage en France. La solution est différente lorsqu'un mariage a été célébré à l'étranger entre ressortissants étrangers, selon les règles propres à la loi nationale des intéressés et que ceux-ci viennent s'installer ultérieurement en France. La prise en compte de cette situation relève du droit international privé.

Afin d'étendre le droit au mariage entre personnes de même sexe où que réside le ressortissant français concerné, un nouvel article 171-9 du C. civ. (L. 2013-404 du 17 mai 2013) dispose :

« Par dérogation aux articles 74 et 165, lorsque les futurs époux de même sexe, dont l'un au moins a la nationalité française, ont leur domicile ou leur résidence dans un pays qui n'autorise pas le mariage entre deux personnes de même sexe et dans lequel les autorités diplomatiques et consulaires françaises ne peuvent procéder à sa célébration, le mariage est célébré publiquement par l'officier de l'état civil de la commune de naissance ou de dernière résidence de l'un des époux ou de la commune dans laquelle l'un de leurs parents a son domicile ou sa résidence établie dans les conditions prévues à l'article 74. À défaut, le mariage est célébré par l'officier de l'état civil de la commune de leur choix.

« La compétence territoriale de l'officier de l'état civil de la commune choisie par les futurs époux résulte du dépôt par ceux-ci d'un dossier constitué à cette fin au moins un mois avant la publication prévue à l'article 63. L'officier de l'état civil peut demander à l'autorité diplomatique ou consulaire territorialement compétente de procéder à l'audition prévue à ce même article 63. »

b. Les tempéraments

Le mariage contracté irrégulièrement peut d'abord, à certaines conditions, être validé a posteriori. Il peut ensuite, en dépit du prononcé de la nullité, voir ses effets passés maintenus au bénéfice du ou des époux de bonne foi et des enfants. 537

La confirmation du mariage irrégulier est autorisée par la loi lorsque l'irrégularité ne donne lieu qu'à nullité relative ou que la cause de nullité a disparu. Ce constat découlant de l'étude des dispositions relatives au mariage s'inspire du principe général de droit des obligations posé à l'article 1338 du Code civil au sujet des actes confirmatifs. C'est ainsi que la cohabitation continuée pendant six mois depuis que l'époux a acquis sa pleine liberté ou que l'erreur a été par lui reconnue (C. civ., art. 181), l'acceptation expresse ou tacite de ceux dont le consentement était requis (C. civ., art. 183) et l'écoulement d'un délai de six mois à partir de l'obtention de l'âge 538 requis par la loi pour se marier ou, avant cette échéance de six mois, la conception d'un enfant par la femme qui n'a point cet âge (art. 185 du C. civ.) ferment l'exercice de l'action en nullité.

539 « Le mariage qui a été déclaré nul produit, néanmoins, ses effets à l'égard des époux, lorsqu'il a été contracté de bonne foi [al 1er]. Si la bonne foi n'existe que de la part de l'un des époux, le mariage ne produit ses effets qu'en faveur de cet époux [al. 2] » (art. 201 du C. civ.). Cette disposition déroge à l'effet rétroactif des nullités. À la différence du divorce qui met fin pour l'avenir au mariage, la nullité du mariage rétroactivement détruit les effets du mariage. Le mariage putatif permet de maintenir ceux-ci, avantage non négligeable au vu des effets du mariage.

540 L'institution du mariage produit des effets juridiques ayant pour objet l'organisation des rapports entre époux, vis-à-vis des enfants et vis-à-vis des tiers. Les rapports des époux envers leurs enfants ne font pas l'objet d'une organisation distincte de celle existant pour les parents non mariés envers leurs enfants. Pour cette raison, ils seront traités globalement au titre de l'autorité parentale.

§ 3 Les effets du mariage

Le mariage produit des effets personnels (A) et des effets patrimoniaux (B) tendant à l'organisation de la vie conjugale.

A. Les effets personnels

541 Le mariage a pour effet principal d'instituer un certain nombre de devoirs entre époux, en raison de leur réciprocité, chaque époux à envers l'autre autant de droits qu'il a de devoirs (1). La vie conjugale justifie par ailleurs la mise en place d'un aménagement des pouvoirs reconnus à chaque époux (2).

1. *Les devoirs et les droits respectifs des époux*

542 « Les époux se doivent mutuellement (L. n° 2006-399 du 4 avril 2006, art. 2) "respect", fidélité, secours, assistance » (C. civ., art. 212 ; C. Philippe, « L'article 212 du Code civil : du XXe au XXIe siècle », in *Mélanges G. Wiederkehr* 2009, p. 628). L'exigence de respect mutuel a été rappelée par le législateur dans un contexte où les violences au sein du couple se multiplient. Le devoir de secours oblige l'époux à remédier à l'impécuniosité de son conjoint, il a par conséquent une nature patrimoniale. L'assistance consiste à apporter à l'autre tout le soutien moral possible pour faire face aux contrariétés de la vie. Ce sera par exemple rester présent aux côtés de l'époux souffrant d'une infirmité temporaire ou définitive, être empreint de compassion active face aux déficiences ou aux incapacités de l'autre, etc. La fidélité est la constance dans la foi donnée au conjoint, la réitération chaque jour du « oui » donné au moment de la célébration du mariage. Négativement, elle suppose l'absence de relations charnelles avec un tiers. Positivement, elle n'a pas de limite puisque la délicatesse de la foi, de la confiance en l'autre doit pousser chaque époux à un don de soi plus total englobant tout l'être, corps et esprit. Le mariage, institution juridique, est également le siège de l'apprentissage de toutes les vertus. L'expression « devoir » rend bien compte de cette différence d'ordre qualitatif qui interdit sa réduction à une

obligation *stricto sensu*. La seule issue pour les époux en cas d'inexécution est soit le pardon, soit le divorce. Encore que partie de la jurisprudence semblerait s'opposer à cette analyse au moins pour le devoir de fidélité : il n'y aurait pas besoin de pardon dès lors qu'une relation adultère n'a rien de contraire aux bonnes mœurs (Cass, ass. plén., 29 oct. 2004, *JCP* 2005. I. 223, obs. F. Terré) et il n'y aurait pas non plus divorce, l'adultère n'étant plus depuis longtemps une cause péremptoire permettant son prononcé.

Les époux ensuite « s'obligent mutuellement à une communauté de vie » (C. civ., art. 215, al. 1er). La communauté de vie implique en premier lieu un devoir de cohabitation. Les époux doivent habiter ensemble, faire vie commune. Ceci n'empêche pas les époux d'avoir des domiciles distincts, mais il y aura toujours une résidence de la famille au lieu choisi par les époux (C. civ., art. 215, al. 2). La cohabitation des époux permet souvent d'apprécier la réalité de l'intention matrimoniale, le cas échéant de révéler le caractère simulé du mariage (Civ. 1re, 8 juin 1999, *Defrénois* 1999. 1256, obs. J. Massip). La communauté de vie en second lieu implique l'accomplissement du devoir conjugal. Ces deux aspects de la communauté de vie ne peuvent faire l'objet de mesures de coercition. Le juge ne peut contraindre les époux manu militari à reprendre la vie commune, encore moins à avoir des relations sexuelles. L'époux lui-même ne peut contraindre l'autre à avoir des relations intimes. La Cour européenne des droits de l'homme a eu l'occasion dans un arrêt du 22 novembre 1997 de condamner le viol entre époux (*Gaz. Pal.* 1997, doct. 945, note P. Nuss). La communauté de vie suppose, en troisième lieu, une relation affective entre les époux constituée de centres d'intérêts communs, d'activités communes, de communication mutuelle, etc. 543 ■

2. *Les pouvoirs de direction et de gestion reconnus aux époux*

Les époux sont placés sur un pied d'égalité et se voient reconnaître un pouvoir de décision identique pour les questions relatives à la vie de famille. La différence entre les sexes est de moins en moins prise en compte par le droit positif. Le genre masculin a vécu, et au genre féminin, le droit préfère le genre neutre (le conjoint, le parent). Le droit agit en fonction d'une idéologie égalitaire tendant à supprimer dans les textes toute différence pour aboutir à une identité de pouvoirs. 544 ■

Chaque époux a d'abord des pouvoirs propres, essentiellement quant à la gestion de ses biens personnels. Ce pouvoir lui est reconnu chaque fois qu'il s'agit de ses biens personnels (C. civ., art. 225). La question se pose de savoir s'il peut accomplir seul des actes sur des biens appartenant au ménage et s'il peut prendre des engagements obligeant également son conjoint. L'article 222, alinéa 1er du Code civil présume, si l'époux se présente seul pour faire un acte d'administration, de jouissance ou de disposition sur un bien meuble qu'il détient individuellement, qu'il a le pouvoir d'accomplir cet acte (C. civ., art. 222, al. 1er). Cette disposition a pour but la protection des tiers de bonne foi. La loi présume de la détention individuelle du bien meuble que l'auteur de l'acte est seul propriétaire et a donc le pouvoir d'accomplir l'acte. Il n'y a pas présomption de mandat contrairement à ce qui est parfois soutenu. D'ailleurs, l'exclusion des meubles meublants par l'alinéa 2 de l'article, et des meubles corporels dont la nature fait présumer la propriété de l'autre conjoint le prouve. La disposition de l'article 222 du Code civil signifie donc que l'époux ne peut 545 ■

passer seul des actes sur des biens appartenant aux deux époux ou à l'autre, hormis le cas où les pouvoirs de gestion entre époux ont été aménagés.

■ 546 Les pouvoirs de gestion des époux peuvent être aménagés afin de permettre l'accomplissement par l'un d'eux d'actes engageant également l'autre ou au moins opposables à l'autre.

L'article 220 du Code civil, dans son alinéa premier, indique que « Chacun des époux a pouvoir pour passer seul les contrats qui ont pour objet l'entretien du ménage ou l'éducation des enfants [...] ». Il y a mandat légal en raison de l'objet de la dette.

Les époux peuvent aussi décider de se donner mandat, ou l'un d'eux à l'autre afin qu'il le représente dans l'exercice des pouvoirs qu'il tient du régime matrimonial (art. 218 C. civ.). Outre ces mandats légal et volontaire, la loi a mis en place un système de contrôle judiciaire. Lorsqu'un époux est hors d'état de manifester sa volonté ou qu'il oppose son refus à l'accomplissement d'un acte sans que cela soit justifié par l'intérêt de la famille, l'autre époux peut être autorisé en justice à passer malgré tout cet acte. L'effet de l'autorisation est restreint puisque l'acte, s'il est opposable à l'autre époux, ne peut mettre à sa charge une obligation personnelle (C. civ., art. 217). En revanche, dans l'hypothèse exclusive où l'un des époux est hors d'état de manifester sa volonté, le juge peut donner habilitation générale ou pour certains actes particuliers à l'autre époux de représenter son conjoint (C. civ., art. 219). Les modalités de cette représentation étant fixées par le juge, l'un des époux peut parfois recevoir le pouvoir d'engager son conjoint. L'effet de l'habilitation judiciaire est donc plus radical.

■ 547 Pour certaines décisions, le droit opte pour le principe d'une codécision des époux. Outre la cogestion organisée par certains régimes matrimoniaux, le choix de la résidence de la famille (C. civ., art. 215, al. 2), la direction de la famille et l'éducation des enfants (C. civ., art. 213) relèvent des pouvoirs conjugués des époux. L'inconvénient de ce système est d'aboutir, selon les cas, à l'absence de solution lorsqu'il y a désaccord des époux (ainsi pour le choix de la résidence familiale) ou à l'immixtion du juge aux affaires familiales dans des questions touchant à la vie privée et familiale des individus (ainsi pour l'éducation des enfants).

B. Les effets patrimoniaux

■ 548 La vie commune rend nécessaire l'organisation des rapports patrimoniaux des personnes vivant ensemble, également lorsqu'il s'agit d'un couple marié. Les finalités du mariage, la stabilité inhérente à l'engagement des époux ayant pour fin la charge d'une famille donnent à cette organisation une spécificité qui se retrouve dans le régime juridique applicable aux biens des époux, alors que les aliments et dépenses communes sont l'expression directe d'une solidarité familiale en mariage.

■ 549 Les époux au moment du mariage doivent faire savoir s'ils entendent se soumettre à un régime matrimonial particulier ; à défaut il y a application du régime légal dit « de communauté réduite aux acquêts ».

■ 550 Le régime de communauté réduite aux acquêts est régi par les articles 1400 à 1491 du Code civil. Il repose sur une triple masse de biens, les biens propres à chaque époux et les biens communs aux époux. La particularité de ce régime est de laisser en propriété les biens antérieurement acquis au mariage à chaque époux, ainsi que tous biens provenant d'une succession ou d'une libéralité échue après le mariage.

Les époux peuvent opter pour un des trois autres régimes matrimoniaux, au moment du mariage ou en cours de mariage aux conditions prévues par la loi : 551 ■

— la communauté universelle (C. civ., art. 1526) est un régime où les époux mettent tous leurs biens en commun, les biens dont ils étaient déjà propriétaires avant le mariage et ceux qu'ils acquièrent après célébration du mariage par succession ou libéralité ;

— la séparation de biens (C. civ., art. 1536) où chaque époux conserve la propriété de ses biens acquis avant ou après la célébration du mariage ;

— la participation aux acquêts où chaque époux gère seul ses biens acquis avant ou après la célébration du mariage, mais où à la dissolution les biens acquis par chacun en cours de mariage sont partagés par moitié en valeur entre les deux époux (C. civ., art. 1569).

section 2

Le divorce

Le mariage n'est plus en droit civil indissoluble. Les époux peuvent rompre leur engagement pour l'avenir en divorçant. L'histoire du divorce est mouvementée. Sous l'Ancien Régime, le mariage est indissoluble conformément au dogme catholique, religion du royaume de France. Seule la nullité du mariage par application du droit canon, assez compréhensif, et la séparation de corps à certaines conditions permettent au couple marié d'anéantir ou de distendre le lien conjugal. Le bouleversement des dispositions relatives au divorce suit les bouleversements de l'histoire et des régimes de gouvernement. La Révolution de 1789 veut en tous domaines faire table rase du passé. Le divorce est autorisé par consentement mutuel ou volonté unilatérale pour incompatibilité d'humeur, puis avec le Code Napoléon, opération de transaction, les formes de divorce sont le divorce pour faute et le divorce par consentement mutuel, la séparation de corps est réintroduite. Le retour de la Monarchie avec la Restauration conduit à prohiber à nouveau le divorce et il faudra attendre la loi du 27 juillet 1884, dite « loi Naquet », pour que le divorce pour faute réapparaisse. Les affrontements courant de l'année 1968 sont à l'origine d'une désorganisation sociale peu commune (v. notamment le tableau brossé par l'académicien Jean Dutour dans son École des Jocrisses), les répercussions sur la famille sont assez nombreuses. La loi n° 75-617 du 11 juillet 1975 opère réforme complète des dispositions relatives au divorce au nom du pluralisme juridique et des attentes du corps social. En 2001, cette loi est dénoncée comme n'étant plus adaptée à l'évolution des mœurs, il faudrait pour certains déjudiciariser le divorce et instaurer une sorte de démariage en mairie. La complexité des effets du divorce a constitué un frein aux nombreuses propositions effectuées (Fr. Artur, « Sur la proposition de loi Colcombet portant réforme du divorce », *Gaz. Pal.* 2002, n° 13, p. 30 ; A. Sacaze, « La réforme du divorce », *Gaz. Pal.* 2002, n° 303, p. 47), lesquelles ont été finalement abandonnées lors de l'adoption de la loi n° 2004-439 du 26 mai 2004 relative au 552 ■

divorce, entrée en vigueur le 1er janvier 2005. La privatisation et la contractualisation du droit de la famille n'avait toutefois pas dit son dernier mot. En 2008, la question a été reposée d'un démariage cette fois devant notaire. La commission dirigée par le professeur Serge Guinchard a conclu par la négative (Ph. Potentier, « Le divorce par consentement mutuel : un débat qui n'est pas clos », *AJ fam.* 2008. 328 ; F. Granet-Lambrechts, « Un divorce par consentement mutuel sans juge ? », in *Mélanges G. Wiederkehr* 2009. 357). Ce sera la loi n° 2016-1547 du 18 novembre 2016 de modernisation de la justice du XXIe siècle qui marquera l'aboutissement de l'évolution en intégrant au Code civil le divorce par acte contresigné d'avocats enregistré par notaire.

■ 553 À l'ancien article 229 du Code civil – « Le divorce peut être prononcé en cas : soit de consentement mutuel, soit de rupture de la vie commune, soit de faute » – a été, en 2004, substitué quatre cas de divorces ainsi désignés : « soit de consentement mutuel, soit d'acceptation du principe de la rupture du mariage, soit d'altération définitive du lien conjugal, soit de faute » pour, en 2016 intégré le divorce par convention : « Les époux peuvent consentir mutuellement à leur divorce par acte sous signature privée contresigné par avocats, déposé au rang des minutes d'un notaire. Le divorce peut être prononcé en cas : - soit de consentement mutuel, dans le cas prévu au 1° de l'article 229-2 ; - soit d'acceptation du principe de la rupture du mariage ; - soit d'altération définitive du lien conjugal ; - soit de faute » (C. civ., art. 229).

La séparation de corps, cette institution qui distend sans le dissoudre le lien conjugal, est toujours de droit positif. Elle peut être demandée à titre principal ou par mode *reconventionnel*Q. La séparation de corps est encore appelée « divorce des catholiques » parce qu'elle « ne dissout pas le mariage mais elle met fin au devoir de cohabitation » (C. civ., art. 299) et entraîne toujours la séparation de biens (C. civ., art. 302). En pratique pour durer, la séparation de corps doit être mutuellement consentie, autrement dit il faut que les deux époux soient tous les deux opposés au divorce et convaincus de leur impossibilité d'assumer la communauté de vie. Les nouveaux articles 297 et 297-1 du C. civ. ne démentent pas la priorité reconnue au divorce par rapport à la séparation de corps. Tout d'abord, la possibilité de former une demande reconventionnelle en séparation de corps a été interdite lorsque la demande principale est fondée sur l'altération définitive du lien conjugal. Ensuite, en présence de demandes concurrentes en séparation et en divorce, le juge statue prioritairement sur le divorce, ce n'est que si les conditions de son prononcé ne sont pas remplies que la demande en séparation sera examinée. Enfin, si ces demandes sont fondées sur la faute, le juge qui les accueille prononce un divorce aux torts partagés. Qui plus est au délai de trois ans nécessaire à la conversion de plein droit du jugement de séparation de corps en jugement de divorce, lorsque l'un des époux l'a demandée, est substitué un délai de deux ans (C. civ., art. 306 ; S. del Arco et J.-J. Lemouland, « Séparation et divorce dans la loi du 26 mai 2004 », *Dr. fam.* 2005. étude 5).

■ 554 La loi du 26 mai 2004 et ses décrets d'application du 29 octobre 2004 ont profondément modifié le divorce, et par contrecoup le mariage. Le divorce est désormais un droit subjectif absolu qui ne connaît plus d'obstacle à son prononcé.

Les circonstances ayant conduit à l'adoption de la loi font davantage penser à une loi passée en force qu'à l'adoption sereine et réfléchie d'un texte fondamental concernant le statut familial des individus. Reprenons les propos du professeur

L. Leveneur (« Rapport introductif », Le nouveau divorce, *Cahiers de l'Association Droit et procédure,* 26 novembre 2004) : « Le projet de loi, qui a été déposé devant le Sénat le 9 juillet 2003, a été présenté comme une pièce d'une politique "d'adaptation du droit de la famille aux évolutions sociologiques qui ont marqué ces dernières décennies", une politique qui a pour ambition, énonce expressément l'exposé des motifs, "de mieux reconnaître au sein de la sphère privée, l'aspiration de nos concitoyens à plus de volonté et de liberté et d'affirmer les références essentielles qui constituent le socle de notre société, au rang desquelles la valeur de l'engagement, la solidarité et la responsabilité" (exposé des motifs, p. 1). Que les déclarations d'intention sont belles ! [...] Encore aurait-il fallu vérifier que les dispositions du projet correspondent bien à ces annonces. »

La loi du 26 mai 2004 est loin d'être un texte anodin qui ne change rien (L. Leveneur, préc. ; J.-J. Lemouland, « La loi du 26 mai 2004 relative au divorce », *D.* 2004. Chron. 1826 ; contra J. Hauser, *Dr. fam.* juin 2004, p. 4 ; Th. Garé, « La réforme du divorce, entre innovations et droit constant », *RJPF* juin 2004, p. 7). Si certains auteurs n'hésitent pas à affirmer que la loi du 26 mai 2004 est « une bonne loi » (Y. Rubellin-Devichi, conférence Dijon, 22 septembre 2004), d'autres sont plus réservés (J.-J. Lemouland préc.), voire bien plus critiques (L. Leveneur, préc.). Ainsi que le soulignent avec à propos MM. Les professeurs Ph. Malaurie et H. Fulchiron (*La famille*, Defrénois, 2004, n° 438) : « le texte apporte de profondes innovations. En particulier, il rompt les derniers liens qui attachaient le règlement des effets du divorce aux torts réels ou supposés du conjoint demandeur ou défendeur. En transformant le divorce pour rupture de la vie commune en divorce pour altération définitive du lien conjugal, il contribue à la reconnaissance en droit français d'un véritable droit au divorce tout proche de la répudiation ». 555

La loi du 18 novembre 2016 constitue l'achèvement d'une évolution où le mariage est réduit à n'être qu'un mode d'union parmi d'autres. Logiquement, la contractualisation observée de l'union matrimoniale conduit le législateur à contractualiser la sortie de l'union. 556

Les causes de divorce et la procédure (§1) tout comme les effets du prononcé du divorce sont remodelés par la loi du 26 mai 2004 et sa cadette du 18 novembre 2016 (§2).

§ 1 Le prononcé du divorce

Le prononcé du divorce suppose que soit établie l'une des causes de divorce visées à l'article 229 du Code civil (A). Il obéit à des règles procédurales distinctes en fonction de son caractère amiable (B). 557

A. Les causes de divorce

Les quatre causes de divorce peuvent être regroupées en deux catégories, les divorces consentis (1) et les divorces imposés (2). 558

1. *Les divorces consentis*

Le divorce peut être décidé d'un commun accord par les époux, soit parce qu'ils y ont mutuellement consenti, il s'agit du divorce par consentement mutuel par acte sous 559 signature privée contresigné par avocats, déposé au rang des minutes d'un notaire (a) ou encore du divorce par consentement mutuel judiciaire (b) soit parce qu'il y a eu acceptation par l'autre époux du principe de la rupture du mariage, il s'agit du divorce accepté (c).

a. Le divorce par consentement mutuel par acte sous signature privée contresigné par avocats

560 Antérieurement régie par les articles 230 et 232 du Code civil, le divorce par consentement mutuel avait été réintroduit par la loi du 11 juillet 1975, modifiée par la loi du 26 mai 2004. L'article 230 issu de la loi de 2004 disposait : « Le divorce peut être demandé conjointement par les époux lorsqu'ils s'entendent sur la rupture du mariage et ses effets en soumettant à l'approbation du juge une convention réglant les conséquences du divorce ». La vie familiale faisait ses premiers pas dans la sphère de la vie privée où le maître mot est celui de la liberté individuelle. L'accord des époux sur la rupture du lien matrimonial les unissant suffit. Ce que la volonté a créé, la volonté peut le dissoudre. Il n'est même plus besoin d'attendre un certain délai pour divorcer, les époux peuvent divorcer aussi vite qu'ils se sont mariés s'ils en sont d'accord. Il faut dire que l'ancien délai de six mois, supposé de réflexion, tendait surtout à éviter que les personnes ne jouent avec l'institution, il marquait en quelque sorte la solennité de l'engagement. Or, le mariage tel que défini par la loi du 26 mai 2004 n'a plus rien d'un engagement, au mieux il devient une gestion des droits patrimoniaux des époux, et il n'y a qu'un pas à franchir pour considérer que la différence fondamentale entre mariage, concubinage et pacte civil de solidarité s'est évanouie.

C'est dans ce contexte qu'a été adopté une décennie plus tard le divorce conventionnel par acte d'avocat ou divorce sans juge. L'article 229 du Code civil énumérant les causes de divorce se trouve enrichi d'une phrase liminaire ainsi rédigée : « Les époux peuvent consentir mutuellement à leur divorce par acte sous signature privée contresigné par avocats, déposé au rang des minutes d'un notaire ». Désormais le divorce par consentement mutuel se divise en un paragraphe consacré à la nouvelle procédure « du divorce par consentement mutuel par acte sous signature privée contresigné par avocats, déposé au rang des minutes d'un notaire » (C. civ., art. 229-1 à 229-4), alors que l'actuel divorce par consentement mutuel devient un paragraphe second « du divorce par consentement mutuel judiciaire » (C. civ., art. 230 à 232) réservé aux cas où l'enfant demande à être entendu par le juge.

561 « Les époux ne peuvent consentir mutuellement à leur divorce par acte sous signature privée contresigné par avocats lorsque : 1° Le mineur, informé par ses parents de son droit à être entendu par le juge dans les conditions prévues à l'article 388-1, demande son audition par le juge ; 2° L'un des époux se trouve placé sous l'un des régimes de protection prévus au chapitre II du titre XI du présent livre » (C. civ., art. 229-2). Ni le majeur placé sous sauvegarde de justice, ni celui qui est sous curatelle ou tutelle ne pourra divorcer conventionnellement par acte d'avocat. Les avocats des parties devront continuer à demander à leur client leur acte intégral de naissance de moins de trois mois pour vérifier l'absence de mesure de protection juridique. Quant au mineur qui demande à être entendu par le juge, il contraint ses parents à recourir à la procédure de divorce par consentement mutuel judiciaire. D'où l'importance du contrôle de l'information qu'il aura reçu de pouvoir demander cette audition.

Issu de la loi n° 2011-331 du 28 mars 2011 de modernisation des professions judiciaires ou juridiques et certaines professions réglementées ayant introduit un chapitre 1 bis sur le contreseing de l'avocat dans la loi du 31 décembre 2011 – « En contresignant un acte sous seing privé, l'avocat atteste avoir éclairé pleinement la ou les parties qu'il conseille sur les conséquences juridiques de cet acte » (L. 1971, art. 66-3-1) -, l'acte sous signature privée contresigné par avocat a intégré le Code civil avec l'ordonnance n° 2016-131 du 10 février 2016 portant réforme du droit des contrats, du régime général et de la preuve des obligations. Désormais, le régime juridique de « l'acte sous signature privée » est fixé aux articles 1372 à 1377 du Code civil. L'article 229-1, al. 1er du Code civil suppose pour la validité de l'acte conclu le respect des prescriptions qu'il retient : « lorsque les époux s'entendent sur la rupture du mariage et ses effets, ils constatent, assistés chacun par un avocat, leur accord dans une convention prenant la forme d'un acte sous signature privée contresigné par leurs avocats et établi dans les conditions prévues à l'article 1374 ». 562 ■

b. Le divorce par consentement mutuel judiciaire

Le législateur fait du divorce par consentement mutuel judiciaire une forme de divorce « subsidiaire » : « Dans le cas prévu au 1° de l'article 229-2, le divorce peut être demandé conjointement par les époux lorsqu'ils s'entendent sur la rupture du mariage et ses effets en soumettant à l'approbation du juge une convention réglant les conséquences du divorce » (C. civ., art. 230). La situation est celle où « 1° Le mineur, informé par ses parents de son droit à être entendu par le juge dans les conditions prévues à l'article 388-1, demande son audition par le juge ». L'opposition à l'égard du divorce conventionnel a été forte en doctrine surtout parce que le juge représente le protecteur naturel des personnes les plus faibles, parmi lesquelles les enfants. La disposition donne à nouveau au juge son pouvoir lorsque l'enfant a demandé sa présence au moyen de l'audition. Les époux désireux de divorce par convention hors cadre judiciaire n'auront pas intérêt à ce que leurs enfants demandent une audition au juge. Là est la faiblesse du principe de répartition des dossiers entre le conventionnel pur et le consentement mutuel judiciaire, comment le mineur pourrait-il accéder au juge dans un tel contexte ? Il y a certes des avocats d'enfant, mais dans la grande majorité des cas l'avocat d'enfant, dans les conflits familiaux, voit l'enfant lui être présenté par l'un de ses parents, or par hypothèse dans le cas visé aucun des deux parents ne souhaitera donner cette possibilité à l'enfant. 563 ■

L'information du mineur est vérifier par la présence à la convention de divorce transmise au notaire d'une déclaration signée par l'enfant dans lequel figure l'information suivante : je suis informé(e) que j'ai le droit d'être entendu(e), par le juge ou par une personne désignée par lui, pour que mes sentiments soient pris en compte pour l'organisation de mes relations avec mes parents qui souhaitent divorcer (C. pr. civ., art. 1444, formulaire type fixé par arrêté) mais aussi l'indication du droit d'être assisté par un avocat et du fait que la demande d'audition conduit à demander au juge d'intervenir dans le divorce des parents.

Pour mémoire, la loi du 18 novembre 2016 déférée à l'examen du Conseil constitutionnel était contestée par les requérants notamment parce que l'article 50 porterait atteinte à l'intérêt de l'enfant. Les requérants faisaient valoir : 564 ■

« En vertu de l'alinéa 11 du préambule de la Constitution du 27 octobre 1946 : la nation « garantit à tous, notamment à l'enfant (...) la protection de la santé, la sécurité matérielle, le repos et les loisirs ». Or, l'article 50-I prévoit que les époux ne peuvent consentir mutuellement à leur divorce par acte sous signature privée contresigné par avocats lorsque : 1° Le mineur, informé par ses parents de son droit à être entendu par le juge dans les conditions prévues à l'article 388-1, demande son audition par le juge. Cette disposition ne satisfait pas le principe de protection de l'enfant posé à l'alinéa 11 du Préambule de la Constitution du 27 octobre 1946.

Ce texte fait peser sur l'enfant la lourde responsabilité d'obliger ses parents à passer devant le juge lorsque ce ne serait plus obligatoire, dès lors qu'il souhaiterait être entendu. Une telle disposition textuelle est susceptible de peser sur la construction psychique de l'enfant ainsi que sur son équilibre et son bien-être. En cela, la loi viole les principes du droit du divorce qui placent l'intérêt de l'enfant au cœur du dispositif législatif, la Convention des Nations unies sur les droits de l'enfant et l'alinéa 11 du Préambule de la Constitution du 27 octobre 1946.

Par ailleurs, aucune disposition du texte proposé ne garantit que l'enfant soit effectivement informé de son droit d'être entendu dans toute procédure le concernant. Certes, il s'en soucie, puisque la convention comporte une peine de nullité « 6° La mention que le mineur a été informé par ses parents de son droit à être entendu par le juge dans les conditions prévues à l'article 388-1 », mais il n'y a plus de juge pour le contrôler. Le domaine d'application de ces atteintes à l'intérêt de l'enfant est d'autant plus important que l'article 50 prévoit en son I (3°) que les époux peuvent, à tout moment de la procédure 1° « divorcer par consentement mutuel par acte sous signature privée contresigné par avocats, déposé au rang des minutes d'un notaire ». Cela permettrait de surcroît aux parents d'esquiver discrètement l'audition de l'enfant en sortant de la procédure judiciaire. En cela, la loi viole l'article 388-1 du Code civil, les principes du droit du divorce qui placent l'intérêt de l'enfant au cœur du dispositif législatif, la Convention des Nations unies sur les droits de l'enfant et, l'alinéa 11 du Préambule de la Constitution du 27 octobre 1946.

Enfin, il est opportun de se demander si la non-homologation de la convention par un juge n'occasionnerait pas des dérives de la part de certains parents concernant la situation de leur enfant suite au divorce. C'est un risque non négligeable dans la mesure où certains juges invalident déjà les conventions dans lesquelles les dispositions prisent sont jugées par lui comme nuisibles aux intérêts de l'enfant tels que la garde alternée un an sur deux, voire même les changements d'école réguliers qui s'accompagnent ».

L'inconstitutionnalité ne sera pas constatée, aucune rupture d'égalité ne pouvant être caractérisée selon la décision du Conseil constitutionnel :

« 42. En troisième lieu, d'une part, l'article 371-1 du Code civil, qui définit l'autorité parentale comme un ensemble de droits et de devoirs ayant pour finalité l'intérêt de l'enfant, impose aux parents d'associer l'enfant aux décisions qui le concernent selon son âge et son degré de maturité. D'autre part, en application de l'article 388-1 du Code civil, tout mineur capable de discernement peut être entendu par un juge, dans toute procédure le concernant. Enfin, en application des articles 229, 229-2 et 230 du Code civil, dans leur rédaction résultant de l'article 50 de la loi déférée, combinés avec l'article 388-1 du même code, le choix d'un enfant mineur capable de discernement de demander à être entendu par le juge fait obstacle à la poursuite de la procédure conventionnelle de divorce de ses parents, au profit de la procédure judiciaire. Dans ce cadre, il appartient alors au juge, conformément à l'article 232 du Code civil, de refuser l'homologation et de ne pas prononcer le divorce « s'il constate que la convention préserve insuffisamment les intérêts des enfants ou de l'un des époux ».

43. Ainsi, le texte déféré accorde au mineur qui a demandé à être entendu par le juge une protection spécifique. Or, il réserve aux mineurs capables de discernement la faculté de demander à être entendu par le juge. Par conséquent, les dispositions contestées instaurent, au regard de la protection judiciaire dont ils peuvent bénéficier, une différence de traitement entre ces mineurs et les autres enfants. Toutefois, cette différence de traitement repose sur une différence de situation entre les mineurs capables de discernement, qui sont en mesure de s'exprimer sur la situation résultant pour eux du choix de leurs parents, et les autres. Cette différence de traitement entre les mineurs, qui bénéficient en tout état de cause de la protection qui découle des exigences de l'autorité parentale, est en rapport direct avec l'objet de la loi. Elle n'entraîne donc pas de rupture d'égalité contraire à la Constitution.

44. En dernier lieu, les enfants dont les parents divorcent par consentement mutuel ne sont pas placés dans la même situation que ceux dont les parents divorcent selon une autre procédure. L'intervention judiciaire systématique dans le second cas est justifiée par le fait que les époux n'ont pas trouvé un accord sur le principe ou les effets de leur divorce. La différence de traitement qui en résulte est en rapport direct avec l'objet de la loi et ne méconnaît par conséquent pas le principe d'égalité.

45. Il résulte de tout ce qui précède que l'article 50 ne méconnaît pas le principe d'égalité ».

Le divorce par consentement mutuel judiciaire redonne au juge la mission de prononcer le divorce en examinant la convention de divorce des époux. Le juge est alors chargé d'homologuer la convention élaborée par les époux. L'*homologation*[Q] reste un moyen indirect mais puissant pour le juge de décider du prononcé du divorce. L'article 232, alinéa 2 du Code civil indique qu'il « peut refuser l'homologation et ne pas prononcer le divorce s'il constate que la convention préserve insuffisamment les intérêts des enfants ou de l'un des époux ». 565

c. Le divorce accepté

Ce type de divorce repose sur la reconnaissance de l'échec objectif du mariage par les époux. Il est une sorte de divorce résignation. 566

« Le divorce peut être demandé par l'un ou l'autre des époux ou par les deux lorsqu'ils acceptent le principe de la rupture du mariage sans considération des faits à l'origine de celle-ci » (C. civ., art. 233, al. 1er). Il s'agit simplement dans les conclusions initiales de dresser un constat d'échec du mariage, l'imputation des torts est ici indifférente.

La procédure de divorce demandé par l'un et accepté par l'autre est peu protectrice des intérêts du défendeur en raison de sa rapidité. Il ne dispose d'aucun délai de réflexion, et le plus souvent pressé par son conjoint et à un moment de détresse, il se résigne à accepter sans comprendre toujours l'importance de ce qu'il fait. La loi du 26 mai 2004 l'a rendu encore plus définitif et encore plus dangereux pour l'époux qui las des querelles finit par accepter le principe du divorce. L'acceptation ne peut plus faire en effet l'objet de rétractation. Auparavant, le double aveu ne devenait irrévocable qu'une fois le délai d'appel de l'ordonnance le constatant expiré. Aujourd'hui, l'alinéa 2 de l'article 233 du C. civ. dispose que « Cette acceptation n'est pas susceptible de rétractation, même par la voie d'appel ». Certes, l'article 234 du C. civ. précise que le juge ne prononce le divorce et ne statue sur ces conséquences 567 que « s'il a acquis la conviction que chacun des époux a donné librement son accord », mais la rapidité de la procédure rend le contrôle difficile à mettre en œuvre, surtout si on y ajoute le nombre des dossiers.

2. *Les divorces imposés*

568 Le divorce peut être imposé soit parce que l'on oppose au conjoint la faute commise à l'origine de la dissolution du lien matrimonial (a), soit parce qu'après être parti du domicile conjugal, on exige la dissolution du lien matrimonial motif pris qu'il y aurait altération définitive de ce lien (b).

a. Le divorce pour altération définitive du lien conjugal

569 Ce divorce permet à un époux, aux conditions prévues par la loi, d'imposer à l'autre le prononcé du divorce. Il remplace le divorce pour rupture de la vie commune qui pouvait sous l'égide des anciens textes soit résulter d'une séparation de fait (C. civ., anc. art. 237), soit de l'altération des facultés mentales du conjoint (C. civ., anc. art. 238). Aux termes de l'article 237 du Code civil, « Le divorce peut être demandé par l'un des époux lorsque le lien conjugal est définitivement altéré » (J. Hauser, « Le divorce pour altération définitive du lien conjugal et la société de la réalité », *Dr. fam.* 2005, étude 3). Outre les conditions allégées d'exercice du droit, la suppression de la clause d'exceptionnelle dureté (C. civ., anc. art. 240) ne permet plus à celui qui est fidèle à son engagement de le rester. La clause d'exceptionnelle dureté était la défense que pouvait faire valoir le défendeur au divorce pour rupture de la vie commune, auquel la loi a substitué le divorce pour altération définitive du lien conjugal. L'ancien article 240 du Code civil énonçait « si l'autre époux établit que le divorce aurait, soit pour lui, compte tenu notamment de son âge et de la durée du mariage, soit pour les enfants, des conséquences matérielles ou morales d'une exceptionnelle dureté, le juge rejette la demande. Il peut même la rejeter d'office dans le cas prévu à l'article 238 du Code civil ». L'exceptionnelle dureté permettait d'échapper au prononcé du divorce. L'âge, l'état de santé, les régimes de retraite, l'éducation des enfants, la réprobation sociale étaient autant d'éléments de fait qui pouvaient être invoqués et laissés à l'appréciation souveraine des juges du fond.

570 L'article 238, alinéa 1er du Code civil définit l'altération définitive du lien conjugal de la manière suivante : « L'altération définitive du lien conjugal résulte de la cessation de la communauté de vie entre les époux, lorsqu'ils vivent séparés depuis deux ans lors de l'assignation en divorce ». Ce texte reprend la double condition du divorce pour rupture de la vie commune, l'absence de communauté de vie et la séparation de fait pendant une certaine durée. L'altération des facultés mentales du conjoint justifiant le divorce (C. civ., anc. art. 238) a disparu.

571 « Les époux s'obligent mutuellement à une communauté de vie » (C. civ., art. 215, al. 1er). Le non respect de ce devoir par l'un des époux ne permet pas à l'autre d'en obtenir exécution forcée. Auparavant, l'absence de communauté de vie pouvait être révélée par une séparation de fait ou justifiée par l'altération des facultés mentales de l'un des conjoints. Le nouvel article 238, alinéa 1er du C. civ. établit un lien direct entre la cessation de la communauté de vie et la séparation de fait, il ne semble donc pas possible de réintroduire le divorce pour altération des facultés mentales du conjoint. La protection du conjoint malade reste tout de même illusoire, puisqu'il

suffit à l'époux qui souhaite obtenir le divorce de quitter le domicile pendant deux ans et satisfaire ainsi à la condition requise par la loi.

Le fait pour les époux de vivre séparément peut révéler une rupture de la vie commune. Cela implique d'abord qu'il n'y ait plus cohabitation des époux. Mais ce simple constat est insuffisant à prouver l'absence de communauté de vie. La séparation de fait n'est que l'indice d'une rupture de la vie commune, elle n'est pas à elle seule constitutive de cette rupture. Ceci a conduit les juges, sur le fondement de l'article 215 du C. civ., à considérer que le logement dans lequel la femme a été installée par son mari, celui-ci désirant recouvrer sa liberté, et où elle mène une vie séparée, mais où le mari continue d'avoir accès, doit être considéré comme le logement de la famille (Paris 29 sept. 1974, *JCP* 1974. II. 17620, note R. Théry). La communauté de vie implique non seulement un logement commun, mais aussi des relations sexuelles et un dialogue entre les époux, elle est communion des êtres dans le mariage. Il faut par conséquent pour qu'il y ait rupture de la vie commune qu'il y ait logement séparé, mais aussi disparition de toutes relations intimes et de toutes relations affectives. Il ne semble pas que cette analyse soit remise en cause par le nouveau texte.

La séparation de fait doit avoir duré deux ans. La durée du délai était initialement de six ans. Le temps exigé devait être assez long pour que ce type de divorce sanctionne le mariage devenu, selon le mot du doyen Carbonnier, « une coquille vide ». L'écoulement du temps permettait de constater la réalité de l'échec du mariage et justifiait le prononcé du divorce. L'idée n'est bien sûr pas modifiée, mais il semble que le temps pèse trois fois plus en 2004, qu'en 1975. 572 ■

L'article 238 du Code civil exige que le délai de deux ans soit constitué avant l'assignation en divorce. Une dérogation a cependant été posée par la loi du 26 mai 2004 lorsque le divorce pour altération définitive du lien conjugal prend la forme d'une demande reconventionnelle à un divorce pour faute (art. 238, al. 2 et 246 du C. civ.). En cette situation, le juge a été saisi par un conjoint d'une demande initiale en divorce pour faute, et il n'a pas fait droit à la demande. Mais l'autre conjoint a riposté en formant une demande pour altération définitive du lien conjugal. Le délai de deux ans n'est pas requis car il résulte de ces demandes croisées que les époux ne souhaitent manifestement plus vivre ensemble et qu'il est inutile de maintenir artificiellement le lien matrimonial.

Le délai de deux ans devrait, à l'instar du délai antérieur de six ans, pouvoir être interrompu. L'interruption d'un délai est différente de la suspension du délai. La suspension a pour effet de paralyser le temps au moment de la survenance d'un événement, tout en conservant pour la computation du délai le temps antérieurement écoulé. Le délai prévu à l'article 238 du Code civil ne peut être suspendu. En revanche, il peut être interrompu. Cela signifie que si la communauté de vie est retrouvée par les époux, réconciliation, le temps écoulé n'est pas pris en considération lorsque survient à nouveau une cause de rupture de la vie commune. Les compteurs sont remis à zéro.

Le demandeur doit prouver par tous moyens que la rupture de la vie commune est intervenue depuis au moins deux ans (v. art. 259 du C. civ.). L'appréciation de cet élément est laissée au pouvoir souverain des juges du fond.

b. Le divorce pour faute

573 Le divorce pour faute est sans doute celui qui a été le moins modifié par la loi du 26 mai 2004 si l'on s'en tient à la cause du divorce. À l'ancien article 242 C. civ. – « Le divorce peut être demandé par un époux pour des faits imputables à l'autre lorsque ces faits constituent une violation grave ou renouvelée des devoirs et des obligations du mariage et rendent intolérable le maintien de la vie commune » – est substituée la formulation suivante : « Le divorce peut être demandé par l'un des époux lorsque des faits constitutifs d'une violation grave ou renouvelée des devoirs et obligations du mariage sont imputables à son conjoint et rendent intolérable le maintien de la vie commune ».

Il est toujours précisé que « Les fautes de l'époux qui a pris l'initiative du divorce n'empêchent pas d'examiner sa demande ; elles peuvent, cependant, enlever aux faits qu'il reproche à son conjoint le caractère de gravité qui en aurait fait une cause de divorce » (C. civ., art. 245, al. 1er). Le divorce aux torts exclusifs ne peut plus dans ce cas être prononcé. Mais les juges peuvent soit en raison d'une demande reconventionnelle de l'autre conjoint, soit motu proprio, prononcer le divorce aux torts partagés si les débats font apparaître des torts à la charge de chacun des époux (C. civ., art. 245, al. 2 et 3). Il a ainsi été jugé qu'en laissant le domicile conjugal dans un état de saleté tel qu'il interdisait à son époux et à leurs enfants d'y recevoir leurs amis et d'y vivre confortablement et qu'en refusant de soigner un état dépressif, par une opposition déterminée aux tentatives de son époux pour y remédier, une épouse a manqué à ses obligations conjugales et a causé à sa famille un préjudice certain. Mais en l'espèce, le divorce fut prononcé aux torts partagés car le mari aurait dû prendre les mesures d'ordre matériel pour faire nettoyer le domicile conjugal ou d'ordre thérapeutique pour faire soigner son épouse, sa qualité de médecin lui laissant les possibilités financières, les connaissances techniques, et les relations professionnelles pour le faire (Lyon 30 avril 1996, *JCP* 1997. II. 22689, note T. Garé).

574 Pour qu'il y ait faute, les faits doivent constituer une violation des devoirs et obligations du mariage.

Avant la loi du 11 juillet 1975, l'adultère ou la condamnation à une peine afflictive et infamante de l'époux constituait une cause péremptoire de divorce. Le juge avait l'obligation de prononcer le divorce lorsque la preuve d'un de ces deux faits était rapportée. L'adultère avec la loi de 1975 est devenu une cause facultative de divorce, le juge retrouvant un pouvoir d'appréciation dans le prononcé du divorce. L'affirmation par l'assemblée plénière le 29 octobre 2004 selon laquelle une libéralité faite en raison d'une relation adultère n'est pas contraire aux bonnes mœurs laisse augurer la nature de l'appréciation qui pourrait être donnée dans l'avenir par les juges... Il faut de toute façon que l'adultère satisfasse aux caractères de la faute prévue à l'article 242 du Code civil.

La loi du 26 mai 2004 a par ailleurs abrogé l'article 243 du Code civil énonçant que le divorce aux torts exclusifs « peut être demandé par un époux lorsque l'autre a été condamné à l'une des peines (L. n° 92-1336 du 16 déc. 1992) prévues par l'article 131-1 du Code pénal ». La condamnation à une peine afflictive ou infamante, telle qu'une peine criminelle, n'est plus une cause péremptoire de divorce.

575 La seule violation des devoirs et obligations du mariage est insuffisante à justifier le prononcé du divorce pour faute. Cette violation doit être grave ou renouvelée, *a fortiori* si elle est grave et renouvelée. Mais les juges ne peuvent exiger que les faits

invoqués comme cause de divorce présentent à la fois le caractère de gravité et celui de répétition, car ces caractères, par la conjonction de coordination « ou », sont alternatifs (Civ. 2e, 8 juill. 1999, *Dr. fam.* 1999, n° 113, obs. H. Lécuyer). La gravité ou la réitération de la violation constatée est appréciée par les juges du fond. Les circonstances dans lesquelles a été commis un adultère peuvent par exemple lui ôter le caractère de gravité justifiant le prononcé du divorce. La violation grave ou renouvelée des devoirs et obligations du mariage doit rendre intolérable le maintien de la vie commune. Cet effet est en principe automatiquement rattaché à la preuve de la violation grave ou renouvelée.

Les dispositions régissant le divorce pour faute indiquent que les faits doivent être imputables. L'imputabilité des faits est inhérente à la notion de « faute », cause de ce divorce. L'article 249-4 du Code civil exclut les divorces consentis lorsque l'un des époux est placé sous un régime de protection prévu à l'article 490 du Code civil. On ne retrouve aucune disposition similaire pour le divorce pour faute, alors que l'altération des facultés mentales du conjoint apparaît nécessairement comme un obstacle à l'imputabilité des faits reprochés. Il appartiendra au juge de vérifier l'état mental du conjoint pour déterminer si oui ou non les faits peuvent lui être imputés. 576 ■

La réconciliation des époux est un obstacle au prononcé du divorce, le pardon des offenses supprimant la cause du divorce. Le pardon demeure malgré tout conditionnel. Des faits survenus ou découverts depuis la réconciliation permettent à l'époux victime de former une nouvelle demande en justice et les faits anciens peuvent alors être rappelés à l'appui de celle-ci (C. civ., art. 244). 577 ■

B. La procédure de divorce

Quelles que soient les règles procédurales devant conduire au prononcé du divorce, il faudra que les parties prouvent ce qu'elles avancent. « Les faits invoqués en tant que causes de divorce ou comme défenses à une demande peuvent être établis par tout mode de preuve, y compris l'aveu » (C. civ., art. 259 ; E. Mulon, « Preuves en droit de la famille : la preuve en matière de divorce », *AJ fam.* 2007. 464). Le domaine d'application de ce texte est général, il s'applique à tous les types de divorce. La question de la preuve demeure toutefois prépondérante en matière de divorce pour faute en raison de la cause justifiant son prononcé. En particulier, la preuve de la faute ne doit pas porter atteinte au respect de la vie privée des individus. Ceci apparaît expressément à la lecture des articles 259-1 et 259-2 du Code civil. L'article 259-1 tel que modifié par la loi du 26 mai 2004 a d'ailleurs étendu le domaine de la protection qui ne concerne plus seulement les « lettres échangées entre le conjoint défendeur et un tiers », mais « un élément de preuve ». Ne peuvent donc être versés aux débats aucun éléments de preuve qui auraient été obtenus par violence ou fraude, ni les constats dressés après violation du domicile ou atteinte illicite à l'intimité de la vie privée. Entre le droit au respect de l'intimité de la vie privée et la nécessité de la preuve de la faute pour obtenir le divorce sur le fondement de l'article 242 du C. civ., il est parfois difficile de choisir. La Cour de cassation a par le passé reproché aux juges du fond de n'avoir pas établi les conditions d'obtention d'un enregistrement téléphonique, élément de preuve ayant permis le prononcé du divorce (Civ. 2e, 24 janv. 1996, *Bull. civ.* II, n° 10), alors que dans une autre espèce, il a été décidé que les juges ne pouvaient écarter des éléments de preuve sur le seul fondement d'une atteinte à la vie privée 578 ■

sans établir qu'ils avaient été obtenus par fraude ou violence au sens de l'article 259-1 du C. civ. (Civ. 2e, 29 janv. 1997, *D.* 1997. Jur. 296, note A. Bénabent).

La modification du fondement de la demande en divorce est possible à tout moment de la procédure par application des articles 247 à 247-2 du Code civil distinguant trois situations. Il est tout d'abord possible de présenter une convention au juge afin qu'il prononce un divorce par consentement mutuel. Les époux peuvent également si la demande est fondée sur la faute ou sur l'altération du lien conjugal demander au juge de prononcer un divorce accepté en prenant note de leur accord. Enfin, si la demande initiale était fondée sur l'altération du lien et qu'à titre reconventionnel lui ait été opposée la faute, le demandeur initial peut à son tour modifier sa demande et invoquer les fautes de son conjoint.

Le Code civil distingue les règles applicables au divorce par consentement mutuel (2) de celles réservées aux autres cas de divorce (3). La loi n° 2010-1609 du 22 décembre 2010 relative à l'exécution des décisions de justice, aux conditions d'exercice de certaines professions réglementées et aux experts judiciaires a instauré une nouvelle procédure préalable au divorce pour faciliter le règlement amiable du divorce, alors que l'on observe un développement notable de la médiation familiale lors de la rupture (1).

1. *Les procédures amiables*

a. La convention de procédure participative

579 Le Code civil a été enrichi d'un nouveau Titre XVII « De la convention de procédure participative ». Cette procédure ne se limite pas au divorce. Il s'agit par l'intermédiaire des avocats de relancer en droit les solutions alternatives aux conflits afin de faciliter leur règlement amiable. Cette institution reprend la proposition 47 de la commission présidée par le professeur Serge Guinchard, en juin 2008, sur la « création d'une nouvelle procédure de règlement amiable des litiges : la procédure participative de négociation assistée par avocat. » Aux termes de l'article 2062, al. 1er du Code civil, « la convention de procédure participative est une convention par laquelle les parties à un différend qui n'a pas encore donné lieu à la saisine d'un juge ou d'un arbitre s'engagent à œuvrer conjointement et de bonne foi à la résolution amiable de leur différend » (N. Fricero, « Qui a peur de la justice participative ? Pour une justice, autrement », in *Mélange S. Guinchard*, Dalloz, 2010, p. 145).

Cette convention ne se conçoit que pour les droits dont les parties ont la libre disposition et qui peuvent faire l'objet d'un accord de volonté. Cependant, en matière de divorce, le législateur a aménagé la procédure afin d'inciter les époux souhaitant divorcer à s'entendre pour le règlement de leur divorce. Elle est comme un préambule à l'instance judiciaire qui va suivre, un moyen pour inciter les parties à recourir à un mode consensuel de divorce judiciaire. Si « une convention de procédure participative peut être conclue par des époux en vue de rechercher une solution consensuelle en matière de divorce ou de séparation de corps » (art. 2067, al.1 du C. civ.), l'acte n'est pas soumis à simple homologation du juge comme pour les autres conventions participatives, mais « la demande en divorce ou en séparation de corps présentée à la suite d'une convention de procédure participative est formée et jugée suivant les règles prévues au Titre VI du Livre 1er relatif au divorce » (art. 2067, al. 2 du C. civ.). Le démariage n'a pas vu le jour en droit et la procédure judiciaire classique reprendra donc son cours à l'issue de la procédure de convention participative.

b. La médiation familiale

Avant que la loi n'accorde une place à la médiation familiale, c'est la médiation familiale qui a contraint la loi à la reconnaître. Le rôle des associations a été essentiel, et notamment l'Association pour la médiation familiale. Le rôle des juridictions a été aussi important avec le développement de pratiques – juges et avocats ensemble – pour trouver des solutions adaptées aux conflits familiaux. Il s'en est suivi une représentation nationale avec la création, en 2001, d'un Conseil national consultatif de la médiation familiale (CNCMF) et assez vite, en 2003-2004, une professionalisation de la fonction. Le décret du 2 décembre 2003 a créé « le diplôme d'État de médiateur familial » qui aux termes de l'article 1er « atteste des compétences nécessaires pour intervenir auprès de personnes en situation de rupture ou de séparation afin de favoriser la reconstruction de leur lien familial et aider la recherche de solutions répondant aux besoins de chacun des membres de la famille ». Si la reconnaissance de la médiation familiale s'est faite sous le manteau de la médiation judiciaire, l'action médiatrice a sans doute plus d'efficacité avant tout procès. Dans le cadre d'un divorce, celle-ci est importante pour fixer d'un commun accord les effets du divorce, qu'il s'agisse des enfants ou des époux eux-mêmes. Sera traitée ici l'intégralité des questions relatives à la médiation, c'est-à-dire tout uniment les procédures exclusivement liées à l'exercice de l'autorité parentale ou celles s'inscrivant dans un divorce. 580 ■

Les deux textes fondateurs d'une médiation visible dans le Code de procédure civile sont la loi du 8 février 1995 relative à l'organisation des juridictions et à la procédure civile, pénale et administrative, et son décret d'application du 22 juillet 1996 relatif à la conciliation et à la médiation judiciaire. Un nouveau titre VI *bis* sur la médiation est inséré (C. pr. civ., art. L. 131-1 à L. 131-15). L'article 131-1 du C. pr. civ dispose : « le juge saisi d'un litige peut, après avoir recueilli l'accord des parties, désigner une tierce personne afin d'entendre les parties et de confronter lerus points de vue pour leur permettre de trouver une solution au conflit qui les oppose ». Puis, ces textes seront enrichis, par la directive européenne du 21 mai 2008, sur certains aspects de la médiation en matière civile et commerciale, directive qui sera transposée par l'ordonnance du 16 novembre 2011. La loi de 1995 sera consécutivement modifiée. Une définition de la médiation est, pour la première fois, donnée par le législateur à l'article 21 de cette loi : « La médiation régie par le présent chapitre s'entend de tout processus structuré, qu'elle qu'en soit la dénomination, par lequel deux ou plusieurs parties, tentent de parvenir à un accord en vue de la résolution amiable de leurs différends, avec l'aide d'un tiers, le médiateur, choisi par elles ou désigné, avec leur accord par le juge saisi du litige », définition qui sera reprise par l'article 1530 du C. pr. civ. ouvrant le Livre V consacré à la résolution amiable des différends introduit par le décret du 20 janvier 2012. 581 ■

Ces textes ont été rendus audibles grâce à la petite voie qu'a tracée, au fur et à mesure, la médiation familiale. Une évolution s'est fait jour de la simple invitation à la médiation, le législateur, incitant à recourir au procédé, à l'obligation de réaliser une médiation avec la mise en place d'une forme de coaction à titre expérimental. C'est la loi du 4 mars 2002 relative à l'autorité parentale qui a institutionnalisé la médiation à l'article 373-2-10 du C. Civ.. Le juge peut alors proposer une mesure de médiation, et, en cas de refus des parties, il peut les enjoindre de rencontrer un médiateur. L'injonction reste cependant sans sanction. 582 ■

À titre expérimental, un dispositif dit de « double convocation » a été mis en place, par le décret du 12 novembre 2010, dans deux juridictions, afin, dans le même temps, de prévoir la recontre du médiateur, et, en l'absence d'accord, l'audience devant le juge. À la suite de la loi de 2002, celle du 26 mai 2004 relative au divorce insère le processus de médiation à l'article 255 du Code civil. Parmi les mesures provisoires que le juge peut adopter figurent la mesure de médiation et, le cas échéant, l'injonction de rencontrer un médiateur, sauf violences conjugales (L. 2016-1547 du 18 nov. 2016).

■ 583 Le législateur avait, à titre expérimental devant les juridictions d'Arras et de Bordeaux, prévu l'obligation de suivre une médiation. L'article 15 de la loi du 13 décembre 2011 relative à la répartition du contentieux et à l'allègement de certaines procédures juridictionnelles instaurait cette « tentative de médiation familiale préalable obligatoire ». Celle-ci concerne seulement les demandes de modification de décisions relatives aux modalités d'exercice de l'autorité parentale, à la contribution à l'entretien et à l'éducation de l'enfant ainsi qu'aux dispositions contenues dans la convention homologuée, mais non les demandes initiales. La sanction du non suivi de cette médiation est la fin de non-recevoir de la demande en justice, faculté laissée au juge qui peut la prononcer d'office.

■ 584 Le législateur a opéré, lors de la loi du 18 novembre 2016, la réécriture de l'article 373-2-13 du C. civ.en lui substituant, à titre expérimental jusqu'au 31 décembre 2019, pour les tribunaux de grande instance qui seront désignés par arrêté du garde des Sceaux, une version dans laquelle non seulement les décisions fixant les modalités de l'exercice de l'autorité parentale, ou les stipulations contenues dans la convention homologuée, mais aussi les décisions relatives à la contribution à l'entretien et à l'éducation de l'enfant, ne pourront être modifiées ou complétées par le juge sur saisine du ou des parents qui si elle a été précédée d'une tentative de médiation familiale (L., art. 7). Il proroge donc l'expérimentation qui avait été introduite par la loi du 13 décembre 2011 (art. 15) et mise en œuvre devant les tribunaux de grande instance de Bordeaux et d'Arras. Le juge se voit conférer la possibilité de soulever d'office la fin de non-recevoir. La disposition est lourde de conséquences puisque les seules dérogations sont celles où les parents ont déjà trouvé un accord et en sollicitent l'homologation conformément à l'article 373-2-7 du C. civ., s'il peut être argué d'un « motif légitime » de ne pas y avoir eu recours ou « si des violences ont été commises par l'un des parents sur l'autre parent ou sur l'enfant ».

■ 585 Le décret du 11 mars 2015, s'est orienté vers une généralisation des modes alternatifs de résolution des différends, parmi lesquels la médiation, en exigeant de toute demande en justice, au titre des articles 56 et 58 nouveau, des précisions sur « les diligences entreprises en vue de parvenir à une résolution amiable du litige » (S. Thouret, « Résolution amiable des différends : entrée dans une nouvelle ère ! », *AJ Fam.* 2015. 212). L'exigence est cependant sans sanction, l'article 127 du nouveau C. pr. civ. ajoutant que « s'il n'est pas justifié, lors de l'introduction de l'instance et conformément aux dispositions des articles 56 et 58, des diligences entreprises en vue de parvenir à une résolution amiable de leur litige, le juge peut proposer aux parties une mesure de conciliation ou de médiation ».

2. *La procédure du divorce par consentement mutuel*

Il y a lieu de distinguer le divorce par consentement mutuel par acte d'avocat (a) du divorce par consentement mutuel judiciaire (b). 586 ■

a. Le divorce par consentement mutuel par acte sous signature privée contresigné par avocats

Si le divorce par consentement mutuel judiciaire permet aux parties de prendre un avocat commun, le législateur impose dans la procédure conventionnelle pluralité d'avocats. Ceci a pour conséquence l'alourdissement du coût du divorce pour les époux. Mais la disparition du juge supposait un contradictoire renforcé entre les parties, assuré par la présence de deux avocats. Les requérants devant le Conseil constitutionnel ont argué d'une rupture d'égalité entre les couples contraints de recourir à deux avocats, à un notaire, ayant pour effet d'augmenter le coût du divorce. La rupture d'égalité n'est pas retenue, dès lors que tous les couples placés dans la même situation sont soumis à la même obligation, le législateur ayant en outre ouvert le bénéfice de l'aide juridictionnelle à ceux-ci selon leur situation de fortune (§ 40). 587 ■

La procédure du nouveau divorce est régie aux articles 1144 à 1148-2 du Code de procédure civile formant un nouveau chapitre V bis au Livre III du titre 1er sur les personnes. Le contenu de la convention porte sur le prononcé du divorce, les effets et la date du divorce intervenu, et la répartition des frais entre les parties. l'article 229-3 du C. civ. disposant en son alinéa 2 : « La convention comporte expressément, à peine de nullité : 1° Les nom, prénoms, profession, résidence, nationalité, date et lieu de naissance de chacun des époux, la date et le lieu de mariage, ainsi que les mêmes indications, le cas échéant, pour chacun de leurs enfants ; 2° Le nom, l'adresse professionnelle et la structure d'exercice professionnel des avocats chargés d'assister les époux ainsi que le barreau auquel ils sont inscrits ; 3° La mention de l'accord des époux sur la rupture du mariage et sur ses effets dans les termes énoncés par la convention ; 4° Les modalités du règlement complet des effets du divorce conformément au chapitre III du présent titre, notamment s'il y a lieu au versement d'une prestation compensatoire ; 5° L'état liquidatif du régime matrimonial, le cas échéant en la forme authentique devant notaire lorsque la liquidation porte sur des biens soumis à publicité foncière, ou la déclaration qu'il n'y a pas lieu à liquidation ; 6° La mention que le mineur a été informé par ses parents de son droit à être entendu par le juge dans les conditions prévues à l'article 388-1 et qu'il ne souhaite pas faire usage de cette faculté ». 588 ■

L'article 229-4, al. 1 du C. civ. dispose « l'avocat adresse à l'époux qu'il assiste, par lettre recommandée avec demande d'avis de réception, un projet de convention, qui ne peut être signé, à peine de nullité, avant l'expiration d'un délai de réflexion d'une durée de quinze jours à compter de la réception ». Après ce délai, les avocats recevront les parties ensemble et établiront trois exemplaires de la convention signés par chacune des parties et leurs avocats (C. pr. civ., art. 1145). Dès lors que le projet de convention a été élaboré ensemble par les avocats, la présence des deux parties au moment de la signature est discutable. En effet, d'accord pour divorcer et ayant réussi à s'entendre sur les effets du divorce, les parties n'ont pas toujours envie de se retrouver. La présence des parties devant le juge aux affaires familiales dans la 589 ■

procédure antérieure du divorce par consentement mutuel se concevait parce que le juge devait vérifier la réalité du consentement de chacun. Dans la nouvelle procédure, le consentement ayant été vérifié de son client par chaque avocat, on ne voit pas ce qu'apporte cette présence mutuelle au moment de la signature, outre qu'elle contraint les parties à de nouveaux frais lorsque les avocats ne sont pas du même barreau supposant le déplacement de l'un ou de l'autre.

■ 590 Lorsque la convention a été signée par les parties et leurs avocats, elle est transmise au notaire dans les sept jours de la signature (C. pr. civ., art. 1146). « Cette convention est déposée au rang des minutes d'un notaire, qui contrôle le respect des exigences formelles prévues aux 1° à 6° de l'article 229-3. Il s'assure également que le projet de convention n'a pas été signé avant l'expiration du délai de réflexion prévu à l'article 229-4 ». Le notaire doit déposer la convention dans les quinze jours de sa réception.

Tant que le dépôt n'est pas intervenu, les parties peuvent changer d'avis. L'article 1148-2, al. 2 du Code de procédure civile prévoit qu'elles peuvent toujours « saisir la juridiction d'une demande de séparation de corps ou de divorce judiciaire dans les conditions prévues aux articles 1106 et 1107 ». La transcription du divorce sur les registres de l'état civil incombe encore à l'avocat qui doit en faire la demande à l'officier d'état civil : « La mention du divorce est portée en marge de l'acte de mariage ainsi que de l'acte de naissance de chacun des époux, à la requête de l'intéressé ou de son avocat, au vu d'une attestation de dépôt délivrée par le notaire. L'attestation mentionne l'identité des époux et la date du dépôt » (C. pr. civ., art. 1147).

b. Le divorce par consentement mutuel judiciaire

■ 591 La requête n'a pas besoin d'indiquer les faits à l'origine de la demande (C. pr. civ., art. 1090). La double convention temporaire et définitive qui devait par le passé être jointe à la requête n'est plus nécessaire. Le nouvel article 1091 du C. pr. civ. dispose que « À peine d'irrecevabilité, la requête comprend en annexe, le cas échéant, le formulaire d'information de l'enfant mineur demandant à être entendu daté et signé par lui ainsi qu'une convention datée et signée par chacun des époux et leur avocat portant règlement complet des effets du divorce et incluant notamment un état liquidatif du régime matrimonial ou la déclaration qu'il n'y a pas lieu à liquidation. L'état liquidatif doit être passé en la forme authentique devant notaire lorsque la liquidation porte sur des biens soumis à publicité foncière. » (mod. Décr. n° 2016-1907 du 28 déc. 2016).

La requête peut être, comme par le passé, présentée par un avocat commun aux parties si elles le souhaitent (C. civ., art. 250, al. 1er).

■ 592 Si le juge refuse d'homologuer la convention, il ne prononce pas le divorce (C. civ., art. 232). L'indivisibilité du prononcé du divorce et de la convention empêche qu'il puisse être demandé révision de la convention (Civ. 1re, 5 nov. 2008, *RTD civ.* 2009. 100, obs. J. Hauser). Depuis le 26 mai 2004, ce refus n'empêche pas le juge d'« homologuer les mesures provisoires au sens des articles 254 et 255 que les parties s'accordent à prendre jusqu'à la date à laquelle le jugement de divorce passe en force de chose jugée, sous réserve qu'elles soient conformes à l'intérêt du ou des enfants » (C. civ., art. 250-2, al. 1er).

Les parties devront alors présenter au juge une nouvelle convention dans un délai de six mois (art. 250-2, al. 2 C. civ.). Si la convention n'est pas présentée dans le délai, la demande en divorce est caduque. Si la convention est présentée dans le délai et reste contraire à l'intérêt des enfants ou d'un époux, le juge peut refuser à nouveau l'homologation et constater simultanément la caducité de la demande en divorce (art. 1101, al. 2 et 3 du C. pr. civ.).

Mais le pouvoir du juge n'étant pas discrétionnaire, les époux ont un délai de quinze jours pour interjeter appel à partir du prononcé de l'ordonnance du juge exprimant le refus d'homologation s'ils étaient présents, à partir de la date de la notification de la décision dans le cas contraire. Cet appel a un effet suspensif sur le délai de six mois (art. 1101, al. 1er, du C. pr. civ.).

Lorsque le juge homologue la convention, aucun recours n'est possible parce que par définition les intéressés sont d'accord. La convention ne peut être attaquée pour aucune cause de nullité, tout vice étant supposé purgé par l'intervention du juge. Définitive, la convention lie les époux pour l'avenir sans autre moyen pour eux que de s'y conformer. Elle a « la même force exécutoire qu'une décision de justice » (art. 279, al. 1er C. civ.). Par exception, la convention initiale peut faire parfois l'objet d'une révision, le principe étant que toute modification de celle-ci exige l'élaboration d'une nouvelle convention par les époux également soumise à homologation (art. 279, al. 2, du C. civ.).

En revanche, un pourvoi en cassation peut toujours être formé pour dénoncer les lacunes de la décision relatives à une ou plusieurs conséquences du divorce. Ce pourvoi depuis le décret du 29 octobre 2004 n'a plus d'*effet suspensif* Q(C. pr. civ., art. 1103), sans doute en raison des effets du pourvoi sur l'exécution de la décision de divorce (v. B. Mercier, *LPA* 18 nov. 1998, p. 5). La protection des tiers est également assurée par la voie de la *tierce opposition*Q qui peut être exercée dans l'année de la publicité donnée à la décision (C. pr. civ, art. 1104). La convention en effet règle les conséquences patrimoniales de la rupture à l'égard des époux, il ne faut pas que les tiers soient lésés dans les droits qu'ils détiennent à l'encontre des époux.

3. *La procédure des divorces contentieux*

Elle forme les articles 251 à 258 du Code civil, si l'on excepte les preuves et les articles 1106 à 1120 du C. pr. civ.. La requête initiale en divorce n'indique pas les motifs du divorce (art. 251 C. civ.). L'article 1106 du C. pr. civ. précise même qu'elle n'indique ni le fondement juridique de la demande en divorce ni les faits à l'origine de celle-ci. Elle contient seulement les demandes formées au titre des mesures provisoires et un exposé sommaire de leurs motifs. Le début de la procédure de divorce ne permet pas à l'autre conjoint de connaître la cause du divorce, autrement dit s'il s'agit d'un divorce demandé, pour altération définitive du lien ou pour faute. Ce dernier est convoqué par le greffe, par lettre recommandée avec demande d'avis de réception, conformément à l'article 1108 du C. pr. civ., à une audience de conciliation à laquelle il doit se présenter en personne, seul ou assisté par son avocat. Dans la lettre sont reproduits les articles 252 à 255 du Code civil relatifs à l'audience de conciliation à laquelle de défendeur est convoqué et aux mesures provisoires que le juge pourra éventuellement ordonner à cette occasion. 593 ■

La deuxième étape est relative à la tentative de conciliation et aux mesures provisoires que le juge peut ordonner lors de cette audience. L'objectif ici n'est pas de tenter de réconcilier les époux, l'article 252, alinéa 2 du Code civil est très clair : 594 ■

« Le juge cherche à concilier les époux tant sur le principe du divorce que sur ses conséquences ». À cette fin, un entretien individuel et personnel avec le juge est organisé, les avocats n'étant appelés à participer à l'entretien qu'ensuite. L'article 1111 du C. pr. civ. précise que « Lorsqu'il constate, après avoir entendu chacun des époux sur le principe de la rupture, que le demandeur maintient sa demande, le juge rend une ordonnance par laquelle il peut soit renvoyer les parties, conformément à l'article 252-2 du Code civil, à une nouvelle tentative de conciliation, soit autoriser immédiatement les époux à introduire l'instance en divorce ». Outre le report de la conciliation dans un délai maximum de six mois, le juge peut enjoindre les parties à rencontrer un médiateur familial (C. civ., art. 255, 2°), la mesure de médiation n'étant ensuite suivie que de l'accord des époux.

Dans tous les cas, outre la mesure de médiation, d'autres mesures provisoires peuvent être ordonnées par le juge. Il s'agit des mesures prévues aux articles 254 à 257 du Code civil. Il peut bien sûr prendre en considération les accords intervenus entre les époux. Ces mesures sont relatives à des questions aussi pratiques que le logement, la remise des vêtements et objets personnels, la désignation d'un notaire afin qu'il dresse un projet de liquidation du régime matrimonial, et bien sûr tout ce qui est susceptible de concerner les enfants du couple, l'article 256 du C. civ. renvoyant aux articles 371 et suivants relatifs à l'autorité parentale sur la personne de l'enfant. Si l'urgence l'exigeait cependant dès la requête initiale, des mesures pourraient être prises par le juge, telle que l'autorisation à résider séparément, y compris avec les enfants mineurs (C. civ., art. 257).

■ 595 À l'issue de l'audience, le juge rend une ordonnance de non-conciliation par laquelle, outre les éventuelles mesures provisoires, il autorise le requérant initial, et lui seul, à introduire l'instance en divorce dans les trois mois de celle-ci (C. pr. civ., art. 1113, al. 1er). En cas de réconciliation, ou si plus de trente mois se sont écoulés, les mesures ordonnées sont caduques. Pendant cette période, les devoirs du mariage perdurent, les époux se doivent notamment fidélité, le cas échéant il pourrait s'agir d'une faute pouvant être invoqué à l'encontre de l'autre conjoint (Civ. 1re, 24 octobre 2008, *RTD civ.* 2008. 661, obs. J. Hauser).

C'est au moment de l'introduction de l'instance, troisième étape, que le requérant optera pour l'un des trois cas de divorce, sauf à ce que les époux aient lors de l'audience accepté le principe de la rupture du mariage (C. civ., art. 233), acceptation ne pouvant plus être rétractée. Il devra également fournir avec la demande introductive, à peine d'irrecevabilité devant être invoquée avant toute défense au fond, « une proposition de règlement des intérêts pécuniaires et patrimoniaux des époux » (C. civ., art. 257-2). Aux termes de l'article 1115 du C. pr. civ., elle « contient un descriptif sommaire de leur patrimoine et précise les intentions du demandeur quant à la liquidation de la communauté ou de l'indivision, et, le cas échéant, quant à la répartition des biens ».

■ 596 Le déroulement de l'instance en divorce obéit aux règles unifiées des procédures familiales devant le juge aux affaires familiales (art. 1070 s. du C. pr. civ.) et aux règles qui viennent d'être évoquées. L'article 1114 du C. pr. civ. ajoutant qu'au-delà « l'instance est formée, instruite et jugée selon la procédure en matière contentieuse applicable devant le tribunal de grande instance ». Cette quatrième étape doit aboutir au prononcé du divorce. Il convient de rappeler qu'il existe des passerelles entres les différents divorces : « Les époux peuvent, à tout moment de la procédure :

1° Divorcer par consentement mutuel par acte sous signature privée contresigné par avocats, déposé au rang des minutes d'un notaire ; 2° Dans le cas prévu au 1° de l'article 229-2, demander au juge de constater leur accord pour voir prononcer le divorce par consentement mutuel en lui présentant une convention réglant les conséquences de celui-ci » (C. civ., art. 247). La charge des dépens sera fonction du type de divorce (art. 1125 à 1128 du C. pr. civ.). De façon particulière, les époux peuvent demander aux juges de « se limiter à constater dans les motifs du jugement qu'il existe des faits constituant une cause de divorce, sans avoir à énoncer les torts et griefs des parties » (C. civ., art. 245-1) lorsque le divorce prononcé est un divorce pour faute.

L'appel peut être formé contre la décision de divorce, à moins qu'il n'y ait eu acquiescement au jugement ou désistement de l'appel. À l'instar de l'appel, voie ordinaire de recours ayant un effet suspensif, le pourvoi en cassation aura également un effet suspensif d'exécution (C. pr. civ., art. 1086), en revanche pour tout ce qui concerne « les pensions, la contribution à l'entretien et l'éducation de l'enfant et l'exercice de l'autorité parentale » la décision est exécutoire de droit (C. pr. civ., art. 1087). La règle reprend le nouveau principe général posé à l'article 1074-1 du C. pr. civ. : « Les mesures portant sur l'exercice de l'autorité parentale, la pension alimentaire, la contribution à l'entretien et l'éducation de l'enfant et la contribution aux charges du mariage, ainsi que toutes les mesures prises en application de l'article 255 du Code civil, sont exécutoires de droit à titre provisoire ».

§ 2 Les effets du divorce

« Le mariage est dissous : 1° Par la convention de divorce conclue par acte sous signature privée contresigné par avocats, à la date à laquelle elle acquiert force exécutoire ; 2° Par la décision qui prononce le divorce, à la date à laquelle elle prend force de chose jugée. » (art. 260 C. civ.). La date à laquelle le divorce produit ses effets est différente à l'égard des tiers et à l'égard des époux. 597

Pour les tiers, en ce qui concerne les biens des époux, la règle n'a pas été modifiée, il faut que le jugement prononçant le divorce ou la convention ait été mentionné en marge de l'état civil (art. 262 C. civ.) pour leur être opposable.

Pour les époux, en ce qui concerne leurs biens, le nouvel article 262-1 du C. civ. distingue une triple situation selon les types de divorce. Pour le divorce par consentement mutuel,l'article distingue le conventionnel du judiciaire : « - lorsqu'il est constaté par consentement mutuel par acte sous signature privée contresigné par avocats déposé au rang des minutes d'un notaire, à la date à laquelle la convention réglant l'ensemble des conséquences du divorce acquiert force exécutoire, à moins que cette convention n'en stipule autrement ; - lorsqu'il est prononcé par consentement mutuel dans le cas prévu au 1° de l'article 229-2, à la date de l'homologation de la convention réglant l'ensemble des conséquences du divorce, à moins que celle-ci n'en dispose autrement ».

Pour les autres cas de divorce, la date est celle de l'ordonnance de non-conciliation, et sur demande de l'un des époux, le juge peut décider de fixer « les effets du jugement à la date à laquelle ils ont cessé de cohabiter et de collaborer » (C. civ., art. 262-1, al. 2 ; Civ. 1re, 17 déc. 2008, *RTD civ.* 2009. 103, obs. J. Hauser). Jusqu'à l'ordonnance de non-conciliation, la jouissance du logement conjugal est gratuite.

Les effets du divorce sont tout d'abord les effets traditionnels attachés au prononcé de tout divorce (A), mais aussi la question plus particulière de la prestation compensatoire susceptible d'être octroyée à un époux (B).

A. Les effets traditionnels attachés au prononcé du divorce

598 Le divorce produit diverses conséquences pour les époux dont certaines sont limitées au divorce accepté, pour altération définitive du lien conjugal ou pour faute. Les conséquences générales sont déterminées aux articles 263 à 265-2 du Code civil. Le divorce a pour effet de supprimer tout lien entre les époux ; dans l'hypothèse d'une réconciliation postérieure au prononcé du divorce, ceux-ci seraient obligés de contracter une nouvelle union (C. civ., art. 263). Il entraîne également en principe la perte de l'usage du nom du conjoint, à moins qu'une autorisation soit donnée par le conjoint lui-même ou par le juge sous réserve de justifier d'un intérêt particulier à cette conservation (C. civ., art. 264). Il suppose enfin de déterminer quel sera le sort réservé au logement de la famille (C. Coutant-Lapalus, « Le sort du logement de la famille en cas de séparation du couple », *AJ fam.* 2008. 364).

La réforme du divorce le 26 mai 2004 a modifié les règles relatives aux effets du divorce, le sort des donations et des avantages matrimoniaux n'étant plus fonction du type de divorce mais de la nature de l'avantage ou de la donation concerné. Le nouveau régime est fixé à l'article 265 du Code civil.

La grande innovation tient au maintien des avantages ayant pris effet au cours du mariage ou de la donation de biens présents. Le principe est inversé par rapport au droit antérieur s'agissant des donations. Or, la loi étant entrée en vigueur au 1er janvier 2005, quid des donations de biens présents antérieures à cette date ? Faudra-t-il leur reconnaître un caractère révocable ?

La révocation de plein droit par le divorce est réservée aux « avantages matrimoniaux qui ne prennent effet qu'à la dissolution du régime matrimonial ou au décès de l'un des époux et aux dispositions à cause de mort, accordés par un époux envers son conjoint par contrat de mariage ou pendant l'union, sauf volonté contraire de l'époux qui les a consentis ». Le caractère irrévocable est en cette dernière hypothèse constaté par le juge au moment du prononcé du divorce.

Il est mis fin en tout état de cause à la sanction particulière de l'époux contre lequel un divorce aux torts exclusifs était prononcé. On se souvient qu'il perdait de plein droit toutes les donations et tous les avantages matrimoniaux que son conjoint lui avait consentis, et lorsque celles-ci étaient stipulées sous condition de réciprocité, l'autre époux conservait ces avantages (C. civ., anc. art. 267).

599 Certains effets du divorce sont ensuite limités aux divorces autres que le divorce par consentement mutuel. Il s'agit des nouveaux articles 266 à 268 du Code civil. La règle résultant de l'article 266 du Code civil est maintenue bien que reformulée. Antérieurement, l'époux contre lequel était prononcé un divorce aux torts exclusifs pouvait être condamné à verser des dommages-intérêts en réparation du préjudice matériel et moral que la dissolution du mariage fait subir à son conjoint (anc. art. 266, al. 1er du C. civ.). Le préjudice devait résulter de la dissolution du mariage, tel n'était pas le cas du préjudice résultant du fait que le conjoint avait eu des enfants avec une autre femme alors que le divorce n'était pas prononcé et que le couple n'avait pas d'enfant (Civ. 1re, 28 sept. 2000, *Dr. fam.* 2001, n° 5).

Désormais, l'article 266, alinéa 1er dispose, outre l'octroi éventuel d'une prestation compensatoire, que « des dommages et intérêts peuvent être accordés à un époux en réparation des conséquences d'une particulière gravité qu'il subit du fait de la dissolution du mariage soit lorsqu'il était défendeur à un divorce prononcé pour altération définitive du lien conjugal et qu'il n'avait lui-même formé aucune demande en divorce, soit lorsque le divorce est prononcé aux torts exclusifs de son conjoint ». Par ce moyen, la privation du devoir de secours imposée au défendeur au divorce pour altération définitive du lien conjugal pourrait en pratique être compensée, encore que le fondement du devoir de secours et des dommages-intérêts ne soit pas le même, cela va de soi.

À défaut de convention organisant les effets du divorce – le nouvel article 268 du C. civ. autorisant ce type d'accord en dehors même du divorce par consentement mutuel –, l'article 267 du C. civ. guidera le juge dans le partage et la liquidation des intérêts patrimoniaux des époux. Par ailleurs, le juge disposera comme premier outil de réflexion de la « proposition de règlement des intérêts pécuniaires et patrimoniaux des époux » (C. civ., art. 257-2) jointe à la demande introductive d'instance et il pourra également au titre des mesures provisoires avoir désigné « tout professionnel qualifié en vue de dresser un inventaire estimatif ou de faire des propositions quant au règlement des intérêts pécuniaires des époux » ou « un notaire en vue d'élaborer un projet de liquidation du régime matrimonial et de formation des lots à partager » (C. civ., art. 255, 9° et 10°). 600 ■

B. Les dispositions particulières relatives à la prestation compensatoire

Le bénéfice de la prestation compensatoire est désormais ouvert à tous les types de divorce et quelle que soit la qualité de l'époux demandant cette prestation. 601 ■

Primo l'ancien article 280-1 du Code civil a été abrogé. Auparavant, l'époux contre lequel le divorce aux torts exclusifs avait été prononcé ne pouvait y prétendre. Aussi, à titre exceptionnel, il pouvait demander une indemnité (anc. art. 280-1, al. 2 du C. civ.). L'indemnité était justifiée « compte tenu de la durée de la vie commune et de la collaboration apportée à la profession de l'autre époux », et son attribution à l'époux fautif était réservée au cas où il apparaissait « manifestement contraire à l'équité de lui refuser toute compensation pécuniaire à la suite du divorce ». Aujourd'hui, l'époux a droit à la prestation compensatoire, le juge pouvant cependant refuser de l'accorder « lorsque le divorce est prononcé aux torts exclusifs de l'époux qui demande le bénéfice de cette prestation, au regard des circonstances particulières de la rupture » (C. civ., art. 270, al. 3).

Secundo le défendeur à un divorce fondé sur l'altération définitive du lien conjugal ne bénéficiant plus du maintien du devoir de secours, lequel prenait la forme d'une pension alimentaire, peut demander une prestation compensatoire.

Tertio le demandeur à un divorce fondé sur l'altération définitive du lien conjugal peut également demander cette prestation. À la différence de la loi du 11 juillet 1975, la loi du 26 mai 2004 ne détermine plus les conséquences du divorce en fonction de l'imputabilité de la rupture du lien conjugal. Comme le soulignait en caricaturant volontairement M. le professeur Leveneur (rapport introductif, préc.), l'esprit de la réforme peut être résumé dans cette petite histoire : « Monsieur a 70 ans. Il est saisi par le démon de midi (ou de minuit). Il est tout de même normal qu'il souhaite vivre maintenant avec une jeunesse alors que sa femme a vieilli : le voici qui est parti pendant deux ans. Soyez raisonnable, Madame, tenez pour négligeable l'engagement qu'il avait pris de vivre avec vous et de vous être fidèle ! Ne lui en veuillez pas ! En revanche, votre propre engagement à vous qui avez des moyens financiers plus importants conserve toute sa valeur : il est bien normal que vous offriez à votre ex-mari les moyens de mener sa nouvelle vie avec cette jeune femme... ».

602 Les effets passés du mariage justifient qu'il puisse y avoir octroi d'une prestation compensatoire au moment du prononcé du divorce. Les articles 270 et suivants du Code civil ont été substantiellement modifiés par la loi du 30 juin 2000, puis par la loi du 26 mai 2004. En premier lieu, attribution et fixation du montant de la prestation ne doivent pas être confondus (1). La forme de la prestation compensatoire permet de déterminer en second lieu les modalités de révision de l'obligation (2).

1. *Attribution et fixation de la prestation compensatoire*

603 L'attribution de la prestation compensatoire à un époux est subordonnée à la disparité dans les conditions de vie des époux consécutive à la rupture du mariage (a). La fixation du montant de la prestation attribuée dépend des besoins du créancier et des ressources du débiteur (b).

a. La disparité dans les conditions de vie respectives des époux

604 « L'un des époux peut être tenu de verser à l'autre une prestation destinée à compenser, autant qu'il est possible, la disparité que la rupture du mariage crée dans les conditions de vie respectives » (C. civ., art. 270, al. 2). Pour donner lieu à prestation compensatoire, le divorce doit avoir entraîné une rupture dans le train de vie des époux. L'octroi de cette prestation n'est pas fonction de l'état de besoin et des ressources de l'un et de l'autre époux. Elle peut être attribuée à raison d'une simple baisse du train de vie du créancier. La condition d'attribution de la prestation est la disparité que la rupture du mariage crée. Cette disparité est laissée à l'appréciation souveraine des juges du fond.

Toutefois, l'article 270, alinéa 3 dans sa nouvelle rédaction permet au juge de ne pas accorder la prestation « si l'équité le commande » et « en considération des critères prévus à l'article 271 », lequel énumère les différents critères à prendre en considération dans la fixation du montant de la prestation.

b. Les besoins du créancier et les ressources du débiteur

605 Aux termes de l'article 271, alinéa 1er du Code civil, « La prestation compensatoire est fixée selon les besoins de l'époux à laquelle elle est versée et les ressources de l'autre en tenant compte de la situation au moment du divorce et de l'évolution de celle-ci dans un avenir prévisible ». Le montant de la prestation est destiné à compenser la disparité que la rupture du mariage a créée dans les conditions de vie des époux, elle tient compte des besoins de l'époux créancier et des ressources de l'époux débiteur.

Il est prévu par l'article précité, modifié par la loi du 26 mai 2004, que le juge peut notamment prendre en considération « [...] la durée du mariage, l'âge et l'état de santé des époux, leur qualification et leur situation professionnelles, les conséquences des choix professionnels faits par l'un des époux pendant la vie commune pour l'éducation des enfants et du temps qu'il faudra encore y consacrer ou pour favoriser la carrière de son conjoint au détriment de la sienne [...] ». Cette liste reste énumérative ainsi que le révèle l'emploi de l'adverbe, notamment, (v. déjà : Civ. 2e, 1er avr. 1987, *Bull. civ.* II, n° 77).

2. Forme et révision de la prestation compensatoire

La loi du 30 juin 2000, puis la loi du 26 mai 2004 ont substantiellement modifié les dispositions relatives à la forme (a) mais aussi aux possibilités de révision sinon du montant de la prestation versée sous forme de rente, du moins des modalités de paiement de la prestation prenant la forme d'un capital (b). 606 ■

a. La forme de la prestation compensatoire

Avant même la loi du 30 juin 2000, « Lorsque la consistance des biens de l'époux débiteur de la prestation compensatoire le permet, celle-ci prend la forme d'un capital » (anc. art. 274 du C. civ.). Désormais, il est prévu que la prestation « prend la forme d'un capital dont le montant est fixé par le juge » (art. 270, al. 2, du C. civ.). Il est également précisé que « Le juge décide des modalités selon lesquelles s'exécutera la prestation compensatoire en capital parmi les formes suivantes : 1° Versement d'une somme d'argent, le prononcé du divorce pouvant être subordonné à la constitution des garanties prévues à l'article 277 ; 2° Attribution de biens en propriété ou d'un droit temporaire ou viager d'usage, d'habitation ou d'usufruit [...] » (art. 274 du C. civ.). Cette modification est apparue nécessaire à la fin des années 1990 pour mettre fin aux dérives de la pratique. Les juridictions, en dépit du caractère prioritaire du versement en capital, optaient le plus souvent pour le versement d'une prestation sous forme de rente, la Cour de cassation allant même jusqu'à laisser le choix du capital ou de la rente au bon vouloir du juge (Civ. 2e, 19 févr. 1997, *RTD civ.* 1997. 644, obs. J. Hauser). 607 ■

En supprimant la référence à la consistance des biens du débiteur, la loi du 30 juin 2000 a réaffirmé le caractère impératif du versement d'un capital. Il n'est pas sûr toutefois que la modification atteigne son objectif. Il est en effet prévu que ce capital peut être versé, par annuité ou mensuellement, dans la limite de huit années, ou, par décision spéciale et motivée du juge, pour une durée supérieure à huit ans (art. 275 du C. civ.). En dehors de la qualification juridique, il n'y a pas grande différence entre le versement mensuel d'une somme d'argent correspondant au fractionnement du capital et celui effectué au titre d'une rente. La décision spéciale et motivée du juge exigée par le nouveau texte ne paraît pas être un obstacle à cette solution dès lors que les débiteurs ont le plus souvent un patrimoine insuffisant pour opérer versement immédiat de l'intégralité du capital dû au titre de la prestation compensatoire. C'est l'une des raisons pour lesquelles la suppression de toute rente temporaire, à l'exception de la rente figurant dans la convention des époux pour régler les conséquences de leur divorce (art. 276 du C. civ.), au bénéfice de la seule rente viagère par la loi du 30 juin 2000, modification importante dans les textes, n'apparaît pas en réalité emporter un changement aussi radical qu'il y paraît. 608 ■

Aux termes de la première phrase du nouvel article 276 du Code civil, en effet, « À titre exceptionnel, le juge peut, par décision spécialement motivée, en raison de l'âge ou de l'état de santé du créancier ne lui permettant pas de subvenir à ses besoins, fixer la prestation compensatoire sous forme de rente viagère ». La prestation compensatoire donne lieu à l'octroi d'une rente à vie au bénéfice du créancier. 609 ■

Cette disposition reste très restrictive non seulement en raison de l'expression « à titre exceptionnel » marquant la volonté du législateur, mais encore en raison de la double condition liant l'impossibilité du créancier de subvenir à ses besoins à l'état de santé ou à l'âge.

La charge de la rente viagère en cas de décès du débiteur passait à ses héritiers (anc. art. 276-2 du C. civ.). Cette solution était curieuse. Il semblait que les héritiers devenaient à la mort du débiteur, et à condition d'accepter la succession, les débiteurs de l'époux créancier à titre personnel. Il était plus logique d'imposer au décès du débiteur le versement d'un capital prélevé sur la succession. C'est ce qu'à fait la loi du 26 mai 2004 en abrogeant ce texte et en lui substituant l'article 280, alinéa 1er aux termes duquel « À la mort de l'époux débiteur, le paiement de la prestation compensatoire, quelle que soit sa forme, est prélevé sur la succession ». Ce n'est qu'à titre dérogatoire si les héritiers en conviennent qu'ils peuvent décider « de maintenir les formes et les modalités de règlement de la prestation compensatoire qui incombaient à l'époux débiteur, en s'obligeant personnellement au paiement de cette prestation » (art. 280-1 du C. civ.).

b. Les modalités de la révision

610 L'article 273 du Code civil, dans sa rédaction antérieure à la loi du 30 juin 2000, énonçait : « La prestation compensatoire a un caractère forfaitaire. Elle ne peut être révisée même en cas de changement imprévu dans les ressources ou les besoins des parties, sauf si l'absence de révision devait avoir pour l'un des conjoints des conséquences d'une exceptionnelle gravité ». La prestation ne pouvait donc être révisée, à moins de justifier de circonstances particulièrement graves. La loi du 30 juin 2000 en supprimant la seconde phrase de ce texte interdisait en principe toute révision du montant de la prestation. En dépit de la suppression par la loi du 26 mai 2004 de l'article 273, le caractère forfaitaire de la prestation demeure énoncé à l'article 270, alinéa 2. Il s'ensuit, en principe, l'absence de toute révision maintenue en 2004.

Par exception, la faculté de révision est autorisée lorsque les époux l'ont prévue dans la convention réglant les conséquences de leur divorce ou lorsque la prestation est versée sous forme de rente (cas relativement rare). Dans le premier cas, l'article 279, alinéa 3 du C. civ. dispose que « Les époux ont néanmoins la faculté de prévoir dans leur convention que chacun d'eux pourra, en cas de changement "important (L. 30 juin 2000) dans les ressources" "ou les besoins de l'une ou l'autre des parties" (L. 26 mai 2004), demander au juge de réviser la prestation compensatoire ». La faculté de révision est facilitée par ces deux lois, l'ancien article 279, alinéa 2 du C. civ. exigeant un changement « imprévu ». Dans le second cas, l'article 276-3, alinéa 1er du C. civ. énonce que « la rente viagère peut être révisée, suspendue ou supprimée en cas de changement important dans les ressources ou les besoins de l'une ou l'autre des parties ». Elle ne peut toutefois être modifiée à la hausse.

611 Si la révision du quantum de la prestation est en règle générale prohibée, en revanche la révision des modalités de paiement du capital peut toujours être demandée. Le débiteur doit prouver au juge qu'il y a eu « un changement important de sa situation » (art. 275, al. 2, du C. civ.).

Cela signifie que le débiteur ayant obtenu fractionnement de sa dette peut toujours saisir le juge pour demander un nouveau rééchelonnement de celle-ci. Il peut aussi demander, après liquidation du régime matrimonial, à payer le solde du capital (art. 275 du C. civ. *in fine*). Il peut également demander au juge que soit substitué à la rente viagère le versement d'un capital déterminé, à condition de justifier d'un changement de la situation du débiteur (art. 276-4 du C. civ.). Ce sera le cas notamment lorsque la liquidation du régime matrimonial aura pourvu le créancier de biens lui permettant de subvenir à ses besoins.

Cette faculté de révision octroyée au débiteur appartient à ses héritiers (art. 280 et 280-1 du C. civ.).

11

Compléments pédagogiques

Mémo

Le droit ne reconnaît pas de façon autonome la promesse de mariage. La caractéristique des fiançailles est de ne pas lier les fiancés, chacun est libre de rompre quand il le veut et pour les motifs qu'il veut. La rupture d'une promesse de mariage n'est pas, à elle seule, génératrice de dommages-intérêts, lesquels ne peuvent être accueillis que s'il vient s'y ajouter une faute en raison des circonstances. Les conséquences de la rupture des fiançailles sont indirectement prises en compte par le Code civil à propos des cadeaux que se sont faits ou que des tiers ont fait aux fiancés. *Le mariage est l'union entre deux personnes de même sexe ou de sexe différent (C. civ., art. 143) par laquelle ils s'engagent (engagement juridique avec faculté de dissolution : art. 147 du C. civ.) et se donnent l'un à l'autre (respect mutuel, devoirs de fidélité, de secours, d'assistance : art. 212 du C. civ.) en vue de se soutenir mutuellement et de fonder une famille (éducation, entretien, établissement des enfants : art. 213 du C. civ.), avec les particularités propres aux couples de même sexe s'agissant de la venue des enfants.*

L'acte de mariage obéit à un certain nombre de règles de forme étudiées au titre de l'état civil des personnes. Pour contracter valablement mariage, il faut négativement ne pas faire l'objet d'un empêchement, le mariage ne doit pas être légalement prohibé et positivement satisfaire aux conditions juridiques déterminées par la loi.

L'existence d'un lien de parenté ou d'alliance entre les personnes est un obstacle à la formation du mariage. Le mariage entre personnes ayant un lien de parenté en ligne directe est interdit quel que soit le degré de parenté. Par extension, l'article 342-7 du Code civil interdit le mariage entre l'enfant et le débiteur de subsides. L'enfant ayant fait l'objet d'une adoption plénière, et qui n'a plus de lien juridique avec sa famille par le sang, est soumis malgré tout à la prohibition édictée par ce texte à l'égard de celle-ci. Il est précisé pour l'enfant ayant fait l'objet d'une adoption simple qu'il ne peut contracter mariage avec l'adoptant (C. civ., art. 366, 1°), *a fortiori* s'il a fait l'objet d'une adoption plénière dont les effets sont plus radicaux. Le législateur interdit également le mariage entre personnes ayant un lien de parenté en ligne collatérale. Il est interdit entre personnes de même degré (frère et sœur) ou de degré différent (oncle et nièce, tante et neveu). Pour ces derniers, le président de la République peut accorder, pour cause grave, une dispense. La même dispense est accordée aux enfants adoptifs du même individu et lorsque le mariage est demandé entre l'adopté et les enfants de l'adoptant en matière d'adoption simple. Le mariage est enfin interdit entre personnes liées par alliance en ligne directe. Il est prohibé, en ligne directe, entre alliés de la même ligne de degré différent. La même interdiction existe dans le cadre de l'adoption simple. Il est cependant prévu la possibilité d'une dispense pour cause grave par le président de la République lorsque la personne qui a créé l'alliance est décédée.

Le mariage est prohibé lorsqu'il violerait une règle impérative dérivée de l'institution matrimoniale. C'est ainsi que l'existence d'un mariage antérieur non dissous est un obstacle à la célébration d'un nouveau mariage.

La différence de sexe n'est plus une condition inhérente au mariage. Pour que le mariage soit valablement célébré, *il faut* ensuite *que les futurs époux y aient consenti.* Le consentement doit non seulement exister, mais aussi être libre et éclairé. La comparution personnelle des futurs époux est exigée. L'objet du consentement est de contracter mariage avec les effets légaux consécutifs.

Le législateur a mis en place des moyens préventifs et des moyens curatifs destinés à assurer le respect des règles de formation du mariage.

L'opposition à mariage consiste à faire valoir avant la célébration du mariage un empêchement à cette célébration. Toute personne n'est pas habilitée à former opposition : uniquement celles désignées par la loi. Les autres personnes n'ont que la faculté d'informer l'officier d'état civil ou le ministère public de l'existence d'un empêchement à mariage. L'opposition est formée par acte extrajudiciaire et produit effet pendant un an, elle peut être renouvelée à moins qu'il n'y ait eu mainlevée judiciaire.

Le mariage peut ensuite être annulé lorsque certaines formes substantielles n'ont pas été respectées. En fonction de la cause de nullité invoquée, les personnes pouvant intenter l'action seront différentes. Par ailleurs, la nature de la règle déterminera le caractère absolu ou relatif de la nullité prononcée et les délais de prescription différents de l'action en nullité. Le défaut de consentement à mariage, les vices du consentement à l'exception du dol, l'absence d'autorisation préalable pour le mariage d'un mineur, le mariage célébré en violation des empêchements et prohibition à mariage, en l'absence d'un des époux, en violation de la différence de sexe ou de la condition d'âge, en présence d'un mariage antérieur non dissous, le mariage qui a été célébré en fraude à la loi donnent lieu à nullité. La confirmation du mariage irrégulier est autorisée par la loi lorsque l'irrégularité ne donne lieu qu'à nullité relative ou que la cause de nullité a disparu. À la différence du divorce qui met fin pour l'avenir au mariage, la nullité rétroactivement détruit les effets du mariage. Le mariage putatif permet de maintenir ceux-ci à l'égard du ou des époux de bonne foi et des enfants.

Le mariage produit des effets personnels et des effets patrimoniaux tendant à l'organisation de la vie conjugale. Le mariage a pour effet principal d'instituer un certain nombre de devoirs entre époux, en raison de leur réciprocité, chaque époux à envers l'autre comme autant de droits qu'il a de devoirs. La vie conjugale justifie par ailleurs la mise en place d'un aménagement des pouvoirs reconnus à chaque époux.

« Les époux se doivent mutuellement respect, fidélité, secours, assistance » (C. civ., art. 212). *Les époux* ensuite *« s'obligent mutuellement à une communauté de vie »* (C. civ., art. 215, al. 1er) ce qui implique la cohabitation et les relations sexuelles. Ces deux aspects de la communauté de vie ne peuvent faire l'objet de mesures de coercition.

Le droit agit en fonction d'une idéologie égalitaire tendant à supprimer dans les textes toute différence pour aboutir à une identité de pouvoirs entre époux. Chaque époux a d'abord des pouvoirs propres, essentiellement quant à la gestion de ses biens personnels. Les pouvoirs de gestion des époux peuvent être aménagés afin de permettre l'accomplissement par l'un d'eux d'actes engageant également l'autre ou au moins opposables à l'autre. Il y aura selon les cas mandat légal, mandat volontaire ou autorisation judiciaire. Pour certaines décisions, le droit opte pour le principe d'une codécision des époux. Outre la cogestion organisée par certains régimes matrimoniaux, le choix de la résidence de la famille (C. civ., art. 215, al. 2), la direction de la famille et l'éducation des enfants (C. civ., art. 213) relèvent des pouvoirs conjugués des époux.

La vie commune rend nécessaire l'organisation des rapports patrimoniaux des personnes vivant ensemble. Les époux vont contribuer respectivement aux charges du mariage, se porter mutuellement secours en cas de nécessité, répondre solidairement vis-à-vis des tiers des dettes contractées pour l'entretien du ménage ou l'éducation des enfants.

Les époux au moment du mariage doivent faire savoir s'ils entendent se soumettre à un régime matrimonial particulier, à défaut il y a application du régime légal dit « de communauté réduite aux acquêts ». Ce régime laisse à chaque époux la propriété des biens antérieurement acquis au mariage, ainsi que tous biens provenant d'une succession ou d'une libéralité échue après le mariage. Mais les époux peuvent opter pour la *communauté universelle*, les biens dont ils étaient déjà propriétaires avant le mariage et ceux qu'ils acquièrent après célébration du mariage par succession ou libéralité sont communs, ou la *séparation de biens* où chaque époux conserve la propriété de ses biens acquis avant ou après la célébration du mariage, ou encore la *participation aux acquêts* où chaque époux gère seul ses biens acquis avant ou après la célébration du mariage, mais où à la dissolution les biens acquis par chacun en cours de mariage sont partagés par moitié en valeur entre les deux époux.

La loi du 26 mai 2004 et ses décrets d'application du 29 octobre 2004, puis la loi du 18 novembre 2016 et le décret du 28 décembre 2016ont réformé de façon substantielle les articles 229 et suivants du Code civil relatifs au divorce. Les *causes de divorce sont* désormais *le divorce par consentement mutuel par acte contresigné d'avocat* (C. civ., art. 229-1 s), le divorce par consentement mutuel judiciaire (C. civ. 230 et 232), *le divorce accepté* (C. civ., art. 233), le *divorce pour altération définitive du lien conjugal* (C. civ., art. 237 et 238) et *le divorce pour faute* (C. civ., art. 242 et 245). L'idée majeure de la loi a été d'instaurer un droit au divorce s'accompagnant d'une plus grande rapidité dans son prononcé. Le divorce peut être décidé d'un commun accord par les époux, soit parce qu'ils y ont mutuellement consenti, par acte d'avocat ou devant le juge en cas de demande d'audition d'un enfant mineur, soit parce qu'il y a eu acceptation par l'autre époux du principe de la rupture du mariage, il s'agit du divorce accepté. Le divorce peut être imposé soit parce que l'on oppose au conjoint la faute commise à l'origine de la dissolution du lien matrimonial, soit parce qu'après être parti du domicile conjugal, on exige la dissolution du lien matrimonial motif pris qu'il y aurait altération définitive de ce lien. Quelles que soient les règles procédurales devant conduire au prononcé du divorce, il faudra que les parties prouvent ce qu'elles avancent. « Les faits invoqués en tant que causes de divorce ou comme défenses à une demande peuvent être établis par tout mode de preuve, y compris l'aveu » (C. civ., art. 259). La modification du fondement de la demande en divorce est ensuite possible à tout moment de la procédure par application des articles 247 à 247-2 du Code civil. *Le Code civil distingue les règles applicables au divorce par consentement mutuel de celles réservées aux autres cas de divorce. La première reste marquée par l'existence d'une convention soumise à homologation du juge, les seconds donnent lieu à une procédure contentieuse qui obéit aux règles de la procédure devant le tribunal de grande instance.*

La décision qui prononce le divorce ou la convention qui dissout le mariage acquiert force exécutoire (C. civ., art. 260). Le divorce produit diverses conséquences pour les époux dont certaines sont limitées au divorce accepté, pour altération définitive du lien conjugal ou pour faute. Les conséquences générales sont déterminées aux articles 263 à 265-2 du Code civil. Le divorce a pour effet de supprimer tout lien entre les époux, dans l'hypothèse d'une réconciliation postérieure au prononcé du divorce, ceux-ci seraient obligés de contracter une nouvelle union (C. civ., art. 263). Il entraîne également en principe la perte de l'usage du nom du conjoint, à moins qu'une autorisation soit donnée par le conjoint lui-même ou par le juge sous réserve de justifier d'un intérêt particulier à cette conservation (C. civ., art. 264). *La réforme du divorce le 26 mai 2004 a modifié les règles relatives aux effets du divorce, le sort des donations et des avantages matrimoniaux n'étant plus fonction du type de divorce mais de la nature de l'avantage ou de la donation concernée.* Le nouveau régime est fixé à l'article 265 du Code civil. Le bénéfice de la *prestation compensatoire* est désormais ouvert à tous les types de divorce et quelle que soit la qualité de l'époux demandant cette prestation. Les articles 270 et suivants du Code civil ont été substantiellement modifiés par la loi du 30 juin 2000, puis par la loi du 26 mai 2004. En premier lieu, attribution et fixation du montant de la prestation ne doivent pas être confondus. La forme de la prestation compensatoire permet de déterminer en second lieu les modalités de révision de l'obligation. L'attribution de la prestation compensatoire à un époux reste subordonnée à la disparité dans les conditions de vie des époux consécutive à la rupture du mariage. La fixation du montant de la prestation attribuée dépend des besoins du créancier et des ressources du débiteur. Le versement doit en principe être fait en capital, susceptible d'être échelonné dans le temps. La révision de la prestation est interdite en raison de son caractère forfaitaire, non les modalités de son versement.

Quid

■ Effet suspensif n° 592

Selon la voie de recours exercée contre une décision, elle peut avoir un effet qui suspend l'exécution de la décision jusqu'à ce que la juridiction supérieure saisie tranche la difficulté. Le délai pendant lequel le recours peut être exercé est également suspensif. L'appel est suspensif d'exécution, mais le pourvoi n'a pas en principe d'effet suspensif parce que la Cour de cassation ne réexamine pas l'affaire en fait, mais statue en droit. Par exception, comme en l'occurrence il peut l'être.

■ Homologation n° 565

Procédure par laquelle les juridictions contrôlent un acte et lui donnent force exécutoire.

■ Reconvention n° 553

« Constitue une demande reconventionnelle la demande par laquelle le défendeur originaire prétend obtenir un avantage autre que le simple rejet de la prétention de son adversaire » (C. pr. civ., art. 64). La reconvention, encore désignée « demande reconventionnelle », est une demande opposée par le défendeur à la demande principale formée par son adversaire.

■ Tierce opposition n° 592

Voie de recours ouverte aux tiers qui n'ont été ni parties ni représentés à la procédure contre une décision qui leur fait grief.

Biblio

– C. Atias, « Les convictions religieuses dans la jurisprudence française en matière de divorce », *JCP* 1984. I. 3151.

– J. Carbonnier, « Le mariage par les œuvres ou la légitimité remontante dans l'article 197 du Code civil », in *Mélanges G. Marty*, Université des sciences sociales de Toulouse, 1978, p. 255 ; « La question du divorce – Mémoire à consulter », *D.* 1975. Chron. 115.

– S. del Arco et J.-J. Lemouland, « Séparation et divorce dans la loi du 26 mai 2004 », *Dr. fam.* 2005, étude 5.

– Ph. Doviaud, « De l'entretien du ménage aux besoins de la vie courante », *D.* 2003. 848.

– N. Fricero, « Qui a peur de la justice participative ? Pour une justice, autrement », in *Mélanges S. Guinchard*, Dalloz, 2010, p. 145.

– H. Fulchiron, « Les métamorphoses des cas de divorce », *Defrénois 2004*, p. 1103.

– J. Hauser et Ph. Delmas-Saint-Hilaire, « Volonté et ordre public dans le nouveau divorce : un divorce entré dans le champ contractuel ? », *Defrénois 2005*, p. 357.

– J. Hauser, « Le divorce pour altération définitive du lien conjugal et la société de la réalité », *Dr. fam.* 2005. étude 3.

– G. Henaff, « La communauté de vie du couple légitime », *RTD civ.* 1996. 551.

– L. Josserand, « Le problème de la rupture de fiançailles », *D.* 1927. Chron. 24.

– J.-J. Lemouland, « La loi du 26 mai 2004 relative au divorce », *D.* 2004. Chron. 1825.

– L. Leveneur, « Rapport introductif » Le nouveau divorce, *Les cahiers de l'Association Droit et procédure*, colloque du 26 nov. 2004.

– Y. Mayaud, « L'adultère cause de divorce depuis la loi du 11 juillet 1975 », *RTD civ.* 1980. 494.

– J. Roche-Dahan, « Les devoirs nés du mariage. Obligations réciproques ou obligations mutuelles », *RTD civ.* 2000. 735.

– S. Thouret, « Les mécanismes procéduraux issus de la loi du 26 mai 2004 relative au divorce », *Procédures* 2004.

Quiz

1) Sujet corrigé

Commentaire d'article

Énoncé

Article 6-1 du Code civil (L. n° 2013-404 du 17 mai 2013)

« Le mariage et la filiation adoptive emportent les mêmes effets, droits et obligations reconnus par les lois, à l'exclusion de ceux prévus au titre VII du livre Ier du présent Code, que les époux ou les parents soient de sexe différent ou de même sexe ».

Voir le corrigé en fin de rubrique.

2) Corrigé

Commentaire d'article

Introduction

Un article issu de la loi n° 2013-404 du 17 mai 2013 relative à l'ouverture du mariage entre personnes de même sexe. Situer la loi dans le contexte de l'évolution des statuts juridiques reconnus au couple.

Un article intégré dans le titre préliminaire ouvrant le Code civil dans lequel figurent les principes généraux de lecture et les standards applicables à la matière civile. Relever le caractère incongru de la place de l'article au regard de son contenu spécifique, le mariage et l'adoption. Discutable au plan méthodologique. Ne s'explique que par la charge symbolique que le législateur veut lui donner. S'interroger sur le rôle du législateur.

Présenter l'article, sa structure, son contenu. Insister sur les mots-clés d'égalité entre couples différents en matière de mariage, renvoyant à la notion de famille, et d'adoption, renvoyant à l'enfant.

Poser la problématique : égalité ou traitement différent ; mariage pour des couples de même sexe confronté à la notion de famille évoquant elle-même l'enfant ; adoption et homoparentalité ; identité des droits imposée par la loi ; réserve du titre VII du Livre 2 relative à la filiation par procréation.

Annoncer le plan : principe : l'identité des droits et l'exception, l'exclusion des dispositions relatives à la filiation biologique.

I. Les effets, droits et obligations reconnus par les lois en matière de mariage et de filiation adoptive

A. La reconnaissance des couples de même sexe en matière familiale

1. L'accès au mariage, un accès à la famille

– Expliquer la différence entre les trois formes de couple (concubinage, PACS, mariage).

– Particularité du mariage = lien avec la filiation et lien avec la famille (décis. n° 2011-155 QPC du 29 juillet 2011, *D.* 2012, Panorama Contentieux familial, nos obs.).

– Mariage entre personnes de même sexe = accès à la famille.

2. L'accès à l'enfant, la reconnaissance de l'homoparentalité

– La jurisprudence sur la délégation de l'autorité parentale, la solution du mariage ouvrant à l'adoption de l'enfant du conjoint un moyen de mettre un terme à cette jurisprudence.

B. Le contenu des effets, droits et obligations

1. Les effets, droits et obligations attachés au mariage

– Indifférence du caractère sexué des personnes : les époux.

– Identité du régime juridique applicable.

2. Les effets, droits et obligations attachés à la filiation adoptive

– Indifférence du caractère sexué des personnes : les parents.

– Identité du régime juridique applicable tenant compte des modifications insérées par la loi du 17 mai 2013 en matière d'adoption.

II. L'exclusion des dispositions relatives à la filiation charnelle

A. L'impossible identité des droits liée à l'identité des sexes du couple

1. Impossibilité biologique d'avoir des enfants par procréation charnelle

– Absence d'altérité sexuelle obstacle à la survenance de l'enfant.

2. L'exclusion consécutive des règles de la filiation biologique

– Présenter brièvement le titre VII du Livre 1.

B. Une exclusion justifiée par la prohibition de l'assistance médicale à la procréation entre couple de même sexe

1. L'assistance médicale à la procréation réservée aux couples de sexe différent

– Le maintien de l'altérité sexuelle pour recourir à l'AMP en France.

– La possibilité de recourir à l'AMP à l'étranger : la fraude à la loi résultant du système mis en place en matière d'adoption.

2. Une atteinte proportionnée à l'identité des effets, droits et devoirs entre couples de sexe différent ou de même sexe

– Une atteinte à l'égalité des couples selon la grille de lecture contemporaine de l'égalité…

– Une atteinte jugée proportionnée actuellement…

chapitre 12

Le lien contractuel des partenaires d'un pacte civil de solidarité

Plan analytique

section 1

La formation et la résiliation du pacte

§ 1 Les règles de fond

§ 2 Les règles de forme

section 2

Les effets du pacte

§ 1 Les effets en droit civil

§ 2 Les effets au-delà du droit civil

Compléments pédagogiques

Le lien contractuel des partenaires d'un pacte civil de solidarité

La loi n° 99-944 du 15 novembre 1999 a permis l'intégration, dans le livre premier du Code civil consacré aux personnes, d'un titre douzième relatif au pacte civil de solidarité et au concubinage. Ce titre, situé immédiatement après les dispositions consacrées à la protection des majeurs, prouve que le couple ne désigne plus obligatoirement en droit le couple marié. Le pacte civil de solidarité (PACS) et le concubinage sont deux formes d'organisation de la vie en commun, et pour le second de la vie de couple. Une différence majeure demeure encore par rapport au mariage, cette vie commune n'est pas reconnue de facto comme le lieu de la génération et de l'éducation des enfants. Le Conseil constitutionnel, saisi d'un contrôle de conformité de cette loi à la Constitution, a d'ailleurs souligné dans sa décision n° 99-419 du 9 novembre 1999 que « [...] la loi soumise à l'examen du Conseil est sans incidence sur les autres titres du Livre Ier du Code civil, notamment ceux relatifs aux actes de l'état civil, à la filiation, à la filiation adoptive et à l'autorité parentale [...] ». 612

Une importante loi n° 2006-728 du 23 juin 2006 portant réforme des successions et des libéralités a modifié substantiellement l'organisation du PACS. Elle a notamment prévu que mention serait notée en marge de l'acte de naissance de la déclaration de pacte civil de solidarité (C. civ., art. 515-3-1). L'indication dans l'état civil confirme qu'il s'agit du droit des personnes et non simplement de droit des contrats. Le PACS est indiqué à l'état civil car il organise les rapports entre deux personnes dont les tiers ont intérêt à être informés, un peu comme une mesure de protection juridique d'un majeur fait l'objet d'une mention en marge de l'acte de naissance. 613

Le pacte civil reste un lien d'alliance entre deux personnes relatif à leur vie commune, son fondement est contractuel. « Un pacte civil de solidarité est un contrat conclu par deux personnes physiques majeures, de sexe différent ou de même sexe, pour organiser leur vie commune » (C. civ , art. 515-1). Le PACS est un contrat ayant des effets sur la personne. Ce contrat a pour objet l'organisation des rapports patrimoniaux des partenaires. La nature contractuelle du PACS se révèle non seulement au moment de sa formation ou de sa résiliation (section 1), mais aussi dans le contenu et les effets des engagements réciproques des parties (section 2). 614

section 1

La formation et la résiliation du pacte

Le PACS est un contrat, soumis en tant que tel aux conditions de fond habituelles à la formation de tout contrat (§ 1). La loi du 15 novembre 1999 soumet le pacte à un ensemble de formalités au moment de sa formation et de sa résiliation (§ 2). La loi du 615

12 mai 2009 de simplification et de clarification du droit et d'allègement des procédures est venue préciser la loi applicable aux règles de fond et de forme. Le nouvel article 515-7-1 du Code civil dispose que « les conditions de formation et les effets d'un partenariat enregistré ainsi que les causes et les effets de sa dissolution sont soumis aux dispositions matérielles de l'État de l'autorité qui a procédé à son enregistrement ».

§ 1 Les règles de fond

616 Le Conseil constitutionnel indique « que les dispositions générales du Code civil relatives aux contrats et aux obligations conventionnelles auront vocation à s'appliquer, sous le contrôle du juge, sauf en ce qu'elles ont de nécessairement contraires à la présente loi ». Il faut donc raisonner sur le pacte comme on le ferait pour tout type de contrat. Spécialement, la formation du pacte obéira aux conditions générales de validité des conventions posées à l'article 1108 du Code civil. Aux termes de ce texte, « Quatre conditions sont essentielles pour la validité d'une convention : Le consentement de la partie qui s'oblige ; Sa capacité à contracter ; Un objet certain qui forme la matière de l'engagement ; Une cause licite dans l'obligation ».

617 En dehors du formalisme requis, le consentement des partenaires du pacte ne fait l'objet d'aucune disposition spécifique. Il suffit par conséquent qu'il soit librement donné – absence de violence – et éclairé – absence d'erreur ou de dol. Le Conseil constitutionnel, ayant posé le principe d'application du droit commun des contrats, précise « qu'en particulier, les articles 1109 et suivants du Code civil relatifs aux vices du consentement sont applicables au pacte civil de solidarité ».

618 En revanche, la capacité juridique exigée des partenaires est renforcée. En premier lieu, l'article 515-1 du C. civ. n'autorise la conclusion du pacte qu'entre personnes physiques majeures. La condition de majorité ferme le pacte aux mineurs émancipés, *a fortiori* aux mineurs n'ayant pas fait l'objet d'une émancipation. La règle ancienne selon laquelle le pacte ne pouvait être conclu par des majeurs sous tutelle disparaît avec la loi du 5 mars 2007. Les nouveaux articles 461 et 462 du Code civil permettent non seulement à une personne protégée par une mesure de curatelle mais aussi par une mesure de tutelle de souscrire à un PACS.

Le législateur a, d'une part, décidé que si la déclaration de pacte à l'état civil ne suppose pas l'assistance du curateur, en revanche la signature de la convention formant le pacte ne peut être faite sans son aide ainsi que toute modification ultérieure. De la même manière si la faculté de rompre est laissée à l'entière discrétion du majeur en curatelle, la notification de la décision de rupture (art. 515-7, al. 5) ou la liquidation des droits des partenaires (art. 515-7, al. 10 et 11) suppose l'assistance du curateur.

Il est mis fin d'autre part à l'interdiction faite au majeur en tutelle de conclure un pacte. Le nouvel article 462 du Code civil aménage la signature du pacte. Les modalités sont celles des actes soumis à autorisation du juge des tutelles ou du conseil de famille s'il a été constitué. Il est ajouté qu'il doit être procédé à l'audition des futures partenaires. Éventuellement, l'avis des parents et de l'entourage peut être recueilli. Là encore l'assistance est effective lors de la signature de la convention, mais n'est pas exigée au moment de la déclaration au greffe du tribunal d'instance.

De la même façon, l'assistance est requise en cas de modification de la convention, de notification de la rupture qui si elle intervient à l'initiative du partenaire non protégé doit être faite au tuteur, ou encore de la liquidation des droits.

L'objet certain qui forme la matière de l'engagement résultant du pacte est l'organisation de la vie commune des partenaires (C. civ., art. 515-1). Selon le droit commun des contrats, l'objet d'une convention doit être déterminé ou au moins déterminable, et licite. L'organisation de la vie commune des partenaires, objet du pacte, passe par l'élection « d'une résidence commune » (C. civ., art. 515-3), l'apport par les parties « d'une aide matérielle et assistance réciproques » (C. civ., art. 515-4) et la détermination des règles devant être appliquées aux biens acquis par les parties après conclusion du pacte (C. civ., art. 515-5). 619 ■

À l'ancien article 515-4 du Code civil disposant que « Les partenaires liés par un pacte civil de solidarité s'apportent une aide mutuelle et matérielle. Les modalités de cette aide sont fixées par le pacte [al. 1er]. Les partenaires sont tenus solidairement à l'égard des tiers des dettes contractées par l'un d'eux pour les besoins de la vie courante et pour les dépenses relatives au logement commun [al. 2] » a été substitué une nouvelle version par la loi du 23 juin 2006 ainsi rédigée : « Les partenaires liés par un pacte civil de solidarité s'engagent à une vie commune, ainsi qu'à une aide matérielle et une assistance réciproques. Si les partenaires n'en disposent autrement, l'aide matérielle est proportionnelle à leurs facultés respectives [al. 1er]. Les partenaires sont tenus solidairement à l'égard des tiers des dettes contractées par l'un d'eux pour les besoins de la vie courante. Toutefois, cette solidarité n'a pas lieu pour les dépenses manifestement excessives [al. 2] ». Cette modification est importante parce qu'elle traduit la volonté affirmée du législateur d'un rattachement du pacte civil de solidarité au droit des personnes. Il ne s'agit pas de n'importe quel contrat mais d'un contrat qui organise la vie en commun des personnes. À ce titre l'analogie des droits et devoirs avec les personnes mariées est autorisée car sous l'angle personnel la vie en commun entraînera les mêmes obligations patrimoniales que celles de deux personnes vivant en couple quelle que soit la nature juridique du lien en cause. À la dissolution, il ne peut rester parfois que la solidarité des dettes (J. Hauser, obs. sous Montpellier 7 déc. 2006, *RTD civ.* 2008. 85). 620 ■

Rappelons que le Conseil constitutionnel allant au-delà de la loi de 1999 retenait déjà à propos de la vie commune : qu'il « résulte de ces dispositions, éclairées par les débats parlementaires à l'issue desquels elles ont été adoptées, que la notion de vie commune ne couvre pas seulement une communauté d'intérêts et ne se limite pas à l'exigence d'une simple cohabitation entre deux personnes ; que la vie commune mentionnée par la loi déférée suppose, outre une résidence commune, une vie de couple, qui seule justifie que le législateur ait prévu des causes de nullité du pacte qui, soit reprennent les empêchements à mariage visant à prévenir l'inceste, soit évitent une violation de l'obligation de fidélité découlant du mariage ; qu'en conséquence, sans définir expressément le contenu de la vie commune, le législateur en a déterminé les composantes essentielles ».

L'objet doit aussi être licite. Appliqué au pacte civil de solidarité, la condition de licéité de l'objet suppose que soit respecté le contenu minimum impérativement fixé par le législateur. En particulier, les partenaires ne pourront déroger au principe de l'aide mutuelle. Cette aide « s'analyse comme un devoir entre partenaires du pacte ; il 621 ■

en résulte implicitement mais nécessairement que, si la libre volonté des partenaires peut s'exprimer dans la détermination des modalités de cette aide, serait nulle toute clause méconnaissant le caractère obligatoire de ladite aide » (Décis. Cons. const., préc.).

622 Il faut enfin que la cause de l'obligation soit licite pour que le pacte soit valablement formé. La licéité de la cause suppose que la convention ne soit pas contraire à l'ordre public et aux bonnes mœurs (v. art. 6 du C. civ.). Ceci interdit la conclusion d'un pacte qui aurait pour objet ou pour effet de contourner des dispositions légales impératives en matière d'organisation des rapports entre les individus. La conséquence directe est la prohibition du pacte conclu : « [...] 1° Entre ascendant et descendant en ligne directe, entre alliés en ligne directe et entre collatéraux jusqu'au troisième degré inclus ; 2° Entre deux personnes dont l'une au moins est engagée dans les liens du mariage ; 3° Entre deux personnes dont l'une au moins est déjà liée par un pacte civil de solidarité » (art. 515-2 du C. civ.). La règle est sanctionnée par la nullité absolue. Le Conseil constitutionnel justifie le caractère absolu de la nullité par un raisonnement par analogie au mariage : « [...] eu égard à la nature des empêchements édictés par l'article 515-2 du C. civ. justifiés notamment par les mêmes motifs que ceux qui font obstacle au mariage, la nullité prévue par cette disposition ne peut être qu'absolue ». Ce faisant, la vie communautaire entre frère et sœur est interdite et les avantages du pacte civil de solidarité né de la vie en commun supposent une vie de couple (CJCE 1er avril 2008, *D.* 2008. 1873, note C. Weisse-Marchal ; Civ. 2e, 5 mars 2008, *RTD civ.* 2008. 458, obs. J. Hauser).

§ 2 Les règles de forme

623 La conclusion du pacte suppose toujours un écrit et est soumise à enregistrement. L'article 515-3 du Code civil modifié par la loi n° 2016-1547 du 18 novembre 2016 dispose : « les personnes qui concluent un pacte civil de solidarité en font la déclaration conjointe devant l'officier de l'état civil de la commune dans laquelle elles fixent leur résidence commune ou, en cas d'empêchement grave à la fixation de celle-ci, devant l'officier de l'état civil de la commune où se trouve la résidence de l'une des parties » (al. 1er). Le contrat est soit un acte sous seing privé, soit un acte authentique. Dans ce dernier cas, « lorsque la convention de pacte civil de solidarité est passée par acte notarié, le notaire instrumentaire recueille la déclaration conjointe, procède à l'enregistrement du pacte et fait procéder aux formalités de publicité prévues à l'alinéa précédent » (C. civ., art. 515-3, al. 5). Les partenaires peuvent également préférer passer leur convention par acte d'avocats (C. civ., art. 1372 à 1377). Cette possibilité n'est pas explicitement prévue par l'article, mais est la conséquence de l'application du droit commun des conventions. Il paraît légitime de penser que l'avocat sera alors en charge de l'enregistrement.

Cet enregistrement à l'origine auprès du greffe des juridictions est désormais fait en mairie. Il témoigne de l'évolution du pacte civil de solidarité présenté initialement comme un simple contrat et devenu au cours des différentes modifications législatives une union à l'instar du mariage. Déjà, l'article 515-3-1 alinéa 1er disposait : « Il est fait mention, en marge de l'acte de naissance de chaque partenaire, de la déclaration de pacte civil de solidarité, avec indication de l'identité de l'autre partenaire ».

Toute modification ultérieure du pacte doit faire l'objet d'un rectificatif selon la même procédure. Plus précisément : « La convention par laquelle les partenaires modifient le pacte civil de solidarité est remise ou adressée à l'officier de l'état civil ou au notaire qui a reçu l'acte initial afin d'y être enregistrée » (C. civ., art. 515-3, al. 6).

L'article 515-3-1, al. 2 du Code civil, après avoir posé la nouvelle règle d'une mention du pacte en marge de l'acte de naissance de chaque partenaire, précise que « le pacte civil de solidarité ne prend effet entre les parties qu'à compter de son enregistrement, qui lui confère date certaine. Il n'est opposable aux tiers qu'à compter du jour où les formalités de publicité sont accomplies. Il en va de même des conventions modificatives ». Cette modification résultant de la loi du 23 juin 2006 est importante car jusqu'alors la qualité de l'autre partenaire du PACS était cachée aux tiers.

Il y a parallélisme des formes pour la résiliation du pacte. L'article 515-7 du Code civil prévoit la même procédure de déclaration de fin du pacte à l'état civil. Le pacte peut prendre fin pour l'une des causes énumérées à l'article précité : la mort de l'un des partenaires, le mariage des partenaires ou de l'un d'eux, par déclaration conjointe ou décision unilatérale des partenaires. 624 ■

La rupture prend effet à la date de l'évènement en cas de décès ou de mariage.

Le caractère immédiat de la rupture de PACS en raison d'un mariage est justifié par le principe de valeur constitutionnelle de la liberté du mariage. Elle prend effet pour les autres causes de rupture à l'égard des partenaires à la date de leur enregistrement et pour les tiers à partir du jour où les formalités de publicité ont été accomplies.

La liberté qui découle de l'article 4 de la Déclaration des droits de l'homme et du citoyen de 1789 justifie, par ailleurs, que le pacte, contrat de droit privé à durée indéterminée, puisse être rompu unilatéralement par l'un ou l'autre des contractants, l'information du cocontractant, ainsi que la réparation du préjudice éventuel résultant des conditions de la rupture, devant être toutefois garanties. C'est pourquoi, le Conseil constitutionnel, après ce rappel de principe, retient à propos du PACS que, dans tous les cas de rupture unilatérale, y compris le mariage, les dispositions de l'article 515-7 du Code civil « [...] réservent le droit du partenaire à réparation ; que toute clause du pacte interdisant l'exercice de ce droit devra être réputée non écrite ».

section 2

Les effets du pacte

Le pacte produit des effets patrimoniaux importants en droit civil (§ 1) et au-delà du droit civil (§ 2). 625 ■

§ 1 Les effets en droit civil

En droit civil, le pacte a pour effet d'obliger les partenaires à s'apporter une aide mutuelle, à répondre solidairement de certaines dettes contractées par un seul 626 ■

d'entre eux et, à défaut de dispositions contractuelles spécifiques, à placer les biens acquis postérieurement à la conclusion du pacte sous le régime de l'indivision.

■ 627 Le régime des biens acquis postérieurement à la conclusion du pacte par les partenaires est régi en cours d'exécution par l'article 515-5 à 515-5-3 du Code civil, à la dissolution par l'article 515-6 et 515-7 du même Code. La loi du 23 juin 2006 précitée est venue préciser les règles applicables aux biens des partenaires. Hormis s'il en est disposé autrement dans la convention, « chacun des partenaires conserve l'administration, la jouissance et la libre disposition de ses biens personnels. Chacun d'eux reste seul tenu des dettes personnelles nées avant ou pendant le pacte » à l'exception des dettes contractées pour le besoin de la vie courante (C. civ., art. 515-5, al. 1er).

■ 628 L'article 515-5 du Code civil constitue la règle phare de l'indivision applicable entre partenaires lorsqu'ils n'en ont pas décidé autrement : « Les partenaires peuvent, dans la convention initiale ou dans une convention modificative, choisir de soumettre au régime de l'indivision les biens qu'ils acquièrent, ensemble ou séparément, à compter de l'enregistrement de ces conventions. Ces biens sont alors réputés indivis par moitié, sans recours de l'un des partenaires contre l'autre au titre d'une contribution inégale ». Suit à l'article suivant une énumération de biens qui demeurent par nature la propriété exclusive de chaque partenaire.

Les partenaires ont toujours intérêt à soumettre leurs biens au régime conventionnel de l'indivision (v. C. civ., art. 1873 s.), l'avantage étant de pouvoir déterminer la quote-part qui revient à chacun et qui peut ne pas être de moitié (par exemple un quart/trois quarts) ainsi que la nature des droits sur les biens indivis (démembrement envisageable du droit de propriété). Si les partenaires optent pour d'autres règles de gestion et d'administration de l'indivision, l'opposabilité aux tiers de chaque acquisition d'un bien soumis à publicité foncière sera subordonnée à la publication de la convention à la conservation des hypothèques.

Si rien n'a été prévu dans la convention, le nouvel article 515-5-3 du Code civil précise la qualité de gérant de l'indivision reconnue à chaque partenaire et les pouvoirs consécutifs exercés par application du droit commun (C. civ., art. 1873-6 à 1873-8).

■ 629 Au jour de la dissolution du pacte, « Les partenaires procèdent eux-mêmes à la liquidation des droits et obligations résultant pour eux du pacte civil de solidarité. À défaut d'accord, le juge statue sur les conséquences patrimoniales de la rupture, sans préjudice de la réparation du dommage éventuellement subi » (C. civ., art. 515-7, al. 10). Le pouvoir reconnu aux partenaires est grandement illusoire surtout s'ils ont soumis leurs biens au régime de l'indivision. La technicité des règles applicables obligera la plupart à recourir à un homme de loi. Il est précisé par l'article 515-6 du Code civil que les nouveaux articles 831, 831-2, 832-3 et 832-4 du même Code relatifs aux attributions préférentielles sont applicables à la résiliation du contrat. Ces textes fixent des règles générales relatives à la constitution des lots revenant aux indivisaires après partage, et à certaines conditions autorisent l'attribution préférentielle d'un bien à l'un des indivisaires, à charge pour l'autre de lui verser une soulte si la valeur des lots n'est pas équivalente.

§ 2 Les effets au-delà du droit civil

Sans reprendre toutes les dispositions relatives au PACS dans les matières juridiques autres que le droit civil, on notera deux intérêts majeurs à la conclusion du pacte, l'un est relatif à la matière fiscale, l'autre concerne la sécurité sociale. 630 ■

L'intérêt fiscal que pourront trouver les partenaires d'un PACS résulte des règles applicables à l'imposition de leurs revenus. Grâce à une modification de l'article 6, 1° du Code général des impôts, les partenaires d'un pacte font l'objet d'une imposition commune. Autrement dit, ils pourront bénéficier de deux parts au lieu d'une. Il est prévu que dès imposition commune, « les règles d'imposition et d'assiette, les règles de liquidation et de paiement de l'impôt sur le revenu et des impôts directs locaux, les règles de souscription des déclarations, le contrôle de ces impôts s'appliquent ». Le retour à l'imposition personnelle n'étant prévu que pour l'année au cours de laquelle le pacte a pris fin ou, en cas de décès, pour la période postérieure à ce décès. 631 ■

Au plan fiscal encore, les partenaires bénéficieront d'un abattement et d'un taux d'imposition favorable dans la fixation des droits de mutation. Il n'y a toutefois pas alignement des dispositions applicables aux partenaires d'un PACS sur celles des personnes mariées ou vivant en concubinage pour lesquelles les avantages demeurent supérieurs.

L'autre intérêt consécutif à la souscription d'un PACS relève de la modification de l'article L. 161-14 du Code de la sécurité sociale par la loi du 15 novembre 1999. Lorsque l'un des partenaires n'a pas la qualité d'assuré social, il bénéficie de la couverture sociale de l'autre partenaire. Cela suppose évidemment que chaque partenaire n'ait pas à un titre personnel ou à un autre titre la qualité d'assuré social pour que l'avantage soit réel. 632 ■

12

Compléments pédagogiques

Mémo

La loi n° 99-944 du 15 novembre 1999 a permis l'intégration, dans le Livre premier du Code civil consacré aux personnes, *d'un titre douzième relatif au pacte civil de solidarité et au concubinage.* Le Conseil constitutionnel, saisi d'un contrôle de conformité de cette loi à la Constitution, a souligné dans sa décision n° 99-419 du 9 novembre 1999 que « [...] *la loi soumise à l'examen du Conseil est sans incidence sur les autres titres du livre Ier du Code civil, notamment ceux relatifs aux actes de l'état civil, à la filiation, à la filiation adoptive et à l'autorité parentale* [...] ». Le lien existant entre partenaires d'un PACS ou entre concubins sera par conséquent dominé par la précarité et réduit à l'organisation des rapports patrimoniaux du couple. Une importante loi du 23 juin 2006 a modifié substantiellement les règles relatives au pacte civil de solidarité permettant son rattachement sans aucune équivoque au droit des personnes.

« *Un pacte civil de solidarité est un contrat conclu par deux personnes physiques majeures, de sexe différent ou de même sexe, pour organiser leur vie commune* » (C. civ., art. 515-1). Le PACS est un contrat, il obéit aux conditions générales de validité des conventions posées à l'article 1108 du Code civil. En dehors du formalisme requis, le consentement des partenaires du pacte ne fait l'objet d'aucune disposition spécifique. En revanche, *la capacité juridique exigée des partenaires est renforcée*. La condition de majorité ferme le pacte aux mineurs émancipés, *a fortiori* aux mineurs n'ayant pas fait l'objet d'une émancipation et l'article 506-1 du C. civ. interdit la conclusion du pacte par un majeur placé sous tutelle. *L'objet certain qui forme la matière de l'engagement résultant du pacte est l'organisation de la vie commune des partenaires* (C. civ., art. 515-1). Il appartiendra aux partenaires de fixer précisément le contenu de leurs obligations respectives. L'objet doit aussi être licite. Appliquée au pacte civil de solidarité, la condition de licéité de l'objet suppose que soit respecté le contenu minimum impérativement fixé par le législateur. Il faut enfin que la cause de l'obligation soit licite pour que le pacte soit valablement formé. Ceci interdit la conclusion d'un pacte qui aurait pour objet ou pour effet de contourner des dispositions légales impératives en matière d'organisation patrimoniale des rapports entre les individus. La conséquence directe est la prohibition du pacte conclu : « [...] 1° Entre ascendant et descendant en ligne directe, entre alliés en ligne directe et entre collatéraux jusqu'au troisième degré inclus ; 2° Entre deux personnes dont l'une au moins est engagée dans les liens du mariage ; 3° Entre deux personnes dont l'une au moins est déjà liée par un pacte civil de solidarité » (C. civ., art. 515-2). La règle est sanctionnée par la nullité absolue.

La conclusion du pacte ainsi que sa résiliation sont soumises au respect de règles de forme énoncées à l'article 515-3 du Code civil. Il est enregistré en mairie. La résiliation peut être consécutive à la décision commune ou unilatérale des partenaires, au décès de l'un d'entre eux, au mariage des partenaires ou de l'un d'entre eux. *En droit civil, le pacte a pour effet d'obliger les partenaires à s'apporter une aide mutuelle, à répondre solidairement de certaines dettes contractées par un seul d'entre eux et, à défaut de dispositions contractuelles spécifiques, à placer les biens acquis postérieurement à la conclusion du pacte sous le régime de l'indivision*. L'aide dans le cadre du PACS est justifiée par l'objet de la convention, savoir l'organisation de la vie commune. Corrélativement, *les partenaires sont solidaires à l'égard des tiers des dettes contractées pour les besoins de la vie courante* (C. civ., art. 515-4, al. 2). *Au jour de la dissolution du pacte*, « Les partenaires procèdent eux-mêmes à la liquidation des droits et obligations résultant pour eux du pacte civil de solidarité. À défaut d'accord, le juge statue sur les conséquences patrimoniales de la rupture, sans préjudice de la réparation du dommage éventuellement subi » (C. civ., art. 515-7, al. 10). Sans reprendre toutes les dispositions relatives au PACS dans les matières juridiques autres que le droit civil, *on notera deux intérêts majeurs à la conclusion du pacte, l'un est relatif à la matière fiscale, l'autre concerne la sécurité sociale*. L'intérêt fiscal demeure dans une imposition commune des partenaires et en des droits de mutation réduits. L'autre intérêt consécutif à la souscription d'un PACS est pour celui des partenaires qui n'a pas de la qualité d'assuré social de bénéficier de la couverture sociale de l'autre.

Biblio

– C. Alleaume, « Solidarité contre solidarité (étude comparative des avantages respectifs du mariage et du PACS au regard du droit du crédit) », *D.* 2000. Chron. 450.

– B. Beignier, « À propos du concubinage homosexuel », *D.* 1998. Chron. 215.

– J.-J. Lemouland, « Présentation de la loi n° 99-944 du 15 novembre 1999 relative au pacte civil de solidarité », *D.* 1999. Chron. 483.

– L. Leveneur, « Les dangers d'un contrat d'union civile ou sociale », *JCP* 1997. I. 4069.

– N. Molfessis, « La réécriture de la loi relative au PACS par le Conseil constitutionnel », *JCP* 2000. I. 210.

– J. Rubellin-Devichi, « L'attitude du législateur contemporain face au mariage de fait », *RTD civ.* 1984. 389 ; « Des éléments constitutifs du concubinage », *RTD civ.* 1990. 53.

Quiz

1) Sujet corrigé

Commentaire d'arrêt

Énoncé

Soc. 9 juill. 2014, n° 10-18.341

« LA COUR DE CASSATION, CHAMBRE SOCIALE, a rendu l'arrêt suivant :

Sur le moyen unique, pris en sa troisième branche :

Vu l'article 2, paragraphe 2, sous a), de la directive 2000/78/CE du Conseil, du 27 novembre 2000, portant création d'un cadre général en faveur de l'égalité de traitement en matière d'emploi et de travail et l'article L. 1132-1 du Code du travail ;

Attendu, selon l'arrêt attaqué, que M. X..., employé depuis 1998 par le Crédit agricole mutuel de Charentes-Maritimes et des Deux-Sèvres (le Crédit agricole) a demandé à son employeur l'attribution de jours de congés et d'une prime accordés au personnel, en cas de mariage, par la convention collective nationale du Crédit agricole, à la suite de la conclusion, le 11 juillet 2007, d'un pacte civil de solidarité avec un partenaire de même sexe ; que par arrêt du 30 mars 2010, la cour d'appel a confirmé le jugement du conseil de prud'hommes qui l'avait débouté de cette demande ;

Attendu que, par arrêt du 12 décembre 2013 (CJUE, X..., aff. C-267/12), la Cour de justice de l'Union européenne, saisie par la Cour de cassation d'une question préjudicielle (Soc. 23 mai 2012, n° 10-18.341), a dit pour droit que l'article 2, paragraphe 2, sous a), de la directive 2000/78/CE du Conseil, du 27 novembre 2000, portant création d'un cadre général en faveur de l'égalité de traitement en matière d'emploi et de travail, doit être interprété en ce sens qu'il s'oppose à une disposition d'une convention collective, telle que celle en cause au principal, en vertu de laquelle un travailleur salarié qui conclut un pacte civil de solidarité avec une personne de même sexe est exclu du droit d'obtenir des avantages, tels que des jours de congés spéciaux et une prime salariale, octroyés aux travailleurs salariés à l'occasion de leur mariage, lorsque la réglementation nationale de l'État membre concerné ne permet pas aux personnes de même sexe de se marier, dans la mesure où, compte tenu de l'objet et des conditions d'octroi de ces avantages, il se trouve dans une situation comparable à celle d'un travailleur qui se marie ;

Attendu que, pour rejeter la demande du salarié, la cour d'appel retient que le pacte civil de solidarité institué par la loi n° 99-944 du 15 novembre 1999 se différencie du mariage par les formalités relatives à la célébration, à la possibilité d'être conclu par deux personnes physiques majeures de sexe différent ou de même sexe, par le mode de rupture, par les obligations réciproques en matière de droit patrimonial, de droit successoral, de droit de la filiation et que la différence de traitement entre conjoints mariés d'une part et partenaires d'un pacte civil de solidarité d'autre part en matière d'avantages rémunérés pour événements familiaux ne résulte ni de leur situation de famille ni de leur orientation sexuelle mais d'une différence de statut résultant de leur état civil qui ne les place pas dans une situation identique ;

Qu'en statuant ainsi, alors que les salariés qui concluaient un pacte civil de solidarité avec un partenaire de même sexe se trouvaient, avant l'entrée en vigueur de la loi n° 2013-404 du 17 mai 2013 ouvrant le mariage aux couples de personnes de même sexe, dans une situation identique au regard des avantages en cause à celle des salariés contractant un mariage et que les dispositions de la convention collective nationale litigieuses instauraient dès lors une discrimination directement fondée sur l'orientation sexuelle, ce dont il résultait que leur application devait être en l'espèce écartée, la cour d'appel a violé les textes susvisés ;

PAR CES MOTIFS, et sans qu'il y ait lieu de statuer sur les autres branches du moyen :

CASSE ET ANNULE, en toutes ses dispositions, l'arrêt rendu le 30 mars 2010, entre les parties, par la cour d'appel de Poitiers ; remet, en conséquence, la cause et les parties dans l'état où elles se trouvaient avant ledit arrêt et, pour être fait droit, les renvoie devant la cour d'appel de Bordeaux ».

Voir le corrigé en fin de rubrique.

2) Corrigé

Commentaire d'arrêt

I. Une discrimination fondée sur l'orientation sexuelle avant la loi du 17 mai 2013

A. L'assimilation du PACS au mariage par la CJUE

B. Le droit aux mêmes avantages pour les salariés pacsés et mariés

II. Le retour à la distinction des statuts après la loi du 17 mai 2013

A. Une différence de statuts résultant de l'état civil

B. Une solution implicite de l'arrêt

chapitre 13

Le lien de fait des personnes vivant en concubinage

Plan analytique

section 1

La définition légale du concubinage

section 2

Les effets du concubinage

Compléments pédagogiques

13

Le lien de fait des personnes vivant en concubinage

Le concubinage n'est que le résultat d'une possession d'état, révélée au moment de la rupture, justifiant une organisation *a posteriori* des rapports entre concubins. Il marque cependant dans les faits une élection mutuelle entre concubins, qui forme cette alliance particulière, fragile exprimée par la vie ensemble. La définition légale du concubinage (section 1) ne remet pas en cause les effets classiques de celui-ci au moment de la rupture (section 2). 633

section 1

La définition légale du concubinage

L'article 515-8 du Code civil énonce que « Le concubinage est une union de fait, caractérisée par une vie commune présentant un caractère de stabilité et de continuité, entre deux personnes, de sexe différent ou de même sexe, qui vivent en couple ». À la différence du pacte civil de solidarité, le concubinage n'est pas défini comme un contrat mais comme une union de fait. Cette désignation renvoie comme en écho au mariage, union de droit. Encore appelé union libre pour marquer la volonté des concubins de ne pas s'assujettir à un cadre légal, le concubinage suppose des relations sexuelles. À la différence du PACS, et bien que le Conseil n'ait pas marqué la différence, le concubinage exige, outre une vie commune, une vie de couple. 634

La vie commune doit présenter un double caractère : être stable et continue. La stabilité du concubinage suppose la durée, sa continuité suppose la notoriété. Les concubins désireux d'obtenir des avantages ponctuellement reconnus par la loi peuvent établir des certificats de concubinage sur l'honneur ou en mairie attestant de leur état. Classique au fond, la définition du concubinage est restreinte par rapport à l'approche antérieure des juridictions qui n'exigeaient pas toutes une vie en commun. De simples relations stables et continues suffisaient à conférer aux intéressés la qualité de concubins, conformément à l'ancien article 340-4 du Code civil indiquant que l'état de concubinage implique, à défaut de communauté de vie, des relations stables et continues. La nouvelle définition du concubinage apparaît donc plus restrictive de ce point de vue. 635

En revanche, elle est plus large s'agissant des personnes pouvant vivre en concubinage : deux personnes « de sexe différent ou de même sexe ». Cet élément n'est pas pour surprendre dès lors que le rattachement dans un même titre du PACS et du concubinage a été le résultat d'une jurisprudence hostile à la reconnaissance du concubinage homosexuel. La troisième chambre civile de la Cour de cassation a ainsi 636 approuvé une cour d'appel d'avoir refusé l'application de l'article 14 de la loi du 6 juillet 1989 à deux homosexuels. Aux termes de ce texte, « en cas d'abandon du domicile par le locataire, le contrat de location continue : [...] au profit des ascendants, du concubin notoire ou des personnes à charge, qui vivaient avec lui depuis au moins un an à la date de l'abandon du domicile ; lors du décès du locataire, le contrat de location est transféré : [...] aux ascendants, au concubin notoire ou aux personnes à charge, qui vivaient avec lui depuis au moins un an à la date du décès ». Ce refus était justifié par le fait que « le concubinage ne pouvait résulter que d'une relation stable et continue ayant l'apparence du mariage, donc entre un homme et une femme [...] » (Civ. 3e, 17 décembre 1997, *D.* 1998. 111, concl. J.-F. Weber, note J.-L. Aubert). Les parlementaires ont profité de la loi du 15 novembre 1999 pour briser cette jurisprudence et, par la définition donnée du concubinage, permettre son extension aux personnes ayant des tendances homosexuelles.

■ 637 Le concubinage est à la lisière du droit de la famille et les juges ont souvent raisonné par analogie au mariage pour fixer les droits et les obligations des concubins. L'ensemble des solutions prétoriennes témoigne de cette tendance. La définition de la notion de « concubinage » et son extension aux personnes de même sexe par le législateur permettent de reconnaître l'union homosexuelle, ce faisant elle devrait marquer un coup d'arrêt de l'assimilation progressive du concubinage au mariage. On peut même se demander si cette extension ne remet pas le concubinage dans un axe correct, la volonté d'organiser les rapports patrimoniaux entre deux personnes qui vivent ensemble et entretiennent des relations sexuelles.

section 2

Les effets du concubinage

■ 638 Si les concubins de sexe différent peuvent avoir des enfants, l'établissement de cette filiation est indifférent à l'existence ou non du concubinage. Tout enfant né hors mariage a en effet une filiation naturelle à l'égard de ses parents ou de l'un d'eux sans qu'il soit nécessaire de se référer au concubinage. L'enfant né d'une femme seule aura identiquement un lien de filiation naturelle. L'autorité parentale, la responsabilité des parents du fait de leurs enfants, l'administration légale sont des questions détachées de l'existence d'un concubinage. Le concubinage ne produit pas d'effets juridiques particuliers à l'égard des enfants qui sont au cœur de la notion de « famille ». Le concubinage est substantiellement une organisation rétroactive des rapports patrimoniaux entre concubins et, à l'exception de l'assistance médicale à la procréation, ne donne droit à aucune prérogative parentale que ce soit en matière d'adoption ou de filiation.

■ 639 Les juridictions demeurent dans l'ensemble attachées à l'institution du mariage par rapport à l'état de concubinage quand les intérêts de personnes mariées et de concubins s'opposent. Le concubinage n'a pas de statut juridique équivalent au mariage. Ceci a par exemple conduit un juge de la mise en état de Lyon, le 1er décembre 1997, à affirmer qu'une femme en instance de divorce, habitant sous le toit de son concubin, conservait à l'égard de son mari le « droit de disposer d'un espace personnel, ne serait-ce que parce que sa relation avec M. R. n'est pas créatrice d'obligations juridiquement sanctionnées pour ce dernier » (*RTD civ.* 1998. 86, obs. J. Hauser). Et pour raison identique, la cour d'appel de Bordeaux, le 19 août 1997, répond, à une mère se plaignant du fait que son concubin, ayant ses vacances au mois d'août, ne pouvait profiter des enfants de celle-ci en raison d'un droit d'hébergement donné au père le même mois, que « le concubinage adultère de la mère est par hypothèse instable tandis que la paternité du mari est par principe constante ; que le père bénéficie d'un droit de visite et d'hébergement mais non pas l'amant de la mère qui n'a aucune qualité pour faire prévaloir ses droits dans la procédure » (*RTD civ.* 1998. 96, obs. J. Hauser).

Le concubinage produit au demeurant peu d'effets en cours de vie commune, à l'exception des droits reconnus ponctuellement par le législateur (sécurité sociale, avantages fiscaux, transfert du bail en cas de décès, accès à certaines conditions à l'assistance médicale à la procréation). 640 ■

Les effets du concubinage se cristallisent au moment de la rupture. En premier lieu, si chaque concubin a le droit de rompre sans motif, il peut engager sa responsabilité civile en cas de rupture abusive. Le concubin, qui n'a pas annoncé la rupture du concubinage, et qui n'a jamais eu le courage de prévenir sa concubine ultérieurement, au risque, qui s'est réalisé en l'espèce, que celle-ci apprenne sa mésaventure, brutalement, par l'intermédiaire de la nouvelle compagne, dans les jours précédant le concours qu'elle préparait, a commis une faute préjudiciable justifiant l'octroi de dommages et intérêts (Bordeaux 4 janv. 2000, *Dr. fam.* 2000, n° 34, obs. H. Lécuyer). En deuxième lieu, la rupture consommée, la liquidation des biens des concubins peut revêtir la forme d'une société de fait, à condition de prouver que les conditions posées à l'article 1832 du Code civil sont réunies (Com. 23 juin 2004, *D.* 2004. 2969, obs. D. Vigneau). Tel n'est pas le cas, si la concubine se contente de prouver que le concubinage a duré onze ans (Dijon 28 sept. 1999, *D.* 2000. Somm. 420). En troisième lieu, enfin, l'*action de in rem verso*[Q] permet au concubin lésé de demander indemnisation de son appauvrissement lorsqu'il a consécutivement enrichi l'autre concubin. La collaboration à l'exploitation du fonds de commerce de l'autre concubin sans rémunération justifie de façon classique l'indemnisation de l'appauvrissement de celui qui a collaboré (Civ. 1re, 24 sept. 2008, *RTD civ.* 2008. 660, obs. J. Hauser ; *AJ fam.* 2008. 431 ; « Rupture de concubinage et enrichissement sans cause », *D.* 2009. 140, J.-J. Lemouland). 641 ■

13

Compléments pédagogiques

Mémo

La loi n° 99-944 du 15 novembre 1999 a permis l'intégration, dans le Livre premier du Code civil consacré aux personnes, *d'un titre douzième relatif au pacte civil de solidarité et au concubinage*.

Le concubinage est substantiellement une organisation des rapports patrimoniaux entre concubins et, à l'exception de l'assistance médicale à la procréation, *ne donne droit à aucune prérogative parentale que ce soit en matière d'adoption ou de filiation*. Les juridictions demeurent dans l'ensemble attachées à l'institution du mariage par rapport à l'état de concubinage quand les intérêts de personnes mariées et de concubins s'opposent. Le concubinage produit au demeurant peu d'effets en cours de vie commune, à l'exception des droits reconnus ponctuellement par le législateur (sécurité sociale, avantages fiscaux, transfert du bail en cas de décès, accès à certaines conditions à l'assistance médicale à la procréation). Les effets du concubinage se cristallisent au moment de la rupture. En premier lieu, si chaque concubin a le droit de rompre sans motif, il peut engager sa responsabilité civile en cas de rupture abusive. En deuxième lieu, la rupture consommée, la liquidation des biens des concubins peut revêtir la forme d'une société de fait, à condition de prouver que les conditions posées à l'article 1832 du Code civil sont réunies. En troisième lieu, enfin, l'action de *in rem verso* permet au concubin lésé de demander indemnisation de son appauvrissement lorsqu'il a consécutivement enrichi l'autre concubin.

Quid

■ Action *de in rem verso* n° 641

Action qui permet à celui qui s'est appauvri sans cause en enrichissant autrui de demander l'indemnisation de son appauvrissement à hauteur de l'enrichissement procuré. L'action d'enrichissement sans cause est rattachée par la jurisprudence aux quasi-contrats (v. art. 1371 du C. civ.).

Biblio

– C. Alleaume, « Solidarité contre solidarité (étude comparative des avantages respectifs du mariage et du PACS au regard du droit du crédit) », *D.* 2000. Chron. 450.
– B. Beignier, « À propos du concubinage homosexuel », *D.* 1998. Chron. 215.

– J.-J. Lemouland, « Présentation de la loi n° 99-944 du 15 novembre 1999 relative au pacte civil de solidarité », *D.* 1999. Chron. 483.
– L. Leveneur, « Les dangers d'un contrat d'union civile ou sociale », *JCP* 1997. I. 4069.
– N. Molfessis, « La réécriture de la loi relative au PACS par le Conseil constitutionnel », *JCP* 2000. I. 210.
– J. Rubellin-Devichi, « L'attitude du législateur contemporain face au mariage de fait », *RTD civ.* 1984. 389 ; « Des éléments constitutifs du concubinage », *RTD civ.* 1990. 53.

Quiz

1) Sujets corrigés

Commentaire d'arrêt

Énoncé

Civ. 1re, 20 janv. 2010, n° 08-16.105

« Sur le premier moyen, pris en ses quatre branches :

Attendu que Mme X… fait grief à l'arrêt confirmatif attaqué (Aix-en-Provence, 22 janvier 2008) de l'avoir déboutée de sa demande tendant à la reconnaissance d'une société créée de fait constituée avec son concubin, Salvatore Y…, alors, selon le moyen :

1°/ qu'en retenant, pour débouter Mme X… de sa demande tendant à la reconnaissance d'une société créée de fait, qu'elle ne démontrait pas que sa participation dans l'entreprise excédait la seule entraide familiale quand, d'après ses propres constatations, elle avait pourtant exercé une activité dans l'entreprise et s'était inscrite au registre des métiers comme chef d'entreprise, la cour d'appel a violé l'article 1832 du Code civil ;

2°/ que la cour d'appel, pour écarter l'existence d'une société créée de fait s'agissant de l'entreprise de maçonnerie, a considéré que Mme X… ne démontrait pas avoir exercé une activité excédant une simple entraide familiale, ni avoir investi des fonds personnels dans l'entreprise ; qu'en statuant à l'aune de ces seules constatations matérielles qui n'excluaient pourtant en rien l'existence d'un apport en industrie, fût-il limité, la cour d'appel n'a pas donné de base légale à sa décision au regard de l'article 1832 du Code civil ;

3°/ qu'en retenant, pour écarter l'existence d'une société créée de fait s'agissant de l'entreprise de maçonnerie, que Mme X… ne démontrait pas avoir exercé une activité excédant une simple entraide familiale ni avoir investi des fonds personnels dans l'entreprise, sans rechercher si de tels éléments excluaient l'intention de Mme Y… et de Mme X… de collaborer ensemble sur un pied d'égalité à la réalisation d'un projet commun ainsi que l'intention de participer aux bénéfices ou aux économies en résultant, la cour d'appel n'a pas donné de base légale à sa décision au regard de l'article 1832 du Code civil ;

4°/ que Mme X… fait valoir dans ses conclusions, sans être contredite, qu'elle avait abandonné son activité salariée pour se consacrer à l'entreprise de maçonnerie et qu'elle administrait l'entreprise dans ses relations avec les administrations, les fournisseurs, les avocats et les clients, eu égard à l'illettrisme de son concubin ; qu'en l'espèce, la cour d'appel a considéré que Mme X…, inscrite au registre des métiers en qualité de chef d'entreprise, avait par ailleurs exercé une activité de secrétaire de direction dans diverses sociétés, incompatible avec le plein exercice des responsabilités de chef d'entreprise quand il n'était pourtant pas contesté que Mme X… avait rapidement abandonné son activité salariée pour s'impliquer totalement dans l'entreprise, la cour d'appel a dénaturé les termes du litige en violation de l'article 4 du Code de procédure civile ;

Mais attendu qu'après avoir relevé que si elle était inscrite au registre des métiers comme chef de l'entreprise de maçonnerie, Mme X… avait exercé, dans le même temps, une activité de secrétaire de direction, d'abord auprès de la société Corege du 24 août 1978 au 15 août 1981 puis de la parfumerie Pagnon du 1er février 1985 au 31 mai 1989, difficilement compatible avec les responsabilités d'un chef d'entreprise qui apparaissaient avoir été assumées en réalité par M. Y… et que celui-ci avait acquis seul, le 26 juillet 1979, un bien immobilier alors que le couple vivait en concubinage depuis 1964, c'est dans l'exercice de son pouvoir souverain d'appréciation que la cour d'appel, qui a procédé à la recherche invoquée et n'a pas méconnu l'objet du litige, a estimé que l'intention des concubins de collaborer sur un pied d'égalité à un projet commun n'était pas établie ; qu'elle a, par ces seuls motifs, légalement justifié sa décision ;

Sur le second moyen :

Attendu que Mme X… fait grief à l'arrêt attaqué de l'avoir déboutée de sa demande fondée sur l'enrichissement sans cause, alors, selon le moyen, qu'en relevant cependant, pour considérer que l'enrichissement sans cause de M. Y… au détriment du patrimoine de Mme X… n'était pas démontré, que rien n'établissait que les emprunts de faibles montants avaient été utilisés, non pour les besoins de la famille, mais dans le seul intérêt de son concubin et qu'elle avait été hébergée dans l'immeuble acquis par celui-ci, autant de circonstances in susceptibles d'exclure un appauvrissement sans cause de Mme X…, né de la seule implication dans l'entreprise sans rétribution, la cour d'appel a violé l'article 1371 du Code civil ensemble les principes régissant l'enrichissement sans cause ;

Mais attendu qu'ayant souverainement estimé que l'assistance apportée sur le plan administratif par Mme X… à la bonne marche de l'entreprise artisanale de maçonnerie qu'elle avait constituée avec son concubin n'excédait pas une simple entraide, la cour d'appel a pu en déduire que celle-ci n'était pas fondée à réclamer une indemnisation sur le fondement de l'enrichissement sans cause et a ainsi légalement justifié sa décision ;

PAR CES MOTIFS :

REJETTE le pourvoi ; »

Voir le corrigé en fin de rubrique.

2) Corrigé

Commentaire d'arrêt

I – La liquidation des intérêts patrimoniaux des concubins

A – Le mécanisme de la société créée de fait

1 – Le fondement de l'article 1832 du Code Civil

2 – La vérification de chacune des conditions

B – La technique de l'enrichissement sans cause

1 – Un mécanisme quasi-contractuel

2 – Les éléments constitutifs de l'enrichissement sans cause

II – Le travail de la compagne une simple entraide familiale

A – L'absence de direction de l'entreprise

1 – L'exploitation des faits révélant une direction assurée par le concubin

2 – L'intention commune de collaborer à un projet commun non justifiée

B – L'absence d'appauvrissement causé par l'assistance administrative

1 – Les justifications avancées par la compagne

2 – L'entraide n'est pas un appauvrissement

titre 2

Responsabilités générationnelles : le lien de parenté

642 La définition de la famille est fort controversée, mais chacun s'accorde à y reconnaître le lieu des générations. L'article 741 du Code civil dispose que « la proximité de parenté s'établit par le nombre de générations ; chaque génération s'appelle un degré ». Cette suite de degrés, poursuit l'article 742 du Code civil, forme la ligne. Le lien de parenté est un lien générationnel que le droit sanctionne au titre du lien juridique de filiation. Un rapport rendu en 2014 sous la présidence d'Irène Théry, sociologue, a pour thématique la filiation et les valeurs générationnelles. L'axe du raisonnement consiste à détacher l'engendrement de la procréation en raisonnant à partir de l'adoption et de l'assistance médicale à la procréation. Raisonnant à partir de ces situations particulières, les auteurs du rapport soutiennent qu'il n'y a aucune logique d'imitation entre la filiation par adoption, ou la filiation dite « par don d'engendrement » et la filiation par procréation. Ce qui fait le lien ce n'est pas de donner la vie – lien entre les générations – ce qui fait le lien est de vouloir être parent. Cette élection, ce projet parental fait la parenté. Après avoir supprimé le modèle du mariage comme fondateur de la famille, la suppression pourrait porter sur le refus du modèle de la procréation comme modèle de parenté. La dissociation de la filiation juridique établissant la parenté juridique de l'enfant et le mode de conception de l'enfant conduit actuellement à s'interroger sur des pratiques que le droit peut intégrer mais que la bio-éthique devra préalablement apprécier (M. Lamarche, « Ne confondons pas pluri-parenté biologique et pluri-parenté juridique » (à propos de la technique de la « FIV à trois »), *Dr. fam.* 2012, alerte 15).

Le droit, pour sa part ne raisonne qu'à partir du lien juridique de filiation (chapitre 14), encadre les actions en justice relatives à la filiation qu'elles tendent à l'établissement d'une filiation ou à sa contestation (chapitre 15). Et c'est encore aujourd'hui le lien de filiation qui justifie, en principe, l'exercice de l'autorité parentale par ses bénéficiaires (chapitre 16).

chapitre 14

Le lien juridique de filiation

Plan analytique

Le lien juridique de filiation

La filiation est le lien de parenté qui unit un enfant à ses père et mère. La *filiatio* étymologiquement serait, d'après les historiens, un synonyme de *filietas*. Dans l'Antiquité, l'emploi de ce vocable est réservé aux questions d'ordre théologique, il désigne en particulier le lien spirituel unissant le Christ à Dieu. La laïcisation du terme date du Moyen Âge et progressivement « [...] la filiation, en passant du domaine spirituel au domaine temporel, cesse d'être l'objet d'une définition, comme si le lien que la nature engendre allait de soi et n'avait simplement besoin que d'être prouvé » (A. Lefebvre-Teillard, F. Demoulin, F. Roumy, « De la théologie au droit : naissance médiévale du concept de filiation », in *Études offertes à P. Landau*, publiées par R. H. Helmholz, P. Mikat, J. Müller et M. Stolleis, in *Grundlagen des rechts*, F. Schöningh, 2000, p. 421 s.). 643

L'absence de définition légale de la filiation, la rareté des études ayant pour objet le concept même qui est en cause traduit la difficile appréhension par le droit du lien de parenté (P. Murat, *Filiation et vie familiale*, Bruylant, coll. « Droit et justice », F. Sudre [dir], 2002, p. 161). Si la filiation désigne en effet le lien de l'enfant avec ses père et/ou mère, la nature du lien ainsi constitué relève davantage de la sphère publique que privée. De façon naturelle, on serait enclin à penser que le lien juridique de filiation traduit simplement la réalité biologique de la parenté. Est parent toute personne qui engendre un enfant. Ce peut être le cas, mais ce n'est pas systématique parce que le lien juridique de filiation ne traduit cette réalité que de façon accessoire. Il est principalement destiné à assurer un statut personnel et familial à toute personne. Il a pour objet et pour finalité d'intégrer l'individu au sein du corps social, de lui reconnaître en quelque sorte une place dans la société en le rattachant plus particulièrement à une famille (F. Dekeuwer-Defossez, « Réflexions sur les mythes fondateurs du droit contemporain de la famille », *RTD civ.* 1995. 249 s.). La référence au mariage pour assurer aux enfants qui en sont issus un lien de filiation trahit cette spécificité subsistante en droit français de la filiation où l'aspect biologique n'est qu'un aspect d'une institution autrement plus importante. Le droit de la filiation, bien que substantiellement modifié par les lois du 3 janvier 1972 (n° 72-3, *D.* 1972. 51), du 25 juin 1982 (n° 82-536, *D.* 1982. 295), du 8 janvier 1993 (n° 93-22, *D.* 1993. 179) et du 29 juillet 1994 (n° 94-653 et 654, *D.* 1994. 406 et 409) reste dominé par un impératif d'ordre public allant bien au-delà des intérêts des particuliers. La filiation traduit l'ordre existant dans une société parce qu'il intègre encore dans sa définition le concept de « famille ». Les législateurs en touchant au droit de la filiation modifient consécutivement l'ordonnancement juridique et social. Seul le détachement progressif du lien parental et du lien conjugal devrait, à terme, modifier le concept de « filiation ». 644

La filiation était dite « légitime » lorsque l'enfant était issu d'un couple marié et « naturelle » lorsqu'il était né hors mariage. La loi du 3 janvier 1972, complétée par la loi du 25 juin 1982 et du 8 janvier 1993, a bouleversé le droit de la filiation en 645 établissant par principe une égalité des filiations. L'article 334 du Code civil disposait dans son alinéa premier que « L'enfant naturel a en général les mêmes droits et les mêmes devoirs que l'enfant légitime dans ses rapports avec ses père et mère ». Ce faisant cette loi rompt avec la hiérarchie antérieure des filiations ayant à son sommet la filiation légitime en raison du rôle social prépondérant qui était attribué à l'institution du mariage. Du système antérieur, il ne restait que la réserve énoncée à l'alinéa 3 de l'article 334 : « Si, au temps de la conception, le père ou la mère était engagé dans les liens du mariage avec une autre personne, les droits de l'enfant ne peuvent préjudicier que dans la mesure réglée par la loi, aux engagements que, par le fait du mariage, ce parent avait contractés ». L'enfant issu d'un adultère avait ainsi des droits successoraux diminués s'il venait en concours avec des enfants issus du mariage auquel l'adultère avait porté atteinte (C. civ., art. 760). Cette disposition a été dénoncée par la Cour européenne des droits de l'homme, dans l'affaire *Mazurek c/ France*, en date du 1er février 2000 (*D.* 2000. 20, note B. de Lamy). La Cour retient qu'il n'y a pas de rapport raisonnable de proportionnalité entre le but poursuivi par le gouvernement – la protection de la famille légitime – et les moyens employés – l'instauration d'une différence de traitement entre enfants adultérins et enfants légitimes ou naturels simples quant à la succession de leur auteur.

646 L'évolution du droit de la filiation a été par deux lois orientées vers plus d'égalité entre les enfants. La loi n° 2001-1135 du 3 décembre 2001, « relative aux droits du conjoint survivant et des enfants adultérins et modernisant diverses dispositions de droit successoral » (*JO* 4 déc., p. 19279), est divisée en trois chapitres consacrés respectivement aux droits du conjoint survivant, aux droits des enfants naturels et adultérins et autres dispositions ; réformant le droit des successions, la France met ainsi sa législation en conformité avec la jurisprudence de la Cour européenne des droits de l'homme. Elle reconnaît les mêmes droits successoraux aux enfants du défunt, y compris lorsqu'il y a concours entre enfants adultérins et enfants légitimes issus du mariage pendant lequel a eu lieu l'adultère. L'article 760 du Code civil qui prévoyait la diminution des droits de l'enfant issu d'un adultère fut alors abrogé, ainsi que l'alinéa 3 de l'article 334 du même Code autorisant des discriminations entre les enfants. Il reste cependant une différence entre les enfants en matière successorale formulée à l'article 757 du Code civil, outre le cas particulier des avantages matrimoniaux (C. civ., art. 1527, al. 2). Une option est reconnue au conjoint survivant entre l'usufruit de la totalité des biens existants ou la propriété du quart lorsque tous les enfants sont issus des deux époux ; ce choix disparaît au profit de l'attribution du seul quart en propriété en présence d'un ou plusieurs enfants qui ne sont pas issus des deux époux. Cette suppression de l'option ne concerne pas le seul enfant adultérin mais tout enfant qui n'est pas issu du conjoint survivant et elle permet d'éviter la création d'un lien qui résulterait nécessairement d'une attribution en usufruit.

La loi n° 305 du 4 mars 2002 relative à l'autorité parentale ayant supprimé les deux premiers alinéas de l'article 334 du Code civil, ce texte disparaît du Code civil français. Un nouvel article 310 du Code civil énonce désormais que « Tous les enfants dont la filiation est légalement établie ont les mêmes droits et les mêmes devoirs dans leurs rapports avec leur père et mère. Ils entrent dans la famille de chacun d'eux ».

Bien que toutes les règles relatives à la filiation ne puissent pas s'appliquer indistinctement à la filiation légitime et à la filiation naturelle en raison de l'indivisibilité des liens de filiation légitime et de la divisibilité inhérente aux liens de filiation naturelle, l'ordonnance n° 2005-759 du 4 juillet 2005 (*JO* 6 juillet 2005 ; I. Corpart, « La filiation sur ordonnance ou l'abolition des inégalités », *Gaz. Pal.* 24-25 août 2005 ; v. le dossier complet sur la réforme, *Dr. fam.* janv. 2006) a supprimé toute distinction. Avec elle disparaît aussi la légitimation de l'enfant naturel par mariage ou par autorité de justice (C. civ., anc. art. 329 à 333-6). 647 ■

Le Code désormais consacre un chapitre aux dispositions générales, parmi lesquelles les questions de preuve et présomptions, les conflits de lois, mais aussi l'assistance médicale à la procréation et la dévolution du nom de famille, un chapitre à l'établissement de la filiation, un autre consacré aux actions relatives à la filiation, pour clore par l'action aux fins de subsides constituant un chapitre à elle toute seule. L'indivisibilité des liens de filiation pour l'enfant issu d'un couple marié demeure car le mariage, fédérateur, permet de rattacher l'enfant à ses père et mère par le même acte. Pareillement, la divisibilité des liens de filiation pour l'enfant né hors mariage subsiste, l'absence de lien juridique entre les parents contraint à un établissement distinct du lien paternel et du lien maternel de filiation, sachant que l'enfant pourra n'avoir un lien de filiation établi qu'à l'égard d'une seule branche. Mais cette particularité se retrouvera dans le contenu des modes d'établissement de filiation, non dans le plan du titre VII du Code civil.

L'étude de la filiation révèle le maintien de prohibitions générales (section 1). Les modes classiques d'établissement du lien (section 2) sont complétées par des règles spécifiques au mécanisme de l'adoption (section 3).

section 1

Les prohibitions générales

Bien que l'indisponibilité de l'état des personnes ait été considérablement atténuée, la filiation, qui ne relève pas seulement de la sphère privée, reste soumise à des considérations d'ordre public. Cet ordre public est atténué. Pour preuve, la possibilité désormais d'établir un double lien de filiation à l'égard de deux hommes ou de deux femmes dans les conditions du nouvel article 6-1 du Code civil : « Le mariage et la filiation adoptive emportent les mêmes effets, droits et obligations reconnus par les lois, à l'exclusion de ceux prévus au titre VII du livre Ier du présent Code, que les époux ou les parents soient de sexe différent ou de même sexe ». Cette possibilité n'est, cependant, autorisée que par la voie de l'adoption, l'assistance médicale à la procréation étant, en France, encore interdite aux personnes de même sexe. Les prohibitions générales qui demeurent, bien fragiles pour certaines, sont l'établissement du lien incestueux (§ 1), du lien avec un tiers donneur dans le cadre d'une assistance médicale à la procréation (§ 2) et, enfin, du lien avec des personnes ayant eu recours à l'étranger à une gestation pour autrui (§ 3). 648 ■

§ 1 La prohibition du lien incestueux

649 L'inceste ne peut être poursuivi pénalement que s'il est commis envers une personne mineure (A), mais il est, dans tous les cas, un obstacle à l'établissement du double lien de filiation de l'enfant qui en serait issu (B).

A. L'inceste répréhensible pénalement

650 L'inceste, pour répréhensible qu'il soit moralement, ne l'est pas juridiquement entre personnes majeures consentantes. Seule l'infraction sexuelle est sanctionnée, autrement dit le rapport sexuel imposé, le lien de parenté constituant une circonstance aggravante lorsque la personne est mineure. Le législateur a, s'agissant des personnes mineures, voulu instituer l'infraction spécifique de l'inceste sans y parvenir. La loi n° 2010-121 du 8 février 2010, tendant à inscrire l'inceste commis sur les mineurs dans le Code pénal, a institué la qualification pénale « d'actes incestueux ». Les atteintes sexuelles sur mineur, aux termes de l'article 227-27-2 du Code pénal, « sont qualifiées d'incestueuses lorsqu'elles sont commises au sein de la famille sur la personne d'un mineur par un ascendant, un frère, une sœur ou par toute autre personne, y compris s'il s'agit d'un concubin d'un membre de la famille, ayant sur la victime une autorité de droit ou de fait ». Le 16 décembre 2011, le Conseil constitutionnel a été saisi d'une question prioritaire de constitutionnalité par laquelle il est soutenu « qu'en ne définissant pas les liens familiaux qui conduisent à ce que des atteintes sexuelles soient qualifiées d'incestueuses, ces dispositions portent atteinte au principe de légalité des délits et des peines ». L'analyse juridique est imparable ainsi que le relève le Conseil, dans sa décision du 17 février 2012 (n° 2012-222 QPC), « le législateur tient de l'article 34 de la Constitution, ainsi que du principe de légalité des délits et des peines qui résulte de l'article 8 de la Déclaration des droits de l'homme et du citoyen de 1789, l'obligation de fixer lui-même le champ d'application de la loi pénale et de définir les crimes et délits en termes suffisamment clairs et précis ». La conclusion est donc sans surprise, d'autant plus que le Conseil avait déjà eu à statuer sur une disposition légale relative à l'inceste il y a moins de six mois (Décision n° 2011-163 QPC du 16 sept. 2011), « l'abrogation de l'article 227-27-2 du Code pénal prend effet à compter de la publication de la présente décision ; qu'à compter de cette date, aucune condamnation ne peut retenir la qualification de délit "incestueux" prévue par cet article ; que, lorsque l'affaire a été définitivement jugée à cette date, la mention de cette qualification ne peut plus figurer au casier judiciaire ».

651 L'actuelle proposition de loi, en cours d'examen (au 12 mai 2015), au Parlement, relative à la protection de l'enfant, rétablit un article 222-31-1 au Code pénal aux termes duquel « Les viols et les agressions sexuelles sont qualifiés d'incestueux lorsqu'ils sont commis sur la personne d'un mineur par : 1° Un ascendant ; 2° Un frère, une sœur, un oncle, une tante, un neveu ou une nièce, si cette personne a sur le mineur une autorité de droit ou de fait ; 3° Son tuteur ou la personne disposant à son égard d'une délégation totale ou partielle d'autorité parentale ; 4° Le conjoint ou l'ancien conjoint, le concubin ou l'ancien concubin d'une des personnes mentionnées aux 1° à 3° ou le partenaire ou l'ancien partenaire lié par un pacte civil de solidarité avec l'une des personnes mentionnées aux 1° à 3°, s'il a sur le mineur une autorité de droit ou de fait. » On soulignera cette approche conditionnelle de la

qualification d'inceste en dépit du lien de parenté charnelle où apparaît la nécessité de « l'autorité de droit ou de fait sur le mineur » au point 2° notamment.

B. L'interdiction du double lien de filiation

Le législateur prohibe, en revanche, l'établissement d'un double lien de filiation à l'égard de l'enfant lorsque celui-ci est issu d'un inceste (déjà : A. Breton, « L'enfant incestueux », in *Mélanges Ancel*, Pedone, 1975, p. 309 s ; A. Batteur, « L'interdit de l'inceste », *RTD civ.* 2000. 759). L'article 310-2 du Code civil dispose en ce sens : « S'il existe entre les père et mère de l'enfant un des empêchements à mariage prévus par les articles 161 et 162 pour cause de parenté, la filiation étant déjà établie à l'égard de l'un, il est interdit d'établir la filiation à l'égard de l'autre par quelque moyen que ce soit ». Si l'enfant est issu d'un rapport sexuel entre ascendants et descendants, les alliés dans la même ligne (C. Civ., art. 161) ou entre frères et sœurs (C. civ., art. 162), sa filiation ne pourra être établie qu'à l'égard de la mère ou du père, mais pas des deux afin de ne pas révéler l'inceste. Cette solution a été étendue par la Cour de cassation en 2004 qui a estimé que cela interdisait également l'adoption simple par le parent envers lequel la filiation n'avait pu être établie pour cette raison (Civ. 1re, 6 janv. 2004, *D.* 2004. 362, concl. J. Sainte-Rose, note D. Vigneau ; *JCP* 2004. II 10064, note C. Labrusse-Riou ; *Dr. fam.* 2004, n° 16, note D. Fenouillet ; F. Terré, Y. Lequette, *Les grands arrêts de la jurisprudence civile*, n° 53, p. 352 s ; déjà D. Fenouillet, « L'adoption de l'enfant incestueux par le demi-frère de sa mère, ou comment l'intérêt prétendu de l'enfant tient lieu de seule règle de droit », *Dr. fam.* 2003. chr. 29). 652

Ce dernier tabou social pourrait cependant être levé (V. Viganoti, « La filiation de l'enfant issu d'un inceste absolu : vers la fin d'une discrimination ? », *Dr. fam.* 2010. 12). L'inceste n'est, en effet, pas prohibé en France entre majeurs consentants. La Cour constitutionnelle belge a été saisie d'une question préjudicielle de l'une des juridictions belges sur le point de savoir si : « L'article 325 du Code civil viole-t-il les articles 10 et 11 de la Constitution, combinés aux articles 8 et 14 de la Convention européenne des droits de l'homme et aux articles 3.1 et 7.1 de la Convention de New York relative aux droits de l'enfant, en tant que l'article précité prive un enfant issu d'une relation incestueuse dont l'obstacle est un lien de parenté de faire établir sa filiation paternelle alors que ses pairs, qu'ils soient issus d'un mariage, d'un concubinage ou d'une relation extraconjugale ne faisant pas apparaître d'empêchement à mariage, voire même d'une relation incestueuse (au sens de l'article 325 du Code civil modifié) dont l'obstacle est un lien d'alliance dissous, ont la possibilité de faire établir tant leur filiation maternelle que paternelle ? En l'espèce, le décès du père dont la filiation est recherchée vient de surcroît faire obstacle au maintien de la relation incestueuse à l'origine de la filiation ». La Cour, dans son arrêt n° 103 du 9 août 2012, a estimé qu'il y avait discrimination dans la prohibition du double lien de filiation des enfants issus de l'inceste (http://www.const-court.be/public/f/2012/2012-103f.pdf). 653

Un arrêt récent de la CEDH, du 26 juin 2014, condamnant la France en matière de gestation pour autrui (*v. ss 672* s.) a été interprété, par voie de presse, par le professeur Fabre-Magnan comme pouvant conduire à terme le législateur français à lever l'interdiction de l'inceste : « Plus grave, et nous pesons nos mots, la décision de la Cour européenne des droits de l'homme nous oblige, à terme, à lever la prohibition 654 de l'inceste, plus précisément à supprimer l'interdiction d'établir une filiation incestueuse. En effet, l'article 310-2 du Code civil énonce que si le père et la mère biologiques de l'enfant ne peuvent se marier entre eux car ils sont trop proches parents, il n'est pas possible d'établir la filiation de l'enfant vis-à-vis de ses deux parents en même temps : si par exemple un père a des relations sexuelles avec sa fille dont il naît un enfant, celui-ci sera reconnu enfant de son père OU de sa mère (la fille de son père) mais pas des deux en même temps, car cela ferait apparaître qu'il est un enfant incestueux. Or si on suit les propos de la Cour européenne des droits de l'homme (elle les avait au demeurant déjà tenus dans un précédent arrêt), à savoir qu'au regard de l'importance de la filiation biologique en tant qu'élément de l'identité de chacun, on ne saurait prétendre qu'il est conforme à l'intérêt d'un enfant de le priver d'un lien juridique de cette nature alors que la réalité biologique de ce lien est établie", et donc s'il est contraire aux droits de l'homme de ne pas reconnaître la filiation d'un enfant avec ses parents biologiques (en l'occurrence avec le père dont les gamètes ont le plus souvent servi à inséminer la mère porteuse), la conséquence est claire : il faudra nécessairement reconnaître le lien de filiation de l'enfant vis-à-vis de son père ET de sa mère (la fille de son père) puisque ceux-ci sont tous deux ses parents biologiques. On admettra donc désormais que l'inceste soit reconnu et donc légitimé par le droit. L'anonymat du don de gamètes devra aussi être supprimé, et le lien de filiation établi avec le donneur de sperme ou la donneuse d'ovocyte » (http://www.lefigaro.fr/vox/societe/2014/06/26/31003-20140626ARTFIG00356-les-consequences-vertigineuses-de-l-arret-de-la-cedh-sur-la-gpa.php).

§ 2 La prohibition du lien avec le tiers donneur

655 La filiation peut être substantiellement modifiée par le recours à l'assistance médicale à la procréation. Celle-ci est fortement règlementée en France au Code de la santé publique (A) et ne permet en aucun cas l'établissement d'un lien de filiation avec le tiers donneur de gamètes (B).

A. L'assistance médicale à la procréation

656 L'assistance médicale à la procréation est différente selon la cause obstacle à la procréation charnelle. Il y a une hiérarchie entre les différents procédés techniques d'aide à la procréation, les couples, mariés ou vivant en concubinage, n'ayant pas un égal accès à ceux-ci. La cause empêchant la procréation naturelle justifie cet accès inégal des demandeurs. Cette matière est principalement régie au Code de la santé publique dans un titre IV intitulé « Assistance médicale à la procréation » (art. L. 2141-1 et s.). Ces dispositions résultent de la loi du 6 août 2004 ayant modifié la loi du 29 juillet 1994. Le recours à l'assistance médicale à la procréation n'est pas libre mais encadré par le droit. Les conditions autorisant le recours aux procréations médicalement assistées sont médicales (1) et juridiques (2).

1. *Les aspects médicaux*

657 « L'assistance médicale à la procréation s'entend des pratiques cliniques et biologiques permettant la conception *in vitro*, le transfert d'embryon et l'insémination artificielle, ainsi que toute technique d'effet équivalent permettant la procréation en

dehors du processus naturel, dont la liste est fixée par arrêté du ministre chargé de la santé, après avis de l'Agence de la biomédecine » (CSP, art. L. 2141-1). Les demandeurs doivent préalablement démontrer leur infertilité pour accéder aux différents procédés médicaux aidant à la procréation.

L'assistance médicale à la procréation « a pour objet de remédier à l'infertilité dont le caractère pathologique a été médicalement diagnostiqué ou d'éviter la transmission à l'enfant ou à un membre du couple d'une maladie d'une particulière gravité » (CSP, art. L. 2141-2, al. 2). Le caractère pathologique de l'infertilité exclut les couples homosexuels ou les couples dans lesquels l'un des membres a procédé à une stérilisation volontaire. Cela suppose ensuite que les membres du couple soient en âge de procréer (CSP, art. L. 2141-2, al. 3).

Les différents procédés médicaux aidant à la procréation sont l'insémination et la fécondation *in vitro*. 658 ■

L'insémination peut être faite avec le sperme du conjoint ou du concubin (IAC), encore appelée « procréation endogène », ou avec le sperme d'un tiers, donneur anonyme, (IAD), appelée aussi « procréation exogène ». Les CECOS (Centre d'étude et de conservation du sperme) fournissent la semence génétique nécessaire à la procréation. L'insémination avec le sperme d'un tiers est toujours effectuée avec du sperme congelé. L'article L. 1244-3 du Code de la santé publique dispose que « L'insémination artificielle par sperme frais provenant d'un don et le mélange de spermes sont interdits ». Le couple n'a pas le choix entre l'IAC et l'IA*D*. Les médecins doivent en priorité aider à la procréation en utilisant la semence génétique du conjoint ou du concubin, à défaut il y aura recours au don d'un tiers. L'article L. 2141-7 du Code de la santé publique établit cette hiérarchie.

La fécondation *in vitro* (FIV) est un procédé entièrement extérieur au corps de la femme. L'embryon est conçu en laboratoire puis réimplanté dans l'utérus de la femme. La réimplantation est loin d'être un succès à 100 %, c'est pourquoi il est d'usage de donner la vie à plusieurs embryons. Ceci conduit à congeler des embryons et pose le problème de leur utilisation aux fins de recherches médicales, de don d'embryon, de destruction des embryons surnuméraires. Une limite a donc été posée par le législateur : que ce soit en matière d'insémination ou de fécondation *in vitro*, le nombre d'enfants pouvant être engendrés avec les gamètes d'un donneur ne pouvait être supérieur à cinq (CSP, anc. art. L. 673-4), la limite a été repoussée à dix enfants par la loi du 6 août 2004 (C. civ., art. L. 1244-4). La fécondation *in vitro* est effectuée avec les gamètes du couple, à défaut avec les gamètes d'un tiers et, à titre exceptionnel, avec les gamètes de deux tiers dans le cas de transfert d'embryon prévu à l'article L. 2141-4 du CSP.

Le principe des procréations médicalement assistées admis, inéluctable devait se poser la question de ses limites. Déjà le Comité consultatif national d'éthique pour les sciences de la vie et de la santé avait été saisi sur la légitimité morale du recours au diagnostic préimplantatoire (DPI) des embryons dans le cadre d'une fécondation *in vitro* (avis n° 72, du 4 juillet 2002 ; v. rubrique « Document »). 659 ■

Dans tous les cas, le donneur de gamètes est soumis évidemment à un contrôle médical. Il doit faire partie d'un couple ayant procréé et obtenir le consentement de son conjoint. Il doit ensuite être soumis aux tests de dépistage de maladies transmissibles (CSP, art. R. 1211-25). 660 ■

2. *Les aspects juridiques*

661 L'assistance médicale à la procréation suppose le respect d'un ensemble de principes généraux ainsi que la mise en place de règles particulières destinées à protéger le consentement des donneurs et receveurs.

a. Les règles générales

662 Seul un couple vivant (art. L. 2141-2, al. 3 du CSP) peut demander cette assistance médicale. La procréation post-mortem est prohibée. La Cour de cassation, avant l'entrée en vigueur de la loi du 29 juillet 1994, s'est opposée à l'implantation d'un embryon conçu, le mari étant décédé après la fécondation mais avant l'implantation. Il est retenu que l'assistance médicale à la procréation ne pouvait avoir pour but légitime que de donner naissance à un enfant au sein d'une famille constituée, ce qui exclut le recours à un processus de fécondation *in vitro* ou sa poursuite lorsque le couple devant accueillir l'enfant a été dissous par la mort du mari (Civ. 1re, 9 janv. 1996, *D.* 1996. 376, note F. Dreiffus-Netter). Cette solution est somme toute assez discutable. S'il paraît raisonnable d'interdire la procréation post-mortem lorsque l'insémination ou la fécondation n'a pas encore été effectuée, les gamètes ayant été congelés, en revanche lorsque la fécondation est intervenue, l'enfant a été conçu et il paraît arbitraire de le priver de la naissance.

663 Le couple peut être marié ou vivre en concubinage, mais en ce dernier cas il doit s'agir d'un homme et d'une femme et ils doivent vivre maritalement depuis deux ans au moins (art. L. 2141-2 du CSP).

664 Le principe de gratuité et l'interdiction de toute rémunération en matière de dons du patrimoine génétique d'une personne est régi par les articles 16-5 et 16-6 du Code civil. Aux termes de ces textes, « Les conventions ayant pour effet de conférer une valeur patrimoniale au corps humain, à ses éléments ou à ses produits sont nulles » et « Aucune rémunération ne peut être allouée à celui qui se prête à une expérimentation sur sa personne, au prélèvement d'éléments de son corps ou à la collecte de produits de celui-ci ».

665 Le principe de l'anonymat doit être respecté (art. 16-8 du C. civ.). Le donneur de gamètes ou d'embryon dans les cas où la loi l'autorise n'est pas connu du couple receveur. Cela signifie que le couple ne peut choisir le donneur (art. L. 1244-7 du CSP).

b. Les règles relatives au consentement

666 Chaque membre du couple doit donner son consentement à la procréation médicalement assistée, après avoir reçu toutes les informations utiles et s'être entretenu avec les médecins. L'équipe médicale doit en particulier : « 1° Vérifier la motivation de l'homme et de la femme formant le couple et leur rappeler les possibilités ouvertes par la loi en matière d'adoption ; 2° Informer ceux-ci des possibilités de réussite et d'échec des techniques d'assistance médicale à la procréation, "de leurs, effets secondaires et de leurs risques à court et à long terme" (L. 6 août 2004) ; ainsi que leur pénibilité "et des contraintes qu'elles peuvent entraîner" (L. 6 août 2004) ; 2° *bis* Informer ceux-ci de l'impossibilité de réaliser un transfert des embryons conservés en cas de rupture du couple ou de décès d'un de ses membres ; 3° Leur remettre un dossier-guide comportant notamment : a) Le rappel des dispositions législatives et réglementaires relatives à l'assistance médicale à la procréation ; b) Un descriptif de

ces techniques ; c) Le rappel des dispositions législatives et réglementaires relatives à l'adoption, ainsi que l'adresse des associations et organismes susceptibles de compléter leur information à ce sujet » (art. L. 2141-10, al. 2 du CSP).

Un formalisme protecteur a ensuite été mis en place. Le couple doit réitérer son consentement dans le délai d'un mois après le dernier entretien. La réitération est faite par écrit. Le consentement initial doit être constaté par acte notarié ou donné au juge. Le notaire ou le juge doit éclairer le couple sur les conséquences de son acte au regard de la filiation (art. 311-20, al. 1er du C. civ.). 667 ■

Par ailleurs, en cas de décès, de requête en divorce, séparation de corps ou de cessation de communauté de vie, survenant avant la réalisation de la procréation médicalement assistée, le consentement donné à la procréation est privé d'efficacité. Il l'est également si l'un des membres du couple le révoque, par écrit et avant réalisation de l'acte, auprès du médecin chargé de mettre en œuvre cette assistance (art. 311-20 al. 3 du C. civ.) 668 ■

Enfin, lorsque l'opération consiste en un transfert d'embryon, don à un autre couple d'un embryon surnuméraire, il faut une décision judiciaire le décidant (art. L. 2141-6 du CSP).

B. Le lien avec le donneur de gamètes

Le lien de filiation est établi à l'égard du couple receveur. Les alinéas 4 et 5 de l'article 311-20 du Code civil disposent d'une part que celui qui ne reconnaît pas l'enfant après avoir donné son consentement engage sa responsabilité envers la mère et envers l'enfant, et d'autre part que sa paternité sera judiciairement déclarée. L'action est alors régie par les dispositions applicables en matière de recherche de paternité (art. 328 et 331 du C. civ.). 669 ■

L'établissement d'un lien de filiation à l'égard du ou des tiers donneurs est prohibé. L'article 311-19, alinéa 1er du Code civil énonce qu'« En cas de procréation médicalement assistée avec tiers donneur, aucun lien de filiation ne peut être établi entre l'auteur du don et l'enfant issu de la procréation ». Par ailleurs, si l'enfant naît avec un handicap, et à supposer levé l'anonymat, « Aucune action en responsabilité ne peut être exercée à l'encontre du donneur » (art. 311-19, al. 2 du C. civ.). 670 ■

Toute action aux fins d'établissement ou de contestation de la filiation est enfin interdite si le consentement a été régulièrement donné, à moins « qu'il ne soit soutenu que l'enfant n'est pas issu de la procréation médicalement assistée ou que le consentement a été privé d'effet » (art. 311-20, al. 2 du C. civ.). Dans le premier cas, il faut supposer que la femme a eu des relations charnelles avec un tiers, dans le second que le couple ne satisfait plus aux conditions requises. 671 ■

§ 3 La prohibition de la gestation pour autrui

La GPA ou gestation pour autrui suppose une convention entre la mère qui porte l'enfant et les parents d'intention. En France, la nullité de la convention a conduit au refus de la transcription des actes de naissance en présence d'une gestation pour 672 ■

autrui réalisée à l'étranger (A). La jurisprudence de la Cour européenne des droits de l'homme a infléchi la solution française (B).

A. La nullité de la convention sur la procréation

■ 673 La gestation pour le compte d'autrui est prohibée (art. 16-7 du C. civ. ;*v. ss 161* ; M. Fabre-Magnan, *La gestation pour autrui. Fictions et réalité*, Fayard, 2013 ; J. Roux, « Vox clamantis *in deserto* - L'appel ignoré du Conseil constitutionnel à "priver d'effet" le recours illicite à la PMA et à la GPA », *JCP* G, 2015. 483, v. ss 214). Concrètement, elle résulterait soit d'une fécondation *in vitro* (embryon conçu avec les gamètes du couple mais transplanté dans l'utérus d'une femme tiers qui loue ou prête son ventre pour neuf mois), soit d'une insémination de cette femme avec le sperme du mari, du partenaire d'un PACS, du concubin à fin de restitution au couple qui souhaite avoir un enfant. Une réflexion avait été menée au Parlement en vue d'une légalisation du procédé en 2008 (Rapport d'information au Sénat du 25 juin 2008 sur la maternité pour autrui ; v. nos observations : « Les contradictions du droit de la famille », XXIIIème Colloque Confédération des juristes catholiques, 22 novembre 2008, Cour de cassation, Téqui 2011, in *Les enjeux éthiques de l'actualité juridique*, p. 173).

■ 674 L'interdiction demeure d'ordre public et justifie l'intervention du ministère public en cas de demande de transcription à l'état civil d'actes révélant l'origine illicite du lien de parenté, une convention de gestation pour autrui réalisée en Californie (Civ. 1re, 17 déc. 2008, *Procédures* févr. 2009 ; *RTD civ.* 2009. 106, obs. J. Hauser). L'arrêt de la cour d'appel ayant retenu que « la non-transcription des actes de naissance aurait des conséquences contraires à l'intérêt supérieur des enfants qui, au regard du droit français, se verraient privés d'acte civil indiquant leur lien de filiation, y compris à l'égard de leur père biologique » a été cassé.

La solution a été réitérée dans trois arrêts du 6 avril 2011 (n°s 09-66.486 ; 09-17.130 ; 10-19.053) : « Mais attendu qu'est justifié le refus de transcription d'un acte de naissance établi en exécution d'une décision étrangère, fondé sur la contrariété à l'ordre public international français de cette décision, lorsque celle-ci comporte des dispositions qui heurtent des principes essentiels du droit français ; qu'en l'état du droit positif, il est contraire au principe de l'indisponibilité de l'état des personnes, principe essentiel du droit français, de faire produire effet, au regard de la filiation, à une convention portant sur la gestation pour le compte d'autrui, qui, fût-elle licite à l'étranger, est nulle d'une nullité d'ordre public aux termes des articles 16-7 et 16-9 du Code civil ;

Que, dès lors, la cour d'appel a retenu, à bon droit, que dans la mesure où ils donnaient effet à une convention de cette nature, les jugements « américains » du 4 juin 2001 étaient contraires à la conception française de l'ordre public international, en sorte que l'acte de naissance litigieux ayant été établi en application de ces décisions, sa transcription sur les registres d'état civil français devait être, dans les limites de la demande du ministère public, rectifiée par voie de suppression de la mention de Mme Y... en tant que mère ; qu'une telle rectification, qui ne prive pas l'enfant de sa filiation paternelle, ni de la filiation maternelle que le droit de l'État du Minnesota lui reconnaît, ni ne l'empêche de vivre avec les époux X... en France, ne porte pas atteinte au droit au respect de la vie privée et familiale de cet enfant au sens de l'article 8 de la Convention européenne des droits de l'homme, non plus qu'à son intérêt supérieur garanti par l'article 3 § 1 de la Convention internationale des droits de l'enfant ; que le moyen n'est pas fondé ».

Toujours harcelée de demandes, la Cour de cassation ne change pas sa solution et la réitère dans deux arrêts du 13 septembre 2013 (n°s 12-30.138 ; 12-18.315 ; Civ. 1re, 3 sept. 2013, n°s 12-30.138, 12-18.315, *Bull. civ.*, I, n° 176 ; *D.* 2013. 2382, obs. I. Gallmeister ; *ibid.* 2377, avis C. Petit ; *ibid.* 2384, note M. Fabre-Magnan ; *D.* 2014. 689, nos obs. ; *ibid.* 954, obs. A. Dionisi-Peyrusse ; *ibid.* 1059, obs. H. Gaudemet-Tallon ; *ibid.* 1171, obs. F. Granet-Lambrechts ; *ibid.* 1516, obs. N. Jacquinot et A. Mangiavillano ; *ibid.* 1787, obs. P. Bonfils et A. Gouttenoire ; *AJ fam.* 2013. 579, obs. F. Chénedé ; *ibid.* 532, obs. A. Dionisi-Peyrusse ; *ibid.* 600, obs. C. Richard et F. Berdeaux-Gacogne ; *AJCT* 2013. 517, obs. R. Mésa ; *Rev. crit. DIP* 2013. 909, note P. Hammje ; *RTD civ.* 2013. 816, obs. J. Hauser ; *JDI* 2014. Comm. 1, note J. Guillaumé ; H. Fulchiron et C. Bidaud-Garon, « Dans les limbes du droit, à propos de la situation des enfants nés à l'étranger avec l'assistance d'une mère porteuse », *D.* 2013. 2349) : « Vu les articles 16-7 et 16-9 du Code civil, ensemble l'article 336 du même Code ; Attendu qu'en l'état du droit positif, est justifié le refus de transcription d'un acte de naissance fait en pays étranger et rédigé dans les formes usitées dans ce pays lorsque la naissance est l'aboutissement, en fraude à la loi française, d'un processus d'ensemble comportant une convention de gestation pour le compte d'autrui, convention qui, fût-elle licite à l'étranger, est nulle d'une nullité d'ordre public selon les termes des deux premiers textes susvisés ». Enfin, par un arrêt du 19 mars 2014 (n° 13-50.005, *D.* 2014. 901, avis J.-P. Jean ; *ibid.* 905, note H. Fulchiron et C. Bidaud-Garon ; *ibid.* 1059, obs. H. Gaudemet-Tallon ; *ibid.* 1171, obs. F. Granet-Lambrechts ; *ibid.* 1787, obs. P. Bonfils et A. Gouttenoire ; *AJ fam.* 2014. 244, obs. F. Chénedé ; *ibid.* 211, obs. A. Dionisi-Peyrusse ; *Rev. crit. DIP* 2014. 619, note S. Bollée ; *RTD civ.* 2014. 330, obs. J. Hauser), la Cour de cassation martèle, si l'on peut dire, la solution du droit français.

B. La reconnaissance du lien de filiation en présence d'une gestation pour autrui pratiquée à l'étranger

Afin de trouver une solution conduisant à reconnaître le lien juridique de filiation, le 675 ■
25 janvier 2013, dans une circulaire adressée aux juridictions, la garde des Sceaux, ministre de la justice et des libertés (CIV/02/13 - NOR JUSC 1301528 C du 25 janvier 2013) encourageait la délivrance de certificats de nationalité « lorsqu'il apparaît, avec suffisamment de vraisemblance, qu'il a été fait recours à une convention portant sur la procréation ou la gestation pour le compte d'autrui » dès lors que le lien de filiation avec un français résulte d'un acte d'état civil étranger probant au regard de l'article 47 du C. Civ., toutes les autres conditions étant remplies par ailleurs. Plusieurs associations, dont l'association juristes pour l'enfance, ont formé recours devant le Conseil d'État pour obtenir l'annulation pour excès de pouvoir de la circulaire. Sont intervenus, à l'inverse, au soutien de la circulaire, l'association CLARA « Comité de soutien pour la légalisation de la G.P.A. et l'aide à la reproduction assistée », et l'association des familles homoparentales (*D.* 2015, Panorama, nos obs. reprises dans ce numéro). Après avoir relevé « que la circulaire attaquée énonce aussi que le seul soupçon de recours à une convention portant sur la gestation ou la procréation pour le compte d'autrui conclue à l'étranger ne peut suffire à opposer un refus de délivrance de certificat de nationalité française, alors que, en vertu des articles 16-7 et 16-9 du Code civil, de telles conventions sont entachées d'une nullité

d'ordre public », le Conseil d'État juge que la circulaire n'est pas entachée d'excès de pouvoir dans son considérant n° 11 : « que la seule circonstance que la naissance d'un enfant à l'étranger ait pour origine un contrat qui est entaché de nullité au regard de l'ordre public français ne peut, sans porter une atteinte disproportionnée à ce qu'implique, en termes de nationalité, le droit de l'enfant au respect de sa vie privée, garanti par l'article 8 de la Convention européenne de sauvegarde des droits de l'homme et des libertés fondamentales, conduire à priver cet enfant de la nationalité française à laquelle il a droit, en vertu de l'article 18 du Code civil et sous le contrôle de l'autorité judiciaire, lorsque sa filiation avec un Français est établie ; que, par suite, en ce qu'elle expose que le seul soupçon de recours à une convention portant sur la procréation ou la gestation pour autrui conclue à l'étranger ne peut suffire à opposer un refus aux demandes de certificats de nationalité française dès lors que les actes d'état civil local attestant du lien de filiation avec un Français, légalisés ou apostillés sauf dispositions conventionnelles contraires, peuvent être, sous le contrôle de l'autorité judiciaire, regardés comme probants, au sens de l'article 47, la circulaire attaquée n'est entachée d'aucun excès de pouvoir » (*AJDA* 2014. 2451, M-C. de Montecler ; H. Fulchiron et C. Bidaud-Garon, « La circulaire "Taubira" sur les certificats de nationalité française validée », *D.* 2015. 357).

676 La jurisprudence de la Cour européenne des droits de l'homme a infléchi la solution française. La transcription des actes de naissance révélant que l'enfant est issu d'une gestation pour autrui est désormais de droit positif en France. Une rétrospective mérite d'être ici dressée.

La Cour européenne a rendu, le 26 juin 2014, deux arrêts dans les affaires *Mennesson c/ France* (requête n° 65192/11) et *Labassee c/France* (requête n° 65941/11) sur la gestation pour autrui (*D.* 2014. 1797, note F. Chénedé ; *ibid.* 1787, obs. P. Bonfils et A. Gouttenoire ; *ibid.* 1806, note L. d'Avout ; *AJDA* 2014. 1763, chron. L. Burgorgue-Larsen ; *AJ fam.* 2014 499 ; *ibid.* 396, obs. A. Dionisi-Peyrusse ; *RTD civ.* 2014. 616, obs. J. Hauser ; *ibid.* 835, obs. J.-P. Marguénaud ; H. Fulchiron et C. Bidaud-Garon, « Ne punissez pas les enfants des fautes de leurs pères », *D.* 2014. 1773). La solution a été réitérée (CEDH 21 juill. 2016, *D.* 2016. 2152).

La France est condamnée pour violation de l'article 8 de la Conv. EDH, le refus de transcription à l'état civil constituant une atteinte à la vie privée des enfants. Dans un communiqué de presse, la Cour résume sa position de la façon suivante :

« En ce qui concerne le droit des jumelles au respect de leur vie privée, la Cour note qu'elles se trouvent dans une situation d'incertitude juridique : sans ignorer qu'elles ont été identifiées ailleurs comme étant les enfants des époux Mennesson, la France leur nie néanmoins cette qualité dans son ordre juridique. La Cour considère que pareille contradiction porte atteinte à leur identité au sein de la société française. De plus, bien que leur père biologique soit français, elles sont confrontées à une troublante incertitude quant à la possibilité de se voir reconnaître la nationalité française, une indétermination susceptible d'affecter négativement la définition de leur propre identité.

La Cour relève en outre qu'elles ne peuvent hériter des époux Mennesson qu'en tant que légataires, les droits successoraux étant alors calculés de manière moins favorable pour elles ; elle voit là un autre élément de l'identité filiale dont elles se trouvent privées. Ainsi, les effets de la non-reconnaissance en droit français du lien de filiation entre les enfants conçus par GPA à l'étranger et les couples ayant eu recours à cette méthode ne se limitent pas à la situation de ces derniers : ils portent aussi sur celle des enfants eux-mêmes, dont le droit au respect de la vie privée, qui implique que chacun puisse établir la substance de son identité, y compris sa filiation, se trouve significativement affecté. Se pose donc une question grave de compatibilité de cette situation avec l'intérêt supérieur des enfants, dont le respect doit guider toute décision les concernant.

Selon la Cour, cette analyse prend un relief particulier lorsque, comme en l'espèce, l'un des parents est également géniteur de l'enfant. Au regard de l'importance de la filiation biologique en tant qu'élément de l'identité de chacun, on ne saurait prétendre qu'il est conforme à l'intérêt supérieur de l'enfant de le priver d'un lien juridique de cette nature alors que la réalité biologique de ce lien est établie et que l'enfant et le parent concerné revendiquent sa pleine reconnaissance.

Or, non seulement le lien entre les jumelles et leur père biologique n'a pas été admis à l'occasion de la demande de transcription des actes de naissance, mais encore sa consécration par la voie d'une reconnaissance de paternité ou d'une adoption ou par l'effet de la possession d'état se heurterait à la jurisprudence prohibitive établie sur ces points par la Cour de cassation. En faisant ainsi obstacle tant à la reconnaissance qu'à l'établissement de leur lien de filiation à l'égard de leur père biologique, l'État français est allé au-delà de ce que lui permettait sa marge d'appréciation. La Cour conclut que le droit des enfants au respect de leur vie privée a été méconnu, en violation de l'article 8 » (pour une analyse de l'évolution actuelle : Aude Mirkovic, « PMA, GPA et droits de l'enfant », https://juristespourlenfance.files.wordpress.com/2015/05/2015-pma-gpa-et-droit-de-lenfant-confc3a9rence-toulouse-4-mai-2015.pdf ; *PMA, GPA, la controverse juridique,* éd. Téqui 2014).

L'assemblée plénière de la Cour de cassation, par deux arrêts du 3 juillet 2015 (n°s 15-50.002 et 14-21.323), a admis le principe de transcription des actes de naissance étrangers. Conformément à l'arrêt de la Cour européenne des droits de l'homme du 26 juin 2014, la transcription de l'acte de naissance étranger à l'état civil français est désormais obligatoire par application de l'article 8 de la Convention européenne des droits de l'homme et des libertés fondamentales, dès lors que l'acte est exact s'agissant de la filiation biologique de l'enfant. Ce droit à l'établissement de la filiation fait partie du droit à la vie privée et familiale de l'enfant. Dans les deux affaires, il est indiqué dans les actes de naissance que l'enfant est né d'un père français et d'une mère russe. Les faits révèleront que le père a donné ses gamètes et que la mère a porté l'enfant selon le procédé de la gestation pour autrui. Dans les deux cas, le père aura pris soin, en France, de faire une reconnaissance anténatale de paternité de leur enfant. L'acte de naissance dont il est demandé transcription indique que l'enfant a pour père le donneur de gamètes, et pour mère celle dont il est accouché (par gestation pour autrui). La question à résoudre est résumée dans le communiqué qui a été fait sur ces arrêts par la Cour de cassation : « Le refus de transcription sur les actes de l'état civil français de l'acte de naissance d'un enfant dont au moins l'un des parents est français, régulièrement établi dans un pays étranger, peut-il être motivé par le seul fait que la naissance est l'aboutissement d'un processus comportant une convention de GPA ? ». Le refus de transcription de l'acte de naissance étranger n'est possible qu'en cas de violation de l'article 47 du Code civil disposant : « Tout acte de l'état civil des Français et des étrangers fait en pays étranger et rédigé dans les formes usitées dans ce pays fait foi, sauf si d'autres actes ou pièces détenus, des données extérieures ou des éléments tirés de l'acte lui-même établissent, le cas échéant après toutes vérifications utiles, que cet acte est 677 ■

irrégulier, falsifié ou que les faits qui y sont déclarés ne correspondent pas à la réalité ». L'assemblée plénière casse l'arrêt qui lui a été soumis et juge : « que pour refuser la transcription, l'arrêt retient qu'il existe un faisceau de preuves de nature à caractériser l'existence d'un processus frauduleux, comportant une convention de gestation pour le compte d'autrui conclue entre M. X... et Mme Z... ; Qu'en statuant ainsi, alors qu'elle n'avait pas constaté que l'acte était irrégulier, falsifié ou que les faits qui y étaient déclarés ne correspondaient pas à la réalité, la cour d'appel a violé les textes susvisés ». La solution est suivie par les juges du fond (CA Rennes, 12 déc. 2016, *AJ fam.* 2017. 68), même si certains font de la résistance (CA Dijon, 24 mars 2016, RG n° 15/00057).

Cette solution s'inspire directement de l'arrêt de la CEDH du 26 juin 2014. Elle n'apporte qu'une réponse partielle aux questions soulevées par le recours à la GPA. On relève qu'elle ne remet pas en cause la prohibition en France de la pratique de la gestation pour autrui, mais elle permet aux hommes français d'y recourir à l'étranger sachant que l'acte de naissance pourra être retranscrit à l'état civil en France. La solution est partielle pour deux raisons. La première est la question de la transposition de la solution aux femmes. La mère d'intention (lorsqu'il y en aura une) ne devrait pas pouvoir figurer dans l'acte de naissance, même si elle est la mère biologique (lorsqu'elle aura donné ses ovules pour la réalisation de la GPA), car la mère reste, en France, celle dont l'enfant est accouché. La transcription de l'acte à l'état civil français ne peut, pour l'heure, bénéficier qu'au père. La seconde tient à la question de l'autre conjoint, homme ou femme, du père dont la filiation établie aura été transcrite à l'état civil. Le père reconnu comme tel à l'état civil peut-il espérer par la voie de l'adoption faire établir un lien de filiation à l'égard de son conjoint ? Il faudrait bien sûr que la mère dont l'enfant est accouché déclare l'abandonner. La réponse est négative, si l'on se réfère à une décision, déjà ancienne, de l'assemblée plénière de la Cour de cassation de 1991, non remise en cause pour l'instant, interdisant le détournement de l'adoption pour valider le recours prohibé à une gestation pour autrui. Toutefois, l'avis de la Cour de cassation du 22 septembre 2014 laisserait penser que si la Haute juridiction était à nouveau saisie elle pourrait modifier sa jurisprudence. En effet, dans cet avis, la question soumise à la Cour de cassation était la suivante : « L'accès à la procréation médicalement assistée, sous forme d'un recours à une insémination artificielle avec donneur inconnu à l'étranger par un couple de femmes est-il de nature, dans la mesure où cette assistance ne lui est pas ouverte en France, en application de l'article L. 2141-2 du Code de la santé publique, à constituer une fraude à la loi sur l'adoption, et notamment aux articles 343 et 345-1 du Code civil, et au Code de la santé publique, empêchant que soit prononcée une adoption de l'enfant né de cette procréation par l'épouse de la mère biologique ? ». Or, en dépit de l'interdiction en France du recours à l'insémination par un couple de femmes, la Cour avait répondu : « Le recours à l'assistance médicale à la procréation, sous la forme d'une insémination artificielle avec donneur anonyme à l'étranger, ne fait pas obstacle au prononcé de l'adoption, par l'épouse de la mère, de l'enfant né de cette procréation, dès lors que les conditions légales de l'adoption sont réunies et qu'elle est conforme à l'intérêt de l'enfant ».

678 Un dernier arrêt rendu par la grande chambre de la Cour européenne des droits de l'homme le 24 janvier 2017 dans l'affaire Paradiso et Campanelli apporte une précision relativement aux gestations pour autrui entièrement hétérologue (*D.* 2017. 215, obs. crit. P. Le Maigat ; pour l'arrêt de chambre : CEDH 27 janv. 2015,

aff. *Paradiso c/ Italie*). Un couple italien avait eu recours à une gestation pour autrui à Moscou, l'acte de naissance ayant été dressé au nom des parents d'intention sans que l'on puisse prouver de façon certaine que l'un d'eux en fut le géniteur. Le transport du liquide séminal ayant été fait en dehors de tout protocole légal. Il fut retenu que les deux parents d'intention étaient des étrangers vis-à-vis de l'enfant. De retour en Italie, l'enfant leur fut enlevé et fut placé en famille d'accueil. La Cour fut contrainte d'observer qu'en l'absence de lien génétique avec l'enfant, l'Italie n'était pas tenue de reconnaître son identité à l'égard de ses ressortissants. Le projet parental à lui seul n'a pas suffit à établir le lien de filiation en l'absence de lien biologique avec au moins l'un des membres du couple et de la courte relation avec l'enfant lequel leur a été retiré par les autorités italiennes pour être placé.

section 2

Les modes d'établissement du lien de filiation

La filiation est établie par l'effet de la loi (§ 1), par la reconnaissance (§ 2), par la possession d'état (§ 3). Elle peut également faire l'objet d'un jugement mais l'établissement est alors judiciaire et suppose d'exercer une action relative à la filiation (cf chap 15, v. ss 728 s.). 679 ■

§ 1 L'effet de la loi

Deux situations sont distinguées : la désignation de la mère dans l'acte de naissance (A) et la présomption de paternité (B). 680 ■

A. La filiation maternelle

Que la femme soit la mère de l'enfant ne pose pas en principe de difficultés, hormis le cas de supposition ou de substitution d'enfant. L'accouchement, dit-on, fait la mère. L'article 311-25 du Code civil dispose que « La filiation est établie à l'égard de la mère par la désignation de celle-ci dans l'acte de naissance de l'enfant » (sur l'évolution : F. Terré, Y. Lequette, *Les grands arrêts de la jurisprudence civile*, 13e éd. Dalloz, 2015, n° 43, p. 318). La règle vaut que l'enfant soit né en mariage ou non. L'ancien article 337 du Code civil qui disposait pour les enfants naturels que « L'acte de naissance portant l'indication de la mère vaut reconnaissance lorsqu'il est corroboré par la possession d'état » disparaît. Sur le fondement des textes anciens, la Cour de cassation avait déjà eu l'occasion de refuser l'établissement du lien de filiation maternelle (Civ. 1re, 14 juin 2005, *AJ fam.* 2005. 328, obs. F. C.), solution abandonnée le 14 février 2006 au profit d'un établissement de filiation par seule indication du nom de la mère dans l'acte de naissance (*Dr. fam.* 2006, n° 107, P. Murat). Revirement de jurisprudence qui a pris un peu d'avance sur la date d'entrée en vigueur de 681 ■

l'ordonnance du 4 juillet 2005 reportée au 1er juillet 2006, mais quelque retard par rapport à la solution suggérée par la CEDH (Aff. *Marckx*, 13 juin 1979).

B. La filiation paternelle

682 Le mari en revanche est présumé simplement être le père de l'enfant. L'article 312 du Code civil indique que « l'enfant conçu "ou né" » (Ord. 4 juill. 2005 ; F. Granet-Lambrechts, « La présomption de paternité », *Dr. fam.* 2006, étude 3) « pendant le mariage a pour père le mari » (Pater is est quem nuptiae démontrant). Le devoir de fidélité des époux (art. 212 du C. civ., v. ss 542) permet de supposer cette filiation dans le premier cas. Par extension, le législateur étend le bénéfice de la présomption aux enfants nés pendant le mariage. L'abrogation de l'article 314 du Code civil prévoyant cette faveur à ceux qu'il était d'usage d'appeler les « enfants de fiancés » a été compensée par la modification de l'article 312. Il semble de toute façon que le droit recherche moins la vérité biologique en posant cette présomption que la paix des familles et la stabilité du cadre dans lequel doivent être élevés les enfants. Telle est d'ailleurs l'interprétation retenue par la Cour européenne des droits de l'homme qui, à propos d'une présomption similaire en droit autrichien, a déclaré irrecevable la demande du mari souhaitant agir, après expiration des délais légaux, en désaveu de paternité. La Cour retient qu'il existe des motifs légitimes liés à la fois à la nécessité de garantir la certitude juridique et à la sécurité des relations familiales, pour justifier l'application à un homme marié d'une présomption générale de paternité à l'égard des enfants de son épouse (CEDH 10 oct. 1999, aff. *Yildrim c/ Autriche*).

683 La présomption repose toute entière sur l'existence du mariage. Il faut que la conception de l'enfant ait eu lieu pendant le mariage. Ce moment de la conception ne pourra être fixé que par un calcul consistant à soustraire à la date de la naissance, le temps de la grossesse. Cette durée de la grossesse peut aller de six mois (cent quatre-vingt jours) jusqu'à dix mois (trois cents jours) : « [...] la conception est présumée avoir eu lieu à un moment quelconque de cette période suivant ce qui est demandé dans l'intérêt de l'enfant » (art. 311 du C. civ.). C'est pourquoi, il faut pour que la présomption puisse jouer que l'enfant soit né dans les dix mois de la dissolution du mariage ou de l'ordonnance de résidence séparée des époux. Plus précisément, l'article 313 du Code civil énonce que « Elle est encore écartée en cas de demande en divorce ou en séparation de corps, lorsque l'enfant est né plus de trois cents jours après la date soit de l'homologation de la convention réglant l'ensemble des conséquences du divorce ou des mesures provisoires prises en application de l'article 250-2, soit de l'ordonnance de non-conciliation, et moins de cent quatre-vingt jours depuis le rejet définitif de la demande ou la réconciliation ». Il peut cependant y avoir même dans ces cas rétablissement de la présomption de paternité au bénéfice de l'enfant, si ce dernier a une possession d'état à l'égard de chaque époux et qu'il n'a pas de filiation paternelle établie à l'égard d'un tiers (art. 314 du C. civ.). La loi n° 2009-61 du 16 janvier 2009 ayant ratifié l'ordonnance du 4 juillet 2005 a ajouté de façon expresse que « la présomption de paternité est écartée lorsque l'acte de naissance ne désigne pas le mari en qualité de père » (art. 313 du C. civ.). Le législateur en déduit dans le nouvel article 315 que le mari a alors la possibilité de reconnaître l'enfant si aucune filiation n'est établie (320 du C. civ.). Les effets de la présomption peuvent également être rétablis dans les conditions de l'article 329. Ce rétablissement peut avoir lieu par chacun des époux, durant la minorité de l'enfant,

sous réserve de prouver que le mari est le père. L'enfant est également titulaire de l'action dans les dix ans qui suivent sa majorité.

Le jeu de la présomption *pater is est...* est subordonné à l'inscription de l'enfant aux registres de l'état civil portant indication du nom du mari en qualité de père et à la possession d'état établie à l'égard de ce dernier, à défaut la présomption est écartée (art. 314 du C. civ.). 684

§ 2 La reconnaissance

La reconnaissance est l'acte par lequel une personne reconnaît être le parent d'un enfant (art. 62 du C. civ.). Elle peut être effectuée dans l'acte de naissance, par acte reçu par l'officier d'état civil ou par tout autre acte authentique (art. 316, al. 3 du C. civ.). L'établissement de la filiation par ce moyen est détachable du moment de la naissance. Elle peut être antérieure à la naissance. La jurisprudence admettait en effet les reconnaissances prénatales. Le législateur a consacré cette solution à l'alinéa 1er de l'article 316 disposant, lorsque la filiation n'est pas établie par l'effet de la loi, qu'elle « peut l'être par une reconnaissance de paternité ou de maternité, faite avant ou après la naissance ». Il s'ensuivra des effets immédiats sur le nom de l'enfant en cas de désaccord des parents (J. Massip, « Incidences de l'ordonnance relative à la filiation sur le nom de famille », *Dr. fam.* 2006, étude 8) et des effets importants en cas d'accouchement sous X de la mère. La reconnaissance prénatale du père sera un obstacle à l'abandon de l'enfant et à son adoption ultérieure éventuelle. 685

Lorsque la déclaration du père auprès de l'officier d'état civil est contraire à une reconnaissance prénatale, l'officier doit saisir le procureur de la République qui sera chargé d'élever le conflit de paternité conformément à l'article 336 (art. 336-1 du C. civ.).

La reconnaissance peut aussi être postérieure à la naissance. En ce dernier cas, la reconnaissance de l'enfant étant un acte déclaratif et non constitutif de filiation, les droits en découlant remontent au jour de la naissance (Civ. 1re, 12 déc. 2000, *D.* 2000. IR. 281).

Outre les mentions classiques de l'article 62 du Code civil, la reconnaissance doit indiquer que son auteur a été informé du caractère divisible du lien de filiation ainsi établi. La reconnaissance ne se concevait que pour les enfants nés hors mariage. La suppression du caractère naturel de la filiation dans le texte conduit à s'interroger sur la recevabilité de la reconnaissance qui serait effectuée par un mari à l'égard duquel la présomption de paternité aurait été écartée. Rien a priori ne lui interdit le recours à la technique de la reconnaissance, même si l'on conçoit bien que l'hypothèse reste d'école. (P. Salvage-Gerest, « La reconnaissance d'enfant, ou de quelques surprises réservées par l'ordonnance du 4 juillet 2005 », *Dr. fam.* 2006, étude 4). 686

La reconnaissance ne vaut qu'à l'égard de celui qui l'a faite. « Elle n'établit la filiation qu'à l'égard de son auteur » (art. 316, al. 2 du C. civ.).

La loi relative à l'autorité parentale du 4 mars 2002 (mod. L. n° 2006-728 du 23 juin 2006) exige qu'au moment de l'établissement de l'acte de reconnaissance, il soit fait lecture à son auteur des articles 371-1 et 371-2 du Code civil (art. 62, al. 6 du C. civ.) définissant l'autorité parentale et les obligations incombant à leurs titulaires. 687

§ 3 La possession d'état

688 La possession d'état est depuis 1982 un mode autonome d'établissement de la filiation naturelle (S. Mirabail, « Les différents rôles de la possession d'état en matière de filiation », *Dr. fam.* 2014, étude 2). Le lien de filiation peut être établi par la seule possession d'état à défaut de titre (art. 317 du C. civ.). Elle est constatée par un acte de notoriété qui peut être demandé par chacun des parents ou l'enfant lui-même, mais dans la limite de cinq ans à compter de la cessation de la possession d'état alléguée ou à compter du décès du parent prétendu. Il en sera fait mention en marge de l'acte de naissance de l'enfant.

689 La possession d'état, indépendamment du rôle qui lui est attribué, « s'établit par une réunion suffisante de faits qui révèlent le lien de filiation et de parenté entre une personne et la famille à laquelle elle est dite appartenir » (art. 311-1, al. 1er du C. civ.). Ces faits sont énumérés de façon non exhaustive dans les alinéas suivants : « [...] 1° Que cette personne a été traitée par celui ou ceux dont on la dit issue comme leur enfant et qu'elle-même les a traités comme son ou ses parents ; 2° Que ceux-ci ont, en cette qualité, pourvu à son éducation, à son entretien ou à son installation ; 3° Que cette personne est reconnue comme leur enfant, dans la société et par la famille ; 4° Qu'elle est considérée comme telle par l'autorité publique ; 5° Qu'elle porte le nom de celui ou de ceux dont on la dit issue ». Un faisceau d'indices témoigne du lien de parenté. On résume l'ensemble de ces faits par trois mots : le nom (*nomen*), les rapports entre les intéressés (*tractatus*) et la réputation à l'égard des tiers (*fama*). La possession d'état doit être continue, paisible, publique et non équivoque (art. 311-2 du C. civ.). Un même enfant peut avoir plusieurs possessions d'état avec le développement des familles recomposées. Le conflit de possession d'état est réglé par le juge qui apprécie celle qui permet d'établir la filiation la plus vraisemblable en fonction de la durée, de la proximité avec la naissance, etc.

section 3

L'adoption mode spécifique d'établissement du lien

690 La filiation adoptive, objet du titre huitième du Livre premier du Code civil, est un lien de parenté reposant tout entier dans la volonté. Elle consiste à donner à un enfant des parents et réciproquement à ceux-ci un enfant. L'adoption a pour effet soit de substituer au lien de filiation originaire un nouveau lien de filiation (adoption plénière), soit d'ajouter au lien de filiation existant, un lien de parenté supplémentaire (adoption simple).

691 De nombreuses lois sont intervenues pour tenter sinon de simplifier du moins de coordonner les démarches en vue de l'adoption d'un enfant.

La loi n° 2001-111 du 6 février 2001 relative à l'adoption internationale a inséré un chapitre troisième nouveau intitulé « Du conflit des lois relatives à la filiation adoptive et de l'effet en France des adoptions prononcées à l'étranger ».

La loi n° 2005-744 du 4 juillet 2005 a créé « une Agence française de l'adoption qui a pour mission d'informer, de conseiller et de servir d'intermédiaire pour l'adoption de mineurs étrangers de quinze ans » (art. L. 225-15 du CASF).

Un décret du 8 septembre 2006 a institué une « Autorité centrale pour l'adoption chargée d'orienter et de coordonner l'action des administrations et des autorités compétentes en matière d'adoption internationale » (art. L. 148-2 du CASF).

La loi n° 2002-93 du 22 janvier 2002 avait déjà institué un Conseil supérieur de l'adoption composé de parlementaires, de représentants de l'État, des conseils généraux, de magistrats, de représentants des organismes autorisés ou habilités pour l'adoption, de représentants des associations de familles adoptives, de personnes adoptées et de pupilles de l'État, d'un représentant du service social aux émigrants, d'un représentant de la mission pour l'adoption internationale, de personnalités qualifiées (art. L. 148-1 du CASF). Ce conseil se réunit à la demande de son président, du garde des Sceaux, du ministre chargé de la famille, du ministre des Affaires étrangères, ou à la demande de la majorité de ses membres, et au moins une fois par semestre. Il a pour mission d'émettre des avis et de formuler toutes propositions utiles relatives à l'adoption, y compris l'adoption internationale. Il est consulté sur les mesures législatives et réglementaires prises en ce domaine.

La loi n° 2013-404 du 17 mai 2013 relative à l'ouverture du mariage aux personnes de même sexe a, pour sa part, autorisé l'adoption d'un enfant par deux personnes mariées du même sexe, admettant que l'altérité sexuelle n'est pas une condition indispensable à l'intérêt de l'enfant. Ce faisant le législateur s'est inscrit dans la ligne de l'arrêt de grande chambre de la CEDH, *X et autres c/ Autriche* du 19 février 2013 (n° 19010/07) ayant retenu pour autoriser l'adoption et l'établissement d'un double lien de filiation à l'égard d'un même sexe que « l'existence de la famille de fait formée par les intéressés, l'importance qu'il y a pour eux à en obtenir la reconnaissance juridique, l'incapacité du gouvernement à établir qu'il serait préjudiciable pour un enfant d'être élevé par un couple homosexuel ou d'avoir légalement deux mères ou deux pères, et surtout le fait que le gouvernement reconnaît que les couples homosexuels sont tout aussi aptes que les couples hétérosexuels à l'adoption coparentale — suscitent de sérieux doutes quant à la proportionnalité de l'interdiction absolue de l'adoption coparentale qui résulte pour les couples homosexuels de l'article 182 § 2 du Code civil. En l'absence d'autres raisons particulièrement solides et convaincantes militant en faveur d'une telle interdiction absolue, les considérations exposées jusqu'ici donnent au contraire à penser que les tribunaux devraient pouvoir examiner chaque situation au cas par cas. Cette façon de procéder paraît aussi plus conforme à l'intérêt supérieur de l'enfant, notion clé des instruments internationaux pertinents » (§ 146).

Les conditions requises pour adopter remplies (§ 1), l'adoption produira tous ses 692
effets (§ 2).

§ 1 Les conditions requises pour adopter

693 Pour adopter il faut satisfaire à un ensemble de conditions légales communes à tous les types d'adoption (A). La spécificité des formes d'adoption conduit ensuite à affiner les conditions requises (B).

A. Les dispositions communes à l'adoption plénière et à l'adoption simple

694 Indépendamment de la nature de l'adoption (plénière ou simple), plusieurs conditions relatives à l'adoptant (1) et à l'adopté (2) doivent être satisfaites. L'article 361 du Code civil renvoie en effet pour partie aux dispositions de l'adoption plénière. Ces conditions peuvent également être requises pour l'adoption internationale, chaque fois que l'adoptant sera de nationalité française ou, en cas d'adoption par deux époux, que la loi française régira les effets de l'union, à condition que la loi nationale étrangère de l'un ou l'autre époux ne prohibe pas l'institution (v. art. 370-3, al. 1er du C. civ.).

Dans tous les cas, les adoptants devront avoir obtenu au préalable une « autorisation » d'adopter, c'est-à-dire un agrément délivré par l'aide sociale à l'enfance du conseil général de leur domicile à l'issue d'une procédure dont les modalités sont fixées aux articles L. 225-2 et suivants du Code de l'action sociale et des familles et ne pouvant durer, en principe, plus de neuf mois.

1. *Les conditions relatives à l'adoptant*

695 Si les adoptants sont un couple marié, ils doivent soit être mariés depuis plus de deux ans, soit être âgés l'un et l'autre de plus de vingt-huit ans (art. 343 du C. civ.). Les époux ne doivent évidemment pas être séparés de corps. La loi du 5 juillet 1996 ayant substantiellement modifié l'adoption n'a pas permis l'adoption par un couple vivant en concubinage, alors que la loi du 29 juillet 1994 relative aux procréations médicalement assistées a permis à celui-ci l'accès à ces techniques. Ce silence de la loi est curieux. Il s'ensuit qu'un concubin pourra, en qualité de personne seule, adopter un enfant, mais que la démarche ne pourra être conjointe. L'article 346 du Code civil, dans son alinéa premier, dispose en effet que « Nul ne peut être adopté par plusieurs personnes si ce n'est par deux époux ».

696 Si l'adoption est demandée par une personne seule, il faut qu'elle soit également âgée de plus de vingt-huit ans. Elle peut être célibataire ou mariée. Lorsque la personne est mariée, non séparée de corps, le consentement de son conjoint est requis, à moins qu'il ne soit dans l'impossibilité de manifester sa volonté (art. 343-1 du C. civ.). Cette impossibilité supprime l'exigence du consentement et il ne semble pas nécessaire d'obtenir une autorisation de justice conformément à l'article 217 de la C. civ. L'âge requis pour adopter est fixé arbitrairement par le législateur, avant la loi du 5 juillet 1996 il était de trente ans.

Cette condition d'âge n'est pas exigée en cas d'adoption de l'enfant du conjoint (art. 343-2 du C. civ.).

697 La possibilité d'adopter laissée à une personne célibataire ouvre indirectement l'adoption aux personnes homosexuelles. Le refus d'agrément opposé à une

personne désirant adopter un enfant ne peut être fondé sur son homosexualité. Les juridictions administratives approuvent le plus souvent le refus d'agrément à l'adoption en considérant qu'eu « égard à ses conditions de vie et malgré des qualités humaines et éducatives certaines, le requérant ne présentait pas des garanties suffisantes sur les plans familial, éducatif et psychologique pour accueillir un enfant adopté » (CE 9 oct. 1996, *D.* 1997. 117, P. Malaurie). Pareillement, la cour administrative de Nancy, le 21 octobre 2000 (*D.* 2000. IR. 283), a approuvé le refus d'agrément pareillement motivé pour l'adoption d'un enfant par une jeune femme homosexuelle et a souligné que ce refus n'étant pas fondé sur une position de principe à l'égard du choix de vie de l'intéressée, celle-ci n'était pas fondée à invoquer la méconnaissance des articles 8 et 12 de la Conv. EDH. La décision qui avait été validée dans l'arrêt *Fretté c/ France* du 20 février 2002 (*JCP* 2002. II. 10074, note A. Gouttenoire) est remise en cause dans l'affaire *E. B. c/ France* du 22 janvier 2008 dans laquelle la Cour retient qu'est discriminatoire, au sens de l'article 8 de la convention, l'interdiction d'adopter en raison de ses préférences sexuelles (*RTD civ.* 2008. 249, obs. J.-P. Marguénaud).

En plus de la condition d'âge de l'adoptant, le législateur pose une condition de différence d'âge entre l'adoptant et l'adopté. L'adoptant doit avoir quinze ans de plus que l'adopté, réduit à dix ans lorsque l'adoption concerne les enfants du conjoint de l'adoptant (art. 344 du C. civ.). L'écart d'âge peut être réduit par le tribunal s'il y a de justes motifs à prononcer malgré tout l'adoption. **698**

2. *Les conditions relatives à l'adopté*

Tout enfant n'est pas adoptable. Aux termes de l'article 347 du Code civil, « Peuvent être adoptés : 1° Les enfants pour lesquels les père et mère ou le conseil de famille ont valablement consenti à l'adoption ; 2° Les pupilles de l'État ; 3° Les enfants déclarés abandonnés dans les conditions prévues à l'article 350 ». Il résulte de ce texte que seul l'enfant qui n'a plus de lien avec sa famille d'origine, pour lequel les parents consentent à l'adoption ou qui n'ont plus de droits sur l'enfant peut être adopté. **699**

L'existence d'un lien de filiation n'est pas un obstacle à l'adoption, mais le (art. 348, al. 2 et 348-1 du C. civ.) ou les parents (art. 348 al. 1er du C. civ.), à défaut le conseil de famille (art. 348-2, al. 1er du C. civ.) doivent donner leur consentement. Pareillement, il est prévu, en matière d'adoption internationale, que « Quelle que soit la loi applicable, l'adoption requiert le consentement du représentant légal de l'enfant » (art. 370-3, al. 3 du C. civ., 1re phrase). **700**

Les parents peuvent indifféremment avoir conservé l'autorité parentale ou s'être vu retirer totalement cette autorité, simplement en ce dernier cas leur consentement n'est pas requis mais celui du conseil de famille, « après avis de la personne qui en fait prend soin de l'enfant » (art. 348-2, al. 1er et 381, al. 2 du C. civ.).

En l'absence de lien de filiation établi (art. 348-2, al. 2 du C. civ.), si l'enfant est un pupille de l'État (art. 349 C. civ.) ou s'il a été déclaré judiciairement abandonné (art. 350 du C. civ.), le représentant légal de l'enfant doit également consentir à l'adoption. L'enfant est déclaré abandonné si les parents s'en sont désintéressés depuis un an au moins (absence de relations nécessaires au maintien de liens affectifs) volontairement (absence de situation dramatique des parents les contraignant à cet acte). **701**

702 La loi relative à l'adoption internationale rappelle les caractères que doit revêtir le consentement à l'adoption. Ils peuvent être étendus à tout consentement à une adoption. « Le consentement doit être libre, obtenu sans aucune contrepartie, après la naissance de l'enfant et éclairé sur les conséquences de l'adoption, en particulier, s'il est donné en vue d'une adoption plénière, sur le caractère complet et irrévocable de la rupture du lien de filiation préexistant » (art. 370-3, al. 3, *in fine*). L'absence de contrepartie marque la volonté de combattre les dérives de l'adoption (trafic d'enfants) et le moment du consentement placé après la naissance permet d'éviter l'exploitation de la détresse de la mère pendant la grossesse et, indirectement, la pratique de la maternité de substitution (v. art. 16-7 du C. civ.).

703 Les parents ou le représentant légal consentent à l'adoption près du greffier en chef du tribunal d'instance, du service de l'aide sociale à l'enfance si l'enfant lui est confié, d'un notaire français ou étranger ou devant les agents diplomatiques ou consulaires français (art. 348-3 C. civ.). En tout état de cause, l'enfant de moins de deux ans doit être remis obligatoirement au service de l'aide sociale à l'enfance, à moins qu'il n'y ait un lien de parenté jusqu'au sixième degré inclus entre l'adoptant éventuel et l'adopté (art. 348-5 C. civ.).

704 Le consentement peut être rétracté dans les deux mois par lettre recommandée avec demande d'avis de réception adressée à celui qui a reçu le consentement. Si les parents ont rétracté leur consentement, ils ne peuvent revenir sur leur rétractation et il faut obtenir un nouveau consentement selon les formes prescrites par l'article 348-3 du Code civil. La faculté de rétractation ouverte aux parents de l'adopté ne peut être étendue au consentement donné par le conjoint de l'adoptant (Civ. 1re, 2 déc. 1998, *JCP* 1999. II. 10028, note F. Dreiffus-Netter).

Après ce délai de deux mois si l'enfant n'a pas été placé en vue de l'adoption, le tribunal en considération de l'intérêt de l'enfant peut le restituer aux parents (art. 348-3, al. 3 C. civ.).

B. Les dispositions spécifiques

705 Des conditions spécifiques pour adopter sont requises en fonction du caractère plénier (1) ou simple (2) de l'adoption, outre la situation particulière de l'adoption de l'enfant du conjoint (3). L'élément d'extranéité figurant dans l'adoption internationale justifie également une adaptation des règles en matière d'adoption (4).

1. *L'adoption plénière*

706 Pour adopter un enfant de façon plénière, il faut en principe que l'enfant soit âgé de moins de quinze ans et qu'il ait été accueilli au foyer de la famille adoptive depuis au moins six mois (art. 345, al. 1er du C. civ.), à moins :

— que l'enfant ait plus de quinze ans et ait été accueilli au foyer avant cet âge par des personnes qui ne remplissaient pas les conditions légales pour adopter,

— ou que l'enfant ait fait l'objet d'une adoption simple avant cet âge,

l'adoption plénière de l'enfant est alors possible pendant toute la minorité de l'enfant et dans les deux ans qui suivent sa majorité (art. 345, al. 2 du C. civ.).

Un enfant peut donc à certaines conditions faire l'objet d'une adoption plénière jusqu'à l'âge de vingt ans. Dans tous les cas, s'il a plus de treize ans, son consentement personnel est requis.

Une condition supplémentaire exigée en matière d'adoption plénière est relative au placement préalable de l'enfant en vue de l'adoption chez les adoptants (art. 351 du C. civ.). Cette exigence permet de vérifier concrètement si des liens durables pourront s'établir entre les intéressés. Le placement est une période transitoire qui comprend des effets importants. L'article 352 alinéa 1er du Code civil dispose que « le placement en vue de l'adoption met obstacle à toute restitution de l'enfant à sa famille d'origine. Il fait échec à toute déclaration de filiation et à toute reconnaissance ». Le placement est déjà en quelque sorte l'adoption à l'égard des tiers. Seul le refus de l'adoption par le tribunal ou le désistement des adoptants anéantira rétroactivement les effets du placement effectué. 707 ■

2. *L'adoption simple*

L'adoption simple peut être prononcée quel que soit l'âge de l'adopté (art. 360 du C. civ.). L'absence d'âge requis a parfois conduit au détournement de l'institution par les homosexuels en quête d'un statut. L'adoption permettait d'établir un lien de parenté entre eux et d'accéder ainsi à certains droits de nature patrimoniale. La condition de toute adoption passe en droit positif par l'existence d'une relation filiale entre l'adoptant et l'adopté. Il s'ensuit que le détournement de l'institution a toujours été sanctionné par la jurisprudence, dès lors que la preuve pouvait en être rapportée. Le pacte civil de solidarité et l'ouverture du mariage aux personnes de même sexe a mis un terme à ce détournement. L'adoption simple est un instrument au service des familles recomposées permettant au beau-parent d'établir un lien affectif, et surtout successoral, avec l'enfant qu'il aura élevé. 708 ■

3. *L'adoption de l'enfant du conjoint*

L'adoption plénière de l'enfant du conjoint obéit aux conditions de l'article 345-1 du Code civil. Le législateur a établi des règles spécifiques lorsque l'adopté est l'enfant du conjoint de l'adoptant. L'enfant n'est adoptable que dans quatre situations expressément visées à l'article 345-1 du C. civ. Trois d'entre elles ont pour but de préserver les droits de l'autre parent biologique. L'adoption n'est possible que si l'enfant n'a de lien de filiation établi qu'à l'égard du conjoint de l'adoptant, que l'autre parent ait fait l'objet d'un retrait total d'autorité parentale ou qu'il soit décédé sans ascendants au premier degré (grands-parents) ou que ceux-ci se soient manifestement désintéressés de l'enfant. 709 ■

La loi n° 2013-404 du 17 mai 2013 a ajouté un cas distinct : « 1° *bis* Lorsque l'enfant a fait l'objet d'une adoption plénière par ce seul conjoint et n'a de filiation établie qu'à son égard ». Autrement dit, alors que l'adoption plénière n'est en principe possible que par deux personnes mariées opérant démarche commune pour être conjointe, ce texte a pour effet de permettre l'adoption conjointe avec décalage dans le temps, alors que seule l'adoption simple était autorisée auparavant (voir analyse I. Barrière-Brousse, « Les répercussions de la réforme sur l'adoption », in *Réforme du mariage-Prospectives en matière familiale*, éd. DMM 2013). 710 ■

Cette disposition nouvelle permet purement et simplement de contourner l'interdiction du recours à l'assistance médicale à la procréation pour un couple de femmes. Selon le droit français, l'assistance médicale à la procréation ne peut être pratiquée entre deux femmes, en dépit des demandes faites en ce sens par certains juristes (Rapport 2014, ss dir. Irène Théry, Filiation, *origines, parentalité – Le droit face aux* 711 ■

nouvelles valeurs de responsabilité générationnelle ; C. Neirinck, « De la comaternité », *Dr. fam.* 2015, repère 3). Le Code de la santé publique n'ayant toujours pas modifié les conditions d'accès à l'assistance médicale à la procréation, deux dames souhaitant recourir à l'insémination avec tiers donneur se sont rendues à l'étranger. De retour en France, celle qui n'est pas la mère de l'enfant peut-elle adopter l'enfant de son épousée ? L'avis de la Cour de cassation a le mérite de la clarté : « Le recours à l'assistance médicale à la procréation, sous la forme d'une insémination artificielle avec donneur anonyme à l'étranger, ne fait pas obstacle au prononcé de l'adoption, par l'épouse de la mère, de l'enfant né de cette procréation, dès lors que les conditions légales de l'adoption sont réunies et qu'elle est conforme à l'intérêt de l'enfant » (*D.* 2014, 1876, obs. A. Dionisi-Peyrusse, et 2031, note A.-M. Leroyer ; *AJ fam.* 2014, 555 et 523, obs. A. Dionisi-Peyrusse ; J. Mouly, « La "délocalisation procréative" : fraude à la loi ou habileté permise ? », *D.* 2014. 2419 ; *D.* 2014, Act. T. Coustet). La fraude à la loi ne peut être excipée pour s'opposer à la constitution du lien de filiation. La question est alors simple, à quoi sert-il de s'opposer en France au recours à l'AMP par un couple de femmes ? (C. Neirinck, « Épouses, fraude et adoption plénière », *Dr. fam.* 2014, Repère 7 ; A. Mirkovic, « L'impossible adoption des "bébés Thalys" », *RLDC* 2014, 40 ; A.-M. Leroyer, « L'enfant d'un couple de femmes », *D.* 2014, 2031).

■ 712 Dans un arrêt du 2 mars 2015 (RG N: 14/ 01192), la Cour d'appel de Limoges prononce l'adoption croisée des enfants de deux femmes mariées. Les juges, s'appuyant sur les avis de la Cour de cassation du 22 septembre 2014, estiment nécessaires de vérifier si tel est bien l'intérêt de l'enfant, l'appel avait été interjeté par le ministère public : « Au titre de l'intérêt de l'enfant si comme l'indique le premier juge, il n'y a pas obligation ou nécessité de rechercher les conditions de la conception de l'enfant, il est néanmoins du devoir de la juridiction de s'assurer une seule filiation ici maternelle étant établie que le prononcé de l'adoption plénière ne fera pas obstacle aux effets de l'autre filiation ici paternelle si celle-ci venait à être établie. Force est de constater que si la requête fait état d'une conception avec donneur anonyme, la requérante ne produit pas de justificatif de ses prétentions. Cependant l'ancienneté des naissances intervenues en 2002 et 2005, l'ancienneté de la vie commune de la mère et de sa compagne puis épouse, comme le contenu de l'ensemble des attestations produites rendent peu vraisemblable, à supposer non conforme à la réalité la conception prétendue par donneur anonyme, l'établissement tardif d'une filiation paternelle qui se trouverait privée d'effet du fait du prononcé de l'adoption plénière. Pour le surplus, il résulte des attestations que la requérante participe depuis les naissances à l'éducation et l'entretien des enfants, au même titre que la mère et que la mère, son épouse et les enfants sont considérées par l'ensemble de leurs proches comme une famille unie. Dans ces conditions le prononcé de l'adoption plénière des deux enfants par les deux jugements attaqués était justifié ».

4. *L'adoption internationale*

■ 713 L'adoption internationale peut obéir à des conditions distinctes de celles étudiées chaque fois que l'adoptant aura une nationalité étrangère ou, en cas d'adoption par deux époux, que la loi régissant leur union sera étrangère.

Par ailleurs, la prohibition de l'institution de l'adoption par la loi nationale de l'un ou de l'autre époux ou par la loi personnelle du mineur étranger est un obstacle au prononcé de l'adoption, alors même que les conditions régissant l'adoption seraient celles de la loi française (art. 370-3, al. 1 et 2 du C. civ. ; Paris 29 avril 2003, *D.* 2004. Somm. 459, obs. F. Mbala). Cette nouvelle disposition résultant de la loi du 6 février 2001 met un terme à la solution retenue par la Cour de cassation selon laquelle deux époux français peuvent procéder à l'adoption d'un enfant dont la loi personnelle ne connaît pas ou prohibe cette institution, à la condition qu'indépendamment des dispositions de cette loi, le représentant du mineur ait donné son consentement en pleine connaissance de cause des effets attachés par la loi française à l'adoption (Civ. 1re, 10 mai 1995, *Bull. civ.* I, n° 198). Aux termes de l'article 370-3, alinéa 2 du Code civil, la loi personnelle du mineur ne devient indifférente que si l'enfant est né et réside habituellement en France. 714 ■

Le nombre peu important en France d'enfants juridiquement adoptables, quelle que soit leur origine ethnique, conduit de nombreux adoptants à diligenter une procédure d'adoption dans un pays étranger. L'adoption obéit alors aux règles de l'État considéré et un jugement devra être obtenu dans le pays de l'enfant. Le jugement étranger produira ses effets en France selon les règles classiques de reconnaissance des jugements étrangers. Il convient cependant de souligner que si l'adoption prononcée à l'étranger est révocable, il faudra diligenter une nouvelle procédure d'adoption en France pour obtenir une adoption plénière, à défaut l'enfant adopté ne le serait *mutatis mutandi* que selon les règles de l'adoption simple. À l'occasion de la procédure d'adoption plénière, le juge français vérifiera le consentement du représentant légal de l'enfant, soit le plus souvent de l'orphelinat étranger. Il est alors important pour satisfaire aux exigences du Code civil que le consentement porte mention du « caractère irrévocable et définitif » dans la rupture du lien d'origine au profit des adoptants. 715 ■

§ 2 Les effets de l'adoption

L'adoption est prononcée par jugement (A), mais les effets de l'adoption remontent au jour du dépôt de la requête (B). 716 ■

A. Le prononcé judiciaire de l'adoption

Le tribunal de grande instance, ayant compétence en matière d'adoption, doit vérifier que toutes les conditions requises sont remplies. Il doit en particulier vérifier que l'institution n'a pas été détournée de son but, que le prononcé de l'adoption ne compromettra pas la vie familiale de l'adoptant s'il a déjà des descendants et que l'adoption est conforme à l'intérêt de l'enfant (art. 353 du C. civ.). 717 ■

La décision n'a pas à être motivée. Les magistrats ont un grand pouvoir d'appréciation. Celui-ci est quasi discrétionnaire en cas d'adoption d'un pupille de l'État ou d'un enfant étranger autre que celui du conjoint de l'adoptant. Si les juges sont en effet tenus de vérifier que les adoptants ont obtenu l'agrément ou une dispense d'agrément, l'alinéa 2 de l'article 353-1 du C. civ. les autorise à prononcer l'adoption malgré le refus d'agrément ou l'absence d'agrément délivré dans le délai légal. Il suffit qu'ils 718 ■

estiment que les requérants sont aptes à accueillir l'enfant et que l'adoption est conforme à l'intérêt de l'enfant.

■ 719 Le jugement prononçant l'adoption doit intervenir dans les six mois de la saisine du tribunal. Les conditions de recevabilité de la tierce opposition dérogent au droit commun de la procédure civile. Il est prévu qu'elle n'est recevable qu'en cas de dol ou de fraude imputable aux adoptants (art. 353-2 du C. civ.; Civ. 1re, 5 nov. 2008, *RTD civ.* 2009. 107, obs. J. Hauser).

■ 720 Le prononcé de l'adoption aura pour effet de modifier les registres de l'état civil du lieu de naissance de l'adopté ou les registres du service central d'état civil du ministère des Affaires étrangères pour l'enfant étranger, dans les quinze jours de la date à laquelle le jugement est passé en force de chose jugée, conformément aux articles 354 et 362 du Code civil. La transcription intervient à la requête du procureur de la République.

La transcription du jugement prononçant l'adoption plénière de l'enfant tient lieu d'acte de naissance à l'adopté (art. 354, al. 4 du C. civ.), l'acte de naissance originaire portant la mention « adoption » est considéré comme nul. En revanche, pour l'enfant ayant fait l'objet d'une adoption simple, la mention ou la transcription du jugement aux registres de l'état civil (art. 362 du C. civ.) n'emportera pas suppression de l'acte de naissance originaire, l'enfant conservant sa filiation à l'égard de ses parents biologiques.

B. Les effets du jugement prononcé

■ 721 Indépendamment du type d'adoption prononcé, l'article 355 du Code civil prévoit que « L'adoption produit ses effets à compter du jour du dépôt de la requête en adoption ». Les effets du jugement prononçant l'adoption rétroagissent au jour de la requête. Le nom de l'enfant adopté sera modifié selon les modalités fixées par les articles 357, modifiées partiellement par la loi n° 2013-404 du 17 mai 2013 (adoption plénière) et 363 (adoption simple) tels que résultant de la loi du 4 mars 2002 relative au nom de famille, modifiée le 18 juin 2003. Enfin, en matière d'adoption internationale, « Les effets de l'adoption prononcée en France sont ceux de la loi française » (art. 370-4 du C. civ.). Si l'adoption a été prononcée à l'étranger, les effets de celle-ci en France seront ceux de l'adoption plénière si elle a rompu « de manière complète et irrévocable le lien de filiation préexistant », à défaut ceux de l'adoption simple (art. 370-5 du C. civ.).

Il convient par conséquent de distinguer les effets produits par l'adoption plénière (1), de ceux résultant de l'adoption simple (2).

1. *Le jugement d'adoption plénière*

■ 722 L'adoption plénière produit un double effet. Il y a rupture de l'enfant avec sa famille d'origine et intégration corrélative dans la famille adoptive. L'article 356 du Code civil indique clairement que « L'adoption confère à l'enfant une filiation qui se substitue à sa filiation d'origine : l'adopté cesse d'appartenir à sa famille par le sang, sous réserve des prohibitions au mariage visées aux articles 161 à 164 ». L'enfant prendra le nom de l'adoptant, et celui-ci peut demander au tribunal la modification des prénoms de l'enfant (art. 357 du C. civ.).

Il s'ensuit que l'adoption plénière d'un enfant né sous X confié aux adoptants à l'âge de cinq mois doit être prononcée alors même que la Cour serait saisie d'une demande de restitution par le père naturel (Nancy 23 févr. 2004, *JCP* 2004. II. 10073, note M. Garnier ; *D.* 2004. 2249, note E. Poisson-Drocourt ; comp. avec la décision du TGI 16 mai 2003, *JCP* 2004. II. 10036). L'article 352, alinéa 1er du Code civil énonce que « Le placement en vue de l'adoption met obstacle à toute restitution de l'enfant à sa famille d'origine. Il fait échec à toute déclaration de filiation et à toute reconnaissance ».

L'enfant perd tous les droits qu'il avait envers sa famille d'origine, il n'est plus tenu légalement à aucun devoir. En contrepartie, « l'adopté a, dans la famille de l'adoptant, les mêmes droits et les mêmes obligations qu'un enfant dont la filiation est établie en application du titre VII du présent livre » (art. 358 du C. civ.), c'est-à-dire d'un enfant ayant une filiation par le sang. 723 ■

L'adoption plénière est en principe irrévocable (art. 359 du C. civ.). Cela signifie que si les parents adoptifs mettent en péril la santé, la moralité ou la sécurité de l'enfant, il n'y aura pas remise en cause du lien de filiation, mais mise en place de mesures d'assistance éducative. 724 ■

Deux tempéraments ont été, en 1976 et en 1996, admis par le législateur.

La loi du 22 décembre 1976 a tout d'abord permis que l'enfant fasse l'objet d'une nouvelle adoption par toute personne en cas de décès du ou des adoptants, et seulement par le nouveau conjoint de l'un des deux adoptants après le décès survenu à l'un d'eux (art. 346, al. 2 du C. civ.). Dans le premier cas, il faut donner à l'enfant la possibilité d'intégrer une nouvelle famille, dans le second permettre la reconstitution de la famille par le rattachement de l'enfant au nouveau conjoint.

La loi du 5 juillet 1996 a ensuite autorisé une nouvelle adoption de l'enfant en dépit du prononcé antérieur d'une adoption plénière : « S'il est justifié de motifs graves, l'adoption simple d'un enfant ayant fait l'objet d'une adoption plénière est permise » (art. 360, al. 2 du C. civ.). La situation est différente de la précédente parce qu'il n'y a pas décès de l'adoptant. Le lien de filiation de l'enfant demeure celui établi à l'égard du premier adoptant, mais de nouveaux liens sont constitués à l'égard du second adoptant par le biais de l'adoption simple.

La loi n° 2013-404 du 17 mai 2013 a ajouté à l'article 360 du Code civil la disposition suivante : « L'enfant précédemment adopté par une seule personne, en la forme simple ou plénière, peut l'être une seconde fois, par le conjoint de cette dernière, en la forme simple », sauf à préférer ainsi qu'il a été vu l'adoption plénière.

2. *Le jugement d'adoption simple*

L'enfant ayant fait l'objet d'une adoption simple conserve son lien de filiation originaire. Il garde par suite le nom de ses parents et ajoute simplement le nom de l'adoptant. La substitution de l'un par l'autre est exceptionnelle et doit être ordonnée par le tribunal. « L'adopté reste dans sa famille d'origine et y conserve tous ses droits, notamment ses droits héréditaires » (art. 364 du C. civ.). L'obligation alimentaire des père et mère subsiste, elle est seulement aménagée. Les parents d'origine ne sont tenus par cette obligation que si les adoptants ne donnent pas des aliments à l'adopté. Ils perdent l'exercice de l'autorité parentale qui est transféré à l'adoptant. Lorsque l'adoptant est le conjoint du père ou de la mère de l'adopté, il est titulaire de l'autorité parentale concurremment avec son conjoint, mais en principe l'exercice de 725 ■

cette autorité est seul conservé par le conjoint. La nouvelle loi du 4 mars 2002 relative à l'autorité parentale ayant modifié l'article 365 du C. civ. permet toutefois au conjoint et à l'adoptant d'opter pour un exercice commun de l'autorité parentale par déclaration conjointe devant le greffier en chef du tribunal de grande instance. Cette faculté nouvelle tend à assurer une unité aux familles recomposées et va dans le sens général de la loi en faveur d'une généralisation de l'exercice commun de l'autorité parentale. Elle reste cependant limitée aux situations où l'enfant n'a qu'un lien de filiation établi et aux couples mariés. Dans un arrêt du 19 décembre 2007, la première chambre civile de la Cour de cassation refuse, après avoir rappelé que « en l'état de la législation française, les conjoints sont des personnes unies par les liens du mariage », l'application de l'article 365 à un couple de femmes pacsées souhaitant établir un double lien de filiation à l'égard de l'enfant de l'une d'elle (*Procédures* févr. 2008).

■ 726 L'adoption simple crée des liens entre l'enfant et la famille adoptive. L'adopté acquiert notamment des droits successoraux à l'égard des adoptants, mais il peut être écarté de la succession des grands-parents si ceux-ci le spécifient. Il est également débiteur et créancier d'aliments à l'égard de l'adoptant.

■ 727 L'adoption simple est révocable, pour motifs graves, devant le tribunal de grande instance à la demande de l'adopté, de l'adoptant si l'adopté a au moins quinze ans ou des père et mère par le sang, à défaut d'un membre de la famille d'origine jusqu'au degré de cousin germain, à condition que l'adopté soit mineur (art. 370 du C. civ.). Depuis la loi du 6 février 2001, l'adoption simple peut encore être convertie en adoption plénière lorsque le jugement d'adoption a été prononcé à l'étranger. Cette conversion n'est possible que « si les consentements requis ont été donnés expressément en connaissance de cause » (art. 370-5 du C. civ. *in fine*).

14

Compléments pédagogiques

Mémo

La filiation est le lien de parenté qui unit un enfant à ses père et mère. Le Code ne distingue plus entre la filiation légitime et naturelle, c'est-à-dire dans le mariage et hors mariage. Il existe des prohibitions générales en matière de filiation relatives à la filiation incestueuse, à la filiation avec un tiers donneur de gamète, à la gestation pour autrui. Ces prohibitions pourraient s'atténuer jusqu'à disparaître les prochaines années.

Les modes d'établissement de la filiation maternelle ou paternelle sont au nombre de quatre si on inclut l'adoption. La filiation peut être établie par l'effet de la loi, soit par la désignation du nom de la mère dans l'acte de naissance, soit par la présomption de paternité du mari, par l'effet de la reconnaissance volontaire, y compris prénatale, par l'acte de notoriété établissant la possession d'état.

L'adoption a pour effet soit de substituer au lien de filiation originaire un nouveau lien de filiation (adoption plénière), soit d'ajouter au lien de filiation existant, un lien de parenté supplémentaire (adoption simple). Les conditions requises pour adopter remplies, l'adoption produira tous ses effets. Indépendamment de la nature de l'adoption (plénière ou simple), plusieurs conditions relatives à l'adoptant et à l'adopté doivent être satisfaites. Seul l'enfant qui n'a plus de lien avec sa famille d'origine, pour lequel les parents consentent à l'adoption ou qui n'ont plus de droits sur l'enfant peuvent être adoptés. Des conditions spécifiques pour adopter sont requises en fonction du caractère plénier ou simple de l'adoption, relatives essentiellement à l'âge de l'adopté. Un régime spécifique est mis en place lorsque l'enfant adopté est celui du conjoint de l'adoptant. Par ailleurs, *en matière d'adoption internationale*, la prohibition de l'institution de l'adoption par la loi nationale de l'un ou de l'autre époux ou par la loi personnelle du mineur étranger est un obstacle au prononcé de l'adoption, alors même que les conditions régissant l'adoption seraient celles de la loi française. La loi personnelle du mineur ne devient indifférente que si l'enfant est né et réside habituellement en France.

Biblio

– Dossier spécial filiation, *Dr. fam.* janv. 2006.

– F. Dreiffus-Netter, « Adoption ou assistance médicale à la procréation : quelles familles », *D.* 1998. Chron. 100.

– I. Corpart, « La réforme du 5 juillet 1996 relative à l'adoption », *LPA* 1996, p. 5.

– J. Galloux, « L'empreinte génétique : la preuve parfaite ? », *JCP* 1991. I. 3497.

– C. Gonon, « Le rapprochement de l'action à fins de subsides et de l'action en recherche de paternité », *JCP* 1998. I. 158.
– J.-P. Gridel, « Vérité biologique et droit positif de la filiation (1972-1993) », *D.* 1993. Chron. 191.
– J. Hauser, P. Delmas Saint-Hilaire, « Deux exercices d'exégèse sur l'adoption », *Defrénois* 2000, art. 37225, p. 1009.
– P. Malaurie, « L'homme, être juridique », *D.* 1994. Chron. 97.
– M.-T. Meulders-Klein, « Le droit de l'enfant face au droit à l'enfant », *RTD civ.* 1988. 645.
– C. Neirinck, « L'accouchement sous X, le fait et le droit », *JCP* 1996. I. 3922 ; « Les filiations électives à l'épreuve du droit », *JCP* 1997. I. 4067.
– P. Raynaud, « La réforme de l'adoption », *D.* 1967. Chron. 77.
– J. Rubellin-Devichi, « Une importante réforme du droit de la famille : la loi n° 93-22 du 8 janvier 1993 », *JCP* 1993. I. 3659 ; « Les procréations assistées : état des questions », *RTD civ.* 1987. 457.
– E. Poisson-Drocourt, « Codification des règles de droit international en matière d'adoption », *D.* 2001. Chron. 1404.
– B. Sturlèse, « La Convention de La Haye du 29 mai 1993 sur la protection des enfants et la coopération en matière d'adoption internationale », *JCP* 1993. I. 3710.

Quiz

1) Sujet corrigé

Commentaires d'arrêt

Énoncé

CEDH 27 janv. 2015, aff. *Paradiso c/ Italie*.

PROCÉDURE

1. À l'origine de l'affaire se trouve une requête (n° 25358/12) dirigée contre la République italienne et dont deux ressortissants de cet État, Mme Donatina Paradiso et M. Giovanni Campanelli (« les requérants »), ont saisi la Cour le 27 avril 2012 en vertu de l'article 34 de la Convention de sauvegarde des droits de l'homme et des libertés fondamentales (« la Convention »). Les requérants ont introduit la requête également au nom de l'enfant qui, d'après le certificat de naissance délivré par les autorités russes le 1er mars 2011, serait leur fils, né le 27 février 2011, et s'appellerait Teodoro Campanelli.

2. Les requérants ont été représentés par Me K. Svitnev, avocat à Moscou, travaillant pour la société Rosjurconsulting. Le gouvernement italien (« le Gouvernement ») a été représenté par son agent, Mme E. Spatafora.

3. Les requérants allèguent en particulier que le refus de transcrire le certificat de naissance de l'enfant dans les registres de l'état civil italien et l'éloignement du mineur sont incompatibles avec l'article 8 de la Convention.

4. Le 9 mai 2012, la requête a été communiquée au Gouvernement. Le gouvernement défendeur et les requérants ont déposé leurs observations. Le 20 février 2014, une question complémentaire a été posée aux parties sur le point de savoir s'il existait un remède efficace pour contester la décision de la cour d'appel de Campobasso du 13 avril 2013 ayant confirmé le refus de transcrire le certificat de naissance, et pour contester la décision du tribunal pour mineurs de Campobasso du 5 juin 2013, ayant déclaré que les requérants n'avaient plus la qualité pour agir. Le Gouvernement a été invité à déposer la jurisprudence pertinente relative à l'efficacité des remèdes dont il pourrait alléguer l'existence.

EN FAIT

I. LES CIRCONSTANCES DE L'ESPÈCE

5. Les requérants sont nés respectivement en 1967 et 1955 et résident à Colletorto.

6. Les requérants sont un couple marié. Dans le formulaire de requête, ils ont exposé qu'après avoir vainement fait des tentatives de fécondation *in vitro*, ils décidèrent de recourir à la gestation pour autrui pour devenir parents. Ils contactèrent à cette fin une clinique basée à Moscou, spécialisée dans les techniques de reproduction assistée. Ils conclurent une convention de gestation pour autrui avec la société Rosjurconsulting. Après une fécondation *in vitro* réussie le 19 mai 2010, deux embryons « leur appartenant » furent implantés dans l'utérus d'une mère porteuse le 19 juin 2010. Il n'y avait pas de lien génétique entre cette dernière et les embryons.

7. Le bébé naquit le 27 février 2011. La mère porteuse donna son consentement écrit pour que l'enfant soit enregistré comme fils des requérants. Sa déclaration écrite datée du même jour, lue à haute voix à l'hôpital en présence de son médecin, du médecin chef et du chef de division (de l'hôpital) se lit ainsi (traduction française de la version originale russe) :

« Je soussignée (...) ai mis au monde un garçon à la clinique maternité (...) de Moscou. Les parents de l'enfant sont un couple marié d'italiens, Giovanni Campanelli, né le (...) et Donatina Paradiso née le (...), qui ont déclaré par écrit vouloir implanter leurs embryons dans mon utérus.

Sur la base de ce qui précède et conformément à l'alinéa 5 du paragraphe 16 de la loi fédérale sur l'état civil et à l'alinéa 4 du paragraphe 51 du Code de la famille je donne mon consentement pour l'inscription dans l'acte et dans le certificat de naissance du couple ci-dessus comme parents de l'enfant que j'ai accouché. (...) »

Cette déclaration, dans sa traduction italienne annexée à l'original, se lit ainsi (version française) :

« Je soussignée (...) ai mis au monde un garçon à la clinique maternité (...) de Moscou. Les parents génétiques de l'enfant sont un couple marié d'italiens, Giovanni Campanelli, né le (...) et Donatina Paradiso née le (...), qui ont déclaré par écrit vouloir implanter leurs embryons dans mon utérus.

Sur la base de ce qui précède et conformément à l'alinéa 5 du paragraphe 16 de la loi fédérale sur l'état civil et à l'alinéa 4 du paragraphe 51 du Code de la famille je donne mon consentement pour l'inscription dans l'acte et dans le certificat de naissance du couple ci-dessus comme parents de l'enfant que j'ai accouché. (...) »

8. Le 10 mars 2011, conformément au droit russe, les requérants furent enregistrés comme parents du nouveau-né. Le certificat de naissance russe, ne mentionnant pas la gestation pour autrui, fut apostillé selon les dispositions de la Convention de La

Haye du 5 octobre 1961 (infra « la Convention de la Haye ») supprimant l'exigence de la légalisation des actes publics étrangers.

9. Le 29 avril 2011, la requérante se rendit au Consulat d'Italie à Moscou pour obtenir les documents permettant au nouveau-né de partir en Italie avec elle. La requérante répondit à des questions et déposa le dossier relatif à la naissance de l'enfant. Le Consulat d'Italie délivra les documents permettant à ce dernier de partir en Italie avec la requérante.

10. Le 30 avril 2011, la requérante et l'enfant arrivèrent en Italie. Quelques jours plus tard, le requérant demanda à la municipalité de Colletorto l'enregistrement du certificat de naissance.

11. Par une note du 2 mai 2011 - qui n'est pas versée au dossier - le Consulat d'Italie à Moscou communiqua au tribunal des mineurs de Campobasso, au ministère des Affaires étrangères, à la préfecture et à la ville de Colletorto, que le dossier relatif à la naissance de l'enfant contenait des données fausses.

12. Le 5 mai 2011, les requérants furent mis en examen pour « altération d'état civil » au sens de l'article 567 du Code pénal, pour faux au sens des articles 489 et 479 du Code pénal ; en outre, pour infraction à l'article 72 de la loi sur l'adoption (loi n° 183/ 1984), car ils avaient amené l'enfant sans respecter la loi et avaient contourné les limites posées dans l'agrément à l'adoption obtenu le 7 décembre 2006, qui excluait qu'ils puissent adopter un enfant en si bas âge.

13. Le 5 mai 2011, le ministère public près le tribunal pour mineurs de Campobasso demanda l'ouverture d'une procédure d'adoptabilité, car l'enfant devait être considéré comme étant dans un état d'abandon au sens de la loi. Le même jour, le tribunal pour mineurs nomma un curateur spécial au sens de l'article 8 de la loi n° 184/1983 et ouvrit une procédure d'adoptabilité. Le 16 mai 2011, le procureur de la République sollicita la mise sous curatelle de l'enfant au sens des articles 8 et 10 de la loi n° 184/ 83. Le tribunal nomma un curateur. Il ressort du dossier que les requérants s'opposaient aux mesures concernant l'enfant et avaient demandé à pouvoir adopter le mineur.

14. Le 25 mai 2011, la requérante, assistée par son avocat de confiance, fut interrogée par les carabiniers de Larino. L'intéressée déclara qu'elle s'était rendue en Russie seule, en septembre 2008, avec le liquide séminal de son mari précédemment recueilli. Elle avait souscrit un contrat avec la société Rosjurconsulting, qui s'était engagée à trouver une mère porteuse disposée à accueillir dans son utérus le matériel génétique de la requérante et de son époux, par le biais de la clinique Vitanova de Moscou. Cette pratique était parfaitement légale en Russie et permettait d'obtenir un certificat de naissance indiquant les identités des requérants comme parents. En juin/juillet 2010, la requérante avait été contactée par la société russe au motif qu'une mère porteuse avait été trouvée, et avait donné son accord pour l'intervention. Le 10 mars 2011, la requérante s'était rendue à Moscou. En avril 2011, munie d'un certificat de naissance délivré le 10 mars 2011 par les autorités russes, elle s'était rendue au Consulat d'Italie à Moscou pour obtenir les documents permettant à l'enfant de sortir de Russie et de se rendre en Italie. Le certificat de naissance indiquait les noms des requérants et leur qualité de parents.

15. Le 27 juin 2011, les requérants furent entendus par le tribunal pour mineurs. La requérante déclara qu'après huit tentatives infructueuses de fécondation *in vitro*, et qui avaient mis en danger sa santé, elle avait recouru à la clinique russe car, dans ce

pays-là, il était possible d'utiliser les ovules d'une donatrice, qui étaient ensuite implantés dans le ventre de la mère porteuse.

16. Par ailleurs, le curateur de l'enfant demanda au tribunal de suspendre l'autorité parentale des requérants, au sens de l'article 10 § 3 de la loi n° 184/1983.

17. Le 7 juillet 2011, le tribunal ordonna de procéder à un test ADN pour établir si le requérant était le père biologique de l'enfant.

18. Le 11 juillet 2011, le ministre de l'intérieur demanda au bureau de l'état civil de refuser l'enregistrement de l'acte de naissance.

19. Le 1er août 2011, le requérant et l'enfant se soumirent au test ADN. Le résultat de ce test montra qu'il n'y avait pas de lien génétique entre eux.

20. Le 4 août 2011, le bureau de l'état civil refusa l'enregistrement du certificat de naissance. Les requérants introduisirent un recours contre ce refus devant le tribunal de Larino. Le ministère public demanda à ce tribunal de donner une nouvelle identité à l'enfant et de délivrer un nouveau certificat de naissance.

21. Le tribunal de Larino s'étant déclaré incompétent le 29 septembre 2011, la procédure reprit devant la cour d'appel de Campobasso. Les requérants insistaient pour la transcription du certificat de naissance russe.

22. Le 20 octobre 2011, sur la base de l'expertise génétique et des conclusions des parties, y compris celles du curateur de l'enfant, le tribunal pour mineurs décida d'éloigner l'enfant des requérants. Cette décision était immédiatement exécutoire. À la base de sa décision, le tribunal prit en compte les éléments suivants : la requérante avait déclaré ne pas être la mère génétique ; les ovules provenaient d'une femme inconnue ; le test ADN effectué sur le requérant et sur l'enfant avait démontré qu'il n'y avait aucun lien génétique entre eux ; les requérants avaient payé une importante somme d'argent (49 000 euros (EUR)) ; contrairement à ses dires, rien ne prouvait que le matériel génétique du requérant ait été réellement transporté en Russie. La seule chose qui était sûre dans cette histoire était l'identité de la mère porteuse, qui n'était pas la mère biologique et qui avait renoncé à l'enfant mis au monde. Les parents biologiques demeuraient inconnus. Ceci étant, on n'était pas dans un cas de maternité subrogée, car l'enfant n'avait aucun lien génétique avec les requérants. Ces derniers versaient dans l'illégalité : ils avaient amené un enfant en Italie en faisant croire qu'il s'agissait de leur fils. Ce faisant, ils avaient en premier lieu violé les dispositions sur l'adoption internationale (loi n° 184 du 4 mai 1983), qui en son article 72 prévoyait une infraction pénale, dont l'évaluation n'incombait toutefois pas au tribunal pour mineurs. En deuxième lieu, l'accord conclu par les requérants avec la société Rosjurconsulting était contraire à la loi sur la procréation médicalement assistée (loi n° 40 du 19 février 2004) qui interdisait en son article 4 la fécondation assistée hétérologue. Un terme devait être mis à cette situation illégale et la seule façon était d'éloigner l'enfant des requérants. Certes, l'enfant subirait un préjudice du fait de la séparation, mais, vu la courte période passée avec les requérants et son bas âge, l'enfant surmonterait tout ça. Les recherches pour trouver un couple d'adoptants seraient entamées immédiatement. En outre, vu que les requérants avaient préféré court-circuiter la loi sur l'adoption malgré l'agrément qu'ils avaient obtenu, on pouvait penser que l'enfant résultait d'un désir narcissique du couple ou bien qu'il était destiné à résoudre des problèmes de couple. En conséquence le tribunal doutait de leur réelle capacité affective et éducative. L'enfant n'ayant ni une famille biologique ni sa mère porteuse, car elle avait renoncé à lui, le tribunal estima que la loi italienne sur

l'adoption s'appliquait au cas d'espèce (au sens de l'article 37 *bis* de la loi n° 184/1983), confia l'enfant aux services sociaux et nomma un tuteur pour sa défense.

23. L'enfant fut placé dans une maison d'accueil (*casa famiglia*) dans un endroit inconnu des requérants. Les contacts entre les requérants et l'enfant furent interdits.

24. Les requérants déposèrent un recours (*reclamo*) devant la cour d'appel de Campobasso. Ils arguaient, entre autres, que les juridictions italiennes ne pouvaient pas remettre en cause le certificat de naissance. Ils demandaient, par ailleurs, de ne pas adopter des mesures concernant l'enfant tant que la procédure pénale ouverte contre eux et la procédure engagée pour contester le refus de transcrire le certificat de naissance étaient pendantes.

25. Par une décision du 28 février 2012, la cour d'appel de Campobasso rejeta le recours. Il ressort en particulier de cette décision que l'article 33 de la loi n° 218/95 (loi sur le droit privé international) n'empêchait pas l'autorité judiciaire italienne de ne pas donner suite aux indications certifiées provenant d'un État étranger. Il n'y avait aucune incompétence, car l'article 37 *bis* de la loi sur l'adoption internationale (loi n° 184/1983) prévoyait l'application de la loi italienne si le mineur étranger était en état d'abandon et tel était le cas en l'espèce. Il était par ailleurs inutile d'attendre l'issue de la procédure pénale car la responsabilité pénale des requérants ne jouait aucun rôle. Il était au contraire nécessaire d'adopter une mesure urgente à l'égard de l'enfant pour mettre fin à la situation d'illégalité dans laquelle les intéressés versaient. Contre cette décision il n'était pas possible de former un recours en cassation.

26. Il ressort d'une note datée du 22 mai 2012, adressée par le tribunal pour mineurs au ministère de la Justice, que l'enfant n'avait pas encore été déclaré comme étant adoptable car la procédure portant sur la transcription du certificat de naissance de l'enfant était pendante devant la cour d'appel de Campobasso.

27. Entre-temps, le 30 octobre 2011, le procureur de la République près le tribunal de Larino avait ordonné la saisie conservatoire du certificat de naissance russe, au motif qu'il s'agissait d'une preuve essentielle. Il ressortait en effet du dossier que les requérants non seulement avaient vraisemblablement commis les faits reprochés, mais avaient tenté de les dissimuler. Ils avaient, entre autres, déclaré être les parents biologiques, et avaient corrigé leurs versions des faits au fur et à mesure qu'ils étaient démentis.

28. Les requérants attaquèrent la décision de saisie conservatoire.

29. Par une décision du 20 novembre 2012, le tribunal de Campobasso rejeta le recours des requérants. Il ressort de cette décision qu'il y avait de graves soupçons quant à la commission des infractions reprochées. En particulier, la requérante avait fait circuler la rumeur de sa grossesse ; elle s'était présentée au Consulat en laissant sous-entendre qu'elle était la mère naturelle ; ensuite, elle avait admis que l'enfant avait été mis au monde par une mère subrogée ; aux carabiniers, elle avait déclaré le 25 mai 2011 que le requérant était le père biologique alors que les tests ADN l'avaient démenti et donc elle avait fait de fausses déclarations ; elle avait été très vague quant à l'identité de la mère génétique ; les documents relatifs à la maternité subrogée disaient que les deux requérants avaient été vus par les médecins russes ce qui ne concordait pas avec le fait que le requérant n'avait pas été en Russie ; les documents concernant l'accouchement n'avaient pas une date avérée. La seule chose certaine était que l'enfant était né et qu'il avait été remis à la requérante contre le paiement de presque 50 000 EUR. L'hypothèse selon laquelle les requérants avaient eu une

conduite illégale afin d'obtenir la transcription de la naissance et de contourner les lois italiennes paraissait donc fondée.

30. En novembre 2012, la décision concernant la saisie conservatoire fut transmise par le ministère public au tribunal pour mineurs, car elle avait les implications suivantes. Le chef d'accusation tiré de l'article 72 de la loi n° 184/1983 privait les requérants de la possibilité d'accueillir l'enfant en placement (*affido*) et d'adopter celui-ci ou d'autres mineurs. Il n'y avait donc pas d'autres solutions que de continuer la procédure d'adoption pour l'enfant. Le placement provisoire auprès d'une famille avait été demandé en vertu des articles 8 et 10 de la loi n° 184/83. Le ministère public réitéra sa demande et souligna que l'enfant avait été éloigné plus d'un an auparavant et qu'il vivait depuis en maison d'accueil (*casa famiglia*), où il avait établi des relations significatives avec des personnes appelées à s'occuper de lui. L'enfant n'avait donc pas encore trouvé un environnement familial pouvant remplacer celui qui avait été illégalement offert par ceux qui l'avaient emmené en Italie. Cet enfant semblait destiné à une nouvelle séparation beaucoup plus douloureuse de celle de la mère qui l'avait mis au monde et puis de celle qui prétendait être sa mère.

31. Il ressort du dossier que le 26 janvier 2013, l'enfant fut placé auprès d'une famille d'accueil.

32. En mars 2013, à la demande du tuteur, une expertise visant à déterminer l'âge du mineur fut effectuée. Celle-ci établit que l'enfant était vraisemblablement âgé de 30 mois, et que trois mois d'écart en plus ou en moins étaient possibles.

33. Par ailleurs, début avril 2013, le tuteur demanda au tribunal pour mineurs d'attribuer une identité conventionnelle à l'enfant, afin que celui-ci puisse être inscrit sans difficulté à l'école. Il communiquait que l'enfant avait été placé dans une famille le 26 janvier 2013, mais qu'il était sans identité. Cette « inexistence » avait un fort impact sur les questions administratives : sous quelle identité inscrire l'enfant à l'école, dans son carnet de vaccinations, à son domicile. Il est vrai que cette situation répondait au but de ne pas permettre à la famille d'origine, c'est-à-dire aux requérants, de comprendre où était l'enfant afin de mieux le protéger. Toutefois, une identité temporaire conventionnelle aurait permis de maintenir le secret sur l'identité réelle de l'enfant et, en même temps, aurait permis à ce dernier d'accéder aux services publics alors qu'il lui était loisible seulement d'utiliser les services médicaux d'urgence.

34. Par une décision immédiatement exécutoire du 3 avril 2013, la cour d'appel de Campobasso se prononça au sujet du certificat de naissance, duquel il était question d'ordonner ou pas la transcription (au sens de l'article 95 du décret du président de la République (« DPR ») n° 396/00). Elle rejeta l'exception soulevée par le tuteur selon laquelle les requérants n'avaient pas la qualité pour agir devant la cour ; elle reconnut en effet aux requérants la capacité d'ester en justice dans la mesure où ils résultaient être les « parents » dans l'acte de naissance qu'ils souhaitaient transcrire. Toutefois, il était évident que les requérants n'étaient pas les parents biologiques. Il n'y avait donc pas eu de gestation pour autrui, alors que les requérants dans leur mémoire avaient parlé de fécondation assistée hétérologue ; les parties s'accordaient pour dire que la loi russe présupposait un lien biologique entre l'enfant et au moins un des parents potentiels pour pouvoir parler de maternité de substitution. L'acte de naissance était donc faux (*ideologicamente falso*). Ensuite, étant donné que rien ne montrait que l'enfant avait la citoyenneté russe, l'argument des requérants tiré de l'inapplicabilité de la loi italienne se heurtait à l'article 33 de la loi n° 218/95, selon lequel la filiation

était déterminée par la loi nationale de l'enfant au moment de la naissance. Il était en outre contraire à l'ordre public de transcrire le certificat litigieux car il était faux. Les requérants plaidaient leur bonne foi et alléguaient qu'ils n'arrivaient pas à s'expliquer pourquoi, à la clinique russe, le liquide séminal du requérant n'avait pas été utilisé ; toutefois ceci ne changeait rien à la situation et ne remédiait pas au fait que le requérant n'était pas le père biologique. En conclusion, il était légitime de refuser la transcription du certificat de naissance russe ainsi que d'accueillir la demande du ministère public d'établir un nouvel acte de naissance. Par conséquent la cour ordonna la délivrance d'un nouvel acte de naissance dans lequel il serait indiqué que l'enfant était fils de parents inconnus, né à Moscou le 27 février 2011, et un nouveau nom (déterminé au sens du DPR n° 396/00).

35. La procédure portant sur l'adoption de l'enfant reprit devant le tribunal pour mineurs. Les requérants confirmèrent leur opposition au placement de l'enfant auprès de tierces personnes. Le tuteur demanda de déclarer que les requérants n'avaient plus de locus standi. Le ministère public demanda au tribunal de ne pas se prononcer sur sa demande de déclarer l'enfant adoptable en utilisant le nom qu'il avait à l'origine, au motif qu'il avait entre-temps ouvert une deuxième procédure pour demander la déclaration d'adoptabilité pour l'enfant sous sa nouvelle identité d'enfant de parents inconnus. Le 5 juin 2013, compte tenu des éléments du dossier, le tribunal pour mineurs déclara que les requérants n'avaient plus la qualité pour agir dans la procédure d'adoption qu'ils avaient entamée, étant donné qu'ils n'étaient ni les parents ni les membres de la famille de l'enfant, au sens de l'article 10 de la loi n° 184/1983. Le tribunal déclara qu'il réglerait la question de l'adoption de l'enfant dans le cadre de l'autre procédure d'adoption, à laquelle le ministère public s'était référé.

II. LE DROIT ET LA PRATIQUE INTERNES PERTINENTS

A. La loi sur le droit international privé

36. Aux termes de l'article 33 de la loi n° 218 de 1995 sur le droit international privé, la filiation est déterminée par la loi nationale de l'enfant au moment de la naissance.

B. La loi de simplification de l'état civil

37. Le décret du président de la République du 3 novembre 2000, n° 396 (loi de simplification de l'état civil) prévoit que les déclarations de naissance relatives à des ressortissants italiens qui ont été faites à l'étranger doivent être transmises aux autorités consulaires (article 15). Les autorités consulaires transmettent copie des actes aux fins de la transcription à l'état civil de la commune où l'intéressé entend établir sa résidence (article 17). Les actes formés à l'étranger ne peuvent être transcrits s'ils sont contraires à l'ordre public (article 18). Pour qu'elles déploient leurs effets en Italie, les décisions (provvedimenti) étrangères prononcées en matière de capacité des personnes ou d'existence de relations familiales (…) ne doivent pas être contraires à l'ordre public (article 65).

C. La loi sur la procréation médicalement assistée

38. La loi n° 40 du 19 février 2004 prévoyait en son article 4 l'interdiction de recourir à la procréation hétérologue. Le non-respect de cette disposition entraînait une sanction pécuniaire allant de 300 000 EUR à 600 000 EUR.

Par un arrêt du 9 avril 2014, la Cour constitutionnelle a déclaré ces dispositions inconstitutionnelles.

D. Les dispositions pertinentes en matière d'adoption

39. Les dispositions relatives à la procédure d'adoption sont consignées dans la loi n° 184/1983.

Selon l'article 2, le mineur qui est resté temporairement sans un environnement familial adéquat peut être confié à une autre famille, si possible comprenant des enfants mineurs, ou à une personne seule, ou à une communauté de type familial, afin de lui assurer la subsistance, l'éducation et l'instruction. Au cas où un placement familial adéquat ne serait pas possible, il est permis de placer le mineur dans un institut d'assistance public ou privé, de préférence dans la région de résidence du mineur.

L'article 5 prévoit que la famille ou la personne à laquelle le mineur est confié doivent lui assurer la subsistance, l'éducation et l'instruction (...) compte tenu des indications du tuteur et en observant les prescriptions de l'autorité judiciaire. Dans tous les cas, la famille d'accueil exerce la responsabilité parentale en ce qui concerne les rapports avec l'école et le service sanitaire national. La famille d'accueil doit être entendue dans la procédure de placement et celle concernant la déclaration d'adoptabilité.

Par ailleurs, l'article 7 prévoit que l'adoption est possible au bénéfice des mineurs déclarés adoptables.

L'article 8 prévoit que « peuvent être déclarés en état d'adoptabilité par le tribunal pour enfants, même d'office, (...) les mineurs en situation d'abandon car dépourvus de toute assistance morale ou matérielle de la part des parents ou de la famille tenus d'y pourvoir, sauf si le manque d'assistance est dû à une cause de force majeure de caractère transitoire ». « La situation d'abandon subsiste », poursuit l'article 8, « (...) même si les mineurs se trouvent dans un institut d'assistance ou s'ils ont été placés auprès d'une famille ». Enfin, cette disposition prévoit que la cause de force majeure cesse si les parents ou d'autres membres de la famille du mineur tenus de s'en occuper refusent les mesures d'assistance publique et si ce refus est considéré par le juge comme injustifié. La situation d'abandon peut être signalée à l'autorité publique par tout particulier et peut être relevée d'office par le juge. D'autre part, tout fonctionnaire public, ainsi que la famille du mineur, qui ont connaissance de l'état d'abandon de ce dernier, sont obligés d'en faire la dénonciation. Par ailleurs, les instituts d'assistance doivent informer régulièrement l'autorité judiciaire de la situation des mineurs qu'ils accueillent (article 9).

L'article 10 prévoit ensuite que le tribunal peut ordonner, jusqu'au placement préadoptif du mineur dans la famille d'accueil, toute mesure temporaire dans l'intérêt du mineur, y compris, le cas échéant, la suspension de l'autorité parentale.

Les articles 11 à 14 prévoient une instruction visant à éclaircir la situation du mineur et à établir si ce dernier se trouve dans un état d'abandon. En particulier, l'article 11 dispose que lorsque, au cours de l'enquête, il ressort que l'enfant n'a de rapports avec aucun membre de sa famille jusqu'au quatrième degré, il peut déclarer l'état d'adoptabilité sauf s'il existe une demande d'adoption au sens de l'article 44.

À l'issue de la procédure prévue par ces derniers articles, si l'état d'abandon au sens de l'article 8 persiste, le tribunal des mineurs déclare le mineur adoptable si : a) les parents ou les autres membres de la famille ne se sont pas présentés au cours de la procédure ; b) leur audition a démontré la persistance du manque d'assistance morale et matérielle ainsi que l'incapacité des intéressés à y remédier ; c) les prescriptions imposées en application de l'article 12 n'ont pas été exécutées par la faute des parents (article 15). L'article 15 prévoit également que la déclaration d'état d'adoptabilité est prononcée par le tribunal des mineurs siégeant en chambre du conseil par décision motivée, après avoir entendu le ministère public, le représentant de l'institut auprès duquel le mineur a été placé ou de son éventuelle famille d'accueil, le tuteur et le mineur lui-même s'il est âgé de plus de douze ans ou, s'il est plus jeune, si son audition est nécessaire.

L'article 17 prévoit que l'opposition à la décision déclarant un mineur adoptable doit être déposée dans un délai de trente jours à partir de la date de la communication à la partie requérante.

L'article 19 prévoit que pendant l'état d'adoptabilité, l'exercice de l'autorité parentale est suspendu.

L'article 20 prévoit enfin que l'état d'adoptabilité cesse au moment où le mineur est adopté ou si ce dernier devient majeur. Par ailleurs, l'état d'adoptabilité peut être révoqué, d'office ou sur demande des parents ou du ministère public, si les conditions prévues par l'article 8 ont entre-temps disparu. Cependant, si le mineur a été placé dans une famille en vue de l'adoption (*affidamento preadottivo*) au sens des articles 22 à 24, l'état d'adoptabilité ne peut pas être révoqué.

L'article 44 prévoit certains cas d'adoption spéciale : l'adoption est possible au bénéfice des mineurs qui n'ont pas encore été déclarés adoptables. En particulier, l'article 44 d) prévoit l'adoption quand il est impossible de procéder à un placement en vue de l'adoption.

40. L'article 37bis de cette loi prévoit que la loi italienne s'applique aux mineurs étrangers qui sont en Italie pour ce qui est de l'adoption, du placement et des mesures urgentes.

Au sens de l'article 72 de la loi sur l'adoption internationale, celui qui introduit sur le territoire de l'État un mineur étranger en violation des dispositions prévues par ladite loi, afin de se procurer de l'argent ou d'autres bénéfices, et afin que le mineur soit confié définitivement à des citoyens italiens, commet une infraction pénale punie d'une peine d'emprisonnement de un à trois ans. Cette peine s'applique également à ceux qui, en échange d'argent ou d'autres bénéfices, accueillent des mineurs étrangers en « placement » de manière définitive. La condamnation pour cette infraction entraîne l'incapacité d'accueillir des enfants en placement (*affidi*) et l'incapacité de devenir tuteur.

E. Le recours en cassation aux termes de l'article 111 de la Constitution

41. Aux termes de l'article 111 alinéa 7 de la Constitution, il est toujours possible de se pourvoir en cassation pour alléguer la violation de la loi s'agissant de décisions judiciaires portant sur les restrictions à la liberté personnelle. La Cour de cassation a élargi le domaine d'application de ce remède aux procédures civiles lorsque la décision à contester a un impact substantiel sur des situations (*decisoria*) et elle ne peut pas être modifiée ou révoquée par le même juge qui l'a prononcée (*definitiva*).

Les décisions concernant des mesures urgentes à l'égard d'un mineur en état d'abandon prises par décision du tribunal pour mineurs sur la base de l'article 10 de la loi sur l'adoption (articles 330 et suivants du Code civil, 742 du Code de procédure civile) sont modifiables et révocables. Elles peuvent faire l'objet d'une réclamation devant la cour d'appel. S'agissant de décisions pouvant être modifiées et révoquées en tout temps, elles ne peuvent pas faire l'objet d'un recours en cassation (Cassation civile, Sec. I, arrêt du 18.10.2012, n° 17916)

III. LE DROIT ET LA PRATIQUE INTERNATIONAUX PERTINENTS

A. La Convention de la Haye supprimant l'exigence de la légalisation des actes publics étrangers

42. La Convention de la Haye supprimant l'exigence de la légalisation des actes publics étrangers a été conclue le 5 octobre 1961. Elle s'applique aux actes publics - tels que définis à l'article 1 - qui ont été établis sur le territoire d'un État contractant et qui doivent être produits sur le territoire d'un autre État contractant.

Article 2

« Chacun des États contractants dispense de légalisation les actes auxquels s'applique la présente Convention et qui doivent être produits sur son territoire. La légalisation au sens de la présente Convention ne recouvre que la formalité par laquelle les agents diplomatiques ou consulaires du pays sur lequel le territoire duquel l'acte doit être produit atteste la véracité de la signature, la qualité en laquelle le signataire de l'acte a agi et, le cas échéant, l'identité du sceau ou timbre dont cet acte est revêtu. »

Article 3

« La seule formalité qui puisse être exigée pour attester la véracité de la signature, la qualité en laquelle le signataire de l'acte a agi et, le cas échéant, l'identité du sceau ou timbre dont cet acte est revêtu, est l'apposition de l'apostille définie à l'article 4, délivrée par l'autorité compétente de l'État d'où émane le document. »

Article 5

« L'apostille est délivrée à la requête du signataire ou de tout porteur de l'acte. Dûment remplie, elle atteste la véracité de la signature, la qualité en laquelle le signataire de l'acte a agi et, le cas échéant, l'identité du sceau ou timbre dont cet acte est revêtu. La signature, le sceau ou timbre qui figurent sur l'apostille sont dispensés de toute attestation ».

Il ressort du rapport explicatif de ladite Convention que l'apostille n'atteste pas la véracité du contenu de l'acte sous-jacent. Cette limitation des effets juridiques découlant de la Convention de la Haye a pour but de préserver le droit des États signataires d'appliquer leurs propres règles en matière de conflits de lois lorsqu'ils doivent décider du poids à attribuer au contenu du document apostillé.

B. Les dispositions pertinentes de droit russe

43. La loi fondamentale sur la protection de la santé des citoyens prévoit à son article 55 la maternité subrogée parmi les techniques de reproduction assistée. Peuvent accéder à ce type de techniques les couples mariés et non mariés, ainsi que les célibataires. La maternité subrogée est le fait de porter et remettre un enfant sur la base d'un contrat conclu par la mère porteuse et les parents « potentiels ». La mère porteuse doit être âgée d'au moins 20 ans et au maximum de 35 ans, avoir déjà eu un enfant en bonne santé et avoir donné son consentement écrit à l'intervention. Cette dernière ne peut se faire que dans les cliniques autorisées. Le décret du ministère de la Santé n° 67 de 2003 règle les modalités et les conditions.

Si les dispositions pertinentes ont été respectées, le résultat de la maternité subrogée est qu'un couple marié est reconnu comme couple de parents d'un enfant né d'une mère porteuse. Cette dernière doit donner son consentement écrit pour que le couple soit reconnu comme parents (article 51 § 4 du Code de la famille du 29 décembre 1995).

C. Les principes adoptés par le comité *ad hoc* d'experts sur les progrès des sciences biomédicales du Conseil de l'Europe

44. Le comité *ad hoc* d'experts sur les progrès des sciences biomédicales constitué au sein du Conseil de l'Europe (CAHBI), prédécesseur du comité directeur de bioéthique, a publié en 1989 une série de principes dont le quinzième, relatif aux « mères de substitution », est ainsi libellé :

« 1. Aucun médecin ou établissement ne doit utiliser les techniques de procréation artificielle pour la conception d'un enfant qui sera porté par une mère de substitution.

2. Aucun contrat ou accord entre une mère de substitution et la personne ou le couple pour le compte de laquelle ou duquel un enfant est porté ne pourra être invoqué en droit.

3. Toute activité d'intermédiaire à l'intention des personnes concernées par une maternité de substitution doit être interdite, de même que toute forme de publicité qui y est relative.

4. Toutefois, les États peuvent, dans des cas exceptionnels fixés par leur droit national, prévoir, sans faire exception au paragraphe 2 du présent Principe, qu'un médecin ou un établissement pourra procéder à la fécondation d'une mère de substitution en utilisant des techniques de procréation artificielle, à condition :

a. que la mère de substitution ne retire aucun avantage matériel de l'opération ; et

b. que la mère de substitution puisse à la naissance choisir de garder l'enfant. »

EN DROIT

I. SUR LES VIOLATIONS ALLÉGUÉES AU NOM DE L'ENFANT

45. Les requérants se plaignent au nom de l'enfant de l'impossibilité d'obtenir la reconnaissance de la filiation établie à l'étranger et des mesures d'éloignement et placement adoptées par les juridictions italiennes. Ils allèguent la violation des articles 6, 8 et 14 de la Convention, de la Convention de la Haye ainsi que de la Convention sur la protection des droits de l'enfant du 20 novembre 1989.

46. Selon le Gouvernement, les requérants ne peuvent pas représenter l'enfant devant la Cour, au motif que celui-ci est déjà représenté au niveau national par un tuteur qui est intervenu dans la procédure devant les juridictions nationales. Nommé le 20 octobre 2011 par le tribunal pour mineurs de Campobasso et confirmé par la cour d'appel de Campobasso le 21 février 2012, le tuteur représente l'enfant et gère ses biens. En conclusion, la requête présentée au nom de l'enfant par les requérants, qui défendent leur propre intérêt et non celui de l'enfant, serait, pour cette partie, incompatible *ratione personae*.

47. Les requérants contestent la thèse du Gouvernement.

48. La Cour rappelle qu'il convient d'éviter une approche restrictive ou purement technique en ce qui concerne la représentation des enfants devant les organes de la Convention ; en particulier, il faut tenir compte des liens entre l'enfant concerné et ses « représentants », de l'objet et du but de la requête ainsi que de l'existence éventuelle d'un conflit d'intérêts (*Moretti et Benedetti c/ Italie*, n° 16318/07, § 32, 27 avril 2010 ; voir aussi *S. D., D. P., et T. c/ Royaume-Uni*, n° 23714/94, décision de la Commission du 20 mai 1996, non publiée).

49. En l'espèce, la Cour observe tout d'abord que les requérants n'ont aucun lien biologique avec l'enfant. Indépendamment de la question de savoir si le certificat de naissance établi en Russie a déployé des effets en Italie et lesquels, l'enfant a été placé sous tutelle depuis le 20 octobre 2011 et a été représenté par le tuteur dans les procédures internes. La procédure visant la reconnaissance du lien de filiation en Italie n'a pas abouti et l'enfant a une nouvelle identité et un nouveau certificat de naissance. Les requérants ont été déboutés de la procédure visant l'adoption de l'enfant. La procédure visant à donner en adoption l'enfant à une autre famille est en cours, et l'enfant est déjà placé dans une famille d'accueil. Aucune procuration n'a été signée en faveur des requérants pour que les intérêts de l'enfant soient représentés par eux devant la Cour. Ceci implique que les requérants ne possèdent pas, d'un point de vue juridique, la qualité nécessaire pour représenter les intérêts du mineur dans le cadre d'une procédure judiciaire.

50. Dans ces circonstances, la Cour estime que les requérants n'ont pas qualité pour agir devant la Cour pour le compte de l'enfant (Moretti et Benedetti, précité, § 35). Cette partie de la requête doit donc être rejetée comme étant incompatible *ratione personae* avec les dispositions de la Convention, au sens de l'article 35 §§ 3 et 4 de celle-ci.

II. SUR LA VIOLATION ALLÉGUÉE DE L'ARTICLE 8 DE LA CONVENTION PAR LES REQUÉRANTS EN LEUR NOM

51. Les requérants allèguent que le refus par les autorités italiennes d'enregistrer le certificat de naissance délivré en Russie et les décisions d'éloignement de l'enfant adoptées par les juridictions nationales ont méconnu la Convention de la Haye conclue le 5 octobre 1961 et ont porté atteinte à leur vie privée et familiale telle que garantie par l'article 8 de la Convention. Ils allèguent en outre la violation de l'article 6, au motif que la procédure portant sur l'éloignement du mineur n'a pas été équitable.

52. Le Gouvernement s'oppose à cette thèse.

53. Selon une jurisprudence constante, les Parties contractantes sont responsables en vertu de l'article 1 de la Convention de toutes les actions et omissions de leurs organes, que celles-ci découlent du droit interne ou d'obligations juridiques internationales. L'article 1 ne fait aucune distinction à cet égard entre les différents types de normes ou de mesures et ne soustrait aucune partie de la « juridiction » des Parties contractantes à l'empire de la Convention. La Cour rappelle que la Convention ne doit pas être interprétée isolément mais de manière à se concilier avec les principes généraux du droit international. En vertu de l'article 33 § 3 c) de la Convention de Vienne de 1969 sur le droit des traités, l'interprétation d'un traité doit se faire en tenant compte de toute règle pertinente de droit international applicable dans les relations avec les parties, en particulier de celles relatives à la protection internationale des droits de l'homme (voir, entre autres, *Nada c/ Suisse* [GC], n° 10593/08, §§ 168-169, CEDH 2012). Ainsi, même si le droit d'obtenir la transcription d'un certificat de naissance étranger ne figure pas en tant que tel parmi les droits garantis par la Convention, la Cour va examiner la requête sous l'angle de la Convention dans le contexte des autres traités internationaux pertinents.

54. Maîtresse de la qualification juridique des faits de la cause, la Cour estime approprié d'examiner cette partie de la requête uniquement sous l'angle de l'article 8 de la Convention, lequel exige que le processus décisionnel débouchant sur des mesures d'ingérence soit équitable et respecte, comme il se doit, les intérêts protégés

par cette disposition (*Moretti et Benedetti*, précité, § 49; *Havelka et autres c/ République tchèque*, n° 23499/06, §§ 34-35, 21 juin 2007; *Kutzner c/ Allemagne*, n° 46544/99, § 56, CEDH 2002-I; *Wallová et Walla c/ République tchèque*, n° 23848/04, § 47, 26 octobre 2006). L'article 8 de la Convention dispose ainsi dans ses parties pertinentes :

« 1. Toute personne a droit au respect de sa vie (...) familiale (...).

2. Il ne peut y avoir ingérence d'une autorité publique dans l'exercice de ce droit que pour autant que cette ingérence est prévue par la loi et qu'elle constitue une mesure qui, dans une société démocratique, est nécessaire (...) à la protection de la santé ou de la morale, ou à la protection des droits et libertés d'autrui. »

A. Sur la recevabilité

1. Sur l'exception tirée de l'article 34 de la Convention

55. Le Gouvernement excipe que les requérants ne peuvent pas agir devant la Cour au sens de l'article 34 de la Convention, car l'enfant a été mis sous tutelle.

56. Les requérants s'opposent à cette thèse.

57. La Cour doit examiner la question de savoir si les requérants peuvent ester en justice et s'ils peuvent se prétendre victimes des violations alléguées au sens de l'article 34 de la Convention. Elle note à cet égard que les juridictions italiennes ont reconnu la qualité pour agir en justice des requérants, étant donné que ceux-ci étaient les parents de l'enfant d'après le certificat de naissance russe, et qu'au moins initialement, les intéressés avaient l'autorité parentale sur l'enfant. Il s'ensuit que les requérants peuvent soulever leurs griefs devant la Cour au sens de l'article 34 de la Convention. L'exception du Gouvernement doit dès lors être rejetée.

2. Sur l'exception de non épuisement des voies de recours internes

58. Le Gouvernement a observé que les procédures nationales étaient pendantes. Il s'est référé en particulier à la procédure pénale ouverte à l'encontre des requérants et à la procédure se déroulant devant le tribunal pour mineurs de Campobasso. Invité par la suite (paragraphe 4 ci-dessus) à préciser s'il existait un remède efficace pour contester la décision de la cour d'appel de Campobasso ayant confirmé le refus de transcrire le certificat de naissance, et s'il existait un remède efficace pour contester la décision d'exclusion de la procédure du tribunal pour mineurs, le Gouvernement a répondu par l'affirmative. Toutefois, il n'a pas déposé de jurisprudence pertinente.

59. Les requérants s'opposent à la thèse du Gouvernement.

60. La Cour rappelle qu'aux termes de l'article 35 § 1 de la Convention, elle ne peut être saisie qu'après l'épuisement des voies de recours internes tels qu'il est entendu selon les principes de droit international généralement reconnus (*Akdivar et autres c/ Turquie*, 16 septembre 1996, §§ 65-69, Recueil des arrêts et décisions 1996-IV). Elle se doit de décider si les requérants ont satisfait à cette condition.

61. La Cour relève en premier lieu que la procédure pénale ouverte à l'encontre des requérants était pendante au moment de l'introduction de la requête. Toutefois, elle note, d'une part, que les juridictions civiles ont adopté leurs décisions sans attendre l'issue de cette procédure, d'autre part, que les griefs des requérants ne visent pas la procédure pénale en tant que telle. Par conséquent, un problème de non-épuisement des voies de recours internes ne se pose pas sur ce point et la Cour considère que l'exception du Gouvernement n'est pas pertinente et doit être rejetée.

62. S'agissant de la procédure intentée par les requérants dans le but d'obtenir la transcription de l'acte de naissance de l'enfant, la Cour note que les requérants n'ont pas formé un pourvoi en cassation contre la décision de la cour d'appel de Campobasso ayant rejeté leur recours en date du 3 avril 2013. Le Gouvernement a affirmé l'existence et l'efficacité d'un tel pourvoi sans fournir de jurisprudence pertinente.

La Cour ne dispose donc pas de décisions rendues par la Cour de cassation dans des cas analogues, où l'enjeu serait également la reconnaissance d'un acte étranger contraire au droit national. Elle est toutefois convaincue que la situation dénoncée par les requérants aurait dû être soumise à l'appréciation de la Cour de cassation, qui est l'instance nationale susceptible d'interpréter la loi. Il s'ensuit que, sur ce point, les requérants n'ont pas satisfait à la condition d'épuisement des voies de recours internes.

Le grief tiré de l'impossibilité d'obtenir la transcription du certificat de naissance de l'enfant dans les registres de l'état civil doit dès lors être rejeté conformément à l'article 35 §§ 1 et 4 de la Convention.

63. S'agissant du grief tiré des mesures d'éloignement et mise sous tutelle de l'enfant, la Cour relève que la décision du tribunal pour mineurs de Campobasso du 20 octobre 2011 a été attaquée devant la cour d'appel de Campobasso. Cette dernière a rejeté le recours des requérants et a confirmé les mesures le 28 février 2012. Étant donné le caractère non définitif de ce type de décisions, il n'était pas possible de se pourvoir en cassation (paragraphe 41 ci-dessus).

La Cour estime dès lors que les requérants ont épuisé les voies de recours internes sur ce point. Elle constate que ce grief n'est pas manifestement mal fondé au sens de l'article 35 § 3 a) de la Convention. La Cour relève par ailleurs qu'il ne se heurte à aucun autre motif d'irrecevabilité. Il convient donc de le déclarer recevable.

64. Quant à la décision prononcée par le tribunal pour mineurs de Campobasso le 5 juin 2013, ayant décrété que les intéressés ne pouvaient pas poursuivre la procédure concernant l'enfant dénommé Teodoro Campanelli car ils n'avaient plus la qualité pour agir, la Cour note que les requérants n'ont pas attaqué cette décision devant la cour d'appel et puis devant la Cour de cassation. Toutefois, au vu des circonstances de l'espèce, la Cour doute de l'efficacité de ces remèdes en l'espèce. En effet, la décision du tribunal pour mineurs en question a été prononcée environ vingt mois après le moment de l'éloignement de l'enfant. Ce dernier, considéré en état d'abandon à défaut de liens biologiques avec au moins un des requérants, avait été placé aux fins de l'adoption auprès d'une famille depuis au moins janvier 2013. Le tribunal pour mineurs était appelé à se prononcer sur l'adoption de l'enfant dans le cadre d'une autre procédure, ouverte entre-temps à l'égard de l'intéressé sous sa nouvelle identité, à laquelle les requérants n'avaient pas la possibilité de participer. De plus, le Gouvernement n'a fourni aucune décision montrant que dans un tel cas les recours disponibles auraient eu une chance raisonnable de succès. La Cour estime dès lors que même si des recours étaient ouverts contre la décision du tribunal pour mineurs du 5 avril 2013, les requérants n'étaient pas tenus de les épuiser (*Akdivar et autres c/ Turquie*, 16 septembre 1996, §§ 66-67, Recueil 1996-IV ; *Scordino c/ Italie* (déc.), n° 36813/97, CEDH 2003-IV).

B. Sur le fond

1. Arguments des parties

65. Les requérants observent que le problème soulevé par la requête ne concerne ni la maternité de substitution, ni la procréation assistée, ni les liens génétiques entre

parents et enfants ni, enfin, l'adoption. Le problème en cause est le refus de reconnaître un certificat de naissance délivré par les autorités russes compétentes et l'éloignement de l'enfant décidé par les autorités italiennes. Malgré l'impossibilité d'obtenir la reconnaissance de la filiation et malgré l'éloignement de l'enfant, les requérants ont l'autorité parentale sur ce dernier, même s'ils ne sont pas ses parents biologiques, et ce grâce au certificat de naissance, délivré par les autorités russes compétentes.

Le certificat litigieux est authentique, comme le prouve l'apostille, et, au nom de la sécurité juridique, il aurait dû être enregistré conformément à la Convention de la Haye sur l'apostille conclue le 5 octobre 1961. Il a été délivré conformément au droit russe, selon lequel il n'est pas nécessaire d'avoir un lien génétique pour établir un lien de filiation. L'origine de l'enfant a été établie par les autorités russes compétentes qui ont tenu compte de toutes les circonstances de sa naissance. L'avocat des requérants a soumis à cet égard un article rédigé par lui-même et publié dans « Open Access Scientific Reports ». Il ressort de cet article que la donation de gamètes et d'embryons est permise en Russie, même au niveau commercial. La maternité subrogée à des fins commerciales n'est pas interdite non plus. Il est donc possible en Russie d'acheter des gamètes auprès d'une banque (IVF clinic's database) ; de cette façon les gamètes achetés par les parents potentiels deviennent « leurs » gamètes, ce qui leur permettra d'être considérés comme parents.

Les requérants n'ont jamais commis d'infractions en Russie. Ils n'en ont pas commis non plus en Italie. Ils étaient libres de passer la frontière et d'aller là où la législation permet la fécondation *in vitro* hétérologue. En prétendant, à tort et sans fournir de raisons valables, que le certificat de naissance était faux, les autorités italiennes ont agi illégalement. Le seul critère qui aurait dû guider les autorités italiennes dans leurs décisions devait être l'intérêt de l'enfant : celui de pouvoir rester auprès des requérants.

66. Le Gouvernement fait observer qu'en délivrant les documents de voyage permettant à l'enfant de partir en Italie, le Consulat italien de Moscou a respecté ses obligations internationales. L'apostille apposée sur le certificat de naissance russe n'empêchait toutefois pas les autorités italiennes de vérifier la véracité du contenu du dossier lié à la naissance de l'enfant. Le droit italien trouve à s'appliquer en l'espèce. L'article 18 du DPR n° 396/2000 appelle les autorités italiennes à vérifier si l'acte de naissance est contraire ou non à l'ordre public interne et donc s'il est apte ou pas à être transcrit dans les registres de l'état civil. La filiation se détermine au sens de l'article 33 de la loi sur le droit international privé. Les juridictions nationales ont prouvé l'absence de tout lien biologique entre les requérants et l'enfant. Il s'agit donc d'un certificat de naissance faux dans son contenu. À supposer qu'il y ait eu une ingérence dans la vie privée et familiale des requérants, celle-ci est conforme à l'article 8 de la Convention car elle repose sur une base légale, elle répond au but de protéger l'enfant et est nécessaire dans une société démocratique. Étant donné l'agrément qu'ils avaient obtenu, les requérants auraient pu adopter un enfant, d'autant plus que l'accord bilatéral conclu entre l'Italie et la Russie le 6 novembre 2008 a permis 781 adoptions régulières dans la seule année 2011. Le Gouvernement fait enfin observer qu'il n'y a pas de consensus européen en matière de gestation pour autrui.

2. Appréciation par la Cour

a) Sur l'applicabilité de l'article 8 de la Convention

67. Conformément à sa jurisprudence, la Cour relève que la question de l'existence ou de l'absence d'une vie familiale est d'abord une question de fait, qui dépend de

l'existence de liens personnels étroits (*Marckx c/ Belgique*, 13 juin 1979, § 31, Série A n° 31 ; *K. et T. c/ Finlande* [GC], n° 25702/94, § 150, CEDH 2001-VII). La notion de « famille » visée par l'article 8 ne se borne pas aux seules relations fondées sur le mariage, mais peut englober d'autres liens « familiaux » de facto, lorsque les parties cohabitent en dehors de tout lien marital et une relation a suffisamment de constance (*Kroon et autres c/ Pays-Bas*, 27 octobre 1994, § 30 , série A n° 297-C ; *Johnston et autres c/ Irlande*, 18 décembre 1986, § 55, série A n° 112 ; *Keegan c/ Irlande*, 26 mai 1994, § 44, série A n° 290 ; *X, Y et Z c/ Royaume-Uni*, 22 avril 1997, § 36, Recueil 1997-II). Par ailleurs, les dispositions de l'article 8 ne garantissent ni le droit de fonder une famille ni le droit d'adopter (*E. B. c/ France* [GC], n° 43546/02, § 41, 22 janvier 2008). Le droit au respect d'une « vie familiale » ne protège pas le simple désir de fonder une famille ; il présuppose l'existence d'une famille (*Marckx*, précité, § 31), voire au minimum d'une relation potentielle qui aurait pu se développer, par exemple, entre un père naturel et un enfant né hors mariage (*Nylund c/ Finlande* (déc.), n° 27110/95, CEDH 1999-VI), d'une relation née d'un mariage non fictif, même si une vie familiale ne se trouvait pas encore pleinement établie (*Abdulaziz, Cabales et Balkandali c/ Royaume-Uni*, 28 mai 1985, § 62, série A n° 94), ou encore d'une relation née d'une adoption légale et non fictive (*Pini et autres c/ Roumanie*, n°s 78028/01 et 78030/01, § 148, CEDH 2004-V).

68. La Cour note que le cas d'espèce présente des similitudes avec l'affaire *Wagner et J.M.W.L. c/ Luxembourg* (n° 76240/01, 28 juin 2007). Dans l'affaire luxembourgeoise il était question de l'impossibilité d'obtenir la reconnaissance au Luxembourg de la décision judiciaire péruvienne prononçant l'adoption plénière d'une requérante au profit d'une deuxième requérante. La Cour a reconnu l'existence d'une vie familiale malgré l'absence de reconnaissance de l'adoption, en prenant en compte le fait que des liens familiaux de facto existaient depuis plus de dix ans entre les requérantes et que la deuxième se comportait à tous égards comme la mère de la mineure.

Dans une autre affaire (*Moretti et Benedetti*, précitée, §§ 50-52), il était question d'un couple marié de requérants qui avaient accueilli un enfant âgé d'un mois dans leur famille. Ils avaient passé dix-neuf mois avec lui avant que les juridictions italiennes ne décident de placer l'enfant auprès d'une autre famille aux fins d'adoption. La Cour a également conclu à l'existence d'une vie familiale de facto, confirmée entre autres par les expertises conduites sur la famille, malgré l'absence de tout rapport juridique de parenté (§§ 50-52).

69. En l'espèce, les requérants se sont vu refuser la transcription de l'acte de naissance russe qui avait établi la filiation. Ce certificat n'ayant pas été reconnu en droit italien, il n'a pas fait naître un rapport juridique de parenté à proprement parler, même si les requérants ont eu, au moins initialement, l'autorité parentale sur l'enfant, comme le prouve la demande de suspension de l'autorité parentale introduite par le curateur. La Cour se doit dès lors de prendre en compte les liens familiaux de facto. À cet égard, elle relève que les requérants ont passé avec l'enfant les premières étapes importantes de sa jeune vie : six mois en Italie, à partir du troisième mois de vie de l'enfant. Avant cette période, la requérante avait déjà passé quelques semaines avec lui en Russie. Même si la période en tant que telle est relativement courte, la Cour estime que les requérants se sont comportés à l'égard de l'enfant comme des parents et conclut à l'existence d'une vie familiale de facto entre les requérants et l'enfant. Il s'ensuit que l'article 8 de la Convention s'applique en l'espèce.

70. À titre surabondant, la Cour note que, dans le cadre de la procédure engagée pour obtenir la reconnaissance de la filiation, le requérant s'est soumis à un test ADN. Il est vrai qu'aucun lien génétique n'a été établi entre le requérant et l'enfant (*a contrario*, *Keegan*, précité, § 45). Toutefois, la Cour rappelle que l'article 8 protège non seulement la « vie familiale », mais aussi la « vie privée ». Cette dernière inclut, dans une certaine mesure, le droit pour l'individu de nouer des relations avec ses semblables (*mutatis mutandis*, *Niemietz c/ Allemagne*, 16 décembre 1992, § 29, série A n° 251-B). Il semble d'ailleurs n'y avoir aucune raison de principe de considérer la notion de vie privée comme excluant l'établissement d'un lien juridique entre un enfant né hors mariage et son géniteur (*Mikulić c/ Croatie*, n° 53176/99, § 53, CEDH 2002-I). La Cour a déjà déclaré que le respect de la vie privée exige que chacun puisse établir les détails de son identité d'être humain et que le droit d'un individu à de telles informations est essentiel du fait de leurs incidences sur la formation de la personnalité (*Gaskin c/ Royaume-Uni*, 7 juillet 1989, § 39, série A n° 160). En l'espèce, le requérant a cherché, par la voie judiciaire, à établir s'il était géniteur. Sa demande de reconnaissance de la filiation légalement établie à l'étranger s'est donc doublée d'une quête de la vérité biologique, visant à déterminer ses liens avec l'enfant. En conséquence, il existait une relation directe entre l'établissement de la filiation et la vie privée du requérant. Il s'ensuit que les faits de la cause tombent sous l'empire de l'article 8 de la Convention (*Mikulić*, précité, § 55).

b) Sur l'observation de l'article 8 de la Convention

71. En l'espèce, les requérants se sont vu refuser, de la part du tribunal pour mineurs de Campobasso et de la cour d'appel de Campobasso, la reconnaissance de la filiation établie à l'étranger et ont été frappés par les décisions judiciaires ayant conduit à l'éloignement et à la prise en charge de l'enfant. Aux yeux de la Cour cette situation s'analyse en une ingérence dans les droits garantis par l'article 8 de la Convention (Wagner et J.M.W.L., précité, § 123). Pareille ingérence méconnaît l'article 8 sauf si elle remplit les conditions cumulatives d'être prévue par la loi, de poursuivre un but légitime, et d'être nécessaire dans une société démocratique. La notion de nécessité implique une ingérence fondée sur un besoin social impérieux et, notamment, proportionnée au but légitime recherché (*Gnahoré c/ France*, n° 40031/98, § 50, CEDH 2000-IX ; *Pontes c/Portugal*, n° 19554/09, § 74, 10 avril 2012).

72. S'agissant de la question de savoir si cette ingérence était « prévue par la loi », la Cour rappelle qu'aux termes de l'article 5 de la Convention de la Haye de 1961, le seul effet de l'apostille est celui de certifier l'authenticité de la signature, la qualité en laquelle le signataire de l'acte a agi et, le cas échéant, l'identité du sceau ou timbre dont cet acte est revêtu. Il ressort du rapport explicatif de ladite Convention que l'apostille n'atteste pas la véracité du contenu de l'acte sous-jacent. Cette limitation des effets juridiques découlant de la Convention de la Haye a pour but de préserver le droit des États signataires d'appliquer leurs propres règles en matière de conflits de lois lorsqu'ils doivent décider du poids à attribuer au contenu du document apostillé. En l'espèce, les juridictions italiennes ne se sont pas basées sur le certificat de naissance étranger mais elles ont opté pour l'application du droit italien s'agissant du lien de filiation. En fait, l'application des lois italiennes qui a été faite en l'espèce par le tribunal pour mineurs découle de la règle des conflits des lois selon laquelle la filiation est déterminée par la loi nationale de l'enfant au moment de la naissance. En l'espèce, compte tenu de ce que l'enfant est issu de gamète de donneurs inconnus, la nationalité de l'enfant n'était pas établie. Dans cette situation, la Cour estime que

l'application du droit italien par les juridictions nationales ayant abouti au constat que l'enfant était en état d'abandon ne saurait passer comme étant arbitraire. Enfin, la Cour relève que les mesures à l'égard de l'enfant prises par le tribunal pour mineurs et confirmées par la cour d'appel de Campobasso s'appuient sur les dispositions de droit interne.

Il s'ensuit que l'ingérence – fondée en particulier sur les articles pertinents de la loi sur le droit international privé et de la loi sur l'adoption internationale – était « prévue par la loi ».

73. S'agissant du but légitime, aux yeux de la Cour, il n'y a pas lieu de douter que les mesures prises à l'égard de l'enfant tendaient à la « défense de l'ordre », dans la mesure où la conduite des requérants se heurtait à la loi sur l'adoption internationale et le recours aux techniques de reproduction assistée hétérologue était, à l'époque des faits, interdit. En outre, les mesures en question visaient la protection des « droits et libertés » de l'enfant.

74. Pour apprécier la « nécessité » des mesures litigieuses « dans une société démocratique », la Cour examine, à la lumière de l'ensemble de l'affaire, si les motifs invoqués pour les justifier sont pertinents et suffisants aux fins du paragraphe 2 de l'article 8. Dans les affaires délicates et complexes, la marge d'appréciation laissée aux autorités nationales compétentes varie selon la nature des questions en litige et la gravité des intérêts en jeu. Si les autorités jouissent d'une grande latitude en matière d'adoption (Wagner et J.M.W.L., précité, § 127) ou pour apprécier la nécessité de prendre en charge un enfant, en particulier lorsqu'il y a urgence, la Cour doit néanmoins avoir acquis la conviction que dans l'affaire en question, il existait des circonstances justifiant le retrait de l'enfant. Il incombe à l'État défendeur d'établir que les autorités ont évalué avec soin l'incidence qu'aurait sur les parents et l'enfant la mesure d'adoption, ainsi que d'autres solutions que la prise en charge de l'enfant avant de mettre une pareille mesure à exécution (*K. et T. c/ Finlande* [GC], n° 25702/94, § 166, CEDH 2001-VII ; *Kutzner*, précité, § 67).

75. Dans la présente affaire, la question est de savoir si l'application faite en l'espèce des dispositions législatives a ménagé un juste équilibre entre l'intérêt public et les intérêts privés en jeu, fondés sur le droit au respect de la vie privée et familiale. Ce faisant, elle doit avoir égard au principe essentiel selon lequel, chaque fois que la situation d'un enfant est en cause, l'intérêt supérieur de celui-ci doit primer (*Wagner et J.M.W.L.*, précité, §§ 133-134 ; *Mennesson c/ France*, n° 65192/11, § 81, CEDH 2014 (extraits) ; *Labassee c/ France*, n° 65941/11, § 60, 26 juin 2014).

76. La Cour relève qu'en l'espèce il y a l'absence avérée de liens génétiques entre l'enfant et les requérants. Ensuite, la loi russe ne précise pas si entre les futurs parents et l'enfant à naître il faut un lien biologique. En outre, les requérants n'ont pas argué devant les juridictions nationales que le droit russe n'exigeait pas un lien génétique avec au moins un des futurs parents pour parler de gestation pour autrui. Compte tenu de ces éléments, la Cour estime qu'il n'est pas nécessaire de comparer la législation des États membres afin de voir si, en matière de gestation pour autrui, la situation se trouve à un stade avancé d'harmonisation en Europe. En effet, la Cour est confrontée à un dossier dans lequel une société russe – pour laquelle travaille l'avocat qui représente les requérants à Strasbourg – a encaissé une somme d'argent des requérants ; elle a acheté des gamètes de donneurs inconnus ; elle a trouvé une mère porteuse et lui a fait implanter les embryons ; elle a remis l'enfant aux requérants ; elle

les a aidés à obtenir le certificat de naissance. Pour mieux expliquer ce processus, l'avocat en question a indiqué qu'il était tout à fait possible de contourner l'exigence d'avoir un lien génétique avec un des futurs parents en achetant les embryons, qui deviennent ainsi « ses » embryons. Indépendamment de toute considération éthique quant aux agissements de la société Rosjurconsulting, les conséquences de ces agissements ont été très lourdes pour les requérants, surtout si l'on prend en compte le fait que le requérant était certain d'être le père biologique de l'enfant et qu'à ce jour il n'a pas été démontré qu'il n'était pas de bonne foi.

77. L'application du droit national a eu pour conséquence la non reconnaissance de la filiation établie à l'étranger, au motif que les requérants n'avaient pas un lien génétique avec l'enfant. La Cour ne néglige pas les aspects émotionnels de ce dossier où il a été question, pour les requérants, de constater leur incapacité à procréer ; de demander l'agrément pour adopter ; une fois l'agrément obtenu en décembre 2006, d'attendre pendant des années de pouvoir adopter en faisant face à la pénurie d'enfants adoptables ; de nourrir un espoir lorsqu'en 2010, les requérants se sont résolus à souscrire un contrat avec Rosjurcosulting et lorsqu'ils ont appris la naissance de l'enfant ; de sombrer dans le désespoir lorsqu'ils ont appris que le requérant n'était pas le père biologique de l'enfant.

Les juridictions nationales ont examiné l'argument du requérant selon lequel il y avait eu une erreur à la clinique russe car son liquide séminal n'avait pas été utilisé. Elles ont toutefois estimé que la bonne foi de l'intéressé ne pouvait pas créer le lien biologique qui faisait défaut.

Selon la Cour, en faisant une application stricte du droit national pour déterminer la filiation et en passant outre le statut juridique créé à l'étranger, les juges nationaux n'ont pas pris une décision déraisonnable (*a contrario*, Wagner et J.M.W.L. précité, § 135).

78. Il reste néanmoins à savoir si, dans une telle situation, les mesures prises à l'égard de l'enfant – notamment son éloignement et sa mise sous tutelle – peuvent passer pour des mesures proportionnées, à savoir si l'intérêt de l'enfant a été pris en compte de manière suffisante par les autorités italiennes.

79. La Cour note à cet égard que le tribunal pour mineurs de Campobasso a estimé que l'enfant était sans environnement familial adéquat aux termes de la loi sur l'adoption internationale. Pour parvenir à cette conclusion, les juges nationaux ont pris en compte le fait que l'enfant était né de parents biologiques inconnus et que la mère porteuse avait renoncé à lui. Ils ont ensuite attaché une grande importance à la situation d'illégalité dans laquelle les requérants versaient : ces derniers avaient amené l'enfant en Italie en faisant croire qu'il s'agissait de leur fils et avaient ainsi violé le droit italien, en particulier la loi sur l'adoption internationale et la loi sur la reproduction assistée. Ils ont en outre déduit du fait que les requérants s'étaient adressés à Rosjurconsulting une volonté de court-circuiter la loi sur l'adoption malgré l'agrément obtenu et ont estimé que cette situation résultait d'un désir narcissique du couple ou que l'enfant était destiné à résoudre des problèmes du couple. Dès lors on pouvait douter de leurs capacités affective et éducative. Il était donc nécessaire de mettre un terme à cette situation en éloignant l'enfant du domicile des requérants et de supprimer toute possibilité de contact avec lui. La perspective suivie par les juridictions nationales répondait manifestement au besoin de mettre un terme à la situation d'illégalité.

80. Selon la Cour, la référence à l'ordre public ne saurait toutefois passer pour une carte blanche justifiant toute mesure, car l'obligation de prendre en compte l'intérêt supérieur de l'enfant incombe à l'État indépendamment de la nature du lien parental, génétique ou autre. À cet égard, la Cour rappelle que dans l'affaire Wagner et J.M.W.L. précitée, les autorités luxembourgeoises n'avaient pas reconnu la filiation établie à l'étranger au motif que celle-ci se heurtait à l'ordre public ; cependant, elles n'avaient adopté aucune mesure visant l'éloignement du mineur ou l'interruption de la vie familiale. En effet, l'éloignement de l'enfant du contexte familial est une mesure extrême à laquelle on ne devrait avoir recours qu'en tout dernier ressort. Pour qu'une mesure de ce type se justifie, elle doit répondre au but de protéger l'enfant confronté à un danger immédiat pour celui-ci (*Scozzari et Giunta c/ Italie* [GC], n°s 39221/98 et 41963/98, § 148, CEDH 2000-VIII ; *Neulinger et Shuruk c/ Suisse* [GC], n° 41615/07, § 136, CEDH 2010 ; *Y.C. c/ Royaume-Uni*, n° 4547/10, §§ 133-138, 13 mars 2012 ; *Pontes c/ Portugal*, n° 19554/09, §§ 74-80, 10 avril 2012). Le seuil établi dans la jurisprudence est très élevé, et la Cour estime utile de rappeler les passages suivants tirés de l'arrêt Pontes précité :

« § 74. La Cour rappelle que, pour un parent et son enfant, être ensemble représente un élément fondamental de la vie familiale (*Kutzner*, précité, § 58) et que des mesures internes qui les en empêchent constituent une ingérence dans le droit protégé par l'article 8 de la Convention (*K. et T. c/ Finlande* [GC], n° 25702/94, § 151, CEDH 2001-VII). Pareille ingérence méconnaît l'article 8 sauf si, « prévue par la loi », elle poursuit un ou des buts légitimes au regard du second paragraphe de cette disposition et est « nécessaire, dans une société démocratique » pour les atteindre. La notion de « nécessité » implique une ingérence fondée sur un besoin social impérieux et, notamment, proportionnée au but légitime recherché (*Couillard Maugery c/ France*, n° 64796/01, § 237, 1er juillet 2004).

§ 75. Si l'article 8 tend pour l'essentiel à prémunir l'individu contre des ingérences arbitraires des pouvoirs publics, il met de surcroît à la charge de l'État des obligations positives inhérentes au « respect » effectif de la vie familiale. Ainsi, là où l'existence d'un lien familial se trouve établie, l'État doit en principe agir de manière à permettre à ce lien de se développer et prendre les mesures propres à réunir le parent et l'enfant concernés (voir, par exemple, *Eriksson c/ Suède*, 22 juin 1989, § 71, série A n° 156 ; *Olsson c/ Suède* (n° 2), 27 novembre 1992, § 90, série A n° 250 ; *Ignaccolo-Zenide c/ Roumanie*, n° 31679/96, § 94, CEDH 2000-I ; *Gnahoré c/ France*, n° 40031/98, § 51, CEDH 2000-IX et, dernièrement, *Neulinger et Shuruk c/ Suisse* [GC], n° 41615/07, § 140, CEDH 2010). La frontière entre les obligations positives et négatives de l'État au titre de l'article 8 ne se prête pas à une définition précise ; les principes applicables sont néanmoins comparables. En particulier, dans les deux cas, il faut avoir égard au juste équilibre à ménager entre les intérêts concurrents - ceux de l'enfant, ceux des deux parents et ceux de l'ordre public - (*Maumousseau et Washington c/ France*, n° 93388/05, § 62, CEDH 2007-XIII), en tenant compte toutefois de ce que l'intérêt supérieur de l'enfant doit constituer la considération déterminante (dans ce sens *Gnahoré*, précité, § 59, CEDH 2000-IX), pouvant, selon sa nature et sa gravité, l'emporter sur celui des parents (*Sahin c/ Allemagne* [GC], n° 30943/96, § 66, CEDH 2003-VIII). L'intérêt de ces derniers, notamment à bénéficier d'un contact régulier avec l'enfant, reste néanmoins un facteur dans la balance des différents intérêts en jeu (*Haase c/ Allemagne*, n° 11057/02, § 89, CEDH 2004-III (extraits), ou *Kutzner c/ Allemagne*, précité, § 58). Dans les deux hypothèses, l'État jouit d'une certaine marge d'appréciation (voir, par exemple, *W., B. et R. c/ Royaume-Uni*, 8 juillet 1987, série A n° 121, §§ 60 et 61, et *Gnahoré*, précité, § 52). La Cour n'a point pour tâche de se substituer aux autorités internes pour réglementer la prise en charge d'enfants par l'administration publique et les droits des parents de ces enfants, mais d'apprécier sous l'angle de la Convention les décisions qu'elles ont rendues dans l'exercice de leur pouvoir d'appréciation (*Hokkanen c/ Finlande*, 23 septembre 1994, § 55, série A n° 299-A).

§ 76. La Cour rappelle que, si l'article 8 ne renferme aucune condition explicite de procédure, le processus décisionnel lié aux mesures d'ingérence doit être équitable et propre à respecter les intérêts protégés par cette disposition. Il échet dès lors de déterminer, en fonction des circonstances de chaque espèce et notamment de la gravité des mesures à prendre, si les parents ont pu jouer dans le processus décisionnel, considéré comme un tout, un rôle assez grand pour leur accorder la protection requise de leurs intérêts. Dans la négative, il y a manquement au respect de leur vie familiale et l'ingérence résultant de la décision ne saurait passer pour « nécessaire » au sens de l'article 8 (*W. c/ Royaume-Uni*, 8 juillet 1987, § 64, série A n° 121).

§ 77. Pour apprécier la « nécessité » de la mesure litigieuse « dans une société démocratique », la Cour considérera si, à la lumière de l'ensemble de l'affaire, les motifs invoqués à l'appui de celle-ci étaient pertinents et suffisants aux fins du paragraphe 2 de l'article 8 de la Convention. À cette fin, elle tiendra compte du fait que l'éclatement d'une famille constitue une ingérence très grave ; une telle mesure doit donc reposer sur des considérations inspirées par l'intérêt de l'enfant et ayant assez de poids et de solidité (*Scozzari et Giunta c/ Italie* [GC], n°s 39221/98 et 41963/98, § 148, CEDH 2000-VIII).

§ 78. Si les autorités jouissent d'une grande latitude pour apprécier en particulier la nécessité de prendre en charge un enfant, il lui faut en revanche exercer un contrôle plus rigoureux sur les restrictions supplémentaires, comme celles apportées par les autorités au droit de visite des parents, et sur les garanties destinées à assurer la protection effective du droit des parents et des enfants au respect de leur vie familiale. Ces restrictions supplémentaires comportent le risque d'amputer les relations familiales entre les parents et un jeune enfant (*Gnahoré* précité, § 54, et *Sahin c/ Allemagne* [GC], n° 30943/96, § 65, CEDH 2003-VIII).

§ 79. D'un côté, il est certain que garantir aux enfants une évolution dans un environnement sain relève de cet intérêt et que l'article 8 ne saurait en aucune manière autoriser un parent à voir prendre des mesures préjudiciables à la santé et au développement de ses enfants (*Sahin* précité, § 66). De l'autre côté, il est clair qu'il est tout autant dans l'intérêt de l'enfant que les liens entre lui et sa famille soient maintenus, sauf dans les cas où celle-ci s'est montrée particulièrement indigne : briser ce lien revient à couper l'enfant de ses racines. Il en résulte que l'intérêt de l'enfant commande que seules des circonstances tout à fait exceptionnelles puissent conduire à une rupture du lien familial, et que tout soit mis en œuvre pour maintenir les relations personnelles et, le cas échéant, le moment venu, « reconstituer » la famille (*Gnahoré* précité, § 59).

§ 80. La Cour rappelle par ailleurs que, dans les affaires touchant la vie familiale, le passage du temps peut avoir des conséquences irrémédiables sur les relations entre l'enfant et le parent qui ne vit pas avec lui. En effet, la rupture de contact avec un enfant très jeune peut conduire à une altération croissante de sa relation avec son parent (*Ignaccolo-Zenide c/ Roumanie*, précité, § 102 ; *Maire c/ Portugal*, n° 48206/99, § 74, CEDH 2003-VI). »

La Cour estime utile de rappeler également les passages suivants tirés de l'arrêt Zhou (*Zhou c/ Italie*, n° 33773/11, §§ 55-56, 21 janvier 2014) :

« § 55 La Cour rappelle que dans des cas si délicats et complexes, la marge d'appréciation laissée aux autorités nationales compétentes varie selon la nature des questions en litige et la gravité des intérêts en jeu. Si les autorités jouissent d'une grande latitude pour apprécier la nécessité de prendre en charge un enfant, en particulier lorsqu'il y a urgence, la Cour doit néanmoins avoir acquis la conviction que dans l'affaire en question, il existait des circonstances justifiant le retrait de l'enfant. Il incombe à l'État défendeur d'établir que les autorités ont évalué avec soin l'incidence qu'aurait sur les parents et l'enfant la mesure d'adoption, ainsi que d'autres solutions que la prise en charge de l'enfant avant de mettre une pareille mesure à exécution (*K. et T. c/ Finlande* [GC], précité, § 166 ; *Kutzner c/ Allemagne*, précité, § 67, CEDH 2002-I).

§ 56 À la différence d'autres affaires que la Cour a eu l'occasion d'examiner, l'enfant de la requérante en l'espèce n'avait pas été exposée à une situation de violence ou de maltraitance physique ou psychique (voir, *a contrario*, Dewinne c/ Belgique (déc.), n° 56024/00, 10 mars 2005 ; *Zakharova c/ France* (déc.), n° 57306/00, 13 décembre 2005), ni à des abus sexuels (voir, *a contrario*, *Covezzi et Morselli c/ Italie*, n° 52763/99, § 104, 9 mai 2003). La Cour rappelle avoir a conclu à la violation dans l'affaire *Kutzner c/ Allemagne*, (§ 68, précité) dans laquelle les tribunaux avaient retiré l'autorité parentale aux requérants après avoir constaté un déficit affectif de ces derniers, et a déclaré la non violation de l'article 8 dans l'affaire *Aune c/ Norvège*, (n° 52502/07, 28 octobre 2010), où la Cour avait relevé que l'adoption du mineur n'avait en fait pas empêché la requérante de continuer à entretenir une relation personnelle avec l'enfant et n'avait pas eu pour conséquences de couper l'enfant de ses racines. Elle a également constaté la violation de l'article 8 dans une affaire (*Saviny c/ Ukraine*, n° 39948/06, 18 décembre 2008) où le placement des enfants des requérants avait été justifié en raison de leur incapacité de garantir des conditions de vie adéquates (le manque de moyens financiers et de qualités personnelles des intéressés mettait en péril la vie, la santé et l'éducation morale des enfants). Au demeurant, dans une affaire où le placement des enfants avait été ordonné en raison d'un de déséquilibre psychique des parents, la Cour a conclu à la non violation de l'article 8 en tentant en compte également de ce que le lien entre les parents et les enfants n'avait été coupé (*Couillard Maugery c/ France*, précité). »

81. La Cour reconnaît que la situation qui se présentait aux juges nationaux en l'espèce était délicate. En effet, de graves soupçons pesaient sur les requérants. Au moment où le tribunal pour mineurs a décidé d'éloigner l'enfant des requérants, il a pris en compte le préjudice certain qu'il subirait mais, vu la courte période qu'il avait passée avec eux et son bas âge, il a estimé que l'enfant surmonterait ce moment difficile de sa vie. Cependant la Cour estime que les conditions pouvant justifier le recours aux mesures litigieuses n'étaient pas remplies, et ce pour les raisons suivantes.

82. Tout d'abord, le seul fait que l'enfant aurait développé un lien affectif plus fort vis-à-vis de ses parents d'intention pour le cas où il serait resté auprès d'eux ne suffit pas pour justifier son éloignement.

83. Ensuite, s'agissant de la procédure pénale ouverte à l'encontre des requérants, la Cour note d'emblée que la cour d'appel de Campobasso avait estimé qu'il n'était pas nécessaire d'en attendre l'issue car la responsabilité pénale des intéressés ne jouait aucun rôle (paragraphe 25 ci-dessus), de sorte que les soupçons pesant sur les intéressés ne suffisent pas non plus pour justifier les mesures litigieuses. Aux yeux de la Cour, il n'est en tout cas pas possible de spéculer sur l'issue de la procédure pénale. En outre, seulement en cas de condamnation pour l'infraction prévue à l'article 72 de la loi sur l'adoption les requérants seraient devenus légalement incapables d'adopter ou accueillir l'enfant en placement.

84. À ce dernier égard, la Cour relève que les requérants, jugés aptes à adopter en décembre 2006 au moment où ils reçurent l'agrément (paragraphe 12 ci-dessus), ont été jugés incapables d'éduquer et aimer l'enfant au seul motif qu'ils avaient contourné la loi sur l'adoption, sans qu'une expertise ait été ordonnée par les tribunaux.

85. Enfin, la Cour note que l'enfant a reçu une nouvelle identité seulement en avril 2013, ce qui signifie qu'il était inexistant pendant plus de deux ans. Or, il est nécessaire qu'un enfant ne soit pas désavantagé du fait qu'il a été mis au monde par une mère porteuse, à commencer par la citoyenneté ou l'identité qui revêtent une importance primordiale (voir l'article 7 de la Convention des Nations unies relative aux droits de l'enfant du 20 novembre 1989, entrée en vigueur le 2 septembre 1990, 1577 Recueil des Traités 3).

86. Compte tenu de ces éléments, la Cour n'est pas convaincue du caractère adéquat des éléments sur lesquels les autorités se sont appuyées pour conclure que l'enfant devait être pris en charge par les services sociaux. Il en découle que les autorités italiennes n'ont pas préservé le juste équilibre devant régner entre les intérêts en jeu.

87. En conclusion, la Cour estime qu'il y a eu violation de l'article 8 de la Convention.

88. Compte tenu de ce que l'enfant a certainement développé des liens affectifs avec la famille d'accueil chez laquelle il a été placé début 2013, le constat de violation prononcé dans la cause des requérants ne saurait donc être compris comme obligeant l'État à remettre le mineur aux intéressés.

Voir le corrigé en fin de rubrique.

2) Corrigé

Commentaire d'arrêt

Introduction

Problématique : l'assistance médicale à la procréation, l'interdiction d'une AMP hétérologue (expliquer) en Italie et de la gestation pour autrui. Mettre l'arrêt en perspective avec celui de la grande chambre du 24 janvier 2017 (req. n° 25358/12).

Le tourisme procréatif à l'étranger.

La possibilité d'acheter un enfant, objet d'une convention de mère porteuse, à l'étranger n'assure pas la reconnaissance de l'acte de naissance dans son propre pays (I), même si, en l'espèce, la CEDH a conclu à la violation de la vie privée et familiale des parents d'intention (II).

I. L'achat d'un enfant pour la somme de 49 000€

A. Le recours à la gestation pour autrui en Russie

– La stérilité du couple et les solutions pour y remédier.

– Le recours à une gestation pour autrui légale en Russie : le caractère hétérologue de la gestation.

B. Le refus de transcription de l'acte de naissance en Italie

– Le refus de transcription : les justifications du refus – un acte de naissance faux.

– L'illégalité de la situation selon le droit italien.

– Parallèle avec le droit français : exposer la solution de l'Assemblée plénière du 3 juillet 2015.

II. La violation de la vie privée et familiale des parents d'intention

A. L'existence d'une vie familiale *de facto*

– Le recours à la notion autonome par la CEDH de « vie familiale *de facto* », la jurisprudence européenne antérieure.

– Le danger de la qualification retenue.

B. La non prise en compte de l'intérêt supérieur de l'enfant par l'Italie

– L'éloignement de l'enfant et des parents d'intention et l'absence d'état civil de l'enfant pendant deux ans constitutifs de l'ingérence italienne non justifiée.

– L'absence de nécessité de remettre l'enfant aux parents d'intention en dépit de la violation constatée.

chapitre 15

Les actions relatives à la filiation

Plan analytique

Les conditions de recevabilité de l'action d'état (section 1) sont distinctes de l'examen de son bien-fondé par le juge (section 2). 728

section 1

Les conditions de recevabilité de l'action

Indépendamment de l'objet de l'action, « Aucune action n'est reçue quant à la filiation d'un enfant qui n'est pas né viable » (318 C. civ.) et « Le tribunal de grande instance, statuant en matière civile, est seul compétent pour connaître des actions relatives à la filiation » (318-1 du C. civ.). Prérogative d'ordre public, « Les actions relatives à la filiation ne peuvent faire l'objet de renonciation » (323 du C. civ.) et « Les jugements rendus en matière de filiation sont opposables aux personnes qui n'y ont point été parties » (art. 324 du C. civ.), sauf tierce opposition dans le délai de dix ans posé à l'article 321. 729

Un texte général, l'article 322, précise que l'action peut être exercée par les héritiers d'une personne décédée s'ils sont encore dans le délai pour agir, ou poursuivie par eux si l'action avait déjà été engagée par le défunt, à condition qu'il n'y ait eu ni désistement ni péremption d'instance. Il y a disparition du principe d'intransmissibilité de l'action au bénéfice des héritiers.

Il convient de distinguer les actions aux fins d'établissement de la filiation (§ 1) des actions en contestation de filiation (§ 2) puis d'étudier une action que l'on rattache à la filiation bien qu'elle n'ait pas pour fin l'établissement d'un lien de filiation, il s'agit de l'action à fins de subsides (§ 3).

§ 1 L'établissement judiciaire de la filiation

Chaque fois que le juge statue sur l'établissement d'un lien de filiation, il peut si cela est souhaitable trancher les questions relatives à l'autorité parentale, à l'entretien de l'enfant ou à son nom. 730

L'ordonnance du 4 juillet 2005 a considérablement simplifié les actions permettant d'établir le lien de parenté à l'égard d'un enfant. Quatre actions sont possibles. L'établissement judiciaire de la filiation s'entend de la recherche de maternité (A) ou de paternité (B), du rétablissement de la présomption de paternité (C) et de la constatation de possession d'état (D). 731

A. L'action en recherche de maternité

732 La recherche de maternité, même si la mère a accouché sous X, est admise à une double condition. Il faut tout d'abord que l'enfant n'ait ni titre ni possession d'état pour intenter cette recherche. La certitude de la maternité est liée à l'accouchement. L'évolution des connaissances scientifiques remet en cause dans certains cas la confortable certitude, ainsi de la maternité à l'égard d'un enfant conçu à trois au Mexique : mère génétique – don d'ovule, de noyau d'ovule – mère biologique – don d'enveloppe d'ovule, prêt d'utérus, mère d'intention – projet parental (L. de Saint-Pern, « Mater semper certa est. Never ever... », *D.* 2016. 2290).

Le cas étant somme toute encore peu fréquent, et dans tous les cas prohibé en France, deux textes permettent de maintenir le critère de l'accouchement. L'article 332 du C. civ. dispose « la maternité peut être contestée en rapportant la preuve que la mère n'a pas accouché de l'enfant » et l'article 325 dispose « à défaut de titre et de possession d'état, la recherche de maternité est admise. L'action est réservée à l'enfant qui est tenu de prouver qu'il est celui dont la mère prétendue a accouché ». Le droit limite l'objet de la preuve à l'accouchement qui seul établit avec certitude qui est la mère. Il faut ensuite qu'il prouve qu'il est celui dont la mère a accouché (art. 325 C. civ.). Cette action n'appartient qu'à l'enfant, contre la mère prétendue ou ses héritiers qui peut agir pendant dix ans, le législateur n'ayant pas enfermé cette action dans un délai plus court (C. Civ., art. 321). Un report de délai est prévu du fait de la minorité de l'enfant qui pourra exercer l'action à partir de sa majorité et donc jusqu'à 28 ans.

B. L'action en recherche de paternité

733 La recherche de paternité est également recevable. Le Code reprend à l'article 327 l'ancien article 340. L'action en recherche de paternité n'est plus subordonnée à l'existence de présomption ou d'indices graves pour être exercée. L'ordonnance a supprimé les adminicules comme condition de recevabilité de l'action. Il est vrai que cette condition avait déjà été vidée de son contenu par la Cour de cassation elle-même. Le 14 juin 2005, la Cour casse l'arrêt d'appel qui avait infirmé la décision des premiers juges d'ordonner un examen comparé des sangs à titre de preuve, alors qu'aucun indice grave ou présomption n'était rapporté en l'espèce, motif pris que l'expertise est de droit en matière de filiation (*Bull. civ.* I, n° 251). La solution est réitérée par l'Assemblée plénière le 23 novembre 2007 (*JCP* 2007. II. 10204, note P. Chauvin). L'action n'appartient qu'à l'enfant. En cas de minorité de l'enfant, le parent peut exercer l'action pour son enfant, même s'il est lui-même mineur.

Si le parent contre lequel le lien de filiation doit être établi est décédé, l'action peut être exercée contre les héritiers (art. 328 du C. civ.).

C. L'action en rétablissement de paternité

734 Le rétablissement de la présomption de paternité a été maintenu. Il faut que la présomption de paternité du mari ait été écartée dans les conditions de l'article 313 du Code civil : « La présomption de paternité est écartée lorsque l'acte de naissance de l'enfant ne désigne pas le mari en qualité de père. Elle est encore écartée, en cas de demande en divorce ou en séparation de corps, lorsque l'enfant est né plus de trois cents jours après la date soit de l'homologation de la convention réglant l'ensemble

des conséquences du divorce ou des mesures provisoires prises en application de l'article 250-2, soit de l'ordonnance de non-conciliation, et moins de cent quatre-vingts jours depuis le rejet définitif de la demande ou la réconciliation. ».

Chacun des époux peut demander que les effets de la présomption de paternité soient rétablis, en justifiant que le mari est bien le père de l'enfant. L'enfant a dix ans après sa majorité pour l'établir (art. 329 du C. civ.). L'action n'appartient qu'aux époux, durant la minorité de l'enfant, et à l'enfant devenu majeur.

D. L'action en constatation d'état

L'action en constatation de la possession d'état peut être exercée par toute personne qui y a intérêt dans le délai de dix ans à compter de sa cessation ou du décès du parent prétendu (art. 330 C. civ.). Cette action diligentée devant le tribunal de grande instance ayant compétence exclusive en matière de filiation ne doit pas être confondue avec l'établissement de la filiation sur acte de notoriété prévu à l'article 317 du Code civil disposant « Chacun des parents ou l'enfant peut demander au juge du tribunal d'instance du lieu de naissance ou de leur domicile que lui soit délivré un acte de notoriété qui fera foi de la possession d'état jusqu'à preuve contraire. L'acte de notoriété est établi sur la foi des déclarations d'au moins trois témoins et, si le juge l'estime nécessaire, de tout autre document produit qui atteste une réunion suffisante de faits au sens de l'article 311-1. La délivrance de l'acte de notoriété ne peut être demandée que dans un délai de cinq ans à compter de la cessation de la possession d'état alléguée ou à compter du décès du parent prétendu, y compris lorsque celui-ci est décédé avant la déclaration de naissance. La filiation établie par la possession d'état constatée dans l'acte de notoriété est mentionnée en marge de l'acte de naissance de l'enfant. Ni l'acte de notoriété, ni le refus de le délivrer ne sont sujets à recours ». 735 ■

L'action n'est pas une action attitrée, toute personne intéressée peut agir. La prescription est de dix ans par application de l'article 321 du Code civil.

La Cour de cassation a jugé qu'« en matière de constatation de possession d'état, il ne peut y avoir lieu à prescription d'une expertise biologique » (Civ. 1re, 16 juin 2011, n° 08-20.475, *Defrénois*, 15 févr. 2012, p 139, N. Coudoing ; *Dr. fam.* 2011. comm. 150, C. Neirinck ; comp. Civ. 1re, 6 déc. 2005, n° 03-15.588, *Dr. famille* 2006. comm. 26). Cette solution aura sans doute vocation à s'étendre à l'hypothèse visée par l'article 335 du Code civil.

§ 2 La contestation judiciaire de la filiation

Lorsque le juge remet en cause une filiation établie, il peut toujours décider que l'enfant conservera des liens avec la personne qui jusque-là l'élevait (art. 337 C. civ.). Deux actions en contestation sont distinguées par le Code, l'action en contestation de paternité ou de maternité (A), l'action en contestation de possession d'état (B). 736 ■

A. L'action en contestation de paternité ou de maternité

Il existe une action unique qui permet de contester soit le lien maternel, soit le lien paternel de filiation. Si elle est exercée à l'encontre de la mère, il faudra prouver 737 ■

qu'elle n'a pas accouché de l'enfant. Si elle est exercée à l'encontre du père, il faudra justifier que le mari ou l'auteur de la reconnaissance n'est pas le père.

L'action reste interdite si l'enfant a une possession d'état conforme à son titre de naissance, sauf lorsqu'elle est diligentée par l'enfant lui-même, l'un des parents ou celui qui se prétend le véritable parent.

Elle se prescrit par cinq ans à compter du jour de la cessation de la possession d'état ou du décès du parent dont le lien de filiation est contesté (art. 333 C. civ.).

Lorsque la filiation, possession d'état conforme au titre, a duré au moins cinq ans depuis la naissance ou la reconnaissance, si elle a été faite ultérieurement, seul le ministère public est habilité à agir (mod. L. 16 janv. 2009, art. 333, al. 2 du C. civ.).

L'action peut être exercée pendant dix ans par toute personne intéressée dans les autres cas.

B. L'action en contestation de possession d'état

■ 738 La filiation peut avoir été établie par établissement de la possession d'état, soit par acte de notoriété du juge d'instance (Code civil, art. 317), soit par le tribunal de grande instance par voie d'action (Code civil, art. 330). Si la filiation a été établie par un acte de notoriété, elle pourra être contestée par toute personne intéressée dans les dix ans de la délivrance de l'acte (art. 335 du C. civ.). Il s'ensuit que l'acte de notoriété ne vaut que présomption simple de la filiation. Il faudra prouver l'absence de possession d'état.

§ 3 L'action à fins de subsides

■ 739 « Tout enfant dont la filiation paternelle n'est pas légalement établie, peut réclamer des subsides à celui qui a eu des relations avec sa mère pendant la période légale de la conception » (art. 342, al. 1er du C. civ. ; S. Mirabail, « Repenser l'action à fins de subsides », *Dr. fam.* 2011. étude 19 ; I. Ardeeff, « Plaidoyer pour le maintien de l'action à fins de subsides », *AJ fam.* 2012. 39). Cette action peut être exercée pendant toute la minorité de l'enfant et dans les dix ans qui suivent sa majorité. Elle n'a pas pour but d'établir la filiation de l'enfant qui l'exerce, aussi le fait que le défendeur ait été engagé au moment de la conception dans les liens du mariage avec une autre personne que la mère, ou qu'il fasse l'objet d'un empêchement ou d'une prohibition à mariage est indifférent. Le défendeur peut être condamné à une contribution dont le montant dépendra de ses ressources et des besoins de l'enfant (art. 342-2 du C. civ.). L'obligation à subsides cessera chaque fois que le lien de filiation paternelle de l'enfant sera établi à l'égard d'une autre personne que le débiteur (art. 342-8, al. 2 du C. civ.). En revanche, le débiteur de subsides pourrait être tenu de continuer à verser une aide à l'enfant si, à la suite d'une action en recherche de paternité (art. 342-8, al. 1er du C. civ.), il s'avérait être le père de l'enfant.

section 2

L'examen du bien-fondé de l'action

Pour que le lien de filiation soit détruit (action en contestation) ou établi (action aux fins d'établissement), il faut que la preuve de la réalité de la filiation ou de l'absence de toute filiation soit rapportée. Cette preuve était parfois subordonnée à l'existence d'indices et présomptions graves (M. Mignot, « Les expertises biologiques dans le droit de la filiation, aspects de fond et de procédure civile », *RRJ* 2003. 667 s.), mais ceux-ci pouvaient également constituer les éléments de preuve de la filiation (Civ. 1re, 11 févr. 1997, *D.* 1997. 502, note J. Massip). L'arrêt d'assemblée plénière du 23 novembre 2007 met fin à la nécessité de ces adminicules. 740 ■

L'ancien article 311-12 du Code civil, disposition commune à la filiation légitime et naturelle, disposait que « Les tribunaux règlent les conflits de filiation pour lesquels la loi n'a pas fixé d'autre principe, en déterminant par tous moyens de preuve la filiation la plus vraisemblable » (al. 1er). « À défaut d'éléments suffisants de conviction, ils ont égard à la possession d'état » (al. 2). La possession d'état jouait ici un rôle probatoire, mais elle était définie de la même manière que lorsqu'elle est un mode autonome d'établissement de filiation. La référence à la possession d'état tendait à devenir lettre morte. Il a été en effet jugé que le refus du défendeur de se soumettre à un examen biologique, corroboré par d'autres indices, rendait vraisemblable sa paternité (Civ. 1re, 6 mars 1996, *D.* 1996. 529, note J.-J. Lemouland). 741 ■

Les découvertes génétiques ont profondément modifié les questions relatives aux conflits de filiations (A. Bottiau, « Empreintes génétiques et droit de la filiation », *D.* 1989. Chron. 271 ; J.-C. Galloux, « L'empreinte génétique : la preuve parfaite ? », *JCP* 1991. I. 3497), et si le rôle du juge peut parfois conserver son importance, les dernières évolutions jurisprudentielles font craindre une automaticité dans l'établissement du lien de filiation réduit à son seul aspect biologique (v. déjà C. Atias, « Les paradoxes du réalisme biologique en matière de filiation », *JCP* 1984. I. 3165). L'abrogation de l'article 311-12 du Code civil par l'ordonnance du 4 juillet 2005 pourrait aller en ce sens. Supprimé, le texte n'a pas été remplacé. En matière de preuve et de présomptions en présence d'un conflit de filiation, il y a lieu de se référer au nouvel article 310-3 du Code civil. « La filiation se prouve par l'acte de naissance de l'enfant, par l'acte de reconnaissance ou par l'acte de notoriété constatant la possession d'état ». Si une action aux fins d'établissement ou de contestation de filiation est exercée, la filiation se prouve et se conteste par tous moyens, sous réserve de la recevabilité de l'action. La référence subsidiaire à la possession d'état, moyen de preuve, a disparu avec l'ordonnance du 4 juillet 2005. Le juge est libre d'apprécier les éléments de preuve fournis. 742 ■

Deux arrêts importants ont retenu, en se fondant sur l'article 311-12 du Code civil, que l'expertise biologique est de droit en matière de filiation, sauf s'il existe un motif légitime de ne pas y procéder (v. Civ. 1re, 28 mars 2000, n° 98-12.806, *Bull. civ.* I, n° 103 ; *JCP* 2000. II. 10409, concl. C. Petit ; *D.* 2001. Somm. 976 obs. F. Granet ; *RTD civ.* 2000. 304 obs. J. Hauser ; *Defrénois* 2000. 769 obs. J. Massip ; J. Hauser, *RJPF* 743 ■

mai 2000. 23 ; C. Daburon, « Le nouveau poids de l'expertise sanguine en matière de filiation », *LPA* nov. 2000. 13 ; v. égal. Civ. 1re, 29 mai 2000, *JCP* 2000. II. 10410, note T. Garé ; *Dr. fam.* oct. 2001, n° 93, obs. P. Murat). Si le juge est désormais tenu d'ordonner l'expertise médicale, encore faut-il déterminer la portée de cette obligation. La Cour estime que l'expertise biologique est de droit. Le principe de l'arrêt concerne toute expertise médicale et ne se limite pas à l'examen sanguin. Dans l'arrêt de revirement du 28 mars 2000, une dame dénonçait le caractère mensonger d'une reconnaissance et demandait au juge d'ordonner un examen comparé des sangs. On pourrait penser, au vu également de la jurisprudence antérieure obligeant le juge à ordonner l'expertise en présence d'une fin de non-recevoir et lorsqu'elle est demandée par un plaideur, que la nouvelle obligation imposée au juge ne le serait qu'en présence d'une demande expresse de l'une des parties. Si tel était le cas, la restriction du domaine de l'obligation ne serait que théorique car il n'est pas excessif de supposer qu'il y aura toujours un plaideur pour demander le recours à cette expertise.

744 Une analyse maximale de la solution permet de soutenir que, dans tous les cas où il n'existe pas de motif légitime ainsi qu'il est précisé par l'arrêt de revirement et pour toutes les actions donnant lieu à application de l'article 311-12 du Code civil, le juge est tenu d'ordonner, au besoin d'office, l'expertise médicale. Ceci a pour effet d'ôter au juge son pouvoir d'appréciation sur la vraisemblance du lien de filiation dès lors que les empreintes génétiques permettent d'établir avec certitude la vérité biologique du lien litigieux. Corrélativement, le rôle reconnu à la possession d'état par l'alinéa 2 de l'article 311-12 du Code civil est réduit à une peau de chagrin. Le juge ne conserverait sa liberté pour résoudre le conflit de filiations que dans l'hypothèse d'un refus du plaideur de se soumettre à l'expertise ordonnée. L'article 16-11, alinéa 2 du Code civil, issu de la loi du 29 juillet 1994, ne contrevient pas à la solution antérieure puisqu'il retient à propos de l'identification d'une personne par ses empreintes génétiques que l'intéressé doit donner son consentement préalable et exprès (sur les personnes habilitées à procéder à cette identification : art. 311-12 C. civ. et Décr. n° 97-109, 6 février 1997 relatif aux conditions d'agrément des personnes habilitées à procéder à des empreintes génétiques dans le cadre d'une procédure judiciaire, *JO* 9 février, Procédures mars 1997, n° 59). La liberté du juge quant à l'appréciation du refus est tout de même relative, dès lors que l'expertise biologique permet en toute certitude d'établir la réalité biologique du lien de filiation. N'est-il pas logique de présumer du refus la vraisemblance du lien de filiation litigieux ? (v. cependant Civ. 1re, 17 sept. 2003, *D.* 2004. 659, note J. Massip).

745 Les seules hypothèses où le juge retrouvera tout son pouvoir d'appréciation dans le règlement du conflit de filiations sont celles où l'expertise sera refusée pour un motif légitime, motif légitime qu'il sera chargé de caractériser sous peine de cassation (Civ. 1re, 14 janv. 2015, n° 13-28.256), ou lorsque l'expertise génétique sera prohibée, ainsi du recours refusé à ce mode de preuve dans le cadre de l'action en constatation d'état, ou lorsque le plaideur aura refusé de s'y soumettre (S. Mirabail, « Le refus de se soumettre à l'expertise biologique en matière de filiation et d'action à fins de subsides », *Dr. fam.* 2013. étude 12 ; Civ. 1re, 25 sept. 2013, n° 12-19.026 ; Civ. 1re, 25 sept. 2013, n° 12-24.588, *RJPF* 2013. 12 ; Civ. 1re, 9 févr. 2011, n° 10-14.144, *Dr. fam.* 2011. comm. 56, C. Neirinck ; Civ. 1re, 29 mai 2013, n° 12-15.901 et Civ. 1re, 12 juin 2013, n° 12-19.569, *EDFP* 2013. 2, obs. L. Mauger-Vielpeau). Toutefois et de façon

classique, si l'appréciation des conséquences du refus est celle des juges du fond (Civ. 1re, 31 janv. 2006, n° 05-12.876, *Bull. civ.*, I, n° 46 ; *D.* 2006. 1139, obs. F. Granet-Lambrechts ; *AJ fam.* 2006. 168 ; *RTD civ.* 2006. 293 et 548 obs. J. Hauser ; *Defrénois* 2006. 1062, obs. J. Massip), encore faut-il que des circonstances viennent étayer la probabilité de la parenté (Civ. 1re, 25 avr. 2006, *D.* 2007. 1460, obs. F. Granet-Lambrechts ; *Dr. fam.* 2006, comm. n° 185, P. Murat).

L'enjeu est capital, ainsi que le soulignait le professeur Hauser, parce que l'admissibilité de l'expertise ou son rejet aboutit à traduire *in fine* un choix de fond entre deux vérités (J. Hauser, comm. préc., p. 25). L'ordonnance du 4 juillet 2005 n'a pas modifié cet enjeu. L'analyse de la jurisprudence reste à ce titre utile. Elle prouve que le juge reste libre de refuser l'expertise par le moyen du motif légitime « en relevant son inutilité de fait, soit parce que la preuve positive ou négative de la filiation est déjà apportée par d'autres éléments, soit parce qu'elle est impossible à réaliser et qu'il faut donc s'en tenir à un autre mode de preuve » (J. Hauser, obs. *RTD civ.* 2005. 376 et 584 ; Civ. 1re, 14 juin 2005, 5 arrêts ; Civ. 1re, 28 mai 2008, *RTD civ.* 2008. 464. obs. J. Hauser). En revanche, il ne peut créer l'obligation de produire des adminicules suffisants pour déclarer l'expertise recevable (Civ. 1re, 9 déc. 2003, 17 févr. et 30 mars 2004, *Dr. fam.* 2004, n° 96, obs. P. Murat ; *RTD civ.* 2004. 73, obs. J. Hauser).

Tout juge ne peut cependant pas ordonner une expertise biologique ou génétique. **746** L'article 16-11, al. 2 du C. civ., en matière civile, dispose que l'identification par empreintes génétiques « ne peut être recherchée qu'en exécution d'une mesure d'instruction ordonnée par le juge saisi d'une action tendant soit à l'établissement ou la contestation d'un lien de filiation, soit à l'obtention ou la suppression de subsides ». Toute une jurisprudence s'est développée pour déterminer quel est ce juge saisi de l'action relative à la filiation ou de l'action aux fins de subsides. Il doit en principe s'agir du juge du fond et non du juge des référés. Le juge de la mise en état est cependant compétent pour ordonner un examen comparatif des sangs au titre de son pouvoir d'ordonner toute mesure d'instruction (Civ. 1re, 28 nov. 2007, *AJ fam.* 2008. 36, obs. F. Chénedé).

Compléments pédagogiques

Mémo

La filiation établie peut être contestée soit par l'un des parents, l'enfant ou celui qui se prétend le parent véritable, soit, lorsque le législateur l'admet, par toute personne intéressée. Les conditions de recevabilité de l'action sont distinctes de l'examen de son bien-fondé par le juge.

Outre les actions en contestation ou en réclamation d'état, *l'enfant peut agir aux fins de subsides afin d'obtenir des aliments de tous ceux qui auront fréquenté sa mère au temps de la conception.*

Pour que le lien de filiation soit détruit (action en contestation) ou établi (action aux fins d'établissement), il faut que la preuve de la réalité de la filiation ou de l'absence de toute filiation soit rapportée. Deux arrêts de la première chambre civile de la Cour de cassation ont estimé que *l'expertise biologique* est de droit en matière de filiation, sauf s'il existe un motif légitime de ne pas y procéder. La preuve de la filiation peut être établie par tous moyens.

Quiz

1) Sujet corrigé

Commentaire d'article

Énoncé

Article 333
Modifié par L. n° 2009-61 du 16 janv. 2009 - art. 1

« Lorsque la possession d'état est conforme au titre, seuls peuvent agir l'enfant, l'un de ses père et mère ou celui qui se prétend le parent véritable. L'action se prescrit par cinq ans à compter du jour où la possession d'état a cessé ou du décès du parent dont le lien de filiation est contesté.

Nul, à l'exception du ministère public, ne peut contester la filiation lorsque la possession d'état conforme au titre a duré au moins cinq ans depuis la naissance ou la reconnaissance, si elle a été faite ultérieurement. »

Voir le corrigé en fin de rubrique

2) Corrigé

Commentaire d'article

Montrer l'existence du double délai mis en place par les deux alinéas de l'article.

S'interroger sur les solutions en cas de titre non conforme à la possession d'état (réfléchir sur la jurisprudence de l'ancien article 322 du Code civil et à sa lecture *a contrario*, en matière de filiation légitime).

Expliciter le fait que l'action soit attitrée dans les deux alinéas.

Rappeler le *dies a quo* et *dies a quem* pour le calcul des délais.

I. La contestation de la filiation établie par un titre conforme à la possession d'état

A. La qualité pour agir

B. Le délai pour agir

II. La contestation de la filiation établie par un titre conforme à la possession d'état depuis au moins cinq ans

A. Une protection renforcée du lien de filiation

B. Le calcul du délai de cinq ans

chapitre 16

L'autorité parentale

Plan analytique

section 1

L'attribution de l'autorité parentale

§ 1 Les parents, titulaires de l'autorité parentale

§ 2 Le retrait total ou partiel de l'autorité parentale

section 2

L'exercice de l'autorité parentale

§ 1 Les modes d'exercice de l'autorité parentale

- A. Le principe : exercice commun de l'autorité parentale
- B. L'exception : exercice unilatéral de l'autorité parentale
- C. Le cas particulier de délégation de l'autorité parentale

§ 2 Les attributs de l'autorité parentale

- A. La personne de l'enfant
- B. Les biens de l'enfant

section 3

L'assistance éducative

section 4

La déclaration judiciaire de délaissement parental

Compléments pédagogiques

L'autorité parentale

L'autorité parentale est régie aux articles 371 et suivants du Code civil. Elle a remplacé l'ancienne puissance paternelle. Le terme d'« autorité » remplace celui de « pouvoir », l'accent est davantage mis sur la mission dévolue aux titulaires de l'autorité parentale à l'égard de l'enfant, et corrélativement sur leur responsabilité. Cette autorité est ensuite « parentale », terme neutre qui traduit la suppression de la prééminence du père dans la famille et l'égalité du père et de la mère dans les décisions à prendre pour l'entretien et l'éducation des enfants. Cette évolution participe d'un mouvement général en matière familiale (égalité des parents, des époux, des enfants). 747

La loi n° 2002-305 du 4 mars 2002 relative à l'autorité parentale (*JO* 5 mars, p. 4161) a opéré une réforme d'ensemble de la matière. Les dispositions relatives à l'autorité parentale ne présentent pas de nombreuses nouveautés. L'autorité parentale est définie légalement par un nouvel article 371-1 du C. civ. comme « un ensemble de droits et de devoirs ayant pour finalité l'intérêt de l'enfant [al. 1er]. Elle appartient aux père et mère jusqu'à la majorité ou l'émancipation de l'enfant pour le protéger dans sa sécurité, sa santé et sa moralité, pour assurer son éducation et permettre son développement, dans le respect dû à sa personne [al. 2]. Les parents associent l'enfant aux décisions qui le concernent, selon son âge et son degré de maturité [al. 3] » et le nouvel article 371-2, rappelant l'obligation de contribution des parents à l'entretien et l'éducation de l'enfant, donne assise légale à la solution prétorienne ayant étendu cette obligation au-delà de l'âge de la majorité. On notera encore le droit de l'enfant à entretenir des relations avec ses ascendants sauf motif grave ou avec un tiers si le juge aux affaires familiales estime qu'il y va de l'intérêt de l'enfant. Mais ces dispositions ne font que reprendre des solutions existantes et n'apportent rien qui soit profondément différent de l'état du droit positif, hormis le sceau du législateur dont il est enrichi. Pour la même raison, la réécriture de l'article 372 du C. civ. posant le principe de l'exercice commun de l'autorité parentale vaut proclamation de principe plus que véritable bouleversement du droit existant, il en va de même pour les nouvelles dispositions relatives à l'exercice de l'autorité parentale par des parents séparés (nouv. art. 373-2 et s.du C. civ.). C'est encore la pétition de principe que l'on retrouve dans le nouvel article 310 C. civ. énonçant que « Tous les enfants dont la filiation est légalement établie ont les mêmes droits et les mêmes devoirs dans leurs rapports avec leur père et mère. Ils entrent dans la famille de chacun d'eux ».

L'apport de la loi est sous cet aspect minime. Il consiste en la responsabilisation recherchée des parents par l'organisation conventionnelle des modalités de l'exercice de l'autorité parentale sous contrôle du juge (homologation ; nouvel art. 373-2-7), l'incitation au recours à la médiation familiale pour y procéder (nouvel art. 373-2-11 ; v. Document joint dans le chapitre consacré au divorce) et en la reconnaissance légale de la résidence en alternance provisoire ou définitive de l'enfant au domicile de chacun des parents de façon provisoire ou définitive.

748 La procédure en matière familiale devant le juge aux affaires familiales (JAF) a été unifiée aux articles 1137 à 1142 du C. pr. civ.. Saisine par requête remise ou adressée au greffe, conjointement ou par une partie. Le contenu de la requête est précisé par le texte. Dans les 15 jours de la requête, le greffe convoque le défendeur par LRAR à l'audience et lettre simple, avec copie de la requête et de la convocation ; il doit inviter le requérant à recourir à la signification s'il est précisé dans la requête qu'il s'agit de la dernière adresse connue du défendeur. Il convoque également le demandeur dans les mêmes formes ou verbalement contre émargement. La représentation devant le JAF, sauf en matière de divorce, n'est pas obligatoire, la procédure est orale, lorsqu'il est saisi par requête le JAF peut décider d'office ou à la demande de l'une des parties que le jugement sera notifié par le greffe par LRAR ; à défaut de prendre une telle décision, ou si le JAF a été saisi par référé, il faudra signifier la décision (Décr. n° 2004-1158 du 29 octobre 2004, art. 10). Cette procédure est applicable aux demandes relatives à l'exercice de l'autorité parentale (art. 1179 C. pr. civ.), mais pas aux demandes relatives au droit de l'enfant d'avoir des relations avec ses ascendants ou avec un tiers (art. 371-4 du C. civ.) ni à celles où le juge décide de confier l'enfant à un tiers (art. 373-3, al. 2 du C. civ.) pour lesquelles les règles de la procédure en matière contentieuse applicable devant le TGI sont applicables (Décr. n° 2004-1158 du 29 octobre 2004, art. 11).

749 Outre les règles relatives l'attribution de l'autorité parentale (section 1) et à son exercice (section 2), la question est celle de l'assistance éducative en cas de défaillance partielle ou totale des parents (section 3). Dans une perspective de protection de l'enfant, la loi n° 2016-297 du 14 mars 2016 a institué la possibilité d'une déclaration judiciaire de délaissement parental (section 4).

section 1

L'attribution de l'autorité parentale

750 Avant la loi du 4 mars 2002, trois lois ont modifié la matière : la loi du 4 juin 1970, la loi du 22 juillet 1987 et enfin la loi du 8 janvier 1993 aboutissement non seulement de la loi de 1987 mais aussi de la loi du 3 janvier 1972 prônant l'égalité des enfants en matière de filiation.

Les titulaires de l'autorité parentale (§ 1) peuvent être déchus de leur titre (§ 2).

§ 1 Les parents, titulaires de l'autorité parentale

751 Très naturellement, l'autorité parentale est dévolue aux parents de l'enfant. Il s'agit d'un droit de l'enfant énoncé à l'article 7 § 1er de la convention de New York du 26 janvier 1990. Aux termes de ce texte : « L'enfant est enregistré aussitôt sa naissance et a dès celle-ci le droit à un nom, le droit d'acquérir une nationalité et, dans la mesure du possible, le droit de connaître ses parents et d'être élevé par eux ». Ce droit est corrélativement un devoir des parents. Il est énoncé, pour les parents mariés, à l'article 213 du Code civil dont la rédaction est issue de la loi du 4 juin 1970 : « Les époux assurent ensemble la direction morale et matérielle de la famille. Ils

pourvoient à l'éducation des enfants et préparent leur avenir ». Le nouvel article 310-1 du C. civ. dispose que « Tous les enfants dont la filiation est légalement établie ont les mêmes droits et les mêmes devoirs dans leurs rapports avec leur père et mère. Ils entrent dans la famille de chacun d'eux ». C'est pourquoi l'article 371, alinéa 2 C. civ. prévoit que l'autorité parentale appartient aux père et mère jusqu'à la majorité ou l'émancipation de l'enfant.

Le lien de filiation détermine les personnes titulaires de l'autorité parentale. L'autorité parentale appartient par principe conjointement aux père et mère lorsque le lien de filiation a été établi à l'égard des deux. La séparation de corps et le divorce sont sans incidence sur la détermination des titulaires de l'autorité parentale, puisque la titularité de l'autorité parentale est consécutive au lien de filiation. L'article 286 du Code civil énonce en ce sens que « (L. n° 2002-305 du 4 mars 2002) Les conséquences du divorce pour les enfants sont réglées selon les dispositions du chapitre 1er du Titre IX du présent livre » concernant l'autorité parentale relativement à la personne de l'enfant. En revanche, les actions en contestation et en réclamation de filiation pourront modifier l'attribution de l'autorité parentale. Enfin, cette cotitularité de l'autorité parentale disparaîtra d'elle-même lorsque l'enfant n'a un lien de filiation établi qu'à l'égard d'un seul de ses parents. Seul le parent ayant reconnu l'enfant sera titulaire de l'autorité parentale. 752 ■

L'attribution de l'autorité parentale à l'égard de l'enfant adopté est distincte en matière d'adoption plénière et d'adoption simple. 753 ■

Lorsqu'il s'agit d'une adoption plénière, l'enfant intègre la famille de l'adopté, le ou les parents par le sang perdent l'autorité parentale. « L'adoption confère à l'enfant une filiation qui se substitue à sa filiation d'origine : l'adopté cesse d'appartenir à sa famille par le sang [...] » (art. 356, al. 1er du C. civ.). Le ou les adoptants deviennent, par cette substitution, titulaires de l'autorité parentale. Lorsque l'adoption est celle de l'enfant du conjoint, l'adoption « laisse subsister sa filiation d'origine à l'égard de ce conjoint et de sa famille. Elle produit pour le surplus, les effets d'une adoption par deux époux » (art. 356, al. 2 du C. civ.). Cela signifie que l'adoptant acquiert un lien de filiation avec l'adopté, il est également titulaire de l'autorité parentale.

Lorsqu'il s'agit d'une adoption simple, l'article 365 dispose que « L'adoptant est seul investi à l'égard de l'adopté de tous les droits d'autorité parentale inclus celui de consentir au mariage de l'adopté, à moins qu'il ne soit le conjoint du père ou de la mère de l'adopté ; dans ce cas, l'adoptant a l'autorité parentale concurremment avec son conjoint (...) ». L'adopté reste dans sa famille d'origine et y conserve tous ses droits (art. 364 du C. civ.) et conserve son lien de filiation à l'égard de celle-ci. Le ou les parents de la famille d'origine restent titulaires de l'autorité parentale. Seules les prérogatives résultant de l'autorité parentale sont attribuées à l'adoptant, à l'exclusion de la famille d'origine. L'adoptant n'a que l'exercice de l'autorité parentale. Lorsqu'il s'agit de l'enfant du conjoint, par exception et en faveur des familles recomposées, le Code indique que l'adoptant et le conjoint sont tous deux titulaires de l'autorité parentale, il y a attribution concurrente de l'autorité parentale à l'adoptant et au conjoint, mais le conjoint conserve seul l'exercice de l'autorité parentale. Toutefois, l'adoptant et le conjoint peuvent décider d'opter pour un exercice commun de l'autorité parentale.

§ 2 Le retrait total ou partiel de l'autorité parentale

754 Le retrait total ou partiel de l'autorité parentale est régi aux articles 378 et suivants du Code civil. Ce retrait ne doit pas être confondu avec la perte de l'exercice de l'autorité parentale prévue à l'article 373 du C. civ. où les parents restent malgré tout titulaires de l'autorité bien que privés de son exercice.

755 Le retrait total correspond à l'ancienne déchéance de l'autorité parentale. Cette expression n'est plus employée depuis la loi n° 96-604 du 5 juillet 1996 qui autorise à certaines conditions la restitution de cette autorité. Le ou les parents ne sont plus titulaires de l'autorité parentale et corrélativement n'ont plus le pouvoir d'exercer les attributs de cette autorité. Ce retrait peut être prononcé par une disposition expresse du jugement pénal, peine accessoire à la condamnation des père et mère soit comme auteurs ou complices d'un crime ou délit commis sur la personne de leur enfant, soit comme coauteurs ou complices d'un crime ou délit commis par leur enfant (art. 378 C. civ.). Il peut être consécutif, en dehors de toute condamnation pénale, aux mauvais traitements, à la consommation habituelle et excessive de boissons alcooliques, de drogues, à l'inconduite notoire ou aux comportements délictueux, au défaut de soins ou à un manque de direction des père et mère qui « mettent manifestement en danger la sécurité, la santé ou la moralité de l'enfant » (C. civ., art. 378-1, al. 1er ; Civ. 1re, 23 avril 2003, *JCP* 2004. II. 10058, obs. A. Bourrat Guegen). Il ne suffit pas que la mise en danger de l'enfant soit éventuelle, il faut qu'elle soit effective (Civ. 1re, 6 juillet 1999, *Dr. fam.* 2000, n° 4). Il peut encore résulter du désintérêt des parents pour leur enfant, pendant plus de deux ans, lorsque celui-ci a fait l'objet d'une mesure d'assistance éducative. Ce désintérêt est révélé par l'abstention volontaire des parents d'user des droits et de remplir les devoirs qu'ils conservaient, en dépit de la mesure d'assistance éducative, envers leur enfant (art. 378-1, al. 2 du C. civ.).

756 Le retrait total de l'autorité parentale supprime les effets habituels du lien de filiation, en particulier il dispense l'enfant de toute obligation alimentaire à l'égard du parent déchu de l'autorité, sauf exception prévue dans le jugement de retrait (art. 379, al. 2 C. civ.). Il rend également l'enfant adoptable lorsque les deux parents se sont vu retirer l'autorité, le consentement de ceux-ci à l'adoption n'étant évidemment plus requis (v. art. 348-2 et 381, al. 2 du C. civ.). Si l'enfant n'a pas fait l'objet d'un placement en vue d'une adoption, les parents privés de l'autorité parentale peuvent « en justifiant de circonstances nouvelles » demander en justice, au minimum un an après que le jugement de retrait soit devenu irrévocable, la restitution de l'autorité parentale (art. 381 C. civ.) et en cas de rejet, une nouvelle période d'un an est exigée pour que la requête soit renouvelée.

757 Le retrait partiel de l'autorité parentale est prévu pour les mêmes causes que le retrait total. Mais il consiste seulement à supprimer certains attributs de l'autorité parentale, le parent sanctionné par ce retrait est toujours titulaire de l'autorité parentale pour le reste (art. 379-1 du C. civ.). L'enfant n'est pas adoptable, en dehors de l'hypothèse générale de l'adoption consentie par les parents. Le parent qui s'est vu retirer partiellement l'autorité parentale, peut demander la restitution des droits dont il a été privé dans les mêmes conditions que celui qui se serait vu retirer totalement l'autorité.

section 2

L'exercice de l'autorité parentale

Les parents peuvent être titulaires de l'autorité parentale en vertu du lien de filiation et pourtant ne pas avoir l'exercice de cette autorité parentale. Celle-ci peut également être déléguée (§ 1). Dans tous les cas, cet exercice comporte un certain nombre de prérogatives désignées sous le vocable des « attributs » de l'autorité parentale (§ 2). 758 ■

§ 1 Les modes d'exercice de l'autorité parentale

A. Le principe : exercice commun de l'autorité parentale

L'article 372, alinéa 1er du C. civ., tel que modifié par la loi du 4 mars 2002, énonce que « Les père et mère exercent en commun l'autorité parentale ». La suppression dans cette nouvelle disposition de la référence aux parents mariés donne à la disposition valeur de principe général. L'application rétroactive du texte renforce le constat, l'article 11 de la loi disposant que « II- Les dispositions du premier alinéa de l'article 372 du Code civil sont applicables aux enfants nés antérieurement à l'entrée en vigueur de la présente loi, dès lors qu'ils ont été reconnus par leurs père et mère ». Cet exercice commun participe de la reconnaissance d'une coparentalité autonome par rapport à la nature du lien existant entre le père et la mère (mariage, concubinage, rapprochement éphémère...) qui trouve pour aboutissement la disparition de toute référence au caractère légitime ou naturel de la filiation par l'ordonnance du 4 juillet 2005. La même fin est poursuivie en matière d'adoption simple de l'enfant d'un conjoint à l'article 365 du C. civ. puisque si le principe demeure de l'exercice unilatéral de l'autorité parentale par le père ou la mère de l'enfant, il est prévu qu'une déclaration conjointe avec l'adoptant devant le greffier en chef du tribunal de grande instance aux fins d'un exercice commun de cette autorité est toujours possible. 759 ■

La modification de l'article 372 inverse la logique des textes antérieurs s'agissant de l'enfant naturel, on dirait aujourd'hui « né hors mariage ». En vertu de ceux-ci en effet, le principe de l'exercice commun de l'autorité n'était reconnu à l'égard de l'enfant naturel que s'il avait un lien de filiation établi à l'égard de ses deux parents selon les modalités prévues à l'ancien article 372, alinéa 2 du C. civ aux termes duquel l'autorité parentale était « également exercée en commun si les parents d'un enfant naturel, l'ayant tous deux reconnu avant qu'il ait atteint l'âge d'un an, vivent en commun au moment de la reconnaissance concomitante ou de la seconde reconnaissance ». Dans tous les autres cas, le principe était l'exercice unilatéral. L'article 374 (abrogé par la nouvelle loi) première phrase de l'alinéa 2 énonçait que « Lorsque sa filiation est établie à l'égard de ses deux parents selon des modalités autres que celles prévues à l'article 372, l'autorité parentale est exercée par la mère », l'exercice ne pouvant redevenir commun que si les parents de l'enfant naturel en 760 ■

faisaient la déclaration conjointe devant le greffier en chef du tribunal de grande instance (anc. art. 374, al. 2 du C. civ. *in fine*).

■ 761 Les vicissitudes du couple n'atteignent pas en théorie les rapports avec les enfants, même si la saisine du juge peut mettre fin à l'exercice commun de l'autorité : « La séparation des parents est sans incidence sur les règles de dévolution de l'exercice de l'autorité parentale (art 373-2, al. 1er du C. civ.). Chacun des père et mère doit maintenir des relations personnelles avec l'enfant et respecter les liens de celui-ci avec l'autre parent (al. 2) ». Cette double obligation laisse entière la question de son exécution forcée, le droit n'ayant pas les moyens semble-t-il de contraindre les parents à maintenir des relations personnelles avec l'enfant. On notera toutefois que le nouvel article 373-2-6, alinéa 2 du C. civ. dispose que « le juge [aux affaires familiales] peut prendre les mesures permettant de garantir la continuité et l'effectivité du maintien des liens de l'enfant avec chacun de ses parents » et ce texte d'illustrer à l'alinéa 3 : « Il peut notamment ordonner l'inscription sur le passeport des parents de l'interdiction de sortie de l'enfant du territoire français sans l'autorisation des deux parents ». Il reste, pour cette dernière proposition, que le passeport n'est pas une pièce d'identité exigée à l'intérieur des pays de l'Union européenne, et que la carte d'identité du parent et des enfants permettrait aisément de contourner l'interdiction.

B. L'exception : exercice unilatéral de l'autorité parentale

■ 762 Il peut d'abord être mis fin à l'exercice commun de l'autorité parentale lorsqu'un seul des parents a fait l'objet d'un retrait total ou partiel de l'autorité parentale, celui-ci étant cumulativement privé de l'exercice de cette autorité pour les droits dont il a été privé. L'autre parent exerce alors seul l'autorité parentale pour les droits dont le parent a été privé, à moins qu'il ne soit lui-même décédé ou qu'il ait perdu l'exercice de l'autorité parentale (v. art. 380, al. 1er du C. civ.).

■ 763 Indépendamment du retrait de l'autorité parentale, les parents peuvent seulement perdre l'exercice de l'autorité parentale dans l'hypothèse visée à l'article 373 du C. civ. : « Est privé de l'exercice de l'autorité parentale le père ou la mère qui est hors d'état de manifester sa volonté, en raison de son incapacité, de son absence ou de toute autre cause ». Lorsqu'un seul parent a perdu l'exercice de cette autorité, l'autre l'exerce seul (373-1 C. civ.) ; si les deux l'ont perdu, il y a ouverture d'une tutelle (art. 390 C. civ.).

■ 764 La proposition de loi relative à la protection de l'enfant examinée en première lecture par l'Assemblée nationale, le 12 mai 2015, prévoit l'insertion d'une nouvelle section au Code civile du chapitre Ier du titre IX du livre Ier Des personnes, intitulée « De la déclaration judiciaire de délaissement parental » qui serait composée des articles 381-1 à 381-2 du Code civil : « Un enfant est considéré comme délaissé lorsque ses parents n'ont pas entretenu avec lui les relations nécessaires à son éducation ou à son développement pendant l'année qui précède l'introduction de la requête, sans que ces derniers en aient été empêchés par quelque cause que ce soit », sachant que « Lorsqu'il déclare l'enfant délaissé, le tribunal délègue par la même décision les droits d'autorité parentale sur l'enfant à la personne, à l'établissement ou au service départemental de l'aide sociale à l'enfance qui a recueilli l'enfant ou à qui ce dernier a été confié » (Code civil, art. 381-2, al. 5).

Le caractère unilatéral de l'exercice de l'autorité parentale peut être également décidé au vu de l'intérêt de l'enfant par le juge aux affaires familiales en cas de séparation des parents (art. 373-2-1 du C. civ.). Mais l'intérêt de l'enfant est soumis à appréciation contradictoire selon les juges appelés à trancher la question comme permet de le comprendre l'arrêt de la Cour européenne des droits de l'homme, le 21 décembre 1999, dans l'affaire *Salgueiro Da Silva Mouta c/ Portugal*, ayant condamné ce pays pour violation des articles 8 et 14 de la Conv. EDH. Une cour d'appel portugaise pour refuser l'exercice exclusif de l'autorité parentale demandé par le père après divorce avait retenu que « le père de l'enfant, qui s'assume homosexuel, veuille vivre avec un autre homme, est une réalité qu'il faut accepter. Il est notoire que la société montre de plus en plus de tolérance envers ces situations. Toutefois, l'on ne saurait soutenir qu'un environnement de cette nature est le plus sain et adéquat au développement moral, social et mental d'un enfant, surtout dans le cadre du modèle dominant dans notre société [...]. L'enfant doit vivre au sein d'une famille, d'une famille traditionnelle portugaise, qui n'est certainement pas celle que son père a décidé de constituer, car il vit avec un autre homme, comme s'ils étaient mari et femme. Il n'y a pas ici lieu de chercher à savoir si l'homosexualité est ou non une maladie ou si elle est une orientation sexuelle à l'égard des personnes de même sexe. Dans les deux cas, l'on est en présence d'une anormalité et un enfant ne doit pas grandir à l'ombre de situations anormales ; c'est la nature humaine qui le dit [...] ». La discrimination résultant de la prise en compte exclusive de l'orientation sexuelle du père pour refuser l'autorité parentale à ce dernier justifie pour la Cour européenne la condamnation du Portugal (*Dr. fam.* 2000, n° 45). 765 ■

L'exercice de l'autorité parentale pourra enfin, par exception, être unilatéral : « lorsque la filiation est établie à l'égard de l'un d'entre eux plus d'un an après la naissance d'un enfant dont la filiation est déjà établie à l'égard de l'autre, celui-ci reste seul investi de l'exercice de l'autorité parentale. Il en est de même lorsque la filiation est judiciairement déclarée à l'égard du second parent de l'enfant » (art. 372, al. 2 C. civ.). Dans les deux cas, on estime que le parent a marqué sa volonté de ne pas assumer ses responsabilités de parent. Il n'est donc pas a priori souhaitable de lui confier les intérêts de l'enfant, même s'il reste titulaire de l'autorité en raison du lien de filiation établi. Mais le texte prévoit la faculté pour les parents de revenir à un exercice commun par déclaration conjointe devant le greffier en chef du tribunal de grande instance ou sur décision du juge aux affaires familiales. 766 ■

Lorsque l'enfant n'a sa filiation établie qu'à l'égard d'un parent, celui-ci est seul titulaire de l'autorité parentale et donc seul à même d'exercer cette autorité. La divisibilité du lien de filiation et la multiplication des familles monoparentales rendent cette solution fréquente en pratique.

C. Le cas particulier de délégation de l'autorité parentale

Formant la section 3 du chapitre consacré à l'autorité parentale relativement à la personne de l'enfant, la délégation de cette autorité concerne l'exercice de l'autorité parentale, les parents restant les seuls titulaires. La modification partielle des articles 376 à 377-3 C. civ. par la loi du 4 mars 2002 n'a pas remis en cause le 767 ■

caractère judiciaire du mécanisme. Les parents peuvent confier leur enfant à un tiers et saisir le juge afin que lui soit déléguée partiellement ou totalement l'exercice de l'autorité parentale. Le tiers a également le pouvoir, en cas de désintérêt manifeste des parents ou d'impossibilité d'exercer leur autorité, de prendre l'initiative de saisir le juge à cette fin (art. 377 C. civ.). Le mécanisme de la délégation est un procédé indirect de reconnaissance de parentalité pour des couples de même sexe. La Cour de cassation a ainsi admis la délégation de tout ou partie de l'exercice de l'autorité parentale par une mère à la femme avec laquelle elle vivait en union stable et continue. En l'espèce, les circonstances et l'intérêt supérieur de l'enfant l'exigeaient : « Attendu qu'ayant relevé que Camille et Lou étaient décrites comme des enfants épanouies, équilibrées et heureuses, bénéficiant de l'amour, du respect, de l'autorité et de la sérénité nécessaires à leur développement, que la relation unissant Mme X. et Mme Y. était stable depuis de nombreuses années et considérée comme harmonieuse et fondée sur un respect de leur rôle auprès des enfants et que l'absence de filiation paternelle laissait craindre qu'en cas d'événement accidentel plaçant la mère, astreinte professionnellement à de longs trajets quotidiens, dans l'incapacité d'exprimer sa volonté, Mme Y. ne se heurtât à une impossibilité juridique de tenir le rôle éducatif qu'elle avait toujours eu aux yeux de Camille et de Lou, la cour d'appel a pu décider qu'il était de l'intérêt des enfants de déléguer partiellement à Mme Y. l'exercice de l'autorité parentale dont Mme X. est seule titulaire et de le partager entre elles ; qu'elle a ainsi légalement justifié sa décision » (Civ. 1re, 24 février 2006, *Bull. civ.* I, n° 101).

■ 768 Parmi les innovations de la loi, doit être soulignée la suppression de la condition d'âge exigée antérieurement par les textes qui ne concernaient que l'enfant de seize ans. On notera surtout la nouvelle rédaction de l'article 377-1 C. civ. qui permet un partage de l'exercice de l'autorité parentale entre les parents et le tiers délégataire, sous réserve de l'accord des parents. Cette disposition tend à faciliter l'unité au sein des familles recomposées. Au regard du rapport approfondi sur l'autorité parentale commandé par le gouvernement, cette disposition paraîtra cependant bien insuffisante pour régler les difficultés particulières rencontrées au sein des familles recomposées. La délégation de l'autorité parentale reste en effet exclusivement judiciaire, alors que les auteurs de la réflexion préalable à l'adoption de la loi demandaient l'institution d'une délégation volontaire sans recours au juge aux affaires familiales.

§ 2 Les attributs de l'autorité parentale

■ 769 Les attributs de l'autorité parentale portent sur la personne de l'enfant (A) et sur ses biens (B).

A. La personne de l'enfant

■ 770 Les parents ont en tant que titulaires de l'autorité parentale, le devoir de veiller à la sécurité, à la santé et à la moralité de leur enfant.

Celui-ci leur doit à tout âge honneur et respect (art. 371 C. civ.) et ne peut quitter sans leur permission la maison familiale (art. 371-3 du C. civ.). Il a été jugé sur le fondement de l'article 371 que l'enfant simplement conçu au moment du décès de son père est redevable, à sa naissance, des frais d'obsèques de ce dernier (Civ. 1re,

28 janv. 2009, *Jurisdata* 2009-046743). Ils ont envers le mineur le devoir de le protéger dans sa sécurité, sa santé et sa moralité, d'assurer son éducation et de permettre son développement, dans le respect dû à sa personne (art. 371-1 C. civ.). Chacun des parents à l'obligation de contribuer à son entretien et à son éducation à proportion de ses ressources, de celles de l'autre parent, ainsi que des besoins de l'enfant (art. 371-2 C. civ.).

Ce pouvoir des parents n'est cependant pas absolu. On observe de plus en plus une immixtion des organismes sociaux ou du juge aux affaires familiales pour régler des conflits familiaux ou décider de l'éducation à donner à l'enfant, peut-être en raison d'une démission parentale.

Le juge peut ainsi être saisi de litiges relatifs aux relations personnelles de l'enfant avec ses grands-parents, voire d'autres personnes (art. 371-4 du C. civ.) ou aux relations personnelles entre les frères et sœurs (art. 371-5 C. civ. ; disposition résultant du Parlement des enfants). La loi n° 2013-404 du 17 mai 2013 relative à l'ouverture du mariage aux personnes de même sexe a renforcé l'importance du maintien des liens avec des tiers en modifiant l'alinéa 2 de l'article 371-4 du Code civil ainsi : « Si tel est l'intérêt de l'enfant, le juge aux affaires familiales fixe les modalités des relations entre l'enfant et un tiers, parent ou non, *en particulier lorsque ce tiers a résidé de manière stable avec lui et l'un de ses parents, a pourvu à son éducation, à son entretien ou à son installation, et a noué avec lui des liens affectifs durables* ». Ces liens peuvent même conduire à déclarer recevable l'action du tiers ayant maintenu ces relations pour tierce-opposition contre un jugement d'adoption sur le fondement de l'article 353-2 du Code civil. La loi susvisée est venue préciser que constitue un dol permettant la tierce opposition « la dissimulation au tribunal du maintien des liens entre l'enfant adopté et un tiers, décidé par le juge aux affaires familiales sur le fondement de l'article 371-4 ».

Ces dispositions peuvent être aménagées selon les modalités d'exercice de l'autorité parentale. Lorsque l'autorité parentale est exercée en commun par les parents, mais que ceux-ci ne vivent pas ensemble (séparation des parents), les deux parents conservent l'exercice de tous les droits énumérés ci-dessus, mais en raison de l'absence de résidence commune, il faudra déterminer quelle sera la résidence de l'enfant et organiser la prise en charge des frais consécutifs par l'autre parent. Antérieurement, le juge ne pouvait fixer la garde des enfants communs alternativement chez le père et la mère (Civ. 1re, 2 mai 1984, *Bull. civ.* II, n° 78 ; Toulouse 2 mai 2000, *D.* 2001. IR. 166). Le document d'orientation du gouvernement présenté le 4 avril 2001, prélude à la réforme du droit de la famille, souhaitait reconnaître prépondérance aux conventions passées par les parents, modes d'organisation privilégiés de la vie de l'enfant. Le juge pourrait ainsi organiser la vie de l'enfant sur le principe de la résidence alternée (*JCP* 2001. Act. 918). C'est aujourd'hui chose faite avec la loi du 4 mars 2002 relative à l'autorité parentale. Les parents peuvent d'abord organiser dans une convention devant faire l'objet d'une homologation par le juge les modalités d'exercice de l'autorité parentale (art. 373-2-7 C. civ.), le juge pouvant les inciter à recourir à un médiateur familial afin de faciliter l'exercice consensuel de cette autorité (art. 373-2-10 C. civ.). Les parents peuvent choisir le système d'une résidence en alternance au domicile de chacun d'entre eux, le juge pouvant même ordonner, en cas de désaccord entre eux, ce mode de résidence, de façon provisoire ou définitive (art. 373-2-9 C. civ.). L'admission du principe de la résidence alternée soulève des problèmes de réalisation pratique : quid pour les allocations familiales, pour l'allocation logement, la détermination des enfants à charge pour les impôts, etc. ? 771

772 Le parent chez qui l'enfant n'a pas sa résidence a un droit de visite et d'hébergement. Les juges doivent fixer les modalités de ce droit et ne peuvent déléguer sur ce point les pouvoirs que leur confère la loi. Ils ne peuvent en particulier décider que l'exercice du droit de visite et d'hébergement de la mère sur son enfant mineur s'exercera à l'amiable au gré de ce dernier (Civ. 2e, 22 oct. 1997, *JCP* 1998. II. 10014, note T. Garé). Lorsque l'exercice de l'autorité parentale a été confié exclusivement à l'un des parents suite à leur séparation, l'autre parent ne peut se voir priver de ce droit que « pour des motifs graves » (art. 373-2-1 al. 2 du C. civ.). Il reste également tenu de l'obligation de contribuer à l'entretien et à l'éducation de l'enfant, obligation incombant au titulaire de l'autorité parentale, indépendamment de l'exercice de celle-ci (art. 371-2 C. civ.). Elle prend alors la forme d'une pension alimentaire (art. 373-2-2 C. civ.). Lorsque l'autorité parentale est exercée en commun, toutes les décisions relatives à l'éducation, à la santé, à la moralité, etc. de l'enfant doivent être prises d'un commun accord par les parents. En cas de désaccord, le juge aux affaires familiales pourra prendre en considération les différents éléments énoncés à l'article 373-2-11 C. civ. parmi lesquels la pratique que les parents avaient précédemment suivie ou les accords qu'ils avaient pu antérieurement conclure (v. déjà anc. art. 372-1-1 C. civ.).

773 Lorsque l'autorité parentale est exercée par un seul parent, il a le pouvoir de décision pour tout ce qui concerne l'enfant, sans devoir obtenir l'accord de l'autre parent. La résidence habituelle est fixée chez celui qui exerce l'autorité parentale. L'autre parent conserve des droits à l'égard de l'enfant parce qu'il est resté titulaire de l'autorité parentale, même s'il n'en a pas l'exercice. L'article 373-2-1, alinéa 3 du C. civ. énonce que « Ce parent conserve le droit et le devoir de surveiller l'entretien et l'éducation de l'enfant. Il doit être informé des choix importants relatifs à la vie de ce dernier (...) ». Ce droit de surveillance et d'information lui permet au besoin de saisir le juge aux affaires familiales si l'intérêt de l'enfant lui paraît en danger. Dans tous les cas, à l'égard des tiers de bonne foi, chacun des parents est réputé agir avec l'accord de l'autre, quand il fait seul un acte usuel de l'autorité parentale relativement à la personne de l'enfant (art. 372-2 du C. civ.)

B. Les biens de l'enfant

774 L'administration et la jouissance des biens de l'enfant par les parents sont par principe rattachées à l'exercice de l'autorité parentale or celle-ci confère la qualité d'administrateur légal, c'est pourquoi maladroitement le Code les confond. Les parents ont, parce qu'ils exercent l'autorité parentale, la qualité d'administrateurs légaux, à ce titre ils administrent les biens de l'enfant selon les règles relatives au mineur incapable et se voient conférer un droit de jouissance.

775 En principe, celui qui n'a pas l'exercice de l'autorité parentale ne pourra conserver des droits sur les biens de l'enfant. Par exception, l'ancien article 288 du C. civ. abrogé par la loi du 4 mars 2002 lui reconnaissait même la possibilité de se voir conférer un pouvoir d'administration.

À titre exceptionnel encore, lorsqu'un parent ayant l'exercice de l'autorité parentale se voit retirer l'administration légale ponctuellement, par exemple si un administrateur *ad hoc* est nommé pour une question particulière en raison du conflit d'intérêts avec un parent (ex. action en contestation de paternité), il conserve tous les droits et devoirs sur la personne de l'enfant ainsi que pour ses biens hormis la matière confiée à l'administrateur *ad hoc*.

section 3

L'assistance éducative

« L'assistance éducative, créée en 1935 (décret-loi du 30 octobre 1935 relatif à la protection des enfants du premier âge, *JORF* 31 octobre 1935. 11630), étendue par une ordonnance du 23 décembre 1958 (J. Chazal, « L'ordonnance du 23 décembre 1958 relative à la protection de l'enfance en danger, texte législatif de défense sociale », *RSC* 1959. 729), réformée par la loi du 4 juin 1970 puis retouchée à plusieurs reprises, a connu une importante réforme procédurale avec le décret n° 2002-361 du 15 mars 2002 explicité par une circulaire du même jour (Circulaire relative au décret n° 2002-361 du 15 mars 2002 modifiant le nouveau Code de procédure civile et relatif à l'assistance éducative, PJJ 2002-01, K2/26-04-2002, NOR : JUSF0250055C ; M. Huyette, « La réforme de la procédure d'assistance éducative. (Décr. 15 mars 2002 applicable le 1er septembre 2002) », *Journal du droit des jeunes* 5/2002, n°°215, p. 14-19 : www.cairn.info/revue-journal-du-droit-des-jeunes-2002-5-page-14.htm). Après la loi n° 2007-293 du 5 mars 2007, qui avait notamment pour objectifs de clarifier les missions de ses acteurs en favorisant leur partenariat, de « déjudiciariser » la protection de l'enfance en rendant subsidiaire le recours au juge des enfants, de développer la prévention, ou encore, de renforcer les obligations de formation des professionnels, objectifs encore en vigueur aujourd'hui, l'assistance éducative a été ajustée par la toute dernière loi n° 2016-297 du 14 mars 2016 relative à la protection de l'enfant. Déposée au mois de septembre 2014, la proposition de loi relative à la protection de l'enfant aboutit, en effet, le 14 mars 2016 à une loi qui, en l'absence de dispositions transitoires, est en vigueur depuis le 16 mars dernier (*JO* du 15 mars ; F. Eudier et A. Gouttenoire, « La loi du 14 mars 2016 relative à la protection de l'enfant. – Une réforme « impressionniste », *JPC* G 2016, doct. 479 ; A. Cerf-Hollender, « La loi n° 2016-297 du 14 mars 2016 relative à la protection de l'enfance n'est pas la grande loi attendue ! », *EDFP* 2016, 15/05/2016, n° 05, p. 1 ; I. Corpart, « Le renforcement du dispositif de protection de l'enfant par la loi du 14 mars 2016 : de nouvelles perspectives dans la continuité », *Dr. fam.* 2016, étude 14). Trois parties dans la loi répondent à trois impératifs de la protection de l'enfance : faciliter l'action en amont des acteurs chargés de la gouvernance pour qu'elle soit une action partagée au plan local et national, sécuriser le parcours de l'enfant faisant l'objet d'une assistance éducative pour que l'accompagnement de l'enfant s'inscrive dans la durée d'un projet individualisé favorisant son développement, adapter le statut de l'enfant placé sur le long terme pour que des solutions efficaces soient trouvées en présence de situations de délaissement ou de situations de violences et abus sexuels commis sur le mineur (Circulaire du 7 avril 2016 relative aux dispositions de droit pénal et de procédure pénale figurant dans la nouvelle loi, NOR : JUSD1609502C, *BO min. Justice* n° 2016-04, 29 avril 2016 ; A. Lepage, « Le retour de la qualification d'incestueux dans le Code pénal : une cote toujours mal taillée », *Dr. pén.* 2016, étude 11 ; C. Margaine, « Retour de l'inceste dans le code pénal et extension de la protection du mineur victime », *D.* 2016. 1089). 776 ■

L'assistance des parents n'est plus seule au cœur de l'édifice de protection même si elle y demeure. C'est ainsi que la loi du 14 mars 2016 maintient le principe d'un accompagnement. L'article L. 222-5-3 du CASF donne la possibilité d'une prise en charge « dans un centre parental, au titre de la protection de l'enfance, des enfants de moins de trois ans accompagnés de leurs deux parents quand ceux-ci ont besoin d'un soutien éducatif dans l'exercice de leur fonction parentale. Peuvent également être accueillis, dans les mêmes conditions, les deux futurs parents pour préparer la naissance de l'enfant ». Ce n'est pas le moindre mérite de penser la protection en lien avec les familles. Cette préoccupation apparaît également par l'ajout d'un complément au dernier alinéa de l'article L.2122-1 du CSP afin que la femme enceinte puisse avoir un « entretien prénatal précoce dont l'objet est de permettre au professionnel d'évaluer avec elle ses besoins en termes d'accompagnement au cours de la grossesse ».

L'assistance éducative a également, et sans doute principalement, en son cœur d'éviter les atteintes au bon développement des enfants pour les aider à devenir des adultes responsables. Elle est régie, tout à la fois, par les articles 375 à 375-9 du Code civil, et au Code de procédure civile, par les articles 1181 à 1200-1 (S. Bernigaud, « Dispositif judiciaire de protection de l'enfance en danger, l'assistance éducative », in *Droit de la famille*, Dalloz Action 2016-2017, ss dir. P. Murat, n° 242 s.). L'objectif est de protéger l'enfant ainsi qu'il résulte explicitement de l'article 375 du Code civil : « si la santé, la sécurité ou la moralité d'un mineur non émancipé sont en danger, ou si les conditions de son éducation ou de son développement physique, affectif, intellectuel et social sont gravement compromises, des mesures d'assistance éducative peuvent être ordonnées par justice (...) ». L'article 1er de la loi du 14 mars 2016 a ainsi repris les éléments clés de la protection de l'enfant au nouvel article L. 112-3 du CASF aux termes duquel « la protection de l'enfance vise à garantir la prise en compte des besoins fondamentaux de l'enfant, à soutenir son développement physique, affectif, intellectuel et social et à préserver sa santé, sa sécurité, sa moralité et son éducation, dans le respect de ses droits » (L. Sebag et M. Douchy-Oudot, *L'assistance éducative*, Jurisclasseur Proc. civ., 2016).

L'assistance éducative est confiée au juge des enfants (art. 375-1 du C. civ.). Cette compétence supplémentaire rend complexe le règlement des questions en matière familiale. Trois juges peuvent concomitamment être saisis d'une même affaire pour des questions différentes : le juge aux affaires familiales, le juge des tutelles et le juge des enfants.

■ 777 Le recours à l'assistance éducative est organisé par l'article 375 du Code civil :

— condition : la santé, la sécurité ou la moralité de l'enfant doivent être en danger. Il a été jugé que le risque de voir l'enfant soustrait à un traitement nécessaire à sa surdité par le départ de la mère à l'étranger où la rééducation n'est pas possible est une situation où la santé de l'enfant est en danger. Il suffit parfois que les conditions de l'éducation de l'enfant soient gravement compromises. De façon classique, l'adhésion des parents à une secte compromet l'éducation de l'enfant lorsque tous les enfants sont élevés en commun selon les règles de la secte ;

— saisine du juge : à la requête des parents conjointement, ou de l'un d'eux, du tuteur, du mineur lui-même ou du ministère public, et par le juge d'office à titre exceptionnel ;

— durée de la mesure : deux ans au plus si la mesure est exercée par un service ou une institution ; renouvelable par décision motivée. Dans les autres cas, la durée est laissée à l'appréciation du juge. Un juge a ainsi décidé de confier un enfant à un couple jusqu'en ce qu'il en soit autrement ordonné, la Cour de cassation a estimé qu'à défaut de décision ultérieure contraire le terme naturel de la mesure était la majorité de l'enfant ;

– modification de la mesure : elle peut être révisée à tout moment, voire supprimée par le juge ; la demande peut être effectuée par les mêmes personnes que la saisine initiale, auxquelles s'ajoutent le service ou la personne à qui l'enfant a pu être confié au titre de l'assistance éducative (art. 375-6 du C. civ.).

Les mesures possibles ne sont pas expressément énumérées par le législateur. Le juge est libre de choisir la mesure adaptée à la cessation de l'atteinte portée à la personne de l'enfant, tout dépend de la nature de l'atteinte. La Cour européenne des droits de l'homme a considéré que les mesures d'assistance éducative ne portent pas atteinte au droit au respect de la vie familiale (CEDH 19 sept. 2000, aff. *Benjamin G. c/ France*, *Dr. fam.* 2000, n° 150). 778 ■

La loi encadre simplement le pouvoir de décision du juge aux articles 375-2 et 375-3 du Code civil. Il lui est tout d'abord conseillé, chaque fois qu'il est possible, de maintenir l'enfant dans son milieu naturel, c'est-à-dire de le laisser avec sa famille. La mesure d'assistance prendra la forme d'une rééducation en milieu ouvert, avec désignation d'une personne qualifiée pour assister la famille. Celle-ci devra contrôler le développement de l'enfant et en faire rapport au juge régulièrement (art. 375-2 du C. civ.). Ce maintien de l'enfant dans son milieu naturel peut être subordonné à des obligations particulières décidées par le juge, tel que par exemple l'exercice d'une activité professionnelle.

Lorsque le maintien de l'enfant dans son milieu naturel n'est pas possible, l'article 375-3 du Code civil désigne les personnes auxquelles le juge peut décider de confier l'enfant : au parent qui n'avait pas l'exercice de l'autorité parentale, ou bien que l'ayant (exercice commun) chez lequel l'enfant n'avait pas sa résidence, à un autre membre de la famille, ou à un tiers digne de confiance ou encore à un service ou à une institution spécialisé dans l'éducation. Pour ces trois situations, le juge peut nommer un tiers ou le service départemental d'aide sociale à l'enfance afin d'assister la personne qui s'est vu confier l'enfant et de surveiller le développement de l'enfant (art. 375-4 du C. civ.). 779 ■

Pour que l'enfant soit placé hors de son milieu naturel lorsque ses parents ont déposé une requête en divorce ou qu'un jugement de divorce a été rendu, il faut que le fait mettant en danger l'enfant soit survenu postérieurement à la décision du juge aux affaires familiales relative aux modalités d'exercice de l'autorité parentale. S'il s'agit d'une requête en divorce, ces modalités pourront par exemple avoir été fixées de façon provisoire par le juge au moment de l'ordonnance de non-conciliation, ou même avant puisque l'article 257 du Code civil indique que le juge peut prendre des mesures d'urgence dès la requête initiale en divorce. 780 ■

L'incidence de l'assistance éducative sur l'autorité parentale est prévue à l'alinéa 1er de l'article 375-7 du Code civil. Les père et mère dont l'enfant a donné lieu à une mesure d'assistance éducative, conservent sur lui leur autorité parentale (donc ils restent entièrement titulaires de cette autorité), et en exercent tous les attributs qui ne sont pas inconciliables avec l'application de la mesure (il y a diminution de l'exercice de l'autorité parentale). 781 ■

Les parents et autres ascendants demeurent tenus aux frais d'entretien et d'éducation de l'enfant, puisqu'ils sont toujours titulaires de l'autorité parentale (art. 375-8 C. civ.), sauf disposition contraire expresse du juge.

Lorsque l'enfant est placé hors de chez ses parents, ils conservent le droit de correspondre et de rendre visite à l'enfant, les modalités sont fixées par le juge, mais il peut décider de supprimer ou de suspendre l'exercice de ces droits (art. 375-7, al. 2).

section 4

La déclaration judiciaire de délaissement parental

782 La loi n° 2016-297 du 14 mars 2016 relative à la protection de l'enfant, après avoir abrogé l'article 350 du Code civil (L. n° 2016-297, 14 mars 2016, art. 40), instaure une procédure de « déclaration judiciaire de délaissement parental », nouvelle section 5 au titre IX de l'autorité parentale formée des articles 381-1 et 381-2 du Code civil. Elle remplace l'ancien article 350 du C. civ. sur l'abandon de l'enfant. « Un enfant est considéré comme délaissé lorsque ses parents n'ont pas entretenu avec lui les relations nécessaires à son éducation ou à son développement pendant l'année qui précède l'introduction de la requête, sans que ces derniers en aient été empêchés par quelque cause que ce soit » (C. civ., art. 381-1). La qualification du délaissement n'est pas identique à celle connue antérieurement pour l'abandon d'enfant. Aux termes de l'ancien article 350 du Code civil étaient « considérés comme s'étant manifestement désintéressés de leur enfant les parents qui n'ont pas entretenu avec lui les relations nécessaires au maintien de liens affectifs ».

783 Une condition de durée est posée par le législateur. Le délaissement doit être constaté « pendant l'année qui précède l'introduction de la requête, sans que ces derniers (les parents) en aient été empêchés par quelque cause que ce soit » (C. civ., art. 381-2).

784 La déclaration judiciaire doit être demandée au tribunal de grande instance, elle échappe à la compétence du juge aux affaires familiales.

« La demande en déclaration de délaissement parental est obligatoirement transmise, à l'expiration du délai d'un an prévu à l'article 381-1, par la personne, l'établissement ou le service départemental de l'aide sociale à l'enfance qui a recueilli l'enfant, après que des mesures appropriées de soutien aux parents leur ont été proposées. La demande peut également être présentée par le ministère public agissant d'office ou, le cas échéant, sur proposition du juge des enfants » (C. civ., art. 381-2, al. 1).

Le délaissement peut être déclaré à l'égard des deux parents ou d'un seul. Le délaissement a pour effet de priver le ou les parents de l'exercice de l'autorité parentale. Le tribunal délègue l'autorité parentale à ceux qui auront en charge l'enfant.

16

Compléments pédagogiques

Mémo

L'autorité parentale est régie aux articles 371 et suivants du Code civil. *La détermination des titulaires de l'autorité parentale ne doit pas être confondue avec la détermination de ceux auxquels est confié son exercice.*

Le lien de filiation détermine les personnes titulaires de l'autorité parentale. L'autorité parentale appartient par principe conjointement aux père et mère lorsque le lien de filiation a été établi à l'égard des deux. Elle peut leur être retirée exceptionnellement. *Le retrait total ou partiel de l'autorité parentale* est régi aux articles 378 et suivants du Code civil. Ce retrait *ne doit pas être confondu avec la perte de l'exercice de l'autorité parentale* prévue à l'article 373 C. civ. *où les parents restent malgré tout titulaires de l'autorité bien que privés de son exercice*.

Les parents peuvent être titulaires de l'autorité parentale en vertu du lien de filiation et pourtant ne pas avoir l'exercice de cette autorité parentale. L'autorité parentale est en principe exercée en commun par les parents, par exception elle peut être exercée exclusivement par l'un d'eux, à défaut par le conseil de famille.

Les parents ont en tant que titulaires de l'autorité parentale, le devoir de veiller à la sécurité, à la santé et à la moralité de leur enfant. Celui-ci leur doit à tout âge honneur et respect (art. 371 C. civ.). Ils ont envers le mineur un droit et devoir de garde, de surveillance et d'éducation (art. 371-1 C. civ.) et l'obligation de contribuer à l'entretien de celui-ci (art. 371-2 C. civ.). *Lorsque l'autorité parentale est exercée en commun*, hormis la résidence de l'enfant et les frais d'entretien consécutifs, toutes les décisions relatives à l'éducation, à la santé, à la moralité, etc. de l'enfant doivent être prises d'un commun accord par les parents. À défaut d'accord, le juge pourra être saisi. *Lorsque l'autorité parentale est exercée par un seul parent*, il a le pouvoir de décision pour tout ce qui concerne l'enfant, sans devoir obtenir l'accord de l'autre parent. La résidence habituelle est fixée chez celui qui exerce l'autorité parentale. L'autre parent conserve des droits à l'égard de l'enfant parce qu'il est resté titulaire de l'autorité parentale, même s'il n'en a pas l'exercice (droit de surveillance de l'entretien et de l'éducation qui est donnée par l'autre parent ; droit d'information des choix importants relatifs à la vie de l'enfant ; droit de visite et d'hébergement). L'administration et la jouissance des biens de l'enfant par les parents sont par principe rattachées à l'exercice de l'autorité parentale or celle-ci confère la qualité d'administrateur légal, c'est pourquoi maladroitement le Code les confond.

Le juge des enfants peut ordonner des mesures d'assistance éducative lorsque la santé, la sécurité ou la moralité de l'enfant est en danger ou que les conditions de l'éducation de l'enfant sont gravement compromises. Les mesures possibles ne sont pas expressément énumérées par le législateur, la loi encadre simplement le pouvoir de décision du juge. Les père et mère dont l'enfant a donné lieu à une mesure d'assistance éducative, conservent sur lui leur autorité parentale (donc ils restent entièrement titulaires de cette autorité), et en exercent tous les attributs qui ne sont pas inconciliables avec l'application de la mesure (il y a diminution de l'exercice de l'autorité parentale).

La loi du 14 mars 2016 a abrogé l'article 350 du Code civil relatif à l'abandon d'enfant et lui a substitué la déclaration judiciaire de délaissement parental aux articles 381-1 et 381-2 du Code civil.

Biblio

– H. Fulchiron, A. Gouttenoire-Cornut, « Réformes législatives et permanence des pratiques : à propos de l'exercice commun de l'autorité parentale par la loi du 8 janvier 1993 », *D.* 1997. Chron. 363 ; *La mise en œuvre du droit de l'enfant à être élevé par ses deux parents et la généralisation de l'exercice commun de l'autorité parentale*, Rapport pour le ministère de la Justice, 1997.

Quiz

1) Sujet corrigé

Commentaire d'article

Énoncé

Article 373-2 du Code civil

« La séparation des parents est sans incidence sur les règles de dévolution de l'exercice de l'autorité parentale.

Chacun des père et mère doit maintenir des relations personnelles avec l'enfant et respecter les liens de celui-ci avec l'autre parent.

Tout changement de résidence de l'un des parents, dès lors qu'il modifie les modalités d'exercice de l'autorité parentale, doit faire l'objet d'une information préalable et en temps utile de l'autre parent. En cas de désaccord, le parent le plus diligent saisit le juge aux affaires familiales qui statue selon ce qu'exige l'intérêt de l'enfant.

Le juge répartit les frais de déplacement et ajuste en conséquence le montant de la contribution à l'entretien et à l'éducation de l'enfant ».

Voir le corrigé en fin de rubrique.

2) Corrigé

Commentaire d'article

Plan détaillé

Introduction

– Mettre en relief les buts poursuivis par la loi du 4 mars 2002 relative à l'autorité parentale (coparentalité, refus de distinction entre les différents types de filiation consacré par ord. 4 juillet 2005).

– Restituer l'article dans le plan du Code civil.

– Expliquer la place du juge au sein de la famille.

– Souligner les pétitions de principe dans les nouveaux tests et en particulier dans l'article à commenter.

– Soulever le problème de l'effectivité des nouveaux textes, la question de l'exécution forcée.

I. L'autonomie du lien parental

A. Autonomie par rapport au lien unissant les parents

1. Détermination des titulaires de l'autorité parentale, le fondement du lien parental

– Existence d'un lien de filiation.

– Indifférence du divorce sur la qualité de parent.

– Conséquences du divorce traitées au titre de la séparation des parents (régime juridique identique si rupture de concubinage).

2. Les règles de dévolution de l'exercice de l'autorité parentale

– L'alinéa premier de l'article indique qu'il n'y a pas d'incidence non plus sur l'exercice de l'autorité parentale.

– Cet exercice obéira à la logique propre des buts de la loi du 4 mars 2002 et ne prendra pas en compte la séparation des parents pour décider si exercice conjoint ou unilatéral.

– La coparentalité est essentielle pour l'enfant, donc en principe tout est fait pour permettre l'exercice conjoint.

B. Autonomie par rapport à l'exercice de l'autorité parentale

1. La qualité de parent

La qualité de parent qu'elle soit ou non corroborée par le droit d'exercer les prérogatives de l'autorité parentale doit conduire chacun des parents à maintenir un lien avec l'enfant et à respecter le lien de l'enfant avec l'autre parent (al. 2).

2. *L'effectivité de la règle*

La difficulté tient moins au contenu de la règle qu'à son effectivité. Il s'agit d'une obligation légale mais dont l'exécution repose sur le bon vouloir de chacun des parents. Si l'on peut concevoir d'empêcher que l'un des parents ne s'oppose à la relation de l'autre avec l'enfant, en revanche on ne pourra jamais forcer le parent qui ne le souhaite pas à maintenir une relation personnelle avec son enfant ; c'est d'ailleurs par analogie toute la force et la limite de la possession d'état en matière de filiation.

II. Les contraintes consécutives au lien parental

A. La conséquence du changement de résidence de l'un des parents

1. *Le changement doit modifier les modalités d'exercice de l'autorité parentale*

– Envisager les situations où il y aurait modification : ce serait le cas évidemment possible en cas de résidence alternée ; mais pas si l'enfant ne va chez l'autre parent qu'en fin de semaine.

– Les modalités d'exercice de l'autorité parentale s'entendront ici du mode de résidence d'une part, et la modification supposera une appréciation liée à un critère géographique.

2. *Obligation d'information préalable et en temps utile*

– L'appréciation de la situation et de la nécessité d'information est laissée au parent lui-même.

– Le législateur laisse les parents s'organiser volontairement, le changement de résidence même lorsqu'il modifie les modalités d'exercice de l'autorité parentale ne sera pas un obstacle lorsque les parents trouveront un accord. Toutefois, en cas de désaccord, il faudra saisir le juge, la priorité est celle de l'enfant.

B. La primauté donnée à l'intérêt de l'enfant

– Le juge va modifier les modalités d'exercice de l'autorité parentale en prenant en compte exclusivement l'intérêt de l'enfant. Le critère est usuel en droit de la famille, ce standard juridique laisse toute latitude d'appréciation au juge.

– Si le changement de résidence suppose des frais de déplacement nouveaux, le juge révisera le montant de la contribution à l'entretien et à l'éducation de l'enfant. Cette conséquence découle nécessairement de ce qui précède, le juge aurait ainsi procédé même si le législateur n'avait pas pris le soin de le dire expressément.

titre 3

Solidarités familiales : le lien de famille

Comment aujourd'hui peut-on circonscrire le groupe familial ? L'un des enjeux du divorce tient à la redéfinition des liens de solidarité et de leur éventuelle accession à la qualification de lien de famille. Les métamorphoses familiales tiennent à l'absence d'engagement dans la durée de ses membres. La fragilisation des liens d'alliance, de parenté, se répercute sur le lien de famille, lui-même, au moment d'aborder concrètement la solidarité entre les membres de la famille. La transformation de ces liens d'alliance, de parenté sont autant d'interrogation sur les nouveaux cercles de solidarité et sur leur solidité. Faut-il reconnaître à ces nouvelles formes de proximité une place au sein de la famille, sont-elles des éléments constitutifs du groupe familial, doivent-elles être prises en compte par le droit comme constituant la famille ? Ou faut-il, tout en leur reconnaissant des effets juridiques, les exclure de la notion de famille et se tenir au sens réel et premier de la famille, lieu intergénérationnel fondé sur l'enfant, ses ascendants et ses descendants, et dans la mesure où il est le lieu adapté de cette progéniture, du mariage ? Le temps est loin du discours préliminaire au Code civil de Portalis : « Les familles se forment par le mariage, et elles sont la pépinière de l'État. Chaque famille est une société particulière et distincte dont le gouvernement importe à la grande famille qui les comprend toutes » et de conclure « Notre objet a été de lier les mœurs aux lois, et de propager l'esprit de famille, qui est si favorable, quoi qu'on en dise à l'esprit de cité. Les sentiments s'affaiblissent en se généralisant : il faut une prise naturelle pour pouvoir former des liens de convention. Les vertus privées peuvent seules garantir les vertus publiques : et c'est par la petite patrie, qui est la famille, que l'on s'attache à la grande ; ce sont les bons pères, les bons maris, les bons fils qui font les bons citoyens » (M. Long et J.-C. Monier, *Portalis, l'esprit de justice*, Michalon, coll. « Le bien commun », 1997, p. 37 ; Voir l'analyse caustique qui est faite par Xavier Martin, *Mythologie du Code Napoléon. Aux soubassements de la France moderne*, Dominique Martin Morin, 2003, spéc. p. 419 s.). Il y a tout de même aujourd'hui une incohérence à demander aux familles d'être le relais des solidarités sociales. Il n'est pas excessif de soutenir que l'État attend des familles un sursaut responsable des membres qui la constitue. Or, nous avons vu qu'il est bien délicat de connaître ceux qui étant proches doivent entrer dans des cercles de solidarité les rendant redevables les uns envers les autres d'une entraide familiale. Il est ensuite hasardeux d'exiger de ceux auxquels on a ôté tant de prérogatives, une responsabilisation dans l'agir social. Aussi n'est-ce pas sans un certain agacement que l'on voit aujourd'hui l'État, qui n'a eu de cesse de disloquer la famille, exiger à présent qu'elle soit le lieu des vertus et de l'éducation du citoyen de demain. Le relais 785 attendu des solidarités publiques par les solidarités familiales est une contrainte disproportionnée en raison de ce que l'État a fait lui-même des familles (notre étude, « Les solidarités familiales », *in* Colloque Aix-en-Provence, in *Lien familial, Lien obligationnel, Lien social*, 5 avr. 2012, PUAM 2013, p. 207 s.).

786 Le droit essaie cependant de maintenir au sens large le lien de famille en consolidant ces liens dans le cadre de la parenté ou en les élargissant, au-delà de la parenté, aux liens consitués dans les familles recomposées (chapitre 18). Il reconnaît encore au lien de famille un rôle essentiel au plan financier se traduisant par une prise en charge des personnes entre elles (chapitre 19).

chapitre 17

Le lien de famille et l'enfant

Plan analytique

section 1

Le maintien des liens dans le cadre de la parenté

§ 1 Le lien de parenté et l'anonymat

A. L'accouchement sous X

B. L'identité personnelle

§ 2 Les relations personnelles avec les ascendants

section 2

La reconnaissance de liens au-delà de la parenté

§ 1 L'éducation quotidienne de l'enfant

§ 2 Les relations personnelles avec des tiers

Compléments pédagogiques

Le lien de famille et l'enfant

La transformation de la famille, l'accès au pluriel des familles révèle la place aujourd'hui centrale de l'enfant comme nœud et lien dans la famille (« La famille en mutation », *Archives de Philosophie du Droit*, 2014, ss dir. Dominique Fenouillet ; déjà « Réformes du droit de la famille », *Archives de Philosophie du Droit* 1975, T.XX). Le droit s'interroge sur le maintien des liens dans le cadre de la parenté (section 1), en même temps qu'il reconnaît des liens au-delà de la seule parenté (section 2). 787

section 1

Le maintien des liens dans le cadre de la parenté

La parenté s'entend ici, non de la filiation juridique, mais sur le fait d'engendrer et d'avoir été engendré, c'est-à-dire sur l'aspect générationnel du lien. La transformation des modes de conception de l'enfant conduit à s'interroger sur la place du lien d'engendrement en droit (§ 1), alors que ce lien montre sa vitalité s'agissant non plus de l'enfant mais du petit-enfant (§ 2). 788

§ 1 Le lien de parenté et l'anonymat

L'évolution du droit a ceci de paradoxal qu'au moment de détacher la filiation de la procréation, au motif que l'engendrement intègre un ensemble d'éléments plus larges que le seul fait de donner la vie, émerge un nouveau concept, celui de l'identité personnelle. Il est vrai que la famille est par nature un lieu de transmission, de mémoire et d'hérédité. Si, au moyen de la filiation, entendue de la parenté seulement juridique le lien avec la parenté naturelle est rompu, il y a un manque. L'enfant aura été privé *de facto* de la connaissance de ses origines. Cette question est apparue initialement dans le cadre de l'accouchement sous X (A) pour se développer avec la généralisation des techniques d'assistances médicales à la procréation sous la forme d'un droit à l'identité (B). 789

A. L'accouchement sous X

La femme a eu pendant longtemps, en dépit du mariage, le pouvoir discrétionnaire de décider seule l'abandon d'un enfant né vivant et viable (anc. art. 341-1 du C. civ. ; nouvel art. 326). Ainsi, la reconnaissance prénatale par l'homme d'un enfant né d'un accouchement sous X était sans effet direct puisqu'elle concernait l'enfant d'une 790 femme qui selon la loi n'a jamais accouché (Riom 16 déc. 1997, *JCP* 1998. II. 10147, note T. Garé ; Nancy 23 févr. 2004, *D.* 2004. 2249, note E. Poisson-Drocourt).

La Cour de cassation a donné une solution plus conforme à l'intérêt de l'enfant et au double lien de filiation vis-à-vis de l'enfant. Si la femme peut toujours accoucher sous X, la reconnaissance prénatale de l'autre parent sera un obstacle à l'abandon de l'enfant et à son adoption ultérieure éventuelle. La solution est formulée en deux temps :

1) « Vu l'article 7. 1 de la Convention de New York du 26 janvier 1990 relative aux droits de l'enfant, ensemble les articles 335, 336, 341-1, 348-1 et 352 du Code civil ; Attendu que, selon le premier de ces textes applicable directement devant les tribunaux français, l'enfant a dès sa naissance et dans la mesure du possible, le droit de connaître ses parents ; qu'il résulte des autres dispositions visées que la reconnaissance d'un enfant naturel prend effet à la date de naissance de l'enfant dès lors qu'il a été identifié, que la filiation est divisible et que le consentement à l'adoption est donné par le parent duquel la filiation est établie » ;

2) « que, l'enfant ayant été identifié par M. X... à une date antérieure au consentement à l'adoption, la reconnaissance prénatale avait établi la filiation paternelle de l'enfant avec effet au jour de sa naissance, de sorte que le conseil de famille des pupilles de l'État, qui était informé de cette reconnaissance, ne pouvait plus, le 26 avril 2001, consentir valablement à l'adoption de l'enfant, ce qui relevait du seul pouvoir de son père naturel, la cour d'appel, qui a méconnu le droit de l'enfant de connaître son père déclaré, a violé les textes susvisés » (Civ. 1re, 7 avril 2006, *Bull. civ.* I., no 195).

791 Cette solution a été fragilisée par l'affaire *Kearns c/ France* (CEDH 10 janv. 2008, *RTD civ.* 2008. 353, obs. J.-P. Marguénaud) dans laquelle la Cour européenne des droits de l'homme a refusé de prendre en compte la procédure de reconnaissance diligentée par le père devant la juridiction de Dublin, dans le délai de rétractation de deux mois suivant l'abandon, alors que la mère irlandaise avait abandonné l'enfant en France sans prévenir son amant. Dans cette affaire, la rétractation de la mère faite trois mois après l'accouchement a été jugée irrecevable au profit du couple ayant adopté l'enfant. S'il est important de permettre à l'enfant d'avoir un entourage affectif stable, il serait peut-être judicieux, comme le souligne le professeur Marguénaud, de s'assurer de la réalité du consentement à l'abandon de la mère en lui demandant à l'issue des deux mois de confirmer sa volonté de supprimer tout lien juridique entre elle et l'enfant. Faudrait-il au-delà exiger l'accord de toute la famille, incluant les grands-parents notamment, oncle, tante, en donnant à la famille son sens généalogique ? Certains le souhaitent (v. les observations de J. Hauser, sous Paris 10 avril 2008, *RTD civ.* 2008. 466) à l'instar du consentement à l'adoption plénière en cas de prédécès d'un conjoint. Certains pays, telle que la Russie, exigent le consentement de tous les membres de la famille pour qu'il puisse y avoir adoption. Il n'est pas sûr cependant que ce soit là l'intérêt de l'enfant ni celui de la femme enceinte. En effet, le risque est que la femme, sous la pression familiale, n'ose pas déclarer sa grossesse et préfère, soit pratiquer une IVG, soit abandonner de façon sauvage son enfant. Par ailleurs, si un tel consentement devait un jour être demandé, encore faudrait-il que ceux qui s'opposent à l'abandon s'engagent par ailleurs à élever l'enfant.

La réforme de la filiation, par l'ordonnance du 4 juillet 2005, a modifié la législation en donnant au père un droit d'accès pour établir sa filiation. L'article 62-1 du Code civil dispose désormais : « Si la transcription de la reconnaissance paternelle s'avère impossible, du fait du secret de son identité opposé par la mère, le père peut en informer le procureur de la République. Celui-ci procède à la recherche des date et lieu d'établissement de l'acte de naissance de l'enfant ». La difficulté sera essentiellement celle de la preuve. L'établissement par le père d'une reconnaissance prénatale participe du même mouvement. L'article 316, al. 1er du Code civil le prévoit expressément : « Lorsque la filiation n'est pas établie dans les conditions prévues à la section I du présent chapitre, elle peut l'être par une reconnaissance de paternité ou de maternité, faite avant ou après la naissance ». La raison, outre les droits du père, tient peut-être aussi à ce constat bien résumé par les professeurs F. Terré et Y. Lequette selon lequel : « L'accouchement sous X est rapidement apparu contestable à un quadruple égard. S'agissant de la mère, il n'est pas sûr qu'il procède toujours d'une volonté libre et éclairée, les circonstances qui y conduisent étant souvent dramatiques. S'agissant de l'enfant, ensuite, il risque d'empêcher sa construction psychique en gommant totalement son passé. S'agissant du père, il rend très problématique l'établissement de sa paternité. S'agissant des parents de la mère, c'est-à-dire des grands-parents maternels de l'enfant, l'accouchement sous X les empêche de se prévaloir de leur lien de parenté avec l'enfant » (*Les grands arrêts de la jurisprudence civile*, n° 48, p. 320). 792 ▪

La loi n° 2002-93 du 22 janvier 2002 reconnaît, pour la première fois, l'accès aux origines en instituant, au Code de l'action sociale et des familles, une procédure devant un Conseil national permettant aux enfants nés sous X d'accéder, à certaines conditions, à l'identité de leur mère, voire de leurs père et mère. L'article 147-7 du même Code distingue clairement cet accès aux origines de la filiation elle-même. Pourtant, nombre d'enfants ne pourront bénéficier de ce mécanisme par cela seul que les parents n'entreront pas dans la liste de ceux invités à laisser sous pli fermé des indications destinées à être remises à leur progéniture plusieurs années après, si elle le demandait. Cette loi est la première étape vers l'affirmation d'un droit à l'identité comme élement de construction personnelle. 793 ▪

B. L'identité personnelle

La réflexion actuelle menée par des experts en droit de la famille, en France, consiste, notamment, à rappeler l'importance du droit de connaître ses origines distinctes du droit de la filiation (*Filiation, origines, parentalité. Le droit face aux nouvelles valeurs de responsabilité générationnelle,* I. Théry [prés.], rapporteur A.-M. Leroyer). Elle s'inscrit, d'une part, dans un développement généralisé des modes d'assistance médicale à la procréation, et, d'autre part, dans la critique de l'anonymat des donneurs de gamètes. Ceci a conduit s'agissant de l'accouchement sous X à supprimer le verrou de la fin de non-recevoir qui était jusqu'alors opposable à l'action en recherche de maternité, avec l'abrogation par la loi du 16 janvier 2009 de l'article 326 du Code civil et la modification consécutive de l'article 325 du Code civil dans lequel la cause d'irrecevabilité disparaît. 794 ▪

Le rapport remis au Sénat relatif à la maternité pour autrui en juin 2008 estimait qu'il était utile dans le cadre de la réflexion qui serait menée sur la révision des lois 795 ▪

bioéthiques de porter attention à la question de la levée de l'anonymat du don de gamètes. Les professeurs Hauser et Dekeuwer-Défossez notamment, ayant été auditionnés, ont tous les deux fait remarquer qu'il serait difficile de permettre la connaissance des origines par l'enfant issu d'une gestation pour autrui si elle était légalisée et de maintenir l'anonymat du don de gamètes par ailleurs. Dans le rapport dit « Léonetti » du 20 janvier 2010 en sa proposition n° 18 la demande de maintien de l'anonymat du don de gamètes est retenue, même si est-il précisé il faudrait pour certains membres de la mission laisser le débat ouvert (p. 110). Il apparaît que la crainte essentielle est dans la restriction des dons de gamètes, alors que les dons sont jugés insuffisants (plus encore les dons d'ovocytes), mais aussi le développement du secret dans les familles ayant eu recours à l'AMP afin que l'enfant ne puisse tout simplement pas exercer son droit parce qu'il ne sait pas les origines de sa conception (l'exemple de la Suède illustre le propos).

796 En 2014, le rapport rendu sous la présidence d'Irène Théry remet en cause la pertinence de l'illustration et estime qu'il y a nécessité de permettre l'accès à l'idenité personnelle par chacun. Il s'ensuit plusieurs propositions relatives à l'anonymat en matière d'AMP, mais aussi une modification de la conception relative à l'adoption.

C'est ainsi qu'au titre de la proposition l'adoption ne ferait plus que l'objet d'une mention sur l'acte de naissance d'origine, afin que tout enfant puisse avoir accès à ses origines en cas de filiation par adoption. Afin de préserver l'intimité de la vie privée, cette nouvelle mesure supposerait une modification des règles relatives à l'état civil l'accès à la copie intégrale de l'acte de naissance serait réservé uniquement à l'intéressé et à ses ascendants, et ne serait communiqué aux tiers seulement l'extrait d'acte de naissance avec filiation ne mentionnant pas le mode d'établissement de celle-ci.

S'agissant de l'AMP, il est préconisé d'intégrer un nouveau chapitre 8 au Code de l'action sociale et des familles intitulé « L'accès aux origines des personnes nées d'un don d'engendrement ». Le principe de l'anonymat du don de gamètes ou d'embryons serait conservé jusqu'à la majorité de l'enfant, lequel pourrait à partir de celle-ci demander sa levée. L'enfant devrait alors pouvoir connaître, de droit, l'identité du ou des donneurs ayant permis sa conception, étant précisé que cela ne lui conférerait pas automatiquement le droit de rencontrer ceux-ci ni leur entourage. Une telle rencontre serait soumise à l'accord du ou des donneurs. Enfin, le rapport souhaite l'ouverture d'une mission d'information pour que les enfants issus d'un don d'engendrement puissent connaître tous ceux qui seraient également issus du même don, avec d'ailleurs levée ou non de l'anonymat sur l'identité du donneur.

797 Cette recherche de l'identité montre pleinement l'inadaptation de l'assistance médicale à la procréation qui consiste, avant même la conception de l'enfant, à le priver de ceux dont il sera biologiquement et génétiquement issu. Le droit à l'identité est un droit émergent dans la jurisprudence de la Cour européenne des droits de l'homme. La Cour européenne des droits de l'homme, dans l'affaire Jäggi, avait relevé que « les personnes essayant d'établir leur ascendance ont un intérêt vital, protégé par la convention, à obtenir les informations qui leur sont indispensables pour découvrir la vérité sur un aspect important de leur identité personnelle » (CEDH 13 juill. 2006, aff. *Jäggi c/ Suisse*, req. n° 58757/00, *Dr. fam.* 2008. Étude 14 ; *RTD civ.* 2006, 727, obs. Marguénaud ; *RTD civ.* 2007, 99, obs. J. Hauser ; *Defrénois* 2008, 573, n° 5, obs. J. Massip).

Cette solution a été suivie, en 2011, par la condamnation de la France dans l'affaire Pascaud (CEDH 16 juin 2011, Pascaud c/France, req. n° 19535/08), l'enfant n'ayant pu procéder à une expertise post-mortem en l'état du droit français supposant l'accord donné de son vivant par le défunt. Mais le Conseil constitutionnel saisi de cette question a refusé de se substituer au législateur. À propos de la conformité de l'article 16-11, al. 2 du Code civil à la Constitution, il répond par l'affirmative écartant le motif pris de la violation du respect de la vie privée : « 6. Considérant qu'en disposant que les personnes décédées sont présumées ne pas avoir consenti à une identification par empreintes génétiques, le législateur a entendu faire obstacle aux exhumations afin d'assurer le respect dû aux morts ; qu'il n'appartient pas au Conseil constitutionnel de substituer son appréciation à celle du législateur sur la prise en compte, en cette matière, du respect dû au corps humain ; que, par suite, les griefs tirés de la méconnaissance du respect dû à la vie privée et au droit de mener une vie familiale normale doivent être écartés » (Déc. n° 2011-173 QPC du 30 sept. 2011, *JO* du 1er oct.). 798 ■

Ce faisant la multiplication des modes de conception et des modes d'établissement de la filiation distinct de la procréation charnelle devrait conduire à une multiplication des actions relatives à la connaissance des origines personnelles telle qu'illustrée dans un arrêt récent du 13 novembre 2014 portant sur la recevabilité d'une action tendant à la reconnaissance d'une ascendance génétique par voie d'expertise, alors que toute possibilité d'établissement de la filiation était exclue (n° 13-21.018, *JCP G*, 2015. 49, nos obs.). 799 ■

§ 2 Les relations personnelles avec les ascendants

L'importance des liens de parenté entendue de la parenté naturelle apparaît également par la recrudescence des actions diligentées par les grands-parents afin d'instituer un lien juridique avec leurs petits-enfants ou tout simplement de maintenir des relations personnelles avec ceux-ci. 800 ■

S'agissant du lien juridique de filiation, l'action des grands-parents s'est inscrite dans le contexte de l'accouchement sous X. Les grands-parents peuvent-ils établir leur lien avec l'enfant de leur fille, celle-ci ayant accouché dans l'anonymat. Selon une conception classique de la filiation, le lien de filiation supposant, en principe, que l'enfant soit issu des œuvres de son auteur pour intégrer sa famille, la Cour de cassation a refusé l'établissement de tout lien entre les grands-parents biologiques et l'enfant, ceux-ci n'ayant aucun intérêt à agir en l'absence de rattachement de l'enfant à la mère et donc aux propres parents de celle-ci (Civ. 1re, 8 juill. 2009, n° 08-20.153). Mais la cour d'appel d'Angers, dans une affaire plus récente du 26 janvier 2011 (*Dalloz actualité*, 2 févr. 2011, obs. I. Gallmeister) a retenu l'existence d'un lien de fait, le lien affectif témoigné par les multiples démarches et diligences auprès de l'enfant confié à l'Aide sociale à l'enfance. 801 ■

Cette solution s'inscrit dans le contexte plus général de volonté d'un maintien des liens avec les ascendants alors que les familles se fragilisent (T. Garé, « Les grands-parents dans le droit de la famille », in *Mélanges Huet-Weiller*, 1994, p. 181 s ; déjà : Civ., 8 juillet 1857, et Civ. 1re, 1982, *Les grands arrêts de la jurisprudence civile,* 13e éd., Dalloz 2015, n° 61-62, p. 382, F. Terré, Y. Lequette). L'article 371-4, al. 1er du Code civil 802 ■

dispose « l'enfant a le droit d'entretenir des relations personnelles avec ses ascendants. Seul l'intérêt de l'enfant peut faire obstacle à l'exercice de ce droit », mais déjà avec la loi du 4 juin 1970 il était possible de lire à l'ancien article 371-4 « Les père et mère ne peuvent, sauf motifs graves, faire obstacle aux relations personnelles de l'enfant avec ses grands-parents. À défaut d'accord entre les parties, les modalités de ces relations sont réglées par le tribunal ». Les professeurs F. Terré et Y. Lequette relèvent à propos l'importance du changement rédactionnel opéré, puisqu'en 1970 il faut comprendre que le droit au maintien des relations était celui des grands-parents, alors qu'il n'est plus que celui de l'enfant dont l'intérêt peut être un obstacle à sa réalisation.

803 Devant les juridictions, les juges n'hésitent pas à reconnaître aux grands-parents un droit de visite et d'hébergement à l'égard de leurs petits-enfants. Mais l'octroi de ce droit n'est que le maintien d'un lien de personne à personne plutôt que le maintien d'un cadre familial au sens classique de l'expression liens intergénérationnels dans la famille. Ce droit est accordé souvent alors que tout lien est rompu entre les grands-parents et les parents, sous réserve que leur mésentente ne constitue pas par elle-même un motif de refus, ce qui serait le cas si elle rejaillissait sur l'enfant (Civ. 1re, 28 févr. 2006, n° 05-14.484). La Cour européenne des droits de l'homme, dans l'affaire *Mitovi c/ Macédoine*, 16 avril 2015 (n° 16-04-2015), rattache les relations avec les grands-parents dans le domaine de protection de l'article 8 de la Convention (déjà : CEDH, 20 janv. 2015, *Manuello et Nevi c/ Italie, AJ fam*. 2015. 101).

section 2

La reconnaissance de liens au-delà de la parenté

804 La reconnaissance des liens de famille ou des liens personnels au sein de la famille va au-delà de la parenté charnelle, et s'étend aux situations de recomposition familiale. Le droit essaie d'accorder une place visible à ceux qui s'occupent de l'éducation quotidienne de l'enfant alors qu'ils n'en sont ni les parents charnels ni les parents juridiques (§ 1), au point qu'en cas de séparation des relations personnelles avec l'enfant peuvent être maintenues (§ 2).

§ 1 L'éducation quotidienne de l'enfant

805 L'éclatement des familles, les séparations, sont suivis de recomposition de liens. Quelle place doit être faite à ceux qui éduquent l'enfant sans avoir de lien juridique direct avec lui ? La place à reconnaître au beau-parent a été un temps discutée, la question également d'un éventuel statut. Une étude de législation comparée a été menée au Sénat dont le rapport a été rendu le 30 avril 2009 (http://www.senat.fr/lc/lc196/lc1960.html#toc0). On y apprend que si dans certains pays aucune reconnaissance n'est faite au beau-parent, ainsi en Italie ou en Espagne, si l'on excepte la terre

aragonaise où le beau-parent est titulaire de l'autorité familiale s'il en assume les charges, dans d'autres pays, le beau-parent ne se voit conférer l'autorité que si celle-ci n'est exercée que par un seul des parents (Allemagne, Danemark, Pays-Bas), qu'en Angleterre il y a partage de l'autorité avec les parents, alors qu'en Suède elle n'est reconnue que dans les couples homosexuels au titre de la parentalité.

En France, la délégation volontaire et la délégation partage (Code civil, art. 377 et 377-1) permettent d'associer le beau-parent, sans lui réserver ces mécanismes. De façon classique, à l'instar de la Suède, cette délégation a été un moyen de reconnaître l'exercice de l'autorité au sein de couples de même sexe, surtout avant la loi du 17 mai 2013. La Cour de cassation a ainsi admis que délégation soit faite à la compagne de la mère décédée, avec l'accord du père, plutôt qu'au profit de la sœur de la mère décédée : « Mais attendu, d'abord, qu'aucune disposition légale n'impose au juge de choisir par priorité parmi les membres de la famille, le tiers à qui il délègue tout ou partie de l'autorité parentale ; qu'il lui appartient seulement de rechercher si les circonstances exigent une telle délégation et si elle est conforme à l'intérêt de l'enfant ; qu'ayant relevé que les enfants résidaient depuis le décès de leur mère au domicile de la personne qui avait été désignée par cette dernière pour les prendre en charge en cas de décès, qu'ils entretenaient des liens de proximité et d'affection avec cette personne qui faisait partie de leur vie depuis leur plus jeune âge, que selon l'enquête de gendarmerie, les enfants étaient bien intégrés dans la vie associative de la commune et qu'ils jouissaient d'une bonne estime au sein de la population et de leur propre voisinage, que leur situation auprès de Mme Y..., dotée de capacités éducatives et affectives, constituait un repère stable puisque les enfants avaient toujours vécu dans la région de Montpellier, la cour d'appel, sans prendre uniquement en considération le souhait exprimé par les enfants, a pu décider qu'il était de l'intérêt de ceux-ci de fixer leur résidence chez Mme Y... et de déléguer partiellement à celle-ci l'exercice de l'autorité parentale dont M. Z... était seul titulaire et de le partager entre eux ; qu'elle a ainsi légalement justifié sa décision » (Civ. 1re, 16 avr. 2008, n° 07-11.273). 806 ■

Le dernier rapport « Filiation, origines, parentalité – Le droit face aux nouvelles valeurs de responsabilité générationnelle », daté de 2014, sous la présidence d'Irène Théry, avec pour rapporteur le professeur A.-M. Leroyer, préconise plusieurs solutions, dont certaines ont été reprises dans la proposition de loi en cours d'examen au Parlement (« Le divorce ne serait-il que question d'argent ? », notre étude, *APD* 2014, préc.). 807 ■

La solution serait, *a minima*, le mandat d'éducation quotidienne : « Art. 373-2-1-1. – Sans préjudice de l'article 372-2, le parent peut, avec l'accord de l'autre parent, donner un mandat d'éducation quotidienne à son concubin, partenaire lié par un pacte civil de solidarité ou conjoint avec lequel il réside de façon stable pour chacun des enfants vivant avec le couple. Le mandat, rédigé par acte sous seing privé ou en la forme authentique, permet au concubin, partenaire ou conjoint d'accomplir les actes usuels de l'autorité parentale pour la durée de la vie commune (al. 1). Le mandat peut être révoqué à tout moment par le mandant. Il prend fin de plein droit en cas de rupture de la vie commune, de décès du mandant ou du mandataire ou de renonciation de ce dernier à son mandat (al. 2) » (Proposition relative à l'autorité parentale et à l'intérêt de l'enfant, texte adopté n° 471, 27 juin 2014, Assemblée nationale, art. 10).

Il est également proposé de modifier les modalités propres à la délégation de l'autorité parentale de l'article 377 du Code civil en adoptant le système bien rodé de la convention homologuée : « Les parents qui exercent conjointement l'autorité parentale peuvent saisir le juge aux affaires familiales, afin de faire homologuer la convention par laquelle ils organisent le partage de tout ou partie de l'exercice de leur autorité parentale avec un tiers » (al. 1). Ces propositions ont été reprises dans une proposition de loi relative à l'autorité parentale et à l'intérêt de l'enfant, examinée en première lecture le 27 juin 2014 par l'Assemblée nationale.

Il semble cependant que le fait de ne pas légiférer sur le beau-parent serait le plus à même de faciliter la vie des familles recomposées, ce dernier bénéficiant d'un mandat implicite pour les actes usuels de la vie familiale.

§ 2 Les relations personnelles avec des tiers

808 Le maintien des liens entre l'enfant et ceux qui ont pu s'occuper de lui est l'un des maîtres mots du rapport sur la filiation remis au gouvernement au début de l'année 2014 : « La place spécifique qu'occupent les beaux-parents dans les familles recomposées, démontre qu'à côté de la filiation inconditionnelle et indissoluble, d'autres liens sont possibles entre les enfants et les adultes qui prennent soin d'eux et veillent à leur éducation : des liens fondamentalement électifs, dont la durée tiendra principalement à la profondeur de l'affection partagée. L'univers de la parenté s'ouvre ici vers d'autres relations et attachements, rappelant que « les miens » ne sont pas le tout de la famille. À la tentation du repli, volets clos, portes refermées a succédé le pari, difficile, ambitieux, d'une nouvelle hospitalité familiale » (p. 28).

Le principe du maintien des relations personnelles avec des tiers était au demeurant déjà inscrit dans la loi du 4 juin 1970. La loi du 17 mai 2013 en a étendu le principe. L'article 371-4, al. 2 du Code civil dispose « Si tel est l'intérêt de l'enfant, le juge aux affaires familiales fixe les modalités des relations entre l'enfant et un tiers, parent ou non, en particulier lorsque ce tiers a résidé de manière stable avec lui et l'un de ses parents, a pourvu à son éducation, à son entretien ou à son installation, et a noué avec lui des liens affectifs durables ».

Par cette disposition, la famille recomposée et les liens affectifs qui se tissent sont reconnus par le droit. Il n'y aurait pas opposition armée ni conflit entre parents et nouveaux beaux-parents, mais coopération autour de l'enfant selon ce qui est développé, non sans un certain angélisme, dans le rapport précité sur la filiation de 2014 : « Cette évolution dessine encore une fois le passage du « ou » au « et » que nous avons si souvent souligné au cours de ce rapport : non plus un père ou une mère, mais deux parents quoi qu'il arrive ; non plus une mère ou une belle-mère, mais une constellation familiale recomposée capable de ne pas imposer à l'enfant d'insupportables conflits de loyauté. Il en va de la capacité des adultes à offrir l'enfant le moyen de construire sa propre histoire, sans se couper en deux. Dans la perspective d'une réforme, valoriser la coparentalité et reconnaître une place familiale au beau-parent vont ensemble : de fait, il s'agit d'un seul et même objectif » (p. 283 s).

Ceci étant pour peu que des personnes aient un tant soit peu vécu avec la mère ou le père du ou des enfants et s'en soient occupées, on peut concevoir, dans un laps de temps relativement court, une myriade de relations affectives pouvant justifier le maintien des relations personnelles avec l'enfant et dont on se demande si le temps des vacances et des fins de semaine sera suffisant pour les assurer toutes. La caricature est poussée jusqu'à l'absurde. Toujours est-il qu'il reviendra au juge d'être particulièrement vigilant sur ce qui constitue ou non l'intérêt de l'enfant (CEDH, 15 sept. 2011, *D.* 2011. 2908, note F. Boulanger ; *RTD civ.* 2012. 108, obs. J. Hauser), sauf à admettre selon la formule bien vue des professeurs F. Terré et Y. Lequette « un droit de visite potentiel » à beaucoup de monde (*Les grands arrêts de la jurisprudence civile*, 13e éd., 2015, n° 61-61, p. 390).

Compléments pédagogiques

Mémo

La transformation de la famille, l'accès au pluriel des familles *révèle la place aujourd'hui centrale de l'enfant comme nœud et lien dans la famille*. L'évolution du droit a ceci de paradoxal *qu'au moment de détacher la filiation de la procréation*, au motif que l'engendrement intègre un ensemble d'éléments plus larges que le seul fait de donner la vie, *émerge un nouveau concept, celui de l'identité personnelle*. Si, au moyen de la filiation, entendue de la parenté seulement juridique le lien avec la parenté naturelle est rompu, il y a un manque. L'enfant aura été privé de facto de la connaissance de ses origines. Cette question est apparue initialement dans le cadre de l'accouchement sous X pour se développer avec la généralisation des techniques d'assistances médicales à la procréation sous la forme d'un droit à l'identité. La réforme de la filiation, par l'ordonnance du 4 juillet 2005, a modifié la législation en donnant au père un droit d'accès pour établir sa filiation. L'article 62-1 du Code civil dispose désormais : « Si la transcription de la reconnaissance paternelle s'avère impossible, du fait du secret de son identité opposé par la mère, le père peut en informer le procureur de la République. Celui-ci procède à la recherche des date et lieu d'établissement de l'acte de naissance de l'enfant ». La difficulté sera essentiellement celle de la preuve. L'établissement par le père d'une reconnaissance prénatale participe du même mouvement. L'article 316, al. 1er Code civil le prévoit expressément : « Lorsque la filiation n'est pas établie dans les conditions prévues à la section I du présent chapitre, elle peut l'être par une reconnaissance de paternité ou de maternité, faite avant ou après la naissance ». La loi n° 2002-93 du 22 janvier 2002 reconnaît, pour la première fois, l'accès aux origines en instituant, au Code de l'action sociale et des familles, une procédure devant un Conseil national permettant aux enfants nés sous X d'accéder, à certaines conditions, à l'identité de leur mère, voire de leurs père et mère. L'article 147-7 du même Code distingue clairement cet accès aux origines de la filiation elle-même. Pourtant, nombre d'enfants ne pourront bénéficier de ce mécanisme par cela seul que les parents n'entreront pas dans la liste de ceux invités à laisser sous pli fermé des indications destinées à être remises à leur progéniture plusieurs années après, si elle le demandait. Cette loi est la première étape vers l'affirmation d'un droit à l'identité comme élément de construction personnelle.

La réflexion actuelle menée par des experts en droit de la famille, en France, consiste, notamment, à rappeler l'importance du droit de connaître ses origines distinctes du droit de la filiation. Elle s'inscrit, d'une part, dans un développement généralisé des modes d'assistance médicale à la procréation, et, d'autre part, dans la critique de l'anonymat des donneurs de gamètes. Ceci a conduit s'agissant de l'accouchement sous X à supprimer le verrou de la fin de non-recevoir qui était jusqu'alors opposable à l'action en recherche de maternité, avec l'abrogation par la loi du 16 janvier 2009 de l'article 326 du Code civil et la modification consécutive de l'article 325 du Code civil dans lequel la cause d'irrecevabilité disparaît. Cette recherche de l'identité montre pleinement l'inadaptation de l'assistance médicale à la procréation qui consiste, avant même la conception de l'enfant, à le priver de ceux dont il sera biologiquement et génétiquement issu. *Le droit à l'identité est un droit émergent dans la jurisprudence de la Cour européenne des droits de l'homme*. Cette solution a été suivie, en 2011, par la condamnation de la France dans l'affaire Pascaud (CEDH 16 juin 2011, *Pascaud c/France*, req. n° 19535/08), l'enfant n'ayant pu procéder à une expertise post-mortem en l'état du droit français supposant l'accord donné de son vivant par le défunt. Mais le Conseil constitutionnel saisi de cette question a refusé de se substituer au législateur. À propos de la conformité de l'article 16-11, al. 2 du Code civil à la Constitution, il répond par l'affirmative écartant le motif pris de la violation du respect de la vie privée.

L'importance des liens de parenté entendue de la parenté naturelle apparaît également par la recrudescence des actions diligentées par les grands-parents afin d'instituer un lien juridique avec leurs petits-enfants ou tout simplement de maintenir des relations personnelles avec ceux-ci. S'agissant du lien juridique de filiation, l'action des grands-parents s'est inscrite dans le contexte de l'accouchement sous X. Les grands-parents peuvent-ils établir leur lien avec l'enfant de leur fille, celle-ci ayant accouché dans l'anonymat. *Cette solution s'inscrit dans le contexte plus général de volonté d'un maintien des liens avec les ascendants alors que les familles se fragilisent*. L'article 371-4, al. 1er du Code civil dispose « l'enfant a le droit d'entretenir des relations personnelles avec ses ascendants. Seul l'intérêt de l'enfant peut faire obstacle à l'exercice de ce droit », mais déjà avec la loi du 4 juin 1970 il était possible de lire à l'ancien article 371-4 « Les père et mère ne peuvent, sauf motifs graves, faire obstacle aux relations personnelles de l'enfant avec ses grands-parents. À défaut d'accord entre les parties, les modalités de ces relations sont réglées par le tribunal ».

La reconnaissance des liens de famille ou des liens personnels au sein de la famille va au-delà de la parenté charnelle, et s'étend aux situations de recomposition familiale. La place à reconnaître au beau-parent a été un temps discutée, la question également d'un éventuel statut. En France, la délégation volontaire et la délégation partage (Code civil, art. 377 et 377-1) permettent d'associer le beau-parent, sans lui réserver ces mécanismes.

Le principe du maintien des relations personnelles avec des tiers était déjà inscrit dans la loi du 4 juin 1970. La loi du 17 mai 2013 en a étendu le principe. L'article 371-4, al. 2 du Code civil dispose « Si tel est l'intérêt de l'enfant, le juge aux affaires familiales fixe les modalités des relations entre l'enfant et un tiers, parent ou non, en particulier lorsque ce tiers a résidé de manière stable avec lui et l'un de ses parents, a pourvu à son éducation, à son entretien ou à son installation, et a noué avec lui des liens affectifs durables ». Par cette disposition, la famille recomposée et les liens affectifs qui se tissent sont reconnus par le droit.

Quiz

1) Sujet corrigé

Commentaire

Énoncé

CEDH, 25 sept. 2012 (définitif 18 mars 2013), *Godelli c/ Italie*

« PROCÉDURE

1. À l'origine de l'affaire se trouve une requête (n° 33783/09) dirigée contre la République italienne et dont une ressortissante de cet État, Anita Godelli (« la requérante »), a saisi la Cour le 16 juin 2009 en vertu de l'article 34 de la Convention de sauvegarde des droits de l'homme et des libertés fondamentales (« la Convention »).

2. La requérante est représentée par Me C. Pullano, avocat à Trieste. Le gouvernement italien (« le Gouvernement ») a été représenté par son agent, Mme E. Spatafora.

3. La requérante allègue que le secret de sa naissance et l'impossibilité qui en résulte pour elle de connaître ses origines constituent une violation de son droit au respect de sa vie privée et familiale garanti par l'article 8 de la Convention.

4. Le 9 novembre 2010, la requête a été communiquée au Gouvernement. Comme le permet l'article 29 § 1 de la Convention, il a en outre été décidé que la chambre se prononcerait en même temps sur la recevabilité et le fond.

1. EN FAIT

I. LES CIRCONSTANCES DE L'ESPÈCE

5. La requérante, née le 28 mars 1943 à Trieste, fut abandonnée par sa mère biologique.

6. Il ressort de l'acte de naissance que :

« En ce jour, le 28 mars 1943, à 7 heures 30, une femme, qui ne consentait pas à être nommée, donna naissance à une fille. »

7. La requérante fut d'abord placée dans un orphelinat et ensuite confiée à la famille Godelli. À l'âge de six ans, par une décision du juge des tutelles de Trieste du 10 octobre 1949, elle fit l'objet d'une adoption simple (« affiliazione ») par les époux Godelli.

8. À l'âge de dix ans, la requérante ayant appris qu'elle n'était pas la fille biologique de ses parents, leur demanda à pouvoir connaître ses origines, mais elle n'obtint aucune réponse. À une date non précisée, elle découvrit qu'une petite fille qui vivait dans son village, née le même jour qu'elle, avait été abandonnée et ensuite elle avait fait l'objet d'une adoption simple (« affiliazione ») par une autre famille. La requérante soupçonnait qu'il s'agissait de sa sœur jumelle. Les parents adoptifs des deux filles empêchèrent les contacts entre elles.

9. La requérante affirme avoir vécu une enfance très difficile en raison de l'impossibilité de connaître ses origines.

10. En 2006, la requérante demanda au bureau de l'état civil de la mairie de Trieste des renseignements sur ses origines, conformément à l'article 28 de la loi n° 184 du 4 mai 1983 (la loi sur l'adoption : « la loi n° 184/1993 »), étant donné que la réglementation régissant l'adoption simple (« affiliazione ») avait été abrogée par cette loi. Le bureau de l'état civil donna à la requérante son acte de naissance dans lequel n'apparaissait pas le nom de la mère biologique puisque celle-ci n'avait pas consenti à la divulgation de son identité.

11. Le 19 mars 2007, la requérante introduisit un recours devant le tribunal de Trieste pour demander, conformément à l'article 96 du décret du président de la République n° 396/2000, la rectification de son acte de naissance. Le 4 mai 2007, le tribunal se déclara incompétent et rejeta le recours au motif que l'article 28, alinéa 5, de la loi n° 184/1983, prévoyait qu'en ce qui concerne l'accès aux informations sur les parents biologiques, après l'âge de vingt-cinq ans, le tribunal compétent était le tribunal pour enfants.

12. Le 5 juin 2007, la requérante saisit le tribunal pour enfants de Trieste. Le 11 juin 2008, le tribunal rejeta la demande puisque, conformément à l'article 28, alinéa 7, de la loi n° 184/983, l'accès aux informations sur ses origines était interdit car la mère, au moment de la naissance de la requérante n'avait pas consenti à la divulgation de son identité.

13. La requérante saisit la cour d'appel. Par une décision du 23 décembre 2008, la cour d'appel rejeta son recours.

14. En particulier, la cour observa que le tribunal pour enfants avait souligné que la mère biologique de la requérante avait demandé le secret de son identité et que le tribunal avait donc correctement fait application de l'article 28, alinéa 7, de la loi n° 184 de 1983, même si la requérante avait fait l'objet d'une adoption simple, compte tenu de ce que l'adoption simple créait néanmoins un statut familial. Par ailleurs, la cour d'appel souligna que l'alinéa 7 de l'article 28 visait à garantir le respect de la volonté de la mère. L'interdiction pour la requérante d'accéder aux informations concernant ses origines répondait également à un intérêt public.

15. La requérante ne se pourvut pas en cassation.

II. LE droit ET LA PRATIQUE interne et LE droit comparé pertinent

A. Le droit et la pratique internes

16. L'article 250 du Code civil accorde à un des parents la possibilité de ne pas reconnaître son enfant. Pour cela, la mère doit demander à l'hôpital de préserver son anonymat lors de l'accouchement. Dans ce cas, un dossier médical comportant des renseignements médicaux sur la mère et l'enfant est constitué. Seul le médecin traitant de l'enfant peut y avoir accès sur autorisation du tuteur de l'enfant.

17. L'adoption simple (« affiliazione ») fut créée en 1942 pour porter assistance aux enfants abandonnés ou sans parent d'âge inférieur à dix-huit ans. À la différence de l'adoption plénière, elle ne créait pas de lien de parenté effectif et il n'était pas nécessaire que la personne adoptée n'ait pas d'enfants, mais il fallait que l'enfant ait moins de dix-huit ans. L'adoption simple pouvait être demandée soit par la personne à qui l'enfant avait été confié, soit par l'Assistance publique, soit par le particulier qui l'élevait de sa propre initiative.

18. Les articles du Code civil prévoyant l'adoption simple (« *affiliazione* ») ont été abrogés par l'effet de l'entrée en vigueur de la loi n° 184 du 4 mai 1983 (révisée ensuite par la loi n° 149 de 2001 et par le décret législatif n° 196 du 30 juin 2003).

19. L'article 27 de la loi n° 184/1983 garantit le secret des origines sauf si l'autorité judiciaire donne une autorisation expresse.

20. L'article 28, alinéa 7, de la loi n° 184/1983 permet à la mère, qui décide de ne pas garder l'enfant, d'accoucher dans un hôpital et de garder en même temps l'anonymat dans la déclaration de naissance. Cet anonymat a une durée de cent ans. Après ce délai, l'accès à l'acte de naissance est possible.

21. La décision d'adoption, une fois prise par le tribunal, est communiquée aux services de l'état civil pour être mentionnée en marge de l'acte de naissance. Les copies des actes d'état civil de l'adopté doivent être délivrées avec la seule indication de son nouveau nom, sans mention de la paternité ou de la maternité d'origine ni de l'annotation relative à l'adoption. Toutefois, si l'officier d'état civil a une autorisation expresse du tribunal, il peut communiquer ces renseignements.

22. L'adopté peut avoir accès aux informations concernant ses origines et l'identité de ses parents par le sang lorsqu'il a atteint l'âge de 25 ans. Il peut obtenir ces mêmes informations dès la majorité s'il existe des motifs graves et prouvés concernant sa santé physique et mentale. La demande est présentée au tribunal pour enfants du lieu de résidence, qui rend sa décision après évaluation de la situation particulière et audition des personnes qu'il juge opportun d'entendre.

23. L'accès aux informations est refusé lorsque la mère biologique n'a pas reconnu l'enfant à la naissance et lorsque l'un des parents biologiques a déclaré ne pas vouloir être nommé dans l'acte de naissance ou a donné son consentement à l'adoption sous réserve de conserver l'anonymat.

24. Par un arrêt du 16 novembre 2005, la Cour constitutionnelle s'est exprimée positivement sur la question de savoir si l'impossibilité d'accéder aux informations concernant les origines, sans avoir vérifié la persistance de la volonté de la mère à ne pas être nommée, était compatible avec les articles 2, 3 et 32 de la Constitution.

25. En particulier, la haute juridiction a souligné que l'article 28, alinéa 7, de la loi n° 184/1983 vise à protéger la mère, qui - dans des circonstances difficiles – décide de ne pas garder l'enfant, en lui donnant la possibilité d'accoucher dans un hôpital et de garder en même temps l'anonymat dans la déclaration de naissance. De cette manière, selon la Cour on permet à la mère d'accoucher dans de bonnes conditions en l'empêchant de prendre des décisions irréparables. Cette possibilité serait plus difficile si la disposition prévoyait la possibilité pour la mère de savoir qu'un jour, elle pourrait être appelée par l'autorité judiciaire à confirmer ou révoquer sa décision.

26. L'article 111, alinéa 7, de la Constitution italienne prévoit que : « Le pourvoi en cassation pour violation de la loi est toujours admis contre les jugements et les mesures touchant à la liberté personnelle, prononcés par les organes juridictionnels judiciaires ou spéciaux ».

27. Un projet de loi relatif à l'accès aux origines personnelles est à l'examen du Parlement italien depuis 2008. Ce projet de loi poursuit deux objectifs principaux :

– permettre et organiser la réversibilité du secret sans remettre en cause les conséquences juridiques de la décision initialement prise par la femme ;

– subordonner la levée du secret à l'accord exprès de la mère et de l'enfant.

Selon ce projet de loi, à l'âge de 25 ans toute personne adoptée et non reconnue à la naissance, peut demander au tribunal pour enfants l'accès à ses origines sous réserve de l'accord de la mère. Lors de la recherche par l'enfant de ses origines, le tribunal pour enfants se chargera de rechercher la mère et de recueillir son consentement pour la levée du secret, ceci, dans le respect de sa vie privée. Si la mère est décédée et si le père est décédé ou n'est pas identifiable, le tribunal recueille les éléments relatifs à leur identité ainsi que les données médicales permettant de repérer d'éventuelles pathologies héréditaires transmissibles.

B. Le droit à la connaissance de ses origines dans les autres États membres du Conseil de l'Europe

28. En Europe l'accouchement sous X ou dans l'anonymat apparaît minoritaire sans être pour autant exceptionnel. À côté de la France dont le droit positif prévoit depuis de nombreuses années l'accouchement sous X, des législations, relativement récentes car édictées au cours de la dernière décennie, organisent la naissance d'enfants dans ces conditions (Autriche, Luxembourg, Russie, Slovaquie).

En France, l'accouchement sous X tend à se rapprocher de l'accouchement dans le secret à l'instar de ce qui se pratique en République tchèque où la confidentialité quant aux données nominatives sur la mère biologique est alors temporaire, et non définitive, puisque l'accès à ces informations est différé dans le temps.

29. La situation des enfants nés à la suite d'un accouchement anonyme ou secret peut être comparée à celles dans lesquelles l'enfant se trouve exposé à des difficultés, voire l'impossibilité d'avoir accès à ses origines biologiques. L'absence de mention des noms de l'un ou des deux parents peut parfois être prévue par la loi, mais cette hypothèse est rarissime (Italie, Luxembourg, France). Le plus souvent, les données de fait feront obstacle à ce que l'officier d'état civil puisse remplir complètement l'acte de naissance de l'enfant ; des actions en justice sont ouvertes en recherche de paternité/maternité et sont éventuellement accessibles à d'autres personnes que le seul enfant. Nonobstant le fait que l'efficacité de telles actions puisse, eu égard aux circonstances particulières, être aléatoire, l'existence de tels recours, permettant d'engager des recherches sur les liens personnels entretenus par un enfant vis-à-vis de sa famille biologique, constitue, pour les personnes intéressées, une garantie.

30. Par ailleurs, il doit être constaté que la pratique de l'abandon d'enfant perdure sous de nouvelles formes ; les « fenêtres » ou « boîtes à bébé », réminiscence des tours d'abandon du Moyen-Âge, connaissent un développement incontestable. L'enfant sera, pratiquement, dans l'impossibilité matérielle d'accéder à des informations concernant sa famille d'origine ; l'état civil donnera des noms « fictifs » à l'enfant sans lien avec sa filiation réelle. Le secret des circonstances de la naissance peut n'être que relatif (Espagne, Hongrie) mais cette relativité implique alors nécessairement que des données préexistent. Des actions judiciaires sont généralement prévues au profit de l'enfant recherchant sa mère de naissance (Bulgarie, Croatie, ex-République yougoslave de Macédoine) ou de la mère qui peut rechercher son enfant (Ukraine).

31. En cas d'adoption plénière, l'enfant perd souvent tout contact avec sa famille d'origine ; la nouvelle filiation efface totalement les liens qui ont pu exister au cours de la vie antérieure de l'enfant avec d'autres adultes (Autriche, France, Monaco, Bulgarie, Russie et ex-République yougoslave de Macédoine). L'accès à l'acte de naissance est parfois possible à partir d'un âge minimum (Allemagne, Croatie, Hongrie, Lettonie Portugal). L'enfant peut être habilité à accéder à des informations plus larges

(Bulgarie, Estonie, Lituanie, Suisse, Espagne,), ce qui suppose alors souvent l'engagement d'une action en justice qui permet d'apprécier les intérêts en jeu.

32. Le Royaume-Uni et l'Irlande ont instauré un mécanisme permettant un rapprochement des personnes adoptées aux données afférentes à leur adoption présentant un degré poussé de conciliation entre le droit à l'information des intéressés et le respect de la vie privée et familiale de la mère ou plus largement de la famille d'origine.

1. EN DROIT

I. SUR L'EXCEPTION PRÉLIMINAIRE DU GOUVERNEMENT

33. À titre principal, le Gouvernement soutient que la requête est irrecevable pour non-épuisement des voies de recours internes au motif que la requérante n'aurait pas introduit un recours extraordinaire devant la Cour de cassation au sens de l'article 111 de la Constitution italienne. Selon le Gouvernement, ce recours est possible contre les décisions ayant caractère décisoire en matière de droits subjectifs (voir arrêt de la Cour de cassation n° 23032 du 30 octobre 2009).

34. La requérante conteste la thèse du Gouvernement et fait observer que l'action en cause n'est pas un recours « effectif » étant donné que le recours extraordinaire en cassation aux termes de l'article 111, alinéa 7, ne peut pas être introduit lorsque les décisions prononcées en chambre de conseil sont rendues en matière de juridiction gracieuse (« volontaria giurisdizione »), car ces décisions, tout en couvrant des positions de droits subjectifs, n'ont aucun caractère décisoire et elles n'ont pas l'efficacité de chose jugée, car elles sont toujours modifiables par la même chambre du conseil.

35. La requérante rappelle que la position de la Cour de cassation à cet égard est claire et sa jurisprudence est consolidée sur l'irrecevabilité du recours extraordinaire. Elle note que les décisions qui relèvent de la juridiction gracieuse, notamment dans les cas relatifs à la responsabilité parentale, sont dépourvues de caractère décisoire et définitif, et ne peuvent pas être soumises au recours extraordinaire en cassation (voir les arrêts de la Cour de Cassation n° 11771 du 14 mai 2010, n° 11756 du 14 mai 2010, no14091 du 17 juin 2009, n° 24423 du 23 novembre 2007, n° 22628 du 20 octobre 2006, n° 11026 du 15 juillet 2003, n° 11582 du 2 août 2002, no2099 du 14 février 2001, n° 1493 du 23 février 1999, no2934 du 20 mars 1998).

36. La Cour rappelle qu'il incombe au Gouvernement excipant du non-épuisement des recours internes de démontrer qu'un recours effectif était disponible tant en théorie qu'en pratique à l'époque des faits, c'est-à-dire qu'il était accessible, était susceptible d'offrir aux requérants la réparation de leurs griefs et présentait des perspectives raisonnables de succès (V. *c/ Royaume-Uni* [GC], n° 24888/94, § 57, CEDH 1999-IX).

37. La Cour note tout d'abord que la jurisprudence de la Cour de cassation était très partagée sur le point de savoir s'il était possible de se pourvoir en cassation selon l'article 111 de la Constitution contre une décision dépourvue de caractère définitif, prise par la chambre du conseil en matière de juridiction gracieuse.

38. De plus, la Cour estime que le Gouvernement n'a pas démontré qu'un éventuel pourvoi en cassation selon l'article 111 de la Constitution que la requérante aurait pu former quant à l'application de l'article 28, alinéa 7, de la loi n° 184/1983, avait des chances d'aboutir. En effet, la Cour de cassation ne pouvait que confirmer que les juridictions avaient correctement fait application de la disposition législative applicable

en l'espèce, à savoir l'article 28, alinéa 7, de la loi n° 184 de 1983, d'autant plus que la Cour constitutionnelle avait jugé que ladite loi était conforme à la Constitution (§ 24 ci-dessus)

39. À la lumière de ce qui précède et sans prendre en considération le fait que la jurisprudence de la Cour de cassation était très partagée sur le point de savoir s'il était possible de se pourvoir en cassation contre une décision dépourvue de caractère définitif, prise par une chambre de conseil en matière de juridiction gracieuse, la Cour considère que dans le cas d'espèce, un éventuel recours extraordinaire en cassation selon l'article 111 de la Constitution, n'aurait pas eu pour effet de redresser le grief de la requérante.

40. Par conséquent, il y a lieu de rejeter l'exception de non-épuisement soulevée par le Gouvernement.

II. SUR LA VIOLATION ALLÉGUÉE DE L'ARTICLE 8 DE LA CONVENTION

41. La requérante se plaint de ne pas pouvoir obtenir communication d'éléments non identifiants sur sa famille naturelle. Elle dénonce le lourd préjudice qui en résulte pour elle dans la mesure où elle est privée de la possibilité de connaître son histoire personnelle. Elle affirme ne pas avoir eu accès à des informations non identifiantes sur sa mère et sa famille biologique lui permettant d'établir quelques racines de son histoire dans le respect de la préservation des intérêts des tiers. Elle affirme, en outre, que dans la mise en balance de deux intérêts, le législateur a donné préférence aux seuls intérêts de la mère sans qu'il y ait la possibilité pour la requérante de demander, comme en droit français, la réversibilité du secret sur l'identité de la mère sous réserve de l'accord de celle-ci. Par ailleurs, elle fait valoir qu'elle avait fait l'objet d'une adoption simple (« *affiliazione* ») qui ne créait pas de lien de parenté effectif. Elle invoque l'article 8 de la Convention qui est ainsi libellé :

« 1. Toute personne a droit au respect de sa vie privée et familiale, de son domicile et de sa correspondance.

2. Il ne peut y avoir ingérence d'une autorité publique dans l'exercice de ce droit que pour autant que cette ingérence est prévue par la loi et qu'elle constitue une mesure qui, dans une société démocratique, est nécessaire à la sécurité nationale, à la sûreté publique, au bien-être économique du pays, à la défense de l'ordre et à la prévention des infractions pénales, à la protection de la santé ou de la morale, ou à la protection des droits et libertés d'autrui. »

42. Le Gouvernement s'oppose à cette thèse.

A. Applicabilité de l'article 8

1. Thèses des parties

a) La requérante

43. La requérante soutient que sa demande d'obtention de renseignements sur des aspects éminemment personnels de son histoire et de son enfance entre dans le champ d'application de l'article 8 de la Convention. La recherche de son identité fait partie intégrante de sa « vie privée » mais également de sa « vie familiale ».

b) Le Gouvernement

44. Le Gouvernement exclut cette dernière hypothèse en rappelant qu'en garantissant le droit au respect de la vie familiale, l'article 8 présuppose l'existence d'une

famille (*Marckx c/ Belgique*, arrêt du 13 juin 1979, série A n° 31). Si la jurisprudence n'exige pas une cohabitation entre les différents membres de la « famille », il doit exister à tout le moins des rapports personnels étroits entre eux. L'existence de liens qui démontreraient une relation affective entre deux êtres et leur volonté d'entretenir cette relation serait primordiale pour les organes de la Convention. Ces derniers estiment même que le seul lien biologique est insuffisant, faute de liens personnels étroits entre les intéressés pour constituer une vie familiale au sens de l'article 8. En l'espèce, le Gouvernement soutient qu'il n'existe entre la requérante et sa mère biologique aucune vie familiale au sens de l'article 8 de la Convention car la première n'a jamais vu sa mère, au motif que celle-ci n'a jamais souhaité la connaître et la considérer comme son enfant. Elle a en effet expressément manifesté sa volonté de l'abandonner et a accepté que son enfant soit adoptée.

2. Appréciation de la Cour

45. En l'espèce, la Cour relève que la quête de la requérante n'est pas de remettre en cause l'existence de sa filiation adoptive mais de connaître les circonstances de sa naissance et de son abandon englobant la connaissance de l'identité de ses parents biologiques. En l'espèce, la Cour n'est pas appelée à déterminer si la procédure visant le lien de filiation entre la requérante et sa mère relève de la « vie familiale » au sens de l'article 8, puisqu'en tout état de cause le droit de connaître son ascendance se trouve dans le champ d'application de la notion de « vie privée », qui englobe des aspects importants de l'identité personnelle dont l'identité des géniteurs fait partie (*Odièvre c/ France* [GC], n° 42326/98, § 29, CEDH 2003-III, et *Mikulić c/ Croatie*, n° 53176/99, § 53, CEDH 2002-I).

46. La Cour rappelle à cet égard que « l'article 8 protège un droit à l'identité et à l'épanouissement personnel et celui de nouer et de développer des relations avec ses semblables et le monde extérieur. » À cet épanouissement contribuent l'établissement des détails de son identité d'être humain et l'intérêt vital, protégé par la Convention, à obtenir des informations nécessaires à la découverte de la vérité concernant un aspect important de son identité personnelle, par exemple l'identité de ses géniteurs (*Mikulić*, précité, §§ 54 et 64). La naissance, et singulièrement les circonstances de celle-ci, relève de la vie privée de l'enfant, puis de l'adulte, garantie par l'article 8 de la Convention qui trouve ainsi à s'appliquer en l'espèce.

47. La Cour constate que la requête n'est pas manifestement mal fondée au sens de l'article 35 § 3 a) de la Convention et qu'elle ne se heurte à aucun autre motif d'irrecevabilité. Il convient donc de la déclarer recevable.

B. Sur le fond

1. Thèses des parties

a) La requérante

48. La requérante rappelle que, selon la jurisprudence de la Cour, l'article 8 de la Convention s'applique à l'enfant comme à la mère, et que le droit à la connaissance de ses origines ne peut pas produire l'effet de denier simplement l'intérêt d'une femme à conserver l'anonymat pour sauvegarder sa santé en accouchant dans des conditions médicales appropriées : le conflit est entre deux intérêts privés, qui touchent d'ailleurs deux adultes jouissant chacun de l'autonomie de sa volonté, difficilement conciliables en raison du caractère complexe et délicat de la question que soulève le secret des origines au regard du droit de chacun à son histoire, du choix

des parents biologiques, du lien familial existant et des parents adoptifs. Elle estime que la Cour doit rechercher la pondération des intérêts et examiner si le système italien, dans le cas d'espèce, a maintenu un équilibre raisonnable entre les droits et les intérêts concurrents.

49. En effet, la requérante fait valoir qu'aucun autre système législatif ne connaît un régime d'anonymat de la maternité aussi poussé, avec en cascade l'accouchement secret et l'abandon secret, tel qu'il est formalisé et institutionnalisé en Italie.

50. Ainsi, la requérante rappelle que la Convention des Nations unies relative aux droits de l'enfant du 20 novembre 1989 dispose que l'enfant a dès sa naissance « dans la mesure du possible, le droit de connaître ses parents » (article 7). De même, la Convention de La Haye du 29 mai 1993 sur la protection des enfants et la coopération en matière d'adoption internationale, ratifiée par l'Italie, prévoit que les autorités compétentes de l'État contractant veillent à conserver les informations qu'elles détiennent sur les origines de l'enfant, notamment celles relatives à l'identité de sa mère et de son père, ainsi que les données sur le passé médical de l'enfant et de sa famille. Elles assurent l'accès de l'enfant ou de son représentant à ces informations avec les conseils appropriés, dans la mesure permise par la loi de leur État (article 30).

51. Dans la Recommandation 1443 (2000) du 26 janvier 2000 « Pour un respect des droits de l'enfant dans l'adoption internationale », l'Assemblée parlementaire du Conseil de l'Europe a invité les États « à assurer le droit de l'enfant adopté de connaître ses origines au plus tard à sa majorité et à éliminer de leurs législations nationales toute disposition contraire ».

52. Selon la requérante, l'Italie aurait dépassé la limite de sa marge d'appréciation car le système mis en place ne tient pas compte de l'intérêt de l'enfant. À cet égard, elle rappelle que le système italien est très différent du système français que la Cour a examiné dans l'affaire *Odièvre c/ France* ([GC], n° 42326/98, CEDH 2003-III) puisqu'il ne permet pas d'obtenir des renseignements relatifs à l'identité de la mère et mêmes des informations non identifiantes sur la mère et sur la famille biologique. Le système ne prévoit pas l'accès au dossier, même sous réserve de l'accord de la mère. Dans ces conditions l'intérêt de l'enfant à la connaissance de ses origines est entièrement sacrifié, sans aucun équilibre entre les intérêts concurrents et sans pondération d'intérêts possible. La loi italienne accepte, comme un obstacle absolu à toute recherche d'information entreprise par la requérante la décision de la mère, quelle que soit la raison ou la légitimité de cette décision. En toutes circonstances et de manière irréversible, le refus de la mère s'impose à l'enfant qui ne dispose d'aucun moyen juridique de combattre la volonté unilatérale de celle-ci. La mère dispose ainsi d'un droit purement discrétionnaire de mettre au monde un enfant en souffrance et de le condamner, pour toute sa vie, à l'ignorance. Une préférence aveugle est donnée aux seuls intérêts de la mère. De plus, la mère peut aussi, de la même manière, paralyser les droits des tiers, notamment ceux du père biologique ou des frères et sœurs, qui peuvent eux aussi être privés des droits garantis par l'article 8 de la Convention

53. La requérante reproche à l'Italie de ne pas assurer le respect de sa vie privée par son système juridique qui, de manière absolue, fait obstacle à l'action en recherche de maternité lorsque la mère biologique a demandé le secret et qui, surtout, ne permet pas la communication de données non identifiantes sur celle-ci, ni par l'intermédiaire

des services d'aide sociale à l'enfance ni par celui d'un autre organisme qui lui donnerait accès à ces renseignements.

54. En outre, la requérante soutient que même si elle a demandé l'accès aux origines à l'âge adulte, l'intérêt vital des individus à obtenir les informations nécessaires à la découverte de la vérité concernant un aspect important de leur identité personnelle, partie intégrante du droit a la vie privée aux termes de l'article 8 de la Convention, est un droit subjectif et ultra-personnel et donc imprescriptible.

b) Le Gouvernement

55. Le Gouvernement rappelle que la possibilité pour une femme de demander le secret de son accouchement et de son identité résulte de l'article 250 du Code civil et de l'article 28, alinéa 7, de la loi n° 184/1983 qui garantit le secret des origines, sauf si l'autorité judiciaire donne une autorisation expresse. Il s'agit bien, selon le Gouvernement, d'une ingérence prévue par la loi qui a également une finalité de protection de l'intérêt général.

56. Le Gouvernement ne nie pas que la notion de vie privée, visée également par l'article 8 de la Convention, puisse englober parfois les éléments d'identification physique et sociale de l'individu. Toutefois, il rappelle que l'État n'a pas refusé de fournir des renseignements à la requérante mais a tenu compte de la volonté de sa mère qui a refusé, dès le départ, de voir communiquer son identité.

57. Sur la proportionnalité de l'ingérence, le Gouvernement relève que la demande éventuelle de l'enfant d'avoir accès à son identité peut entrer en conflit avec la liberté de toute femme de refuser son statut de mère et de ne pas assumer son enfant. Le droit italien considère la maternité comme un des aspects de la vie privée, qui est à ce titre protégée par la loi. Cette protection a été confirmée par la Cour constitutionnelle qui a déclaré mal fondée la demande de contrôle de constitutionalité de l'article 28, alinéa 7 de la loi n° 184 de 1983. La Cour constitutionnelle a affirmé que la loi n° 149 du 28 mars 2001, qui a modifié la loi n° 184/1983, a introduit dans le nouvel article 28, alinéa 1, l'obligation pour les parents adoptifs d'informer le mineur adopté de sa condition. Si les parents adoptifs n'ont pas permis à la requérante de connaître ses origines, il est important de relever que la requérante a décidé de demander des informations sur ses origines seulement en 2006.

58. Selon le Gouvernement, la Cour devrait prendre en compte le fait que la requérante, qui a aujourd'hui presque soixante-dix ans, a été adoptée dès l'âge de six ans et que la levée non consensuelle du secret de sa naissance pourrait se révéler très difficile à ce stade, eu égard aux possibles risques non négligeables pour sa santé et pour sa famille actuelle.

59. Le Gouvernement estime que lorsque deux intérêts privés se trouvent en conflit, l'État dispose d'une certaine marge d'appréciation qui est d'ailleurs renforcée, en l'espèce, dans la mesure où il n'existe sur la question de l'accès de l'enfant à la connaissance de ses origines aucun consensus au plan européen.

2. Appréciation de la Cour

60. La Cour rappelle que si l'article 8 tend pour l'essentiel à prémunir l'individu contre des ingérences arbitraires des pouvoirs publics, il ne se contente pas de commander à l'État de s'abstenir de pareilles ingérences : à cet engagement plutôt négatif peuvent s'ajouter des obligations positives inhérentes à un respect effectif de la vie privée. Elles peuvent impliquer l'adoption de mesures visant au respect de la vie privée jusque dans

les relations des individus entre eux (*X et Y c/ Pays-Bas*, arrêt du 26 mars 1985, § 23, série A n° 91). La frontière entre les obligations positives et négatives de l'État au titre de l'article 8 ne se prête pas à une définition précise ; les principes applicables sont néanmoins comparables. En particulier, dans les deux cas, il faut avoir égard au juste équilibre à ménager entre les intérêts concurrents ; de même, dans les deux hypothèses, l'État jouit d'une certaine marge d'appréciation (*Mikulić* précité, § 58).

61. Comme c'était le cas dans l'affaire *Odièvre* (précitée), la requérante reproche à l'État défendeur de ne pas assurer le respect de sa vie privée par son système juridique lequel fait obstacle, de manière absolue, à l'action en recherche de maternité lorsque la mère biologique a demandé le secret et qui, surtout, ne permet pas la communication de données non identifiantes sur celle-ci, ni par l'intermédiaire des services d'aide sociale à l'enfance ni par celui d'un autre organisme qui lui donnerait accès à ces renseignements.

62. La Cour rappelle avoir déjà souligné (*Odièvre*, précitée § 43) que la question de l'accès à ses origines et de la connaissance de l'identité de ses parents biologiques n'est pas de même nature que celle de l'accès au dossier personnel établi sur un enfant pris en charge ou celle de la recherche des preuves d'une paternité alléguée. La Cour se trouve, en effet, dans le cas d'espèce en présence d'une personne dotée d'une filiation adoptive qui recherche une autre personne, sa mère biologique, qui l'a abandonnée dès sa naissance et qui a expressément demandé le secret de celle-ci.

63. La Cour note que l'expression « toute personne » de l'article 8 de la Convention s'applique à l'enfant comme à la mère. D'un côté, il y a le droit de l'enfant à la connaissance de ses origines qui trouve son fondement dans la notion de vie privée (voir § 45 ci-dessus). L'intérêt vital de l'enfant dans son épanouissement est également largement reconnu dans l'économie générale de la Convention (voir, parmi beaucoup d'autres, les arrêts *Johansen c/ Norvège*, 7 août 1996, § 78, Recueil 1996-III, *Mikulić* précité, § 64, ou *Kutzner c/ Allemagne*, n° 46544/99, § 66, CEDH 2002-I). De l'autre, on ne saurait dénier l'intérêt d'une femme à conserver l'anonymat pour sauvegarder sa santé en accouchant dans des conditions médicales appropriées.

64. L'intérêt général n'est pas non plus absent dans la mesure où la loi italienne s'inscrit dans le souci de protéger la santé de la mère et de l'enfant lors de la grossesse et de l'accouchement et d'éviter des avortements clandestins, ou des abandons « sauvages ».

65. La Cour rappelle que le choix des mesures propres à garantir l'observation de l'article 8 de la Convention dans les rapports interindividuels relève en principe de la marge d'appréciation des États contractants. Il existe à cet égard différentes manières d'assurer le respect de la vie privée et la nature de l'obligation de l'État dépend de l'aspect de la vie privée qui se trouve en cause (*Odièvre*, précitée, § 46). Or, l'ampleur de cette marge d'appréciation de l'État dépend non seulement du ou des droits concernés mais également, pour chaque droit, de la nature même de ce qui est en cause. La Cour considère que le droit à l'identité, dont relève le droit de connaître son ascendance, fait partie intégrante de la notion de vie privée. Dans pareil cas, un examen d'autant plus approfondi s'impose pour peser les intérêts concurrents.

66. La Cour doit rechercher si, en l'espèce, un juste équilibre a été ménagé dans la pondération des droits et des intérêts concurrents, à savoir, d'un côté, celui de la

requérante à connaître ses origines et, de l'autre, celui de la mère à garder l'anonymat.

67. La Cour a affirmé que les États doivent pouvoir choisir les moyens qu'ils estiment les plus adaptés pour assurer équitablement la conciliation entre la protection de la mère et la demande légitime de l'intéressée à avoir accès à ses origines dans le respect de l'intérêt général.

68. En l'espèce, la Cour observe que, contrairement à la situation dans l'affaire *Odièvre* (précitée § 48), la requérante n'a eu accès à aucune information sur sa mère et sa famille biologique lui permettant d'établir quelques racines de son histoire dans le respect de la préservation des intérêts des tiers. Sans une pesée des droits et des intérêts en présence et sans aucune possibilité de recours, la requérante s'est vue opposer un refus absolu et définitif d'accéder à ses origines personnelles.

69. S'il est vrai que la requérante, qui est âgée aujourd'hui de soixante-neuf ans, a pu construire sa personnalité même en l'absence d'informations quant à l'identité de sa mère biologique, il faut admettre que l'intérêt que peut avoir un individu à connaître son ascendance ne cesse nullement avec l'âge, bien au contraire. La requérante a d'ailleurs démontré un intérêt authentique à connaître l'identité de sa mère, puisqu'elle a tenté d'acquérir une certitude à cet égard. Un tel comportement suppose des souffrances morales et psychiques, même si elles ne sont pas médicalement constatées (*Jäggi c/ Suisse*, n° 58757/00, § 40, CEDH 2006-X).

70. La Cour note qu'à la différence du système français examiné dans l'arrêt *Odièvre*, la législation italienne ne tente de ménager aucun équilibre entre les droits et les intérêts concurrents en cause. En l'absence de tout mécanisme destiné à mettre en balance le droit de la requérante à connaître ses origines avec les droits et les intérêts de la mère à maintenir son anonymat, une préférence aveugle est inévitablement donnée à cette dernière. Par ailleurs, dans l'arrêt *Odièvre*, la Cour observe que la nouvelle loi du 22 janvier 2002 renforce la possibilité de lever le secret de l'identité et facilite la recherche des origines biologiques grâce à la mise en place d'un Conseil national pour l'accès aux origines personnelles. D'application immédiate, elle permet désormais aux personnes intéressées de solliciter la réversibilité du secret de l'identité de la mère, sous réserve de l'accord de celle-ci (§ 49), ainsi que d'avoir accès à des informations non identifiantes. En Italie, le projet de loi de réforme de la loi n° 184/1983 est toujours en examen au Parlement depuis 2008 (§ 27 ci-dessus).

71. Dans le cas d'espèce, la Cour note que, si la mère biologique a décidé de garder l'anonymat, la législation italienne ne donne aucune possibilité à l'enfant adopté et non reconnu à la naissance de demander soit l'accès à des informations non identifiantes sur ses origines, soit la réversibilité du secret. Dans ces conditions, la Cour estime que l'Italie n'a pas cherché à établir un équilibre et une proportionnalité entre les intérêts des parties concernées et a donc excédé la marge d'appréciation qui doit lui être reconnue.

72. Partant, il y a eu violation de l'article 8 de la Convention. »

Voir le corrigé en fin de rubrique

2) Corrigé

Commentaire

Introduction

– Problématique sur l'anonymat, la filiation, l'identité personnelle.

– Rappel des faits.

– Exposé de la question soumise à la Cour.

I. Les droits de la mère et de l'enfant en concurrence

A. L'anonymat lors de l'accouchement, un droit de la mère

– Les raisons de l'accouchement sous X.

– La santé de la mère et de l'enfant.

B. L'identité personnelle, un droit de l'enfant

– La connaissance des origines distincte de la filiation.

– La reconnaissance d'un droit à l'identité (les conventions internationales, notamment CIDE, la jurisprudence antérieure de la CEDH).

II. La violation du droit à la vie privée de l'enfant

A. Le refus catégorique de l'accès aux origines personnelles

– La non conventionnalité du droit italien.

B. La nécessité d'une législation équilibrée

– L'exemple du droit français (exposer).

chapitre 18

Le lien de famille et l'argent

Plan analytique

Le lien de famille et l'argent

La proximité de la parenté ou de l'alliance renforce la solidarité des personnes. Elle crée des liens qui justifient un ensemble d'obligations réciproques. L'appréhension faite par le droit des solidarités familiales n'est en réalité que celui du degré de proximité morale à partir duquel, il estime que les personnes sont liées, c'est-à-dire appartiennent à une même famille. 809

Le seul lien de parenté ou d'alliance est générateur d'obligations entre les membres d'une même famille. Ces obligations sont principalement de nature alimentaire (section 1). De façon plus spécifique, le lien de parenté est le fondement de la responsabilité des parents du fait de leurs enfants mineurs. Les parents, en raison de cette seule qualité, vont répondre à l'égard des tiers des dommages causés par leurs enfants (section 2). Les solidarités familiales s'expriment enfin en droit des régimes matrimoniaux et en droit des libéralités et des successions. Il convient sur ce point de se référer aux ouvrages correspondants et que les étudiants approfondiront le plus souvent au cours de leur troisième ou quatrième année d'études. 810

section 1

Les obligations alimentaires

Peuvent être distinguées les solidarités ménagères consécutives à la vie commune (§ 1) et les aliments entre ascendants, descendants et alliés (§ 2). 811

§ 1 Les solidarités ménagères consécutives à la vie commune

La vie en couple donne lieu à un lien de justice où l'un est par rapport à l'autre, et réciproquement tenu à une entraide (voir le dossier « Charges du ménage », *AJ Famille* 2015, n° 06, p. 316 s). Le régime juridique applicable dépend du lien d'alliance, mariage (A), pacte civil de solidarité (B) ou simple concubinage (C). 812

A. La solidarité entre époux

Les époux vont contribuer respectivement aux charges du mariage, se porter mutuellement secours en cas de nécessité, répondre solidairement vis-à-vis des tiers des dettes contractées pour l'entretien du ménage ou l'éducation des enfants. « Si les conventions matrimoniales ne règlent pas la contribution des époux aux charges du 813 mariage, ils y contribuent à proportion de leurs facultés respectives [al. 1er]. Si l'un des époux ne remplit pas ses obligations, il peut y être contraint par l'autre dans les formes prévues au Code de procédure civile [al. 2] » (art. 214 C. civ.). La fixation de la contribution aux frais engendrés pour l'entretien du ménage et des enfants figure rarement dans le contrat de mariage, excepté le cas où les époux ont opté pour un régime de séparation de biens. Chacun des époux y contribue par conséquent proportionnellement à ses ressources. Celles-ci peuvent être différentes non seulement en fonction de la consistance de son patrimoine, mais aussi parce que chaque époux peut exercer librement une profession, percevoir et disposer de ses gains et salaires. Les revenus professionnels sont laissés à la libre disposition de leur titulaire, sous réserve de s'être acquitté des charges du mariage (art. 223 C. civ.). Ces charges sont dues même si les époux ne satisfont plus au devoir de communauté de vie. L'article 258 du Code civil prévoit notamment que le juge, lorsqu'il rejette définitivement une demande en divorce, peut statuer sur la contribution aux charges du mariage. En l'occurrence, il y aura certainement séparation de fait entre les époux, donc absence de vie commune. Pourtant, chacun restera tenu à la participation aux charges du mariage car celles-ci ont pour fondement le mariage lui-même et pas seulement la vie en commun. Lorsqu'il y a séparation de fait des époux et fixation par le juge du montant de la contribution aux charges du mariage celui-ci inclut, lorsque l'enfant réside habituellement avec l'époux créancier, « toutes les charges afférentes à l'éducation et à l'entretien de celui-ci » (Civ. 1re, 28 mars 2006, *Dr. fam.* 2006. Comm. 106, V. Larribau-Terneyre).

■ 814 Chaque époux doit ensuite porter secours à l'autre s'il est dans l'impécuniosité. Ce devoir de secours est une forme d'obligation alimentaire. La consistance de l'aide matérielle dépendra des besoins de l'un et des ressources de l'autre. Il y a maintien du devoir de secours en cas de séparation de fait ou de séparation de corps.

En pratique, les questions du devoir de secours et de la contribution aux charges du mariage ne se poseront qu'en cas de mésentente entre les époux, ils sont évidemment accomplis spontanément au sein des familles unies.

■ 815 Les dettes souscrites par l'un des époux, ayant pour objet l'entretien du ménage ou l'éducation des enfants engagent solidairement les deux époux (C. civ., art. 220). Cela signifie que les tiers pourront demander paiement intégral de la dette à l'un ou l'autre époux indistinctement. L'objet des dettes détermine le domaine de la solidarité entre époux. Ainsi, en présence d'une ordonnance de non-conciliation autorisant les époux à résider séparément, le bail ultérieur du mari ne peut plus être qualifié de « dette ménagère » puisqu'il est à son usage exclusif (Civ. 2e, 24 nov. 1999, *JCP* 2000. II. 10284). Peu importe la nature juridique de la dette contractée. La dette peut être d'origine contractuelle comme pour l'achat de biens de consommation, elle peut être encore d'origine légale comme les cotisations relatives à un régime de protection sociale (Civ. 1re, 12 mai 2004, *D.* 2004. 2886, note G.-A. Likillimba). Il peut également s'agir de dette de santé (Civ. 1re, 17 déc. 2014, n° 13-25.117, *AJ fam.* 2015. 109).

L'obligation à la dette et la contribution à la dette ne doivent pas être confondues. L'obligation à la dette, c'est-à-dire la solidarité vis-à-vis des tiers, résulte de l'article 220 C. civ., en revanche la contribution à la dette, c'est-à-dire ce que doit supporter définitivement chacun des époux, est fixée par l'article 214 du C. civ. (Civ. 1re, 17 juin 2003, *D.* 2004. 1118, note D. Lefranc).

Le caractère manifestement excessif de la dette contractée eu égard au train de vie du ménage, à l'utilité ou à l'inutilité de l'opération, à la bonne ou mauvaise foi du tiers supprime la solidarité. Lorsqu'un bien est acheté par l'un des époux pour servir à l'entretien du ménage ou des enfants, l'autre époux peut toujours dénoncer l'absence de solidarité en raison du montant excessif de la dette par rapport aux ressources du couple, de l'inutilité de l'achat, de la mauvaise foi du tiers. L'appréciation relève du pouvoir souverain des juges du fond.

Enfin, elle ne joue pas pour les achats à crédit ou les emprunts, à moins qu'il n'y ait eu le consentement des deux époux ou que l'emprunt soit modeste et exigé pour les besoins de la vie courante. Dans tous les cas, il appartiendra au juge de rechercher si les fonds empruntés portaient sur des sommes modestes nécessaires aux besoins de la vie courante (Civ. 1re, 6 déc. 2005, *Dr. fam.* 2006, nº 13, obs. B. Beignier ; par ex. pour l'achat d'une cuisine intégrée et d'une automobile : Civ. 1re, 3 janv. 2006, *Dr. fam.* 2006, nº 47, obs. V. Larribau-Terneyre).

B. La solidarité des pacsés

L'aide matérielle dans le cadre du PACS est justifiée par l'objet de la convention, savoir l'organisation de la vie commune. Cette entraide ne fait pas l'objet de plus ample définition, ses modalités sont fixées par les partenaires dans leur convention, à défaut à proportion de leurs facultés respectives (art. 515-4 C. civ.). Les partenaires en prenant la décision d'habiter le même logement ont simultanément accepté de prendre en charge les dépenses matérielles résultant de cet arrangement. Il ne semble pas toutefois que l'entraide puisse être limitée aux dépenses du logement, sinon le pacte serait une simple colocation ou copropriété. L'entraide intègre tous les besoins inhérents à la vie en commun. 816 ■

Corrélativement, les partenaires sont solidaires à l'égard des tiers des dettes contractées pour ces besoins de la vie courante, à l'exception des dépenses manifestement excessives (art. 515-4, al. 2 C. civ.). Le domaine de la solidarité a-t-on pu dire est plus large que celui établi entre époux concernant les dettes ayant pour objet l'entretien du ménage (art. 220 C. civ.). La différence entre les besoins de la vie courante et les dettes ayant pour objet l'entretien du ménage peut être discutée, mais il ne serait pas surprenant que les expressions soient comprises à l'identique par les juridictions si un litige survenait. 817 ■

C. La solidarité des concubins

Le régime du concubinage n'est pas fixé dans le Code civil. La jurisprudence a progressivement élaboré un socle minimal de règles applicables au moment de la rupture. Parmi celles-ci, il est notable que la solidarité ménagère ait été confusément refusée aux concubins. Cette alliance étant fondée sur un simple lien de fait, on comprend la réticence à établir des obligations d'entraide réciproques. La Cour de cassation refuse notamment toute contribution aux charges du ménage, et elle a rappelé, dans un arrêt postérieur à la reconnaissance légale du concubinage, qu'aucune disposition ne réglant la contribution des concubins aux charges de la vie commune, chacun d'eux doit, en l'absence de volonté exprimée à cet égard, supporter les dépenses de la vie courante qu'il a exposées (Civ. 1re, 27 avr. 2004, *JCP* 2004. II. 10008, note G. Cavalier ; *D.* 2004. Somm. 2968, obs. D. Vigneau). Pourtant, 818 ■

entre concubins ayant vie commune s'instaure une relation relevant du rapport de justice. C'est ce qui ressort de la jurisprudence la plus récente de la Cour de cassation ayant tendance à considérer que l'entraide entre concubins est un obstacle à la recevabilité de l'action d'enrichissement sans cause (Civ. 1re, 20 janv. 2010, n° 08-16.105, *Bull. civ.*, I, n° 15). Le titrage de l'arrêt au bulletin par la Cour de cassation révèle le domaine auquel les questions sont rattachées : « contribution aux charges de la vie commune ».

819 Il reste aux concubins désireux d'instaurer des rapports de solidarité liés à la vie commune, sans pour autant se marier ou se pacser, de recourir aux multiples visages du contrat qui leur offrira des solutions adaptées à leur situation. Les avocats, les notaires se sont spécialisés dans la réalisation de montages juridiques répondant aux besoins des nouveaux couples.

§ 2 Les aliments entre ascendants, descendants et alliés

820 Les débiteurs de l'obligation civile d'aliment sont désignés au Code civil (A) qui détermine les conditions de naissance et le régime de l'obligation (B).

A. Les débiteurs de l'obligation

821 La proximité familiale du créancier et du débiteur (1) justifie l'octroi d'aliments, à condition que le débiteur n'ait pas été dispensé de son obligation en raison de l'ingratitude du créancier (2).

1. *L'existence d'un lien de parenté ou d'alliance*

822 Les parents en ligne directe (a), indépendamment du degré, la belle-famille (b) sont les débiteurs de l'obligation alimentaire. L'obligation est réciproque (art. 207, al. 1er C. civ.). Depuis la loi du 26 mai 2004, l'époux divorcé n'a plus jamais droit au versement d'une pension alimentaire (c).

L'adoption de la loi du 3 décembre 2001 relative aux droits du conjoint survivant a abrogé l'article 207-1 du Code civil. Ce texte prévoyait que la dette alimentaire était due par la succession de l'époux prédécédé à l'époux survivant. Ce dernier pouvait la réclamer dans le délai d'un an après le décès ou jusqu'au moment du partage successoral. Le conjoint survivant avait donc une créance contre la succession, son droit n'était pas un droit successoral. Cela signifiait qu'il était payé par priorité aux héritiers ou légataires en tant que créancier : « La pension alimentaire est prélevée sur l'hérédité ». Il n'entrait donc pas en concours avec ceux-ci. Cette protection supplémentaire du conjoint survivant est devenue inutile, la nouvelle loi accordant à ce dernier des droits successoraux plus substantiels suffisant à sauvegarder ses droits, en particulier par la qualité de conjoint successible, parfois même réservataire, qui lui est conférée.

a. La famille en ligne directe

823 L'obligation alimentaire est insérée dans le chapitre consacré aux obligations qui naissent du mariage. Aux termes de l'article 203 du Code civil, « Les époux contractent ensemble, par le seul fait du mariage, l'obligation de nourrir, entretenir et élever leurs enfants », l'article 205 du même Code prévoyant inversement que « Les

enfants doivent des aliments à leurs père et mère ou autres ascendants qui sont dans le besoin ». Les rédacteurs du Code Napoléon, en 1804, ne concevaient les liens de famille que dans le cadre du mariage. Le développement de familles hors mariage et l'égalité consécutive des filiations a conduit à étendre l'obligation à tous les enfants. L'enfant ayant fait l'objet d'une adoption simple, si l'adoptant ne peut fournir des aliments, pourra pour sa part demander des aliments à ses père et mère biologiques.

Dans les familles unies, l'obligation des parents est exécutée de façon informelle, au quotidien. La séparation, le divorce ou l'absence de vie commune pour des parents, formalise l'obligation. Celui des parents chez lequel l'enfant n'a pas sa résidence versera une pension alimentaire destinée à contribuer aux frais d'entretien et d'éducation de l'enfant.

L'obligation alimentaire est due entre ascendants et descendants. L'amplitude recon- 824 ■ nue à l'obligation alimentaire ne cesse de croître. Elle passe d'abord la barrière des générations. Les grands-parents, au cas de défaillance des parents, sont tenus de verser des aliments à leurs petits-enfants, et ce, quelle que soit la nature du lien de filiation les unissant à eux. La solution a été réaffirmée par la cour d'appel de Versailles, le 3 octobre 1996, indiquant que « l'obligation de l'article 203... qui est prioritaire, n'exclut celle que les articles 205 et 207 du Code civil imposent aux autres ascendants que dans la mesure où les parents peuvent y faire face de manière complète » (*RTD civ.* 1997. 412, obs. J. Hauser).

Elle passe ensuite la barrière de l'âge de la majorité. Le maintien de cette obligation 825 ■ parentale d'entretien au-delà des dix-huit ans de l'enfant était en principe fondé sur le fait que celui-ci poursuivant ses études ne pouvait encore subvenir à ses besoins. Cette prolongation paraissait ainsi revêtir un caractère exceptionnel. Le 29 mai 1996, la deuxième chambre civile de la Cour de cassation étend la portée de cette solution par la cassation de l'arrêt d'une cour d'appel énonçant, pour refuser que soit maintenu le versement d'une pension alimentaire, que « l'enfant âgé de près de vingt-cinq ans ne justifie pas de son inactivité professionnelle par la poursuite de ses études et que, s'il est loisible aux parents de continuer leur aide, ils ne peuvent y être contraints ». Les juges du fond auraient dû « rechercher si l'enfant pouvait subvenir lui-même à ses besoins, et s'il n'était pas en fait et à titre principal à la charge de sa mère ». Un mois plus tard, la Cour de cassation pose pour limite que l'impécuniosité alléguée de l'enfant majeur ne doit pas lui être imputable (Civ. 2e, 29 mai et 25 juin 1996, *D.* 1997. 455). Ces solutions s'inspiraient de la solution légale en matière de subsides. Il est en effet prévu par l'article 342-2, alinéa 2 du C. civ. que « La pension peut être due au-delà de la majorité de l'enfant, s'il est encore dans le besoin, à moins que cet état ne lui soit imputable à faute ».

L'exigence a été consacrée par le législateur au nouvel article 371-2, alinéa 2 du C. civ. aux termes duquel l'obligation d'entretien « ne cesse pas de plein droit lorsque l'enfant est majeur ». Au titre de la jurisprudence susvisée, la charge de la preuve incombait à l'enfant, il devait prouver l'existence de l'obligation des parents au regard de l'impossibilité de subvenir à ses besoins. Avec le nouveau texte, il incombera aux parents de prouver que leur enfant peut subvenir à ses besoins. La survivance de l'obligation au-delà de la majorité a donné lieu à une répartition de sa charge entre les deux parents : « Le parent qui assume à titre principal la charge d'un enfant majeur qui ne peut lui-même subvenir à ses besoins peut demander à l'autre parent de lui verser une contribution à son entretien et à son éducation. Le juge peut décider ou les parents convenir que cette contribution sera versée en tout ou partie entre les mains de l'enfant » (art. 373-2-5 C. civ.).

826 L'obligation alimentaire n'est pas légalement due entre frères et sœurs, c'est-à-dire en ligne collatérale, au premier degré. La proximité des liens de famille entre enfants ayant les mêmes parents est indéniable. L'obligation naturelle prend alors le relais de l'obligation légale.

b. La belle-famille

827 Aux termes de l'article 206 du Code civil, « Les gendres et les belles-filles doivent également, et dans les mêmes circonstances, des aliments à leur beau-père et belle-mère, mais cette obligation cesse lorsque celui des époux qui produisait l'affinité et les enfants issus de leur union avec l'autre époux sont décédés ». L'obligation alimentaire est justifiée par le lien d'alliance, aussi en cas de décès de l'époux et des enfants issus de l'union, elle cesse. En revanche, elle demeure si des enfants sont encore en vie parce que le lien familial perdure, les grands-parents, parents de l'époux décédé, continueront à avoir des contacts avec leurs petits-enfants. Par extension, il a été jugé que la disparition du lien d'alliance par divorce supprime l'obligation aux aliments. La qualité de belle-fille ou de gendre disparaît avec le divorce. La restriction aux gendres et aux belles-filles est-elle un vestige du temps où le seul engagement était celui du mariage, ou traduit-elle aujourd'hui la volonté du législateur de maintenir une différence de régime entre les différents liens de couple ?

c. L'époux divorcé

828 Entre époux, l'obligation alimentaire pendant le mariage n'est autre que le devoir de secours (art. 212 du C. civ.).

829 Le devoir de secours pouvait être maintenu en faveur d'un conjoint après le prononcé du divorce lorsque le divorce a été prononcé pour rupture de la vie commune. L'ancien article 282 du Code civil indiquait que « L'accomplissement du devoir de secours prend la forme d'une pension alimentaire ». L'attribution de la pension obéissait à une condition supplémentaire, il fallait avoir été défendeur au divorce pour rupture de la vie commune. Seul celui auquel avait été imposé le divorce sur le fondement des anciens articles 237 et 238 C. civ. pouvait en bénéficier. Lorsque le divorce était prononcé sur le fondement de l'article 238 du Code civil, « le devoir de secours couvre tout ce qui est nécessaire au traitement médical du conjoint malade » (anc. art. 281, al. 2 du C. civ.).

La loi du 26 mai 2004 ayant détaché les conséquences du divorce des causes ayant donné lieu au prononcé du divorce, le nouveau divorce pour altération définitive du lien conjugal ayant remplacé le divorce pour rupture de la vie commune ne donne plus lieu à pension alimentaire, sauf ce qui a été dit sur la prestation compensatoire.

2. *L'absence de dispense de l'obligation*

830 L'article 207, alinéa 2 C. civ. prévoit « Néanmoins, quand le créancier aura lui-même manqué gravement à ses obligations envers le débiteur, le juge pourra décharger celui-ci de tout ou partie de la dette alimentaire ». La solution est reprise en cas de retrait total de l'autorité parentale (art. 379 du C. civ.) mais le principe est inversé. L'enfant est dispensé de l'obligation d'aliments, sauf disposition expresse prévoyant son maintien total ou partiel dans le jugement de retrait. Ici, la créance alimentaire n'est pas supprimée de plein droit, il faut que le juge la supprime expressément. Cette disposition n'est pas applicable à l'obligation d'entretien des parents envers leurs enfants.

La suppression de l'obligation alimentaire est justifiée par la faute du créancier envers le débiteur. L'ingratitude de l'un décharge l'autre de toute obligation. Les aliments ne sont pas dus en principe parce que le créancier le mérite, mais parce qu'il y a lien de parenté ou d'alliance et que la personne est dans le besoin. La faute devrait sous cet angle être indifférente dans l'attribution des aliments. La gravité du manquement reproché au créancier envers le débiteur est sanctionnée, parfois des années après, par cette disposition. Il s'agit en quelque sorte d'une peine privée. 831 ■

B. La naissance et le régime de l'obligation

Le caractère alimentaire de l'obligation (1) a une incidence directe sur le régime juridique applicable à celle-ci (2). 832 ■

1. *Le caractère alimentaire de l'obligation*

La loi pose un double critère à l'attribution des aliments. L'article 208, alinéa 1er du Code civil énonce que « Les aliments ne sont accordés que dans la proportion du besoin de celui qui les réclame, et de la fortune de celui qui les doit ». Il ne suffit pas qu'il y ait une différence de ressources entre les parents tenus aux aliments. Il faut que la personne qui demande aide n'ait pas les moyens d'assurer toute seule sa subsistance, qu'elle soit dans le besoin. Corrélativement, il faut que celui auquel elle s'adresse ait les moyens de l'aider, qu'il ait des ressources suffisantes pour payer sa dette. C'est pourquoi, en principe, il n'y a pas de hiérarchie entre les différents débiteurs d'aliments ; le créancier peut s'adresser à la personne qui lui semble le plus à même de pouvoir satisfaire à sa demande. Il existe cependant un ordre naturel tenant à la plus ou moins grande proximité des personnes, et la jurisprudence estime que les enfants doivent par priorité s'adresser à leurs parents, etc. 833 ■

2. *Le régime de l'obligation*

Les aliments peuvent d'abord être fixés par les personnes intéressées sans intervention du juge aux affaires familiales. Mais le plus souvent il y aura intervention du juge. Celui-ci va fixer la contribution que devra verser le créancier d'aliments. Il s'agit d'une pension. Le juge peut même aux termes de l'article 208, alinéa 2 C. civ. assortir la pension alimentaire d'une clause de variation, autrement dit l'indexer. 834 ■

Le juge pourra également opter pour une forme d'aide alimentaire autre que financière lorsque le créancier sera dans l'impossibilité d'assurer le paiement d'une somme d'argent. L'article 210 du C. civ. donne au juge le pouvoir d'ordonner au créancier qu'il reçoive en sa demeure, qu'il nourrisse et entretienne celui auquel il devra des aliments. Lorsqu'il s'agit d'un parent à l'égard de son enfant, cette forme d'exécution de l'obligation ne l'exonère pas toujours du versement d'une pension (v. art. 211 C. civ.). 835 ■

La loi du 4 mars 2002 relative à l'autorité parentale a déterminé précisément les formes de l'exécution de l'obligation d'entretien des parents (art. 371-2 C. civ.) lorsque les parents de l'enfant vivent séparés. En principe, elle prend la forme d'une pension alimentaire versée à l'autre parent ou au tiers auquel l'enfant a été confié et voit ses modalités fixées dans la convention homologuée réglant l'exercice de l'autorité parentale (art. 373-2-2 du C. civ.). Toutefois, cette pension peut aussi prendre la forme d'une prise en charge directe de frais exposés au profit de l'enfant ou celle d'un droit d'usage et d'habitation. Le nouvel article 373-2-3 C. civ. envisage la possibilité, lorsque la consistance des biens du débiteur le permet, du versement d'une somme d'argent à un organisme accrédité chargé d'accorder à l'enfant une rente indexée, l'abandon de biens en usufruit ou l'affectation de biens productifs de revenus

836 Enfin, la cause d'attribution des aliments (besoin/ressource) justifie qu'ils puissent être révisés. L'article 209 C. civ. énonce que « Lorsque celui qui fournit ou celui qui reçoit des aliments est replacé dans un état tel, que l'un ne puisse plus en donner, ou que l'autre n'en ait plus besoin en tout ou partie, la décharge ou réduction peut en être demandée ». La difficulté majeure en matière d'obligation alimentaire reste le recouvrement de la créance. Afin de faciliter celui-ci au sein de l'Union européenne, un règlement a été adopté, le règlement n° 04/2009 du 18 décembre 2008 relatif à la compétence, la loi applicable, la reconnaissance et l'exécution des décisions et la coopération en matière d'obligations alimentaires (*JOUE* 10 janvier 2009, L 7/1). Son entrée en vigueur est cependant suspendue jusqu'en 2011.

section 2

Les responsabilités familiales

837 La particularité du lien de famille est de créer une responsabilité réciproque. Dans une famille chacun a naturellement tendance à répondre des autres. L'individualisme est rompu, le groupe familial prend sa place. Le lien intergénérationnel passe par un partage des responsabilités qui emprunte les mécanismes usuels du droit civil, ici les obligations alimentaires entre membres d'une même famille, là, les techniques de représentation telle que la tutelle ou la curatelle. La famille est attendue pour répondre de ceux qui la constituent. Ces protections mutuelles sont un devoir des familles. Et c'est encore ainsi que si « l'enfant, à tout âge, doit » encore « honneur et respect à ses père et mère » (Code civil, art. 371), les parents, eux, se voient conférer l'autorité parentale, cet « ensemble de droits et de devoirs ayant pour finalité l'intérêt de l'enfant » (Code civil, art. 371-1). De même façon, les parents vont répondre de leurs enfants civilement si ceux-ci causent un dommage. La responsabilité parentale exprime cette charge de l'enfance (§ 1), alors que le vieillissement de la population conduit, plus fréquemment aujourd'hui à s'interroger sur la charge de la vieillesse au sein des familles (§ 2).

§ 1 La responsabilité civile des parents

838 Les liens étroits unissant parents et enfants justifient que les premiers répondent entièrement des actes des seconds vis-à-vis des tiers. Cette question relève du

programme de droit des obligations étudié en deuxième année. La responsabilité des parents reste malgré tout l'expression d'une solidarité familiale à l'égard des tiers et sera brièvement exposée. L'article 1384, alinéa 4 du Code civil dispose « Le père et la mère, en tant qu'ils exercent l'autorité parentale, sont solidairement responsables du dommage causé par leurs enfants mineurs habitant avec eux ». L'interprétation par les juridictions de ce texte a conduit à modifier substantiellement son contenu.

Traditionnellement, le fondement de la responsabilité parentale reposait sur la faute présumée des parents. L'exercice du droit de garde et la nécessaire cohabitation avec l'enfant postulaient que les parents ne pouvaient voir engager leur responsabilité que pour avoir failli dans la surveillance ou l'éducation de leur enfant. L'alinéa 7 de l'article 1242 du Code civil (ancien 1384) dispose en faveur de cette interprétation que « la responsabilité ci-dessus a lieu à moins que les père et mère [...] ne prouvent qu'ils n'ont pas pu empêcher le fait qui donne lieu à cette responsabilité ». 839 ■

Par un revirement remarqué, et depuis confirmé (Cass., ass. plén., 13 déc. 2002, *D.* 2003. 231, note P. Jourdain), la Cour de cassation, dans l'arrêt Bertrand du 19 février 1997, a opté pour un régime de responsabilité de plein droit. En l'espèce, un conducteur de motocyclette étant entré en collision avec une bicyclette conduite par un enfant de douze ans demandait réparation de son dommage au père de l'enfant. Celui-ci ayant été condamné par les juges du fond soutient dans son pourvoi que les juges ont violé l'article 1242, alinéa 4 du C. civ. dès lors qu'il rapportait la preuve de l'absence de faute de surveillance et d'éducation de l'enfant. La Cour le déboute et approuve la cour d'appel d'avoir exactement énoncé que seule la force majeure ou la faute de la victime pouvait exonérer le père de la responsabilité de plein droit encourue du fait des dommages causés par son fils mineur habitant avec lui (*D.* 1997. 265, note P. Jourdain). Par ce moyen, la Cour facilite l'indemnisation des victimes, puisqu'il n'y a plus à distinguer entre les parents démissionnaires et les parents conscients de leur charge éducative auxquels on ne peut reprocher un manquement ni en matière d'éducation ni en matière de surveillance. 840 ■

Il faudrait en vertu du texte susvisé que l'enfant habite avec le parent dont on veut engager la responsabilité et qu'il ait le droit de garde. Logique avec elle-même, la Cour de cassation, dans un arrêt rendu le même jour, a assoupli cette condition. En l'espèce, un dommage avait été causé par un mineur de seize ans, dont la mère avait la garde, pendant une période où il demeurait chez son père. Ayant volé un véhicule, le propriétaire demandait réparation à la mère qui appela le père en garantie. Pour exclure la responsabilité de la mère, la cour d'appel relève que l'enfant, résidant chez son père au moment de la survenance du dommage, ne cohabitait pas avec celle-ci ; seule la responsabilité paternelle pouvait être engagée pour faute de surveillance. L'arrêt est cassé au motif que « l'exercice d'un droit de visite et d'hébergement ne fait pas cesser la cohabitation du mineur avec celui des parents qui exerce sur lui le droit de garde ». Il a été également soutenu, dans un arrêt du 29 mars 2001, que la présence d'un élève dans un établissement scolaire, même en régime d'internat, ne supprime pas la cohabitation de l'enfant avec ses parents, au sens de l'article 1242, alinéa 4 C. civ. (*JCP* 2001. Act. 798 ; A. Ponseille, « Le sort de la condition de cohabitation dans la responsabilité civile des père et mère du fait dommageable de leur enfant mineur », *RTD civ.* 2003. 645). 841 ■

842 Le domaine de la responsabilité parentale est largement compris, d'autant plus que seule l'existence d'un dommage causé par l'enfant est exigée. Il importe peu qu'il ait ou non commis une faute, un simple fait dommageable engage la responsabilité des père et mère. Seule la preuve d'un rapport de causalité matérielle est exigée entre le préjudice subi par la victime et le comportement de l'enfant.

843 Si l'objectif poursuivi par la Haute juridiction est raisonnable, à savoir une indemnisation effective des victimes par l'intermédiaire de l'assurance responsabilité civile des parents, il n'est pas sûr que le moyen choisi soit le plus efficace. Ainsi qu'il a été souligné par plusieurs auteurs, les tiers qui subissent un dommage du fait d'enfants majeurs mais non encore autonomes financièrement ne seront pas indemnisés. L'insolvabilité fréquente des jeunes adultes et le respect du concept juridique de responsabilité postulaient pour une intervention législative en faveur d'une assurance obligatoire des parents y compris pour les dommages causés dans cette hypothèse.

§ 2 La prise en charge de la vieillesse par les familles

844 La longévité des personnes conduit à l'existence au sein d'une même famille de quatre, voire cinq générations – enfants, parents, grands-parents, arrières grands-parents et arrières arrières grands-parents. Réfléchir sur les liens entre les générations suppose d'intégrer le vieillissement de la population. Ce qui est constaté dans la famille, l'est aussi dans la société. L'actuel projet de loi, en cours de discussion au Parlement, relatif à l'adaptation de la société au vieillissement préconise, entre autres, l'institution d'un haut conseil de l'âge, ayant mission notamment de contribuer à l'élaboration d'une politique globale de l'autonomie des personnes âgées (v. étude critique : D. Pollet, « Une loi liberticide et discriminante pour les personnes dépendantes », *AJ fam.* 2015. 247). Cette politique devra nécessairement être menée en accord avec la politique familiale. Les liens intergénérationnels et une partie des réponses sur l'âge seront à trouver dans les familles, car la famille est traditionnellement le lieu de l'engendrement, de la naissance et donc des générations passées et à venir. La façon de vivre la famille réagira sur la façon de vivre les liens entre les générations et aura une incidence directe sur le lien social (notre étude : *Les liens intergénérationnels, un défi pour les familles*, Libertés politiques 2015, à paraître). Corrélativement, la transformation des familles modifie nécessairement les formes de prise en charge des liens entre les générations.

845 Pour la société la vieillesse a un coût, pour les familles également. Avant tout secours extérieur, les personnes âgées vont porter seules ce coût de l'âge, soit directement, soit après décès par les créances que les collectivités feront valoir contre la succession. Il en est ainsi de l'ASPA – allocation de solidarité pour les personnes âgées – de l'aide sociale en maison de retraite ou encore de l'aide supplémentaire d'invalidité (alors que certaines aides ne sont pas récupérables, ainsi de l'APA, allocation personnalisée d'autonomie). Avec la dilution des générations au stade de l'établissement des filiations, notamment facilité par l'AMP, la question de la prise en charge devient prégnante. Dans un contexte où les retraites se font non pas capitalisation, mais par répartition, la précarisation de la vieillesse est prévisible. Or les familles ont été

tellement fragilisées dans la durée, que la question de celles qui accepteront de prendre en charge les aînés se posera nécessairement.

Dans un contexte individualiste à outrance, les solutions offertes sont le soin des personnes âgées en structures, en établissements, voire par ce que le Code de l'action et des familles désigne sous l'expression « accueil familial » dans lequel des tiers sont rémunérés pour accueillir chez eux, après procédure d'agrément, les anciens. Il paraît pourtant urgent de réfléchir aux moyens d'accueil par les familles elles—mêmes. La réponse doit être nécessairement plurielle de la politique du logement, à l'aménagement du temps de travail, à l'allocation versée au membre de la famille qui prend un congé pour s'occuper des ascendants... Et puis il faut également reconnaître que la politique familiale, même si elle est rénovée, n'offrira pas toujours des solutions miracles. Les circonstances économiques et sociales, la transformation des mœurs conduisent à des situations où les familles vivent éloignées de la génération des aînés. La mobilité géographique fait que les générations d'une même famille vivent à des endroits forts distants. L'immigration conduit durablement à la séparation des membres d'une même famille. Or, le regroupement familial régi par le Code de l'entrée et du séjour des étrangers ne concerne que le conjoint et les enfants du couple, pas les ascendants. 846 ■

La disparition de la famille traditionnelle, la priorité reconnue à la mobilité professionnelle, la constitution de familles démontables conduit à des mutations familiales qui sont aussi des mutations sociales. Il est bien temps d'intégrer ce mouvement du temps et de trouver des solutions adaptées à ces situations. Le développement des soins à la personne dans les formations professionnelles nouvelles est l'une des réponses, il ne saurait être le seul. 847 ■

Compléments pédagogiques

Mémo

L'appréhension faite par le droit des solidarités familiales n'est en réalité que celui du degré de proximité morale à partir duquel, il estime que les personnes sont liées, c'est-à-dire appartiennent à une même famille. *Le seul lien de parenté ou d'alliance est générateur d'obligations entre les membres d'une même famille*.

Des aliments sont dus par les personnes ayant un lien de parenté ou d'alliance en ligne directe, avec pour seule réserve l'ingratitude du créancier obstacle à toute obligation alimentaire. La loi pose un double critère à l'attribution des aliments, « les aliments ne sont accordés que dans la proportion du besoin de celui qui les réclame, et de la fortune de celui qui les doit ». Son quantum est le plus souvent fixé par le juge et toujours révisable.

Les liens étroits unissant parents et enfants justifient que les premiers répondent entièrement des actes des seconds vis-à-vis des tiers. Traditionnellement, le fondement de la responsabilité parentale reposait sur la faute présumée des parents. L'exercice du droit de garde et la nécessaire cohabitation avec l'enfant postulaient que les parents ne pouvaient voir engager leur responsabilité que pour avoir failli dans la surveillance ou l'éducation de leur enfant. Un revirement de jurisprudence a transformé la responsabilité pour faute des parents en responsabilité de plein droit, restreignant ainsi les causes d'exonération.

La longévité des personnes conduit à l'existence au sein d'une même famille de quatre, voire cinq générations. Ces liens intergénérationnels et une partie des réponses sur l'âge seront à trouver dans les familles, car la famille est traditionnellement le lieu de l'engendrement, de la naissance et donc des générations passées et à venir. La façon de vivre la famille réagira sur la façon de vivre les liens entre les générations et aura une incidence directe sur le lien social. Pour la société la vieillesse a un coût, pour les familles également. Avant tout secours extérieur, les personnes âgées vont porter seules ce coût de l'âge, soit directement, soit après décès par les créances que les collectivités feront valoir contre la succession. Avec la dilution des générations au stade de l'établissement des filiations, notamment facilité par l'AMP, la question de la prise en charge devient prégnante. Dans un contexte où les retraites se font non pas capitalisation, mais par répartition, la précarisation de la vieillesse est prévisible. Or les familles ont été tellement fragilisées dans la durée, que la question de celles qui accepteront de prendre en charge les aînés se posera nécessairement.

Biblio

– J. Ghestin, « La règle : Aliments ne s'arréragent pas », in *Mélanges J. Brèthe de la Gressaye, Bière*, 1967, p. 295.
– H. Lécuyer, « La loi n° 2000-596 du 30 juin 2000 relative à la prestation compensatoire en matière de divorce. Étude de droit civil », *Dr. fam.* 2000, n° 17 ; « Une responsabilité déresponsabilisante », *Dr. fam.* 1998, n° 3.
– J. Massip, « Divorce : la réforme des prestations compensatoires », *Defrénois* 2000, art. 37267, p. 1329.
– A. Ponseille, « Le sort de la condition de cohabitation dans la responsabilité civile des père et mère du fait dommageable de leur enfant mineur », *RTD civ.* 2003. 645.
– C. Radé, « Le renouveau de la responsabilité du fait d'autrui (apologie de l'arrêt Bertrand deuxième chambre civile, 19 février 1997) », *D.* 1997. Chron. 279.
– J. Rubellin-Devichi, « Réforme de la prestation compensatoire », *JCP* 2000. Act. 507.
– A. Sériaux, « La nature juridique de la prestation compensatoire ou les mystères de Paris », *RTD civ.* 1997. 54.

Quiz

1) Sujets corrigés

A) Commentaire d'article

Énoncé

Article 515-4 du Code civil :

« Les partenaires liés par un pacte civil de solidarité s'apportent une aide mutuelle et matérielle. Les modalités de cette aide sont fixées par le pacte.

Les partenaires sont tenus solidairement à l'égard des tiers des dettes contractées par l'un d'eux pour les besoins de la vie courante et pour les dépenses relatives au logement commun ».

Voir le corrigé en fin de rubrique.

B) Dissertation

Énoncé

Les solidarités familiales.

Voir le corrigé en fin de rubrique.

2) Corrigés

Commentaire d'article

I. Contribution aux charges de la vie en communauté

A. Une aide mutuelle et matérielle

– Caractère mutuel de l'aide entre partenaires liés par un pacte (réciprocité).

– Une aide exclusivement matérielle (comparer mariage : 212, 214).

– Caractère impératif du principe posé par l'article (utiliser la décision du Conseil constitutionnel sur le PACS ; comparer avec le concubinage).

B. Fixation des modalités de cette aide

– Le PACS dans son contenu est abandonné aux volontés individuelles (différent du mariage) : aspect contractuel du pacte.

– Modalités devant impérativement être fixées dans le pacte (quid en l'absence de fixation ? sur la validité du pacte ? sur l'exécution de l'obligation, recours au juge ?).

II. Solidarité à l'égard des tiers pour certaines catégories de dettes

A. Existence d'une solidarité à l'égard des tiers

– Protection des tiers et du crédit des partenaires : Disposition identique entre époux (art. 220), inexistence en matière de concubinage (art. 508 C. civ. ; union de fait ; jurisprudence).

– En pratique : difficulté de réalisation (règles de publicité du pacte, personnes ayant accès à l'identité de l'autre partenaire…).

B. Domaine de la solidarité imposée

– « Besoins de la vie courante et dépenses pour le logement commun », indifférence de la nature juridique de la dette (contractuelle, légale, etc.) seul son objet est pris en compte.

– Mener une approche comparative à partir de l'article 220 C. civ. : catégories de dettes différentes.

Dissertation

I. Le maintien de la famille comme lieu de solidarité

A. Le fondement des solidarités familiales

1. Le lien de famille

– La proximité entre les membres d'une même famille justifie la solidarité ; exemple des aliments.

– Traditionnellement, elle est un effet du mariage (solidarité entre époux/famille par alliance) ; à l'époque contemporaine, pluralisme familial, élargissement du lien de famille.

2. *La famille en constitue la limite*

– La solidarité cesse lorsqu'elle disparaît : divorce avec suppression devoir de secours/décès d'un époux, incidence sur l'alliance/en revanche la solidarité demeure à l'égard des enfants si divorce ou même recomposition familiale car le lien de filiation demeure ; la solidarité disparaît s'il disparaît telle l'adoption plénière mais substituée par le lien avec l'adoptant.

B. Le maintien des solidarités familiales

1. *En dépit d'une privatisation de la famille*

– Recul de l'ordre public de direction et importance des volontés privées : domaine extrapatrimonial (ex. la dévolution du nom/les formes de couple) ; domaine patrimonial, place du contrat dans les successions avec loi du 23 juin 2006.

– Maintien d'un ordre public de protection : il s'agit de protéger la personne la plus vulnérable soit dans ses biens, soit dans sa personne ; exemple de la loi du 4 avril 2006 relative aux violences conjugales ; cette protection passe aussi par le maintien des obligations à la charge des membres de la famille.

2. *Les obligations à la charge des membres de la famille*

– Le législateur, le juge imposent cette solidarité entre membres d'une même famille : attribution du logement familial (220-1 C. civ.) ; responsabilité parentale de plein droit ; rôle de la famille dans la protection des majeurs (L. 5 mars 2007).

– Ce maintien passe parfois par un renforcement de l'obligation : extension de l'obligation parentale d'entretien au-delà de 18 ans (jurisprudence de 1996/L. 4 mars 2002).

II. Les formes de solidarité dans la famille

A. Les mécanismes de la solidarité

1. *Ce qui déclenche les mécanismes de la solidarité*

– Traditionnellement, il s'agit de l'état de faiblesse d'un membre de la famille : le fait d'être dans le besoin, aspect patrimonial, le fait d'être vulnérable, aspect extrapatrimonial.

– Ce peut être aussi une certaine conception de la famille, sinon de la société ? L'espérance légitime d'un membre de la famille qui espère l'attribution préférentielle du bien familial sur lequel il est resté travailler (entreprise agricole par exemple) ou encore la dévolution du patrimoine aux personnes de la famille (réserve héréditaire).

2. *Les techniques juridiques au service de la solidarité*

– Le paiement (versement d'une somme d'argent).

– Le mandat (la représentation d'un membre de la famille).

– Le maintien forcé dans l'indivision.

B. L'efficacité limitée des solidarités

1. Les obstacles

– Juridiques : le nécessaire recours au juge.

– Économiques : l'insolvabilité des autres membres de la famille (il faut pouvoir aider).

– De fait : l'absence de famille ou incapacité à répondre à la demande de la personne vulnérable.

2. Les solutions

– Évoluer vers une solidarité assumée lorsque les membres de la famille le peuvent : les assurances (décès, vie…).

– Suppléer par une solidarité sociale quand la famille fait défaut : les aides et prestations diverses ; les relais à la famille (notamment L. 5 mars 2007) ; existence de passerelles avec la solidarité familiale notamment pour le débiteur alimentaire (art. L. 132-6 CASF) ; paiement direct de l'obligation alimentaire.

Sujet terminal

1) Sujet corrigé

Dissertation

Énoncé

Le divorce par consentement mutuel depuis la loi n° 2016-1547 du 18 novembre 2016.

Voir le corrigé en fin de rubrique.

2) Corrigé

Dissertation

Retracer l'évolution du divorce par consentement mutuel pour centrer la dissertation sur la nouvelle loi. Montrer le lien entre l'émergence du concept de conjugalité, avec la pluralité des formes d'union et la contractualisation de la famille, et l'aboutissement cohérent à cette forme de divorce.

I. Un divorce sans juge pour un mariage contrat

A. La convention de divorce dissout le mariage

1. Le contenu de la convention : l'objet de la convention

2. La forme de la convention : un divorce par contreseing d'avocats

B. Les modalités du divorce conventionnel

1. Les formes et délais imposés aux avocats

2. Le contrôle et le rôle du notaire

II. Le retour au juge au cours de la procédure conventionnelle

A. Le maintien de la passerelle vers d'autres formes de divorce

1. La passerelle des articles 247 C. civ. et 1148-2 C. pr. civ.

2. La limite du dépôt au rang des minutes d'un notaire

B. Le consentement mutuel judiciaire lors d'une demande d'audition d'un enfant mineur

1. L'information du mineur sur le droit de demander son audition par le juge

2. L'effet de la demande d'audition par le mineur, le retour au juge

Bibliographie générale

– C. Atias, *La philosophie du droit*, 2e éd., PUF, coll. « Thémis », 2004.

– J.-L. Aubert et É. Savaux, *Introduction au droit et thèmes fondamentaux du droit civil*, 13e éd., Dalloz-Sirey, coll. « Sirey-U », 2014.

– A. Bénabent, *Droit civil, La famille*, Litec, 2014.

– J.-L. Bergel, *Théorie générale du droit*, 5e éd., Dalloz, coll. « Méthodes du droit », 2012 ; *Méthodologie juridique*, PUF, 2001.

– Y. Buffelan-Lanore, V. Larribau-Terneyre, *Droit civil. Introduction, droit personne, famille*, 17e éd., Sirey, coll. « Université », 2013.

– R. Cabrillac, *Introduction générale au droit*, 11e éd., Dalloz, coll. « Cours », 2013.

– J. Carbonnier, *Droit civil, Introduction*, 27e éd., PUF, coll. « Thémis », 2001 ; *Droit civil, Les personnes, personnalité, incapacités, personnes morales*, 21e éd., PUF, coll. « Thémis », 2000 ; *La famille. L'enfant, le couple*, 21e éd., PUF, coll. « Thémis », 2002.

– G. Cornu, *Droit civil, La famille*, 7e éd., Montchrestien, coll. « Domat droit privé », 2001 ; *Droit civil, Introduction. Les personnes. Les biens*, 10e éd., Montchrestien, coll. « Domat droit privé », 2001 ; *La linguistique juridique*, 2e éd., Montchrestien, 2000 ; *L'art du droit en quête de sagesse*, PUF, coll. « Doctrine juridique », 1998.

– P. Courbe, A. Gouttenoire, *Droit de la famille*, 7e éd., Sirey, coll. « Université », 2017.

– V. Egéa, *Droit de la famille*, 1re éd., Lexis Nexis, 2016.

– M. Fabre-Magnan, *La gestation pour autrui*, Fayard 2013.

– H. Fulchiron et C. Bidaud-Garon, *Vers un statut européen de la famille*, 1re éd., Dalloz, 2014 ; et J. Sosson, *Parenté, filiation, origines : Le droit et l'engendrement à plusieurs*, Bruylant, 2013.

– J. Ghestin, G. Goubeaux, M. Fabre-Magnan, *Traité de droit civil*, T. 1, *Introduction générale*, 5e éd., LGDJ, 2001.

– J. Ghestin, J. Hauser, D. Huet-Weiller, *Traité de droit civil, La Famille, I, Fondation et vie de la famille*, LGDJ, 1993 ; *II, Dissolution de la famille*, LGDJ, 1991.

– A. Gouttenoire et Ph. Bonfils, *Les mineurs*, 2e éd., Dalloz, coll. « Précis », 2014.

– J.-P. Gridel, *Introduction au droit et au droit français (notions fondamentales, méthodologie, synthèse)*, 2e éd., Dalloz, 1994.

– C. Larroumet, *Introduction à l'étude du droit privé*, 5e éd., Economica, 2006.

– A. Lefebvre-Teillard, *Introduction historique au droit des personnes et de la famille*, PUF, coll. « Droit historique », 1996.

– Ph. Malaurie, P. Morvan, *Droit civil, Introduction générale*, 5e éd. Defrénois, 2014 ; *Les personnes, la protection des mineurs et des majeurs*, 2012 ; et H. Fulchiron, *La famille*, Defrénois, 2011 ; *Anthologie de la pensée juridique*, 2e éd., Cujas, 2001.

– Ph. Malinvaud, *Introduction à l'étude du droit*, 12e éd., Litec, 2013.

– H. et L. Mazeaud, F. Chabas, *Leçons de droit civil, Introduction à l'étude du droit*, 12e éd., Montchrestien, 2000.

– Th. Meulders-Klein, *La personne, la famille, le droit* – 1968-1998 -*Trois décennies de mutations en Occident*, Paris-Bruxelles (LGDJ-Bruylant), 1999 ; *Famille et Justice*, Bruylant, 1997 ; *Quels repères pour les familles recomposées ?* (avec I. Théry), LGDJ, 1995.
– A. Mirkovic, *GPA, PMA, la controverse juridique*, Téqui, 2014.
– P. Murat (dir.), *Droit de la famille*, éd. Dalloz Action, 2014-2015.
– B. Oppetit, *Philosophie du droit*, Dalloz, coll. « Précis », 1999.
– F. Terré, *Introduction générale au droit*, 9e éd., Dalloz, coll. « Précis », 2012.
– F. Terré, Y. Lequette, *Les grands arrêts de la jurisprudence civile*, T. 1, *Introduction, Personnes, Famille*, 13e éd., Dalloz, 2015.
– F. Terré, D. Fenouillet, *Les personnes.* , 8e éd., Dalloz, coll. « Précis », 2012 ; *La famille*, 8e éd., Dalloz, coll. « Précis », 2011.
– B. Teyssié, *Droit civil, Les personnes*, 16e éd., Litec, 2014.

Index alphabétique

Les chiffres renvoient aux numéros des paragraphes.

D

E

F

N

O

P

Q

R

S

T

U

V

Table des matières

Table des Quiz

Les chiffres renvoient aux numéros des pages. Le chapitre de cours concerné est indiqué entre crochets. Sauf indication contraire, tous les sujets sont corrigés en fin de la rubrique pédagogique.

Commentaires d'articles, d'arrêts ou de textes

Cas pratiques

Dissertations

Découverte d'une décision de justice et Fiche de cours

Cet ouvrage a été composé
par IGS-CP à L'Isle-d'Espagnac (16)

716928, 717545 (I) - CSB-G-Pr 80 g - IGS (FLE)

Imprimé en Italie par LEGO S.p.A.

Dépôt légal : août 2017